עוז וענווה
הגותו של הרב יוסף דוב סולוביצ׳יק

ראובן ציגלר

עוז וענווה

הגותו של הרב יוסף דוב סולוביצ'יק

ישיבת הר עציון
מגיד
רמב"ם

Reuven Ziegler

Majesty and Humility: The Thought of Rabbi Joseph B. Soloveitchik

ראובן ציגלר

עוז וענווה: הגותו של הרב יוסף דוב סולוביצ׳יק

עריכה: הרב פרופ׳ יעקב י׳ שכטר

תרגום: שי סנדיק

עריכת לשון: צור ארליך

הגהה: דוד ברוקנר

עימוד: שמעון בן־שחר

עיצוב כריכה: תני בייער

תמונת כריכה: שחר גזונדהייט

ספרי מגיד, הוצאת קורן

ת״ד 4044 ירושלים 9104001

טל׳: 02-6330530 פקס: 02-6330534

www.maggidbooks.com

הספר יצא לאור בסיוע מועצת הפיס לתרבות ולאמנות

מפעל הפיס

דברים טובים מתחילים כאן

מסת״ב ISBN 978-965-526-224-7

נדפס בישראל 2018 Printed in Israel

ליעל

ולילדינו

תהילה, ישראל, אריאל, יהושע ונעם

נוֹדֶה לְּךָ וּנְסַפֵּר תְּהִלָּתֶךָ ...

וְעַל נִסֶּיךָ שֶׁבְּכָל יוֹם עִמָּנוּ,

וְעַל נִפְלְאוֹתֶיךָ וְטוֹבוֹתֶיךָ שֶׁבְּכָל עֵת,

עֶרֶב וָבֹקֶר וְצָהֳרָיִם ...

מֵעוֹלָם קִוִּינוּ לָךְ.

וַה' בֵּרַךְ אֶת אַבְרָהָם בַּכֹּל

לזכרו של

אברהם ליוואוויץ

ריבה וחיים גרטל ומשפחתם

דינה ליוואוויץ ומשפחתה

ארי וקיילה ליוואוויץ ומשפחתם

מרדכי ליוואוויץ ומשפחתו

עֵץ חַיִּים הִיא לַמַּחֲזִיקִים בָּהּ וְתֹמְכֶיהָ מְאֻשָּׁר

תורתו של הרה״ג הרב יוסף דוב סולוביצ׳יק זצ״ל

השפיעה עליי השפעה גדולה

דרך מורי ורבי, חתנו,

הרב אהרן ליכטנשטיין זצ״ל

ויבדל״א הרב בנימין בלך שליט״א

תורתו של הרב זצ״ל משמעותית ורלוונטית היום,

אף יותר מתמיד.

מוקדש להצלחת משפחתי היקרה:

אשתי קלרה, וילדינו: חביבה ויאיר ליבין, מתן ואילנה הרשקוביץ,

מוריה ועזרא קפלן, אמיתי ויסכה הרשקוביץ

שמואל (סטיוארט) הרשקוביץ

תוכן העניינים

חלק ז: פרספקטיבה רחבה

הקדמה

ספרו של הרב ראובן ציגלר **עוז וענווה: הגותו של הרב יוסף דוב סולוביצ׳יק** מהווה תרומה משמעותית לספרות ההגות הדתית היהודית. מחקרים על אישיותו של הרב ועל יצירתו הרוחנית נעשו בעבר, מזוויות שונות וברמות שונות של דיוק, עומק והיקף. לעומתם, ספרו של הרב ציגלר הוא ייחודי מכמה בחינות חשובות. ראשית, היות המחבר תלמידו של הרב סולוביצ׳יק הן בתחום ההלכה הן בתחום המחשבה, ועמלו במשך יותר מעשור במסגרת עמותת "תורת הרב" על חיפוש, פענוח, סידור, עריכה והוצאה לאור של חומר שלא היה זמין עד כה, מקנים לספר יסודיות ושלמות ברמה שלא התאפשרה לקודמיו. שנית, דווקא לאור רקעו, נטייתו ומחויבותו של המחבר, הוא כותב מתוך יושר אינטלקטואלי ומקפיד להציג את הרב ולא לייצגו – וקל וחומר שלא לנצל אותו לקידום אינטרסים זרים.

לפיכך, קוראים המכירים את אישיותו של הרב סולוביצ׳יק ואת כתביו יתרשמו לטובה מהרגישות המופגנת בספר זה – הן של המחבר, הן של מושא כתיבתו.

אולם בסופו של דבר, מחקר כזה חייב להישפט על פי איכות תוכנו, חדות תובנותיו, עומק חקירותיו, בהירותו החדשנית, תרומתו לגוף הידע הקיים והתאמתו למה שעולה מן הכתבים. כמו כן, מבחינה אינטלקטואלית ומבחינה מוסרית גם יחד, על הספר להיבחן על פי היסודות המניעים אותו.

אף שאני כותב בתור ידידו ועמיתו של המחבר, ברור לי שגם דבריי כאן צריכים להיבחן באמות מידה אובייקטיביות. ואכן, אני משוכנע כי הצבעת האמון שלי בחיבור חשוב זה הִנה מוצדקת לחלוטין, שכן בהחלט מגיעה לו הערכה גבוהה בקשר לקריטריונים שנמנו.

תרומתו של כרך זה לספרות ההגות הדתית היהודית היא משולשת. ראשית, הוא מחדד את הבהרת הפרמטרים של הנושא המרכזי המודגש בכותרתו: מצד אחד – יחסי הגומלין בין ההיבטים המוסריים והתיאולוגיים השונים הנוכחים בקשר שבין האדם למקום; ומאידך גיסא, דקויות ההתפתחות ההיסטורית של הטיפול האוניברסלי בתופעה. שנית, אנו נהנים מניתוח הבעיה, כפי שפותחה על ידי אדריכלי ההתבטאות הדתית והחוויה הדתית הקלאסיות – בעיקר על ידי הרמב"ם. ולבסוף, התרומה הגדולה מכולן, והמצופה לאור מיקודו העיקרי של הספר: ההצגה, הביאור והניתוח של הגותו של מי שיותר מכל הוגה מודרני אחר מגלם את ההעמקה והחדשנות בתחומי ההלכה והמחשבה גם יחד.

שתי נקודות חשובות, הקשורות אחת בשנייה, ראויות לציון: מוקד ההתעניינות הצר של הכרך מחד גיסא, וההקשר הרחב שלו מאידך גיסא. ידוע שהנושא הספציפי של ההדר והענווה העסיק את הרב. עוד ידועה, ומעוגנת היטב בדברי חז"ל, היא הרלוונטיות של נושא זה ליחסי האדם עם קונו, במישור הדתי הצרוף, כמו גם ליחסי האדם עם חברו, במישור המוסרי והפסיכולוגי. דבר ידוע נוסף הוא נטייתו של הרב לחשיבה דיאלקטית, המושרשת בהשכלתו הבריסקאית והניאו־קאנטיאנית. נטייה זו – כמעט הייתי מעז לומר תשוקה זו – באה אצלו לידי ביטוי במתודה ובתוכן כאחד. אולם הרב ציגלר הולך צעד נוסף קדימה, ומפתח את הנושא הספציפי של הדר וענווה כנקודת משען ומנוף להתמודדות עם מגוון נושאים נוספים. סבורני שהוא עושה זאת בלי להטיל את אילוציו על מחשבת הרב. לא ניתן לדמיין את הרב חוזר על טענתו של ג'ון דאן שאם דוד המלך היה באמת עניו, הוא לא היה משווה עצמו לתולעת אלא לאדם, שכן האדם נחות מן התולעת.

הסוגיות שספר זה דן בהן חורגות מן התחומים המוסריים והדתיים גרידא. על הפרק עומדים החיים הטובים והנכונים, תשתיתם וגבולותיהם. ההדר והענווה תורמים אהדדי בהעשרת הקיום והניסיון האנושי. הענווה מצילה את היחיד (ובמובן מסוים את הרב ואת הרמב"ם) מאליטיזם, ואילו ההדר מציל אותו מפח הלאות. המתח שבין השניים, וההיתוך ביניהם, ראויים ללימוד והשגה.

הרב ד"ר אהרן ליכטנשטיין
ראש הישיבה
ישיבת הר עציון[1]

1. נכתב עבור מהדורת הספר באנגלית שיצאה לאור בשנת תשע"ב.

הקדשה

לעילוי נשמת אברהם בן הרב ראובן הלוי ז״ל

אין אדם יכול ליצור מערכת של ידידות, אלא אם כן הוא מגשים באמצעותה ערך יקר לו, שאותו נצר בלבו מזה זמן רב... ניתן ליצור קהילה קיומית רק כאשר ה״אני״ מגלה את דעתו החיובית על ה״אתה״, שאליו הוא מבקש להצטרף; ה״אני״ חייב לגלות את ה״אתה״, להכיר בו כאמיתי ולאשר את היותו טוב, כאדם הראוי לאהבתי ולידידותי. (**אדם וביתו,** עמ' 77)

ספר זה מוקדש לזכרו של מר אברהם ליוואוויץ ז״ל. מר ליוואוויץ עמד בראש בית הספר ובית הכנסת רמב״ם (מיימונידס) בברוקליין שבמסצ'וסטס במשך למעלה מארבעים שנה, והיה תלמידו, חברו הקרוב ואיש סודו של הרב יוסף דוב הלוי סולוביצ'יק, הרב זצ״ל.

אברהם היה יהודי שומר תורה ומצוות, אדם בעל אופקים רחבים, שאפתן, חדור מוטיבציה ואיש עסקים ממולח שהצטיין בסגירת עסקאות, במציאת הזדמנויות השקעה ובפעילות בשווקים הפיננסיים. הוא התנהל בנינוחות ובביטחון עצמי בקרב אנשי עסקים וממשל, והיה

ג'נטלמן בכל רמ"ח אבריו, גבוה ומהודר ובעל הופעה מוקפדת וללא רבב. בקיצור, אברהם היה אדם מכובד, "איש הדר".

הרב, נצר לשושלת רבנית מפוארת שחייו הוקדשו ללימוד תורה והוראתה, היה "איש הלכה" למופת, וכפי שהודה לעתים קרובות, גם "איש אמונה בודד". מדוע בחר הרב באברהם כאחד מיחידי הסגולה שזכו להיות חבריו הקרובים? איזה מכנה משותף היה לו ולאברהם? אני סבור שהחברות ביניהם הייתה מבוססת על שלושה יסודות: כבוד הדדי, קשר ייחודי בין רב לתלמידו, ומטרות ואתגרים משותפים.

בספרו **איש האמונה הבודד** מתאר הרב את אלישע קודם למפגש עם אליהו הנביא שחולל בו שינוי מהקצה אל הקצה. "אלישע היה נציגה הטיפוסי של קהילת ההדר... בעל נכסים, אשר האינטרסים שלו היו מרוכזים בענייני חיי שעה, בנכסים חומריים כגון יבול, בקר, ומחירי השוק. מטרתו הייתה הצלחה כלכלית, ושאיפתו – עושר חומרי. המקרא מתאר אותו כיעיל, מוכשר ומעשי, בדומה לאיש עסקים מודרני" (עמ' 60-61). בטרם הפיכתו לתלמיד ולנביא, אלישע היה איש הדר למופת. אני סבור שהרב ראה באברהם דמות דומה ולכן רחש אליו הערכה רבה.

באותו ספר, הרב רואה את איש ההדר חי בהרמוניה מלאה עם "איש האמונה". הוא כתב, "לעיתים קרובות דומה עלי בבירור כי ההלכה אינה רואה בתנודתו המתמדת של איש האמונה בין ההדר ובין הברית עניין דיאלקטי אלא תנועה משלימה" (עמ' 48). גם אברהם לא היה איש הדר ותו לא. בכל סוף־שבוע, איש העסקים התקיף והיזם המצליח הפך בתנודה הרמונית לעוזרו האישי, נהגו, תלמידו של הרב ולמשתתף קבוע בשיעוריו השבועיים של הרב בתנ"ך ובגמרא בבית הספר רמב"ם. הרב רחש אליו הערכה רבה בשל כך.

המשנה בפרקי אבות (א, ו) אומרת "קנה לך חבר". הרמב"ם מציין בפירושו למשנה שלוש רמות בחברות על בסיס תיאורו של אריסטו ב**אתיקה הניקומאכית**: חבר לתועלת, חבר לדאגה וחבר לדעה.

כשהרב מתאר מהו חבר לדעה הוא כותב, "לא בכל אחד יכול

אדם לבטוח; לא עם כולם יכולים אנו לחלוק את צערנו או את התרגשותנו. למטרה זו זקוקים אנו ל'חבר לדעה', ידיד שבו אנו בוטחים ובו אנו מאמינים לחלוטין, אדם שאין כל מקום לחשש שמא הוא חבר לא כן או כוזב" (**אדם וביתו**, עמ' 52).

הרמב"ם מספק דוגמה מפתיעה לחבר לדעה, "שתהיה תאוות שניהם וכוונתם למטרה אחת, והיא: הטוב! וירצה כל אחד להיעזר בחברו בהגיע הטוב ההוא לשניהם יחד. וזה הוא החבר אשר ציווה לקנותו, והוא כחברות הרב לתלמיד והתלמיד לרב".

פרופ' ברל ספטימוס מאוניברסיטת הארוורד מציין שלדעת אריסטו החברות המושלמת עשויה להתקיים רק בין שני אנשים השווים ברמתם, ולעולם לא תחול על רב ותלמידו – ואילו הרמב"ם מעלה על נס דווקא קשר כזה כמופת לחברות העילאית. ספטימוס מסביר שבעוד הדרגה הגבוהה ביותר של החברות האריסטוטלית מתרחשת כאשר החברים נמשכים זה לזה על סמך מטרות ואתגרים נעלים ומשותפים שכבר השיגו, הרמב"ם מתאר את דרגת החברות הגבוהה ביותר ככזאת המבוססת על חיפוש משותף ומתמיד אחר מטרות ואתגרים נעלים.

אף שאברהם היה תלמיד וחבר מסור של הרב, הקשר ביניהם היה ללא ספק מבוסס על חתירה משותפת להבטחת עתידה של היהדות האורתודוקסית באמצעות חינוך יהודי, ובעיקר באמצעות אהבתם המשותפת לבית הספר רמב"ם. הם היו "חברים לדעה" אמתיים.
כשאברהם מתאר את חברותו עם הרב הוא כותב:

> כמה מהזיכרונות המשמעותיים ביותר היו דווקא הרגעים האינטימיים. כאשר לאחר התפילה במוצאי שבת, כשהרב המתין שיעבור זמן תוספת שבת כדי שיוכל לנסוע הביתה, אפשר היה לתפוס אותו לשיחה על כל דבר. הוא היה נינוח, השבת חלפה ומשא השבוע הבא טרם הכביד על כתפיו. במהלך אותם רגעים נפלאים ויקרי ערך הוא היה נפתח בפניי, מביע את מחשבותיו, שאיפותיו, תקוותיו, כישלונותיו ואכזבותיו האישיים ביותר,

והרגשתי שהוא מכניס אותי אל קודש הקודשים, אל תוככי ישותו, מקום השמור למתי מעט. זה היה מקום מיוחד שבו הוא היה חשוף, עדין ופגיע מאוד. באותם זמנים, נרקמה אהבתי אליו כאהבת חבר...[1]

אני אסיר תודה לאברהם, מורי וידידי, על שאפשר לי להיות עד לאותם רגעים עדינים. מי ייתן וספר זה ישמש נר זיכרון הולם לאיש יוצא דופן, ויהי רצון שזכרו ימשיך להביא ברכה למשפחתו ולכל אלה שזכו להכירו.

פרופסור יצחק ד' גולדברג
ביה"ס לרפואה ע"ש אלברט איינשטיין

1. "The Rav's Human Qualities Invoke Indelible Memories," in *Memories of a Giant*, ed. Michael A. Bierman (Jerusalem and New York, 2003), p. 233.

מבוא

לרב יוסף דוב הלוי סולוביצ׳יק שמור מקום של כבוד בין ההוגים היהודים המודרניים. הרב, בעל־תלמוד מן המעלה הראשונה ופרשן מעמיק של התנ״ך, המדרש וספרות מחשבת ישראל, ביטא בכתיבתו גם הכשרה אקדמית בפילוסופיה וידיעה רחבה בתרבות המערב. הגותו הייחודית והיצירתית חוקרת את משמעות הדתיות היהודית ועומקה, ובו בזמן מתייחסת למצב האנושי הכללי.

הנושא המרכזי בהגותו הוא התפקיד שההלכה ממלאת בחייו של היהודי – הן כמערכת מחשבתית, הן כדרך חיים. ההלכה היא הערוץ המרכזי של היהודי להתחבר לאלוקים, מכשיר לחווייתו הדתית, מדריך להתפתחות אישית ולבניית קהילה, ואמצעי להבנת העולם ולהתמודדות עמו. אך יש להלכה גם פן אוניברסלי. מדיניה ומתובנותיה עולה תפיסה מסוימת של טבע האדם ושל הפוטנציאל שלו, הנוגעת לאדם באשר הוא אדם. האדם הוא מלכותי ועניו, טבעי ורוחני, סובל חוסר שלמות, פגיעות ומצוקה אולם מסוגל ליצירה, להתעלות על־עצמית ולגדולה.

על יסוד הבנתו המעמיקה במסורת היהודית, בהגות המערבית ובטבע האדם, הרב סולוביצ׳יק מתמקד גם בנושא מהותי נוסף: ההתנגשות בין הדת והמודרנה. הוא מתייחס לא רק למושגים ולאירועים של המודרנה, אלא גם (אולי ההיבט החשוב יותר) אל מזגה, הלך הרוח שלה וגישותיה. יצירותיו, המשקפות שכל אנליטי חד ונפש רגישה,

מנחילות לאדם המודרני את העומק, הדרמה והעוצמה – המחשבתיים והרגשיים – של הקיום הדתי, ובייחוד של חיי ההלכה.

התמודדות עם כתביו של הרב[1] היא משימה מרתקת ומרגשת, אך לא תמיד קלה. הרב דורש מקוראיו מאמץ – והמאמץ משתלם ביותר. ספר זה מנסה להקל על הקורא במפגשו עם כתבי הרב על ידי ביאור הגותו וניתוחה. טוב יהיה אם הספר יעודד את קוראו ללמוד את כתבי הרב עצמם וישמש לו חברותא בלימוד הזה, ולא ייתפס כתחליף לקריאת יצירותיו. ובכל זאת, בהנחה שלא כל הקוראים יעיינו גם בכתבי הרב סולוביצ׳יק עצמם, התאמצתי שספר זה יעמוד בפני עצמו.

בניתי את הספר כמו קורס: התחלתי ביצירות ובנושאים הקלים יותר לפני שעברתי לקשים. משום כך, דווקא יצירותיו המוקדמות של הרב, שאמנם נזכרות ומצוטטות לכל אורך הספר, זוכות לדיון נרחב רק בסופו, משום שהן המאתגרות מכל כתביו. וכמו בקורס, חלקיו המאוחרים יותר של הספר נסמכו על החלקים המוקדמים יותר. עם זאת, כדי לאפשר על המבקש ללמוד נושאים יחידים, ניסיתי להפנות לדיונים משלימים לאורך הספר. כמו כן, בסוף כל פרק הצעתי רשימות ״לעיון נוסף״, למבקשים להרחיב. שני הפרקים האחרונים של הספר מסכמים את תוכנו ודולים ממנו את נושאיו העיקריים.

התייחסותי לחיבוריו העיקריים של הרב סולוביצ׳יק נגזרת מהנושא של כל חיבור וממבנהו. במקרה של **איש האמונה הבודד** אני מציע קריאה מפורטת בכל פרק ופרק – מעין מדריך לקורא – משום שהטיעון בחיבור זה הוא המובנֶה ביותר בין ספריו המרכזיים של הרב, ומשום שהנושא שלו מעורר עניין מיוחד בציבור הרחב. **איש ההלכה**, לעומת זאת, אינו מפתח טיעון אלא בוחן היבטים של הדמות הראשית – אישיותה, תודעתה והשקפת עולמה. משום כך אינני מנתח את הספר על הסדר, אלא מסביר את הרקע שלו ואת מטרתו, משרטט את קווי דמותו של איש ההלכה ואת גישתו, ומנתח כמה סוגיות

1. תלמידי הרב סולוביצ׳יק נהגו לכנותו בדרך כבוד ״הרב״, וכך נעשה גם אנו.

חיוניות להבנת היצירה. **ובקשתם משם** מציג התפתחות הדרגתית של המסע הדתי של האדם, אולם התפתחות זו מורכבת מאוד. לכן, אני מקדיש את מאמציי להבהרת מהלך ההתפתחות והמבנה שלה, להדגשת הרעיונות העיקריים ולדיון במקומו של הספר בתוך מכלול יצירתו של הרב סולוביצ׳יק.[2] **התודעה ההלכתית**[3] הוא הקשה מבין ספריו של הרב סולוביצ׳יק; הוא כתוב בסגנון פילוסופי טכני נוקשה, ולרוב אורכו הוא אינו מתמקד בהלכה אלא בפילוסופיה של הדת. לכן רק פרק אחד בספרי זה מתמקד בו, ובפרקים אחרים עולים מדי פעם עניינים מתוכו.

הרב סולוביצ׳יק כתב הרבה יותר ממה שפרסם, ומאז פטירתו פִּרסמה "עמותת תורת הרב" ספרים רבים המתבססים על כתבי היד שהותיר אחריו – מיזם שהייתה לי הזכות להשתתף בו. ספר זה דן רבות ביצירות אלו שפורסמו לאחר מותו, שכן הן משלימות את תמונת הגותו. לא ציטטתי מתוך כתבים שעדיין לא פורסמו, אך הקריאה בהם עזרה לי בהחלט להבין את גישתו של הרב.

הקורא בספר כגון זה, הדן בהגותו של הרב סולוביצ׳יק ולא בלמדנותו התלמודית, צריך לזכור כי הרב הקדיש ללימוד הגמרא זמן רב שבעתיים מזה שהקדיש לעיסוק בפילוסופיה. תרומתו של הרב לעולם הלמדני אינה מסתכמת בשיעוריו המאלפים ובחידושיו המבריקים, אלא היא מתבטאת גם בעובדה שהגותו והדוגמה האישית שנתן חיזקו את מעמדו המרכזי של לימוד גמרא בדתיות היהודית – נושא שנתייחס אליו בהרחבה בספר זה.

הרב האמין שהחיים הם עבודת התהוות הדורשת יצירתיות וצמיחה מתמידות. הדבר מוביל לשתי הערות לסיום. ראשית, כל יצירה יכולה להשתפר בעזרת משוב, ואשמח מאוד אם הקוראים יוכלו

2. כמקובל, שמות ספרים יופיעו באות מודגשת, ואילו שמות מאמרים יושמו במירכאות כפולות. אף ש**איש ההלכה**, **ובקשתם משם** ו**איש האמונה הבודד** הופיעו כמאמרים ארוכים, כל אחד הוא בעצם ספר בפני עצמו וכך נתייחס אליהם.

3. באנגלית: *The Halakhic Mind* – הספר לא תורגם לעברית.

לשתף אותי בשאלות, בהתרשמויות ובהערות. תגובותיכם חשובות לי: ziegler@etzion.org.il.

שנית, אף שעמלתי רבות כדי שהספר הזה יהיה נגיש, מזמין ומאיר עיניים, העבודה החשובה ביותר נשארת לכם, הקוראים: ליישם בחייכם את תובנות הרב סולובייצ׳יק הנוגעות ללבכם ומשמעותיות לכם.

חלק א

כניסה לעולמו המחשבתי של הרב

פרק 1

מבוא לחייו ולהגותו של הרב סולובייצ'יק

לומדי פילוסופיה בכלל, ולומדי פילוסופיה יהודית בפרט, נוהגים ללמוד את רעיונותיו של הוגה דעות מסוים בלי לעסוק בתולדות חייו. זוהי בעיניי טעות; הכרת הרכיב הביוגרפי חשובה בלימוד משנתו של כל הוגה, והדבר נכון במיוחד לגבי הרב יוסף דוב סולובייצ'יק. יש לי סיבות אחדות לחשוב כך.

ראשית, כמו אצל הוגי דעות רבים מהמאה התשע־עשרה ואילך, מחשבת הרב סולובייצ'יק עוסקת בקיום האנושי. הרב מאפיין את היהדות כ"סובבת סביב האלוקים **אך פונה לאדם**",[1] ותיאור זה הולם אף את הגותו שלו: היא מציבה את האלוקים במרכז הקיום האנושי, ובכל זאת היא מתמקדת באדם ובבעיותיו. בניגוד להוגי ימי הביניים, למשל, הטוענים כי קיומו של הרוע בעולם אינו אלא אשליה ושמנקודת מבטו של האלוקים הרוע אינו קיים, הרב סולובייצ'יק מתייחס לרוע כאל חוויה אנושית שאי אפשר להתכחש אליה. לפיכך, הוא אינו מנסה להסביר את קיומו של הרוע, אלא בוחר להתמקד דווקא בהשפעתו הרצויה והמצויה על האדם. ועוד: לרב סולובייצ'יק אין עניין בתיאור תכונותיו של האלוקים, אלא בעמידה על הקשר שבין האדם לאלוקיו. הוא אינו עוסק בהשפעת לימוד התורה בתחום המטפיזי, אלא בהשפעתו על

1. מתוך שיחה בעל פה בנושא תורת האדם היהודית, שנאמרה בשנת 1958.

אישיות האדם. לנוכח התמקדותו בקיום האנושי – ומטבע הדברים, הקיום האנושי המוכר ביותר לרב סולוביצ׳יק הוא קיומו שלו – אין אנו מופתעים לגלות שבהגיגיו הפילוסופיים של הרב שזורות חוויותיו האישיות. במובן מסוים, הגותו מתחילה בו עצמו, ולפיכך, הבנת חייו רלוונטית לעיון בהגותו.

ואכן, קטעים רבים בכתבי הרב סולוביצ׳יק הם אוטוביוגרפיים בעליל. הוא נוטה לסטות מניתוח פילוסופי או הלכתי לווידויים אישיים נוגעים ללב. נדיר למצוא קטעים כאלה בחיבוריהם של גדולי תורה אחרים. סובייקטיביות זו של רבים מכתבי הרב אינה גורעת מן הרלוונטיות, הגאונות והמקוריות שבהם. להפך: היא טוענת את כתביו בעוצמה שחסרונה היה מורגש לו היה אופיים מנותק ואובייקטיבי יותר.

הסיבה השנייה הדורשת לסקור את תולדות חייו של הרב סולוביצ׳יק בטרם ניגש לעיין בהגותו היא שמתוקף תפקידו כמנהיג ציבור עסק הרב באירועים שוטפים, והיה מעורה בזירה החברתית והדתית של תקופתו. חיבוריו הפילוסופיים רלוונטיים וישימים במסגרת ההתמודדות עם אתגרי המציאות המתקיימים ברובם גם בימינו אנו, עשרות שנים לאחר שנכתבו. ספרים כמו **איש האמונה הבודד** ממחישים היטב כיצד השכיל הרב להבחין בעין חדה במגמות חברתיות ולבקר בחריפות את הדתיות בת זמנו. לדוגמה, אף שמרבים לציין שהרב נתן גושפנקה אינטלקטואלית ורוחנית לאידיאולוגיה של האורתודוקסיה המודרנית בארצות הברית, ממעטים להזכיר שלעתים קרובות הטיח ביקורת באופן התנהלותה בפועל. מעבר לכך, הרב הביע אי שביעות רצון מתפיסת הדתיות בעולם המודרני בכלל.

הסיבה השלישית היא שהבנת אילן היוחסין והרקע החינוכי שהרב צמח בו יכולה לסייע לנו בהבנת עולמו האינטלקטואלי והרגשי. הדבר חשוב במיוחד בכל הקשור למורשת בריסק, התופסת מקום מרכזי בתפיסתו העצמית.[2]

2. כפי שנראה בהמשך, הרב עבר בחייו מעבר מהעולם המסורתי האירופי אל העולם המודרני האמריקני, וחשיפה כפולה זו הותירה חותם בהגותו.

רביעית, קיימת טענה הגורסת כי התבוננות מעמיקה בחיי הרב יכולה לעזור בהבנת הנימות השונות העולות לכאורה מחיבוריו המוקדמים והמאוחרים, והסיבות לבחירתו לעסוק דווקא בנושאים מסוימים.

ולבסוף, חשוב להכיר את הרב מהסיבה הפשוטה שמעבר ללמדנותו ההלכתית והגותו הפילוסופית המרשימות והיצירתיות, דמותו של הרב, ההרואית אך עדיין אנושית, שובה את הלב.

משפחה

הרב יוסף דוב (בער) הלוי סולוביצ׳יק (1903-1993, תרס״ג-תשנ״ג) נולד בפרוז׳ינא שבפולין.[3] הוא נקרא על שם אבי סבו, בעל ״בית הלוי״ (1820-1892, תק״פ-תרנ״ב), שעמד בראש ישיבת וולוז׳ין (״אם הישיבות״) ושימש רבן של סלוצק ובריסק. עם אבות־אבותיו נמנים כמעט כל גדולי התורה בליטא, דוגמת ר׳ חיים מוולוז׳ין והרב נפתלי צבי יהודה ברלין (הנצי״ב). אביו, ר׳ משה (1879-1941, תרל״ט-תש״א), היה בנו של הגאון המהולל ר׳ חיים סולוביצ׳יק מבריסק (1853-1918, תרי״ג-תרע״ח), מייסד שיטת הלימוד הבריסקאית. אמו, הרבנית פסיה (1880-1967, תר״ס-תשכ״ז), הייתה בתו של הרב אליהו פיינשטיין מפרוז׳ינא (1842-1928, תר״ג-תרפ״ט), תלמיד חכם חשוב שחלק על ר׳ חיים בעניינים רבים הקשורים למדיניות ציבורית.[4] בהיותו נצר לשושלת המכובדת, גדל הרב מוקף בתלמידי חכמים עצומים ובאנשי מופת.

במובנים רבים, בני משפחת סולוביצ׳יק ובני משפחת פיינשטיין

3. שם משפחתו של הרב מופיע במקומות שונים בכתיב שונה. בספר זה יישמר הכתיב ״סולוביצ׳יק״.

4. פוסק ההלכה הדגול הרב משה פיינשטיין (1895-1986, תרנ״ה-תשמ״ו) היה בן־דוד של אמו של הרב. אף שסבו של הרב י״ד סולוביצ׳יק, הרב אליהו פיינשטיין, ואביו של הרב משה פיינשטיין נשאו שם משפחה זהה, הקשר המשפחתי ביניהם הסתכם בכך שנישאו לשתי אחיות. הרב אליהו פיינשטיין היה לוי, ולא כן הרב משה פיינשטיין.

הם הניגוד בהתגלמותו. אף שבני משפחת סולוביצ׳יק היו ידועים במעשי חסד מופלגים, שמם יצא לפניהם בעיקר כבעלי שכליות קפדנית, משמעת עצמית וקיצוניות אידיאולוגית.[5] הם הפגינו התמסרות כמעט טוטאלית ללימוד תורה, התנגדות חריפה ללימודי חול ולציונות וסירוב להתפשר בנושאים אלה. בני משפחת פיינשטיין, לעומתם, אף שמחויבותם ללימוד תורה לא הייתה פחותה, היו ידועים בפתיחותם ובסובלנותם; ביתם היה פתוח בפני יהודים מכל סוג והם עודדו את ילדיהם ללמוד שפות, ספרות ומדעים.[6]

כך נחשף הרב לשתי השפעות שונות מאוד בתוך ביתו. אף שבכתביו מדגיש הרב את מורשת בית בריסק, עלינו לזכור שהיה באותה מידה בן למשפחת פיינשטיין. אף שהיה מודע למזגים ולרקעים השונים של הוריו, הוא לא ייחס הבדלים אלו לדרך גידולם אלא להבדל הגדול בין מה שמוגדר בספר משלי (א, ח) כ״מוסר אביך״ לבין מה שמוגדר שם ״תורת אמך״:

> בידינו שתי מסורות...
> האב מלמד את הבן משמעת מחשבתית וכן משמעת מעשית.[7] מסורת האב היא שכלית־מוסרית...
> איזו תורה מנחילה האם?... השיעור החשוב ביותר שלמדתי [מאמי] היה שהיהדות אינה מתבטאת רק בציות פורמלי להלכה אלא גם בחוויה חיה. היא לימדה אותי שיש טעם, ריח וחמימות למצוות. למדתי ממנה את הדבר החשוב ביותר בחיים – לחוש את נוכחות הקדוש ברוך הוא ואת לחיצת ידו העדינה על כתפי השבריריות.

5. הרב סולוביצ׳יק השתדל מאוד לתקן ולהשלים רושם זה, בין השאר ב**איש ההלכה** ובמאמר ״בסתר ובגלוי״ המופיע ב**דברי הגות והערכה**, עמ׳ 163–186.
6. מקורות ביוגרפיים העוסקים ברב ובמשפחתו מופיעים בחלק **לעיון נוסף**, 1.
7. ״משמעת מחשבתית״ פירושה דרך לימוד תורה שיש בה דיוק ועומק; ״משמעת מעשית״ פירושה קיום מצוות בצורה קפדנית, הכולל גם התנהגות ביושר ובמוסריות.

ללא תורתה, שלעתים קרובות העבירה אליי בדממה, הייתי גדל אדם ללא נשמה, יבש וחסר רגישות.[8]

כפי שעולה מפסקה זו, הרב הדגיש רבות הן את ההיבט השכלי שביהדות הן את ההיבט החווייתי, ודומה כי דגש כפול זה עובר בכתביו כחוט השני. המיזוג בין מחשבה, מעשה ורגש בהגותו של הרב הוא המעניק לה את חיותה יוצאת הדופן.

בריסק

שנות ילדותו המעצבות של הרב עברו עליו בחוסלביץ' שבבלרוס, שם שימש אביו רב מ-1913 עד 1920. אף שרוב יהודי העיירה השתייכו לחסידות חב"ד, נהוג היה למנות "מתנגדים" לתפקיד רבני הקהילה. כאשר הבחינה אמו של הרב שבנה הלומד בחדר מקדיש ללימוד ה"תניא", ספר היסוד בחסידות חב"ד, זמן רב יותר משהוא מקדיש ללימוד גמרא,[9] קבלה על כך באזני בעלה ולאחר מכן באזני חמיה, והלה המליץ לר' משה ליטול את חינוך בנו תחת חסותו האישית.[10] התקופה המעצבת הבאה בהתפתחותו של הרב מתוארת בפי הרב אהרן ליכטנשטיין, תלמידו המובהק וחתנו של הרב:

8. "A Tribute to the Rebbitzen of Talne," *Tradition* 17:2 (Spring 1978), pp. 76–77.
9. בעקבות חשיפתו המוקדמת לתורת חסידות חב"ד, רחש אליה הרב חיבה רבה לאורך כל חייו.
10. חלק מפירות הלימוד המשותף באותן שנים הופיע תחת הכותרת **חידושי הגר"מ והגרי"ד על ענייני קדשים** (ניו יורק, תשנ"ג). בנוסף, התכתבותו המאוחרת של הרב עם אביו בענייני לימוד פורסמה תחת הכותרת **אגרות הגרי"ד הלוי** (ירושלים, תשס"א).

במהלך שתים־עשרה השנים הבאות הקדיש יוסף דוב הצעיר את כל מרצו כמעט אך ורק ללימוד ההלכה. תחת הדרכתו של ר׳ משה למד הנער את השיטה הבריסקאית [ללימוד תורה], העומדת על עיון מעמיק, הגדרה מדויקת, מיון דייקני ועצמאות ביקורתית. עם הזמן, הדיאלקטיקה החדה של ההיגיון ההלכתי – קפדנית אך עדינה, גמישה אך מחמירה – נעשתה לו טבע שני, ויוסף דוב הצעיר יצא מתקופה זו חדור בדיסציפלינה הדתית והשכלית של ההלכה.[11]

מן הראוי להרחיב במאפייני שיטת בריסק שהרב ליכטנשטיין הזכיר כאן.[12] שיטת בריסק הומצאה על ידי ר׳ חיים סולוביצ׳יק וכבשה תוך זמן קצר את רוב רובו של עולם הישיבות הליטאי. אף שניתן למצוא ניצנים של השיטה אצל גדולי תורה קודמים (דוגמת בעל קצות החושן, בן המאה הי״ח, ובעל מנחת חינוך בן המאה הי״ט), ואף שדוברי״ה של השיטה הציגוה ככזו שכל מטרתה לחשוף את ההיגיון שהדריך את הראשונים, בעיני רבים היא נתפסה כמחוללת מהפכה של ממש בלימוד התורה שבעל פה, מהפכה אשר הרב עצמו השווה למהפכה שחולל ניוטון בפיזיקה. מתנגדי השיטה כינו אותה ״כימיה״, עקב חיבתה לפירוק רעיונות לגורמים והפיכת ההלכה מסדרת דינים למערכת מופשטת, מדעית־למחצה, של מושגים המשתלבים זה בזה.

בלב מפעלה של שיטת בריסק עומד הניסיון להבין את כל הגישות המושגיות האפשריות להבנת נושא תלמודי – וזאת במקום אימוץ של גישה אחת וניסיון להגן עליה מפני התקפה. בלשון הלמדנים ניתן לתאר אותה כ״ניסיון לתרץ רמב״ם קשה בלי לגרום לראב״ד

11. R. Aharon Lichtenstein, "R. Joseph Soloveitchik," in *Great Jewish Thinkers of the Twentieth Century*, ed. Simon Noveck (New York, 1963), p. 283.

12. התייחסותו המלאה ביותר של הרב לשיטת בריסק מופיעה בהספד לזכר דודו הרב יצחק זאב (וועלוועל) סולוביצ׳יק (1886–1959, תרמ״ו–תש״כ), ״מה דודך מדוד״, **דברי הגות והערכה**, עמ׳ 57–97.

להיראות כעם הארץ״. לימוד בריסקאי קלאסי נוהג להבחין בין שתי גישות יסודיות להבנת נושא הלכתי,[13] ששתיהן הכרחיות להבנת הנושא בשלמותו. ההבחנה בין שתי הגישות הללו נקראת ״חקירה״. הרב יונתן זקס היטיב להסביר את עוצמתה של המתודולוגיה העיונית הזו:

> באמצעות מציאת הנחות היסוד המושגיות של ההלכה, מחלוקות שלכאורה אינן קשורות זו לזו מתגלות כביטויים למחלוקת בסיסית אחת. ככלי פרשני, זו הייתה שיטה רבת עוצמה למיצוי רעיונות מופשטים כוללניים מתוך ספרות שהצטיירה עד אז כקונקרטית ועוסקת במקרים פרטיים.[14]

גישה פלורליסטית זו לא תמיד עוזרת מאוד להגיע למסקנות מעשיות, אך היא מחדדת את הרגישות למורכבות הסוגיות, ללגיטימיות של גישות שונות, ולצורך התמידי לשמירת מושגים מנוגדים במתח או באיזון דיאלקטי.

ההטמעה המוקדמת של דרך הלימוד הבריסקאית השפיעה לא רק על למדנותו ההלכתית של הרב, אלא גם על שיטת מחשבתו.[15] כל המאמרים הפילוסופיים פרי עטו סובבים סביב צמדי רעיונות דיאלקטיים: איש הדעת לעומת איש הדת, אדם הראשון לעומת אדם השני, גאון לעומת ענווה, התודעה הדתית הטבעית לעומת התודעה הדתית הגילויית וכו׳.[16] ניתן להתייחס לצמדים הדיאלקטיים

13. כמובן שעלולות להיות גישות ביניים או גישות המשלבות בין שתי השיטות.
14. R. Jonathan Sacks, *Tradition in an Untraditional Age* (London, 1990), p. 39.
15. ברור שהרב עסק בהגותם של פילוסופים מערביים רבים ושאב מהם רעיונות – בייחוד מאלה מהם שנקטו גישות דיאלקטיות או פנומנולוגיות. כוונתי כאן היא שרעיונותיהם הדהדו בנפשו של הרב דווקא כיוון שעלו בקנה אחד עם גישתו הבריסקאית.
16. צמדים דיאלקטיים אלו מופיעים בחיבורים הבאים, בהתאמה: **איש ההלכה**, **איש האמונה הבודד**, ״גאון וענווה״ ו**בקשתם משם**.

כאל שני צדדיה של חקירה: שניהם לגיטימיים והכרחיים, שניהם נחוצים להבנתה הנאותה של הסוגיה בשלמותה. הרב הרחיב שיטה זו אף ללימוד תנ"ך; בייחוד בולטת קריאתו בשני תיאורי בריאת האדם שבתחילת ספר בראשית. הרב לא חשש מסתירה; אדרבה, הוא סבר שאפשר לעמוד על האמת כולה אך ורק בעמידה על השפעת הגומלין הדיאלקטית שבין גישות מנוגדות. המאפיינים המובהקים של הגותו הם מורכבותה, יושרה, והימנעותה מפתרונות פשטניים לבעיות מורכבות.

ייתכן שהשימוש של הרב בשיטת הטיפולוגיה הפילוסופית הושפע מרקעו הבריסקאי. שיטת בריסק יוצרת קטגוריות הלכתיות אידיאליות ומופשטות המסבירות את אופן פעולתה של תופעה הלכתית מורכבת. השיטה הטיפולוגית יוצרת כמה טיפוסי אישיות אידיאליים שונים, כדי להבין בעזרתם את תפקודם של בני אדם אמתיים, מורכבים, העשויים תמהיל של אחדים מטיפוסים אלה. שיטה זו ניכרת בתיאורי הרב בדבר "הטיפוס האידיאלי הטהור"[17] של איש ההלכה, איש האמונה הבודד וכו'.

בלמדנותו ההלכתית הלך הרב בשיטת בריסק בהתמירו את הדינים ההלכתיים לכדי מערכת מושגית מופשטת; אולם בהגותו הוא צָעד צַעד נוסף, וגזר מושגים פילוסופיים ממקורות הלכתיים. ולצד כל אלה, עצמאותה הביקורתית של שיטת בריסק מילאה תפקיד לא מבוטל בעצם טיפוח עצמאות המחשבה של הרב.

תקופה מוקדמת זו הייתה מכרעת בחיי הרב לא רק מפני שהוא רכש במהלכה את כלי הניתוח הבריסקאיים והשתלט בעזרתם על ידיעת חלקים גדולים בתלמוד, אלא גם משום שהיא חיזקה את הקשר שלו עם אביו ועוררה אצלו את תפיסת הקשר האידיאלי שבין רב לתלמידו. מערכת היחסים של הרב עם אביו הייתה אחת משתי מערכות היחסים המרכזיות ביותר בחייו – לצד יחסיו עם אשתו. שניים משלושת

17. **איש ההלכה**, עמ' 11, הערה 1.

חיבוריו הפילוסופיים המרכזיים הקדיש לאשתו, ואחד לאביו. הוא נהג להזכיר את מערכות היחסים הללו ברבים ממאמריו.[18]

מפתיע ככל שיישמע הדבר בזמננו, הרב מעולם לא למד בישיבה, ורבו היחיד היה אביו. הזהות שבין דמות המורה ודמות האב הייתה בעלת חשיבות מכרעת אצל הרב סולובייצ׳יק; לא זו בלבד שהאב אמור לשמש מורה, אלא אף המורה חייב לשמש גם דמות אב. כשם שאביו חיבר אותו לשרשרת בריסק, כך כל מורה חייב לחבר את תלמידו לשרשרת המסורה. לדידו של הרב סולובייצ׳יק, ההוראה אינה רק מפגש מוחות, אלא התמזגות מחשבות וחוויות, מעשה הזדהות של התלמיד עם מורו. אצל הרב סולובייצ׳יק ואביו הדבר נכון עד כדי כך שכמעט כל תורתו של ר׳ משה המצויה ברשותנו כיום הגיעה אלינו באמצעות בנו.

ברלין

אביו של הרב סבר שלימוד הגמרא הוא חזות הכול, ולפיכך לא זו בלבד שלא תמך בלימודי חול, אלא אמרו עליו שמעולם לא פתח את יצירת המופת הפילוסופית של הרמב״ם, **מורה נבוכים**. הדבר מדהים במיוחד לנוכח מרכזיות חיבורו ההלכתי של הרמב״ם, **משנה תורה**, בשיטת הלימוד הבריסקאית. הרב, לעומתו, גילה עניין פעיל במחשבת ישראל; יתרה מזאת, הוא ירש מאמו חוש ספרותי, והדבר ניכר בסגנון הכתיבה שלו ובחוט הפיוט המשוך על רבים מכתביו.

ר׳ משה הכיר בגאונות בנו בשלב מוקדם, ועמל במרץ ובמידה של קשיחות להכשירו לתפקיד ״גדול הדור״ הבא, מנהיגה העתידי של היהדות הדתית. במשך שנים רבות סבר ר׳ משה ששליטה מוחלטת בספרות ההלכה היא תנאי מספיק להשגת מטרה זו; אך סופו שהגיע לידי הכרה כי תמורות הזמנים מחייבות השגת ידע כללי. לפיכך,

18. למעשה, ניתן לקרוא את המאמרים שצוינו בהערה 5 לעיל כהספדים לאביו. פרק 19 להלן יעסוק בהשקפותיו של הרב לגבי נישואין והורות.

בשנות העשרה המאוחרות שלו זכה הרב להשכלה המקבילה להשכלה תיכונית מידי קבוצת מורים פרטיים. בשנות העשרים המוקדמות של חייו, לאחר ש"מילא את כרסו לחם ובשר"[19] של לימוד הלכתי, יצא הרב ללמוד באוניברסיטה במטרה לפגוש את המיטב שיכול העולם החיצוני להציע.[20]

לאחר שלושה סמסטרים של לימוד באוניברסיטה הפולנית החופשית בוורשה נרשם הרב לאוניברסיטת ברלין. בעיר זו שהה רוב אורכן של שש השנים הבאות, עד שקיבל תואר דוקטור לפילוסופיה בשנת 1932. ברלין הייתה מן הבולטים במרכזי הרוח והתרבות של אירופה, ובשנות העשרים התחוללה בה תסיסה אינטלקטואלית אדירה. הושגו בה פריצות דרך מדעיות חשובות, במיוחד בפיזיקה, וגם מדעי הרוח היו אפופים באווירה נרגשת, מוחשית ממש, של התנסחות תפיסות חדשות.

לזירה זו הגיע הרב סקרן, בוטח, מוכן להשתלט על מערכות חשיבה חדשות ולהתמודד עם האתגרים שיציבו לו. הוא למד מתמטיקה ופיזיקה, אך התרכז בעיקר בפילוסופיה. בתחומים אלה הוסיף להתעניין עד סוף ימיו. הוא נמשך לאסכולת מרבורג של הפילוסופיה הניאו־קאנטיאנית, וכתב את הדיסרטציה שלו על האפיסטמולוגיה (תורת ההכרה) של הרמן כהן (1918-1842), שהיה ראש האסכולה, שכן לא הצליח למצוא מנחה לכתיבת דיסרטציה על הרמב"ם.[21]

19. רמב"ם, הלכות יסודי התורה ד, יג.
20. כפי שיתבאר בהמשך, גישתו החיובית של הרב ללימודי חול הייתה שונה מתפיסתו האינסטרומנטלית של אביו.
21. חלק מרעיונותיו של כהן מהדהדים בחיבורים **איש ההלכה** ו"מה דודך מדוד", שבהם הרב מוצא מקבילות בין ההשקפה הניאו־קאנטיאנית לגבי הידע המדעי ובין השקפתו שלו לגבי לימוד תורה. עיינו במאמרים Lawrence Kaplan, "Rabbi Joseph B. Soloveitchik's Philosophy of Halakhah," *The Jewish Law Annual* 7 (1988), pp. 139–197; אבינעם רוזנק, "מבריסק למרבורג ובחזרה: היצירה ההלכתית בשיעורי התלמוד של הרב י"ד סולוביצ'יק", **אקדמות** ט (תמוז תש"ס), עמ' 9–34.

כל המעיין בספרים **איש ההלכה** או **התודעה ההלכתית** ישתאה לגלות את היקף בקיאותו של הרב במכלול מסורת המחשבה המערבית.[22] בירידתו למעמקי הידע הכללי גילה הרב הבנה כשל בן בית – הבנה לעוצמתו וליופיו של ידע זה מחד, וכן לסכנה שהוא טומן לנפש הדתית מאידך. למעשה, הרב סולוביצ׳יק הוא כמעט היחיד בין גדולי התורה של העת החדשה שזכה להשכלה פילוסופית רצינית ושהתמיד כל חייו להתעניין בנושאים אלה.[23] לעתים, השכלתו של הרב משרה על כתביו נופך קצת מיושן (כעת, כאשר "הפילוסופיה המודרנית" של שנות העשרים של המאה הקודמת אינה מודרנית עוד); אך בכללותה היא מסייעת לו בשפיכת אור חדש על עניינים מוכרים ומעמיקה את תובנתו על העימות שבין הדת והעולם המודרני.

בברלין גם פגש הרב סולוביצ׳יק טיפוס חדש של רב: הרב הבקי בשיטות הלימוד המסורתיות, שגם השתלם בשיטות ביקורת אקדמיות. הוא התחבר לשני תלמידי חכמים אורתודוקסים מבריקים ומרתקים מהסוג הזה: הרב יחיאל יעקב ויינברג (1884–1966, תרמ"ד-תשכ"ו), מחבר שו"ת "שרידי אש" וראש הסמינר לרבנים ע"ש הרב הילדסהיימר, והרב חיים הלר (1879–1960, תרל"ט-תש"כ), ראש "בית המדרש העליון", שהיה לו לדמות אב. היות שהגיע חמוש בתפיסת בריסק, גילה הרב כי אין הוא מוצא עניין רב במחקר אקדמי הנוקט

22. כך, למשל, בהערה בודדה (מס׳ 4) ב**איש ההלכה** דן הרב בהוגים סרן קירקגור, גאורג וו׳ פ׳ הגל, קרל בארת׳, רודולף אוטו, ז׳ן ז׳אק רוסו, אנרי ברגסון, פרידריך ניטשה, לודוויג קלאגס, אוסוולד שפנגלר ומרטין היידגר.

23. עיינו למשל בהשוואה לרב קוק בפרק 22 להלן. מעניין לציין כי אף שהרב כתב מאמרים התומכים בציונות, הוא מעולם לא טרח, בניגוד לרש"ר הירש לפניו או לרב אהרן ליכטנשטיין אחריו, לכתוב מאמרים המצדיקים את עיסוקו בחכמת האומות. עיינו אצל R. Yitzchak (Isadore) Twersky, "The Rov," in *Rabbi Joseph B. Soloveitchik: Man of Halacha, Man of Faith*, ed. R. Menachem Genack (Hoboken, NJ, 1998), pp. 23–34; וכן David Shatz, "The Rav and Torah u-Madda," in *Mentor of Generations: Reflections on Rabbi Joseph B. Soloveitchik*, ed. Zev Eleff (Jersey City, 2008), pp. 210–217.

גישה ביקורתית־היסטורית. עם זאת, הוא הקפיד לשמור על קשר קרוב עם הרב הלר, שלימים עבר לניו יורק. הספדו העילאי לרב הלר אינו רק מחווה מרגשת לָאיש, אלא הצגה חשובה של כמה מהרעיונות המרכזיים בהגות הרב.[24]

נישואין

המפגש החשוב והגורלי בשהותו של הרב בברלין התרחש כאשר פגש את אשתו לעתיד, ד"ר טוניה (לוויט) סולוביצ'יק (1904–1967, תרס"ד-תשכ"ז). טוניה לוויט הייתה סטודנטית באוניברסיטת יֶנָה (Jena), ובה קיבלה דוקטורט בחינוך. היא הכירה את הרב סולוביצ'יק באמצעות אחיה, שהיה חברו של הרב לספסל הלימודים באוניברסיטת ברלין. אף שנצר למשפחת סולוביצ'יק המפוארת היה אמור להשתדך עם בתו של רב חשוב או לכל הפחות עם בתו של גביר, הרב הלך אחר אהבתו ונישא ב-1931 לטוניה לוויט בעלת הייחוס הפשוט והאמצעים הדלים.

כבר אמרנו שמערכת היחסים של הרב עם רעייתו הייתה אחת משתי מערכות היחסים המשמעותיות בחייו. הוא רחש כלפיה הערכה לאין קץ; בהקדשתו בתחילת **איש האמונה הבודד** כתב: "לטוניה: אישה בעלת אומץ לב רב, הדר עילאי, מחויבות מוחלטת וכנות שאינה יודעת פשרות". הוא כיבד את דעתה ושמע בעצתה, בעניינים מעשיים ובעניינים אינטלקטואליים כאחד. בעקבות עצתה שינה את נושאי השיעורים שנשא ביום השנה לאביו אשר משכו אלפי שומעים, ועסק בהן בעניינים שידברו גם אל לבם של אלה שאינם תלמידי חכמים (כמו תפילה, קריאה בתורה ומועדים).[25] שנה וחצי לאחר פטירתה ב-1967,

24. ההספד "פליטת סופריהם" מופיע **בדברי הגות והערכה**, עמ' 137–162.
25. החלקים ההלכתיים מתוך כמה מדרשות אלו קובצו בשני כרכי **שיעורים לזכר אבא מרי ז"ל** (ירושלים, תשמ"ב, תשמ"ה; מהדורה מתוקנת, תשס"ג).

בתום מאבק ארוך במחלת הסרטן, סיפר בדרשת התשובה השנתית שלו כיצד נהג להתייעץ עמה בטרם נשא דברים:

> הגעגועים לזה שהלך ואיננו קשים כשאול. הנפש יוצאת מגעגועים עד שאי אפשר להתגבר עליהם... לפני ימים אחדים שוב ישבתי וכתבתי את דרשת התשובה השנתית. תמיד הייתי מדבר עליה עם אשתי, היא הייתה עוזרת לי בגיבוש הרעיונות, בליטושם. גם השנה כתבתי את הדרשה, כשאני שואל אותה: "אולי תוכלי לעזור לי? שמא כדאי להרחיב או לצמצם רעיון זה או אחר? שמא עלי להדגיש נקודה פלונית?" שאלתי, אבל כל מענה לא בא. אפשר שהיה הד־קול לשאלתי, אבל הוא נבלע עם משב הרוח באילנות ואליי לא הגיע.[26]

ב**איש האמונה הבודד** מבחין הרב סולוביצ'יק בין "בדידות" ל"לְבַדִּיּוּת".[27] נטייתו הטבעית לבדידות הושְׂגבה בהגותו לדרגת אידיאל, המתבטא בתחושה עזה של יְחִידִיּוּת, ואותה הוא מכנה "לבדיות". אדם יכול להיות "לבדו" גם – ואולי דווקא – כאשר הוא מוקף חברים, עמיתים ובני משפחה. זהו כוח בונה הדוחף את האדם אל עבר ייעודו האישי, ובה בעת מניע אותו לחפש קשר־עומק עם אלוקיו ועם חבריו בני האדם. "בדידות", לעומת זאת, היא רגש הרסני. זוהי תודעה של היעדר חברה, תחושה שהאדם נטוש ועזוב. הקטע שציטטנו כאן מדגיש את תודעת הבדידות הכמעט בלתי נסבלת שחש הרב לאחר מות אשתו. מסופר שאמר כי "לאחר מות אבי, חשתי כאילו אחד מקירות ביתי קרס. לאחר מות אשתי, חשתי כאילו הבית כולו קרס וחרב".[28]

26. **על התשובה**, עמ' 180.
27. הבחנה זו מופיעה גם ב"קול דודי דופק", עמ' 51-55.
28. במכתב ששלח לגב' מרים שילה כארבעה חודשים לאחר פטירת זוגתו, כתב הרב: "אני מבקש סליחה על אשר לא נזדקקתי לאיגרתה בתכיפה ואיחרתי עד כה. קשה הייתה עלי, וגם עדיין קשה היא הכתיבה. שקוע הנני באבלות על

1967 הייתה לרב שנה קשה מנשוא: בתוך כמה חודשים נפטרו אשתו, אמו ואחיו. אף שהצליח לשוב לעבודת הוראה פורייה לאחר תקופת המשבר (הוא אף אמר שלימוד התורה והפצתה הם שסייעו לו להתגבר עליה), הדיה נשמעים לאורך כל כתיבתו שמאז ואילך.

רבים מייחסים לשנות השישים המוקדמות שינוי משמעותי במזגו של הרב. בנאום בישיבה יוניברסיטי בסוף ה"שלושים" לרב סיפר בנו, פרופ' חיים סולוביצ'יק, על חוויותיו השונות בשיעור הגמרא של הרב. בשנות הארבעים והחמישים היה הרב "הר געש, לביא המסתער על הכיתה... הוא היה יכול להתכווץ כנמר ולקפוץ לשמע שגיאה קלה שבקלות מפיו של תלמיד". אולם כאשר נכנס לשיעורו של הרב ב-1969 נדהם לגלות שאביו הפך "עדין, מאופק, דבר כמעט לא הרגיז אותו". מה גרם לשינוי?

לפי פרופ' סולוביצ'יק, אביו של הרב החדיר בו את הנחת היסוד כי ניתן להשיג כל דבר באמצעות מאמץ. ואכן, בניגוד לרושם שנוצר, לרב לא הייתה קריירה מטאורית. ארבעים שנות חייו הראשונות היו התגברות בלתי פוסקת על מכשולים: מלחמה, עוני, אנטישמיות, פוליטיקה ועוד. ר' משה והרב סברו כאחד שבדרך כלל טעות אינטלקטואלית דינה ככישלון מוסרי: כישלון הרצון וההשתדלות. הרב סולוביצ'יק הגיב לטעויות בזעם מכיוון שסבר שהן מעידות על עצלות והתפנקות. לוּ היו התלמידים משתדלים יותר, לו היה אכפת להם יותר, היו יכולים להבין טוב יותר את החומר הנלמד (כמובן, לעצמו הוא הציב אותו רף גבוה, והקדיש שעות ארוכות להכנה אינטנסיבית של שיעוריו). עם זאת, בשנות השישים נאלץ הרב להתמודד עם מחלת הסרטן שהכתה פעמיים: אותו ואת אשתו. במקרה שלו הסרטן הוכרע,

מות רעייתי החביבה, בבת עיני וחמדת נפשי, זיכרונה לברכה. עולמי התמוטט וחרב. כאמור, גם עכשיו אני כותב בדמע ובדם לבי הקרוע והמורתח" (**איש על העדה**, עמ' 251). וכן כתב באותה עת לידידו השר חיים משה שפירא: "האבלות שברה לא רק את חצי גופי כי אם את כל גופי, רוחי ונשמתי" (תודתי נתונה לעמנואל כהן, נכדו של השר שפירא, על אשר העמיד לרשותי איגרת זו).

אך את אשתו, כאמור, הכריע. בנקודה זו, גילה הרב את תחושת חוסר האונים; לא תמיד די בכוח הרצון. הדבר חולל שינוי בגישתו לתלמידיו. הרב השלים עם המגבלות והפגיעות שבחיי האדם.

השינוי במזגו של הרב משתקף גם בשינוי המוקד בכתביו. בחיבוריו משנות השישים והשבעים זוכים לבולטות רבה מוטיבים של כישלון, ענווה, צמצום, הגבורה שבתבוסה והתלות הכמו־ילדותית באלוקים. אף שמוטיבים אלו מופיעים גם בכתביו המוקדמים, שם הם צדדיים הרבה יותר.

ארה״ב – מחנך ומנהיג רוחני

זמן קצר לאחר הגעתו לארצות הברית ב־1932, מונה הרב סולוביצ׳יק לרבה הראשי של הקהילה האורתודוקסית בבוסטון. גם לאחר שירש ב־1941 את מקומו של אביו בישיבת רבנו יצחק אלחנן של ישיבה יוניברסיטי שבניו־יורק, המשיך הרב בתפקידו הקהילתי בבוסטון, ובמשך יותר מארבעים שנה נסע הלוך ושוב בין שתי הערים. כך מתאר הרב אהרן ליכטנשטיין את גישתו של הרב למוסד הרבנות הקהילתית:

> כחניך המסורה שהדגישה את התפקיד השכלי שברבנות מעבר לתפקיד רועה הקהילה, תפיסתו של הרב סולוביצ׳יק הייתה שהרב הוא בראש ובראשונה תלמיד, למדן ומחנך. לפיכך הקדיש את כל מרצו להפצת לימוד התורה המעמיק. הוא ניסה להחדיר מודעות כללית לערכי היהדות המסורתית ולרלוונטיות שלהם לחיים המודרניים. לכן, בזכות הדרשות – נאומים ארוכים בציבור המשלבים הלכה, דרוש ומחשבה – ובזכות שיעורי ההלכה השבועיים שהעביר לבעלי בתים, וכן בזכות הבנתו הפילוסופית העשירה של טבע האדם, הלך שמו לפניו כאיש חכמה ולמדנות.[29]

29. "R. Joseph Soloveitchik," p. 285.

אין להסיק מכך שהרב הזניח את תפקידיו המקובלים של רב הקהילה (פסיקה בשאלות הלכתיות, ייעוץ, עריכת חופות והלוויות וכדומה), אלא שהוא לא ראה בהן את מרכז תפקידו. כל רכיב בפועלו המגוון – מורה, תלמיד חכם, רב בית כנסת ומנהיג ציבור – נסך מִשנֶה עומק ומשנה רוחב בכל אחד מיתר הרכיבים.

השפעתו הגדולה ביותר של הרב סולובייצ׳יק הייתה כראש ישיבה בישיבה יוניברסיטי, שבה לימד מ-1941 עד 1985. במסגרת זו עברו תחת ידיו אלפי תלמידים ברמה מתקדמת. המוניטין שיצא ליצירתיות, לבהירות ולבוננות שלו הביא אנשים מכל רחבי העולם לקנות ממנו דעת. תלמידיו, שרבים מהם מילאו לימים משרות הוראה ורבנות בארצות הברית ובישראל, המשיכו לראות בו מורה־דרך שנים רבות לאחר שעזבו את הישיבה, ובכך הרחיבו עוד את מעגל השפעתו.

שיעור הגמרא של הרב היה מוקד פעילותו, אבל גם יותר מכך: הוא היה העדשה שדרכה ראה את כל השאר. הרב הגדיר את עצמו לעתים קרובות כ״מלמד״, וציין שכל מלמד הולך בדרכי הקב״ה, שהוא ״המלמד תורה לעמו ישראל״. במידה רבה, הגותו נובעת מעיסוקו בהלכה. אף שלהגותו ממדים אוניברסליים, היא מעוגנת בהלכה והיא בוחנת את תפקיד ההלכה בתיווך בין האדם לאלוקיו, לעולמו ולעצמו. למעשה, חלק ניכר מהגותו של הרב סולובייצ׳יק הוא ניסיון לחלץ את הפילוסופיה הגלומה במקורות ההלכה, היפוכה של כפיית רעיונות ממקורות פילוסופיים חיצוניים עליה. ניתן לנסות לעשות זאת אך ורק לאחר לימוד מדוקדק של ההלכה ומתוך שימוש בשיטות העיון הייחודיות לה – וללימוד מדוקדק זה נתן הרב את מרב חילו בשיעוריו. כתומך נלהב ב״לימוד תורה לשמה״, הוא סבר שערך לימוד התורה איננו תלוי בתרומתו להשגת מטרה אחרת כגון ניסוחה של השקפת עולם יהודית. עם זאת, הרב ראה בלימוד תורה הרבה יותר מאשר עוד מצווה מתוך התרי״ג. התורה, גרס, היא המקור המרכזי להבנת רצון ה׳; היא מעניקה לנו ידע על עצמנו ועל עולמנו;

היא מצרפת אותנו אל שרשרת המסורה, המכונה בפי הרב ״קהילת המסורה״; והיא מאפשרת לנו לפגוש את האלוקים ברובד החווייתי.

הרב לימד גם מחשבת ישראל במשך שנים רבות בבית הספר הגבוה ע״ש ברנרד רבל בישיבה יוניברסיטי. שעורים אלו, טכניים למדי באופיים, עסקו בדרך כלל במחשבת הרמב״ם. בהם, ובשיעורים אחרים, חתר הרב אל אחד ממהלכיו הנועזים ביותר, שאמנם, משום מה, רק מעטים השגיחו בו: הוא ניסה להציל את מחשבת הרמב״ם מהתיישנות. אף שלכאורה המסגרת האריסטוטלית שמחשבת הרמב״ם פועלת בתוכה גורעת מהרלוונטיות שלה בעולם המחשבה היהודית בעידן המודרני, הרב סולובייצ׳יק נתן פרשנות מחודשת לכמה מן הדוקטרינות של הרמב״ם כדי לשמר את תוקפן גם בעת החדשה.[30]

לצד תיעול כישרונו ומרצו המופלאים להכשרת תלמידי חכמים, הקדיש הרב מאמצים עילאיים ללמד ״בעלי בתים״. מדי שבוע קיים בבוסטון ובניו יורק שיעורים בחומש ובגמרא שמשכו קהל רחב, והדרשות השנתיות שנשא בעשרת ימי תשובה ובימי השנה של אביו ושל אשתו משכו למדנים ושאינם למדנים כאחד. הרב דרש בצורה דרמטית ומרתקת, הן באנגלית והן ביידיש, שפת אמו,[31] והיה בכוחו לרתק קהל במשך שעות. הוא ניחן גם ביכולת נדירה להגיע אל מגוון רחב של קהלים (מבוגרים וילדים, למדנים ובעלי בתים, אורתודוקסים ושאינם אורתודוקסים, יהודים ולא־יהודים), איש איש ברמתו. הייתה זו תוצאה של היחשפותו למגוון רחב של אנשים ובעיותיהם, של רגישותו הפסיכולוגית החדה, ושל הכישרון הפדגוגי והרטורי שהיה טבוע בו.[32]

הרב סולובייצ׳יק גם הקדיש תשומת לב ניכרת לחינוך ילדים, בהאמינו שהחינוך בגיל זה הוא המפתח להישרדותו של עם ישראל

30. ניסיון זה בולט במיוחד **בובקשתם משם**; ראו פרק 33 להלן.
31. וכן בעברית – אלגנטית וספרותית – בקורסים שהעביר בחודשי הקיץ בבית הספר הגבוה ע״ש ברנרד רבל.
32. יכולות רטוריות אלו של הרב מפליאות אף יותר על רקע העובדה שהרב למד אנגלית רק בבגרותו, כשפה חמישית או שישית.

ולניהול אורח חיים יהודי חדור במשמעות. זמן קצר לאחר בואו לבוסטון הקים הרב את ישיבת הרמב"ם (Maimonides School באנגלית), בית הספר היהודי הראשון בניו אינגלנד. הוא ורעייתו הקדישו את כל מרצם לדאוג להצלחת בית הספר, הן בתחום גיוס התרומות הן בתחום ההדרכה החינוכית. בית הספר רמב"ם שימש מופת רב־השפעה לתנועת בתי ספר היהודיים, במיוחד בחשיבות שייחס לחינוך תורני לבנות.

הרב היה תחילה חבר "אגודת ישראל" הלא־ציונית, אך שינה את דעתו בנושא והפך נשיא כבוד של תנועת המזרחי הציונית־דתית.[33] ביקורו היחיד בארץ ישראל היה ב-1935, כאשר התמודד לתפקיד רבה האשכנזי הראשי של תל אביב ונכשל.[34] בשנת 1960 הוצעה לרב משרת הרב הראשי לישראל, אך הוא דחה את ההצעה בטענה שהרב הראשי לישראל אינו עצמאי מלחצי המערכת הפוליטית, ושהפונקציה שלו פקידותית ולא חינוכית.[35] אין ספק שדאגתו של הרב לקהילה שיאלץ להותיר מאחוריו באמריקה הייתה גורם נוסף בהחלטתו.

הרב השפיע רבות בזירה הציבורית גם כיו"ר ועדת ההלכה של "הסתדרות הרבנים דאמריקה". הוא היה אחראי לניסוח כמה מהקווים המנחים של מדיניות הרבנות האורתודוקסית־מודרנית, ובהם ההתנגדות החריפה לישיבה מעורבת בבתי כנסת ולשיח בין־דתי בנושאי אמונה (בניגוד לשיח בנושאי צדק חברתי).[36] עם זה, השפעתו המרכזית נבעה

33. השקפותיו לגבי הציונות מופיעות ב"קול דודי דופק" ובדרשותיו לתנועת המזרחי שקובצו **בחמש דרשות**. עיינו עוד בפרקים 25-27 להלן.
34. בהזדמנות זו נפגשו שני הוגי הדעות המרכזיים של הציבור הדתי לאומי, הרב סולוביצ'יק והרב אברהם יצחק הכהן קוק. עוד על הרב קוק והרב סולוביצ'יק ניתן לקרוא בפרקים 22 ו-27 להלן.
35. עיינו **באיש על העדה**, עמ' 205-222; R. Jeffrey Saks, "Rabbi Joseph B. Soloveitchik and the Israeli Chief Rabbinate: Biographical Notes", *BDD* 17 (2006), pp. 45-67; ובפרק 25 להלן.
36. על אודות עמדות אלה ואחרות, עיינו בפרק 18 להלן.

לא מתפקיד רשמי זה או אחר שמילא, אלא דווקא מעומקו הלמדני והדתי ומהכריזמה יוצאת הדופן שניחן בה.

חתימה

היו שהציעו לראות בכתבי הרב בכללם אוטוביוגרפיה רוחנית ואינטלקטואלית. ואכן, בבואנו לעיין במחשבת הרב, אנו יוצאים למסע מרגש ודרמטי, ממש כנפשו הסוערת של הרב עצמו. יאה אפוא לסיים בדבריו של הרב אהרן ליכטנשטיין, שיש בהם תיאור יפהפה של היבט מרכזי במורשת הרב:

> ויליאם בטלר ייטס אמר פעם שאדם כותב רטוריקה על התמודדותו עם הזולת – ושירה על התמודדותו עם עצמו. כנואם, לא היה שני לרב בכל עולם התורה. אך המשורר שבו הוא שנגע ללבנו והרטיט את נשמותינו. הוא פתח בפנינו אופקים חדשים של חוויה רוחנית, אופקים שבהם הדרמה שבקיום האנושי, קרי העימות עם העצמי, עם הקוסמוס ומעל לכול עם ריבונו של עולם – וכל זה בתוך הקשר של חיים הלכתיים בניסוחם הבריסקאי המדוקדק ביותר – טעונה בעוצמה ובמשמעות שלא חשנו בהן עד כה. אל נאמר שעסקנו בחיפוש של **ובקשתם משם** אך כשלנו; כי לאמתו של דבר, מעולם לא חשבנו במונחים הללו. אל נאמר שחשנו את רטט היראה שאנשי ונשות האמונה הבודדים חשים כשהם שקועים בטרדות האמונה היומיומית והשגרתיות, אבל באקורד מינורי; רובנו, לאמתו של דבר, פשוט לא עמדנו בפני מציאות זאת. הרב, לעומת זאת, חש בה. הוא חווה את שהחמצנו בשני קצות המנעד, אם לנקוט דיכוטומיה אהובה עליו: בגדלות המוחין, קרי העומק והכוח של שכל רב־עוצמה המשתלט על סביבתו ומשפיע עליה; ובקטנות המוחין, בפשטות כשל ילד: לא כמופת לקיום ההוליסטי והאינטואיטיבי שהרומנטיקנים העלו על נס,

אלא כאב־טיפוס לנפש שפלת רוח וחסרת אונים המדדה לעבר אביה ומבקשת נחמה בו ובאמצעותו.

משהו מחוויה זו העביר לנו הרב בערוצים שונים, ובעשותו כך עורר בנו את הרגישות לצורך בממד מלא יותר בעבודת ה'. הבזקים של מה שראה והראה מרתקים ורודפים אותנו כאחד; צלילים של מה ששמע ואמר מהדהדים באוזנינו; נימים מתחושותיו רוטטים בליבותינו. אך מעבר לפרטים, אחזו בנו דמות דיוקנו של רבנו – בעלת הוד אך רגישה, שובת לב אך בסופו של דבר עדיין בלתי ניתנת לפענוח – והמסע הרוחני שלו. בביתנו תלויות שתי תמונות של הרב. באחת הוא מופיע וחיוך מקסים פרוש על פניו; באחרת הוא רכון בהרהור, עוטה הבעה קודרת וכמעט עגומה. בהביטי בזו האחרונה, אני נזכר בשורותיו של ויליאם וורדסוורת המתארות את פסלו "שֶׁל נְיוּטוֹן, עִם פָּנָיו הַדּוֹמְמִים / עֵדוּת שֵׁישִׁית לְתוֹדָעָה שֶׁנֶּצַח / לְבַד נוֹסַעַת בְּיָם זָר שֶׁל דַּעַת". אך לגבי הרב אין מדובר בתודעה בלבד, כי אם גם בנשמה; לא בדעת בלבד, כי אם גם בחוויה; ומעבר לכל, לא בשיש בלבד, כי אם בנפש אדם נלהבת.[37]

לעיון נוסף

1. **ביוגרפיה:** טרם נכתבה ביוגרפיה באורך מלא על הרב. בינתיים, ראו במקורות הבאים: ר' אהרן רקפת־רוטקוף, "ביוגרפיה של הרב יוסף דוב הלוי סולוביצ'יק", בתוך **אמונה בזמנים משתנים: על משנתו של הרב יוסף דוב סולוביצ'יק**, ערך אבי שגיא (ירושלים, תשנ"ז), עמ' 17–41; ובאנגלית: R. Aharon Lichtenstein, "R.

37. "The Rav at Jubilee: An Appreciation," *Tradition* 30:4 (Summer 1996), pp. 50–51. מאמר זה הודפס גם בספרו של הרב ליכטנשטיין, *Leaves of Faith: The World of Jewish Learning* (Jersey City, 2003), pp. 189–205. המובאה מוורדסוורת מתוך החלק השלישי של The Prelude, תורגמה לצורך ספר זה בידי צור ארליך.

Joseph Soloveitchik," in *Great Jewish Thinkers of the Twentieth Century*, ed. Simon Noveck (New York, 1963), pp. 281–297; R. Aaron Rakeffet-Rothkoff, *The Rav: The World of Rabbi Joseph B. Soloveitchik*, 2 vols. (Hoboken, NJ, 1999); Shulamit Soloveitchik Meiselman, *The Soloveitchik Heritage: A Daughter's Memoir* (Hoboken, NJ, 1995); R. Seth Farber, *An American Orthodox Dreamer: Rabbi Joseph B. Soloveitchik and Boston's Maimonides School* (Hanover, NH, 2004).

ישנו גם סרט תעודה על הרב: *Lonely Man of Faith: The Life and Legacy of Rabbi Joseph B. Soloveitchik* **בבימויו של איתן אייזנברג (2006).**

מקורות רבים עוסקים ברושם שהותיר הרב על אחרים. ראו, למשל, המאמרים וההספדים לזכרו שהופיעו בספרים הבאים: הרב אהרן ליכטנשטיין, "דברי הספד על מרן הגאון רי"ד הלוי סולוביצ'יק זצוק"ל", **מסורה** חוברת ט (תשנ"ד), עמ' ח-לג (החוברת זמינה באתר yutorah.org - ראו http://tinyurl.com/mesorah9); הרב צבי שכטר, **נפש הרב** (ירושלים, 1994), במיוחד עמ' 5-33; R. Menachem Genack, ed., *Rabbi Joseph B. Soloveitchik: Man of Halacha, Man of Faith* (Hoboken, NJ, 1998); Michael Bierman, ed., *Memories of a Giant: Eulogies in Memory of Rabbi Dr. Joseph B. Soloveitchik zt"l* (Jerusalem, 2003); Zev Eleff, ed., *Mentor of Generations: Reflections on Rabbi Joseph B. Soloveitchik* (Jersey City, 2008).

2. **ביבליוגרפיה:** ראו עמ' 545 להלן.

פרק 2

"הקהילה": יחיד וציבור

דומני כי דרך טובה להיכנס בשערי מסותיו המרכזיות והמורכבות[1] של הרב סולוביצ'יק היא לימוד מקדים של שלושה מאמרים קצרים ונגישים יותר שפורסמו בכתב העת של הסתדרות הרבנים באמריקה 'טרדישן',[2] ולאחר מכן תורגמו לעברית[3] והודפסו בספר **דברי הגות והערכה**. מאמרים אלה – "הקהילה", "גאון וענווה" ו"צירוף" – נכתבו בתקופות שונות (1976, 1973 ו-1962 בהתאמה), אך סידור המאמרים ב'טרדישן' מן המאוחר למוקדם נעשה בכוונה תחילה, ובמטרה שייקראו כיחידה אחת.[4] בפרקים הבאים אשתמש במאמרים אלו כדי להציג כמה נושאים מרכזיים בהגותו הדתית של הרב סולוביצ'יק.[5]

1. כפי שנראה בהמשך, מאמריו הארוכים של הרב סולוביצ'יק דורשים מאמץ מצד הקורא, אלא שהמעז להתמודד איתם בא על שכרו. בספרנו זה ננסה להקל במשהו על הקורא בעזרת רקע, הסברים וסיכומי נושאים עיקריים.
2. *Tradition*, גיליון 17:2, אביב 1978. לאחר שנים רבות בהן המאמרים לא היו בהישג יד בשפתם המקורית, הם קובצו לאחרונה בספר *Confrontation and Other Essays* (Jerusalem, 2015).
3. בידי פרופ' אביעזר רביצקי.
4. כך שמעתי מפי הרב שלום כרמי, שסייע לרב להכין את מאמריו לדפוס. משום מה, סדר המאמרים ב**דברי הגות והערכה** שונה.
5. פרקים אלה, כמוהם כשאר פרקי ספרנו, אמורים **ללוות** את קריאת המאמרים אך אינם מהווים **תחליף** להם.

היחיד והקהילה

די במבט חטוף בשמות חיבוריו של הרב סולוביצ׳יק – **איש ההלכה**, **איש האלוקים** (שמו המקורי של **ובקשתם משם**), **איש האמונה הבודד** ואחרים[6] – כדי לגלות שהרב מתמקד בראש ובראשונה באדם היחיד, במאבקיו ובגאולתו.[7] ענייני ציבור, מהלכים היסטוריים ושאלות הנוגעות ללאומיות מעסיקים את הרב הרבה פחות. בראש מעייניו עומדים דווקא האיש או האישה הבודדים, המבקשים משמעות והתעלות על-עצמית, ומחפשים עוגן בעולם קר ומנוכר לכאורה.

אין פירוש הדבר שהרב מתעלם מהפן הקהילתי שבחיי האדם.[8] לא איש כמוהו, הנטוע באדמת ההלכה, יעשה כן, שהרי ההלכה פונה לציבור וליחיד כאחד. אי אפשר להבין את האדם רק מתוך בחינתו כברייה בודדה; יש להתייחס אליו גם כחלק מקהילה. החיים בקהילה הם צורך אנושי בסיסי, והמבקש להבין סוג מסוים של אדם צריך לבחון גם את סוג הקהילה שהוא יוצר. הרב אכן עושה זאת שוב ושוב בכתביו. ב**איש האמונה הבודד**, למשל, לאחר שהרב משרטט את דמויותיהם של שני טיפוסי האדם (איש ההדר ואיש הברית) המתוארים בשני סיפורי הבריאה במקרא, הוא מנתח את מאפייני הקהילות שכל טיפוס מקים.

זה המקום להערה בדבר המתודולוגיה של הרב סולוביצ׳יק. אפשר לתאר חלק ניכר מהגותו של הרב כ״אנתרופולוגיה פילוסופית״, תיאור סוגים שונים של אישיויות אידיאליות (אידיאליות במובן מובהקות, מופשטות – כמו האידיאה האפלטונית). במציאות, כל אדם עשוי להכיל בתוכו שלל טיפוסים שונים. אך פירוק היחיד

6. אף כי שלושת החיבורים האלו הופיעו כמאמרים, כל אחד מהם כמוהו כספר בהיקפו ובאורכו, ועל כן אציין את שמם לרוב בלי גרשיים.
7. בפרקים הבאים נדון בהבנת המושג ״גאולה״ בכתבי הרב.
8. לעניין עם ישראל במחשבת הרב, עיינו **בלעיון נוסף**, 1.

לגורמיו נועד להמחיש את האחידות הפנימית במגמתה של כל אישיות, ועל ידי כך להיטיב להבין את בן־הכלאיים שנוצר מצירוף הרכיבים האידיאליים. בדוגמה שלנו, איש ההדר ואיש הברית, כל אדם אמור להכיל משהו מכל אחד מהטיפוסים הללו, אך כדי להצליח לנהל כיאות את הדיאלקטיקה הנוצרת בתוכו ביניהם עליו להבין כל מרכיב בנפרד. נדון במתודולוגיה זו ביתר הרחבה בפרקים העוסקים ב**איש האמונה הבודד** וב**איש ההלכה**.

ניסוח השאלה

הרב פותח את מאמרו "הקהילה" בהצגת הפולמוס הפילוסופי והפוליטי הקיים בין התפיסה הקיבוצית (קולקטיביזם) והתפיסה הפרטית (אינדיבידואליזם). פולמוס זה בא לידי ביטוי בתקופתו בסכסוך שבין המזרח הקומוניסטי והמערב הליברלי. לאחר מכן טוען הרב:

> היהדות דוחה את שתי ההשקפות כאחד... שתי ההתנסויות, הן הבדידות והן תחושת הצוותא, כרוכות זו בזו כיסודות בסיסיים של תודעת האני. (עמ' 223)

אך כפי שמציין הרב בהמשך, תשובה זו אינה עונה במדויק לשאלה איזו שיטה פוליטית עדיפה. הרב אינו מבקש כלל לעסוק בשאלה פוליטית או חברתית־כלכלית, אלא דווקא בשאלה "מטפיזית־קיומית":

> האם בנסיגה מן החברה או בצוותא – היכן מוצא האדם את עצמיותו האמתית? (עמ' 225)

ניסוח זה של שאלתו המרכזית של המאמר חושף את מגמתו האמתית של הרב סולוביצ'יק. הרב דן בשאלת הקהילה לעומת היחיד מנקודת המבט של **היחיד**: היכן מוצא **היחיד** את הגשמתו, כשהוא לעצמו או

בהשתייכותו לקבוצה? קולקטיביזם גמור, אידיאולוגיה הרואה את היחיד ככפוף לכלל ושואב ממנו את זכויותיו ואת זהותו, אינה בגדר אפשרות בעיני הרב.[9]

בריאת האדם

כדרכו של הרב בבקשו לעמוד על טיבו היסודי של המין האנושי, הוא פונה אל פרשיות בריאת האדם בתורה.[10] יש לזכור, כמובן, שסיפור הבריאה הינו בעל חשיבות אוניברסלית; אדם וחווה אינם מולידי עם ישראל בלבד, אלא הורי האנושות כולה. לפיכך, דברי הרב המובאים כאן (ובשאר מאמריו העוסקים בגן עדן) נוגעים לא רק ליהודים, אלא לכל בני האדם. עם זאת, בתור רב, עיקר עניינו הוא בהשפעת התיאור בפרשיות אלו על עם ישראל ובמציאת ביטויים הלכתיים למוטיבים אוניברסליים אלה.

מצד אחד, המקרא מתאר את האלוקים כבורא אדם כיצור יחיד ("וַיִּיצֶר ה' אֱ־לֹהִים אֶת הָאָדָם", בראשית ב, ז). מצד שני, האלוקים מכריז "לֹא טוֹב הֱיוֹת הָאָדָם לְבַדּוֹ" (שם ב, יח), ולכן הוא בורא את האישה ומאחד ביניהם. מכך שהאלוקים יוצר את האיש והאישה כבריות בודדות, אך גם מאחד אותם לקהילה, אנו למדים שהיהדות מכירה בצורך ביחיד קהילתי וכן בצורך ביחיד בודד.

9. אף שהרב סולוביצ'יק אינו סבור שמשמעותו של היחיד נובעת אך ורק מחברותו בקהילה, הוא גם אינו סבור שהקהילה מקבלת את משמעותה אך ורק מכך שתורמת להגשמת היחיד. ליחיד יש משמעות ללא קשר לקהילה, כפי שנראה מיד, ולקהילה יש משמעות ללא קשר ליחיד, כפי שנראה בהמשך הפרק ובפרקים העוסקים ב"קול דודי דופק".

10. דוגמאות נוספות מופיעות ב"ממעמקים", **איש האמונה הבודד**, "גאון וענווה", "אדם וחווה" (המופיע **באדם וביתו**) ו-*The Emergence of Ethical Man*.

> המענה לשאלתנו מענה דיאלקטי הוא: האדם הוא זה אף זה... לאמתו של דבר, גדלות האדם משתקפת בסתירה הפנימית שבקרבו, בטבעו הדיאלקטי, בהיותו יחידי ובלתי קשור באיש, עם התייחסותו ל-אַתָּה והשתייכותו למבנה קהילתי. (עמ' 224)

מעניין לבחון את הפסוקים שהרב בוחר כסימוכין לשתי עמדות אלו. הרב מצטט שני פסוקים מפרק ב' בספר בראשית, האחד מתאר את בריאת האדם והשני את "נישואיו". לכאורה, מתבקש היה להעמיד כמקור לניגוד בין תורת הבדידות לתורת הצוותא את העימות בין פרק א' ופרק ב' בספר בראשית. בפרק א', האיש והאישה נבראים יחד ("...זָכָר וּנְקֵבָה בָּרָא אֹתָם", א, כז), ואילו בפרק ב' האדם נברא לבדו (ב, ז) והאישה מופיעה רק בהמשך.

סבורני שהרב בחר בכוונה תחילה להתמקד בפרק ב' ולמצוא בו את שני הצדדים. ב**איש האמונה הבודד** מתאר הרב סולוביצ'יק את הקהילה שיוצר האדם המופיע בפרק א' כקהילה תפקודית־תועלתנית, קהילה שבה אנשים עובדים יחד אך ורק למען רווחתם ההדדית ותו לא. האדם בפרק ב', לעומתו, חש חסר ללא חברה; מן הבחינה הקיומית לא טוב לְאדם זה להיות לבדו (ב, יח). אדם זה אינו מסתפק ביחסי עבודה פשוטים; עליו ליצור קשר עמוק, "קהילת מחויבות". קהילה זו אינה אמצעי פרגמטי גרידא, אלא חלק מהגדרתו כאדם.

"הקהילה" שהרב עוסק בה במאמר זה נמנית בבירור עם הסוג השני; זו קהילה "מתפללת, גומלת חסדים ומלמדת" (עמ' 237), הרבה מעבר לקולקטיב תפקודי. לפיכך, הגיוני הוא לנתח את פרק ב' ולא להכניס לדיון את פרק א'. בעשותו זאת הרב מבקש לטעון שבתוך ממד העומק של חיי האדם, עלינו להבין את ערך הבדידות והצוותא כאחד.[11]

11. הערה מתודולוגית: הרב נהג להסיק מסקנות שונות מאותו סיפור בכל פעם שלמד אותו מחדש, ממש כפי שעיין בסוגיה תלמודית מחדש והסביר אותה בצורה שונה בכל פעם שפגש בה. לפיכך, אין אנו מחויבים לקרוא את מאמריו

לפיכך, הקהילה כאן היא מעשה מקלעת של קשרים אישיים, ולא קיבוץ לאומי־מדיני.[12] אף שהרב משבח את ערכה של הקהילה, הוא דואג להדגיש שאל לה לבוא על חשבון האינדיבידואליות; אין להבליע את הזהות האישית בתוך הזהות הקיבוצית. ביסודו של דבר, אותה קהילה שהרב סולוביצ׳יק מוקיר כל כך מבוססת על האינדיבידואליות של כל חבר בה. כל אדם תורם את חלקו שלו לקהילה; ולפיכך, כל אחד משלים את יתר חברי הקהילה ועל כן אין לו תחליף. מבחינה זו הקהילה הרחבה – במקרה שלנו, כנסת ישראל – דומה לקהילת הנישואין המצומצמת:

> האיש והאישה משלימים זה את זו מבחינה קיומית: בצוותא הם יוצרים אישיות סגולית, ולא שותפות בעלמא. כמו הקהילה בכלל כך קהילת הנישואין – כוחה איננו גלום במשותף לכלל פרטיה אלא בייחודם וביחידותם. (עמ׳ 226)

אחדות כנסת ישראל

כמשתמע מהמובאה האחרונה, התלכיד של היחידים הייחודיים מתאחד, באורַח פרדוקסלי משהו, לכדי ישות אחת. במשפט האזרחי בימינו, תאגיד הינו ״אישיות״ משפטית עצמאית. נכסי החברה אינם נמצאים

כמקשה אחת. אמנם במקרה זה דומה שעלינו להתאים בין שני המאמרים. כפי שנראה, ״הקהילה״ שבכותרת המאמר היא, במונחי **איש האמונה הבודד**, קהילת אדם ב׳, ״קהילת האמונה והברית״.

12. הרב אינו מתעלם מהפן הלאומי־מדיני של הזהות היהודית. נעיין בתפיסתו הדו־ממדית בנושא הלאומיות היהודית כאשר נלמד את ״קול דודי דופק״ בפרקים 25–27 להלן. מעניין במיוחד לעמת את דעתו של הרב סולוביצ׳יק עם דעתו של הראי״ה קוק. כפי שנראה, ההבדלים ביניהם מובילים להערכות שונות של העבר, ההווה והעתיד של עם ישראל, אך מכיוון שאנו רק בתחילת דרכנו בלימוד משנתו של הרב סולוביצ׳יק, נניח להשוואות עד שנבסס את ידיעותינו בהגותו.

בבעלות המנכ"ל ואף לא בבעלות בעלי המניות, אלא בידי "התאגיד" עצמו. בדומה לכך, כנסת ישראל היא ישות או "אישיות" משפטית אשר בין השאר טוענת לזכות על ארץ ישראל וניחנה בסמכות המלאה לשלוט בלוח השנה העברי.

אבל כנסת ישראל היא יותר מישות משפטית בעלת זכויות. היא ישות מטפיזית על־זמנית שכרתה ברית עם האלוקים, ובמובן מסוים היא מתווכת בין כל יהודי לאלוקיו. ביום כיפור, למשל, על כל יהודי להשתדל להשיג כפרה הן כיחיד, הן כחלק מכלל ישראל. הדבר בא לידי ביטוי, בין השאר, באמירת הווידוי פעמיים – ראשית כיחידים, במהלך תפילת העמידה הנאמרת בלחש, ולאחר מכן כקהילה, בעת חזרת הש"ץ.

בווידוי הראשון, האדם נידון אך ורק על סמך מעשיו האישיים. לכן, בלא הקדמה, היחיד פוצח מיד באזכור חטאיו ומסיים את הווידוי בבקשת מחילה. בתור יחיד, אין לאדם זכות לדרוש שה' יכפר לו – ולפיכך, כפי שאומר הרב, וידוי זה אפוף אווירת חוסר ביטחון.

לווידוי הציבורי אופי שונה בתכלית. מתוקף ברית הנצח שכרת ה' עם כנסת ישראל, זוכים היהודים לכפרה מובטחת בתור עם.[13] האלוקים לעולם לא ישמיד את עם ישראל, ולא יחליף אותו באומה אחרת. בפתיחת הווידוי אנו מזכירים לקב"ה את הברית (על ידי אמירת י"ג מידות) ואת האהבה השוררת בינו ובין עמו (כמופיע בפיוטים שונים דוגמת "כי אנו עמך ואתה אלוקינו, אנו בניך ואתה אבינו... אנו רעייתך ואתה דודנו"). לאחר הווידוי על חטאינו, אנו מבקשים ואפילו דורשים כפרה לכנסת ישראל, שהרי הובטחה לה מחילה מימי קדם. בווידוי זה שוררת אווירת ביטחון ושמחה.[14]

13. ברית זו באה לידי ביטוי בי"ג מידות רחמים (ראו שמות לג, יב-לד, כו). חז"ל מרבים ליחס מעלה גדולה לתפילת הציבור על פני תפילת היחיד. בין השאר: "אין הקב"ה מואס בתפילתן של רבים" (ברכות ח ע"א); "דציבור נפישא זכותיה" (זכות הציבור מרובה מזכות היחיד; עבודה זרה ד ע"ב).

14. ניתוח שתי צורות הווידוי מופיע **בעל התשובה**, עמ' 155–160. הרב עוסק בשוני

בדידות וצוותא

משמצא במקרא ובהלכה מקורות לצורך בבדידות וגם לצורך בצוותא, מבסס הרב את הלבדיות כמציאות אנושית שלא ניתן לחמוק ממנה. במכחולו הדק הוא משרטט תמונות מכמירות לב של הלבדיות המתגלה כבלתי נמנעת אף במערכות היחסים הקרובים ביותר, כמו הניכור בין בני זוג שאחד מהם חולה סופני, ובדידותה של אם צעירה הקמה משנתה באמצע הלילה לתינוקה הבוכה, בעוד בעלה ממשיך בשנתו. מכאן ממשיך הרב ומסביר מדוע היה צורך לברוא את האדם כישות בודדה וחברתית כאחד. הצורך ביצירת האדם הבודד נובע משתי סיבות:

1. המקוריות והיצירתיות שבאדם נעוצות בהתנסותו בחוויית הבדידות ולא בתודעתו החברתית... האדם החברתי שטחי הוא – מחקה, מעתיק. האדם הבודד עמוק הוא – יוצר, מקורי.
2. איש בודד בן חורין הוא; איש החברה כבול באזיקים ובתקנות רבים. האלוקים רצה באדם שיהיה בן חורין. מפעם לפעם נתבע האדם להתריס כלפי העולם... רק לאדם הבודד ניתן הכוח להתיר את אזיקי השעבוד לחברה... תודעת ה"לבדו"[15] היא שורש המרד ההרואי. ההרואיזם הוא הקטגוריה המרכזית ביהדות המעשית. היהדות רוצה כי היהודי יחיה בגבורה, יוכיח, יגער ויגנה, בכל עת שהחברה אינה פועלת כשורה ואינה נוהגת בהגינות. תודעת ה"לבדו" מעניקה ליהודי גאווה הרואית המאפשרת לו להיות שונה ואחר... אדם בודד עז נפש הוא, מוחה ומתריס, אינו ירא מפני איש; איש החברה מתפשר הוא, משכין שלום ולעתים מוג

בין כפרת היחיד לכפרת הציבור גם בהקשרים של שליחת השעיר לעזאזל, תפילות ראש השנה ויום הכיפורים, והלכות תקיעת שופר. ראו להלן **לעיון נוסף**, 2.

15. כלומר, המודעות של העמידה לבד; מקור הביטוי בפסוק "וַיִּוָּתֵר יעקב לבדו" (בראשית לב, כד) ובדברי אליהו "וְאִוָּתֵר אני לבדי" (מלכים א' יט, י).

> לב. בראשית היה על האדם להיברא לבדו, שלא יחסר עוז רוח וכוח הרואי להתייצב ולמחות, לפעול כאברהם שנטל גרזנו וניתץ את הפסילים שהעמיד אביו מולידו. (עמ' 228-229)

אך האלוקים גם רצה שהאדם יהיה יצור חברתי. מדוע?

> האדם אינו רק המוחה והשולל, אלא אף המקיים והמחייב. אין הוא רק מנתצם של פסילים, אלא אף בונה ומעמיד. אילו חש תמיד מרוחק מכל, מכל איש ומכל דבר, לא הייתה ניתנת להגשמה מטרת הבריאה. (עמ' 229)

במאמר "הקהילה" מציג הרב את משה רבנו כאיש שגילם את שני מרכיבי הזהות האנושית.[16] הוא היה "גדול החיים בבדידותם, מי שנטה אוהלו הרחק מן המחנה" מחד גיסא, ו"גדול המנהיגים, אב ומורה לעם, מי שהקהילה כולה כרוכה אחריו" מאידך גיסא.

הדוגמה שהרב בחר בה בעייתית. משה חי לבדו, מחוץ למחנה, פרוש מאשתו ומסווה עטוי על פניו! אמת, הוא היה **מעורב** בחיי הקהילה, מתוקף תפקידו כמנהיגה, אך האומנם היה **חלק** ממנה?

עם זה, יש לזכור שמשה היה "הרועה הנאמן" שהזדהה עם בני קהילתו עד כדי כך שביקש להימחות יחד עמם אם לא יאות האלוקים למחול לעוונם (שמות לב, לב). נשוב לפגוש את הפרדוקס שבהיות האדם חלק מקהילה ובד בבד מחוץ לה **באיש האמונה הבודד**, מקום שם מתאר הרב את האלוקים בכבודו ועצמו כחבר בקהילת ברית האמונה, אם גם בכיר חבריה.

דומה כי לאורך ההיסטוריה היהודית היו מנהיגים שראו עצמם

16. לדיוקן מורכב של אברהם אבינו כמי שעמד לבדו נגד החברה ואף על פי כן היה יצור חברתי, ראו את הפרק "ארמי אובד" בספר **עמודו של עולם**, עמ' 79-93.

דומים מבחינות מסוימות למשה רבנו: אישים המתבודדים עם האלוקים ובד בבד מובילים את הקהילה כמורים וכמנהיגים. הרמב"ם, למשל, היה כנראה כזה. אפשר להעלות על הדעת שאולי גם הרב ראה עצמו כזה: מנהיג המזדהה עמוקות עם הקהילה ועם זאת חש מובדל ממנה מפאת יחידותו וייחודיותו.

הקמת קהילה: ההכרה באחר

בשלב הבא מתמקד הרב סולוביצ'יק בצורת הקמת הקהילה. הצעד הראשון בהקמת קהילה הוא להכיר באחר, ב"אתה". כאשר האדם הבודד מכיר בכך שאינו הברייה החשובה היחידה ביקום, הוא "מצמצם" – אם להשתמש בלשון הקבלה – את קיומו ה"אינסופי" ומפנה מקום לאחר. בעשותו כן מחקה האדם את פעולת הצמצום הבראשיתית של האלוקים שבאמצעותה "הותיר חלל פנוי" לקיום אחר פרט לזה שלו, דהיינו, העולם.[17] כך מגיע הרב סולוביצ'יק למשוואה: "בריאה [של קהילה או של העולם] = הכרה = נסיגה = פעולת הקרבה" (עמ' 230).

תובנה זו באה לידי ביטוי בדינים רבים בהלכה. לדוגמה, ההלכה מייחסת חשיבות מרובה לברכות שלום בין בני אדם, מפני שבהכרה בזולת מובלעת ההכרה בערכו, והכרת־ערך הדדית זו מחברת את שני האנשים הללו יחדיו לכדי חלק מקהילה. לפיכך, ההלכה מחייבת להשיב שלום, ולעתים להקדים ברכה שכזאת, אף בעת קריאת שמע. ההכרה בקיומו של אדם וגאולתו מבדידותו אינה עומדת בסתירה לקבלת עול מלכות שמים הכרוכה בקריאת שמע. דוגמה נוספת: ההלכה מחמירה ביותר בכל הנוגע לגרימת צער ליתום ולאלמנה ואוסרת להקניט אותם ולו במקצת, כיוון שהיתום והאלמנה פגיעים

17. נושא הצמצום יוסבר בפרק הבא. לעת עתה, נסתפק בהערה כי הרב מעלה את סוגיית "והלכת בדרכיו", חיקוי האלוקים – סוגיה שכפי שעוד ניווכח הִנה מרכזית בהגותו.

במיוחד ונוטים לאבד את תחושת הביטחון והכבוד העצמי בקלות יתרה.[18] אף שלא תמיד ברור האם רעיונותיו המחשבתיים של הרב סולוביצ'יק נובעים מההלכה או שמא הוא מבאר את ההלכה באמצעות רעיונות מחשבתיים מגובשים, תובנות כגון אלו רווחות בכתביו, ומעגנות את מחשבת הרב בעומק המקורות.

מחויבות הדדית

כשהיחיד מכיר ב"אתה" ומקים עמו קהילה, הוא ממילא נוטל על עצמו אחריות לזולת: "הכרה זהה למחויבות" (עמ' 233). גם כאן מדובר בהליכה בדרכי הבורא, שלא זו בלבד שברא את העולם אלא הוא גם דואג לכל צרכיו. ברמה האנושית, הדבר מוביל להקמת קהילת התפילה, המתוארת על ידי הרב כך:

> משמעות הדברים היא – קהילה של כאב משותף, של ייסורים משותפים. ההלכה הורתה ליחיד כי יכלול בתפילתו את חברו... [על כן] ההלכה ניסחה את התפילה בלשון רבים...
> התפילה הפרטית סובבת בדרך כלל סביב כאב גופני, מצוקה נפשית או ייסורים ללא נשוא. אף יצור בר חרישי מגיב כלפי כאב גופני בשוועה או בזעקה... לעומת זאת, התפילה בלשון רבים היא פעולה אנושית ייחודית. מדוע נזקק אני בתפילתי ללשון רבים? עקב נתינת דעתי לכאבם של הרבים, ולא לכאבי בלבד, עקב השתתפות בסבלם של הרבים. שוב, איננו מדברים במודעות פסיכולוגית, אלא במודעות קיומית כלפי הכאב. (עמ' 233, 235)

18. ראוי לציון קטע אגדה מדהים (שמחות ח, ד) שהרב מזכיר, המייחס את מותו של רבן שמעון בן גמליאל לכך שגרם בשוגג צער מועט לאלמנה קשת יום.

בשל המודעות הזו, קהילת התפילה חייבת להיות גם קהילת חסד. ואכן, לאורך הדורות פיתחו היהודים תכונות של רגישות ורחמנות, ומסורת מופלאה של צדקה ועזרה לזולת.

קהילת ההוראה

אולם בעיני הרב, הדרגה העליונה ביותר של אחווה ושיתוף מושגת באמצעות קהילת ההוראה. המורה האמתי חייב למזג את החוויה הכוללת שלו עם זו של תלמידו, וכך ליצור קרבה העולה על האהדה והעזרה ההדדית שבקהילות התפילה והחסד. מורה אינו עוסק רק באימון השכל, אלא גם מעצב את אישיותו של התלמיד; לא רק מֵידע הוא חולק עמו, כי אם גם חוויות, חזון וחלומות – כלומר, את עצם מהותו. כפי שמסביר הרב **בובקשתם משם** (עמ' 229), אישיותו של הרב, בדומה לזו של הנביא, שופעת אל עבר התלמיד בפעולת התגלות עצמית, המותירה חותם בל יימחה בנשמת התלמיד וקושרת ביניהם עד כדי דבקות.

למעשה, כל מפעל המסורה מבוסס על הידבקות הרב והתלמיד:

> ביסוד זה [של התדבקות הרב והתלמיד] כמוס סוד תורה שבעל פה, תורה שבטבעה וחלותה לא באה לידי אובייקטיפיקציה מעולם אף לאחר שנכתבה. תורה שבעל פה פירושה: תורה שמתמזגת עם הייחוד האישי והופכת לחלק בלתי נפרד של האדם. כשמוסרים אותה, מוסרים גם את העצמות האישית. (**ובקשתם משם**, עמ' 229)

כלומר, להבדיל מהתורה שבכתב, המגובשת בטקסט קבוע שאין לסטות ממנו, התורה שבעל-פה בהגדרתה נטולת צורה. היא אינה נישאת על קלף, אלא על ידי האדם, אשר משפיע עליה באמצעות תרומתו האישית ומושפע ממנה אף הוא. הרב פיתח מוטיב זה כמה פעמים, בין השאר בדרשה לזכר אשתו שנשא ב-1971:

האם התורה שבעל־פה מסוגלת לקדש... במובן שהתורה שבכתב מקדשת תפילין, מזוזות וספרי תורה?... תהיה זו איוולת להגיע למסקנה שהתורה שבעל־פה נחותה מבחינה זו. התשובה היא שהתורה שבעל־פה פועלת באופן פנימי יותר ומוסרת את הקדושה באמצעות הלימוד והתקשרותו לשכלו של התלמיד... הגוויל של תלמוד־התורה הוא שכלו, לבו ואישיותו של האדם... לאור זה, ניתן להבין בנקל את המשוואה ההלכתית הנושנה שעל פיה כל יהודי הוא ספר תורה. היהודי החי הוא ספר־תורה של התורה שבעל־פה.[19]

כאשר המורה מביא את התלמיד לשרשרת המסורה החיה והפועמת, הוא למעשה מצרף אותו לקהילה החורגת מזרימתו החד־כיוונית של הזמן, והממזגת את העבר המפואר של עמנו, את העתיד של אחרית הימים ואת ההווה לכלל חוויה גדולה אחת. אירועים מן העבר אינם נחשבים ככאלה שחלפו מן העולם, אלא הם נחווים מחדש ללא הרף (למשל, יציאת מצרים, מעמד הר סיני וחורבן בית המקדש). מורים וגיבורים מהעבר חיים ומפעמים בקרבנו, פונים אלינו בדברים ואף מנהלים עמנו דו־שיח (דרך לימוד התורה). בקצה השני, אנו מצפים בכיליון עיניים לגאולה העתידית של העולם ומנסים באופן פעיל להביא משהו משלמותה אל ההווה. חווייתנו מתעלה מעבר לזמן הכרונולוגי ומאפשרת לנו לקבל תודעת נצח בתוך החולף, וכן מעוררת בנו את הרגישות להזדמנויות ולאתגרים שבהווה.

הרב משרטט במסתו זו את הקהילה בקווים אופקיים וגם אנכיים: לאדם יש קשר אופקי עם בני זמנו באמצעות תפילה וצדקה – וגם, נעלה מזאת, קשר אנכי עם דורות העבר והעתיד באמצעות תלמוד תורה.

19. "Torah and Humility," in *Halakhic Morality: Essays on Ethics and Masorah*, pp. 210–211. עיבוד עברי לדרשה זו מופיע בספר **האדם ועולמו**, עמ' 224-207.

מהלך דומה נמצא באותם מקומות ב**ובקשתם משם** ו**בעל התשובה** שהרב עוסק בהם בקהילה. **בעל התשובה** הוא מפרט, כאמור לעיל, את הצורך להתקשר לכנסת ישראל כדי להצטרף לכפרה המוענקת ברמה הקהילתית (כמובן, אין הדבר גורע מהצורך להשיג כפרה אישית על חטאי היחיד). כיצד מתקשרים לכנסת ישראל? באמצעות אמונה בה.[20] האמונה באה לידי ביטוי בשני הפנים שדנו בהם זה עתה:

> יהודי המאמין בכנסת ישראל הוא יהודי החי עם כנסת ישראל באשר היא ומוכן למות בעדה, הכואב בכאבה ושמח בשמחתה, לוחם מלחמותיה, נאנק בכישלונותיה וחוגג ניצחונותיה. יהודי המאמין בכנסת ישראל הוא יהודי המצרף עצמו בחישוק בל יינתק לא רק לעם ישראל של דור זה בלבד, אלא לכנסת ישראל של כל הדורות. ובמה? בתורה, שהיא ובה הרציפות של כל דורות ישראל מן העולם ועד העולם. (**על התשובה**, עמ׳ 98)

הדברים המרומזים בציטוט זה מתוך **על התשובה** אמורים במפורש במאמר ״הקהילה״: הקהילה הנעלה ביותר היא זו המאחדת את האדם עם קהילת כל הדורות, ולא רק עם קהילת דורו שלו. מבחינה מסוימת, בהתקשרותו של אדם אל שורשיו ואל ייעודו יש ערך עצמי (או ״מעמד אַקְסְיולוגי״, כמכונה בפי הרב) רב מזה שיש בהתקשרות

20. מפורסם הוא הקישור שעורך הרב (**על התשובה**, עמ׳ 90) בין אמונתנו בביאת המשיח לאמונתנו בכנסת ישראל, בעקבות פסיקתו של הרמב״ם (הלכות תשובה ז, ה) כדעת רבי אליעזר ש״אם ישראל עושין תשובה נגאלין״ (סנהדרין צז ע״ב). היות שאנו מאמינים בביאת המשיח, והיות שהמשיח לא יבוא ללא תשובה, עם ישראל ודאי יחזור בתשובה. לפיכך, ממשיך הרמב״ם, ״כבר הבטיחה תורה שסוף ישראל לעשות תשובה בסוף גלותן ומיד הן נגאלין, שנאמר ׳וְהָיָה כִי יָבֹאוּ עָלֶיךָ כָּל הַדְּבָרִים הָאֵלֶּה וגו׳ וְשַׁבְתָּ עַד ה׳ אֱ-לֹהֶיךָ... וְשָׁב ה׳ אֱ-לֹהֶיךָ׳ (דברים ל, א-ג)״ (שם).

האדם לחברו. הרב אינו מתכוון להמעיט בחשיבות החבירה לבני דורו של אדם, שהרי הוא מדגיש שוב ושוב לאורך כל כתביו את הצורך בשני ממדי הקהילה. ב"קול דודי דופק" הוא מתבטא במילים חריפות ביותר נגד אלה הדבקים אך ורק ב"ברית הייעוד" (הפועלת לקידום המטרה הרוחנית להיות "ממלכת כוהנים וגוי קדוש") ובה בעת זונחים את "ברית הגורל" (המאחדת יהודים בסבל וחמלה). לשני ההיבטים חשיבות מכרעת, ויהדותו של אדם תלקה בחסר אם יבחר לדבוק באחד מהם בלבד.

כוונתו של הרב לומר שמבחינת יעדיו הסופיים של האדם, לנצחי חשיבות רבה יותר מלַחולף; למטרות רוחניות, להתקרבות לאלוקים ולהפצת תורתו, יש ערך רב מזה שיש לחמלה בין יחידים בני חלוף. מובן שעלינו לגלות אהדה וחמלה, אך משימתנו, ואולי עצם הסיבה לבריאתנו, היא להביא אל העולם קדושה, לנסוך בהוויה החולפת משהו מן הנצחי, לצקת תודעת נצח אל תוך חיי הערַאי. כדי להגשים מטרה זו, שפירושה הפקת המרב מעצמנו כיחידים, עלינו לחבור לקהילת ברית, כמתואר במאמר. על כן מסכם הרב את דבריו בנימה המדגישה את שמעל לזמן:

> זכות ועונג הם להשתייך לקהילה מתפללת, גומלת חסדים ומלמדת, החשה את משב רוחו של הנצח. (עמ' 237)

לעיון נוסף:

1. **לאומיות יהודית:** לדיוקן מורכב של כתבי הרב בנושא מרכיב ה"עם" או ה"כלל" בזהות היהודית ראו יעקב בלידשטיין, "עם ישראל בהגותו של הרב יוסף דוב סולוביצ'יק", בתוך **אמונה בזמנים משתנים: על משנתו של הרב יוסף דוב סולוביצ'יק**, ערך אבי שגיא (ירושלים, תשנ"ז), עמ' 149–174.

2. **כנסת ישראל בהלכה:**
   א. **קידוש החודש:** ראו "קביעת מועדים על פי הראייה ועל פי חשבון", **קובץ חידושי תורה**, עמ' מז-סה.
   ב. **בעלות על ארץ ישראל: על התשובה**, עמ' 74-76.
   ג. **יום הכיפורים והשעיר לעזאזל: על התשובה**, עמ' 69-98 ("בין היחיד והציבור"); הרב אהרן ליכטנשטיין והרב יאיר קאהן, **שיעורי הגרי"ד: קונטרס עבודת יום הכיפורים**, מהדורה שנייה (ירושלים, תשס"ה), עמ' 87-88; הרב מיכל זלמן שורקין, **הררי קדם**, חלק א' (ירושלים, תש"ס), עמ' 141-142.
   ד. **שופר: מסורה** גיליון א (ניסן תשמ"ט), עמ' 9-11; גיליון ז (אלול תשנ"ב), עמ' 10-11; ב"ד שרייבר, **נוראות הרב**, כרך 1 (ניו יורק, תשנ"ו).

3. **קהילת התפילה:** לדיון נרחב יותר בהשקפתו של הרב בנושא התפילה ראו פרקים 20 ו-21 להלן.

4. **קהילת החסד:** לעיון נוסף בהשקפתו של הרב בנושא החסד והקשר בין חסד להוראה ראו פרק 24 להלן.

5. **קהילת המסורה:** עיינו **אדם וביתו**, עמ' 172-173, ובפרק 34 להלן (הדן **בובקשתם משם**).

6. **הידבקות המורה בתלמיד:** ראו פרק יט **בובקשתם משם**, עמ' 227-234.

7. **התמזגות העבר, ההווה והעתיד:** עיינו ב"קודש וחול", **האדם ועולמו**, עמ' 141-162; **מן הסערה**, עמ' 63-67; **איש ההלכה**, עמ' 92-101; ולאורך הספר **על התשובה**. ראו גם פרק 22 להלן.

פרק 3

"גאון וענווה":
מרכזיותה של הדיאלקטיקה

המאמר "גאון וענווה" קצר, ובכל זאת הוא מציג כמה מהרעיונות החשובים ביותר בהגותו של הרב סולוביצ'יק – ואף יכול לשמש מפתח להבנת רבים מחיבוריו המורכבים יותר של הרב, ובראשם **איש האמונה הבודד**. "גאון וענווה", יחד עם "צירוף", המאמר השלישי שישמש אותנו כהקדמה להגותו של הרב סולוביצ'יק, הם הצגה נוקבת של כמה מהעקרונות היסודיים ביותר ביהדות, ועם זה הם מנוסחים בצורה רעננה ומפתיעה.

כותרת המאמר עצמה מעידה על שתי נקודות מכריעות שהרב מבקש להדגיש:

1. שתי התכונות הנזכרות בה מיוחסות שתיהן **הן לאלוקים הן ולאדם**. המוסר האנושי נדרש לאמץ את תכונותיו של האלוקים ואת מעשיו. לפיכך, כשם שהאלוקים מפגין גאון וענווה (כפי שהרב יסביר במאמר), כך נדרש גם מהאדם.

2. המוסר האנושי, כמוהו כאדם עצמו, דיאלקטי מטבעו: הוא מורכב **משתי תנועות מנוגדות** שיש לשמור על איזון עדין ביניהן. במילים אחרות, הכותרת מלמדת אותנו שיש צורך הן בגאון הן בענווה.

בטרם ניגש לעיין במאמר עצמו, נדון בשני המושגים האלו –

רעיון ההליכה בדרכי האלוקים ורעיון הדיאלקטיקה, שהם מעמודי התווך עליהם נשענת הגותו של הרב.

והלכת בדרכיו

עקרון ההליכה בדרכי ה' נקרא בשיח התיאולוגי imitatio Dei, "חיקוי האלוקים", ובשיח ההלכתי היהודי הוא ידוע כ"והלכת בדרכיו". רעיון זה מובא במפורש במקרא, זוכה להתייחסות נרחבת בחז"ל, ובמלוא רוחב היריעה הוא נפרס בכתבי הרמב"ם. מקור המונח "והלכת בדרכיו" בפסוק "יְקִימְךָ ה' לוֹ לְעַם קָדוֹשׁ כַּאֲשֶׁר נִשְׁבַּע לָךְ כִּי תִשְׁמֹר אֶת מִצְוֹת ה' אֱ-לֹהֶיךָ וְהָלַכְתָּ בִּדְרָכָיו" (דברים כח, ט).[1]

פירוש הפסוק כמצווה ללכת בדרכי האלוקים מעורר כמה בעיות:

1. הפסוק מנוסח כהתניה ולא כציווי.
2. המילים "והלכת בדרכיו" יכולות להתפרש בכיוונים שונים.
3. דומה כי הפסוק הוא הדרכה כללית ולא מצווה ספציפית.

ר' אברהם בן הרמב"ם עוסק בבעיות אלו באחת מתשובותיו,[2] אך לבל נסטה ממהלך דיוננו יתר על המידה, נניח כעת לתשובותיו, ונסתפק בידיעה שהמקרא מצווה על הליכה בדרכי האלוקים בצורה מפורשת יותר במקומות נוספים:

קְדֹשִׁים תִּהְיוּ כִּי קָדוֹשׁ אֲנִי ה' אֱ-לֹהֵיכֶם. (ויקרא יט, ב)

כִּי ה' אֱ-לֹהֵיכֶם... וְאֹהֵב גֵּר לָתֶת לוֹ לֶחֶם וְשִׂמְלָה; וַאֲהַבְתֶּם אֶת הַגֵּר כִּי גֵרִים הֱיִיתֶם בְּאֶרֶץ מִצְרָיִם. (דברים י, יז-יט)

1. דברים בנוסח דומה ניתן למצוא בדברים ח, ו; י, יב; יא, כב; יג, ה; כו, יז; ל, טז.
2. **תשובות רבנו אברהם בן הרמב"ם**, ההדיר אהרן פריימן (ירושלים, תרצ"ח), סימן ס"ג. ניתן למצוא את השו"ת בסוף מהדורות רבות של **משנה תורה**, ספר המדע.

> כִּי אֲנִי ה' עֹשֶׂה חֶסֶד מִשְׁפָּט וּצְדָקָה בָּאָרֶץ כִּי בְאֵלֶּה חָפַצְתִּי נְאֻם ה'. (ירמיהו ט, כג)[3]

חז"ל מפתחים את "והלכת בדרכיו" לכדי עיקרון כללי יותר, ומפרשים אותו – לעתים – כציווי לאמץ תכונות מסוימות המיוחסות לאלוקים:

> נקרא המקום רחום אף אתה היה רחום, הקדוש ברוך הוא נקרא חנון אף אתה היה חנון... נקרא המקום צדיק... אף אתה היה צדיק. (ספרי, דברים מט)[4]

כפי שנראה בהמשך, הרב סולוביצ'יק (**באיש ההלכה** וכן במקומות אחרים) מרחיב את רשימת התכונות האלוקיות שהאדם אמור לאמץ לעצמו, ובראשן עומדת היצירתיות.[5]

במקומות אחרים חז"ל מפרשים ש"והלכת בדרכיו" מתייחס למעשים ולא לתכונות אופי:

> ואמר רבי חמא ברבי חנינא, מאי דכתיב "אַחֲרֵי ה' אֱ-לֹהֵיכֶם תֵּלֵכוּ" (דברים יג, ה)? וכי אפשר לו לאדם להלך אחר שכינה? והלא כבר נאמר: "כִּי ה' אֱ-לֹהֶיךָ אֵשׁ אֹכְלָה הוּא" (דברים ד, כד)! אלא להלך אחר מִדותיו של הקב"ה: מה הוא מלביש ערומים... אף

3. בחתימת **מורה נבוכים** (ג, נד) מסביר הרמב"ם ש"כי באלה חפצתי" הוא ציווי לבני האדם לעסוק ב"חסד, משפט וצדקה".
4. יש לציין שהאלוקים רק **קרוי** חנון רחום, שכן אין אנו יכולים לייחס לו תכונות אופי או רגשות של ממש, אך על האדם **להיות** חנון ורחום. עיינו גם מסכת שבת קלג ע"ב.
5. כמובן, יש תכונות אופי המיוחסות לאלוקים במקרא אשר סביר להניח שאל לנו לאמץ, דוגמת "א-ל קנוא ונֹקם... ובעל חמה" (נחום א, ב). קיימות כמה תשובות לשאלה אילו תכונות אופי עלינו להשתדל לאמץ; עיינו למשל **במורה נבוכים** א, נד.

אתה הלבש ערומים. הקב"ה ביקר חולים... אף אתה בקר חולים. הקב"ה ניחם אבלים... אף אתה נחם אבלים. הקב"ה קבר מתים... אף אתה קבור מתים. (סוטה יד ע"א)[6]

הרמב"ם היה הראשון שקבע שהפסוק "והלכת בדרכיו" הוא מקור למצווה מהתורה לפתח אישיות מוסרית.[7] למעשה, הרמב"ם מבסס את כל תורת המידות שלו על עיקרון זה. לפי פרשנותו, ה"דרך" שעלינו ללכת בה היא דרך האמצע:

הדרך הישרה היא מידה בינונית שבכל דעה ודעה[8]... והיא הדעה שהיא רחוקה משני הקצוות ריחוק שווה... ודרך זו, היא דרך החכמים... ומצווין אנו ללכת בדרכים אלו הבינוניים, והם הדרכים הטובים והישרים, שנאמר "והלכת בדרכיו"... נקראת דרך זו, דרך ה'. (הלכות דעות א, ד-ז)

6. חלק מהפעולות שהומלצו על ידי חז"ל הן בלתי־צפויות, למשל: "ר' יהודה בר' סימון פתח: 'אַחֲרֵי ה' אֱ-לֹהֵיכֶם תֵּלֵכוּ וְאֹתוֹ תִירָאוּ וְאֶת מִצְוֹתָיו תִּשְׁמֹרוּ וּבְקֹלוֹ תִשְׁמָעוּ וְאֹתוֹ תַעֲבֹדוּ וּבוֹ תִדְבָּקוּן' (דברים יג, ה)... מתחילת ברייתו של עולם לא נתעסק [הקב"ה] אלא במטע תחילה, ההוא דכתיב 'וַיִּטַּע ה' אֱ-לֹהִים גַּן בְּעֵדֶן מִקֶּדֶם וַיָּשֶׂם שָׁם אֶת הָאָדָם אֲשֶׁר יָצָר' (בראשית ב, ח) – אף אתם כשאתם נכנסין לארץ ישראל לא תתעסקון אלא במטע תחילה, 'וְכִי תָבֹאוּ אֶל הָאָרֶץ וּנְטַעְתֶּם כָּל עֵץ מַאֲכָל וַעֲרַלְתֶּם...' (ויקרא יט, כג)" (ויקרא רבה [מהדורת מרגליות] כה, ג).

7. מחבר הספר **הלכות גדולות** בתקופת הגאונים (המכונה גם בה"ג, ומיוחס בדרך כלל לרבי שמעון קיירא מהמאה ה-9) כבר הקדים את הרמב"ם והחשיב את "והלכת בדרכיו" כאחת מתרי"ג המצוות, אך בעל הלכות גדולות מפרש את המצווה כעשיית פעולות אלטרואיסטיות מסוימות ולא כשאיפה לשלמות מוסרית. עיינו במהדורת מכון ירושלים של **הלכות גדולות** (ירושלים, תשס"ב), עמ' טו וכן בהשגות הרמב"ן על **ספר המצוות** לרמב"ם, שורש א', ד"ה "והתשובה השלישית" (עמ' 22 במהדורה הסטנדרטית, עמ' כד-כה במהדורת הרב שעוועל).

8. "דעה" בלשון הרמב"ם היא מה שמכונה בפי בעלי המוסר ובפילוסופיה הקלאסית "מידה", ומה שמכונה בלשון עכשווית "תכונת אופי".

באחד משיעוריו הוסיף הרב סולוביצ'יק נדבך מעניין לגישת הרמב"ם.[9] האם דרך האמצע היא עמדה פשרנית ובינונית, מעין גישת "פרווה"? אם עלינו לעשות היקש לאלוקים, טוען הרב, עולה בפנינו דרך אמצע דינמית. ממש כפי שהאלוקים מקיים דיאלקטיקה תמידית בין קִרבה לריחוק, בין מידת הרחמים למידת הדין, כך מוטל על האדם ללכת בדרך אמצע דיאלקטית, לנוע "רצוא ושוב" בין שני קטבים ולשלב ביניהם. אף שנראה בעיניי שמדובר בשימוש מדרשי־יצירתי בדברי הרמב"ם ולאו דווקא בפירושם על פי הפשט, אנו למדים מכאן מוטיב חשוב נוסף בהגותו של הרב – ובו נתמקד כעת.

שני סוגים של דיאלקטיקה

במינוח הפילוסופי, "תזה" ו"אנטי־תזה" הן צמד רעיונות מנוגדים היוצרים ביניהם מתיחות או "דיאלקטיקה". כאשר המתח בין השניים מוביל בסופו של דבר להיווצרות עמדה שלישית מורכבת, היא מכונה "סינתזה". דיאלקטיקה המורכבת משני צדדים בלבד ואינה מגיעה לעולם למסקנה הרמונית נקראת "דיאלקטיקה קירקגורית" (על שם התיאולוג הדֶני בן המאה התשע־עשרה סֶרֶן קירקֶגוֹר). דיאלקטיקה המורכבת משלוש עמדות, אחת מהן סינתזה (שכשלעצמה יכולה להפוך ל"תזה" של דיאלקטיקה חדשה), נקראת "דיאלקטיקה הֶגֶליאנית" (על שם הפילוסוף הגרמני בן המאה התשע־עשרה גיאורג וילהלם פרידריך הֶגֶל).

הרב נוקט ב"גאון וענווה" עמדה קירקגורית נוקשה:

9. כך על פי תיעוד דרשה של הרב בשנת 1954 בידי תלמידו הרב וולטר וורצבורגר: "Alienation and Exile," *Tradition* 6:2 (Spring-Summer 1964), pp. 42–52; *Ethics of Responsibility* (Philadelphia, 1994), pp. 100–101. עיינו גם להלן **בלעיון נוסף**, 1.

הדיאלקטיקה היהודית, בניגוד להגליאנית, לעולם אינה ניתנת ליישוב ולאיחוי... עבור הגל לא היו האדם ותולדותיו אלא מושגים מופשטים, ובעולם זה של הפשטות אמנם ניתנת הסינתזה להשגה. עבור היהדות היה האדם מאז ומעולם ממשות חיה, או שמא אוֹמַר – ממשות חיה וטראגית... בעולם של מציאות, ההרמוניה בין הניגודים היא מן הנמנע. (עמ' 211–212)

גישה כגון זאת נדירה בפילוסופיה היהודית, שמגמתה הכללית הרמונית יותר. עם זה, שורשיה אינם נעוצים בפילוסופיה המודרנית בלבד, אלא גם בשיטת לימוד התורה של הרב. גם החקירה הבריסקאית, כפי שכבר ציינו, היא דיאלקטיקה בלתי ניתנת ליישוב.

גישתו הקירקגורית הנחרצת של הרב מעלה את השאלה אם מוטיב זה משותף לכל כתביו ההגותיים. בעוד "גאון וענווה" ו**איש האמונה הבודד** מציגים דיאלקטיקות בלתי ניתנות ליישוב, דומה כי כמה מכתבי הרב האחרים, כמו **איש ההלכה**,[10] וכן **ובקשתם משם**, מציגים תיאורים הרמוניים יותר של סוגי אישיות שאכן הגיעו לסינתזה. נראה לי כי מכלול כתבי הרב מתאפיין בדיאלקטיקה בין סוגים שונים של דיאלקטיקה. האם "דיאלקטיקת־על" זו היא קירקגורית או הגליאנית? האם הרב נוטה בדרך כלל לסוג מסוים של דיאלקטיקה, ורק לפעמים חורג ממנו? נזכור שאלות אלו כאשר נמשיך לעיין בכתבי הרב.

האדם כיצור דיאלקטי

כבר בתחילת הפִּסקה הראשונה של "גאון וענווה" מניח הרב סולוביצ'יק את היסודות למרכזיות הדיאלקטיקה בהבנת האדם ומקומו בעולם:

10. "איש ההלכה" אכן מתואר בתחילה כתוצר של דיאלקטיקה בין "איש הדעת" ו"איש הדת", אבל אישיותו הִנה הרמונית לחלוטין. דיון נרחב בנושא מופיע בפרק 28 להלן.

> האדם הוא יצור דיאלקטי. קרע פנימי חודר את אישיותו בכל אחד מרבדיה... פילוג זה רצוי על ידי ה׳, והוא הוא המקור לגדלות האדם ולבחירתו כיצור כריזמטי יחיד־סגולה. גדלותו ואופיו היוצר של האדם נובעים מן הקרע הפנימי הטבוע בו ומהיותו שרוי בעצם ישותו במתח ובמבוכה מתמידים. העובדה שהפעילות היוצרת כרוכה בייסורים היא תולדה של סתירה זו, סתירה החודרת את מכלול אישיותו של האדם. (עמ׳ 211)

בקטע פתיחה זה, הרב עדיין אינו מספר לנו מהי אותה דיאלקטיקה הקורעת את האדם, וגם אינו קובע שהדיאלקטיקה האנושית משקפת דיאלקטיקה אלוקית. מבחינה הגיונית, אולי מוטב היה לפתוח בדברים כגון ״האלוקים מתגלה כישות דיאלקטית, ולכן גם על האדם להיות יצור דיאלקטי״, או ״האלוקים מתייחס לאדם בצורה דיאלקטית, מפני שהאדם הוא יצור דיאלקטי״. אך כמו תמיד, הרב יוצא מנקודת מבט **אנושית, לא אלוקית**. הוא מתחיל את כל חקירותיו בַּמוכּר לאדם מתוך ניסיונו האנושי.

יתר על כן, הרב עדיין אינו מעוניין להציג בפנינו את הדיאלקטיקה המסוימת שהמאמר יתמקד בה. הוא מבקש להעמיד תחילה את עובדת היסוד שטבע האדם אינו מסודר והרמוני אלא מלא בסתירות מעצם מהותו.[11] אף שתכונה זאת מעוררת תדיר אצל האדם מבוכה וחוסר־נוחות, היא גם מקור גדולתו: בה טמון כוחו היצירתי. האדם ההרמוני קופא על שמריו; האדם מלא הניגודים וחסר המנוחה ממציא.

יש, כמובן, אנשים שאינם מסוגלים להתמודד בהצלחה עם המתח. הם ישתמטו מאחריות בכך שיזנחו את המחויבות לאחד מצְדֵי הדיאלקטיקה – או שהמתח יקרע את אישיותם לגזרים. על שום כך, אחד מתפקידי ההלכה הוא לסייע לאדם לחיות עם הדיאלקטיקה ולתת לו עקרונות פעולה מעשיים. לרעיון זה נִפנה עכשיו את תשומת לבנו.

11. זהו המוטיב המרכזי ב**איש האמונה הבודד**.

ההלכה כמענה

אם אישיותו של האדם אכן דיאלקטית, היא מבקשת להשיג שתי מטרות שונות ואולי מנוגדות. ההלכה מגלה רגישות כלפי הקונפליקט הזה, ומנסחת "מוסר דיאלקטי", ובו שתי מערכות אתיות: מוסר הגאון ומוסר הענווה. "ההלכה לא גילתה את הסינתזה, שהרי זו אינה בנמצא, אולם סללה דרך המניחה לאדם להיענות לשתי הקריאות כאחד" (עמ' 213). הרב מפתח את רעיון ה"היענות לשתי הקריאות" בעמודיו האחרונים של המאמר, ורעיון זה הוא המוקד של המאמר "צירוף".

אפיון ההלכה במאמר זה מופיע גם בכתבים רבים אחרים של הרב. ב"קול דודי דופק", למשל, כותב הרב שהפתרונות הפילוסופיים לרוע ולסבל אינם משביעי רצון – לא ברמה השכלית, מפאת שכלו המוגבל של האדם, ולא ברמה הרגשית, מכיוון שהם מכחישים את הלגיטימיות של חוויית הסבל. לעומת זאת, ההלכה נותנת **מענה מעשי** לשאלה שכלית וחווייתית חסרת פתרון זו באמצעות מצוות התשובה הבאה כתגובה לייסורים.

התשובה מאפשרת לאדם לנקוט פעולה מזככת ומרפאת כתגובה למצוקתו, ועל ידי כך הופכת חוויה בעלת פוטנציאל הרסני לחוויה גואלת. תגובה בונה זו מסייעת לאדם לשמור על כבודו לנוכח האבסורד; במקום להיטלטל בידי כוחות עיוורים, האדם "נוטל את המושכות לידיו" באמצעות יצירה (דהיינו בריאה עצמית, שהיא מהות התשובה).[12]

ההלכה מספקת אפוא תגובה מעשית לייסורים מבלי "לפתור" את בעיית הרוע. באופן דומה, **באיש האמונה הבודד** מתאר הרב את ההלכה כנותנת אמצעים מעשיים להתמודד עם המתח הבלתי נמנע שבין עמדות אדם א' ואדם ב' (שני טיפוסי האדם בשני הפרקים

12. עיינו בפרק 23 לדיון מלא בנושא זה, ובפרק 25 ליישומו ברובד הלאומי.

הראשונים של בראשית), מבלי להגיע לסינתזה הפילוסופית של שתי הגישות הללו.[13]

וכך, ההלכה מגיבה לדילמות האנושיות העמוקות והמטרידות ביותר. במקום שהאדם יוכה בהלם ובשיתוק לנוכח דיכוטומיות ובעיות בלתי־פתירות, ניתנו לו כלים להגיב בצורה מעשית ויצירתית. ההלכה אינה מתכחשת ליצריו של האדם ולסתירותיו הפנימיות. אדרבה, היא מתעמתת עם המציאות בעיניים פקוחות ומספקת לאדם מסגרת שתסייע לו לנתב את דרכו בסבך הקונפליקטים הפנימיים המתעוררים בו ולקדש את יצריו הטבעיים (במקום לשלול אותם).

האדם בעל תודעת היקום והאדם בעל תודעת המקור

הבה נראה עתה כיצד מפתח המאמר את רעיונות ההליכה בדרכי ה׳ והדיאלקטיקה. מתוך כך נגלה כמה מהשקפותיו של הרב סולוביצ׳יק לגבי טבע האדם ותפקיד ההלכה בעיצובו.

> הדיאלקטיקה של האדם ושל דמותו המוסרית מצאה ביטוי נאה בשני מדרשים שהובאו בפירוש רש״י לפסוק "וַיִּיצֶר ה׳ אֱ־לֹהִים אֶת הָאָדָם עָפָר מִן הָאֲדָמָה" (בראשית ב, ז). באחד נאמר: "צבר עפרו מכל האדמה מארבע רוחות וכו׳", דבר [=פירוש] אחר: "נטל עפרו ממקום שנאמר בו: 'מִזְבַּח אֲבָנִים תַּעֲשֶׂה לִּי'[14] (שמות כ, כא)". (עמ׳ 217)

על בסיס זה מפתח הרב טיפולוגיה כפולה של האדם; טבע האדם כפול הוא. שוכנים בתוכו שני סוגי אישיות: "האדם בעל תודעת היקום" (האדם הקוסמי), אשר נוצר מעפר ארבע כנפות תבל, ו"האדם בעל

13. עיינו בפרק 14 להלן.
14. כלומר, מהמקום שעתיד להיבנות עליו המזבח בבית המקדש.

תודעת המקור", שעפרו נלקח ממקום המזבח. שני המדרשים על אודות בריאת האדם אינם מתנגשים אפוא, כי אם משלימים זה את זה. אתאֵר תחילה את תכונותיהם של האדם בעל תודעת היקום והאדם בעל תודעת המקור, ולאחר מכן אנתח את התיאור הזה ואת השלכותיו.

1. גישה כלפי העולם

האדם בעל תודעת היקום מאופיין בתחושת רחבוּת. בכל אשר יעסוק, יבקש את האינסוף. מבחינה שכלית, לסקרנותו ממדים אוניברסליים והוא מאמין שהתבונה יכולה להסביר הכול. מבחינה חווייתית, האדם בעל תודעת היקום מבקש להיות בכל מקום, לנטוש את סביבתו המוכרת ולהתנסות בלא־נודע. הוא קוסמי בניידותו וביכולתו להסתגל לסביבה חדשה. "בקיצור, האדם הקוסמי מוקסם עקב מגוון אין־סופי של הזדמנויות שדמיונו פותח בפניו. הוא מתעלם מעובדה טראגית פשוטה – כי יצור סופי הוא, בן תמותה" (עמ' 214–215).

אולם מן הפן האחר, האדם נוצר מעפר שניטל מנקודה בודדת. האדם בעל תודעת המקור נטוע במקום מסוים ומפנה את מבטו לא אל מרחבי היקום העלומים אלא פנימה, אל מקור הווייתו. אף אם ירחיק נדוד, הוא קשור למקורו ושואף לשוב אליו.

2. בקשת ה'

שני סוגי האדם מבקשים את ה', אף שלא תמיד ביודעין. האדם בעל תודעת היקום, בחפזונו הקדחתני לעזוב את ביתו, עורג לאלוקים בתוך מרחבי הדרמה הקוסמית. "בשעות של שמחה והתרוממות... בשעות של שיכרון חיים... אז יראה האדם את האלוקים באין־סוף" (עמ' 218). האדם בעל תודעת המקור, בכמיהתו לשוב הביתה, מבקש את ה' בתוך גבולותיו המצומצמים של הסופי, בתוך שורשי עצם ישותו. בעתות משבר וייסורים הוא חש את האלוקים לא מן האינסופי, אלא מקרבתו ומזיקתו אל האדם. כהדגמה לדבר משתף הרב את הקורא בחוויה אישית שלו, מן הימים שרעייתו שכבה על ערש דווי:

...לא יכולתי להתפלל בבית החולים. משום מה לא נמצא לי ה' לאורך המסדרונות הלבנים הנקיים, בין הרופאים והאחיות. אך נצרכתי מאוד לתפילה. ולא יכולתי שלא לספק צורך זה. ברגע שהייתי שב הביתה הייתי ממהר לחדרי וכורע בתפילה נסערת. ה' לא הופיע ברגעים אלה בדמות מלך עוטה הוד, אלא כחבר קרוב, עניו, אח, אב: בשעות אלה של ייאוש קודר לא רחק ה' ממני, הוא שכן עמי בחדרי האפל. חשתי בידיו החמות, כביכול, על שכמי, חבקתי את ברכיו, כביכול. הוא היה עמדי בגבולותיו הצרים של חדר קטן, ללא מקום. (עמ' 218)

בקיצור, האדם בעל תודעת היקום חווה את גאון ה' (majestas Dei), והאדם בעל תודעת המקור חווה את ענוות ה' (humilitas Dei).

3. סוגי מוסריות

כאשר האדם בעל תודעת היקום מתבונן במלכותו ובהדר גאונו של האלוקים, הוא מבקש לגלם תכונות אלו באישיותו, ומתוך כך יוצר את "מוסר הגאון" (עמ' 219), המכונה גם "מוסר הניצחון" (שם). משמע, הוא רואה את עצמו כיוצר וככובש המשעבד את כוחות הטבע לצרכיו. מעבר לכך, האדם בעל תודעת היקום מנסה לכונן "חברת צדק ואמת" ולבנות "סדר כלכלי הוגן" (שם). בהסתמכו אך ורק על שכלו, הוא מפתח מערכת מוסר מסודרת ורציונלית. מפעלו מבוסס על ההשקפה שלפיה האלוקים הותיר את הבריאה חסרה כדי שהאדם יוכל לחבור אליו כשותף ליצירה.

לעומת זאת, כאשר האדם בעל תודעת המקור חווה את ענוות ה', הוא יוצר לא מוסר ניצחון אלא מוסר נסיגה, הקְרבה והכנעה. הוא הולך בדרכי ה"צמצום" האלוקי, שבו האינסופי "מפנה מקום" לעולם הסופי או "מכיל את עצמו" בתחום המִקְדָש או בחדרו הקטן של המתפלל. כמו כן, האדם העניו מצמצם את עצמו ומשלים עם מגבלותיו – למשל, על ידי ציות ל"חוקים" של התורה, אותן מצוות שהשכל אינו יכול להבינן.

מוסר ניצחון ומוסר נסיגה

האדם בעל תודעת היקום טוען לשלטון בכל תחום, אפילו בתחום השכלי; על כן הוא יוצר מוסריות המובנת לו והמספקת את צרכיו. מבחינה היסטורית, רוב תורות המוסר שיָצרה הפילוסופיה כוונו לתפקודו החברתי של האדם, ולא להשגת שאיפותיו המטפיזיות (כגון קדושה). המטרות האנושיות שהמערכות הללו מבקשות להשיג כוללות פיתוח חברות מוסדרות ואזרחים מהוגנים. האתיקה של אריסטו היא דוגמה מצוינת לגישה זו.

בין ההוגים שניסחו רעיונות בדבר החוק הטבעי היו שטענו כי כשם שיש סדר בטבע, כך נדרש אף בחיי האדם. אלא שהם לא הביאו בחשבון את העובדה שבטבע קיים גם תוהו ובוהו, כיעור ואכזריות. ג'ון קרדינל ניומן (אנגליה, המאה התשע־עשרה) טען כי אמונתו באלוקים אינה מבוססת על הסדר שהוא רואה בטבע, אלא להפך: שהוא רואה סדר בטבע מפני שהוא מאמין באלוקים.[15] לא כל דבר בעולם מובן לאדם, והשכל האנושי אין די בו לשמש מדריכו המעשי היחיד של האדם.

מוסריותו של האדם בעל תודעת היקום זקוקה להשלמה מצד מוסריות אחרת, לא רק מכיוון שזו הראשונה טוענת שלא בצדק לשלטונו המוחלט של השכל האנושי, אלא גם מפני שאין היא מקיפה את כל מצביו הקיומיים של האדם. חייב להיות מוסר המביא בחשבון את חוסר האונים של האדם ואת כישלונו. כאשר אדם חווה ענווה ופגיעוּת, הוא מבקש את קרבת האלוקים ואת תמיכתו. בהישענותו המוחלטת על אלוקים, האדם העניו מקבל עליו ברצון את סמכותו של האלוקים להפחית את חשקיו ואף להביסם.

דיאלקטיקה זו של התקדמות ונסיגה, ניצחון ותבוסה, מוּבְנֵית

15. C. Dessain and T. Gornall, eds., *Letters and Diaries of John Henry Newman*, vol. 25 (Oxford, 1973), p. 97.

בקיום האנושי ומכוננת את מהות החיים ההלכתיים. מצד אחד, האלוקים חפץ שהאדם יתקדם וישלוט בסביבתו. מצד שני, מעת לעת על האדם לחדול מריצתו הפזיזה אל הניצחון וההצלחה ולהיות נכון לסגת, להיות מובס בידי סמכות עליונה. "השיבה לאחור היא גאולתה של הדריכה לפנים, הנכונות למפלה היא טהרתה של התשוקה חסרת המעצורים לשלטון ולניצחון" (עמ' 222). במילים אחרות, תשוקת הניצחון האנושית כשלעצמה יכולה להוות ביטוי של אינטרסים אנוכיים והאדרה עצמית; אולם היא גם יכולה לבטא תגובה לקריאה אלוקית לכיבוש והתקדמות. ניתן להבחין בין שני מניעים אלו באמצעות מבחן פשוט: האם האדם מוכן לחדול מהצעידה קדימה כאשר האלוקים דורש זאת? אם האדם כובש אך ורק כדי לבוא על סיפוקו האגואיסטי, הוא לא יסכים למגבלות. אם האדם כובש מכיוון שהאלוקים רוצה בכך, הוא יחדל מכך כאשר יאמר לו האלוקים לחדול. על ידי נכונותו של האדם לסגת מכיבושו, מתקדשת לא רק **נסיגת האדם**, אלא גם **צעידתו קדימה**.

הרב מביע רעיון זה כך:

> האדם נברא, על פי היהדות, הן לניצחון והן למפלה – הוא מלך וחסיד כאחד. הוא חייב לדעת כיצד להילחם ולכבוש, ואף כיצד לשאת מפלה. (עמ' 221)

ברור מדוע האדם עטור הניצחון נקרא "מלך". המלוכה באה לידי ביטוי בשלטון או בכיבוש. אך מדוע הרב מכנה את האדם שנחל מפלה "חסיד"? החסיד הוא אדם קדוש,[16] ואם כן שאלתנו היא מדוע סבור הרב כי הקדושה באה לידי ביטוי בתבוסה? הרב סולוביצ'יק אינו מסביר זאת כאן, אך ניתן להציע כמה תשובות (שאינן סותרות זו את זו).

16. במקור האנגלי, הרב מכנה את החסיד במילה saint, שמקורה במילה הלטינית sanctus שפירושה "קדוש".

1. האדם הקדוש מבטל את רצונו מפני רצון ה'.

2. האדם הקדוש מפנה מקום לרצונו של הזולת ואינו מתעקש על מימוש רצונותיו שלו.

3. ההבנה המקובלת לציווי "קדושים תהיו" (ויקרא יט, ב) היא "פרושים תהיו" (ספרא, שם), כלומר, עליכם לפרוש מתאוות המביאות לידי חטא וממצבים העלולים לעורר תאוות אלו (עיינו ברש"י, שם).

מכל ההסברים הללו יוצא שפעולת הנסיגה ניחנה במהותה בקדושה. פעולת הצעידה קדימה אינה קדושה כשלעצמה, אך באפשרותה לזכות בקדושה באמצעות הנכונות לסגת.

דווקא בתחומים שבהם האדם חושק בהצלחה בכל מאודו, עליו להיות נכון לסגת, לנחול תבוסה במו ידיו. הדבר תקף הן ברגעים נעלים כמו עקידת יצחק, הן ברגעים ארציים יותר כמו הגבלת התשוקה המינית על ידי הלכות ההרחקה. רק ההימנעות לפי דרישת ההלכה גואלת את הקשר הפיזי שבין גבר ואישה; היא מזככת אותו מהיות "פעילות גסה ומכוערת" והופכת אותו למעשה מקודש ורצוי בפני ה'.[17]

בניתוח סוציולוגי־פסיכולוגי חד קובע הרב שהחברה המודרנית עוברת משבר מכיוון שהיא אינה מסוגלת להתמודד עם שניות זו של התקדמות ונסיגה:

> האדם המודרני מתוסכל ונבוך, מאחר שאינו נכון לנחול כישלון. אין הוא מסוגל לסגת בענווה. פעמים רבות מתייהר האדם המודרני כאילו מעולם לא הובס בקרב. שוכח הוא כי בעצם בניינו של הניצחון נעוצה המפלה וכי למעשה אין הניצחון המוחלט בנמצא. האדם סופי הוא, וכך גם ניצחונו. כשם שהסופי איננו שלם, כן ניצחונו של האדם. (עמ' 221)

17. הדוגמאות הספציפיות לתבוסה שהרב מזכיר כאן – בעיקר בנוגע למגבלות בתחום יחסי האישות ובתחום הידע – זוכות להתייחסות מלאה ב"צירוף", ולכן אדחה את הדיון בהן לפרקים 5 ו־7 בהתאמה.

הערה נוקבת זו מטרימה מוטיב שיפותח בהרחבה ב**איש האמונה הבודד**. למעשה, הערה זו היא במידה רבה לב לבו של המאמר ההוא.[18] לפיכך נוסיף לעיין בה בפרק 15.

סיום כפול

ראינו שעל האדם לשלב בחייו גאון וענווה כאחד. האם ידו של אחד מהם על העליונה? אם כן, נוכל להעלות שתי אפשרויות תיאורטיות:

א. התבוסה משמשת רק כדי לטהר את תאוות הניצחון, אך לתנועה קדימה חשיבות רבה יותר.

ב. התנועה קדימה היא אמצעי בלבד הנועד לאפשר לאדם לנחול מפלה, אך המפלה היא מטרה כשלעצמה (או שהיא אפילו ניצחון).

מהי המטרה הסופית – הניצחון או התבוסה? האם היהדות דוגלת בתנועה בת שלושה חלקים (התקדמות־נסיגה־התקדמות) או בתנועה בת שני חלקים (התקדמות־נסיגה)?

סבורני שהרב שומר אמונים לגישתו הכללית ומותיר את שני הרעיונות במתח דיאלקטי. ואולי נוכל לנסח זאת אחרת: לניצחון ולתבוסה ערך שווה. הגאון והענווה הם שני פנים יסודיים באישיות האדם, ואין להתכחש אף לא לאחד מהם. התנודה בין שניהם אינה פוסקת לעולם.

בחינה מדוקדקת של המאמר "גאון וענווה" תגלה כי יש לו שתי סיומות.[19] הרב כותב מחד גיסא:

18. במושגי **איש האמונה הבודד**, האדם המודרני מפתח אך ורק את צד אדם א' שבאישיותו וזונח את צד אדם ב' שבו.

19. לדעתי תופעת הסיומות הכפולות חוזרת מספר פעמים בכתבי הרב, כפי שאציין ביחס ל**איש האמונה הבודד** בפרק 18 וביחס למאמר "גאולה, תפילה, תלמוד תורה" בפרק 20.

> מה יתרחש לאחר שהאדם ייסוג וישוב לאחריו? אלוקים עשוי להנחותו לחזור ולצעוד אלי ניצחון, לחתור שנית לכיבוש ולשלטון. השיבה לאחור היא גאולתה של הדריכה לפנים, הנכונות למפלה היא טהרתה של התשוקה חסרת המעצורים לשלטון ולניצחון. משעה שנענה האדם ונכנע, נפתח הפתח להנחותו הישר אל הניצחון. אברהם נצטווה לסגת, להנחיל מפלה לעצמו ולמסור את יצחק. הוא נענה. ה׳ קיבל את יצחק אך לא החזיק בו. ה׳ השיבו לאברהם: ״וְיִרַשׁ זַרְעֲךָ אֵת שַׁעַר אֹיְבָיו״ (בראשית כב, יז). אברהם נחל ניצחון במפלתו. (עמ׳ 222)

הרב מתאר כאן תנועה תלת־שלבית שסופה ניצחון. אך יש לשים לב שהוא מסייג את קביעתו: ״אלוקים **עשוי** להנחותו לחזור ולצעוד אלי ניצחון... **נפתח הפתח** להנחותו הישר אל הניצחון״. מיד לאחר חתימת המאמר בנימת ניצחון מוסיף הרב הערת שוליים נוספת (מס׳ 22), המבארת את הסיבה להסתייגותו:

> משה לא זכה לכך. הוא נסוג; את הארץ ראה רק מראש הפסגה; אך תפילתו לא נענתה והוא לא זכה לבוא לארץ המובטחת. הוא הקשיב לדבר ה׳, אך הציות המלא לא הוליך לניצחון. רצון ה׳ טמיר ונעלם.

מי אומר את המילה האחרונה – אברהם או משה? מהי חתימת המאמר האמתית – הקטע האחרון או הערת השוליים הנלווית לו? האם המאמר מסתיים בנימה של ניצחון או של מפלה?

התשובה היא: שניהם. אכן, נימת הניצחון הסופי נשמעת במלוא עוצמתה ונימת התבוסה באקורד מינורי (מכיוון שהראשונה מודגשת בטקסט המרכזי והאחרונה מופיעה רק כהערת שוליים). אך הרב כן דיו להודות בכך שלא תמיד יש סוף טוב, ושאולי התבוסה היא בעלת ערך לאדם ונושאת חן בעיני אלוקים באותה מידה כמו הניצחון. האדם חייב

לדעת כיצד לחיות עם המתח בין הניצחון והתבוסה, הצעידה לפנים והנסיגה, מבלי שתהיה לו ערובה כיצד יסתיים הסיפור.

הפרקים הבאים יעסקו במאמר "צירוף", המפתח את עקרון הנסיגה והתבוסה העצמית.

לעיון נוסף:

1. **"והלכת בדרכיו"**: שלום רוזנברג, "והלכת בדרכיו" **בפילוסופיה ישראלית**, ערך משה חלמיש (תל אביב, תשמ"ב). עיינו גם R. Walter Wurzburger, "*Imitatio Dei* in the Philosophy of Rabbi Joseph B. Soloveitchik," *Hazon Nahum: Studies Presented to Dr. Norman Lamm*, eds. Y. Elman and J. Gurock (New York, 1997), pp. 557–575; reprinted in his book *Covenantal Imperatives* .(Jerusalem, 2008), pp. 172–190

2. **מוסר הרמב"ם**: מדובר בנושא מורכב שזכה לפרשנויות רבות וסותרות. חלק מהסוגיות העומדות במחלוקת הן שאלות הקשר בין "דרך האמצע" של הרמב"ם ו"שביל הזהב" של אריסטו, הקשר בין החכם והחסיד במשנת הרמב"ם, תיאוריה השונים של מערכת המוסר בכתבי הרמב"ם השונים (שמונה פרקים, משנה תורה, מורה נבוכים), ואידיאל הרמב"ם בנוגע לפסגת השלמות האנושית. סקירה של הדעות השונות בסוגיית השלמות האנושית ועיסוק בסוגיות שהובאו לעיל אפשר למצוא אצל Menachem Kellner, *Maimonides on Human Perfection* (Atlanta, 1990).

3. **תשובה וייסורים**: עיינו "קול דודי דופק", עמ' 13-16; **מן הסערה**, עמ' 55-58, 110-114, 135-156; **על התשובה**, עמ' 259-314; ובפרק 23 להלן.

חלק ב

רגש, מחשבה ומעשה

פרק 4

"צירוף" (א): גבורה הלכתית

בעיניי, "צירוף" הוא אחד המאמרים החשובים ביותר שכתב הרב סולוביצ'יק בשפה האנגלית, וסביר להניח שגם הרב עצמו ייחס למאמר חשיבות דומה. הנושאים המופיעים במאמר העסיקו אותו במשך כמה שנים, ובמהלכן נהג הרב לשוב למאמר ולעבֵּד אותו.[1] "צירוף" מכיל רעיונות רבים כל כך במסגרת קצרה כל כך עד שקשה להתייחס אליו כראוי בלי להביאו במלואו.[2]

איזהו גיבור?

הרב סולוביצ'יק מציג את דרישתה המרכזית של ההלכה בצמד מילים מרשים: לחיות בגבורה. רק כאשר האדם חי בגבורה, הוא מעניק לחייו משמעות נשגבת. אלא שהרב אינו מפרש גבורה (או הרואיות) במובן המקובל. הגבורה שהוא עוסק בה מורכבת בעיקר מכוח האיפוק,

1. יש לשים לב, למשל, לעובדה שהרב מטרים נושאים שירחיב בהם לימים ב"צירוף" כבר ב-1957, בהרצאתו "משבר הסופיות האנושית", וכן ב-1961, בהרצאה "גישה הלכתית אל הייסורים", המופיעות **במן הסערה** (בעיקר בעמ' 116–124 ובעמ' 163–165). עוד יצוין כי כמה טיוטות של המאמר נמצאו בעיזבונו של הרב.
2. אני שב ומפציר בקוראים להשתדל לקרוא את כתבי הרב שנעסוק בהם.

מיכולתו של האדם להתגבר על עצמו וממסוגלותו לזכך את קיומו ולטהרו. זוהי הגבורה שתיארו חכמינו במאמרם המפורסם בפרקי אבות (ד, א): "איזהו גיבור? הכובש את יצרו".

הרב מציג הפרדה ברורה בין הפרשנות המקראית (היהודית) לפרשנות הקלאסית (היוונית) של מושג הגבורה. הגבורה הקלאסית היא קטגוריה אסתטית, תכונה שערכה ביופייה. היא מֶחווה גרנדיוזית שנועדה להותיר רושם על קהל, ומתוך כך להקנות לאדם תהילה שתיתן לו חיי נצח. האדם הקלאסי, המאוכזב והמתוסכל, זיהה עצמו עם הגיבור "אשר ההין לפעול את הבלתי אפשרי ולהגיע לתהילה", וכך סיפק את יצר הגאווה שלו ודמיין שגם לו יש חלק בתהילה הקורנת מן הגיבור; "ומיתוס זה העניק לו נחמה לאין שיעור... הערצת הגיבור היא ביסודה הערצה עצמית" (עמ' 242).

לעומת זאת, הגבורה המקראית אינה תוצר של הלך רוח ארעי ואינה מאופיינת בתיאטרליות.

> הגבורה היא אולי הבחינה המרכזית של חווייתנו הקיומית, בחינה החודרת בהתמדה את התודעה האנושית ומעניקה לאדם תחושת שלווה מוזרה. האישיות ההרואית, על פי השקפתנו, אינה נכנעת לטירוף ולהתלהבות. הגבורה המקראית איננה שכורת חושים, כי אם מתבוננת. לא רעשנית, כי אם חרישית. לא דרמטית וחזיונית אלא נסתרת. היחיד, במקום שביצע פעולות הרואיות בודדות ופזורות, מקיים בקביעות חיים של גבורה. (עמ' 243)

מבחינה מעשית, מילוי חייו של אדם בגבורה פירושו חיים על פי ההלכה, על הדיאלקטיקה הנצחית שבה המשלבת צעידה לפנים ברוב עוז ונסיגה לאחור במלוא הענווה (כפי שבואר כאן וב"גאון וענווה").

אביא דוגמה אחת (שארחיב על אודותיה בפרק הבא). הרב מתאר את גבורתם של חתן וכלה הנסוגים זה מזו כאשר הכלה רואה טיפת דם וסת:

חתן וכלה צעירים, חסונים, ואהבה לוהטת ביניהם. שניהם המתינו באורך רוח לפגישה זו. רק צעד אחד ואהבתם מתממשת, חלומם מתגשם. לפתע פורשים השניים ונסוגים לאחור. הוא, כדרך האבירים, מציג גבורה פרדוקסלית. הוא מביס את עצמו. כל זוהר חיצוני אינו מתלווה לנסיגה זו. אין בה מחווה ראוותנית, שהרי נעדרים ממנה עדים להעריץ ולהלל. הפעולה ההרואית אינה מתרחשת לנוכח המון מתרונן; משוררים לא ישירו על שני צעירים ענווים צנועים אלה. הכול אירע בצנעתו החסויה של ביתם, בדממת הלילה. האיש הצעיר... חוזר ונרתע לאחוריו. ברגע שבו נראית ההגשמה כמובטחת – הוא נסוג ופורש. (עמ' 246)

האבסורד

אחד התנאים המקדימים לגבורה ההלכתית הוא היכולת להתגבר בעת הצורך על שיקול הדעת המעשי־תועלתני המכוון להצלחה. הרב מכנה זאת במושג שאול מהגותו של הפילוסוף הדני סרן קירקגור:[3] קפיצה אל ה"אבסורד". הרב אינו מתכוון ל"אבסורד" במובן של דבר מגוחך או **מנוגד** להיגיון, אלא דווקא במובן של דבר **שאינו קשור** להיגיון או שהוא **על**־הגיוני (בשפה פילוסופית, האבסורד הוא א־רציונאלי או מטא־רציונאלי). כפי שכבר הערנו ב"גאון וענווה", מוסר הענווה כרוך בזיהוי מגבלות השכל האנושי ובקבלת תכתיביה של סמכות עליונה שלא תמיד יעלה בידינו להבינה.[4]

מחויבות אמתית לדת היא דבר טוטאלי המקיף את כל היבטי

3. ה"אבסורד" – בעיקר "אבסורדיות האמונה" ו"קפיצת האמונה" הנובעת ממנה – הוא מוטיב מרכזי בספרו של קירקגור **חיל ורעדה** (1843; תרגם לעברית איל לוין, [ירושלים, 1986]).

4. **באיש האמונה הבודד** מדגיש הרב שהעובדה שאין באפשרותנו להבין את כל הוראותיו של האלוקים אינה מעידה על כך שאין להן טעם או תועלת בעבורנו.

הקיום האנושי – שההיבט השכלי הוא רק אחד מהם. המחויבות איננה מבוססת על הסכמה שכלתנית לטענות כאלו ואחרות, אלא על חוויה בסיסית של האלוקות, חוויה הקודמת להיגיון ומצויה מעבר לו. ממנה אוזר האדם עוז להתעמת עם התנגדות מפחידה, כפי שעשה יעקב במאבקו הלילי עם יריבו המסתורי (בראשית לב, כה-לא), וכפי שעשה עם ישראל לאורך הדורות. מחויבות טוטאלית זו מעניקה לאדם כוח לסגת על סף הניצחון, ממש כשם שיעקב, למרבה הפרדוקס, שחרר את יריבו לאחר שגבר עליו.

הגדרה חדשה של צירוף

כעת נוכל להעריך את האירוניה הרמוזה בכותרת שבחר הרב לחיבור זה. שם המאמר במקור הוא "קתרזיס", מושג יווני שמשמעותו זיכוך או צירוף (כמו צירוף הזהב מסיגיו בכור ההיתוך). בספרו **פואטיקה** (פרק 6) הגדיר אריסטו את מטרת הדרמה הטראגית כזיכוך רגשות הפחד והחמלה. לעתים קרובות האדם מוצא את עצמו טרוד ודאוג, עמוס בחרדות המפרידות בינו לבין הצלחה חברתית. כאשר הוא צופה בדרמה טראגית בתיאטרון, הוא משחרר רגשות אלה בסביבה בטוחה ומבוקרת ויוצא מן החוויה מזוכך, מוכן לתפקוד חברתי מצליח.

אף שהרב אינו משווה במישרין בין השקפתו לגבי הצירוף לבין זו של אריסטו, הניגוד ביניהם בולט (וללא ספק מכוון). בעיני הרב, הצירוף אינו תגובה פסיבית של צופה תיאטרון, אלא אורח חיים פעיל ותובעני. הצירוף נועד להשיג לא שלווה אלא גאולה. מטרתו איננה לייצר בן אצולה שחצן שהחרדה אינה נטל על צווארו, אלא לכונן אישיות מקודשת המאזנת בין גאון וענווה. בעוד הטרגדיה היוונית מלמדת שהאדם הוא אובייקט המנוהל בידי כוחות שרירותיים וגורלו נתון בידיהם, הקתרזיס היהודי הוא מכשיר בידי האדם, כסובייקט, להתחבר באופן פעיל לייעוד נעלה ורב משמעות.

הגדרה חדשה של גבורה

להבדיל מההגדרה החדה והלעומתית של מושג הצירוף היהודי, ההגדרה המחודשת שנותן הרב למושג הגבורה היא הדרגתית ומרומזת יותר. הרב פותח בהצגת הגבורה כניצחון צבאי, ובהדרגה משנה את הבנתה בעיני הקורא. תחילה הוא מכליל במושג הגבורה גם פעולה נועזת המתבצעת בניגוד לשיקול דעת פרקטי, ובסופו של דבר הוא מגדיר את הגבורה ככוח הפרדוקסלי לסגת ולא להשלים ניצחון.

זו דוגמה טובה לתופעה שכיחה בכתיבתו של הרב סולוביצ׳יק. הרב נוטל מושגים טעונים הנושאים עמם משמעויות חיוביות לאוזן המודרנית – גבורה, עוז רוח, יצירתיות, שלטון, אוטונומיה, עצמאות ועוד – ומוכיח שהיהדות אכן תובעת אותם מהאדם. אנשים רבים יראו במושגים אלו את האנטיתזה לדתיות היהודית, הנראית בעיניהם שמרנית עד כדי התאבנות וצייתנית עד כדי שעבוד. מה, אם כן, מבקש הרב להשיג בקישור מושגים אלה לחיים ההלכתיים? אחד מן השניים:

1. להודיע לנו שתכונות אלו, באופן שאנו רגילים להבינן, הן בעצם ערכים יהודים; או לחילופין,
2. לפרש ערכים אלה מחדש (לעתים בעקיפין) ולהוכיח לנו שההבנה החדשה מהווה חלק מובנה מהיהדות.

במקרה שלנו מדובר בבירור באפשרות השנייה. הרב מגדיר את הגבורה מחדש; בעיניו היא באה לידי ביטוי בענווה יותר מאשר בגאון. אם כך, מדוע מתאמץ הרב לפרש מחדש את רעיון הגבורה במקום להשתמש במונח אחר? מדוע הוא מתעקש להשתמש בתואר "הרואי" אף שכוונתו למובן שונה מן המקובל? גם כאן קיימות שתי אפשרויות:

א. ייתכן שזהו אמצעי חינוכי שמטרתו להציג את החיים ההלכתיים באופן שיקסום לאדם המודרני. למילה "הרואי" יש מטען חיובי באוזנינו, ודבר שיתואר כהרואי ימשוך אותנו. בסופו של דבר, נלמד להעריך את הערכים הטבועים בהגדרה החדשה של הגבורה.

ב. הרב חושף רובד עמוק או אמתי יותר של המושג. בלב תפיסת הגבורה (או היצירתיות, העצמאות וכו׳) עומד רעיון רב עוצמה שנחבא לאורך השנים תחת מעטה סיגים. אם ניפטר מחלק מדעותינו הקדומות, אם נבחן דברים במבט של קדושה ועבודת ה׳, נוכל לראות את שורשו החיובי של רעיון זה בשיא טהרתו. לחילופין, ניתן לנסח זאת כך: הרעיון עצמו ניטרלי ואפשר להטותו לכל כיוון, לטוב ולרע, בהתאם למסגרת שבה אנו בוחנים אותו.

אני מותיר לקורא להחליט לעצמו איזו אפשרות רלוונטית לענייננו.

היבט נוסף שראוי לציין בהקשר לכתיבתו של הרב סולוביצ׳יק הוא יכולתו לחשוף רובדי משמעות חדשים במקורות מוכרים על ידי הצבתם בהקשר חדש. הרב מבסס, למשל, את התזה שלו במאמר זה על מאמרי חז״ל כגון ״לא ניתנו מצוות אלא לצרף בהן את הבריות״ (בראשית רבה מד, א) ו״איזהו גיבור? הכובש את יצרו״ (אבות ד, א). מעולם לא הבנו מימרות אלו בצורה כזאת, אבל לאחר קריאת פרשנותו של הרב נתקשה להבין אותם כבראשונה.[5]

נסיגה לשם התקדמות?

הבה נחזור בקצרה לשאלה שהעלנו בפרק 3. האם הדיאלקטיקה ההלכתית נמנית עם קבוצת ההתקדמות־נסיגה־התקדמות, או שמא היא מזן ההתקדמות שסופה נסיגה? גם כאן אנו מוצאים ראיות חלוקות לגבי דעת הרב בנושא. הרב מדבר בעמ׳ 244 על דיאלקטיקה בת שני חלקים, ואילו בעמוד הבא הוא עוסק בדיאלקטיקה תלת־שלבית. קביעתו ש״בעקבות תנועת הנסיגה נקרא האדם להתקדם שנית לקראת

5. היבט חדשני נוסף בכתיבתו של הרב הוא האופן שבו הוא מעצב מחדש את הבנתו של הקורא לגבי מצוות שונות באמצעות תיאור בלתי נשכח של המרכיב הרגשי שבהן. דוגמאות לכך מופיעות בפרקים 6 ו–8.

הניצחון השלם" (עמ' 246) עומדת בסתירה חריפה לדברים שכתב ב"גאון וענווה" ולפיהם "בעצם בניינו של הניצחון נעוצה המפלה... כשם שהסופי איננו שלם, כן ניצחונו של האדם" (עמ' 221).

המאמר "צירוף" אמנם מדגיש את חשיבות השלב השלישי, שבו שב האדם לצעוד קדימה – אך מנגד הוא מסתיים בנימה המדגישה את הנסיגה: "הגיד לך אדם מה טוב ומה ה' דורש ממך כי אם לנוע בעוז לפנים, לגבור ולכבוש את הארץ, ולשוב ולסגת בענווה כאשר הניצחון הוא בהישג ידך" (עמ' 254). כפי שהערתי לעיל, שני הפנים בגישת הרב אינם מבטאים בלבול אלא דיאלקטיקה בתפיסת התבוסה שלו.

הצירוף בחיי היום־יום

הרב סולוביצ'יק מחלק את "התנסותנו הקיומית הכוללת" לארבעה תחומים (האסתטי־תענוגי, הרגשי, השכלי והדתי), ואז ממשיך ומראה כיצד רעיון הצירוף מתבטא בכל אחד מהם. החלק הבא במאמר "צירוף" מרתק במיוחד לא רק מפני שהקוראים יכולים לקשר אותו ישירות לחיי היומיום שלהם, אלא מכיוון שהרב נותן דוגמאות רבות עוצמה לצירוף בכל תחום. הנושאים הנידונים בחלקו השני של המאמר חוזרים ומופיעים לאורך כתבי הרב, דבר המעיד על מעמדם החשוב בהגותו. לפיכך, אקדיש את הפרקים הבאים ליישום רעיון הצירוף בכל אחד מארבעת התחומים ולסוגיות חשובות שיתעוררו במהלך הדיון.

פרק 5

"צירוף" (ב): העלאת החיים הגופניים

עונג וקדושה

התחום הראשון בהתנסות האנושית שבו מעיין הרב בחלקו השני של "צירוף" הוא התחום האסתטי־תענוגי, הכולל בתוכו את חיי הגוף על יצריו והנאותיו.[1] הצורך בצירוף בתחום זה ברור ותדיר יותר מבכל תחום אחר. הצירוף מתבטא כאן בפרישה מפיתוי חיצוני – או, במילים אחרות, בריסון יצריו הפנימיים של האדם ובתיעולם.

> ככל שתגבר שליטתו של הדחף הפיזיולוגי, ככל שיגדלו השיכרון ותימהון־החושים לקראת סיפוק התאווה, כן יתעצם כוחם הפודה של הצירוף הדיאלקטי, של תנועת הרתיעה לאחור. (עמ' 245)

הרב מפליא להמחיש עיקרון זה במדרש יפהפה של חז"ל:

> "סוּגָה בַּשּׁוֹשַׁנִּים" (שיר השירים ז, ג) – אלו דברי תורה שהן רכים כשושנים...
> בנוהג שבעולם, אדם נושא אשה בן ל' שנה בן מ' שנה, משמוציא

1. במאמר "צירוף" עצמו הרב עוסק בנושא זה בקצרה בלבד, ולפיכך המקור העיקרי שנתבסס עליו כאן הוא **ובקשתם משם**, עמ' 207-215. הרב עוסק בנושא זה במקומות נוספים; ראו **לעיון נוסף**, 1.

> יציאותיו [=ההוצאות הכספיות והחיזורים] הוא בא לזקק לה, והיא אומרת לו "כשושנה אדומה ראיתי", ופורש ממנה מיד. מי גרם לו שלא יקרב לה, איזה כותל ברזל יש ביניהם, ואיזה עמוד ברזל ביניהם, איזה נחש נשכו, איזה עקרב עקצו שלא יקרב לה? דברי תורה שרַכִּין כשושנה, שנאמר בה "וְאֶל אִשָּׁה בְּנִדַּת טֻמְאָתָהּ לֹא תִקְרַב" (ויקרא יח, יט).
>
> וכן מי שהביאו לו תמחוי [=מגש] של חתיכות [בשר], אמרו לו חֵלב נפל שם, ומשך ידו ולא טעמו. מי גרם לו שלא לטעום, איזה נחש נשכו שלא יטעם ואיזה עקרב עקצו שלא יקרב ויטעם אותו? דברי תורה שרכין כשושנה, שכתוב בה "כָּל חֵלֶב וְכָל דָּם לֹא תֹאכֵלוּ" (ויקרא ג, יז). (שיר השירים רבה ז, ג)

לזיהוי הקדושה עם ריסון דחפיו היסודיים של המין האנושי יש היסטוריה ארוכה. הרמב"ם, למשל, בחיבורו ההלכתי בן י"ד הספרים **משנה תורה,** בחר לכרוך יחדיו את הלכות איסורי ביאה ואת הלכות מאכלות אסורות בספר אחד, "ספר קדושה".[2] מותר האדם מן הבהמה הוא בכך שהאדם מושל ביצרו ולא יצרו מושל בו. מבחינה זו, ההגבלות שהתורה מטילה על האדם נותנות לו למעשה חירות: בזכותן אין הוא עבד נרצע לתאוותיו, אלא אדון להן. אני סבור שזה חלק מהמסר הטמון במאמר חז"ל המפורסם:

> אמר ר' יהושע בן לוי... "וְהַלֻּחֹת מַעֲשֵׂה אֱ־לֹהִים הֵמָּה וְהַמִּכְתָּב מִכְתַּב אֱ־לֹהִים הוּא חָרוּת עַל הַלֻּחֹת" (שמות לב, טז) – אל תקרא "חָרוּת" אלא חֵרוּת, שאין לך בן חורין אלא מי שעוסק בתלמוד תורה. (אבות ו, ב)

2. הרב סולוביצ'יק מצרף לשני הדחפים הללו דחף שלישי – יצר צבירת הממון, שגם אותו יש לרסן ולקדש; ראו **לעיון נוסף,** 1, קטע ג.

זיהוי הקדושה עם פרישה מהנאות הגוף עלול להוביל לגישה סגפנית השוללת את הערך שבקיומו הגופני של האדם ורואה בו מכשול בדרכו למימוש שאיפותיו הרוחניות. עמדה כזו אכן אומצה על ידי הוגי דעות יהודים אחדים (הבולט שבהם הוא הרמב"ם ב**מורה נבוכים**). הרב סולוביצ'יק, לעומת זאת, נוקט גישה הפוכה. לדידו, פעולת הפרישה מטהרת את דחפיו הטבעיים של האדם וגואלת אותם, נוסכת בהם קדושה ומאפשרת להם לשמש אמצעי להתפתחות רוחנית.

לדעת הרב, האלוקים אינו חפץ שהאדם יחיה חיי פרישות המנותקים מהעולם הזה, ואין לו עניין שהאדם יאמץ רוחניות מופשטת ושמימית. אדרבה, האלוקים מבקש מהאדם לנהל חיים טבעיים מלאים ומספקים – אך דורש ממנו להחדיר בהם משמעות וכיוון, ובכך לבסס את רוחניותו בחיים גופניים ממשיים.

לדוגמה, אם המעשה המיני אינו מרוסן ופדוי, הוא עלול להפוך גס ובהמי. במצב כזה, האדם נכנע לטירוף של תאווה פרימיטיבית ומתייחס לבן זוגו כאמצעי למילוי סיפוקו. לעומת זאת, במסגרת הנישואין (ובזמנים המותרים), המיניות נעשית דבר יפה ומקודש. המיניות התחומה באיסורים היא מעשה התואם את רצונו של האלוקים. היא מבטאת אהבה ומחויבות בין הבעל לאשתו (שהן לרצון גם לפני האלוקים). יתרה מזאת, היא נעשית כלי לקיום מצוות כגון פריה ורביה וחיוב עוֹנָה. כך הופכים חייו הגופניים של האדם למעיין של קדושה.[3]

יצר הרע

אף שאינו כותב זאת במפורש, דומה שהרב סולוביצ'יק מזהה את "יצר הרע" עם דחפיו הביולוגיים והטבעיים של האדם. אין ספק שדחפים

3. הדיון בנושא ההנאה הגופנית ב"צירוף" מדגיש רק את היבט הפרישה, אך **בובקשתם משם** הרב משלים את החסר ומוסיף שהפעילות הגופנית עצמה הופכת למקור קדושה.

אלו כשלעצמם נצרכים להישרדות המין האנושי, אך בקלות רבה הם עלולים לגלוש לכיוונים שליליים. אם האדם נכנע ליצריו בלא סייג ובלא שיקול דעת, הם עלולים לדרדר אותו לקיום חייתי וגס במקרה הטוב. במקרה הגרוע, הוא ייקלע לסחרור של מרוץ בלתי נלאה לסיפוק צרכיו הגוברים והולכים, ולהפוך יצור מושחת ופושע, כמעט שטני. לעומת זאת, שליטה בדחפים הטבעיים ותיעולם לכיוון הראוי מאפשרת להם להתגלות ככוח חיובי.

גישה זו מושרשת עמוקות במקורות התלמודיים. כך, למשל, ישנו מדרש (יומא סט ע"ב; סנהדרין סד ע"א) המספר שפעם אחת חז"ל הצליחו לכלוא את "יצרא דעבירה", אך שלושה ימים לאחר מכן לא עלה בידם למצוא בכל ארץ ישראל ולו ביצה אחת טרייה שהוטלה. חכמים הבינו שאם לא ישחררו את יצר הרע מיד, העולם יחרב. גישה זו מופיעה גם במדרש המבאר מדוע בחמשת ימי הבריאה הראשונים התבונן האלוקים במעשיו "וירא אלקים כי טוב", ואילו ביום השישי "וַיַּרְא אֱ־לֹהִים אֶת כָּל אֲשֶׁר עָשָׂה וְהִנֵּה טוֹב מְאֹד" (בראשית א, לא):

> "והנה טוב" – זה יצר טוב; "מאד" – זה יצר הרע. וכי יצר הרע "טוב מאד" הוא? אתמהא! ללמדך שאילולי יצר הרע, לא בנה אדם בית ולא נשא אשה ולא הוליד בנים. (קהלת רבה ג, ג)[4]

המשנה (ברכות ט, ה) מלמדת שכוונת הציווי "וְאָהַבְתָּ אֵת ה' אֱ־לֹהֶיךָ בְּכָל לְבָבְךָ" (דברים ו, ה) היא לאהבה "בשני יצריך – ביצר הטוב וביצר הרע". דברים אלה נעשים מובנים אם מבינים שיצר הרע הוא הדחפים הגופניים, כפי שהסברנו זה עתה. כלומר: על האדם לעבוד את ה' הן בדחפיו הרוחניים, הן בדחפיו הגופניים. החיוניות של גישה זו והסכנות

4. מדרש מקביל (בראשית רבה ט, ז) נתלה לא במילה "מאד" אלא בו"ו החיבור ב"והנה טוב מאד". כן מוסיף המדרש שם את המשא ומתן לרשימת הפעולות שהאדם לא היה עושה בלעדי יצר הרע.

הנלוות לה מודגשות במאמר חז"ל "יצר... תהא שמאל דוחה וימין מקרבת" (שמחות ב, ה; סוטה מז ע"א; סנהדרין קז ע"ב).

קדושה ומוסריות באכילה

הרב סולוביצ'יק צועד מגישה זו צעד נוסף קדימה. הוא אומר שלא זו בלבד שדחפיו הטבעיים של האדם חיוניים להישרדותו, אלא, כאמור, הם עצמם יכולים לשמש מקור קדושה. למעשה, ההלכה עומדת על כך שרוחניותו של האדם תהיה מושרשת בקיומו הגופני ותחדור לכל היבטי קיום זה. קטעים נרחבים ב**איש ההלכה** וב**ובקשתם משם** מתפלמסים עם הרוחניות המתעלמת מחייו הטבעיים של האדם או המתכחשת להם.[5] הדתיות ההלכתית מתמקדת בעולם הזה; בניגוד לנושאים את עיניהם אל טהרת העולם הבא, ההלכה מתעבת את המוות ומייחסת טומאה לכל דבר הקשור בו.[6]

כפי שהרב מעיר ב**איש ההלכה** (עמ' 51), ההלכה היא תורה מציאותית הקוראת "בפשטות ובתמימות זכה בספר בראשית 'וַיַּרְא אֱ-לֹהִים אֶת כָּל אֲשֶׁר עָשָׂה וְהִנֵּה טוֹב מְאֹד'", ועל כן אינה רוצה להשתחרר מן העולם. ההלכה מאשרת את ערכם של החיים הגופניים ואת כבודם בכך שהיא מעניקה להם כיוון ומשמעות. ההלכה מתנגדת לא לגופניות עצמה, אלא לדבר אחר: להיעדר גבולות ותכלית, לאפלה שבדחפים חייתיים שלא רוסנו. אדרבה, האדם נדרש לעבוד את ה' בכל הכוחות העומדים לרשותו, ובראש ובראשונה – בגופו.

5. בפרק ח' ב**איש ההלכה** (במיוחד בעמ' 43-45) מציע הרב שלוש דחיות לגישה שכזו: א. היא מסיחה את דעת האדם מטיפול בסבל הזולת; ב. האדם אינו יכול להשתחרר מגופניותו, ותורה המיוסדת על השאיפה לעשות כן שגויה במהותה; ג. גישה כזו מטבעה שמורה לקבוצה נבחרת והופכת את הדת לעניין אזוטרי ולא דמוקרטי. עיינו עוד בפרק 28 להלן.

6. **איש ההלכה**, עמ' 36-41; עיינו גם בדיון בנושא האבלות בסוף פרק 24 להלן.

זו הסיבה, למשל, לכך שמצוות רבות כל כך סובבות סביב הסעודה:

> האכילה, הפונקציה הבהמית, שחיי האדם תלויים בה, התעדנה על ידי ההלכה ונהפכה לפולחן דתי ופעולה מוסרית גבוהה. (**ובקשתם משם**, עמ' 208)

> אכילה היא פעולת הריאליזציה [=המימוש] של אידיאת הקדושה, שמשמעותה היא קידוש הגווייה [=הגוף] וגם הנפש. אם האדם אוכל כהוגן, בהתאם לדרישת ההלכה, הוא סועד לפני ה', עובד אותו בפונקציה "בזויה" כזו, ומתדבק בו. (שם, עמ' 212)

לא זו בלבד שההלכה מטילה מגבלות על מה שאנו אוכלים (כשרות), ולא זו בלבד שהיא מחייבת אותנו לברך לפני האכילה ולאחריה – הנה אחדות מהמצוות הנעלות ביותר מתקיימות על ידי צריכת מזון, כגון אכילת קודשים, מצה, קידוש ושמחה במועדים. אין מדובר במעשי פולחן סמליים ומסתוריים כמו טקס "לחם הקודש" הקתולי, אלא בפעולות ריאליות של אכילה שאדם נהנה ממנה ומשביע את רעבונו. אדרבה, אם אדם אוכל במצוות אלו באופן לא מהנה, למשל כאשר הוא כבר שבע לגמרי, קיים ספק אם יצא ידי חובה.

יתר על כן, כפי שהרב מדגיש, ההלכה הופכת את האכילה ל"פעולה מוסרית גבוהה". ראשית, אסור לאכול מזון גזול, וכל מצווה שבקיומה נעשה שימוש במזון גזול – פסולה. שנית, האדם מצווה להזמין את הנזקקים ומוכי הגורל להשתתף איתו בכל הסעודות ההלכתיות (כגון אכילת קודשים, ליל הסדר וסעודת מצווה). ידועים דבריו הנוקבים של הרמב"ם בעניין זה:

> וכשהוא אוכל ושותה [בסעודת החג], חייב להאכיל לגר ליתום ולאלמנה עם שאר העניים האומללים. אבל מי שנועל דלתות

> חצרו ואוכל ושותה הוא ובניו ואשתו, ואינו מאכיל ומשקה לעניים ולמרי נפש – אין זו שִׂמחת מצווה, אלא שמחת כְּרֵסוֹ. (הלכות שביתת יום טוב ו, יח)

הזמנת הנצרכים לסעודה אינה תוספת למצוות שמחת החג אלא חלק מעצם קיומה. אין כאן רק מעשה חסד, אלא גם דבר חשוב יותר – ביטוי לקהילתיות, לאחווה ולדאגה. שמחתו של הסועד לא תהא שלמה כל עוד אחרים מתייסרים בגפם.

גישתה הלא־דואליסטית של ההלכה

ראינו שההלכה מטהרת את החוויה האסתטית־תענוגית, ועתה עלינו לשאול: מה טיבה של הנאתנו המזוככת? כותב הרב:

> ההלכה מצווה על האדם להתענג על הדר הבריאה וזיווה במידה לא פחותה מאיש התענוג. ברם, הנאת איש ההלכה היא מתוקנת ומוקצעת ומצורפת... מעולם לא אסרה תורה את הנאות העולם הזה על האדם ולא תבעה ממנו סיגופים ועינויים... [עם זאת] ההלכה שונאת את התוהו שבתענוג... ההלכה מדירה את האדם מהיסטריה של תאווה ושיגעון. ההנאה, שעליה ממליצה ההלכה, נטולה היא את האינטנסיביות היתרה וגירוי העצבים ושיכרון החושים. ברם יש בה מיפי העידון ותפארת האסתטיות בחיים. כשאדם נהנה מן העולם בהתאם להשקפת ההלכה, הנאתו היא צנועה וענוגה. הנאה שאין בה לא מבולמוס של עריות ולא מקדחת של גרגרנות. (**ובקשתם משם**, עמ' 207-208)

גישתה של ההלכה שניתן לקדש את החיים הגופניים, כותב הרב, עומדת בסתירה לגישה הדואליסטית של הגות המערב (כלומר, ההגות היוונית והנוצרית). נראה שהגות זו "התייאשה מבחינה מטפיסית־מוסרית מן

הטבע שבאדם והתמכרה לרוחני־השכלי" (**ובקשתם משם, עמ' 207**). השקפת המערב יוצרת פער בלתי ניתן לגישור בין הגשמי והרוחני. בעוד התורה מכריזה "וְאָכַלְתָּ לִפְנֵי ה' אֱ־לֹהֶיךָ בַּמָּקוֹם אֲשֶׁר יִבְחַר לְשַׁכֵּן שְׁמוֹ שָׁם מַעְשַׂר דְּגָנְךָ תִּירֹשְׁךָ וְיִצְהָרֶךָ וּבְכֹרֹת בְּקָרְךָ וְצֹאנֶךָ לְמַעַן תִּלְמַד לְיִרְאָה אֶת ה' אֱ־לֹהֶיךָ כָּל הַיָּמִים" (דברים יד, כג) -

> מצווה כזו סתומה וחתומה למחשבת המוסר היווני. [לדעתה] החיה אוכלת, האדם חושב ומכיר את הרוחני, הכללי והאידיאלי. השכל מתקרב אל האלוקים אך לא הקיבה. "ואכלת לפני ה'" - הישנם שני הפכים גדולים מאלה? ואף על פי כן! (**ובקשתם משם, עמ' 208**)

ביהדות, מסביר הרב, הרוחניות מבוססת על הממשי, המוחשי והגופני. כל דבר קדוש זקוק למקום וזמן מוגדרים.[7] בתגובה לאלה השמים ללעג וקלס את תשומת הלב ה"מוגזמת" שההלכה מקדישה לחיי הגוף, גאה הרב להכריז בראש חוצות:

> אמנם כן, ההלכה היא תורת הגוף. אולם כאן אתה מוצא את גדולתה; על ידי קידוש הגווייה היא יוצרת חטיבה אחת שלמה של אדם פסיכוסומטי[8] העובד את יוצרו ברוחו ובגופו ומעלה את החיה [שבו] למרומי הנצח. (**ובקשתם משם, עמ' 215**)

7. למשל, קרבן שהוא "חוץ למקומו או חוץ לזמנו" נפסל משום דין "פיגול". עיינו עוד במאמרו של הרב "קודש וחול".
8. ביוונית, פסיכה = נפש; סומה = גוף.

לעיון נוסף:

1. **גאולת הדחפים הגופניים:** הרב עוסק בכמה מקומות בשלושה דחפים אנושיים טבעיים הזקוקים לגאולה: מיניות, אכילה וצבירת ממון. כפי שצוין לעיל, **ובקשתם משם** עוסק בהרחבה במיניות ובאכילה. דיונים מעמיקים בנושאים אלו אפשר למצוא גם במקורות להלן:

   א. מיניות – "גאולת חיי האישות", **אדם וביתו**, עמ' 95-124, וכן "The Tree of Knowledge and the Emergence of Sin," *The Emergence of Ethical Man*, pp. 95–128.

   ב. אכילה – "ערב מהולל – ליל הסדר", **זמן חירותנו**, עמ' 15-45.

   ג. צבירת ממון – "הפסח והעומר", **זמן חירותנו**, עמ' 159-169, וכן "ערב מהולל – ליל הסדר", עמ' 20-24.

   הנושא הכללי יותר של קידוש החיים הגשמיים עובר כחוט השני **באיש ההלכה**, **בובקשתם משם** ו**באיש האמונה הבודד**.

2. **גישות יהודיות לסגפנות ולתעגוגות:** ראו Moshe Z. Sokol, "Attitudes toward Pleasure in Jewish Thought: A Typological Proposal," in *Reverence, Righteousness and Rahmanut: Essays in Memory of Rabbi Dr. Leo Jung*, ed. R. Jacob J. Schacter (Northvale, NJ, 1992), pp. 293–314.

3. **האדם הטבעי והאדם הרוחני:** נושא זה מופיע במקומות רבים בכתבי הרב, במיוחד במאמר "ממעמקים" ובספר *The Emergence of Ethical Man*.

4. **האכילה בהשקפה היהודית לעומת ההשקפה היוונית: בובקשתם משם**, עמ' 210-214, הרב מעמת בין "הסעודה" היהודית ו"המשתה" היווני; עיינו גם **בזמן חירותנו**, עמ' 17-20.

פרק 6

"צירוף" (ג): טיהור הרגש

לאחר שהרב דן בצורך לטהר את התחום הגופני בחיי האדם ובדרכים לעשות זאת, הוא עובר לעסוק בטיהור התחום הרגשי. לעומת צירוף הגוף, הדורש מהאדם להימנע מפעולות חיצוניות, צירוף הרגש תובע ממנו לשנות את עולמו הפנימי ביותר, כמאמר הגמרא בסנהדרין (קו ע"ב), "הקדוש ברוך הוא ליבא בעי" [=הקב"ה רוצה את הלב].[1]

> לא רק מוסר של הפעולה מקיימת ההלכה, אלא אף מוסר של ההרגשה. האדם אדון הוא לעולמו הרגשי הפנימי ובכוחו להתכחש לרגשות מערערים, אף אם יכפו עצמם בעוצמה יתרה; ובכיוון ההפוך – בכוחו לספוג אל אישיותו רגשות גואלים. (עמ' 247)

במילים אחרות, היות שרגשותינו מהווים חלק כה חשוב באישיותנו, והיות שהם משפיעים עלינו עמוקות, חיוני שנמשול בהם, נעצב אותם ונתעל אותם לכיוונים חיוביים, ונשלב אותם בעבודת ה' שלנו. כפי שנראה בפרק זה ובפרק 8, הרב סבור שהתחום הרגשי, הפנימי, הוא זירת המאבק המרכזית של האדם בתחום הדתי.

1. הביטוי המוכר יותר "רחמנא ליבא בעי" אינו מופיע בגמרא או במדרש, אלא בזוהר וגם אצל כמה מן הראשונים (כגון רבנו בחיי, רש"י, אבן עזרא, רמב"ן, ספר חסידים וספר החינוך).

איך אפשר לצוות על הרגש?

ההנחה שהאדם מסוגל לשלוט בעולמו הרגשי עלולה להיות זרה לאדם המודרני, אולם היא עומדת בבסיסן של הלכות רבות. לצד המצוות הרבות המסדירות את פעולות האדם, כמו למשל המצווה לאכול מצה או איסור הגזל, ישנן מצוות המופנות היישר אל רגשות האדם, דוגמת "וְאָהַבְתָּ אֵת ה' אֱ-לֹקֶיךָ" (דברים ו, ה), "לֹא תִשְׂנָא אֶת אָחִיךָ בִּלְבָבֶךָ" (ויקרא יט, יז), ו"וְלֹא תִתְאַוֶּה בֵּית רֵעֶךָ..." (דברים ה, יח).[2] הבחנה זו תואמת את החלוקה המפורסמת שעשה רבנו בחיי אבן פקודה בין חובות האיברים לבין חובות הלבבות.

ובכל זאת: איך אפשר לצפות מאדם למשול ברגשותיו? האם, למשל, יוכל לעשות דבר מה נגד קנאתו באדם עשיר ממנו? למרבה הפלא, רק מעטים מרבותינו התייחסו לשאלה זו. נראה שבעיני רובם זהו עניין מובן מאליו, שכן הרגשות זוכים להתייחסות בהלכה ועל כן ברור שניתן ואף צריך לשלוט בהם.

אחד הראשונים הבודדים המתמודדים עם שאלה זו, ר' אברהם אבן־עזרא (1164–1089), סבור שהאדם מסוגל לשלוט על רגשותיו באמצעות מאמץ שכלי, דהיינו באמצעות הפנמת משפטי התורה. וכך הוא כותב:

> ועתה אתן לך משל. דע, כי איש כפרי שיש לו דעת נכונה, והוא ראה בת מלך שהיא יפה, לא יחמוד אותה בלבו שישכב עמה, כי ידע כי זה לא ייתכן[3]... ככה כל משכיל צריך שידע כי... ממון לא ימצאנו אדם בעבור חכמתו ודעתו, רק כאשר חלק לו ה'...

2. במתכוון הזכרתי כדוגמה למצווה השייכת אך ורק לרגש את "לא תתאוֶּה" ולא את הפסוק "לא תחמֹד" (שמות כ, יד ודברים ה, יח). זאת משום שראשונים רבים (ביניהם הרמב"ם, הלכות גזלה ואבדה א, ט-יב) מפרשים את "לא תחמד" כאיסור הכולל פעולה מסוימת, לעומת "לא תתאוה", שהוא רגש גרידא.
3. יש לזכור שראב"ע כותב בהקשר של חברה פיאודלית.

ובעבור זה המשכיל לא יתאוה ולא יחמוד. ואחר שידע שאשת רעהו אֲסָרָהּ השם לו, יותר היא נשגבה בעיניו מבת מלך בלב הכפרי. (פירוש הארוך לשמות כ, יג)

אך דעתם האילמת של רוב הראשונים מובאת בבירור בחיבור ההלכתי־מוסרי מהמאה הי"ג, **ספר החינוך**:

ואל תתמה לומר – ואיך יהיה בידו של אדם למנוע לבבו מהתאוות אל אוצר כל כלי חמדה שיראה ברשות חברו והוא מכולם ריק וריקם, ואיך תבוא מניעה בתורה במה שאי אפשר לו לאדם לעמוד עליו?

שזה הדבר אינו כן, ולא יאמרו אותו זולתי הטפשים הרעים והחטאים בנפשותם, כי האמנם ביד האדם למנוע עצמו ומחשבותיו ותאוותיו מכל מה שירצה, וברשותו ודעתו להרחיק ולקרב חפצו בכל הדברים כרצונו. ולבו מסור בידו, על כל אשר יחפוץ יטנו... שאין טוב לאדם כמו המחשבה הטובה והזכה, כי היא ראשית כל המעשים וסופן, וזהו לפי הדומה עניין "לב טוב" ששבחו חכמים במסכת אבות (ב, ט). (**ספר החינוך**, מצווה תטז)

בניגוד לסברתו של אבן־עזרא בדבר יכולת השכנוע של השכל, ספר החינוך גורס כי שליטה ברגש היא עניין של כוח רצון ושל השפעת ההרגל.[4] דומני שהרב סולובייצ'יק יסכים עם שתי השיטות. גם הוא,

4. אבי סבו של הרב, בעל **בית הלוי**, מציע וריאציה מעניינת לשיטתו של ספר החינוך. בפירושו לתורה (על הפסוק "לא תחמד" בפרשת יתרו, עמ' 48–50 [וורשה, תרמ"ד]), הוא קובע כי הסברו של האבן־עזרא "יפה גם נעים" אך לא נצרך. במקום משל הכפרי ובת המלך, בית הלוי מתאר אדם שתשוקת חטא אוחזת בו ואצה דרכו לחצות נהר קפוא כדי להגיע לדבר איסור. אם אותו אדם יחליק על הקרח, הפחד שיווצר מנפילתו ימחק את תאוות החטא בן רגע. ממשיך הבית הלוי ואומר שגם שמץ של יראת שמיים יכול לכבות את רגש החמדנות

בדומה לאבן־עזרא, סבור שניתן למשול ברגשות ולכוון אותם על פי התבונה האנושית; הרב אף מגדיל לעשות ומציע תבחינים לעמידה על ערכם של רגשות, אמות־מידה שעל פיהן יוכל אדם להחליט אילו רגשות לקבל ואילו לדחות בנסיבות שונות.[5] ועם זה, כמו ספר החינוך, המאמין בכוח הרצון ובכוחם של המעשים להשפיע על הרצון, הרב סולוביצ׳יק תומך ברתימת המעשה והרצון (יחד עם השכל) לחיזוק ההזדהות עם ההלכה.[6] הרב מצטרף אפוא לדעת שניהם ודוחה את התפיסה שלפיה ההלכה יכולה לצוות על המעשים אך לא על הרגשות. לא זו אף זו: אחד מחידושיו המפורסמים ביותר של הרב מתמקד בהיבט הרגשי של המצוות.

מעשה וקיום

חלוקת המצוות ל"חובות האיברים" ו"חובות הלבבות" ידועה זה מכבר. אולם הרב הבחין בקטגוריה שלישית של מצוות, קטגוריה משולבת, הגדיר אותה במונחים הלכתיים והקדיש לה תשומת לב נרחבת. בקטגוריה זו, אף שההלכה תובעת פעולה חיצונית מסוימת, המצווה מתקיימת, ממומשת, באמצעות חוויה פנימית. בשפה למדנית־ישיבתית קרא הרב לשני ממדיה של הכפילות הזו "מעשה" ו"קיום".

בדרך כלל, המעשה והקיום באים בכפיפה אחת. למשל, אדם מקיים מצות אכילת מצה בעצם מעשה הבליעה. קיום המצווה אינו תלוי בתודעה פנימית לגבי יציאת מצרים.[7] אך הרב ממקד את תשומת לבנו למקרים שבהם המעשה והקיום נמצאים בשני מישורים נפרדים,

ושאר הרהורי חטא. אך עדיין לא ברור כיצד יסביר את מצוות התורה הדורשות מהאדם לחוות רגשות חיוביים ולהימנע מרגשות שליליים.

5. ראו **לעיון נוסף**, 1.
6. הרחבה בנושא זה מופיעה בפרקים 8, 10 ובמיוחד בפרק 34 להלן.
7. ליתר דיוק, הרב מפתח תיאוריה שלפיה שני קיומים כרוכים באכילת מצה, אחד מהם אינו דורש תודעה של יציאת מצרים והשני כן. ראו **לעיון נוסף**, 2.

ושניהם נדרשים לקיום המצווה כהלכתה. מצוות התפילה, למשל, כוללת אמירת מילים מסוימות (מעשה) אך מהותה (קיום) היא "עבודה שבלב", החוויה שבעמידה לפני ה' ורגשות התלות והתודה. מעניין לציין שב"צירוף" הרב בוחר בתור דוגמאות לזיכוך הרגש מצוות מקטגוריה זו, המשלבת מעשה ורגש,[8] ולא מצוות שהן רגשיות גרידא.

אבל ושמחה

הדוגמה הראשונה שמביא הרב לצירוף (זיכוך) רגשי היא ציוויו של ה' לאהרן לא להתאבל על מות שני בניו. ביום חנוכת המשכן, יומו הגדול של אהרן הכהן, אש יצאה מלפני ה' ואכלה את בניו, נדב ואביהוא. היות שאהרן, הכוהן הגדול, הוקדש לגמרי לעבודת הקודש, היה עליו להמשיך במילוי תפקידו חרף הטרגדיה האישית. נשללה מאהרן הזכות האנושית הבסיסית להתאבל; הוא נדרש להתכחש לאחד הרגשות החזקים באדם, האהבה לילדיו.[9]

מובן שה' דורש מחויבות מוחלטת לא רק מהכוהן הגדול, אלא גם מ"ממלכת כהנים": עם ישראל. כדוגמה לכך בחר הרב במצב שכיח, הדומה מאוד למצוקתו של אהרן. כאשר אחד משלושת הרגלים או הימים הנוראים חל בתקופת השבעה, הוא מבטל את האבלות. בטלים

8. בנספח לפרק זה מופיעה רשימת מצוות הכלולות בקבוצה המשולבת. ראו גם בפרק 8, שבו מופיע דיון נוסף בקבוצת מצוות חשובה זו.

9. יש לציין שאף שתחושת השליחות של אהרן כנציג העם גברה על העצב הפרטי שחש, בני ישראל הפגינו התנהגות הפוכה. הם התגברו על רגשות השמחה הכללית שהתעוררו בחנוכת המשכן והתאבלו על צרתו של היחיד. "וַיֹּאמֶר מֹשֶׁה אֶל אַהֲרֹן וּלְאֶלְעָזָר וּלְאִיתָמָר בָּנָיו רָאשֵׁיכֶם אַל תִּפְרָעוּ וּבִגְדֵיכֶם לֹא תִפְרֹמוּ וְלֹא תָמֻתוּ וְעַל כָּל הָעֵדָה יִקְצֹף וַאֲחֵיכֶם כָּל בֵּית יִשְׂרָאֵל יִבְכּוּ אֶת הַשְּׂרֵפָה אֲשֶׁר שָׂרַף ה'" (ויקרא י, ו; עיינו ברמב"ן ובחזקוני שם). במילים אחרות, היחיד חייב לעתים להתגבר על שאיפותיו האישיות ולהקדיש את עצמו לטובת הציבור, בעוד הציבור צריך לחוש את כאבו של כל יחיד. עם זאת, הרב מתמקד כאן ביחיד המקדיש עצמו לאלוקים, ולא ביחיד המקדיש עצמו לציבור.

לא רק עניינים חיצוניים כגון החלפת בגדים; האָבֵל נדרש, גם באופן פנימי, להדחיק איכשהו את האֵבל מפני שמחת החג. הלכות האבלות ומצוות "וְשָׂמַחְתָּ בְּחַגֶּךָ... וְהָיִיתָ אַךְ שָׂמֵחַ" (דברים טז, יד-טו) מתייחסות לא רק למעשים בלבד. כפי שכותב הרב:

> [האבלות] היא חוויה פנימית של ייאוש קודר, מַפָּלה קיומית שלמה, של האבסורדיות של ההוויה... בדומה לכך, מצוות השמחה ביום טוב... מתייחסת לחוויה עמוקה וחודרת־כול של שמחה רוחנית, שלווה ומנוחת הנפש – חוויה הנובעת מן האמונה ומתודעת נוכחותו של ה'. (עמ' 248-249)[10]

אם האבלות ושמחת יום טוב היו אך ורק מעשים כלפי חוץ, או אם אחד המעשים הללו היה פנימי והאחר חיצוני, אולי אפשר היה למצוא דרך שתאפשר להם להתקיים בעת ובעונה אחת (למשל, לאכול סעודת חג אבל לשבת על הרצפה). אך מכיוון שהן במהותן מצוות פנימיות, האחת חייבת לגבור על חברתה – שהרי רגשות הייאוש והשמחה מנוגדים בטבעם ואי אפשר שידורו בכפיפה אחת.

בשיעוריו ההלכתיים מפתח הרב בהרחבה את רעיון הקיום הפנימי שבאבלות ובשמחת יום טוב. הרב מנגיד אותן למצווה דרבנן של כיבוד ועונג שבת, שתוכנה מתמצה במעשים חיצוניים. היות שמצוות כיבוד ועונג שבת אינה מצריכה קיום פנימי, השבת אינה מבטלת אבלות:[11] האדם אמנם אינו מפגין את אבלותו בפומבי, אך הוא ממשיך לנהוג חלק ממנהגי האבלות בצנעה.

10. אני ממליץ לקרוא את הקטע כולו. הרב מגולל בו תיאור מרגש של חוויות אלה, תיאור שניכר בו היטב כי מקורו בחוויה אישית.
11. בעניין זה, דומה שהרב סותר את עצמו. ב**שיעורים לזכר אבא מרי ז"ל**, חלק ב', עמ' קצא (=**מן הסערה**, עמ' 231), מביא הרב את ההסבר שפרסנו כאן. לעומת זאת, בחלק א', עמ' 64-68, הוא טוען שיש קיום פנימי בכיבוד שבת, אך אין קיום זה דוחה את הקיום הפנימי שבאבלות.

משמעת ורגש

הרב סולוביצ'יק מודע לכך שצירוף הרגשות הוא עניין תובעני ביותר. הוא אינו מסתיר זאת. ההתמודדות שלו מציאותית, ומתוך כך, בנסותו להעריך את יכולתו של האדם המודרני להגיע לצירוף רגשי, הוא מפגין הססנות ומבוכה שאינן אופייניות לו:

> האם הדבר הוא מן האפשר? אשר לאדם המודרני, לא הייתי מסתכן בתשובה. אשר לאדם המקראי, הכתוב מלמד כי אהרן פעל בהתאם להוראה האלוקית. (עמ' 248)

> האם יכול אדם להמיר חוויה מפלצתית (אבלות) בתחושה של משמעותיות עליונה (שמחת יום טוב)? אין אני רשאי לשפוט בכך. אולם ידועים לי אנשים אשר ניסו לחולל פלא זה, הגדול שבפלאים. (עמ' 249)[12]

בתחום זה נדמית ההלכה כפולשנית יותר מבכל תחום אחר. מה אינטימי ואישי יותר מרגשותיו של אדם? הרב סולוביצ'יק עצמו מודה ש"ההלכה, המסוגלת לעתים להיות כה רכה, כה מתחשבת ונוחה לבריות, עשויה לפעול בנסיבות אחרות כמטילת משמעת ותובעת ציות ללא עוררין" (עמ' 249).

אך חשוב לזכור שההלכה אינה תובעת מאיתנו לדכא כל רגש. היא רוצה שנרגיש, שנחווה את כל קשת הרגשות האנושית, את רגעי השמחה והעצב שבחיים. כבר עמד על כך הרמב"ן בהקדמה לחיבורו

12. ניתן לשער שהרב התכוון בין היתר לסבו, הרב אליהו פיינשטיין מפרוז'ינא. הרב סולוביצ'יק כותב ב**איש ההלכה** (עמ' 70–71) על תושייתו של סבו, שבעת שבתו האהובה שכבה על ערש דווי, זכר להניח תפילין של רבנו תם בטרם יחול עליו דין אונן (הפוטר מקיום מצוות את האדם שקרובו נפטר אך טרם נקבר).

על הלכות אבלות, **תורת האדם**, שבה תקף בחריפות את אלו המאמצים את עמדת "פילוסופי היוונים והמתחכם בחכמתם" המפגינה אדישות כלפי העולם.[13] אך גם כשאנו חשים את הרגשות בעומק לבנו, עלינו לעצב ולכוון אותם בדרכה של ההלכה ולהשאיר אותם בשליטתנו. התורה מבקשת לטהר את רגשותינו ולגאול אותנו באמצעות רגשותינו.

בפרק הבא נעיין בשתי הצורות האחרונות של הצירוף – ואז, בפרק 8, נרחיב את עיוננו ונבחן את חיוניותה של הפנימיות בכל תחומי החיים הדתיים.

לעיון נוסף:

1. **הלכה ורגשות:** הדיון המפורט והמעמיק ביותר של הרב בסוגיית ההלכה והרגש נמצא בשני מאמרים מתוך **מן הסערה**, "משבר הסופיות האנושית" ו"תיאוריה של רגשות". נעסוק במאמרים אלה בפרק 24 להלן.

2. **שני קיומים באכילת מצה:** במשנה הידועה (פסחים י, ה), המופיעה גם בהגדה של פסח, כתוב: "רבן גמליאל אומר: כל שלא אמר שלושה דברים אלו בפסח, לא יצא ידי חובתו; ואלו הן: פסח, מצה, ומרור". רוב הפוסקים (ביניהם הרמב"ם, הלכות חמץ ומצה ז, ה) מפרשים שדברי רבן גמליאל עוסקים בסיפור יציאת מצרים. כלומר, חלק ממצוות סיפור יציאת מצרים הוא להסביר את המשמעות הסמלית של שלוש מצוות אלו (כפי שאנו קוראים בהגדה: "מצה זו - על שום מה? על שום שלא הספיק בצקם של אבותינו להחמיץ, עד שנגלה עליהם מלך מלכי המלכים, הקדוש ברוך הוא, וגאלם" וכו'). אך הרמב"ן (**מלחמת ה'**, ברכות פרק א, ב ע"ב בדפי הרי"ף) מפרש שרבן גמליאל מדבר על שלוש מצוות אלו עצמן; זאת אומרת

13. **כתבי רמב"ן**, ערך הרב ח"ד שעוועל, כרך ב (ירושלים, תשכ"ד), יד-טו.

שאין מקיימים את מצוות אכילת מצה עצמה אלא אם מסבירים את משמעותה.

על יסוד שיטתו של הרמב"ן מפתח הרב את הרעיון שאכילת מצה כוללת שני קיומים. הראשון הוא קיום מצוות "בָּעֶרֶב תֹּאכְלוּ מַצֹּת" (שמות יב, יח) הדורשת את פעולת האכילה ותו לא. הקיום השני באכילת מצה הוא מצוות סיפור יציאת מצרים ("וְהִגַּדְתָּ לְבִנְךָ בַּיּוֹם הַהוּא לֵאמֹר: בַּעֲבוּר זֶה עָשָׂה ה' לִי בְּצֵאתִי מִמִּצְרָיִם", שמות יג, ח), שכן סיפור יציאת מצרים כולל הן סיפור בעל פה, הן ביצוע מעשים סמליים. מרכיב זה במצוות מצה, כלומר כביטוי של סיפור באמצעות מעשה, חייב להיות מלווה בתודעת היציאה ממצרים.

עיינו **בשיעורים לזכר אבא מרי ז"ל**, חלק ב', עמ' קסא-קסג; **זמן חירותנו**, עמ' 65-67, 118-121.

3. **מעשה וקיום במצוות:** הרב עוסק ביישומים ספציפיים של הבחנה זו במקומות רבים (עיינו בנספח לפרק זה). בספרו **עבודה שבלב**, עמ' 35-39, נמצא דיון ארוך ומאלף לגבי לגבי ההבחנה העקרונית בין מעשה וקיום. ראו גם את הניתוח המפורט במאמר: Alex Sztuden, "Grief and Joy in the Writings of Rabbi Soloveitchik," *Tradition* 43:4 (Winter 2010), pp. 37–55; 44:3 (Fall 2011), pp. 9–32; 45:2 (Summer 2012), pp. 67–79.

נספח לפרק 6

מצוות המצריכות מעשה אך קיומן חווייתי

א. מצוות שהחוויה חיונית לקיומן

1. **תשובה ווידוי: על התשובה**, עמ' 37-41, 44-45.
2. **תפילה:** שם, עמ' 41-44; **עבודה שבלב**, במקומות רבים, במיוחד בעמ' 39-44.
3. **תענית, תקיעה בחצוצרות וזעקה בעת צרה: שיעורים לזכר אבא מרי ז"ל**, חלק א', עמ' סט-צ, קצא-קצט; "על הצר הצורר אתכם" ו"האבכה בצום החמישי", מעובדים על ידי הרב יאיר קאהן, **עלון שבות בוגרים** ט (תשנ"ו), עמ' 131-142.
4. **אבלות:** עיינו בעיקר ב**שיעורים לזכר אבא מרי ז"ל**, חלק ב', עמ' קפב-קצו. כמו כן, "פליטת סופריהם" ב**דברי הגות והערכה**, עמ' 137-140; **מן הסערה**, עמ' 51-78; **שיעורים לזכר אבא מרי ז"ל**, חלק א', עמ' מ-מט; הרב אליקים קניגסברג, **שיעורי הרב על ענייני אבלות ותשעה באב** (ירושלים, תשנ"ט), במקומות רבים.
5. **שמחת יום טוב: שיעורים לזכר אבא מרי ז"ל**, חלק ב', עמ' קפח ואילך; שם, חלק א', עמ' סד-סח; **ובקשתם משם**, עמ' 209-212 (הערת שוליים 19).

ב. מצוות שהחוויה היא מרכיב בקיומן

6. **קריאת שמע: שיעורים לזכר אבא מרי ז"ל**, חלק א', עמ' כד-לג; **עבודה שבלב**, עמ' 95-110.
7. **שופר: שיעורים לזכר אבא מרי ז"ל**, חלק א', עמ' קצא; "בסוד שיח השופר", בתוך **ימי זיכרון**, עמ' 137-152.
8. **הלל: שיעורים לזכר אבא מרי ז"ל**, חלק ב', עמ' יז-כב.
9. **כיבוד הורים ומוראם: אדם וביתו**, עמ' 145-174.
10. **סיפור יציאת מצרים: שיעורים לזכר אבא מרי ז"ל**, חלק ב', עמ' קנב-קסג; **זמן חירותנו**, עמ' 106-108.
11. **ארבעת המינים**: "בדין פסולי אתרוג כל שבעה", **בקובץ חידושי תורה**, עמ' קיד-קיט; **ובקשתם משם**, עמ' 209-210.
12. **צדקה**: "Tzedakah: Brotherhood and Fellowship," in *Halakhic Morality: Essays on Ethics and Masorah*, pp. 123–180; "צדקה – מצוות עשה ולאווין", מבוסס על שיעור מאת הרב אהרן ליכטנשטיין, בית המדרש הווירטואלי, http://www.etzion.org.il/vbm/archive/5-halak/03tzdak2.php
13. **תלמוד תורה: שיעורים לזכר אבא מרי ז"ל**, חלק ב', עמ' ז-יא.
14. **קריאת התורה: שיעורים לזכר אבא מרי ז"ל**, חלק ב', עמ' רז-ריג; **מן הסערה**, עמ' 63-64.
15. **כיבוד ועונג שבת: שיעורים לזכר אבא מרי ז"ל**, חלק א', עמ' סד-סח.[14]

14. עיינו בהערה 11 לעיל.

פרק 7

"צירוף" (ד): ענווה שכלית ודתית

הרב סולוביצ'יק דן בנושא הצירוף – תהליך זיכוך אישיותו וחייו של האדם – בארבעה תחומים בהתנסות האנושית: האסתטי־גשמי, הרגשי, העיוני והמוסרי־דתי. בפרקים 5 ו־6 עיינו בשני התחומים הראשונים, ובפרק זה נדון בשניים הנותרים. לאחר מכן, בפרקים 8–10, נעסוק בנושאים חשובים שעלו במסגרת הדיון על אודות הצירוף: בקשר הגומלין בין הרגש, השכל והמעשה בחיים הדתיים היהודיים.

גאולת החוויה העיונית

> היהדות דרשה את גאולתו של הלוגוס [=שכל], וטענה כי כשם שקיים דחף חושני בלתי נגאל כן קיימת פעולה הכרתית בלתי נגאלת. ("צירוף", עמ' 250)

אין כוונתו של הרב לומר במשפט זה שעלינו לדחות את הידע או לפרוש מתחומי חקר מסוימים. להפך, עלינו לדרוש את האמת ללא מורא ובמרב הדיוק. הבעייתיות האפשרית אינה טמונה בידע עצמו, אלא בעמדתנו כלפיו ובמסקנות שנגזור ממנו. משום כך, ממשיך הרב ואומר, "הנסיגה ההכרתית איננה קשורה במחקר המדעי מבחינת פעילות הגיונית, אלא בהתנסות הערכית שבעשייה המדעית" (שם).

כיצד בדיוק יש להבין את "ההתנסות הערכית" שבמחקר המדעי? ומהו בעצם הזיכוך, ה"צירוף" שלה?

כאן אנו פוגשים מוטיב רב־חשיבות בכתיבתו של הרב: חוויית הידיעה.[1] אין ספק שבעיני הרב מדובר בחוויה רגשית עזה:

> הידיעה איננה פעולה בלתי־אישית הניתנת להזנה במחשב, מרוקנת מעושרה, רבגוניותה ותוכנה החווייתי. הידיעה היא חלק אינטגרלי מן היודע עצמו, כאיש חי, במלוא חוויותיו הרגשיות ושיפוטיו הערכיים. שנייה לחוויה הדתית, הידיעה היא אולי החוויה האישית המרטטת ביותר ורבת התהודה. היא סוחפת את מכלול האישיות, פעמים בגל רך המשרה על היודע תחושת שלווה ומנוחה, ופעמים בגאות סוערת ואדירה המעוררת את הנפש במעמקיה ומניפה אותה מעלה בשיכרון חושים. (שם)

חוויית הידיעה תלויה בשיפוט ערכי ביחס למשמעותה של הידיעה המסוימת. לענייננו, פירוש הדבר הוא שהערך שהאדם מייחס לחקירה מדעית ישפיע על האופן שבו הוא חווה אותה; ו"אקסיולוגיה" (=תורת ערכים) מסולפת תביא לחוויה מסולפת. לפיכך, דווקא "ההתנסות הערכית שבעשייה המדעית" – דהיינו, הגישה העולה מהערכת המשמעות והחשיבות שבעשייה המדעית – היא הזקוקה לזיכוך. אם האדם חש שאין מגבלות לשלטון השכל, שהכול נתון למרות התבונה, המחווה ההכרתית שלו נעשית יהירה ובלתי נגאלת. אף שייתכן כי המידע שברשותו מדויק, חוויית הידיעה שלו פגומה, מטעה ואף מזיקה.

החוויה המדעית מסוגלת להגיע לצירוף אך ורק מתוך הכרה נאותה בדברים שאין באפשרות המדע להסביר. הדבר כרוך, בראש ובראשונה, בהכרה בתעלומה הגדולה של הקיום, והכרה זו מתבטאת

1. כאן נעסוק בחוויית הידיעה הכללית; להיבט החווייתי שבלימוד התורה, ראו בפרק 9.

בשתי צורות. ראשית, על המדען להכיר בכך שכל פתרון בעיה טומן בחובו בעיה מורכבת ומקיפה אף יותר מקודמתה. מצב זה, המצוי בכל תחומי המדע, מקבל משמעות נוספת לאור עיקרון אי־הוודאות של הייזנברג, תיאוריית הכאוס וכו'.[2]

יתרה מזאת, כאשר תופעה מסוימת זוכה להסבר מדעי, אין פירוש הדבר שאין עוד מה לומר בנידון. על פי התיאוריה של המדע שהרב דגל בה, כל שעושה המדע המודרני הוא ליצור עולם מתמטי מופשט המקביל לתפקוד הטבע. התאמה כמותית זו יעילה בכל הקשור לטכנולוגיה, אך פועלת במישור אחר לגמרי מזה של העולם האיכותי שאנו חווים. אין אנו חווים עולם של כמויות מופשטות, אלא עולם של תכונות איכותיות חיות, עולם של רשמים ותחושות. משוואה המתארת את מעוף הציפור או אורך גל של פרח אדום אינה יכולה להנהיר את התעלומה האדירה של ההוויה האיכותית שאנו חיים בה ואשר מעוררת בנו יראה והשתאות.[3]

המודעות לממד האיכותי של הקיום ולחוסר האפשרות להסבירה באופן מדעי גורמת למדען לנקוט ענווה במפעלו השכלי. אך מודעות זו חשובה גם לשאר האנשים. הרב כותב במקום אחר שבאמצעות הממד האיכותי אנו חווים את האלוקות בעולם.[4] חוויה מיידית זו של האלוקים לא רק מעוררת את היהודי לברך על תופעות טבע,[5] אלא גם מדרבנת אותו, ואף מאפשרת לו, לשבח את בוראו במסגרת התפילה.[6]

2. כשהיה באוניברסיטת ברלין למד הרב סולוביצ'יק גם פיזיקה ומתמטיקה (נוסף על פילוסופיה), והיה בקי בתורת הקוואנטים המוקדמת. הדבר ניכר בספרו **התודעה ההלכתית**. הרב השתדל להתעדכן בהתפתחויות בפיזיקה לאורך כל שנות חייו.

3. בפרק 28 נראה שהרב מציע תיאוריית מדע זו כדי לתאר את פעילותו של איש ההלכה.

4. ראו פרק ב' **בובקשתם משם**, ופרק 31 להלן. עיינו גם בדבריו הקצרים והטעונים **בובקשתם משם**, עמ' 220–221, ובדיוננו בהם בפרק 34 להלן.

5. **ובקשתם משם**, עמ' 134–137.

6. כפי שנדון בפרק הרביעי של **עבודה שבלב**; ראו פרק 20 להלן, **לעיון נוסף**, 2.

כדי להגיע לצירוף העיוני נדרש מהמדען (או מהפילוסוף) להכיר לא רק בתעלומה האדירה של הקיום, אלא גם בכך ש"החוק המוסרי אינו ניתן להיחקק על ידי השכל האנושי במונחים מוחלטים" (עמ' 251). כבר פגשנו מוטיב זה ב"גאון וענווה". האדם המודרני, בגאונו הבלתי נגאל, עוסק בניסיון מעין זה המבטא "גאווה ויהירות, וגם הוא נידון לכישלון" (עמ' 252). אף שסביר להניח שבכותבו את הדברים ראה הרב לנגד עיניו את המרקסיזם ושאר שיטות מוסר מדעיות למחצה, הביקורת שהוא מעלה מופנית במידה שווה לכל שיטה המתיימרת להחליף (במקום לפתח) את החוק האלוקי.

בקשת הידיעה צריכה אפוא תמיד להתקיים מתוך תנועה כפולת כיוון: בהתקדמות נועזת ובנסיגה ענווה.[7] כאשר האדם מכיר במגבלותיו, החוויה העיונית שלו חדורה בענווה, ועל כן נגאלת.

ריבוי דרישות

בטרם נעבור לעסוק בצורתו הרביעית והאחרונה של הצירוף, חשוב לציין תכונה משותפת לשלושת סוגי הצירוף שעסקנו בהם עד כה – האסתטי, הרגשי והעיוני. היות שדיונו של הרב סולובייצ'יק מתמקד בצורך לסגת, אנו עלולים לשכוח שהדרישה האלוקית לנסיגה מופיעה על רקע הציווי האלוקי לצעוד קדימה, והצעידה קדימה אינה חדשנית פחות מהנסיגה לאחור.

7. תעוזה שכלית וענוה שכלית חשובות לא רק בכל הנוגע למדע, אלא גם בנוגע ללימוד תורה. התעוזה מתבטאת בחידושי תורה, והענווה מתבטאת בקבלת חוקי התורה – מצוות שלא ניתן להבין את ההיגיון העומד מאחוריהן. עיינו למשל במאמר "בעניין סדר הפרשיות של רבנו תם" ב**שיעורי הגרי"ד על ענייני תפילין, כתיבת סת"ם וציצית**, ערך הרב יאיר קאהן (ירושלים, תשס"ד), עמ' ריט-רכג. הענווה נדרשת גם בקבלת "אוטונומיית האמונה", כפי שנראה בפרקים 16–18 להלן.

היהדות אינה מניאה את האדם מלעסוק בחיי העולם הזה, אלא מעודדת את קיום הגוף, את המעורבות הרגשית, את השאיפה להשכלה וכן הלאה. ההלכה אינה מנותקת מהעולם, אדישה כלפיו או נבערת, אלא דורשת מהאדם לנצל את כל הכוחות העומדים לרשותו במסגרת הכוללת של עבודת ה׳, הבאה לידי ביטוי הן בצעידה קדימה, הן בנסיגה לאחור. האלוקים רוצה שהאדם יהיה אנושי בכל רמ"ח אבריו ושס"ה גידיו, ולא מלאך; אך כדי שהאדם ימצה את הפוטנציאל האנושי שלו ויממש את ייעודו, עליו לחיות את חייו כעבד ה׳. האדם הער לכך לא יתנהל בעולם הגשמי באנוכיות. כך "הצעידה קדימה" תבטא את מסירותו לאלוקיו באותה מידה כמו "הנסיגה לאחור".

דיאלקטיקה, מורכבות, ריבוי דרישות – אלה הם הקשיים היסודיים בלימוד ובהוראה של תורת הרב; אך הם גם אות לגדולתו. אנשים נוטים לחפש לשאלות הגדולות בחיים תשובות פשטניות בצבעי שחור־לבן. הרב, בְּיַשְׁרוּתו התקיפה, אינו מספק תשובות כאלה ואינו מסוגל לכך, שכן הוא פשוט אינו מאמין שהן בנמצא. בעיניו, האדם מכיל נטיות מנוגדות, האלוקים מציב דרישות מרובות, ויש לבחון את העולם מהיבטים שונים.

מורכבות השקפותיו של הרב סולוביצ׳יק מובילה לדגשים שונים בכתביו השונים ובדרשותיו השונות.[8] כאשר דיבר באזני אנשי MIT (המכון לטכנולוגיה במסצ׳וסטס), שם הועבר "צירוף" לראשונה כהרצאה, הדגיש הרב את חשיבות הפרישה והגבורה שבנסיגה; באזני קהל מסורתי ושמרני יותר, היה הרב מדגיש את הדרישה הדתית לעסוק בתחומי הטכנולוגיה והתרבות. לפיכך, יש חשיבות מכרעת לקריאת כתבי הרב בצורה מאוזנת. בעיות מתעוררות כאשר אנשים עושים את ההפך: כאשר קוראים את כתבי הרב בצורה סלקטיבית, מלקטים את

8. כשאנו דנים בדגשים הסותרים המופיעים בכתבי הרב, אין להתעלם מהמרכיב הביוגרפי (שנדון בו בהמשך), אך לדעתי אין ליחס למרכיב זה חשיבות יתר על המידה.

הנושאים החביבים ומתעלמים מכל היתר. אף שקריאות סלקטיביות כאלה נובעות בדרך כלל מאג'נדה פרטית או ציבורית, הן לעתים נעשות בשגגה ולא במתכוון. חלק מגדולתו של הרב ניכרת ביכולתו להרעיד מיתר בלבותיהם של קוראים רבים. גם כשאנו נתפסים לתובנה המהדהדת בתוך תוכנו, אל לנו להתעלם מנימות שונות, ואף מנוגדות, במכלול הגותו של הרב.

הדתיות הנגאלת: הצירוף הנעלה

הקהילה היהודית־דתית בתקופתנו מתעלת את רוב מרצה למאבק על שמירת המצוות. אך ההתמקדות העיקרית **בכמות** קיום המצוות (כמות רבה ככל האפשר של אנשים השומרים מצוות רבות ככל האפשר), מחמיצה את פן **איכות** קיום המצוות. ייתכן שהאדם יקיים מצוות רבות אך בצורה גסה ומתנשאת. לכן הרב מתמקד בממד חיוני בחיים הדתיים: הצורך בענווה, במיוחד בכל הקשור למחווה הדתית:

> יש בנמצא התנסות מוסרית־דתית בלתי־נגאלת, כשם שישנם גוף ונפש בלתי נגאלים. הבה נהיה כנים: איש אשר לא פדה את חייו הדתיים עלול להיות לצדיק בעיני עצמו, קהה־רגשות ואף ממיט חורבן. סיפורם של מסעי הצלב, האינקוויזיציה והתפרצויות אחרות של קנאות דתית מאשרים הנחה זו. (עמ' 252)

כמובן, לחיים דתיים שלא נגאלו יש גם גילויים דרמטיים פחות ממסעי הצלב. בחיינו שלנו, טוען הרב, עלינו לטפח את ההכרה באִי־מושלמותנו, במטרה לחמוק מהמלכודות שטומנת היהירות הדתית:

> אדם מושלם לא היה ולא נברא מעולם. איש שאינו מודע לסתירה הטבועה עמוק באישיותו, חי לו בעולם של אשליה ומתקיים קיום בלתי נגאל. כל שם שנבחר כדי לכנות בו מצב זה – צדיקות

> עצמית [=צדקנות], גאווה, יהירות או טיפשות – אין כאן אלא השתקפות של מצב תודעה בהמי וגס. (עמ' 253)

עקב מגבלותיו וחולשותיו של האדם, חייו הדתיים מאופיינים בעליות־וירידות, "רצוא ושוב", קרבת אלוקים וריחוק ממנו.[9] כל המדמה בנפשו שלא ייפול בדרך, משטה בעצמו ומונע את התפתחותו האישית (ביטחונו המוטעה עלול אף לגרום לו לעתים להתנהג כלפי אחרים בצורה בלתי נסבלת). למעשה, לעתים קרובות הירידה מאפשרת לאדם לעלות למקום גבוה יותר משהיה בו קודם לכן. בהקשר שלנו, הירידה המצָרֶפת זהה לתודעת החטא והריחוק מהאלוקים. לפיכך, במפנה מרשים, טוען הרב שהתשובה היא **החוויה** המצרפת האמתית והווידוי הוא **מעשה** הצירוף האולטימטיבי.

ניתן לומר שבעיני הרב, כל אחד צריך להיות "בעל תשובה": "איש המעלָה איננו זה שמעולם לא התמוטט, אלא זה שמעד, נפל וקם שנית ועלה לגבהים יתרים" (עמ' 253).[10] בדרשותיו בנושא התשובה הרב מסביר את הדינמיקה של התהליך הזה.[11] אחד מסוגי התשובה מושג על ידי כך שהאדם מוחק את עברו רווי החטא ושב לנקודת הפתיחה. אולם צורת תשובה נעלה יותר היא השימוש בכוחות השליליים של העבר ותיעולם לכיוון חיובי (או בלשון הרב: "לשנות את כוחו הווקטוריאלי של החטא, את כיוונו ויעדו"[12]).

9. תנועת "רצוא ושוב" (ע"פ יחזקאל א, יד), שהִנה כה מרכזית בחיים הדתיים, היא מוטיב עיקרי **בובקשתם משם**, הנחשב לחיבורו ההגותי החשוב ביותר של הרב סולובייצ'יק.
10. כאמור, הרב סבור שהאדם "שמעולם לא התמוטט" אינו קיים. לכן, בהינתן מציאות החטא, איש המעלה הוא זה אשר לאחר הנפילה מתעלה למקום גבוה יותר.
11. עיינו במאמרים "כפרה וטהרה" ו"ביעור הרע או העלאתו" בספר **על התשובה**; "קודש וחול", בעיקר עמ' 157–162. עיינו גם בפרק 22 להלן.
12. "קודש וחול", עמ' 159, בשינוי מועט על פי המקור האנגלי.

כוחה של צורת התשובה הזאת נובע משני גורמים:

א. דינמיות החטא: דווקא כאשר אדם נגרר לחטא, הוא עשוי לגלות מה עצומים ועיקשים הם הכוחות שבתוכו – הכוחות שדחפו אותו אל החטא. בתהליך התשובה, הוא רותם כוחות אלה, שנתגלו לו זה עתה, כדי לנסוק לגבהים רוחניים חדשים.

ב. עוצמת הגעגועים: כאשר אדם מבין לאיזה שפל דרדר אותו החטא, מתעוררת בקרבו ערגה מיוסרת לתחושת השלמות היחסית והקרבה לאלוקים שידע בעבר. אז, כשהיה נתון בתחושה הזו, היא אולי גרמה לו לשאננות, והשאיפה לעלות מעלה מעלה דעכה בו. עכשיו, משאבדה לו תחושת קרבת האלוקים, והוא חש מרוחק, נטוש ומוכתם, הוא מתחיל להעריך את מה שהיה לו ואבד.[13] תחושת ניגוד זו יכולה לשמש מקפצה לעלייה רוחנית, וכך להפוך את החטא למקור רב עוצמה של צמיחה דתית.

בשיעור זיכרון מוקדם שנשא לעילוי נשמת אביו (1945, נדפס לימים בכותרת "קודש וחול"), קישר הרב סולוביצ'יק בין שתי צורות התשובה הללו לבין רעיונות הכַּפָּרה והטהרה.[14] הכפרה פירושה שאף על פי שהאלוקים "חייב" לאדם עונש על חטאו, הוא מוכן למחוק את "החוב" מפאת חרטתו הכנה של החוטא. ואולם, אף שהעונש כבר אינו מרחף מעל לאדם הזה, כי נתכפר לו, הזוהמה הרוחנית של החטא טרם נוקתה. הניקוי הרוחני מושג על ידי טהרה, שאינה תהליך על־טבעי של מחילה אלא יצירה מחדש של אישיות האדם מבחינה פסיכולוגית. אין מדובר רק בחרטה על החטא, אלא בנטישת "דרך החטא"; הדבר דורש חשבון נפש ותיעול כוחות לכיוונים חדשים. הכפרה מקבילה

13. באופן דומה, הרב נהג לומר בהספדים שאנו מגלים כמה אדם יקר לנו רק כאשר הוא אינו בקרבנו עוד.

14. הרב פיתח את ההבחנה בין כפרה וטהרה (במינוחים שונים) כבר במכתב שכתב לדודו ב־1929: עיינו **באגרות הגרי"ד הלוי**, עמ' כג-כה. הבחנה זו מרכזית גם בדיוננו בנושא התשובה **באיש ההלכה**, עמ' 92-97.

לתשובה המוחקת את החטא ("ביעור הרע"); הטהרה מקבילה לתשובה המרוממת אותו ("העלאת הרע").[15]

רעיון תשובת הטהרה סוגר לנו מעגל, שכן מהו הצירוף אם לא טיהור? האדם מקריב לאלוקים את קיומו הגשמי, את פעולותיו היומיומיות ואת מודעותו העצמית, ומקבל אותם בחזרה כשהם מטוהרים ומקודשים. בתחום הדתי, מודעותו של אדם לאי־שלמותו וליכולתו לשגות מנקה אותו מקנאות צדקנית; יתרה מזאת, הכרתו בחטאו ובריחוקו מהאלוקים מביאה אותו לרוץ בחזרה אל חיקו של האלוקים. כאשר האדם עושה חשבון נפש מדוקדק וקפדני, הוא מאפשר לעצמו לגדול בכיוונים חדשים. אף שהרב, ביחס לתחומים אחרים, מדבר על כך שהתבוסה היא חלק מובנה בניצחון (מכיוון שאין ניצחון שלם לאדם המוגבל), בתחום הדתי נוכל לומר שהניצחון מובנה בתבוסה. ההכרה במפלה, במציאות החטא, היא כשלעצמה ניצחון המקרב את האדם לאלוקיו.

לאמתו של דבר, האמירה שהמפלה מובנית בתוך הניצחון דורשת שכלול. הרעיון שעבד ה' לעולם לא יוכל להשיג את שאיפותיו בשלמותן, שמחויבותו המוחלטת לאלוקים כרוכה בהכרח בתבוסת רצונותיו האישיים, נכונה רק ברבדים הנמוכים של התודעה הדתית. לעומת זאת, ברובד הגבוה ביותר, האדם מתגבר על הדיכוטומיה שבין החוק האלוקי שנכפה עליו מבחוץ לבין החופש והיצירתיות האנושיים - רעיון שנעיין בו ב**ובקשתם משם**.[16]

15. בדרשות מאוחרות יותר, הכלולות ב**על התשובה**, הרב פיתח את שני צמדי הרעיונות (כפרה־טהרה, ביעור־העלאה) ועסק בכל צמד בנפרד. הקישור ביניהם נמצא במאמר המוקדם יותר, "קודש וחול". אני ממליץ לקוראים לעיין בדרשות התשובה הנוקבות ומעוררות ההשראה במלואן, משום שאי אפשר להעביר את תוכנן וייחודן בפסקאות בודדות.
16. עיינו בפרקים 33–34 להלן.

לעיון נוסף

1. **תפקיד השכל בהלכה:** עיינו **בובקשתם משם**, עמ' 204-207, 215-217, ובדיון בפרק 34 להלן.

2. **המוסר במחשבת הרב:** R. Shalom Carmy, "Pluralism and the Category of the Ethical," in *Exploring the Thought of Rabbi Joseph B. Soloveitchik*, ed. R. Marc Angel (Hoboken, NJ, 1997), pp. 325–346; R. Walter Wurzburger, "The Maimonidean Matrix of Rabbi Joseph Soloveitchik's Two-Tiered Ethics," in *Covenantal Imperatives* (Jerusalem, 2008), pp. 161–171.

3. **הסכנה בחיים דתיים בלתי פדויים:** מלבד "צירוף", עיינו גם ב"קודש וחול" (בתוך **האדם ועולמו**), במיוחד בעמ' 144-145.

4. **סובלנות דתית:** מוטיב זה שב ומופיע בכתבי הנצי"ב, ר' נפתלי צבי יהודה ברלין, ראש ישיבת וולוז'ין. עיינו בהקדמה לספר בראשית בתחילת פירושו לתורה **העמק דבר** ובמאמרו "על ימין ושמאל" בשו"ת **משיב דבר**, חלק א', סימן מד. דיונים רחבים בנושא ניתן למצוא אצל אביעזר רביצקי, "שאלת הסובלנות במסורת הדתית־היהודית", בתוך **מידות ורגשות**, עורכים אסא כשר ואהרן נמדר (רמת גן, 1994), עמ' 195-224; R. Aharon Lichtenstein, "The Parameters of Tolerance," in *Leaves of Faith: The World of Jewish Living* (Jersey City, 2004), pp. 85–116.

פרק 8

הממד החווייתי ביהדות

חשיבות הפנימיות

בעיני הרב סולוביצ׳יק, התחום החווייתי־פנימי חשוב בחיים הדתיים לא פחות מהתחום המעשי, ואולי דווקא בו מתחוללים מאבקיו הגדולים ביותר של האדם. השקפה זו מסבירה את עיסוקו האינטנסיבי של הרב במצוות כמו תפילה ותשובה, וזו גם הסיבה לנימה האישית והנלהבת העולה מכתביו. גם כאשר הרב דן בתלמוד תורה, המצטייר כעיסוק שכלי גרידא, הוא מקפיד להדגיש את המרכיב החווייתי.[1] דגש זה מעורר השתאות בזוכרנו שהרב דגל בשיטת הלימוד הבריסקאית, המושתתת על שכל חריף ועיון מופשט.

הסיבה לכך שהרב מדגיש את הפנימיות בחיים הדתיים כפולת פנים: הפנימיות היא עניין מרכזי ביהדות – והיא חסרה ביותר בחייו הדתיים של האדם המודרני. הרב סולוביצ׳יק מקדיש לבעיה זו מקום נרחב בדרשותיו. דוגמה לכך אפשר למצוא באחת מדרשותיו בנושא התשובה, דרשה שבה קונן על היעלמותו של ״היהודי של ערב שבת״ באמריקה:

1. פנים רבות לחוויית לימוד התורה, כפי שנראה בהרחבה בפרק 9.

> אכן, יש שומרי שבת באמריקה... אבל, לא על השבת דואב הלב, כמו על "ערב שבת". שומרי שבת יש באמריקה, אבל אין בה יהודים של ערב שבת, ההולכים בכוונת הנשמה ובהמיית הלב לקראת שבת. יש לנו שומרי מצוות ביד וברגל ובפה – אבל כמה מעטים הם אלו היודעים עבודה שבלב מה היא! (**על התשובה**, עמ' 58)[2]

הדלות הרגשית בחייהם הדתיים של רוב היהודים בתקופתנו הטרידה את הרב עד מאוד. אף שלא היו לו פתרונות פשוטים לבעיה יסודית זו, הוא העלה כמה השערות באשר לגורמיה:[3]

> [1] הרבה האווירה הדתית, ספוגת התועלתיות השטחית, עושה, [2] הרבה הנטייה לצרמוניאליזציה [=הטקסה] – שהיא גם, לפרקים, וולגריזציה – של הדת, גורמת, [3] והרבה היעדר כושר אינטרוספקציה [=התבוננות עצמית] רצינית וחישוב חשבון עולם ונפש מסבב. ("על אהבת התורה וגאולת נפש הדור", **בסוד היחיד והיחד**, עמ' 419)

הרב זיהה את הבעיה הזו לא רק בקרב אלה שלא זכו להשכלה תורנית או שמחויבותם הדתית רופפת. הוא הבחין בה גם בקרב הדור הצעיר של תלמידי החכמים, וסבר שהשלכותיה קשות מנשוא. חרף ידיעתם את התורה מבחינה שכלית, כתב, הם טרם חוו אותה "בהרגשה ה'חושית' החיה המרעידה והמרנינה לבבות" (שם, עמ' 408).
לתיאור מצב זה הרב משתמש בדימוי קבלי רב־תהודה: הדיאלקטיקה

2. עם זאת יש לציין שהחוויה הדתית חשובה ורצויה כאשר היא כרוכה בקיום מצוות (בנדון דידן, הכנות לשבת) ונובעת מקיומן, ולא כאשר מדובר בחוויה כישות עצמאית וחסרת צורה. נעסוק בכך בפרקים 9 ו־10.
3. הוספתי למובאה להלן מִספּור כדי להקל על הקורא.

בין **גדלות המוחין וקטנות המוחין**.[4] הרב אהרן ליכטנשטיין הציג את גדלות המוחין כ"שכל רב־עוצמה במלוא כוחו ועמקותו, המשתלט על סביבתו ומשפיע עליה", ואת קטנות המוחין כ"תמימות פשוטה של ילד... הארכיטיפ לנפש תמה וחסרת אונים הנאחזת באביה ומוצאת נחמה בו ובאמצעותו".[5] אף שגדלות המוחין היא נקודת הפתיחה ההכרחית לתלמיד חכם, מי שלא ניחן בתכונות של ילד, דוגמת "הסקרנות התמימה, ההתלהבות הטבעית והחיפזון ואי־המנוחה הנפשיים" ("פליטת סופריהם", **דברי הגות והערכה**, עמ' 159), וכן בתחושות תלות ואמון בלתי מוגבל האופייניות אף הן לילד, אינו יכול לשאת תפילה או להאמין בלב שלם. למעשה, הוא אינו יכול לגשת אל האלוקים.

> הגדול הוא פיקח יותר מדי. התועלתיות היא נר לרגליו. אין חוויית האלוקים מצויה בבעלי פרקמטיה. רק הילד מבקיע את כל הגבולות והמצרים, המבדילים את הסופיות מן האין־סוף. רק הילד באמונתו הפשוטה ובהתפעלותו המתיזה ניצוצות יכול לקפוץ קפיצת פלא אל חיק האלוקים. (שם)

על בני הדור הצעיר של תלמידי החכמים, המפגינים מצוינות שכלית אך חווייתם הדתית לקויה, כותב הרב שלא זו בלבד שהם חסרים ממד יסודי ביהדות, אלא שהם גם בדרך כלל אינם מסוגלים לפתח גישה מאוזנת ואותנטית כלפי התורה:

> מצד אחד, נוטים המה, צעירי אמריקה [הדתיים], לפעמים, לקיצוניות מופרזת, המבהילה בשחצנותה, ולעתים תכופות

4. ראו **לעיון נוסף**, 1.

5. "The Rav at Jubilee: An Appreciation," *Tradition* 30:4 (Summer 1996), p. 50; reprinted in *Leaves of Faith: The World of Jewish Learning* (Jersey City, 2003), p. 196.

> מתנועעים המה בכיוון מהופך ומסכימים לוויתורים ולהליכה בדרך ההתנגדות הקלה [כלומר, הדרך הנוחה שאין בה התנגדות רבה]. במילה אחת, נבוכים המה בשבילי היהדות, ומבוכה זו היא בת תפיסת עולם וחוויית עולם בלתי משוכללות. ("על אהבת התורה וגאולת נפש הדור", עמ' 408)[6]

הדרישה ההלכתית לפנימיות

לאחר שהציג את הצורך בקיום פנימי של המצוות, ממשיך הרב וממלא את כתביו ואת דרשותיו בתיאורים בלתי נשכחים של חוויות אלו.[7] אך פרט לדרשות העוסקות בנושא במישרין, ופרט לדוגמה האישית שנתן, אחד האמצעים החשובים והעזים שהרב נקט כדי לקרב את תלמידיו אל הפנימיות היה למדנותו ההלכתית.

כאמור בפרק 6, הרב הגדיר קבוצת מצוות שאף שקיומן פנימי, הן דורשות באותה מידה מעשה חיצוני. מהמקורות המובאים בנספח לפרק 6 עולה בבירור שהרב הקדיש מקום נרחב לקבוצת מצוות זו, בעיקר בדרשותיו ובשיעוריו שבפני הציבור הרחב. נזכיר שעם המצוות בקבוצה זו נמנות בין היתר מצוות אבלות, שמחת יום טוב, קריאת שמע, תענית, תפילה ושופר.[8] חשוב לציין ביחס לקבוצה זו שהחוויה אינה בבחינת "מידת חסידות" או תוספת על-הלכתית למעשה ההלכתי – אלא מהווה חלק מהגדרתה הפורמלית של המצווה ומרכיב חיוני במימושה. כאן טמונה עוצמתו של רעיון "הקיום הפנימי" למי שאמון על שמירת ההלכה.

ההבחנה (או "חקירה") בין המעשה החיצוני והקיום הפנימי היא

6. עניין זה רלוונטי ביותר לדיוננו בפרק 6 בנושא צירוף החוויה הדתית.
7. ראו **לעיון נוסף**, 2.
8. יש לציין שההבחנה בין המעשה החיצוני לבין הקיום הפנימי חלה גם במצוות לא תעשה. ראו הרב מיכאל רוזנצוויג, "לא תחמד", **בית יצחק** יט (תשמ"ז), 214–227.

כלי רב־עוצמה בפתרון בעיות הלכתיות רבות. בפרק 6, למשל, ראינו כיצד הבחנה זו עונה על השאלה מדוע המועדים מבטלים אבלות והשבת לא. שאלה ידועה נוספת שההבחנה פותרת קשורה לדברי הרמב"ם בפתיחת הלכות תשובה: "...כשיעשה תשובה וישוב מחטאו חייב להתוודות לפני הא־ל ברוך הוא" (א, א). מניסוחו של הרמב"ם משמע שאין **מצוות תשובה**, אך אם האדם **מבקש** לחזור בתשובה, עליו להתוודות בפיו בפני האלוקים. ועל כך תהו רבים: כלום אין התשובה מצווה בפני עצמה?

הרב סולוביצ'יק משיב שהרמב"ם מבקש כאן לפרט את פרטי **מעשה** המצווה, אך בבואו להגדיר את **מהות** המצווה בכותרת להלכות תשובה, הוא כותב, "מצוַת עשה אחת, והיא **שישוב החוטא מחטאו** לפני ה' ויתוודה". במילים אחרות, **קיום** המצווה הוא התהליך הממושך של תשובה פנימית, בעוד **המעשה** החיצוני הוא הווידוי. ללא המרכיב הפנימי, המעשה החיצוני מרוקן מכל משמעות.

באופן דומה, הרמב"ם פותח את הלכות תפילה בתיאור **מעשה**: "מצות עשה **להתפלל** בכל יום" (א, א). אך בכותרת לחלק זה הוא מגדיר את ההלכה על פי **מהותה**: **"לעבוד את ה'** בתפילה בכל יום". קיום המצווה הוא עבודה שבלב, והוא חייב לבוא לידי ביטוי במעשה התפילה.

הרב משתמש ב"חקירה" זו ובחקירות נוספות לא רק כדי לבאר הלכות מסוימות, אלא לפעמים גם כדי להסיק מסקנות רחבות יותר באשר לאופייה של היהדות ולטיבה של מערכת היחסים בין האדם לקונו. הדבר ניכר ביותר בעיסוקו בתפילה, שבה נדון בנפרד.[9] אך אם לשוב לדוגמה המוכרת של מועד המבטל אבלות, הרב מציין שתופעה דומה חלה אצל הכוהן הגדול: כשם שכל יהודי פטור בדיני אבלות במועד, הכוהן הגדול פטור מהם כל השנה כולה. לעומתו, מצורע ומנודה, שעקב מצבם נדרשים לנהוג מנהגי אבלות, חייבים להמשיך

9. ראו פרקים 20 ו־21 להלן.

בהם גם במועד. הרב מקשר בין תופעות אלו כדי ליצור תפיסה כוללת. המכנה המשותף ליהודי במועד ולכוהן גדול במהלך השנה הוא שהם עומדים נוכח פני ה׳.[10] קרבת אלוקים היא מקור השמחה העיקרי שיש לאדם, ולפיכך קרבה זו אינה עולה בקנה אחד עם העצבות שבאבל. האבל, המצורע והמנודה, לעומת זאת, חווים כולם תחושת ריחוק מהאלוקים, ולכך עליהם לנהוג מנהגי אבלות. אלא שהאבל, אף שהוא חש ריחוק מאלוקים, עדיין מהווה חלק מהקהילה, ולכן עליו להצטרף אליה בשמחת יום טוב נוכח פני ה׳. לעומתו, המצורע והמנודה הוצאו מן הקהילה, ולכן אין הם חווים את שמחת שכינת ה׳ במלואה אף ביום טוב.

למעשה, הדיון מורכב הרבה יותר ובנוי מדקויות נוספות.[11] לפנינו מקרה מובהק המחזק את טענתו של הרב סולוביצ׳יק בספרו **התודעה ההלכתית** (עמ׳ 91–102) שמחשבת ישראל יכולה וחייבת לנבוע ממקורות ההלכה.

חובת המורה

חרף כל מאמציו להעשיר את חייהם הדתיים והרגשיים של תלמידיו, ביכה הרב את מה שראה כקוצר ידו להנחיל את הצד החווייתי שביהדות כראוי:

> לפיכך אני מצהיר כי יש בידי להצביע על אחד האחראים למצב הנוכחי, והוא אני בעצמי. אני לא יצאתי ידי חובתי כמורה דרך והוראה בישראל. חסרו לי הכוחות הנפשיים שמורה ורב זקוק

10. על פי הרמב״ם (הלכות ביאת המקדש א, י), מעמדו של הכוהן הגדול נחשב כאילו ״תמיד הוא במקדש״.
11. עיינו במקורות המובאים בפרק 6, בעיקר ב**שיעורים לזכר אבא מרי ז״ל**, חלק ב׳, עמ׳ קפב-קצו ו**בובקשתם משם**, עמ׳ 209–212, הערה 19.

להם, או נטול רצון הייתי, ולא הקדשתי את כל אשר לי למשימתי. בשעה שהצלחתי, במידה מרובה או מועטת, כמלמד ומורה במישור "גדלות המוחין" – תלמידיי קיבלו ממני הרבה תורה, וקומתם האינטלקטואלית התחסנה והלכה וגדלה במשך השנים שבילו בסביבתי – לא ראיתי ברכה מרובה במעשי ידיי במישור החווייתי. לא עלה בידי לחיות עמהם חיים משותפים, להתדבק בהם ולהעניק להם מחום נפשי. דבריי, כנראה, לא הציתו את שלהבת י־ה בלבות רגישים. חטאתי כמרביץ תורה שבלב... אִתי תלין משוגתי. ("על אהבת התורה וגאולת נפש הדור", עמ' 420)

על וידוי זה מעיר הרב ליכטנשטיין:

גם זו חלק ממורשת הרב. לא רק שיעורים מרתקים, דרשות מופלאות וחידושי תורה מבריקים, אלא גם הכרה כנה בכישלון – כישלון שהוא מתעלה עליו על ידי עצם ההודאה בו. בסגנונו הייחודי, אצילי ובו־בזמן כה דמוקרטי, החדיר בנו הרב הן את תחושת שבריריות ההדר, הן את תחושת הדר השבריריות. הוא לא הסתפק במסירת "תורת משה עבדי", אלא הנחיל לנו גם את דמותו של משה רבנו המתואר במדרש כמרכיב ומפרק את המשכן בשבעת ימי המילואים: דמות שהרב פירש את משמעותה כתרכובת של תסכול שורשי, כמעט סיזיפי, עם תקווה לאחריתה.[12]

וידויו זה של הרב סולוביצ'יק יכול לסייע לנו בפתרון תעלומה שניקרה בלבבות רבים. בהתחשב בהערכה המרובה שרחש הרב למסורת הליטאית שדגלה באיפוק רגשי, מדוע חשף את רגשותיו בפתיחות שכזו בפני קהל שומעיו? הרב כותב במקומות רבים על הצורך לשמור על איפוק, לגונן

12. הרב אהרן ליכטנשטיין, "The Rav at Jubilee", עמ' 55–56. ראה גם את הדיון בנושא "מוסר התבוסה" בפרק 3 לעיל.

על רגשותיו העמוקים של האדם מעיניו החטטניות של הציבור. הוא ספג גישה זו מהסביבה הליטאית הלמדנית שגדל בה.

אמירה מפורשת של הרב בגנותה של החשיפה הרגשית אפשר למצוא, למשל, בהספדו למנהיג תנועת המזרחי, הרב זאב גולד, שנשא את הכותרת "בסתר ובגלוי".[13] כדרכו עם עוד אישים שהעריך, מתאר הרב סולוביצ'יק את הנפטר כגילום אידיאלי של טיפוס־אדם מסוים. את הרב גולד הוא מתאר כ"איש ראש חודש". ראש חודש הוא יום שקדושתו הפנימית נסתרת מעין הציבור. האדם מקיים בו את סדר יומו הרגיל, ורק מוסיף כמה תפילות – אך התורה מחשיבה אותו כאחד ממועדי ישראל החשובים, ובתחומי המקדש, ורק שם, מתגלה קדושתו הפנימית במלואה. איש ראש חודש, אפוא, הוא אדם שהלהט והקדושה המפעמים בלבו פנימה מוסתרים בחזות חמורת־סבר (כזה היה אבי הרב) או בחזות זוהרת (וכזה היה הרב גולד). הרב סולוביצ'יק מודה שמאז ומתמיד הלך שבי אחר אישים כאלה, לא מעט בזכות החינוך שקיבל:

> ...מנעוריי, לימדוני להבליג על רגשותיי ולא להפגין את המתרחש בעולמי האמוציונלי. אבא מרי ז"ל היה אומה, כל שהרגש קדוש יותר וכל שהוא אינטימי יותר, טעון הוא יותר גניזה במעמקים... ואיזהו המקום המקודש ביותר אם לא קודש הקודשים של חיי הרגש? אם טוב לו לאדם, ולבו מלא שמחה וחדווה, יגלה רגשותיו להקב"ה, לפניי ולפנים של הנשמה; שמה יודה לו ויתרפק עליו; אך בל יראה אותם לזולת, גזירה שמא יחלל מבט זר קודש קודשים זה. אם, להפך, רע לו לאדם, חלילה, והוא נתון במצר, במעבה סבל וייסורים, ומוצא את עצמו עזוב ועריריר – יתוודה לפני ריבון העולמים, יבך לפניו ויתחנן לו לפנים מן הפרוכת, אך לא ייגש הזר אל קודש הקודשים, אולי יחלל באדישותו את

13. מופיע **בדברי הגות והערכה**, עמ' 163–186.

> קדושת הסבל האילם המעיק על האדם. ("בסתר ובגלוי", **דברי הגות והערכה**, עמ' 174)

מדוע, אם כן, נקט הרב צעד כה לא אופייני וחשף את רגשותיו במלוא עוזם במסגרת דרשותיו וכתביו? מדוע חזר ושיתף את קהל שומעיו ברגשותיו הכמוסים ביותר? הנה כמה סיבות אפשריות:

1. כפי שהרב כותב **באיש האמונה הבודד** (עמ' 10), לגילוי רגשות סוערים יש השפעה מזככת:

> כל חפצי הוא לשמוע בעצתו של אליהוא בן ברכאל: "אֲדַבְּרָה וְיִרְוַח לִי" (איוב לב, כ). כי למילה המדוברת יש תכונה גואלת ללב נסער, והווידוי הוא מרגוע לנפש מתייסרת.

2. היה בכך צורך חינוכי. כאמור לעיל, היעדר הרגש הדתי בקרב רבים מהיהודים שומרי המצוות טרד את מנוחתו של הרב ללא הרף, ועל כן גמר בלבו לתקן את המצב. כותב הרב שלום כרמי: "הרב העיר פעם באוזניי שגדולי התורה של פעם נמנעו מלדבר על עצמם, אך ניתוקו של האדם המודרני מאנשי המופת של החיים הדתיים הפך את גילוי הלב לחובה חינוכית".[14] אין מדובר רק בצורך להנחיל את האופן שחווה בו את חיי התורה והמצוות. מרכזיות המשבר בהגותו של הרב, והתמקדותו במוגבלות האדם ובחוסר הוודאות האנושי המובילים למידת הענווה, דרשו ממנו לשתף אותנו בתחושת הפגיעות האישית שלו עצמו.[15]

3. בכל עת ועת, גם כאשר הקהילה אינה נעדרת רגש דתי,

14. R. Shalom Carmy, "Of Eagle's Flight and Snail's Pace," *Tradition* 29:1 (1994), p. 31, n. 22; reprinted in *Exploring the Thought of Rabbi Joseph B. Soloveitchik* (Hoboken, NJ, 1997), p. 121.

15. ראו פרק 19 להלן, העוסק בשאלה מדוע הרב סולוביצ'יק ראה צורך חינוכי בשיתוף אחרים לא רק בחוויותיו הדתיות, אלא גם בחוויותיו המשפחתיות.

מתפקידו של הרב לשתף את תלמידו בחווייתו הקיומית – לעתים במפורש ולעתים במרומז. הרב סולוביצ'יק סבור שאחריותו של הרב אינה מסתכמת בעיצוב שכלו של התלמיד, אלא גם בעיצוב נפשו. אחריות זו חורגת הרבה מעבר לגבולות המסורת הוותיקה (שאליה רמז הרב כרמי בדבריו), שבה התלמידים למדו כיצד לפעול ולהרגיש באמצעות התבוננות בהתנהגות רבם. התמזגות הרב והתלמיד מושגת באמצעות גילוי לב ושפיעה ספונטנית, כמעט בלתי רצונית, של נבכי נפשו של הרב החוצה אל תלמידו.

החברותא הנרקמת בין נשמות הרב והתלמיד, וכן בין דור לדור, עומדת בלב לבה של המסורה. על פי הבנת הרב, היא גם עומדת בבסיס מושגי הנבואה והתורה שבעל-פה. הרב חותם את יצירת המופת שכתב על החוויה הדתית, **ובקשתם משם**, בנושא זה ממש – שפע נפשו של הרב הזורם אל התלמיד ומתמזג בו – על כל השלכותיו רבות הפנים.[16] לאור העובדה שהרב מעלה נושא זה על נס, מובן מדוע בכתביו ובדרשותיו הוא עצמו עסק בתהליך זה של שיתוף עצמיותו עם הזולת. והעושר הזה שמור לטובתנו.

לעיון נוסף:

1. **קטנות המוחין:**

א. "על אהבת התורה וגאולת נפש הדור", בתוך **בסוד היחיד והיחד**, עמ' 432-403; הודפס שנית בגרסה מקוצרת **בדברי השקפה**, עמ' 258-241.

ב. "פליטת סופריהם", **בדברי הגות והערכה**, עמ' 162-137.

ג. **עמודו של עולם**, עמ' 186-179.

16. להרחבה בנושא, ראו פרק 2 לעיל העוסק בקהילת ההוראה, ופרק 34 להלן העוסק במושג המסורה.

2. **תיאורי חוויותיו של הרב בקיום מצוות:** עיינו למשל במאמרים הבאים:

א. "תפילתם של יהודים", בתוך **מעיינות: מאסף לענייני חינוך והוראה**, ערך חיים חמיאל, כרך ח: תפילה (מהדורה שנייה, ירושלים, תשכ"ח), עמ' 9-11.

ב. "ערב מהולל – ליל הסדר", **זמן חירותנו**, עמ' 15-45.

ג. "ספירת הזמן", שם, עמ' 171-179.

3. **על קיומן הפנימי של המצוות:**

א. עיינו בהסבר הכללי לנושא זה המובא **בעבודה שבלב**, עמ' 35-39.

ב. לדיון בנוגע למצוות ספציפיות, עיינו במקורות המובאים בנספח לפרק 6 לעיל.

ג. לגבי אבלות, עיינו בעיקר בפרקים הבאים בספר **מן הסערה:** "אנינות ואבלות", עמ' 51-58; "אבלות ישנה ואבלות חדשה", עמ' 59-78; "שיעור בנושא מהותה של האבלות", עמ' 217-239.

פרק 9

לימוד תורה: שכל וחוויה

בפרק הקודם עסקנו בדגש שהרב סולוביצ׳יק שם בפנימיות, המרכיב החווייתי ביהדות. אבל יש להביא בחשבון עוד שני היבטים חיוניים לחיים הדתיים: מחשבה ומעשה. רק באמצעות שילוב שלושה מרכיבים אלו – שכל, רגש ומעשה – תהיה דתיותו של האדם שלמה. הרב טוען, בעצם, שכוח חווייתו הדתית של האדם לוקה בחסר אם אין היא מבוססת על ידיעת ההלכה; היא צריכה כמובן להיות מלווה בקיום ההלכה – ומוטב שאף תנבע ממנו. לפיכך, בפרק זה נדון בלימוד תורה הן כדרישה מקדימה לחוויה דתית, הן כחוויה בפני עצמה; ובפרק הבא נדבר על הצורך במעשה שילווה את המחשבה והרגש.

השפעת הידיעה על החוויה

בהשקפתו של הרב סולוביצ׳יק, ששורשיה נטועים בדברי חז״ל ובתורת המתנגדים (כגון ר׳ חיים מוולוז׳ין והנצי״ב), לימוד התורה תופס מקום מרכזי – אולי המקום המרכזי בה׳ הידיעה – בחיים הדתיים היהודיים. מעבר להיותו מדריך לקיום ההלכה למעשה, לימוד התורה מאפשר לנו לחדור אל רצונו האינסופי של האלוקים – ועל ידי כך הוא משפיע על כל היבטי הקשר שלנו עמו. הרב ליכטנשטיין מסכם את גישת הרב באופן הבא:

> תלמוד תורה מאפשר ליהודי להביט באופן ישיר ומעמיק, ככל שהאדם מסוגל לכך, אל רצונו הנגלה של בוראו. באמצעות לימוד ההלכה, שהיא הביטוי האימננטי לרצונו הרציונלי הטרנסצנדנטי של האלוקים, מעמיקה ומתרחבת ידיעת ה׳ של האדם. יתרה מזאת, הלימוד הדתי ממריץ את האישיות הרוחנית הכוללת. האמונה יכולה להיות עמוקה או יציבה רק אם השכל מעורב באופן פעיל ומלא בבקשת האלוקים.[1]

לאור זאת, נוכל להבין מדוע הרב סולוביצ׳יק עומד על כך שאסור שתחושת הפנימיות במצוות תהיה מבוססת על ״סנטימנטליות זולה וטקסים״ (״שומרים לבוקר״, **דברי השקפה**, עמ׳ 78), אלא עליה להתבסס על היכרות מעמיקה עם המקורות ההלכתיים. ״אנו היהודים ידענו מאז ומתמיד שבלי דעת [=ידיעת] תורה אין היהודי מסוגל לחוות כדרוש את החוויה הדתית ולהבין היטב את יופייה ותפארתה של עבודת ה׳״ (שם, עמ׳ 76). יש לזכור גם שהרב טוען שחוקי ההלכה הם נתוני היסוד של היהדות, ורק מתוכם ניתן להגיע להבנה כלשהי ביהדות.

הרב סולוביצ׳יק גרס כי הדרישה למרכיב שִׂכלי חזק בעבודת ה׳, המתקיימת בכל תקופה, רלוונטית במיוחד בימינו אנו. כותב תלמידו הרב שלום כרמי:

> ברגישות עזה להידלדלותה של המחויבות בקרב יהודי דורנו, הגיע הרב למסקנה כי עירובו של האינטלקט במעשה הדתי הוא צעד חיוני לריפוי... הרב סבר שיש בדורנו קרקע פורייה לחיפוש אינטלקטואלי: ״הדור האמריקני הצעיר... אינו דבוק טוטלית לדעות פרגמטיות־תכליתיות... ככל שהאנשים הממוצעים בחברתנו המודרנית עולים יותר ויותר בגרם המעלות של דעת ואינטליגנציה

1. R. Aharon Lichtenstein, “R. Joseph Soloveitchik,” in *Great Jewish Thinkers of the Twentieth Century*, ed. Simon Noveck (New York, 1963), p. 290.

כללית, לא נוכל להחדיר בהם השקפה יהודית אם זו תישען בעיקר על סנטימנטים ומעשי טקסים" (שם, עמ' 78).

הרב קוק היה עד להתנכרות היהודים למחויבות הדתית המסורתית, והחליט שיש לחשוף את הדור לפילוסופיה יהודית מקיפה המושרשת בתורת הנסתר; בא הרב סולוביצ'יק והציע פתרון פשוט ומפתיע יותר: חידוש הברית עם תורת הנִגְלֶה המתעמתת ישירות עם חווייתנו הממשית.[2]

מרכזיותו של תלמוד תורה בתפיסת היהדות של הרב גרמה לו לפרש מצוות רבות שלכאורה אינן קשורות ללימוד התורה כקיום של מצוות תלמוד תורה. למשל, הרב סבור שמצוות סיפור יציאת מצרים בליל הסדר מתקיימת על ידי לימוד תורה. אין אנו מספרים סיפור ותו לא, אלא אנו מתארים את יציאת מצרים באמצעות דרשת פסוקים בתורה (מדרש), שינון דינים קבועים (משנה) וניתוח והַמְשָׂגָה של ההלכה (גמרא). כמו כן, אמירת פסוקי דזמרה (פרקי התהלים הפותחים את תפילת שחרית) נתפסת בעיניו כמעשה של תלמוד תורה, דהיינו, הבנת מקומנו ביחס לה', פעולה המאפשרת לנו לעתור אליו.[3] למעשה, על פי הרב סולוביצ'יק, כל תפילה חייבת לכלול מרכיב הכרתי; וכפי שנראה בפרק 20 הרב מחשיב מאוד את העובדה שהמילה 'תפילה' באה מן השורש 'פלל' המציין שיפוט או הבחנה.[4]

2. R. Shalom Carmy, "Of Eagle's Flight and Snail's Pace," *Tradition* 29:1 (1994), 26–27; reprinted in *Exploring the Thought of Rabbi Joseph B. Soloveitchik* (Hoboken, NJ, 1997) pp. 115–116.

3. לגבי סיפור יציאת מצרים ופסוקי דזמרה, ראו **לעיון נוסף**, הערות 1-2.

4. לאור הבנה זו של המונח תפילה, יש להבחין בינה לבין מושג הצעקה: "בעוד שהתפילה היא פעילות מתבוננת המתרחשת ביודעין, הצעקה מיידית היא וכפייתית" ("גאולה, תפילה, תלמוד תורה", עמ' 268). עוד על התפילה במחשבת הרב ראו בפרקים 20-21 להלן.

חוויית הידיעה

בעוד הרב מדגיש את הפן השכלי במצוות חווייתיות מסוימות, הוא מדגיש את הפן החווייתי של המצווה השכלית האולטימטיבית – תלמוד תורה. שוב ושוב הוא מציג את לימוד התורה לא רק כעיסוק עיוני אלא גם כהתנסות רבת עוצמה. במבט ראשון, תפיסה זו עלולה להיראות תמוהה: השכל מאופיין בניתוח קר ושקול, בדיוק ובניתוק, ואילו הרגש מאופיין בחמימות, בהתלהבות ובמעורבות. הסתירה־לכאורה מתיישבת כאשר אנו מבינים שבעיני הרב בקשת הידיעה היא מסע נלהב וסוחף - במיוחד כאשר הידיעה היא ידיעת התורה, ובסופו של דבר – ידיעת האלוקים.[5]

אף שיש לגשת ללימוד תורה במלוא הרצינות וההקפדה השכלית, תהליך רכישת התורה נעשה לחוויה תוססת, מרתקת ומעוררת המגיעה אל מעמקי אישיותו של האדם:

> כשהאדם מתעמק בתורת א־להים וחושף את המאור וההוד שבה... ונהנה הנאת יצירה וחידוש, הוא זוכה להתייחדות עם נותן התורה. חזון הדבֵקות מתגשם על ידי הזדווגות השכל עם הרעיון הא־להי שהתגלם בדפוסי דינים, הלכות ושמועות...[6]
>
> ברם ההכרה ההלכית אינה נשארת סגורה בתחום השכל. פורצת היא לה דרך אל התודעה האקסיסטנציאלית [=הקיומית] ומשתלבת בה... האידיאה הופכת ניסיון מרתיח ומסעיר, הדעת – אש דת, משמעת הלכית דייקנית וקפדנית – אהבת חשק בוערת באש קודש, ריבוא רבבות אותיות שחורות, שלתוכן

5. נושא הממד החווייתי שבידיעה ככלל, להבדיל מידיעת תורה, מופיע בדיון בצירוף השכלי בפרק 7 לעיל.

6. אף שדברים אלו מזכירים קטעים **בנפש החיים** לר' חיים מוולוז'ין (ד, י) **ובתניא** לר' שניאור זלמן מלאדי (ליקוטי אמרים, פרק ה'), הרב בדרכו האופיינית מדגיש **יצירתיות וחדשנות**, ולא רק **לימוד** תורה.

> נתכווצו תלי תלים של דינים, ביאורים, קושיות, בעיות, מושגים ומידות, יורדות מן המוח הצונן והשאנן, השוקט על הפשטותיו הדקות ומערכותיו השיטתיות, אל הלב המלא רעה, רטט וחֶרֶג [=כיסופים], ומתגלגלות בזיקי שלהבת חוויה אדירה הגורפת את האדם אל קונו. ("על אהבת התורה וגאולת נפש הדור", עמ' 410–411)

אהבת ה'

התמזגות השכל עם ההשתוקקות הרגשית תופסת מקום נכבד ביהדות מימים ימימה (אף שהרב מטביע בה את חותמו האישי). הרמב"ם, לדוגמה, כותב שאהבת ה' תלויה בידיעתו:

> דבר ידוע וברור שאין אהבת הקדוש ברוך הוא נקשרת בלבו של אדם... אלא בדעה שיידעהו. ועל פי הדעה תהיה האהבה:[7] אם מעט – מעט, ואם הרבה – הרבה. (הלכות תשובה י, ו)

בהתחשב באופי השכלי והמופשט לכאורה של מושג האהבה שהרמב"ם הציג כאן, קריאת התיאור להלן, גם הוא פרי עטו, עשויה לעורר פליאה:

> וכיצד היא האהבה הראויה? הוא שיאהב את ה' אהבה גדולה יתרה רבה, עזה עד מאוד, עד שתהא נפשו קשורה באהבת ה', ונמצא שוגה בה תמיד כאִלו חולי האהבה, שאין דעתם פנויה מאהבת אותה אשה שהוא שוגה בה תמיד, בין בשבתו בין בקומו, בין בשעה שהוא אוכל ושותה. יתר מזה תהיה אהבת ה' בלב אוהביו

7. כך מופיע בגרסת הדפוס הנפוצה. ברוב כתבי־היד, כולל זה שהרמב"ם עצמו חתום עליו, כתוב "ועל פי הדעה על פי האהבה"; ובפירושו **יד פשוטה** מציע הרב נחום רבינוביץ להזיז אות אחת: "ועל פי הדעה, על פיה – אהבה".

שוגים בה תמיד... וכל שיר השירים משל הוא לעניין זה. (הלכות תשובה י, ג)

דברים אלה עוררו השראה רבה ברב סולוביצ׳יק, והוא הביאם **בובקשתם משם** (עמ׳ 187) כתיאור של פסגת הישגיו הדתיים של האדם.[8]

התגלות

הרב סולוביצ׳יק מרבה להבליט את חשיבות אהבת התורה, ומתאר את לימוד התורה כצורת הידבקות נלהבת באלוקים. הוא סבור שהאדם מתקשר לאלוקיו באופן שכלי באמצעות לימוד תורה, וכן שהאדם מחזק את התקשרותו הרגשית לה׳ באמצעות מושא אהבה המשותף לשניהם, דהיינו – התורה. לפיכך, הרב מתאר לעתים קרובות את לימוד התורה כמפגש עם האלוקים, ואף כמעין התגלות.[9] רבים מחידושיו העוסקים בקריאת התורה מיוסדים על הנחה זו. תפיסה זו גם באה לידי ביטוי בתמיכתו במנהגו של המהר״ם מרוטנבורג לעמוד בשעת קריאת התורה בבית הכנסת,[10] מכיוון שזהו שחזור של ההתגלות בהר סיני (שבמהלכה עמדו בני ישראל בעת קבלת התורה).[11]

ההתגלות כוללת שני מרכיבים: התוכן (דהיינו, המסר עצמו, קרי, ההלכה) והחוויה. שני המרכיבים חיוניים, והרב רואה לנכון להדגיש כל אחד מהם. כנגד אלה המאשימים את אנשי בריסק בשכלתנות קרה, הרב מסביר את החִיוּת והחוויה האדירה שבלימוד התורה; ואילו כנגד

8. חשוב לציין שאף שהרב הולך בעקבות הרמב״ם וסובר שידיעת ה׳ מביאה לאהבת ה׳, הוא אינו גורס כמוהו בנוגע לאופי ידיעה זו. לדעת הרמב״ם מדובר בידיעת פילוסופיה (פיזיקה ומטפיזיקה), ואילו לדעת הרב מדובר בידיעת ההלכה. ראו **לעיון נוסף**, 4, ובפרק 33 להלן.
9. ראו למשל **אדם וביתו**, עמ׳ 156-157.
10. מובא במרדכי, מסכת שבת, תכב, וברמ״א או״ח, קמו, ד.
11. ראו **לעיון נוסף**, 6.

אלה המתמקדים אך ורק בחוויית המפגש ומתעלמים מתוכן ההתגלות (כגון מרטין בובר), הרב עומד על מרכזיות קיום ההלכה ולימודה.

תורה לשמה

במסגרת דיוננו בלימוד התורה כצורת דבקות בה', עלינו להבחין בין תפיסתו של הרב ובין התפיסה שפותחה בזרמים מסוימים בחסידות. לדידם של הדוגלים בגישה החסידית, דהיינו הגישה הגורסת לימוד תורה **לשם** השגת דבקות, לימוד התורה הוא אמצעי המביא לחוויה אקסטטית כלשהי. שיטת הלימוד אינה חייבת להיות מדויקת, קפדנית ושכלתנית, ותוכן הלימוד עצמו הוא בעל חשיבות משנית.[12]

הרב, לעומת זאת, הוא תומך נלהב ברעיון ה"תורה לשמה". לדעתו יש לאמץ בלימוד התורה גישה של אינטלקטואליזציה גמורה וניתוח חדשני. יש לגשת לתורה במלוא "מעוף היצירה המחשבתית... בחריפות האנליטית, בדקות ההפשטה ובעקיבותה השיטתית", ממש כמו שניגשים אל כל תחום חקר שכלי (**ובקשתם משם**, עמ' 205). ההיבט החווייתי **מתלווה** ללימוד וצומח מתוכו, אך הוא אינו **הסיבה** ללימוד. לימוד התורה הוא מטרה בפני עצמו.

חוויה רבת־פנים

לצד הדבקות מתבטא המרכיב החווייתי בלימוד התורה בעוד צורות רבות ומגוונות, וביניהן:

א. החוויה המרוממת ועתירת ההוד שבהכרה וביצירתיות;[13]

12. עיינו, למשל, ביוסף וייס, "תלמוד תורה לשיטת ר' ישראל בעש"ט", בתוך **ספר היובל תפארת ישראל**, ערכו צבי צימלס, יוסף ראבינאוויץ וישראל פיינשטיין (לונדון, תשכ"ז), עמ' 151–169.
13. "על אהבת התורה וגאולת נפש הדור", עמ' 409–410.

ב. התייחסות לתורה כ"אישיות" חיה שהאדם מרותק ומחויב אליה;[14]

ג. חוויית המסורה החיה, החבירה והשיח עם הדורות הקודמים;[15]

ד. טיהור האישיות של הלומד וקידושה:

התורה מטהרת ומקדשת ומעניקה לוויית חן לאדם... על ידי לימוד תורה אדם זוכה לא רק לחכמה וידיעתה כי אם גם לקדושה וטהרה אישית. גסות רוח נעלמת, ועדינות יורשת את מקומה. שטחיות חולפת ועמקות המחשבה מחליפתה. בעקבות הלימוד, אנו נתקלים בשינוי גברא ובהתחדשות האישיות. הכוח הרוחני באדם מתרחב ועוצמתו המוסרית מתבלטת. (**שיעורים לזכר אבא מרי ז"ל, חלק ב', עמ' יג**)[16]

ידועה האגדה על המלאך המלמד את התינוק תורה ברחם אמו (נידה ל ע"ב). לפי אגדה זו התורה חבויה באישיות האדם, ומתגלה מחדש באמצעות לימוד. על יסוד האגדה כותב הרב סולוביצ'יק שלימוד התורה מסייע לאדם למצוא את האני האמתי שלו וכך גואל אותו.[17] למעשה, קריאת התורה בציבור בימי שני, חמישי ושבת נקבעה בעיקר כדי לטהר את אישיותו של היהודי על ידי התקשרות לדברי האלוקים.[18]

הרב מדבר על ממדים נוספים בלימוד התורה – לדוגמה, התורה

14. "מה דודך מדוד", עמ' 70-75; "Remarks at a Siyyum," pp. 182–183.
15. **ובקשתם משם**, עמ' 230-233.
16. בהמשך הדברים שם (עמ' יג-טז) הרב מפתח את נושא לימוד התורה כמביא לקדושה וטהרה. בשלב מוקדם יותר באותו שיעור (עמ' ז-ט), הרב רואה בלימוד התורה צורת תפילה, קבלת עול מלכות שמים ושבח לה'.
17. "גאולה, תפילה, תלמוד תורה", עמ' 269.
18. **שיעורים לזכר אבא מרי ז"ל**, חלק ב', עמ' רה-רז; חלק א', עמ' קסד-קסח, קעה-קעח.

כאמצעי לתפיסת העולם, מעבר להיותה מקור לנורמות התנהגות. ברבדים נוספים אלה נעסוק בפרקים הדנים ב**איש ההלכה** ו**בובקשתם משם**.

לעיון נוסף:

1. סיפור יציאת מצרים כלימוד תורה:
   א. **שיעורים לזכר אבא מרי ז"ל**, חלק ב', עמ' קנב-קסג.
   ב. **זמן חירותנו**, עמ' 37-38, 95-98.
   ג. **שיעורים לזכר אבא מרי ז"ל**, חלק א', עמ' ב-ג, הערה 4.
   ד. "ההגדה ותכניה", **האדם ועולמו**, בעיקר עמ' 195-196.
   ה. R. David Shapiro, *Rabbi Joseph B. Soloveitchik on Pesach, Sefirat ha-Omer and Shavu'ot* (Jerusalem, 2005), pp. 15–32.

2. פסוקי דזמרה: **שיעורים לזכר אבא מרי ז"ל**, חלק ב', עמ' יז-לד.

3. חוויית לימוד תורה:
   א. "על אהבת התורה וגאולת נפש הדור", **בסוד היחיד והיחד**, עמ' 403-432; הודפס שנית בגרסה מקוצרת ב**דברי השקפה**, עמ' 203-216.
   ב. "On the Love of Torah: Impromptu Remarks at a Siyyum," prepared by M. Kasdan, *Shiurei Harav*, pp. 181–186.
   ג. "מה דודך מדוד", **דברי הגות והערכה**, עמ' 57-98.
   ד. "קדושה וענווה", **האדם ועולמו**, עמ' 207-224 [= *Halakhic Morality*, pp. 209–222].
   ה. "תורה ושכינה", **אדם וביתו**, עמ' 175-195.
   ו. "גאולה, תפילה, תלמוד תורה", **דברי הגות והערכה**, עמ' 255-272.
   ז. "בעניין ברכות התורה", **שיעורים לזכר אבא מרי ז"ל**, חלק ב', עמ' א-טז.

נושא זה עובר כחוט השני לאורך כל איש ההלכה ווּבקשתם משם.

4. **אהבת ה׳ על פי הרמב״ם: שמונה פרקים**, פרק ה׳; **ספר המצוות**, מצות עשה ג׳; הלכות יסודי התורה ב, א-ב; הלכות תשובה, פרק י׳; **מורה נבוכים** ג, נא.

5. **אהבת תורה:** ראו לעיל עיון 3, מאמרים א-ה.

6. **קריאת התורה כהתגלות: שיעורים לזכר אבא מרי ז״ל**, חלק ב׳, עמ׳ רי-ריג; **ובקשתם משם**, עמ׳ 130-140. ב**שיעורים לזכר אבא מרי ז״ל** מופיעים שלושה שיעורים רלוונטיים לנושא קריאת התורה באופן כללי (חלק א׳, עמ׳ קלה-קנו ועמ׳ קנז-קעח; חלק ב׳, עמ׳ קצז-ריג).

7. **דבקות:** ״על אהבת התורה״, עמ׳ 411-417; **ובקשתם משם**, פרקים יא-יט; ״קדושה וענווה״.

פרק 10

מצוות: הצורך במעשים

לנוכח הדגש הרב שהרב סולוביצ'יק נותן בפנימיות (כמבואר בפרקים הקודמים), מתבקש לשאול: מדוע בכלל דורשת היהדות מעשים? מה הטעם בשפע המצוות המנחות אותנו בכל תחום של חיינו? מדוע צריך האדם הדתי להוסיף על הרגש והמחשבה?

חלק ניכר מפרק 5, שעסק בקידוש הקיום הגופני, דן בשאלה זו. בטרם נציע תשובות חדשות, נסקור בקצרה את המסקנות שהגענו אליהן שם. היהדות מעוניינת שהאדם יחיה חיים טבעיים מלאים, והמצוות הקשורות לפן הגופני מאלצות את האדם לקחת חלק בעולם הגשמי. כך יצליח האדם לחמוק מפיתוייה של גישה רוחנית שמימית שאין לה דבר וחצי דבר עם העולם הזה, גישה המובילה לתפיסה דואליסטית המקבלת את הרוח ודוחה את החומר.

מצד שני, אף שההלכה דורשת מעורבות בחיים הגשמיים, בד בבד היא דורשת קידוש פעיל של הקיום הגופני. קידוש זה מושג באמצעות קיום מצוות, המשפיע על כל היבט בקיומו הגשמי של האדם, מקומו בבוקר ועד לכתו לישון בערב. מצוות אלו מקדשות לא רק את אישיות האדם (על ידי הפעלת בקרה על דחפיו הגופניים, למשל), אלא גם את עצם מעשיו וגופניותו. החדרת משמעות ותכלית בכל תחומי החיים מונעת מהאדם חיים ממודרים. דרישותיהן החובקות־כול של המצוות מוודאות שהאדם יהיה מודע לאלוקיו בכל רגע, ולא רק בעת שהותו בבית הכנסת או בבית המדרש. כאשר האדם עובד את

ה׳ בכל האמצעים העומדים לרשותו, הוא מקדיש את כל חייו לאלוקים ומביא את עבודתו הדתית לכדי אחדות ושלמות.

פרק 5 התמקד בדרכים הממשיות שבהן קיום מצוות מקדש את הקיום הגופני. כעת ברצוני להתמקד בסכנות הטמונות בעמדה דתית המתעלמת מתחום הקיום הטבעי־גשמי של האדם ומתרכזת אך ורק ברגש ובמחשבה. אני סבור שאפשר למיין את התנגדויותיו של הרב לגישה זו לחמש קבוצות. הרב טוען שצורת דתיות זו:

1. מנותקת מהעולם הזה,
2. אינה מציאותית,
3. סובייקטיבית לחלוטין,
4. אינדיבידואליסטית יתר על המידה,
5. אזוטרית ולא־דמוקרטית.

הבה נבחן כל אחת מן הטענות.

ניתוק מהעולם הזה

לפי הרב סולוביצ׳יק, ההבדל בין איש ההלכה לבין איש הדת הכללי מצוי בגישותיהם לעולם הזה (העולם הגשמי, להבדיל מהעולם הבא). בעוד איש הדת מבקש להימלט מטומאת העולם הגשמי אל עבר תחום רוחני טהור, איש ההלכה מבקש לעשות את ההפך הגמור: להביא את הקדושה והטהרה מהתחום העילאי **אל תוך** העולם החומרי. קיומו של איש ההלכה נטוע בעולם הזה, והוא מנסה למלא אותו בקדושה על ידי הגשמת האידיאלים ההלכתיים.

דתיות שאינה מתייחסת לפעולות הגופניות, לקשרים החברתיים ולשאר הדברים שעושה האדם בעולם הזה, ונמנעת מלבוא במגע עמו, לא תוכל לקדש אותו. היא תעודד את האדם לבוז לגופניותו ולראות בה מחסום לנשמתו ולאושרו המוחלט. היהדות, לעומת זאת, סבורה שהעולם "טוב מאוד" ואין דעתה נוחה מחיי נזירות.

יתרה מזאת, דתיות מנותקת מהעולם הזה מובילה את האדם לאמץ גישה מיסטית ופסיבית המפנה מבטה פנימה ומתעלמת מסבל הזולת. מבחינה מוסרית, היהדות דוחה דתיות שכזאת בשאט נפש, ומטילה על האדם לעסוק בתיקון העולם.

לא מציאותית

רכיב מעשי חזק בחיים הדתיים אמור לחזק את הרכיב הפנימי; ובדיעבד, הרכיב המעשי לפחות יְשַמר את הדתיות בזמנים שהפנימיות לוקה בחסר. הרב ליכטנשטיין מנסח זאת כך:

> ההלכה, שניחנה בריאליזם פסיכולוגי חודה, הכירה בכך שיש להעיר בני תמותה רגילים מתרדמתם הרוחנית, ושאם לא ידרבנו אותם לקיום מעשים מסוימים, רבים מהם לא יהססו לזנוח את החיים הדתיים לחלוטין. קיום מצוות הֶרְגֵלִי מטמיע מודעות דתית ומוסרית בכל נימי האישיות. הוא מחזק את כוח הנפש הפנימי, וברובד עמוק יותר הרגש האנושי מושפע עמוקות מעצם תהליך ההחצנה...
>
> עלינו לזכור את שאנו נוטים לשכוח לעתים קרובות: טקסיות הנצמדת לחוק עדיפה על היעדר עבודת ה'. אדם השוקע בשגרה פורמליסטית בגבולות ההלכה, אפשר להניח שבלעדיה יהיה נטול מודעות דתית מכול וכול. במקרה הגרוע, הריטואל יוצר בסיס לדת; ובמקרה הטוב, הוא מוביל את האדם לעלות אל מרומי פסגת הרוחניות ולהיאחז בה.[1]

1. R. Aharon Lichtenstein, "R. Joseph Soloveitchik," in *Great Jewish Thinkers of the Twentieth Century*, ed. Simon Noveck (New York, 1963), p. 294.

העובדה שסביר יותר שמעשים ישפיעו על רגשות מֵאשר שיקרה ההפך מסבירה מדוע ההלכה מקדישה את מרב תשומת לבה למעשים:

> המימוש העצמי של האישיות הדתית איננו יכול בלא היסוד הסובייקטיבי והאובייקטיבי גם יחד. ועם זאת, ההלכה מדגישה את המעשים יותר מאשר את החוויות, כי מובטח לה שהמעשים יכולים לעורר את הנפש, להצית את הדמיון ולרגש את הלב, בעוד שהתחושות – ותהיינה אלה אצילות ומכובדות, בעלות עוצמה ועזות ככל שתהיינה – עשויות למצות את עצמן בסערה פנימית מבלי להבקיע אל פני השטח כלל. (**אדם וביתו**, עמ׳ 63-64)

לפיכך, אם הדת אינה מספקת לאדם מסגרת פעולה אובייקטיבית הכוללת נורמות אלוקיות מוגדרות, היא תהיה, במקרה הטוב, עמומה וארעית. במקרה הגרוע, היא תוביל לעוולות איומות; דבר זה מוביל אותנו לעניין הבא.

סובייקטיביות מוחלטת

הרב סולוביצ׳יק סבור שלא זו בלבד שניסיונו של האדם להימלט מגשמיותו **בלתי רצוי**, אלא שהוא גם **בלתי אפשרי**. מכיוון שכך, אידיאולוגיה היוצאת מנקודת הנחה שהאדם מסוגל להפוך ליצור רוחני לחלוטין הִנה מוטעית מיסודה ונידונה לכישלון. התמקדות בלעדית בפן הרוחני־מחשבתי שבאדם תסמא את עיניה של אידיאולוגיה זו מהכרה בעוצמת הכוחות היצריים ובדחפים שבאדם. סילוק הפן הגופני באדם, או התעלמות ממנו, אינם אפשריים, וגישה המתעקשת לשאוף לכך נעדרת את הכוח לעשות את הדרוש, דהיינו, לרסן ולתעל את יצרי האדם כך שינוצלו לאפיקים חיוביים.

> דתיות נעדרת יסוד אובייקטיבי־גילויי, המחייב את האדם למעשים ופעולות, אינה יכולה לכבוש את החיה שבאדם. האמונה הסובייקטיבית, נטולת צו וחוק, שעליה דיבר שאול מתרשיש [=פאולוס, אבי הנצרות], אף אם תתחפש בלבוש אהבת אלוהים ואדם, אינה יכולה להחזיק מעמד אם אין בה צו מפורש לעשות מעשים טובים, ולקיים מצוות מסוימות, אשר לא תמיד מוצאים חן בעיני השכל והתרבות. השואה הנוראה של מלחמת העולם השנייה תוכיח. כל אלה המדברים על האהבה עמדו ושתקו ולא מיחו. הרבה מהם גם השתתפו בהשמדת מיליוני בני־אדם. (**ובקשתם משם**, עמ' 162-163)

לכן, חרף חשיבות המרכיבים הרוחניים והמחשבתיים של הדת, "צמצום חוויית הדת וניסיונה במסגרת חוויה וניסיון רוחניים גורם לסילוק הודה והשפעתה" (שם, עמ' 162). הדת, נוסף על הפַּן הרוחני שלה, ממלאת תפקיד מעשי: "יישור מעשי אדם עלי אדמות והטלת מרות רודנית עליו, שתעמוד כתריס [=מגן] בפני התקפת תאוות רותחות, יצרים חושקים ורעים" (שם). שחרור מסמכותן של נורמות התנהגות, ומתודעת הכפייה שבקיומן, מוביל לאנרכיה – ובסופו של דבר, לניוון מוסרי.[2]

לנוכח הסכנות שהוצגו לעיל ניטיב להבין את דברי הרב על ההלכה:

> הנטייה היסודית של ההלכה היא להחזיר [=להמיר] את האיכות של הסובייקטיביות הדתית, את תוכן תודעת איש הדת, השוטפת

2. בסעיף לעיל בדבר ניתוק מהעולם הזה הערנו שדתיות רוחנית־מחשבתית מביאה לעמדה **לא־מוסרית**, דהיינו, אדישות לעולם וחוסר עניין בשיכוך הסבל האנושי. ברם, כאן מתחזקת הטענה: העדר ציוויים ומגבלות אובייקטיביים עלול להוביל **לשחיתות מוסרית** ולקלקול אנושי, שכן הדתיות הסובייקטיבית כשלעצמה חסרה הגנוֹת מפני דחפיו הפראיים של האדם.

> חיש מהר כגלי הים והמתנגשת בחוף הריאליות ונשברת, בכמויות מוצקות וקיימות, להלכות נטועות כמסמרות, אשר כל רוח לא תעקרן ממקומן. (**איש ההלכה**, עמ' 55)

כאשר הדת נעשית קונקרטית, אובייקטיבית ומוגדרת, היא משיגה את הכוח להשפיע על חיי האדם בכללותם, לעמוד איתן אל מול התקפות הפיתוי, להחזיק מעמד ללא קשר למצב רוחו של האדם, ולשרוד מדור לדור. עניין זה מסביר (חלקית) את תשומת הלב הרבה שהיהדות מקדישה לפרטים, את התמקדותה במידות ובשיעורים – בזמני היום (למשל, מתי להתפלל, מתי נכנסת שבת), בכמויות אוכל ושתייה (כמה יין לשתות בקידוש, כמה מצות לאכול בליל הסדר), וכן הלאה.

ההלכה מַסדירה לא רק את מעשי האדם, אלא גם את הלכי רוחו הפנימיים; על ידי כך, "הדפוס ההלכתי האובייקטיבי... מתעל את הרגש הדתי אל 'עִמְקֵי הַנֶּפֶשׁ, לֹא אֶל סוֹפוֹתֶיהָ'".[3] במילותיו של הרב סולוביצ'יק:

> ההלכה רוצה להביא את הדתיות לידי אובייקטיפיקציה, לא רק על ידי הכנסת המעשה החיצוני והפעולה הפסיכו־פיסית לעולם הדת, אלא גם על ידי סידורו של הקורלטיב [=המקביל] הפנימי בתחום הרוחני של האדם. ההלכה קובעת חוקים ומציבה ציונים המשמשים כעין סכר בפני הזרם הסובייקטיבי של איש הדת הכללי הסוחף לפעמים במערבולתו את כל הווייתו של האדם לרשויות מעורפלות. (**איש ההלכה**, עמ' 57)

3. "R. Joseph Soloveitchik," p. 294, (המצטט את שירו של וורדסוורת משנת 1814, "לֶאוֹדַמִיה").

אינדיבידואליסטית יתר על המידה

אם הדת תתמקד אך ורק בחוויה הפנימית, היא עלולה להוביל ל"אינדיבידואליזם דתי מוגזם" (**התודעה ההלכתית**, עמ' 79) שאינו מכוון ליצירת קהילה. הרב מציין ש"ההיסטוריה והפסיכולוגיה של הדת יעידו על כך שכוחה ויעילותה של הדת גדלים יחסית להשתתפות הגוברת והולכת של כלל החברה בדרמה הדתית" (שם).

יתרה מזאת, דת פנימית שאינה באה לידי ביטוי כאורח חיים מחלישה את קשרו של האדם לא רק עם קהילת בני דורו, אלא גם עם הקהילה ההיסטורית, כפי שכותב הרב ליכטנשטיין:

> אופייה האובייקטיבי של ההלכה מסייע ליהודי להתעלות מעל קיומו הסובייקטיבי. במובן מסוים, אורח החיים ההלכתי מהווה סימן היכר מובהק. בתור מסורת אחידה ומינימלית, אורח החיים ההלכתי מסייע לריתוך כלל ישראל האורגני. ההלכה מציבה את חיי היהודי בפרספקטיבה כוללת: הוא יכול לחוש במאמציו המבודדים כחלק מהמפעל הכללי והעל-זמני של עם ישראל.[4]

אזוטרית ולא דמוקרטית

בדת רוחנית-מחשבתית יש בעיה קהילתית נוספת. דתיות פנימית לחלוטין המבוססת על תחושה עמוקה של הנשגב, או דתיות שכלית לחלוטין הנשענת על התבוננות שלווה, מוגבלת מעצם טיבה לאליטה מצומצמת של אנשים מוכשרים במיוחד. האדם הממוצע אינו מסוגל להגיע להלך הרוח, עומק החוויה והניתוק מהחומריות ברמה הנדרשת.

לעומת זאת, בהדגשת מרכזיות הפעולה הברורה, הניתנת לביצוע

4. שם.

על ידי כל אדם, שומרת היהדות על אופי "דמוקרטי" ו"אקזוטרי".[5] התורה היא מורשתו של כלל ישראל, ולא רק של יחידי סגולה רוחניים. אין צורך בידע סודי או בטכניקות מיסטיות כדי לקיים את מצוות ה'. כל אדם, פשוט ועם הארץ ככל שיהיה, מסוגל לקיים את המצוות באותה מידה כמו אדם בעל גדלות רוח ומחשבה – שניהם אוכלים מצה בפסח, מכבדים את הוריהם, נזהרים מאותם איסורים וכו'.

לפיכך, בדת נורמטיבית כמו היהדות,[6] כולם יכולים לעבוד את האלוקים באותה מידה. דת שאין בה הבסיס המשותף של קשר לה' נעשית מרובדת יתר על המידה, וכתוצאה מכך היא

> יוצרת כיתות אקלסיאסטיות [=כנסייתיות], אריסטוקרטיה דתית, ואישיות כאריסמטית.[7] ואין לך דבר שההלכה גועלת בו כל כך ובזה לו, כמו האידיאה של מיצוע פולחני ובחירת אישי ביניים [=מתווכים] בשל גורמים למעלה מן הטבע. (**איש ההלכה**, עמ' 45)

מובן שישנם תחומים בהלכה שבהם אנשים שניחנו בכישרונות שונים יגיעו לרמות שונות. אם לשוב להבחנה שערכנו בין חובות האברים, חובות הלבבות, וחובות שיש בהם מעשה חיצוני וקיום פנימי – הישגים משתנים יתקיימו בעיקר בשתי הקטגוריות האחרונות. לדוגמה, רמת

5. "אזוטרי" פירושו מצומצם לקבוצה קטנה ואילו "אקזוטרי" (הרב כותב "אכסוטרי") פירושו נגיש לכול. צמד מושגים זה מופיע פעמים רבות בכתבי הרב. המושג "דמוקרטי" בהגות הרב דומה למושג "אקזוטרי". הרב אינו נוקט מונח קבוע כדי לציין את היפוכו של ה"דמוקרטי"; מונחים אפשריים הם "בלעדי", "אליטיסטי" ו"אריסטוקרטי".
6. אף שבעברית מדוברת פירוש המילה "נורמטיבי" הוא "רגיל" או "תקני", הרב משתמש במילה זו במשמעותה הפילוסופית, שהיא "קשור לקביעת הרצוי" או "בעל אופי מְצַוֶּוה" - וכן נעשה אנו בעקבותיו לאורך הספר.
7. הסוציולוג הגרמני מקס ובר (1864–1920) טבע את המושג "אישיות כריזמטית", שהיא אישיות שסמכותה מבוססת לא על גורמים מסורתיים או משפטיים אלא, כדברי הרב, על "גורמים למעלה מן הטבע".

אהבת ה׳ (שהיא חובת הלבבות) או התפילה (מעשה חיצוני עם קיום פנימי) תלויה בעומק הרגשי וביכולות הרוחניות. דוגמה נוספת: באמצעות עבודה קשה ויכולת מולדת יכול אדם להשיג בלימוד תורה הרבה יותר מחברו.

בעיני הרב, כך אמורים להיות פני הדברים. ההלכה חייבת להעניק לאדם יכולת לבטא את ייחודיותו בעבודת ה׳. עליה גם לתת לאדם הזדמנות לשאוף לטפס לעוד ועוד פסגות רוחניות. ועדיין, הדגש החזק שהדתיות היהודית נותנת בַּמעשה שומר על השוויון הבסיסי בין כל האנשים.[8]

סיכום

נסכם ונאמר שדתיות המתמקדת אך ורק בהלך רוח פנימי ונעדרת מעשים מצווים סובלת מכמה וכמה בעיות:[9]

8. כפי שניתן להסיק מהתייחסותו החוזרת ונשנית לסוגיית האקזוטריות והאזוטריות בדת (ראו **לעיון נוסף**, 2), הרב חש בבירור ש״מצד אחד, הדת היא קניינו של הכלל״ אך ״מצד אחר, גם הדת צריכה להקנות אפשרות עלייה רוחנית אינדיבידואלית״ (**ובקשתם משם**, עמ׳ 165-166). אך יש כנראה מתח בלתי ניתן לצמצום בין שתי ההנחות הללו. המתח מתבטא במיוחד בדיונו של הרב בנושא התפילה. אף שהרב השתדל להדגיש שהתפילה נגישה לכולם (עיינו **עבודה שבלב**, עמ׳ 44-45, 98-100, 120-121; ״רעיונות על התפילה״, עמ׳ 264-265), הרב יהושע אָמָרוּ (במאמרו "Prayer and the Beauty of God: Rav Soloveitchik on Prayer and Aesthetics," *The Torah u-Madda Journal* 13 [2005], pp. 162–163) תוהה באופן משכנע אם תפיסת התפילה של הרב סולוביצ׳יק אכן אקזוטרית. באורח דומה, אני מטיל ספק בפרק 29 להלן בהנחתו של הרב כי איש ההלכה הוא אדם דמוקרטי. אין ספק שמדובר בנושא שהרב התלבט בו ונאבק עמו.

9. כמופיע לעיל, הרב מתייחס לסוגיה זו בעיקר ב**איש ההלכה**, עמ׳ 44-46, 55-59, ובמקומות נוספים; **ובקשתם משם**, עמ׳ 161-164; **התודעה ההלכתית**, עמ׳ 78-81.

1. אין לה עניין להשפיע על העולם שבחוץ והיא אדישה כלפי סבל הזולת.

2. ככל הנראה היא לא תשפיע על מעשי האדם, והיא מועדת להיעלם בחלוף הזמן.

3. היא אינה מסוגלת לעמוד נגד הדחפים האנושיים, והיא עלולה להידרדר לשחיתות מוסרית.

4. מעצם טיבה היא מיזם אינדיבידואליסטי, ולכן אין זה סביר שהיא תקשור אנשים בקהילות – לא עם בני זמנם ולא עם דורות העבר והעתיד.

5. היא מוגבלת לאליטה רוחנית מצומצמת ובלתי נגישה להמונים.

הרכיבים הציוויים והמעשיים שביהדות מתגברים על בעיות אלו ומעצבים דת ריאליסטית הקשורה לעולם הזה וֶאמונה על שמירת שיווי המשקל בין סובייקטיביות לאובייקטיביות, בין אינדיבידואליזם לקהילתיות ובין אליטיזם לדמוקרטיה. המצוות הופכות את הדתיות לעניין מוחשי הנטוע בקרקע המציאות והחיים, מתעל את הרגש הדתי, מרסן את היצר ומסדיר את קשרי האדם עם סביבתו. ההלכה משלבת מעשה עם רגש ומחשבה כדי ליצור שלמות מאוחדת המתייחסת לאדם על כל מרכיביו. ההלכה מתחילה כמשמעת – של מעשה, רגש ומחשבה - ורק לאחר מכן הופכת לאהבה עילאית.[10]

לעיון נוסף:

1. **ההלכה ככימות הסובייקטיביות הדתית: איש ההלכה**, עמ׳ 54-61; **התודעה ההלכתית**, עמ׳ 85 ואילך.

2. **אזוטריות ואקזוטריות: איש ההלכה**, עמ׳ 39-42; **ובקשתם משם**,

10. ראו **לעיון נוסף**, 3.

עמ' 167-164; **התודעה ההלכתית**, עמ' 80. כאמור לעיל, בחיבורים אלה רואה הרב את קיום המצוות כבסיס לשוויון בין היהודים, חרף הישגים שונים של יחידים בתחומים רוחניים ושכליים. בחיבורים אחרים, הרב מזהה גורמים נוספים המאפשרים ליהודים בעלי יכולות והישגים שונים להשיג שוויון. בכל הנוגע ללימוד תורה, החכם והתם יכולים שניהם להיות מאוחדים באהבתם לתורה ובמסירותם כלפיה (**אדם וביתו**, עמ' 191-193). באורח דומה, בַּ"שליחות", הייעוד האלוקי שעל כל אדם להגשים, השוויון אינו מצוי בהישג אלא במסירות ובהשתדלות ("שליחות", **ימי זיכרון**, עמ' 16-17, ועיינו גם **במן הסערה**, עמ' 154).

3. **האם הרגש מכתיב את המעשה?** בפרק זה שאלנו מדוע אין די במרכיב הפנימי והסובייקטיבי בדת כשלעצמו, ומדוע יש לצרף לו קיום חיצוני. משענינו על כך, נותרה שאלה נוספת: בהנחה שיש צורך בפנימי ובחיצוני, בסובייקטיבי ובאובייקטיבי, מה מעצב את מה? מהי נקודת הפתיחה של החיים הדתיים? האם עלינו לעצב את מעשינו על יסוד הרגשות הדתיים שבקרבנו, או שמא עלינו להדריך ולחולל את חוויותינו על פי מעשים דתיים אובייקטיביים?

הרב דוגל באפשרות השנייה, מתוך שני שיקולים. ראשית, הרגש אינו יציב, ולו היה המעשה מוכתב על ידו, לא הייתה ההלכה ניחנת ביציבות והמשכיות. שנית, קל לבלבל בין רגש מוסרי או אסתטי ובין רגש דתי. לו הייתה ההלכה מוכתבת על ידי רגש סובייקטיבי, אין עירבון לכך שהרגש היה דתי לאמתו.

הרב מפתח רעיונות אלה בגישה פילוסופית בספרו **התודעה ההלכתית**, עמ' 88-91, ובהצגה פופולרית בדרשה לפרשת קורח משנת תשל"ג אשר הופיעה בעברית בעיבודו של הרב אברהם בית-דין: "מרידת 'השכל הישר' נגד שלטון התורה", **פרקים במחשבת הרב י"ד סולוביצ'יק**, עמ' 105-112, ובמיוחד עמ' 109-110 (המקור האנגלי, מתוך כתב ידו של הרב סולוביצ'יק, מופיע בספרו *Vision and*

Leadership, עמ' 190–206). בשני המקומות, טענות אלו משמשות בסיס לביקורתו על הסובייקטיביזם הדתי שביהדות הליברלית.

חלק ג

דת בעולם המודרני:
איש האמונה הבודד

פרק 11

הצגת הבעיה

בחיבורו המקורי והמעמיק **איש האמונה הבודד**, שהוא אולי הידוע והמשפיע בכל כתביו, מטפל הרב סולוביצ׳יק בכמה נושאים – ובראשם תפקידו הכפול של האדם בעולם והאפשרות לחיות חיים דתיים בחברה מודרנית וחילונית ברובה. לאורך הדרך הוא מגיש תובנות עמוקות במגוון נושאים נוספים. חלק מרעיונות אלו מפתחים מוטיבים המופיעים בחיבוריו הקצרים, ומוצגים בפרספקטיבה רחבה יותר. אחרים מהדהדים רעיונות מחיבוריו הארוכים. במובן זה, **איש האמונה הבודד** תופס מקום מרכזי בכתבי הרב – וניתן לראות בו מעין אוברטורה למכלול יצירותיו.

עושר זה הופך את הקריאה בספר למבצע מלהיב ואתגרי, אך עלול לעמעם את המסר המרכזי הטמון בו. **איש האמונה הבודד** הוא חיבור בנוי לתלפיות עם מבנה ברור ופיתוח רעיונות מסודר. בפרק זה אבחן מקרוב את פתיחת החיבור, המשרטטת את מטרתו ואת המתודולוגיה שלו. כשנבין כיצד הרב עצמו הגדיר את הנושא שביקש לעסוק בו, נוכל, בשבעת הפרקים הבאים, לקרוא בקריאה צמודה את שאר היצירה.

אדם א׳ ואדם ב׳

הרשו לי לעשות תחילה מעשה בל־יסולח: לנסות לסכם את הטיעון המרכזי ב**איש האמונה הבודד** בכמה פסקאות קצרות. סיכום זה, על

כורחו שילקה בפישוט יתר – ובכל זאת אני סבור שהוא יסייע להבין את הדרך שהרב אפיין בה את המאמר.

הרב סולוביצ׳יק טוען ששני תיאורי בריאת האדם (בפרקים א-ב בספר בראשית) מציגים שני סוגי אדם, שני טיפוסים אנושיים אידיאליים.[1] טיפוס אחד, המכונה אדם הראשון (או אדם א׳), מונחה על ידי בקשת הכבוד. זו שאיפה חברתית חיצונית, המתמלאת באמצעות שליטה על הסביבה.[2] אדם א׳ הוא אישיות יצירתית ורבת הוד הדוגלת בגישה מעשית־תועלתנית כלפי העולם. לעומתו, אדם ב׳ מונחה על ידי בקשת הגאולה, שהיא תכונה של האישיות הפנימית שאדם מגיע אליה באמצעות שליטה עצמית. אדם ב׳ הוא אישיות צנועה וכנועה, העורגת לקשר אינטימי עם ה׳ ועם הזולת במטרה להתגבר על תחושת היעדר השלמות. הבדלים אלה באים לידי ביטוי גם בסוגי הקהילה שכל אחד מסוגי האדם יוצר: ״קהילת העבודה הטבעית״ (אדם א׳) ו״קהילת האמונה והברית״ (אדם ב׳).

האלוקים אינו חפץ בקיומם הנפרד של שני סוגי האישיות ושני סוגי הקהילות, אלא דורש מכל אחד מאיתנו לנסות ולגלם בתוכו את שני ההיבטים הללו, המנוגדים לכאורה. עלינו לנסות להשיג הן את ההדר, הן את הגאולה. הדרישה להיות אדם א׳ ואדם ב׳ כאחד מביאה למתח מובנה בחייו של כל אדם הנענה לקריאה הכפולה. ומכיוון

1. בגישותיהם לאלוקים, לעולם ולעצמם, שני סוגי האדם הללו מקבילים פחות או יותר לשני סוגי האישיות המתוארים ב״גאון וענווה״; עיינו בפרק 3 לעיל. במתודה של חקר סוגי האישיות האידיאליים בתורת הרב נעסוק בפרק 12.
2. המונח שהרב משתמש בו במקור הוא dignity. בשיח האתי, המשפטי והפוליטי משתמשים במילה זו בהקשר של זכויותיו הבסיסיות והבלתי ניתנות להכחשה של האדם, כמו בצירוף human dignity (כבוד האדם). הקשר שכיח נוסף של המונח הוא אציליות, פסיביות או שוויון נפש, כמו בביטוי "he suffered with dignity" (הוא סבל בכבוד). אולם **באיש האמונה הבודד** משתמש הרב במילה ״dignity״ במובן אחר לגמרי: תכונה הקשורה לגדולה ולכבוד ולתפארת, המושגת בניצחון ובכיבוש – ״הדר״, כפי שננקט בתרגומה העברי של היצירה. **במן הסערה** (עמ׳ 114–124) יש למונח מובן קצת אחר, הכולל הן את הניצחון הן את התבוסה.

שהאדם חי בדיאלקטיקה מתמדת, בתנודה מתמשכת בין שני מצבי הקיום, הוא לעולם לא יממש את מטרתו של אחד משני סוגי האדם במלואה. בשום קהילה אידיאלית שכזו לא ירגיש האדם שמצא בית - ועל כן הוא סובל מעול הבדידות. בדידות זאת טבועה בעצם מהותו של כל אדם מאמין, ועל כן הרב מכנה אותה "בדידות אונטולוגית"[3] או "בדידות מהותית". במובן מסוים יש בבדידות זו מן הטרגיות, אך היות שהאלוקים חפץ בה היא מסייעת לאדם להגשים את ייעודו, ולפיכך היא בסופו של דבר חוויה בונה וחיובית.

אלא שאיש האמונה בן זמננו חווה, מתוקף הנסיבות ההיסטוריות, סוג מיוחד של בדידות, ו"בדידות היסטורית" זו היא תופעה שלילית לגמרי.[4] האדם המודרני, בעקבות הצלחתו הגדולה בתחום הכבוד וההוד, מכיר רק בפן הקיום של אדם א', ומסרב להכיר בכפילות הטבועה במהותו. החברה בת זמננו דוברת את שפת אדם א', שפה של הישגים תרבותיים, ואינה מסוגלת או מעוניינת להבין את שפתו של אדם ב', שפה המביעה את ייחודיות האמונה ועצמאותה. גרוע מכך: אדם א' של זמננו חדר לתחומו של אדם ב', העולם הדתי, וניכס אותו לעצמו, והוא מציג את עצמו כאדם ב' – כאשר למעשה הוא מסלף לגמרי את המסר של איש הברית.

מסר אוניברסלי

כעת ביכולתנו להבין את אפיון דמותו של **איש האמונה הבודד** בפסקאות הפתיחה. ראשית, הכותרת עצמה מבהירה שהמסר הטמון במסה הוא אוניברסלי. **איש האמונה הבודד** מתייחס לכל אמונה דתית ולא ליהדות בלבד. דילמת האמונה בעולם המודרני נוגעת לבני כל

3. אונטולוגי = קשור להוויה או לקיום.
4. משמעות הניגוד שבין בדידות "אונטולוגית" ו"היסטורית" היא שהסוג הראשון הוא חלק ממשמעות הקיום כאדם, ואילו הסוג השני אינו מרכיב מובנה בקיום האנושי אלא תוצר של נסיבות היסטוריות.

הדתות.[5] ראוי גם לציין שהמאמר פונה לגברים ולנשים כאחד, ובשום נקודה בו אין הרב מבחין בין המינים. יש לפרש, אפוא, את המילה "איש" שבכותרת כ"אדם".

מגמתו האוניברסלית של החיבור באה לידי ביטוי ביתר תוקף בבחירת הטקסט העומד במרכזו: סיפור בריאת אדם וחוה, הורי האנושות כולה. התייחסויות ליהדות ולמקורות הייחודיים ליהדות[6] מופיעות כמעט אך ורק בהערות השוליים, ולא בגוף המאמר. כדאי גם לציין שהורתו של המאמר בהרצאה לתלמידי סמינר קתולי ובסדרת הרצאות, בחסות המוסד הלאומי לבריאות הנפש בארה"ב, שהושמעה באוזני עובדים סוציאליים יהודים (וביניהם הרבה שאינם אורתודוקסים).[7]

דילמה אישית

במשפט הפתיחה של המסה מודיע הרב סולוביצ'יק כי לא יעסוק באתגרים האינטלקטואליים שהמודרנה מעמידה בפני האמונה, אלא בדבר בסיסי הרבה יותר: באתגר שמעמידה המודרנה בפני **חוויית** האמונה. הוא יתמקד ב"מצב של חיי האנוש אשר בו נמצא איש האמונה כאדם ממשי, בתוך סבך דאגותיו ותקוותיו, ענייניו וצרכיו, שמחותיו ושעות עצב" (עמ' 9).[8] במובן זה, החיבור אינו ספקולציה מופשטת

5. הדבר נכון, לכל הפחות, ביחס לדתות המערב, הדתות שעמדו לנגד עיני הרב. הרב לא גילה עניין רב בדתות המזרח.
6. כוונתי למקורות יהודיים מלבד התנ"ך, המקודש גם בעיני הנוצרים.
7. הערה בראשית המהדורה האנגלית בהוצאת דאבלדיי מוסרת כי "הרעיונות היסודיים של **איש האמונה הבודד** הובעו בהרצאותיו של הרב סולוביצ'יק בתכנית 'נישואין ומשפחה' של המוסד הלאומי לבריאות הנפש בישיבה יוניברסיטי בניו יורק". הרב שמואל (וולטר) וורצבורגר, בספרו *Coventantal Imperatives* (ירושלים, 2008, עמ' 146), דיווח ש**איש האמונה הבודד** "הוצג לראשונה בשיחה בעל פה בסמינר קתולי בברייטון שבמסצ'וסטס".
8. **איש האמונה הבודד** הודפס לראשונה בכתב העת *Tradition* גיליון 7:2 (קיץ 1965), והודפס כספר בשנת 1992 וכמה פעמים לאחר מכן. הוא תורגם לעברית בידי צבי זינגר וזאב גוטהולד והופיע בכרך **איש האמונה** (ירושלים, תשכ"ח)

אלא "סיפור של דילמה אישית", שעוצמתו נובעת מהעובדה שהוא צמח מ"מסיבות ממשיות ומחוויות שהועמדתי בפניהן" (שם). באפיון מדהים של החיבור, מסכם הרב:

> במקום לשוחח בדרך התיאולוגיה, במובן הדידקטי, בצחות דיבור ובפסוקים מאוזנים, מבקש אני, בהיסוס ובגמגום, להתוודות בפניכם ולשתף אתכם בכמה מן הדאגות המטרידות אותי ביותר ואשר מגיעות תכופות לממדים של תודעת משבר. (שם)

יתר על כן, הרב מודה בהמשך שאין לו פתרון לבעיה שהוא עומד להציג, "משום שהבעיה אינה ניתנת לפתרון" (עמ' 12). מדוע, אפוא, הוא טורח להציג את הבעיה מלכתחילה? הרב מביא שני נימוקים לדבר:

1. "כל חפצי הוא לשמוע בעצת אליהוא בן ברכאל: 'אֲדַבְּרָה וְיִרְוַח לִי' (איוב לב, כ). כי למילה המדוברת יש תכונה גואלת ללב נסער והווידוי הוא מרגוע לנפש מתייסרת" (עמ' 10).
2. "עצם מעשה ההגדרה יש בה משום מחווה של הכרה אשר, כך מקווה אני, תביא לידי הבנה ברורה יותר של עצמנו ושל התחייבותנו" (עמ' 12).

מדוע הבעיה אינה ניתנת לפתרון? נתייחס תחילה להגדרת הבעיה על ידי הרב, ולאחר מכן נשוב לשאלה זו.

יחידות ובדידות

> אפשר לציין את אופייה של הדילמה בפסוק בן שתי מילים: אני בודד (עמ' 10).

בהוצאת מוסד הרב קוק, והודפס שוב בכרך **אמונה בזמן משבר** (תל אביב, 2009) בהוצאת ידיעות ספרים. מראי המקום להלן תואמים למהדורת מוסד הרב קוק.

עלינו להבחין תחילה בין "יחידות" (aloneness) ל"בדידות" (loneliness).[9] ה"יחידות", בנוסח העברי של **איש האמונה הבודד**, משמעה מחסור באהבה ובידידות, תחושה שהיא בדרך כלל הרסנית. הבדידות, לעומתה, היא מודעות לייחוד – ולהיות ייחודי משמעו פעמים רבות להיות לא מובן. אדם בודד, אף שהוא מוקף חברים, חש שחוויותיו הייחודיות שאין באפשרותו להביען מקימות חיץ בינו ובינם. תחושה זו מעוררת בו תודעה מכרסמת של פער, שלכאורה אינו ניתן לגישור, פער המונע קשר אמתי בין יחידים. אף שמדובר בחוויה כואבת, היא מסוגלת להיות "ממריצה" ו"מזככת", מכיוון שהיא "דוחקת את כל כולי לעבודת ה'" (שם), הבודד הגדול מכולם, אשר באמת מבין אותי.

כאמור לעיל, הבדידות – תודעת הייחודיות ואי היכולת להביע לאחרים את החיים הפנימיים – יכולה לנבוע משני גורמים: סיבה אונטולוגית וסיבה היסטורית. אף ששתי צורות אלו של בדידות נובעות מאותו פיצול יסודי באישיות האדם, הפיצול בין אדם א' לאדם ב', הן נחוות באופן שונה וכל אחת מהן דורשת התייחסות נפרדת.

בדידות אונטולוגית: חוויית הקונפליקט הפנימי

הבדידות האונטולוגית של איש האמונה נובעת מעצם טיבה של חוויתו הדתית. במשפט שעשוי להפתיע במבט ראשון מתאר הרב את החוויה הדתית כ"עמוסה מאבקים פנימיים וסתירות" ומכנה אותה גם "מלאת סתירות[10] וסבל" (עמ' 9).

9. פשוט יותר והולם יותר את העברית העכשווית (וגם תואם את דברי הרב ב"קול דודי דופק", עמ' 54, ואת דברינו בפרק 1 לעיל), היה לתרגם aloneness כ"בדידות", ואילו loneliness, תחושת יחידיות, כ"לְבַדִּיּוּת". אך לא כך נהגו מתרגמי **איש האמונה הבודד** (עמ' 23) (וגם **אדם וביתו**, עמ' 40) – וכדי לא לגרום לבלבול אנו הולכים כאן בעקבותיהם.

10. במקור: antinomic (בכתביו העבריים, כגון **איש ההלכה**, הרב משתמש פעמים רבות בצורה העברית של מילה זו: אנטינומי). אין לבלבל עם המילה antinomian, שפירושה סירוב להכיר בסמכות החוק המוסרי. (בתאולוגיה,

תיאור זה של החוויה הדתית נראה בעינינו מוזר בתחילה, משום שהאדם המודרני נוטה לקשר אמונה דתית עם שלוות נפש ורוגע. אך אם מביאים בחשבון את אשר אמרנו זה עתה, ברור מדוע הרב סולוביצ׳יק חולק מכול וכול על גישת ״שלוות הנפש״. בעיניו, האלוקים דורש מן האדם לחיות בשני מצבי קיום מנוגדים – אדם א׳ ואדם ב׳. לפיכך, מי שמקבל על עצמו את דרישתו הכפולה של האלוקים חי חיים עתירי מתח דיאלקטי.

הדת אינה אי קסום

חשוב, עם זאת, להבין שהמתח אינו נובע אך ורק מהדרישה להיות בעת ובעונה אחת אדם א׳ ואדם ב׳, אלא הוא טבוע באדם ב׳ עצמו, בתוך ״האדם הדתי״ ובתחום הדתי לכשעצמו. האדם הדתי עצמו, ולא רק האישיות המורכבת מאיש ההדר ואיש הדת, הוא דמות אנטיתטית. הוא נאבק ללא הרף בתפיסות וחוויות דיכוטומיות העומדות בלב לבה של החוויה הדתית: ״חיי שעה וחיי עולם (זמניות ונצחיות), ידיעה [אלוקית] ובחירה [אנושית] (הכרחיות וחופש), אהבה ויראה (העריגה לד׳ והבריחה מהדר גאונו), העפלה נועזה ורגש השפלות הקיצוני, טרנסצנדנטיות וקרבת אלוקים, חילוניות וקדושה וכו׳...״.[11]

רבים מנסים כיום להפוך את האמונה לעממית והמונית, ומציגים אותה לשם כך כמי שמספקת למאמינים נוחות מן המוכן ושלווה פנימית קלה, כמקלט מן הצרימות, הספקות, הפחדים והאחריות שבעולם החילוני. אידיאולוגיה רדודה ומסולפת זו קוממה את הרב לכל אורך הדרך – מראשוני חיבוריו ועד אחרוניהם.[12] הדת אינה

אנטינומיאניזם הוא העמדה שלפיה הישועה מושגת באמצעות אמונה בלבד, ללא צורך בציות לקוד מוסרי או דתי). אף שהרב אהב אנטינומיות (=סתירות או פרדוקסים), הוא תיעב את האנטינומיאניזם, גישה התומכת בדחיית ההלכה.

11. **איש ההלכה**, עמ׳ 14.

12. ראו **לעיון נוסף**, 1.

מעניקה למאמיניה שלווה מיידית, אלא מאלצת אותם להתעמת עם דיכוטומיות לא נוחות. היא "מערבולת גועשת וסואנת של תודעת האדם על כל משבריה, מכאוביה וחבליה".[13] הדת תובענית לא פחות מהחילוניות, ואף הרבה יותר. היא אינה ממלטת את האדם מהמציאות, אלא מפגישה אותו עמה במלוא עוצמתה. היא אינה מציעה פתרונות קלים, אלא תובעת מאבק מתמשך שמטרתו להשיג צמיחה רוחנית. כפי שניסח זאת הרב במשחק מילים אנגלי הנחרת בזיכרון: Kedusha is not a paradise but a paradox – "הקדושה אינה גן עדן אלא פרדוקס".[14]

בדידות היסטורית: המשבר בדורנו

עד כה עסקנו בבדידות האונטולוגית של איש האמונה, ובמשברים ובמתחים הטבועים בחיים הדתיים. אולם הרב סולוביצ'יק מודיענו שעיקר עניינו בחיבור זה אינו בחקירת הבדידות האונטולוגית אלא בחוויית הבדידות ההיסטורית של איש האמונה, שבה "נפש נרגשת ונסערת ביותר, הנדהמת מן ההתנגשות עם כוחות חברתיים ותרבותיים, מסננת את התודעה הזאת [של בדידות אונטולוגית] דרך רגשות כואבים ומתוסכלים" (עמ' 11).

הרב סולוביצ'יק אינו מבקש להתמקד בנושא תיאולוגי כללי ועל־זמני, אלא להתייחס למצבו הבעייתי של איש האמונה **בן דורו**, אשר "בשל מצבו המיוחד בחברה החילונית שלנו... מצוי במשבר קשה ומייסר ביותר" (שם). כמבקר חברתי חד בעל ראייה למרחוק, הרב סולוביצ'יק מגלה רגישות נוקבת כלפי השינויים שחלו בחברה וכלפי הצורך להעריך מחדש את תפקיד האדם הדתי בתוכה:

13. **איש ההלכה**, עמ' 14.
14. "קודש וחול", **האדם ועולמו**, עמ' 144.

> אפרש את חוויית הסבל של איש האמונה בן דורנו.
> הוא רואה את עצמו זר בחברה המודרנית בעלת הנטייה הטכנית, המכוונת כלפי עצמה והמחבבת את עצמה באורח הגובל בפולחן עצמי, השואפת להוסיף לעצמה כבוד ללא שיעור ולהתעטר בניצחונות אין קץ, השואפת להרקיע שחקים, והרואה בעולם המוחשי והנוכחי את הגילוי היחיד של המציאות. איש האמונה כמוני, החי על פי תורה שאין בה יכולת טכנית ועל פי חוק שאינו ניתן לבדיקה במעבדה, השומר אמונים לחזון אחרית הימים אשר הגשמתו אי אפשר לחזות במידה כלשהי של הסתברות, ולא כל שכן ודאות, אפילו על ידי החישובים המסובכים ביותר של המתמטיקה הגבוהה – מה יכול איש זה לומר לחברה תפקודית ותועלתנית המכוונת לחילוניות[15] ואשר בה הנימוקים המעשיים של השכל דחקו זה מזמן את הטעמים הרגשניים של הלב? (עמ' 11–12)

הרב אינו מתנגד בשום פנים ואופן לאינטלקטואליות או לחידושים טכנולוגיים, אלא עומד כאן על אוטונומיית האמונה. החברה המודרנית מדברת במונחים פרגמטיים ותועלתניים ומצפה מהדת להצדיק את עצמה בקטגוריות אלה. אך ערכה של הדת, בעיני הרב, אינו תלוי בתועלתה המעשית, ביעילותה בהשגת כבוד והדר לאדם. האמונה היא תגובה לזימון אלוקי, לקריאה להיכנע בפני האלוקים. משמעותה וערכה מתעלים לאין ערוך על כל הסבר הנתפס בשכל האנושי. אלא שהאדם המודרני המעשי, גם אם הוא דתי, פועל אך ורק בקטגוריות שכליות ואינו מבין את גבולות חלותן. הסכנה, אפוא, טמונה לא רק בכך שהחילונים חדלו להבין את איש האמונה, אלא גם בכך שהאנשים הנאמנים לדת חדלו להבין את עצמם.

15. במקור: saeculum, מושג המיוחס לאוגוסטינוס אשר משמעו עולם חיי האדם בתוך הזמן.

כעת נוכל לעמוד על משמעותם השלמה של משפטי הסיום בהקדמת הרב:

> אם קהל שומעיי יחוש שפירושים אלה יש להם עניין להכרותיהם ולרגשותיהם, יהא זה שכרי. ברם, לא איעלב אם מחשבותיי לא ימצאו הד בלבותיהם של שומעיי. (עמ' 13)

בדברים אלה, הרב אינו מצטנע או מפגין חוסר בטחון. כדברי הרב יונתן זקס, זהו "ביטוי אופייני לאיש האמונה בעולם המודרני. הוא אינו מדבר עוד בשפה הרווחת בחברה... כיצד, אם כן, אמור הוא לתקשר? רק על ידי הבעת מצבו הפנימי ותקווה למצוא הד בלב שומעיו".[16] לפיכך, חוסר הוודאות של איש האמונה באשר ליכולתו לתקשר נוגע בלב הבעיה המרכזית שלו.

הבעיה שאינה ניתנת לפתרון

בשובנו לשאלה מדוע הדילמה שמעלה **איש האמונה הבודד** איננה ניתנת לפתרון, עלינו להציע שתי תשובות, אחת לכל סוג בדידות:

א. מבחינת הבדידות האונטולוגית, התשובה ברורה. דיכוטומיה מהותית שזורה בעצם החוויה הדתית. דיאלקטיקה בסיסית שכזו אינה נתונה ל"פתרונות", אלא היא חלק מעצם הגדרתה של החוויה הדתית.

ב. אין סיבה אפריורית שלא יהיה פתרון לבעיית הבדידות ההיסטורית. כאן, תחושת הבדידות אינה נובעת מתכונות מושרשות או מהגדרות בסיסיות של דתיות. היא נוצרת מהעימות של איש האמונה עם נסיבות היסטוריות ותרבותיות מסוימות. לפיכך, לאורך

16. R. Jonathan Sacks, *Tradition in an Untraditional Age* (London, 1990), p. 41.
אין ספק שכל תיאור של חוויה אנושית פנימית הנו סובייקטיבי בעל כורחו ולכן קשה למוסרו לאחרים, אך התנכרותו של איש האמונה מהחברה בדורו מפחיתה עוד יותר את הסבירות שדבריו יהדהדו בלב שומעיו.

קריאתכם ב**איש האמונה הבודד**, ובעיקר בעמודיו האחרונים, העמידו לנגד עיניכם את השאלות הללו: מהם הפתרונות האפשריים לבעיית הבדידות ההיסטורית של איש האמונה הבודד? האם ייתכן שהיא אינה פתירה? אך גם אם הבעיה אינה יכולה לבוא על פתרונה, יש להגיב אליה בדרך כלשהי. באיזו שיטת פעולה דוגל הרב?

מדריך קריאה

כדי לסייע במעקב אחר טיעוניו של הרב במאמר, אציע שתי סכמות; הראשונה משרטטת בקצרה את המבנה הכללי, והשנייה מפרטת את תוכן הפרקים.

המבנה הכללי של המאמר:

עמודים	נושא
13–9	הבעיה
14–13	המסגרת המקראית
21–14, 25–24	ניגודים בין אדם א׳ ואדם ב׳
24–21, 45–25	ניגודים בין קהילת אדם א׳ וקהילת ואדם ב׳
51–45	בדידות אונטולוגית
60–51	בדידות היסטורית
61–57	מסקנה/ות

תוכן כל פרק:[17]

הקדמה [עמ׳ 9–10]

א. בדידות

1. בדידות אונטולוגית והיסטורית [עמ׳ 10–13]

17. בתרגום העברי הוסרו מספרי הפרקים והתווספו כותרות לפרקי המשנה. מכיוון שהחלוקה המקורית לפרקים מסייעת בהבנת כוונת המחבר, אביא כאן חלוקה זו ואציין בסוגריים מרובעים את מספרי העמודים המתאימים.

2. המסגרת המקראית: בראשית א-ב [עמ' 13-14]
4-3. אדם א' [עמ' 14-18]

ב. ניגודים בין אדם א' ואדם ב' [עמ' 18-21]

ג. קהילת אדם א' (הקהילה הטבעית) [עמ' 21-24]

ה. 1. הוד לעומת גאולה (עוד על אדם א' לעומת אדם ב') [עמ' 24-25]
3-2. קהילת אדם ב' (קהילת הברית) [עמ' 25-28]

ה. האלוקים כחבר בקהילת אדם ב' [עמ' 28-30]

ו. המפגש הקוסמי עם האלוקים [עמ' 30-32]

ז. קהילות התפילה והנבואה (אדם ב') [עמ' 33-45]

ח. בדידות אונטולוגית – תנודת אדם א'/אדם ב'
1. ייעודו הטרגי של האדם; תפקיד ההלכה [עמ' 45-48]
2. על האדם להיות הן אדם א', הן אדם ב' [עמ' 49-50]
3. גאולה שלמה אינה אפשרית [עמ' 51]

ט. בדידות היסטורית
1. הדילמה בדורנו [עמ' 51-52]
2. דתו של אדם א' [עמ' 52-55]
3. אוטונומיית האמונה (אדם ב') [עמ' 55-57]
4. ההשלכות של ט1-3 (מסקנה א') [עמ' 57-60]

י. מסקנה (ב') [עמ' 60-61]

לעיון נוסף:

1. **הדת ו"שלוות הנפש"**: התייחסותו הקלאסית של הרב לנושא זה מופיעה במאמרו "קודש וחול", ובהערה 4 ב**איש ההלכה**. הערה זו היא אוצר קטן בזכות עצמה.

פרק 12

הגדרת אדם א' ואדם ב'

משסיים הרב סולוביצ'יק לתאר את הבעיה שהוא מבקש לעסוק בה, הוא פונה לבניין המסגרת שממנה ניתן להסיק מסקנות. הרב כותב שלדידו של איש האמונה, הכרה עצמית פירושה "להכיר את מקומו ותפקידו בתוך מסכת המאורעות והדברים שעלו לפני רצונו של ה'" (עמ' 12). לפיכך פונה הרב לבחון את תיאור בריאת אדם וחוה במקרא, תיאור אשר אמור לחשוף בפנינו את מהותה של האנושות ואת תכליתה.

אנתרופולוגיה מקראית

כידוע, התורה מציגה שתי גרסאות לסיפור בריאת האדם. ביקורת המקרא מייחסת זאת לקיומם של שני מקורות שונים ששולבו בתורה. חז"ל והראשונים היו מודעים להבדלים הקיימים בין שתי הגרסאות,[1] אך הציעו פתרונות אחרים שהתבססו על הנחות יסוד אחרות לגמרי. הרב סולוביצ'יק מציע פתרון מקורי הנובע ישירות מגישתו הפילוסופית הכללית.

היות שספרות מחשבת ישראל עוסקת רבות בפרשנות לטקסטים קנוניים (מקראיים או תלמודיים), קורה לעתים קרובות, כפי שמציין

1. הרב (עמ' 13) מביא מספר מראי מקומות שבהם חז"ל והראשונים מסבירים את ההבדלים בין פרקים א' ו-ב' בספר בראשית: ברכות סא ע"א, כתובות ח ע"א, רמב"ן לבראשית ב, ז, וספר הכוזרי, מאמר רביעי.

הרב יונתן זקס,[2] שצורות חדשות של פילוסופיה יהודית מביאות עמן דרכים חדשות לקריאת טקסטים יהודיים. במקרה של הרב סולוביצ׳יק, פירוש הדבר הוא הרחבת שיטת החקירה הבריסקאית[3] מתחום ההלכה אל המקרא והאגדה. בהתאם לשיטה זו מדגיש הרב את ההבדלים בין פרקים א׳ ו-ב׳ בספר בראשית ומציע ביאור ייחודי למשמעות הבדלים אלו.

> התשובה לכך [=להבדלים] אינה שניות המסורת כביכול, אלא שניות האדם; לא הסתירה המדומה של שתי מהדורות, אלא הסתירה האמיתית בטבע האדם. שני התיאורים עוסקים בשני "אדם", שני אנשים, שני אבות האנושות, שני טיפוסים, שני נציגים של האנושות, ואין פלא שהם אינם זהים. (עמ׳ 13)

בטרם נבחן את הטיפוסים הללו, נחזור ונזכיר דברים שאמרנו בפרק 2 לעיל לגבי המתודולוגיה של הרב. אפשר לתאר חלק גדול מהגותו של הרב כ"אנתרופולוגיה פילוסופית", כלומר תיאור טיפוסים אידיאליים שונים של האישיות האנושית. "אידיאליים" – כלומר טיפוסים **מופשטים**, לאו דווקא הטיפוסים **הטובים ביותר**. אכן, הרב מדגיש שוב ושוב שטיפוסים טהורים אלה אינם קיימים במציאות (**איש האמונה הבודד**, עמ׳ 45, הערה 38; **איש ההלכה**, עמ׳ 11, הערה 1). נוכל להשוותם ליסודות כימיים מסוימים או חלקיקים תת־אטומיים שניתן לבודד רק בתנאי מעבדה ואי אפשר להבחין בהם בטבע בפני עצמם. האדם הוא מורכב, וכל אדם ממשי מכיל בתוכו אוסף של טיפוסים שונים. הניתוח המפרק את אישיות האדם לגורמיה נועד להדגים את הלכידות הפנימית של כל עמדה, ועל ידי כך להביא להבנה טובה יותר של אופי המכלול המורכב שיוצר הקיום המקביל

2. R. Jonathan Sacks, *Tradition in an Untraditional Age* (London, 1990), p. 40. עיינו גם במקורות המובאים בהערת השוליים במקום.
3. ראו פרק 1 לעיל.

של הטיפוסים השונים. צפוי שכל אדם, למשל, יגלם את תכונותיהם של אדם א׳ ואדם ב׳ – אך כדי להתמודד בהצלחה עם הדיאלקטיקה הזאת, יש להבין כל מרכיב לעצמו.

שני תיאורי בריאת האדם

אציג תחילה קטעים משני התיאורים במקרא – ואז אמנה את ארבעת ההבדלים המרכזיים ביניהם שהרב סולוביצ׳יק מפרט.[4]

א. בראשית א, כז-כח:

וַיִּבְרָא אֱ־לֹהִים אֶת הָאָדָם בְּצַלְמוֹ, בְּצֶלֶם אֱ־לֹהִים בָּרָא אֹתוֹ. זָכָר וּנְקֵבָה בָּרָא אֹתָם. וַיְבָרֶךְ אֹתָם אֱ־לֹהִים וַיֹּאמֶר לָהֶם אֱ־לֹהִים: פְּרוּ וּרְבוּ וּמִלְאוּ אֶת הָאָרֶץ וְכִבְשֻׁהָ וּרְדוּ בִּדְגַת הַיָּם וּבְעוֹף הַשָּׁמַיִם וּבְכָל חַיָּה הָרֹמֶשֶׂת עַל הָאָרֶץ.

ב. בראשית ב, ז-ח, טו, כב:

וַיִּיצֶר ה׳ אֱ־לֹהִים אֶת הָאָדָם עָפָר מִן הָאֲדָמָה וַיִּפַּח בְּאַפָּיו נִשְׁמַת חַיִּים וַיְהִי הָאָדָם לְנֶפֶשׁ חַיָּה. וַיִּטַּע ה׳ אֱ־לֹהִים גַּן בְּעֵדֶן מִקֶּדֶם וַיָּשֶׂם שָׁם אֶת הָאָדָם אֲשֶׁר יָצָר... וַיִּקַּח ה׳ אֱ־לֹהִים אֶת הָאָדָם וַיַּנִּחֵהוּ בְגַן עֵדֶן לְעָבְדָהּ וּלְשָׁמְרָהּ... וַיִּבֶן ה׳ אֱ־לֹהִים אֶת הַצֵּלָע אֲשֶׁר לָקַח מִן הָאָדָם לְאִשָּׁה וַיְבִאֶהָ אֶל הָאָדָם.

ההבדלים:

1. על אדם א׳ כותבת התורה שנברא ״בצלם אלוקים״, אך אינה מזכירה דבר בנוגע לבריאת גופו; ואילו על אדם ב׳ התורה כותבת שהוא נוצר מעפר ולאחר מכן נפח ה׳ באפיו נשמת חיים.

4. בסיפורים יש פרטים שהרב דן בהם לא כאן אלא במקומות אחרים – ראו **לעיון נוסף**, 1.

2. אדם א׳ מצווה למלא את הארץ ולכובשה, ואילו את אדם ב׳ מניח הקב״ה בגן עדן ״לעבדה ולשמרה״.

3. בתיאור הראשון נבראים הזכר והנקבה בו זמנית, ואילו בתיאור השני אדם נברא לבדו ולאחר מכן מופיעה חוה.

4. התיאור הראשון מכנה את ה׳ בשם ״אלוקים״, ואילו התיאור השני משתמש גם בשם המפורש בן ארבע האותיות, שם הוי״ה.

הסבר ההבדלים

הסבריו של הרב להבדלים אלה מופיעים לאורך עמודים 14–32 ב**איש האמונה הבודד**. אציג אותם בקצרה, ולאחר מכן נעבור לעיין בדמותם של אדם א׳ ואדם ב׳ ביתר פירוט.

1. עמ׳ 14–21: בריאת אדם א׳ ״בצלם אלוקים״ מתייחסת ליכולתו ולרצונו העז להידמות לאלוקים בכך שהוא עצמו הופך ליוצר, במיוחד כתגובה לציוויו של האלוקים ״ומלאו את הארץ וכבשוה״. הדבר מתבטא באינטלקט המעשי של האדם, דהיינו, יכולתו המדעית להבין את כוחות הטבע ויכולתו הטכנולוגית לכפוף אותם לרצונו. לאדם ב׳, לעומתו, אין דימוי עצמי מרשים כל כך; הוא עניו ומבין שנברא מעפר. אדם ב׳ מאפשר לעצמו להיות מוכרע ומנוצח על ידי האלוקים. בעוד אדם א׳ שומר על מרחק מסוים מהאלוקים ומתקשר אך ורק לכישרון האלוקי שביצירתיות, אדם ב׳ שקוע ב״חווייתו האלוקית, האמיתית והחיונית״ (עמ׳ 19). האלוקים הוא שעומד בראש מעייניו של אדם ב׳, כפי שניתן ללמוד מהמטאפורה המתארת את האלוקים נופח רוח חיים באפיו.

2. עמ׳ 21–25: אדם א׳, שצווה לכבוש את הארץ, מאמץ עמדה של אקטיביות, כבוד והדר. הוא כובש הן במובן האינטלקטואלי, הן במובן המעשי. מבחינה אינטלקטואלית, הוא מסוגל לצקת את המערך המסובך של תופעות הטבע אל תוך חוקים מדעיים שנועדו להסביר את אופן פעולתן. מדובר בכיבוש הטבע בידי השכל האנושי, או בכיבוש

התוהו ובוהו בידי הסדר. מבחינה מעשית, אדם א׳ מכריע את איומי הטבע על חייו באמצעות ייבוש ביצות וגילוי חיסונים; הוא רותם את כוחות הטבע לטובת מטרותיו על ידי פיצול האטום ושאיבת נפט מהאדמה; הוא מרחיב את תחום שלטונו על ידי יצירת מכשירים כמו המכונית, המטוס והחללית. אדם ב׳, לעומתו, מגלה מידה רבה יותר של סבילות וקבלה. מטרתו אינה לשלוט אלא לשרת; האלוקים הניח אותו בגן העדן "לעבדה ולשמרה".

3. עמ׳ 21–24, 25–27: אדם א׳ הוא יצור חברתי; הזכר והנקבה נבראו יחד. שאיפתו להוד ניתנת להגשמה אך ורק במסגרת הקהילה, וזאת מכיוון שההוד כרוך בעשיית רושם על אחרים באמצעות הישגים. נוסף על כך, השאיפה להוד מצריכה שיתוף פעולה מצד הזולת, כיוון שאדם אחד אינו יכול לשלוט על סביבה עוינת בכוחות עצמו. אדם ב׳, לעומתו, נוצר בגפו; הבדידות טבועה בו בעצם מהותו. כדי לגאול את עצמו ממצב זה שהאלוקים מגדיר כמצב "לא טוב" – דהיינו, כדי ליצור קהילה קיומית שתפיג את בדידותו – נדרש ממנו להקריב חלק מעצמיותו.

4. עמ׳ 30–32: השם "אלוקים" מתאר את ה׳ כמקור הדינמיקה הקוסמית, ואילו שם הויה מעיד על קשר אישי וקרוב בין האלוקים והאדם. לאדם א׳ די במפגש לא־אישי עם הבורא (החוויה הקוסמית), ואילו אדם ב׳ עורג ליחסי קרבה עם הקב"ה (חוויית הברית).

אדם א׳ – בקשת ההוד

דומה שאדם א׳ ואדם ב׳ מתחילים מאותה נקודה: שניהם מונעים מכוח מפגשם עם היקום, שניהם מבקשים את האלוקים ושניהם מנסים לממש את מלוא היכולת האנושית הגלומה בהם. אלא שמחמת ההבדלים ביניהם בצרכים, בגישות ובמטרות, הם ניגשים למשימות אלו בדרכים שונות בתכלית – ולפיכך גם מגיעים בסופו של דבר למקומות שונים לחלוטין.

אדם א' רואה את מטרתו המרכזית בהשגת הכבוד וההוד.[5] "על ידי כך שהוא מעצב את עצמו כיצור נהדר ועטור־הוד המסוגל לשלוט בסביבתו", הוא מבדל ומרומם את עצמו משאר הטבע.

> הכבוד הוא תכונה חברתית והתנהגותית שאינה מבטאת מידה אקזיסטנציאלית [=קיומית] מהותית כי אם טכניקה של אורח חיים, דרך של השפעה חברתית... לפיכך אין למדוד את הכבוד בתכונה הפנימית של האישיות, אלא בהישגיו של דמותו החיצונית של האדם. (עמ' 20)

מדוע כיבוש הטבע הוא מעשה עטור כבוד והוד? מדוע ההדר מביא את האדם לממש את עצמו כ"אדם" במלוא מובן המילה?

> בקיומו של יצור־הפרא אין כבוד משום שקיומו הוא חסר־אונים... האדם הקדמון שלא היה יכול ללחום במחלות, ואשר נפל קרבן בהמוניו לדֶבֶר ולקדחת כשהוא מושפל וחסר־אונים, לא היה יכול לדרוש לעצמו את כתר ההדר. רק האדם הבונה בתי־חולים, המגלה שיטות ריפוי ומציל חיי בני אדם, מתברך במידת הכבוד. (עמ' 16–17)[6]

לפיכך, אדם א' הוא בעל מניעים תועלתניים וגישה תוקפנית ונועזת. כאשר הוא מתעמת עם היקום, הוא שואל רק "איך", לא "מדוע". הוא מבקש לדעת איך היקום פועל כדי שיוכל למשול בו. "הנציג האופייני ביותר של האדם הראשון הוא המדען המתמטי" (עמ' 17), הממשיג תופעות טבע במערכת מופשטת פרי יצירתו.[7] הוא אינו טרוד אך ורק

5. עיינו בהערת שוליים 2 בפרק הקודם בדבר אופן שימושו של הרב במילה האנגלית dignity.
6. שימו לב שהכבוד אינו נובע **מעזרה** לזולת, אלא **מניצחון** על מחלה.
7. מעניין להעיר שבחיבורים אחרים מציג הרב את המדען המתמטי כמודל לאיש ההלכה.

בתפקוד יצירתו, אלא גם בַּסדר, באיזון, בנועם וביופי שיש בה. גישה זו מתבטאת גם באופן שהוא מקים את החברה שבה הוא חי: ״הוא מחוקק לעצמו חוקים ונימוסים מפני שהקיום הנהדר מחייב סדר״ (עמ׳ 17).

דברים אלה אמורים להישמע מוכרים: מהדהדת בהם גישת איש ההדר והגאון ב״גאון וענווה״.[8] איש ההדר דוגל במוסר של ניצחון, ומבקש לשלוט בטבע ולחוקק נורמות מסודרות. וכמו ב״גאון וענווה״ גם כאן מדגיש הרב כי –

> אף ערגה זו לשטחים נרחבים, ואפילו תהא הרפתקנית ודמיונית, היא לגיטימית. האדם החותר לעבר הכוכבים המרוחקים פועל בהתאם לטבעו שנברא ברצונו ובהשגחתו של בוראו. (עמ׳ 18)

אך שוב, כמו במאמר ההוא, הרב מודיענו שיש לאזן גישה זו בעזרת גישתו של איש הברית העניו, הלא הוא אדם ב׳.

אדם ב׳ – בקשת הגאולה

גם אדם ב׳ מבקש להגשים את אנושיותו במלואה, אך הוא מפרש את האנושיות לא במונחים של השגת הוד אלא במונחים של השגת גאולה. הרב מפרט סדרת ניגודים בין הגאולה וההוד. הגאולה היא מצב קיומי של האישיות הפנימית, ואילו ההוד הוא תכונה חברתית של האישיות החיצונית. הגאולה מושגת באמצעות שליטה עצמית, ואילו ההוד – על ידי שליטה בסביבה. הגאולה מתבטאת בהכנעה בפני האלוקים, ההוד בהתרסה כנגד הטבע. הגאולה מאופיינת בנסיגה ואילו ההוד בצעידה קדימה. הניגוד בין הנסיגה להתקדמות מרמז על העובדה שהתנודה הדיאלקטית בין שני מצבי החיים היא תהליך מזכך (כנאמר במאמר ״צירוף״).

8. עיינו בפרק 3 לעיל.

ההכנעה הגואלת בפני האלוקים מעניקה לאדם ב׳ תודעה של ״ביטחון באמתות ערכיות״:

היחיד חש כי לחייו יש ערך, שהם מעוגנים במציאות יציבה ובלתי־משתנית. (עמ׳ 25)

בסופו של דבר, חוויה זו משמשת בסיס לכניסה לקשר קרוב עם האלוקים.

כאשר אדם ב׳ עומד מול היקום, הוא אינו מבקש למשול בו או להכניס אותו לנוסחאות מתמטיות, אלא לפגוש בו במישרין על כל טוהר תפארתו. כאן טמון ההבדל בין שתי גישות למציאות שהרב מכנה הגישה האיכותנית והגישה הכמותית.[9]

[האדם השני] לומד להכירו [=את היקום] בתמימות, במורא ובהערצה של ילד המחפש את החריג והמופלא בכל דבר או מאורע רגיל. בעוד שהאדם הראשון דינמי ויוצר, בהופכו [את] הנתונים של החושים לדפוסי חשיבה, האדם השני נוטה לקלוט ולראות את העולם כמות שהוא. הוא אינו מחפש את צלם האלוהים בנוסחה המתמטית או בחוק הטבע היחסי כי אם בכל קרן־אור, בכל נבט ופרח, ברוח קלה של בוקר ובדממה של לילה מכוכב. (עמ׳ 19)

המפגש עם היקום מניע את האדם לשאול **מדוע** העולם קיים (ולא **כיצד** הוא פועל), ולבקש את האלוקים, שאת נוכחותו הוא חש מבעד לכל הבריאה. מצד אחד, התגובה הדתית הטבעית למפגש מעורר יראה זה היא לברך, להלל ולהודות על כך שה׳ הוא מקור הדינמיקה הקוסמית (עמ׳ 31, הערה 20). מצד שני, אדם ב׳ מכיר בכך שכדי להשיג גאולה,

9. ההבחנה מופיעה ברבים מכתבי הרב, והיא חשובה במיוחד ב**איש ההלכה** וב״מה דודך מדוד״. דנו בהבחנה זו בקצרה בפרק 7 לעיל, בהקשר לצירוף השכל. עיינו גם במקורות המובאים בהערה 4 שם.

אין די בפגישת האלוקים בטבע. שתי סיבות לַדבר. ראשית, האלוקים הוא בעת ובעונה אחת נסתר וגלוי כאשר האדם מחפש אותו בטבע. שנית, אמנם "הַשָּׁמַיִם מְסַפְּרִים כְּבוֹד אֵ־ל" (תהלים יט, ב), אבל הסיפור שהשמים מספרים אינו מסר אישי.

> כללו של דבר, החוויה הקוסמית היא אנטיתטית [=מלאה סתירות] ומגרה. היא מתמצה בדיכוטומיה [=בשניות] הנוראה שהאלוהים מעורב בדרמה של הבריאה וכי הוא נשגב ומרוחק מן הדרמה הזאת. הדיכוטומיה הזאת מבטלת את האינטימיות והקִרבה מן היחסים עם האלוהים ומביאה לידי כך שהגישה האישית אל האלוהים נעשית מסובכת וקשה... לפיכך, כדי שאיש האמונה יגאל את עצמו מבדידותו ומצערו חייב הוא לפגוש את האלוהים במישור אישי וביחס של ברית, למען יהיה קרוב לו ויהיה בן־חורין בנוכחותו. (עמ' 31)

הברית, לא החוויה הקוסמית של האלוקים, היא המאפשרת לאדם ב' להיגאל.[10]

ההבדל בין אדם א' ואדם ב' מתבטא גם בסוג הקהילה שכל אחד מהם מקים. נפנה לעסוק בשתי הקהילות הללו בפרק הבא.

לעיון נוסף:

1. **מקומות נוספים שבהם עוסק הרב בסיפור הבריאה:** "ממעמקים" ו"הקהילה" (**בדברי הגות והערכה**), "אדם וחוה" (**באדם וביתו**), ובספרו *The Emergence of Ethical Man*. כמו כן, קיים חומר רב שלא בדפוס, מאת הרב, העוסק באדם בגן העדן. כאמור בפרק 2, הרב נהג לעיין בטקסט מחדש בכל פעם שנתקל בו וכך ללמוד בו פן

10. עיינו **בלעיון נוסף**, 2.

חדש. ידוע ומפורסם שכך נהג בלימוד הגמרא, והדבר נכון באותה מידה גם בלימוד תנ"ך.

2. **החוויה הקוסמית של האלוקים:** מוטיב זה תופס מקום מרכזי בפרקים הראשונים של **ובקשתם משם** (שם הוא מכונה "חוויית בראשית" או "התודעה האונטולוגית הטבעית"). עיינו במיוחד בפרק ג' ב**ובקשתם משם**, עמ' 134-141, המרחיב בצורה משמעותית את התיאור המופיע בפרק ו' ב**איש האמונה הבודד** (עמ' 30-32) על אודות חיפוש האדם את האלוקים ביקום וכישלונו. התיאור ב**ובקשתם משם** נידון בפרק 31 להלן.

3. **חוויה לעומת הוכחה:** בהערת שוליים מרתקת וחשובה ביותר (הערה 20, עמ' 31-32) מתאמץ הרב להבדיל בין תפיסת האלוקים **בתוך** המציאות (**החוויה** הקוסמית) לבין הבנת אלוקים **דרך** הטבע (**ההוכחה** הקוסמולוגית). בניגוד לדרך הראשונה, שהִנה חוויה, הדרך השנייה היא מעשה אינטלקטואלי (שתוקפו עורער על ידי הפילוסופיה המודרנית, מסיבות שנדון בהן בפרק 31 להלן). הרב מבטל במכה אחת את כל ההוכחות מימי הביניים לקיומו של האלוקים, אך לאחר מכן משיב אותן על כנן כאשר הוא תופס אותן כחוויות ולא כהוכחות. להבחנה זו השלכות מרחיקות לכת, והיא דוגמה מובהקת לתרגום שמבצע הרב בפילוסופיה של הרמב"ם למושגים מודרניים יותר (וקיומיים בדרך כלל). באופן זה מציל הרב מחוסר רלוונטיות תורות רבות של הרמב"ם הנשענות על מסגרות פילוסופיות שעבר זמנן. הרב מביע רעיון זה גם ב**ובקשתם משם** (עמ' 127-132), כפי שנדון בפרק 33 להלן. עיינו גם בדיונים על אודות נושא זה בפרקים 17 ו-31 להלן.

פרק 13

שני סוגים של קהילה

בעיני הרב סולוביצ׳יק, אי אפשר להבין את האדם בתור ברייה בודדה בלבד, אלא יש להתייחס אליו גם כחלק מקהילה; זאת משום שהחיים בקהילה הם צורך בסיסי לאדם. לפיכך, לאחר שתיאר את תכונותיהם של אדם א׳ ואדם ב׳ כיחידים,[1] הוא ממשיך ובוחן לעומק את סוג הקהילה שיוצר כל אחד מהם.

קהילת ההדר וקהילת האמונה

כדי לקדם את מסעו אל עבר ההוד נכנס אדם א׳ לשותפות מעשית עם אחרים ומקים ״קהילת עבודה טבעית״. מבחינה קיומית, אדם א׳ מתייחס לעצמו כברייה שלמה ובלתי תלויה בזולת. הוא אינו סובל מבדידות ולפיכך אינו חש כמיהה לקשר נפשי עמוק עם אחרים, אך הוא זקוק לשיתוף פעולה מצדם כדי לקדם פעילות שתפיק תועלת הדדית. לשם כך הוא מקים קהילה של שותפות עבודה, ולא שותפות קיומית. מכיוון שהוא אינו רואה באופן אישי צורך בזיכוך או בגאולה, הקהילה שהוא מקים אינה מרוממת את עצמיותו הפנימית.

גישה מעין זו לצורך האנושי בקהילה שלטה בהגות המדינית במשך מאות שנים:

1. ראו פרק 12 לעיל.

> התיאוריה של האמונה החברתית, אשר פותחה על־ידי הפילוסופים של תקופת התבונה, משקפת את חשיבותו של האדם הראשון, מתוך שהיא מזהה את האדם עם טבעו השכלי ורצונו הטכנולוגי היצרני ומגלה בחיי האדם רק התחברות, חוקיות ותבונה.[2] להוגי תקופת התבונה לא העלה האדם כל בעיה. בעיניהם הוא היה דבר מובן ופשוט... הם ראו את האדם בתהילתו ולא ראוהו במצבו הטראגי. (עמ' 22)

אצל אדם ב', לעומת זאת, קיימת מודעות חריפה ל"מצבו הטראגי". מכיוון שנברא לבדו, וכתוצאה מכך נעשה מודע לנבדלותו משאר הטבע,[3] אדם ב' מבין כי

> "היות" פירושו להיות היחיד, מיוחד ושונה, ומשום כך פירושו גם להיות בודד. כי מה הדבר הגורם לאדם שיהיה בודד וירגיש חוסר ביטחון – אם לא ההכרה שהוא יחיד ומיוחד? (עמ' 27)

לפיכך מבקש אדם ב' להקים קהילה מסוג אחר: "קהילת ברית ואמונה". בקהילה זו יוכל אדם ב' להתגבר על תודעת האי־שלמות והבדידות שבעצם מהותו, על ידי כך שילמד לתקשר עם אחרים וליצור קשר עמוק עמם. אדם ב' מבין כי ההכרה באדם אחר שהוא ייחודי כמוהו, ואישור קיומו, כרוכים בוויתור על העיסוק המתמיד שלו בָּעַצמי ועל התחושה כי העולם כולו סובב סביבו. לפיכך, מבחינת אדם ב', הקמת קהילה היא מעשה של הקרבה, או מה שפגשנו בעבר בכתבי הרב כמעשה של "צמצום" עצמי.[4]

2. תרגום יותר מדויק הוא שהוגי עידן הנאורות גילו בחיי האדם רק "קוהרנטיות, לגיטימיות ותבוניות".
3. ראו **לעיון נוסף**, 1.
4. ראו פרק 2 לעיל.

מחויבות הברית

קהילת האמונה והברית מאורגנת סביב מחויבות משותפת, ולא רק סביב אינטרסים משותפים. חבריה עמלים בצוותא "לטהר, לגאול ולקדש את חייהם" (עמ' 24). ה"אני" וה"אתה", כפי שהרב מכנה את חברי הקהילה הזו בשפת הפילוסופיה הקיומית, מתקשרים איש לרעהו באמצעות הקשר המשותף לאלוקים.[5] קשר זה לאלוקים לובש צורה של מחויבות מוחלטת המקיפה את מכלול הווייתו של האדם: רגש, שכל, רצון ומעשה. כאשר שני אנשים חולקים מחויבות מוחלטת וכוללת כזו כלפי אלוקים, היא מאפשרת להם להתגבר על המחסומים העומדים ביניהם. כשהאדם נפתח לחלוטין לאלוקים, עולה בידו להיפתח באותה מידה לאנשים אחרים; הערכים והיעדים המשותפים מהווים את הבסיס לתקשורת ביניהם. כך נעשית המחויבות המשותפת ליסוד הקהילה הקיומית.

צליחת המחסומים המפרידים בין יחידים מתרחשת, כפי שתיארתי בפרק שעסק במאמר "הקהילה", על הצירים האופקיים והאנכיים. חברי קהילת הברית חוברים לבני תקופתם (המישור האופקי) באמצעות אהדה, אהבה ומעשה משותף. הם מבטאים דאגה איש לרווחת רעהו, בין השאר באמצעות תפילה וצדקה. תודעת האחווה והרעות גואלת את האדם בכך שהיא מקלה מעליו את תחושת הבידוד וחוסר ההתאמה לאחר. ה"אחר" אינו זר עוד. הוא אינו "הוא", המעסיק אותי רק מבחינת יכולתו להביא לי תועלת או להזיק לי. במקום זאת, הוא הופך ל"אתה", אדם שווה ערך ובלתי תלוי שאני מחויב לו ומצוי עמו בדו־שיח אמתי.

לעומת זאת, מחוות הרעות אינה מאפיינת את קהילת אדם א':

> בקהילת ההדר, בה נפגשים אנשים בדרך חיצונית ואשר בה ההתחייבות לעולם אינה חורגת מן התועלתי, אנו עשויים למצוא

5. המבנה שבו א מתקשר ל-ב באמצעות קשר משותף ל-ג מופיע בצורה בולטת גם **בובקשתם משם**. הרב כותב שם שהאלוקים והאדם מתקשרים באמצעות הכרתם המשותפת בעולם ובהלכה. ראו פרק 33 להלן.

> יחסי עמית ושכן ואף אדיבות או נימוס – אבל לא נמצא בה ידידות, שהיא החוויה הבלעדית המוענקת על ידי האלוהים לאדם בעל הברית אשר נגאל בדרך זו מבדידותו רבת־הסבל. (עמ׳ 43)

נוסף על כך, בקהילת הברית מתגבר אדם ב׳ על חוסר הביטחון שלו כיצור ארעי. הוא עושה זאת באמצעות החדרת משמעות בכל מעשיו, בקשרו אותם אל העבר, שבו החלה הברית, ואל העתיד, שבו תתגשם הברית במלואה. אדם ב׳ מצטרף לקהילת הברית של העבר והעתיד (המישור האנכי) באמצעות הנחלת מסורת הברית.

> בתוך קהילת הברית משתתפים בדו־שיח לא רק יחידים בני־זמננו אלא הדורות, ולכל חוויה של זמן יש אופי תלת־ממדי, המתבטא בזיכרון, בהווה ובמתח של צפייה. משולש חווייתי זה, כשהוא מתורגם לקטגוריות מוסריות, מוליד תודעה נוראה של אחריות לעבר גדול, שממנו נמסר הצו האלוהי אל הדור הזה מתוך אמון ובטחון, ולעתיד אילם הדורש שהדור הזה יקיים את חובת הברית בדייקנות ובשלמות. (עמ׳ 44)[6]

הבדלה קונספטואלית אך שילוב למעשה

כשהרב כותב (בעמ׳ 41-45) שהרעות או חוויית הזמן התלת־ממדית הן קטגוריות של חיי ברית, אין כוונתו שאפשר למצוא אותן רק בקרב אנשים ״דתיים״. הרב סולובייצ׳יק מדגיש שוב ושוב שהדיון שלו כאן טיפולוגי – הוא עוסק בסוגי אישיות פשוטים ואידיאליים ולא באנשים אמתיים ומורכבים. שני סוגי האדם הם מבנים תיאורטיים המייצגים היבטים שונים בחיים. בשלב זה בדיוננו אדם א׳ מייצג חיים המכוונים

6. ראו לעיון נוסף, 2.

אך ורק להישג חיצוני ולהצלחה. לכן הוא חי את הרגע ומסוגל לפתח עם הזולת קשרי עבודה שטחיים בלבד. אדם ב׳, לעומתו, חווה את ממד העומק של הקיום ומגמתו פנימית. זו הסיבה לכך שהרב אומר כי ״ידידות שאינה התייחסות חברתית וחיצונית בלבד אלא זיקה עמוקה ואכזיסטנציאלית [=קיומית] של איש לרעהו, ניתנת למימוש רק במסגרת של קהילת ברית״ (עמ׳ 43). זו גם הסיבה לכך שהרב טוען שרק אדם ב׳, אשר תמיד מחפש משמעות מעבר למתרחש כאן ועכשיו, מסוגל להתייחס לעבר ולעתיד כמציאות חוויתית (שם).

אנשים אמתיים חווים כמובן הן את הממדים שעל פני השטח, הן את הממדים העמוקים של החיים. הרב מפריד בין מרכיבים אלה כדי להדגיש את הפרדוקסים הטמונים בקיומנו ואשר נובעים מחוסר ההתאמה לכאורה בין שני ממדי קיום אלה. יתרה מזאת, לא זו בלבד שאנשים אמתיים הם יצורים מורכבים, אלא שהרב מכיר בכך שאפילו לפי המודל התיאורטי שלו חייבים להתקיים בין הקהילות יחסי גומלין שיביאו לידי השפעה הדדית ושאילה דו־כיוונית של רעיונות (עמ׳ 61-45, ובעיקר עמ׳ 52-55). הוא כותב, למשל:

> למעשה אין מבנים טיפולוגיים טהורים, ולכן קיימת חפיפה בין קהילות הברית וההדר. לפיכך אין תימה שאנו נתקלים בחוויית הזמן בעלת שלושת הממדים, שהצגנו אותה כאן כבעלת ברית אופיינית, כשהיא מופיעה גם בקהילת ההדר... ברם, תודעת הזמן הזאת הושאלה על ידי ההיסטוריה בעלת ההדר מן ההיסטוריה בעלת הברית. (עמ׳ 45, הערה 38)
>
> אספקטים מסוימים של בשורת האמונה והברית, בעיקריה ובאופייה הנורמטיבי, חשובים ביותר לאדם בעל ההדר והם אף ניתנים – באופן פרדוכסאלי – לתרגום ללשונו הוא. (עמ׳ 53)
>
> הואיל והאדם בעל ההדר זקוק לחוויה טרנסצנדנטית כדי לחזק את בניינו התרבותי, חובה על איש האמונה לספק לו את המרכיבים של החוויה הזאת. (עמ׳ 54-55)

נעסוק בנושא זה בהרחבה בפרקים הבאים.

האלוקים כחבר בקהילה

קהילת הברית כוללת לא רק את אדם וחוה, אלא גם את האלוקים בעצמו, שכן האלוקים והאדם הם השותפים בברית.

> מובן, גם במסגרת הקהילה הזאת מופיע האלוהים כמנהיג, מורה ורועה. אולם המנהיג הוא חלק בלתי נפרד מן הקהילה, המורה אינו ניתן לניתוק מתלמידיו, והרועה לעולם אינו נוטש את צאן מרעיתו. (עמ' 29)

הצגת האלוקים כחבר בקהילת הברית (עמ' 28–30) מעוררת כמה קשיים. ראשית, כפי שציינתי בפרק 2 לעיל, גם כשהמנהיג מחובר לקהילתו, הוא אינו תמיד **חלק** ממנה. משה, מנהיג עם ישראל, חי באוהל מבודד וכיסה את פניו במסווה: הוא שמר על מרחק מה מבני עמו; על אחת כמה וכמה נכון הדבר כאשר המנהיג הוא הקב"ה!

שנית, בעוד הרב מדגיש את החופש וההדדיות בקבלת הברית הן מצד האלוקים והן מצד האדם, לא נוכל להתעלם מהעובדה שהאלוקים הוא שקובע את תנאי הברית. כמו כן, אותן "זכויות שאינן ניתנות להפקעה" (עמ' 28–29) של האדם, שהרב מזכיר, מוענקות למעשה לאדם על ידי האלוקים!

לבסוף, אף שנראה כי יש במחשבת ישראל דיאלקטיקה בסיסית בעניין היחס בין חופש לכפייה בעבודת ה', הרב ממעיט כאן בערכה של הכפייה כמעט עד כדי סילוקה הגמור מהתמונה.[7]

7. אף כי מלשון התורה עולה לכאורה שעם ישראל קיבל את התורה מרצון (כדברי הפסוק הידוע "נעשה ונשמע", שמות כד, ז), הגמרא מביאה דעה הסוברת שעם ישראל קיבל את התורה תחת איום:

"וַיִּתְיַצְּבוּ בְּתַחְתִּית הָהָר" (שמות יט, יז) – אמר רב אבדימי בר חמא בר

לא קל להגן על העדפה מובהקת זו של החופש על פני הכפייה, אך נוכל לנסות להציע לנטייה זו של הרב שני טעמים אפשריים. ראשית, **בובקשתם משם** הרב מתאר תהליך מורכב, שבו האדם יכול בסופו של דבר לצלוח את הדיאלקטיקה שבין הכפייה והחופש. פרטיה של התפתחות דתית זו אינם בתחום העיסוק של פרקנו זה,[8] ונסתפק בהעלאת אפשרות עקרונית: אולי ניתן לקרוא את **איש האמונה הבודד** לאור היישוב הסופי ב**ובקשתם משם.** לחילופין, נוכל להציע שאדם ב׳ אינו חווה כפייה במפגשו עם הברית, בניגוד לאדם א׳. אדם ב׳ רואה בברית את המענה לבעייתו, ואילו אדם א׳ מתייחס אליה כחובה כפויה. כלומר, גם לעניין זה, כל אחד מאתנו מורכב משני סוגי אדם, והדיאלקטיקה בין החופש והכפייה נובעת מתגובותיהם של החלקים השונים בנפשנו לחוויית הברית. אך למען האמת, עלינו להודות שכאשר הרב סולוביצ׳יק דן בתפיסת הכפייה אצל חז״ל, ומציע לה שני פירושים, אף לא אחד מהם תואם איזו מן ההצעות שהעלינו פה.

נבואה ותפילה

בקהילת הברית, האלוקים והאדם מתקשרים באמצעות נבואה ותפילה; הנבואה היא הקשר שיוזם האלוקים, והתפילה היא הקשר שיוזם

חסא: מלמד שכפה הקדוש ברוך הוא עליהם את ההר כגיגית ואמר להם: ״אם אתם מקבלים את התורה – מוטב; ואם לאו – שם תהא קבורתכם״. (שבת פח ע״א)

בהערת שוליים ארוכה (עמ׳ 28–29, הערה 17), נוקט הרב סולוביצ׳יק פרשנות מחודשת וקיצונית לגמרא זו כדי למזער את מרכיב האיום. אולם חשוב לציין שהרב אינו היחיד המתקשה עם מסקנת הגמרא (״מכאן מודעא רבה לאורייתא״ – מסביר רש״י: ״שאם יזמינם לדין למה לא קיימתם מה שקבלתם עליכם – יש להם תשובה, שקיבלוה באונס״); מסקנה זו הטרידה כמובן פרשנים רבים לאורך הדורות. ראו גם **בלעיון נוסף**, 3.

8. עיינו בדיון **ובקשתם משם** בפרקים 31–34 להלן.

האדם. קהילת הנבואה וקהילת התפילה שתיהן קהילות ברית, משלוש סיבות:[9]

1. בשתיהן מתרחש מפגש בין אלוקים ואדם.

2. הברית בנויה משלוש צלעות המקשרות בין "אני", "אתה" והאלוקים. לפיכך, מתוקף תפקידן בברית, קהילות הנבואה והתפילה מקשרות את האדם לאלוקיו ולרעהו (ה"אתה"). הנביא המקבל את המסר האלוקי חייב להעביר אותו לקהילה, והוא משמש נציג הקהילה בפני האלוקים. באופן דומה, התפילה חייבת לכלול אחרים: אדם צריך להתפלל **עם אחרים ולמענם**.[10]

3. שני המפגשים, שנועדו לגאול את האדם, חייבים "להתבהר ולהתממש בבשורת מוסר נורמטיבית" (עמ' 37). הנבואה המקראית אינה חזון מיסטי גרידא. האלוקים התגלה למשה כדי למסור לו את התורה, והתגלה לשאר הנביאים כדי לאכוף אותה. רכיב זה בנבואה, הרכיב הנורמטיבי שלה, אִפשר לכל חברי הקהילה ליטול חלק במפגש בין האלוקים לאדם על ידי השתתפות בקיום הברית. במילים אחרות, הנבואה רלוונטית לכולם, לא רק ליחידי סגולה.[11] כמו כן, התפילה, הכרוכה בהתחייבות לאלוקים, יעילה רק אם האדם מוכן להיטהר לקראת המפגש עמו. באופן זה, התפילה הופכת חלק מדפוס חיים כולל, "מבוא נשגב לפעילות הלכתית" (עמ' 41). היהדות מתמקדת בחיי היום־יום על כל פרטיהם, ולא רק במתרחש בבית הכנסת.

9. בפרק 20 אדון בהתייחסותו של הרב לנושא התפילה ב**איש האמונה הבודד**, ולכן כאן אעסוק בו רק בקצרה.
10. בנושא התפילה **עם אחרים ולמענם**, ראו הערה 10 בפרק 20 להלן.
11. חשיבות המעשה במערכת ההלכתית עמדה במרכז פרק 10 לעיל. עיינו במיוחד בחלק העוסק ברוחניות אזוטרית ולא־דמוקרטית. עיינו גם בדיון בנבואה בפרק 34 להלן.

הקדשה

פרק זה והקודם לו אמנם לא מיצו את עושר הרעיונות האצורים בחטיבות **איש האמונה הבודד** המציגות את שני סוגי האדם ושני סוגי הקהילה (עמ' 13–45), אך אני מקווה שעלה בידם להאיר את המוטיבים העיקריים וכך לאפשר לכם לקרוא את חיבורו של הרב ביתר קלות. עתה, משהצגנו את המסגרת הרעיונית של החיבור, הלא היא הדיכוטומיה בין אדם א' לאדם ב', נוכל להתייחס במישרין לבעיות המועלות בראשיתו – בעיות הבדידות האונטולוגית וההיסטורית של איש האמונה, שהצגנו בפרק 11 לעיל – ולנסות לעמוד על המענה שמציב הרב לאתגרים אלה.

בטרם נחתום את הפרק, ברצוני לשוב להקדשה היפהפייה שכתב הרב לרעייתו בראש המאמר:[12]

> לטוניה – אישה בעלת אומץ לב רב, הדר עילאי, מחויבות מוחלטת וכנות שאינה יודעת פשרות.

מדוע בחר הרב דווקא בארבע תכונות אלה? עתה נוכל להיטיב לרדת לעומקה של מחוות הרב. "הדר עילאי" ו"מחויבות מוחלטת" מאפיינים, בהתאמה, את אדם א' ואדם ב'. הרב מציין כאן שרעייתו מבינה ומגלמת את הדיאלקטיקה השוררת בין ההדר והגאולה. "אומץ לב רב" ו"כנות שאינה יודעת פשרות" הם הכלים החיוניים להתמודדות עם הדילמות שצורת קיום דיאלקטית זו מעוררת.

"איש האמונה בן־דורנו מצוי במשבר קשה ומייסר ביותר" (עמ' 11) מכיוון שהחברה המודרנית אינה מבינה ללבו. אך מציאת שותף למטרותיו המרובות והמורכבות עשויה להקל על תחושת

12. הקדשה זו הושמטה משום מה במהדורת מוסד הרב קוק, אך הוחזרה למקומה במהדורת ידיעות ספרים.

הבדידות המציפה, ולעתים אף מאפשרת לו להתגבר עליה. יחד, מקימים השותפים קהילה אידיאלית מאוחדת במאמציה הגשמיים ובערכיה הרוחניים.[13] הקדשתו של הרב סולוביצ׳יק מעידה שהוא אכן מצא שותפה שכזאת. אם הכותרת המתנוססת בראש החיבור מדגישה את בדידות המחבר, הנה ההקדשה שמתחתיה מוכיחה שבדידותו זו אינה חמורה כפי שעלולה הייתה להיות, ושיש לאיש האמונה תקווה להתגבר על הבדידות.

לעיון נוסף:

1. **״ממעמקים״ ואיש האמונה הבודד:** במאמרו ״ממעמקים״ (**דברי הגות והערכה**, עמ׳ 117–136) מתאר הרב סולוביצ׳יק את התפתחות תודעתו העצמית של האדם ואת ניכורו מהטבע. אף ש״ממעמקים״ ו**איש האמונה הבודד** מעיינים באותו סיפור, דהיינו, בריאת האדם המתוארת בשני הפרקים הראשונים בספר בראשית, הם מתייחסים אליו בצורה שונה ביותר. ״ממעמקים״ מתאר **התקדמות** של שלוש עמדות קיומיות, ואילו **איש האמונה הבודד** מציג **דיאלקטיקה** בין שתי גישות. הדבר מעניין במיוחד לנוכח העובדה שרק שנה אחת מפרידה בין פרסומי המאמרים.

   למרות ההבדלים הרבים בין שני המאמרים, חשוב לציין שבמרכז שניהם עומד אותו נושא: אוטונומיית מחויבות האמונה והקושי בהסברתה. עם זה, הם דנים בנושא זה בהקשרים שונים. ״ממעמקים״ עוסק בבעיית התקשורת בין קהילות אמונה שונות (בתגובה לקריאה לשיח בין־דתי שפרסמה מועצת הוותיקן השנייה), ואילו **איש האמונה הבודד** עוסק בבעיית התקשורת בין איש הדת ואיש החול (שימו לב שאני נוקט את המילה ״איש החול״ ולא ״חילוני״, מכיוון

13. לפי הרב, כל נישואין צריכים לשאוף לגלם בתוכם את מרכיבי אדם א׳ ואדם ב׳ כאחד, ועל ידי כך ליצור הן שותפות מעשית, הן קשר של ברית. ראו פרק 19 להלן על אודות ספרו של הרב **אדם וביתו**, הדן בהרחבה בגישתו לנישואין.

שגם אדם המשתייך לדת עלול לקיים אותה כדבר של חול). פרקים 18-16 להלן יוקדשו לנושא החשוב של אוטונומיית האמונה על שלל ביטוייה.

2. **קהילה אנכית ואופקית, זמן איכותי וכמותי:** עיינו "קודש וחול", **ובקשתם משם**, "הקהילה", **על התשובה** ("בין היחיד והציבור") **ומן הסערה** ("אבלות ישנה ואבלות חדשה"). ראו גם בדיון בפרק 22 להלן.

3. **חופש וכפייה בשמירת ההלכה:** בהקשרים רבים התנגד הרב לכפייה בחיים הדתיים ודחה את הפעלת הסמכות. למשל, הוא סבר בתוקף שמפלגות דתיות לא יביאו תועלת בחקיקת חוקים דתיים, והעדיף לדגול בחינוך דתי. גם בנושא החינוך עצמו גרס הרב שתפקיד המורה לחלוק את עושרו הרוחני עם תלמידיו ולא לשלוט בהם. נושא החקיקה הדתית נדון בקובץ איגרותיו **איש על העדה**, עמ' 219-218, 225, 238-236, 247. בנושא החינוך, עיינו למשל **באיש על העדה**, עמ' 343-340.

פרק 14

דיאלקטיקה תמידית

בשליש האחרון של **איש האמונה הבודד** (מעמ' 45 והלאה) משתלבים סוף סוף שני המסלולים שעיינו בהם.

> הדיאלקטיקה המקראית [בין אדם א' לאדם ב'] יסודה בעובדה שהאדם הראשון, איש ההדר, השלטון וההצלחה, והאדם השני, איש האמונה הבודד, איש הציות והכישלון – אינם שני אנשים שונים הנמצאים בעימות חיצוני, כ"אני" מול "אתה", אלא איש אחד השרוי בעימות בתוך עצמו. "אני", האדם הראשון, עומד מול "אני", האדם השני. בכל אדם מצויים שני אישים: האדם הראשון, היוצר ובעל ההדר, והאדם השני, הנכנע והעניו. (עמ' 49–50)

מדברים אלה עולה שלפי הרב סולוביצ'יק כל אחד מאיתנו נידון לחיות בדיאלקטיקה מתמדת, הנעה ללא הרף בין שני מצבי קיום ובין שני סוגי קהילה. לעובדה זו כמה השלכות חשובות. הבה נבחן אותן.

האלוקים רוצה בשני סוגי האדם

האלוהים ברא שני סוגי ה"אדם" ונתן גושפנקה שלו לשניהם. אם נבוא לדחות צד אחד של האנושות ידמה הדבר כאילו אנו שוללים

> את התכנית האלוהית של הבריאה, אשר עליה אמר האלוהים כי היא טובה. (עמ' 50)

מפי הוגה דעות דתי, זהו מסר רדיקלי. אין ספק שכל אדם חדור אמונה יצהיר שהאלוקים קורא לנאמניו לחיות על פי ערכי אדם ב', איש הברית. והנה הרב סולובייצ'יק קורא לאנשי האמונה לא לזנוח את יעדיו של אדם א', איש ההדר! הרב מעניק גושפנקה רבת־עוצמה לקיום בעולם הזה, ומזכיר לנו שכשם שהאלוקים דורש מאיתנו לשאוף לקדושה אישית וציבורית, כך הוא מבקש מאיתנו לבנות את העולם וליצור בו.

במילים אחרות, בניגוד להבנה הרווחת, אין ערך דתי רק במעשיו של אדם ב' אלא גם במעשיו של אדם א'. הוא מממש את הצו האלוקי "וּמִלְאוּ אֶת הָאָרֶץ וְכִבְשֻׁהָ" (בראשית א, כח) ומציג את צלם האלוקים שבו באמצעות מעורבותו היצירתית בעולם האנושי. לפיכך, הוא תופס מקום מרכזי בתכנית האירועים שרוקם האלוקים.

גישתו של הרב סולובייצ'יק משיבה למבקרי הדת מעידן הנאורות (שטענותיהם מושמעות גם כיום) המציגים את הדת כאויבת הקִדמה האנושית וההתפתחות התרבותית. בעיניהם, הדת יוצרת – במקרה הטוב – אישיות סבילה וצייתנית שאין לה כל עניין להיות מעורבת בעולם שסביבה. הרב, הנוקט עמדה הפוכה לחלוטין, טוען שלא זו בלבד שהמדע, הטכנולוגיה והתרבות אינם מהווים אנטיתזה לדת או קוראים עליה תיגר, אלא שלמעשה הם לרצון לפני האלוקים, ועל כן הם משולבים בהשקפת העולם הדתית הרחבה.

יתרה מזאת, דברי הרב מצביעים על ערכם העצמי של מאמציו היצירתיים של אדם א'. מאמצים אלה צריכים להתקיים בתוך גבולות ההלכה, אך ערכם אינו תלוי בתועלת שהם מביאים לדת במובנה הצר. השגת ההוד היא ערך בזכות עצמו. למשל, אין אנו צריכים לומר ששיגור לוויינים הוא דבר חיובי מפני שהוא מאפשר לנו לשדר שיעורי תורה לכל רחבי העולם. אנו מעריכים את הכיבוש האנושי של החלל

מכיוון שהוא מהווה ביטוי עוצר נשימה להדרו של האדם, למיומנותו הטכנית ולרוח היצירה שבו.

> בל נשכח שהקהילה בעלת ההדר היא לרצון ה׳ בדומה לקהילת האמונה בעלת הברית. הוא רוצה שהאדם יעסוק בשאיפה להדר־כבוד כשם שיעסוק בגאולה. (עמ׳ 46)

אי אפשר להשיג גאולה שלמה

לדיאלקטיקה המתמדת בין שני מצבי הקיום יש השלכה נוספת וטראגית יותר:

> התחושה הדיאלקטית, התנודה המתמדת בין הקהילה הטבעית בעלת ההדר ובין קהילת האמונה בעלת הברית גורמת לכך שמעשה הגאולה השלימה יהא מן הנמנע. (עמ׳ 46)

לו היו איש ההדר ואיש הברית שני אנשים נפרדים שכל אחד מהם נשאר בקהילתו שלו, הכול היה טוב ויפה. כל אחד מהם היה מתמודד עם מערכת בעיות מסוימת ומקבל לידיו כלים לפתור אותן. אך האלוקים קורא לאדם לאמץ את שני מצבי הקיום, והדבר יוצר קשיים בלתי פתירים – ובראשם בעיית הבדידות.

אדם א׳ אינו מודע לבדידותו, ואדם ב׳ מתמודד עם חוויה מעיקה זו ומסוגל להיגאל ממנה (באמצעות קשר הברית שהוא יוצר עם אלוקים ואדם). אלא שהעובדה שהאדם נידון לנוע ללא הרף בין שני אורחות חיים ושתי תפיסות עולם מביאה אותו לידי מבוכה. כאשר הוא חי בתור אדם ב׳, הוא נעשה מודע לבדידותו, אך לא ניתנת לו אפשרות להתגבר עליה לחלוטין. הוא יכול להביס את הבדידות בדרך אחת בלבד, שקיעה מוחלטת בחיי הברית – אך האלוקים שולל ממנו אפשרות זו, שהרי הוא דורש מהאדם שייטול חלק פעיל גם בקהילת ההדר.

> כאשר האדם מוסר את עצמו לקהילה בעלת הברית, ההלכה מזכירה לו כי הוא נדרש גם בקהילה אחרת, בקהילה הקוסמית – בעלת ההדר; וכאשר ההלכה נתקלת באדם בשעה שהוא עוסק בפעולה יוצרת של הקהילה בעלת ההדר, אין היא מאפשרת לו לשכוח כי הוא יצור הקשור בברית, אשר לעולם לא ימצא לעצמו שלמות של ממש מחוץ לברית, וכי האלוהים מצפה לשיבתו אל קהילת הברית. (עמ' 47)

הדבר מביא למה שהגדרנו לעיל, בפרק 11, כ"בדידותו האונטולוגית" של איש האמונה, דהיינו הבדידות הטבועה במהותה של החוויה הדתית.

> בגלל תנועה זו ממרכז אחד למשנהו, אין האדם מתאזרח בשום קהילה. הוא מצווה לנוע בטרם הוא מצליח להשתרש באחת מן הקהילות האלה, ומשום כך שרירה וקיימת בדידותו המהותית של איש האמונה. (עמ' 51)[1]

מנוגדים או משלימים?

לאורך רוב הספר מתאר הרב סולוביצ'יק את התנודה בין ההדר והגאולה במונחים דיאלקטיים. הוא מציג מתח בלתי פוסק בין שני מצבי קיום מנוגדים:

> [האלוקים] קרא לאדם לסגת מעמדות-גבול, שהושגו על־ידו במאבק קשה ואשר העניקו לו יתרון וכוח, ולעבור אל המרכז של חוויית האמונה. הוא גם ציווה לאדם להתקדם ממרכז הברית

1. תוקן על פי המקור האנגלי.

> אל הגבול הקוסמי ולתפוס מחדש את העמדות אשר ויתר עליהן זה עתה. (עמ' 46)[2]

אולם בקטע קצר אך משמעותי (עמ' 47–48), שברצוני לעיין בו, מצייר הרב תמונה שונה:

> ...לעתים קרובות דומה עליי בבירור כי ההלכה אינה רואה בתנודתו המתמדת של איש האמונה בין ההדר ובין הברית עניין דיאלקטי אלא תנועה משלימה... לפיכך, אין זה מתפקידו של איש הברית לעסוק ברצוא־ושוב דיאלקטי, אלא הוא חייב לאחד את שתי הקהילות לקהילה אחת אשר בה האדם פעיל ויוצר מתוך חירות ואף עבד נאמן לה'. (עמ' 48)

בטרם נעסוק בסתירה הקיימת בין שני הקטעים שציטטנו עתה, נעיין במשמעותו של האחרון.

איחוד הגשמי והרוחני

היכולת להתייחס לתנודתו של האדם בין ההדר לברית כתנועה משלימה מבוססת על הנחתו של הרב סולוביצ'יק כי

> ...להלכה גישה מוניסטית למציאות וכי היא דוחה ללא שיור כל דואליזם.[3] ההלכה סבורה שקיים עולם אחד בלבד –

2. שימו לב שהרב משתמש בדימויים שונים כדי לתאר את הקשר בין הדר וברית: בציטוט לעיל מעמ' 46 הוא מכנה אותם פריפריה ומרכז, בהתאמה, ואילו בציטוט הקודם מעמ' 51 , הוא מכנה את שניהם מרכזים המתחלפים לסירוגין.
3. דואליזם הוא הגישה הקובעת כי קיים נתק מוחלט בין החומר והרוח, וכן בין החול והקודש. מוניזם הוא הגישה ההפוכה, הטוענת לאחדות הבריאה.

> שאינו ניתן לחלוקה למדורי חול וקודש – ואשר יכול לשקוע בזוהמה ובאיבה או להתעלות לפעילות גואלת ורוויית משמעות, מתוך שהיא מעלה כל הכוחות הצפונים למדרגה של קדושה. (עמ' 48)

קביעה זו מובנת לאור דיוננו בפרק 5 בדבר קידוש החיים הגופניים. חלק ניכר מההגות הפילוסופית והדתית של ימי הביניים היה חדור בדואליזם, אשר התייחס לגשמי ולרוחני כשני הפכים המצויים במאבק שרק אחד מהם ינצח בסופו. תפקידה של הדת או הפילוסופיה הוא, לפי גישה זו, להבטיח את ניצחון הרוחני על הגשמי באמצעות שחרור מרבי של האדם מכבלי הגשמיות (על ידי סגפנות, התבודדות והתבוננות). הדואליסטים נואשו מחיי העולם הזה. הם האמינו שהגשמיות היא מקור הרע, ועל כן אי אפשר למצוא בה את הגאולה; האדם צריך אפוא לשאוף להיעשות ישות רוחנית לחלוטין. לדעתם אפשר להתקרב לאלוקים אך ורק על ידי נטישת העולם הגשמי.

הרב סולוביצ'יק דוחה גישה זו מכול וכול. ההלכה שוללת בעצם קיומה את הטענה הדואליסטית כי הגשמי והרוחני אינם מסוגלים לדור בכפיפה אחת. היא מתנגדת אפוא למסקנה הדואליסטית שיש להימלט מהגשמיות אם רוצים להגיע למדרגה רוחנית גבוהה.

> ההלכה לא אמרה מעולם נואש מן האדם, בין כיצור טבעי המשתלב בסביבתו הגופנית ובין כאישיות רוחנית העומדת לפני אלוקים. ("צירוף", עמ' 239)

אדרבה, ההלכה מחזיקה ב"וַיַּרְא אֱ־לֹהִים אֶת כָּל אֲשֶׁר עָשָׂה וְהִנֵּה טוֹב מְאֹד" (בראשית א, לא). אל לאדם לנסות להימלט לתחומים שמימיים ולזנוח את העולם בשאט נפש, אלא דווקא להחדיר בקיומו בעולם הזה קדושה. משימתה של ההלכה היא לוודא שהאדם ינהל דווקא חיים כאלה:

למרות הפער העצום בין שתי הקהילות האלה [=קהילת ההדר וקהילת האמונה והברית] הבא לידי ביטוי בניגודים ובמאבקים הטיפולוגיים שתיארתי לעיל, רואה ההלכה בחוק המוסרי [=המצוות] כוח מאחד. החוק, אשר מקורו בקהילה בעלת הברית, פונה באורח כמעט בלעדי אל הקהילה בעלת ההדר, בה מתגשם החוק. אם אמשיל לכך משל, אומר כי מבחינת ההלכה החוק הוא הזרוע אשר באמצעותה מתחברת הברית, בדומה לקיסוס, ומתפשטת על פני עולם ההדר. (עמ' 48)

במילים אחרות, המצוות נובעות מתחום הברית, שבו האדם מסתופף בצל האלוקים ומתקשר איתו, אך רק אדם הנוטל חלק בתחום ההדר מסוגל לקיימן: "כִּי תִבְנֶה בַּיִת חָדָשׁ", "כִּי תִקְצֹר קְצִירְךָ..." וכדומה. ההלכה מתייחסת לכל היבט בחייו הגשמיים של האדם, ועל ידי כך מבטאת את רצונה שהאדם (1) ייטול חלק במאמץ הגשמי, ו-(2) יקדש מאמץ זה. הרב סולוביצ'יק מתאר כאן את תהליך הצירוף עצמו, אותו תהליך זיכוך שעִיַּנו בו בהרחבה בפרקים קודמים.[4] הצירוף מביא לקידוש האדם הגשמי. ומנקודת המבט של מסתנו: הדיאלקטיקה המצרפת דואגת לכך שאיש הברית לא יתנתק מהעולם הזה – ושאיש ההדר לא יהפוך אדם שלוח-רסן, שטָני ואנוכי. כאן עולה השאלה: מהי מטרתה המרכזית של ההלכה?

4. בפרק 3 לעיל הגדרנו את תהליך הצירוף כך:

דיאלקטיקה זו של התקדמות ונסיגה, ניצחון ותבוסה, מוּבְנֵית בקיום האנושי ומכוננת את מהות החיים ההלכתיים. מצד אחד, האלוקים חפץ שהאדם יתקדם וישלוט בסביבתו. מצד שני, מעת לעת על האדם לחדול מריצתו הפזיזה אל הניצחון וההצלחה ולהיות נכון לסגת, להיות מובס בידי סמכות עליונה... אם האדם כובש אך ורק כדי לבוא על סיפוקו האגואיסטי, הוא לא יסכין למגבלות. אם האדם כובש מכיוון שהאלוקים רוצה בכך, הוא יחדל מכך כאשר יאמר לו האלוקים לחדול. על ידי נכונותו של האדם לסגת מכיבושו, מתקדשת לא רק **נסיגת האדם**, אלא גם **צעידתו קדימה**.

תכלית ההלכה

בסוף ספרו **התודעה ההלכתית** מותח הרב סולוביצ'יק ביקורת חריפה על ניסיונו של הרמב"ם לנסח טלאולוגיה של ההלכה.[5] הוא מאשים את הרמב"ם כי בספרו **מורה נבוכים** (לא ביצירתו ההלכתית **משנה תורה**) ניסה להכפיף את ההלכה לערכים הנובעים ממערכת פילוסופית חיצונית, ועל ידי כך הפך את ההלכה לאמצעי להשגת מטרות שקובעת הפילוסופיה. הרב טוען כנגדו שההלכה אוטונומית; היא בגדר נתון. לפיכך, יש להבין אותה במונחים שלה עצמה, ואין צורך להצדיק אותה על ידי קישורה לערכים חיצוניים.

למעשה, ממשיך הרב, על ערכי ההלכה לנבוע מעיון בנורמות שהיא מציבה: התהליך הראוי הוא ליצור את השקפתנו **מתוך** ההלכה, ולא לכפות אותה **על** ההלכה. כפי שראינו בפרקים קודמים, מתוך עיונו בהלכה גילה הרב דפוס בסיסי העומד ביסודן של נורמות הלכתיות שונות: רעיון הצירוף, המורכב מדיאלקטיקה של התקדמות ונסיגה, שבה הנסיגה מזככת את ההתקדמות.[6]

ב**איש האמונה הבודד** מציג הרב תורת־תכלית משלו להלכה. התכלית היא בעיניו השגת צירוף זה:

> אם ישאלני אדם בדבר תכליתה של ההלכה, אשיבנו כי היא באה לידי ביטוי דווקא בדיאלקטיקה הנהדרת והפרדוקסלית המונחת ביסוד המחווה ההלכתית. (עמ' 47)[7]

5. "טלאולוגיה" פירושה תורת התכלית, כלומר, הסבר תופעה בהתייחסות למטרתה הסופית. מקור המונח במילה היוונית "טֶלוֹס", שפירושה "מטרה".
6. עיינו למשל בדיוננו על גישת ההלכה למיניות בפרק 5 לעיל.
7. במאמרים שכבר עיינו בהם ישנם היגדים המכוונים אף הם לאותו כיוון. למשל, ב"צירוף" (עמ' 243), כותב הרב:

> הגבורה היא אולי הבחינה המרכזית של חווייתנו הקיומית... היחיד,

האלוקים קורא לאדם לחיות חיים שיש בהם הדר וברית כאחד – ועל ידי היצמדות להלכה יכול האדם להיענות לשתי הקריאות. אפשר להבין זאת בשתי דרכים, המקבלות שתיהן ביטוי ב**איש האמונה הבודד**.

א. אף שתחומי ההדר והברית נותרים נבדלים ואף חסרי התאמה מבחינה **רעיונית**, החיים ההלכתיים מעניקים לאדם כלים **מעשיים** המאפשרים לו לעמוד בדרישותיו הכפולות של האלוקים. דבר מקביל כתב הרב ב"גאון וענווה" (עמ' 213) על היחס בין שני ערכים אלה, הגאון והענווה:

> ההלכה לא גילתה את הסינתזה, שהרי זו אינה בנמצא, אולם סללה דרך המניחה לאדם להיענות לשתי הקריאות כאחד.

זו דוגמה לתופעה רחבה יותר שגם עליה אפשר לומר שהיא מהווה את תכלית המערכת ההלכתית לפי הרב. להבנתו, מטרת ההלכה היא לעזור לאדם לנקוט פעולה בונה בעמדו בפני דרישות דיכוטומיות ובעיות בלתי פתירות, גם בלי להתגבר הדיכוטומיות וליישב את הדילמות.[8] על פי קריאה זו של **איש האמונה הבודד**, ההלכה מספקת לאדם מצפן

> במקום שיבצע פעולות הרואיות בודדות ופזורות, מקיים בקביעות חיים של גבורה.

כפי שמסביר הרב שם, החדרת גבורה בחיי האדם בכללותם פירושה לחיות על פי ההלכה, עם הדיאלקטיקה התמידית שבה, המורכבת מצעידה נועזת לפנים ונסיגה לאחור בענווה. היות ש"הבחינה המרכזית של חווייתנו הקיומית" היא גבורה הלכתית, דהיינו, מעשה צירוף, נראה כי הצירוף מהווה את תכלית המערכת ההלכתית.

כמו כן, בסוף "צירוף" (עמ' 254) מציג הרב את הצירוף כדרישתו המרכזית של האלוקים מהאדם. בפרפראזה על דברי הנביא מיכה (ו, ח), כותב הרב:

> הגיד לך אדם מה טוב ומה ה' דורש ממך כי אם לנוע בעוז לפנים, לגבור ולכבוש את הארץ, ולשוב ולסגת בענווה כאשר הניצחון הוא בהישג ידך.

8. עמדנו על דוגמה נוספת לכך בפרק 3 לעיל (עמ' 48). עוד נשוב לנושא זה בפרק 23 להלן.

שימושי להתנהלות בתוך המתח הבלתי־נמנע בין עמדות אדם א׳ ואדם ב׳, בלי להגיע לסינתזה בין שתי הגישות.

ב. לחילופין, נוכל להתייחס להלכה ככוח מאחד ואפילו משכין הרמוניה. תכליתה הסופית היא לאחד את הטבעי והרוחני שבאדם, ולא רק להתוות דרך של תנודה בלתי פוסקת בין מצבי קיום מנוגדים. היא מאפשרת לאדם לחיות חיים משולבים: חיי העולם הזה הספוגים בקדושה. נימה זו שלטת יותר ב**ובקשתם משם**, כפי שמודגם בקטע שפגשנו בפרק 5:

> על ידי קידוש הגווייה [כלומר הגוף], [ההלכה] יוצרת חטיבה אחת שלמה של אדם פסיכוסומטי[9] העובד את יוצרו ברוחו ובגופו ומעלה את החיה [שבו] למרומי הנצח. (**ובקשתם משם**, עמ׳ 215)

ואכן, תפקידו של איש ההלכה – כפי שנראה כשנעיין בספר הנקרא על שמו – הוא להוריד את הקדושה לעולם הזה. איש ההלכה אינו רואה משימה זו כבעייתית, ואינו חי חיים של מתח דיאלקטי.

מתח והרמוניה

נסכם ונאמר: אפשר לראות את ההלכה כמפתח להתנהלות נכונה בתוך דיאלקטיקה בלתי ניתנת ליישוב (כמו ב״גאון וענווה״) – או, לחילופין, ככוח שמטרתו לאחֵד (כמו ב**ובקשתם משם**). שתי התפיסות הללו באות לידי ביטוי ב**איש האמונה הבודד**. הכיצד? לדעתי נוכל להגיע לתובנה מהערת שוליים חשובה ביותר:

> הרמב״ם מבחין בין שני סוגים של דיאלקטיקה: א) התנודה המתמדת בין הקהילה בעלת ההדר ובין הקהילה בעלת הברית;

9. פסיכוסומטי = מורכב מנפש וגוף המשפיעים זה על זה.

ב) ההתקשרות הסימולטנית [=בו־זמנית] עם שני סוגי הקהילות, שהיא הצורה הגבוהה ביותר של קיום דיאלקטי, ואשר, לדעת הרמב"ם, הושגה רק על־ידי משה והאבות. (עמ' 48, הערה 42)

הבחנה זו עונה על שתי השאלות ששאלנו בפרק זה.

1. תכלית ההלכה

לפי סוג הדיאלקטיקה הראשון שהרמב"ם מתאר ("תנודה מתמדת"), ההלכה היא מענה מעשי למתח אינסופי ובלתי פתיר. לפי הסוג השני ("התקשרות סימולטנית"), ההלכה היא כוח מאחד או משכין הרמוניה.

2. אופי הדיאלקטיקה בין אדם א' ואדם ב'

כבר ציינתי לעיל שהרב נוהג לתאר את הדיאלקטיקה בין הדר לברית במונחים של תנועות מנוגדות, אף שבעמ' 48 **באיש האמונה הבודד** הוא מתאר אותה כמחווה משלימה. עתה נוכל לראות ששני תיאורים אלה מבטאים את שני סוגי הדיאלקטיקה שהרמב"ם מציג. הראשונה דורשת תנודה מתמדת, מכיוון ששני מצבי הקיום נראים מנוגדים ולכן הם מתקשים לדור בכפיפה אחת. הדיאלקטיקה השנייה והגבוהה יותר מאפשרת "התקשרות סימולטנית לשתי הקהילות" מכיוון ששתיהן נתפסות כעת כמשלימות.[10]

המשך הערת השוליים מעלה נקודה חשובה בדבר "הצורה הגבוהה ביותר של קיום דיאלקטי":

במורה נבוכים (ג, נא) מבאר הרמב"ם את דעתו בצורה ברורה יותר... "וזאת גם כן מדרגת האבות... והיו עם זה מתעסקים

10. **ובקשתם משם** מתאר התפתחות תפיסתית דומה: ה"טבעי" וה"גילויי" נראים בתחילה סותרים, לאחר מכן משלימים, ולבסוף מאוחדים זה עם זה.

בהנהגת בני האדם והרבות ממון ומשתדלים במקנה ובכבוד, הוא אצלי ראיה שהם כשהיו עושים המעשים ההם לא היו עושים אותם רק באבריהם לבד, ולבותם ודעותם [=שכליהם] לא יסורו מלפני השם...". במילים אחרות, האבות היו בוני חברה, אנשים חברתיים ומעורים בתוך החברה. הם התיידדו עם האנשים אשר עמם השתתפו במאמץ ההדר. אולם, מבחינה ערכית, הם העריכו התקשרות אחת בלבד: ידידות הברית שלהם עם האלוהים. הדיאלקטיקה המושלמת מתבטאת בהרבה מחוות של יצירה, ובעת ובעונה אחת היא מתרכזת באהבת־אלוהים בלעדית.

קטע זה משנה מאוד את האופן שאנו תופסים בו את היחס שבין אדם א' ואדם ב'. הם כבר אינם בעמדה שווה; הם כבר אינם מהווים קטבים שווים ומנוגדים של דיאלקטיקה. מעתה אמור, "**הדיאלקטיקה המושלמת** מתבטאת בהרבה מחוות של יצירה, ובעת ובעונה אחת היא מתרכזת באהבת־אלוהים בלעדית".[11] פירוש הדבר הוא שאף כי האדם אמור לעסוק בתחומי פעילות שונים, רצוי שיאמץ סדרת ערכים אחת בלבד – ערכי אדם ב'.[12] רק לערכים אלה משמעות מוחלטת. "מבחינה ערכית, הם העריכו התקשרות אחת בלבד: ידידות הברית שלהם עם האלוהים".

כשאדם א' אינו מודע לערכי אדם ב', חלק משיקוליו, אולי אפילו כולם, אינם מביאים בחשבון את האלוקים (יש לזכור שהאלוקים אינו

11. ההדגשה שלי. מובן שמשמעות הדבר היא שהדיאלקטיקה **הבלתי־מושלמת** – כלומר, הדיאלקטיקה שסביר לצפות לה מרוב האנשים – אינה מבוססת על אהבת אלוקים **בלעדית**, אלא על התמסרות לערכים רבים. (המשפט "הדיאלקטיקה המושלמת... מתרכזת באהבת־אלוהים בלעדית" הוא תרגום חופשי; במקור האנגלי מופיע "הדיאלקטיקה המושלמת מתבטאת... בהתמסרות לערך אחד").

12. ניתן לנסח זאת כך: **מעשיו** של אדם רצויים הן כאדם א' הן כאדם ב', אך רצוי **שהמוטיבציה** תהיה זו של אדם ב'.

חבר בקהילה העבודה הטבעית של אדם א׳). אף על פי כן, יש לקיומו של אדם א׳ משמעות דתית מכיוון שהוא מבטא את צלם האלוקים שבו ומפגין הוד, אפילו אם אין הוא מוּנָע ישירות מציווי אלוקי. אך יש להבחין בין **מעשיו** של אדם א׳, שהם כאמור בעלי ערך דתי, לבין אישיותו. אדם א׳ אינו **אישיות** דתית, וזאת מכיוון שאין לו עניין בטיפוח קשר אישי עם האלוקים.

לעומת זאת, אדם הפועל בתחום ההדר כחלק מעיסוקו בסוג הנעלה יותר של הדיאלקטיקה, עושה זאת בכוונה מודעת לקיים את רצון האלוקים. וכך, בכל אשר יעשה, גם כשהוא עוסק, למשל, בפוליטיקה, הוא נתון בתודעה של התקשרות בעבודת ה׳;[13] והרצון העז לשרת את האלוקים הוא, כמובן, ערך של אדם ב׳. חיים המונחים על ידי הרצון לשרת את אלוקים אינם כרוכים בעיני הרב בדחייה של אדם א׳. עיסוקו של האדם ב״יישובו של עולם״ נעשה בהוראתו של האלוקים והוא נחוץ לרוחניות היהודית, המושרשת, כאמור, בחיי העולם הזה. יתרה מזאת, כפי שנראה במיוחד ב**איש ההלכה** ו**ובקשתם משם**, היהדות מייחסת חשיבות רבה ליצירתיות האדם ולעצמאותו – תכונות של אדם א׳ – אך מעוניינת שהן ישולבו בעבודת ה׳. בקצרה: האדם חייב תמיד לזכור שאין דבר חשוב יותר מהקשר עם האלוקים, ועליו לכוון את כל מעשיו בהתאם לכך.

לפי הרמב״ם, את אידיאל ההתקשרות התמידית עם האלוקים

13. **במורה נבוכים** (ג, נא), הרמב״ם אומר זאת בפירוש. הוא אף מוסיף עניין חשוב בנוגע לקשר בין ההיבטים הגשמיים והרוחניים של הקמת קהילה. בדברו על משה והאבות, הרמב״ם כותב ש״העיסוקים [הגשמיים] האלה הם עבודת ה׳ צרופה וגדולה״ לא רק מכני ״שבכל המעשים האלה מטרתם הייתה להתקרב אליו יתעלה״, אלא דווקא מפני ש״תכלית מאמציהם במשך קיומם הייתה להביא לידי מציאות אומה היודעת את הא־ל ועובדת אותו״. כאשר ״עוסקים היו בהנהגת האנשים, בריבוי הממון ובהשתדלות למען הקניין״, הם עשו זאת כדי לחזק את היסוד הגשמי של קהילת מאמינים, שיבואו בתורם להשפיע על אחרים. לפיכך, ניתן לומר ״שתכלית כל מעשיהם הייתה מופנית להפיץ את ייחוד השֵם בעולם ולהדריך את בני־אדם לאהוב אותו יתעלה״.

הצליחו לממש רק ארבעה אנשים בתולדות עם ישראל – שלושת האבות ומשה רבנו. כמו הרמב"ם, הרב סולוביצ'יק אינו מצפה שכל אדם יוכל להגיע לרמת איחוד גבוהה כזו; למעשה, הוא מייחס את ההתגברות הסופית על הדיאלקטיקה – יישוב כל הסתירות ומילוי כל הארץ בהרמוניה – לתחום חזון אחרית הימים (עמ' 51, הערה 44). אך במקום אחר הוא טוען שנוכל **להתחיל** להגשים את חזון אחרית הימים כבר בעולם הזה:

> הדבקות,[14] שבמהותה היא חזון אסכטולוגי השלוב בנבואת אחרית הימים, מתחילה להתגשם גם בעולם הזה המבותר והשסוע ובחייו הממשיים של האדם בן קיום פגום ועריר. היהדות ידעה תמיד על רציפות של קיום זמני וקיום נצחי, של עולם נאבק על קיומו ועולם פדוי, של עולם מזוהם ועולם שכולו טהור וטוב. (**ובקשתם משם**, עמ' 189)

אי אפשר להגשים את חזון האחדות במלואו לפני ביאת המשיח, אבל החזון יכול לפחות לסמן לנו כיוון. ייתכן שהרב רוצה לומר שאף שרובנו נידונו לחיות בעולם של דיכוטומיות ותנודה דיאלקטית, עלינו לשאוף כמיטב יכולתנו להגיע לאידיאל של איחוד ההיבטים השונים בקיומנו.

נסכם: מהו הדבר החדשני ביותר בתיאוריה של הרב סולוביצ'יק לגבי שני סוגי האדם? הייתי מצביע על שתי נקודות עיקריות:

1. קיומו של אדם א' הוא לרצון לפני הקב"ה, ולכן יש למעשי היצירה וההדר שלו ערך דתי.

2. אף על פי כן, אדם ב' אינו תלוי באדם א', ובסופו של דבר הוא משמעותי יותר. הדת (תחומו של אדם ב') אינה נכנעת בפני התרבות

14. הדבקות היא פסגת ההישגים הדתיים המושגת באמצעות איחוד יצירתיות האדם ועצמאותו יחד עם מחויבותו הדתית המוחלטת.

(יצירתו של אדם א'), אלא היא כוח קדמון שאין צורך להעניק לו לגיטימציה במושגים אחרים. בכך נתמקד בארבעת הפרקים הבאים.

לעיון נוסף:

1. **אישור הקיום הגשמי:** עיינו בפרק 5 לעיל. נושא זה מופיע כמוטיב חוזר גם **באיש ההלכה**. לניתוח דעותיו של הרב סולובייצ'יק בנוגע ליחס שבין הדת (אדם ב') והתרבות (אדם א'), עיינו אצל R. Sol Roth, *The Jewish Idea of Culture* (Hoboken, NJ, 1997). רוב הספר מתמקד **באיש האמונה הבודד**.

2. **ברכות:** כידוע, ברוב הברכות שתיקנו חכמים אנו עוברים באמצע הברכה מפנייה לאלוקים בגוף שני ("ברוך אתה") לפנייה בגוף שלישי ("אשר קידשנו במצוותיו", במקום "אשר קידשתנו במצוותיך"). בעמ' 46, הערה 40, הרב מייחס את השינוי ל"תנודתו המתמדת הדיאלקטית של האדם בין החוויה הקוסמית של האלוקים והחוויה של הברית עם האלוקים" – הפנייה הקוסמית נעשית בגוף שלישי ופניית הברית בגוף שני. אמנם, **בובקשתם משם** (עמ' 178) הרב מייחס את השינוי לדיאלקטיקה בין אהבה ויראה. ראו בפרק 32 להלן.

פרק 15
החתירה תחת הדת

עמודים 51–60 של **איש האמונה הבודד** (פרק ט׳ במקור האנגלי) הם השיא שאליו מוביל המאמר כולו. הרב סולוביצ׳יק שב בעמודים אלה לעסוק בשאלה שהציג בתחילת המאמר, וחושף בפנינו את מלוא עוצמת המשבר שאיש האמונה מתמודד איתו בימינו.

כזכור, בתחילת המסה כתב הרב שמטרתה היא לבחון את בדידותו של איש האמונה הנחווית בשני מישורים – במישור המהותי ובמישור ההיסטורי.[1] שני סוגי בדידות אלו שונים הן במקורם, הן בהשפעתם:

> עם שבדידותו המהותית של איש האמונה מקורה במצב שנוצר על־ידי רצונו של ה׳, ומתוך שהיא חלק מגורלו האנושי היא גם חוויה טובה ורצויה, הרי הסוג המיוחד של הבדידות (שהזכרנו בפתח חיבור זה) נושא אופי חברתי ומקורו במצב היסטורי שנוצר על־ידי האדם, ועל כן בדידות זו היא חוויה רעה ומתסכלת. (עמ׳ 51)

״הבדידות המהותית״ נובעת כזכור מקריאתו הכפולה של האלוקים לאנושות, ולכן היא מנת חלקם של כל אנשי האמונה. אף שבדידות זו

1. עיינו בפרק 11 לעיל. לאורך המסה, המישור המהותי מכונה גם המישור האונטולוגי.

קשה ותובענית, אין ספק שהיא מקור לצמיחה דתית וליצירתיות, שהרי הללו ניתנות להשגה רק באמצעות מאבק. אלא ש"איש האמונה בן־דורנו מצוי במשבר קשה ומייסר ביותר" (עמ' 11) עקב בדידות אחרת, "בדידותו ההיסטורית": הבדידות הנובעת מהנסיבות ההיסטוריות, מהחברה המסוימת ומהתרבות הספציפית שנקלע אליהן. לפיכך, עיקר עניינו של הרב במאמר הוא לבחון את סיבת בדידותו ההיסטורית של איש האמונה בן־דורנו וכן לבחון את אופייה של חוויה זו.

כדי לעשות זאת, נדרש הרב ליצור קודם כול את המסגרת לדיון: הדיכוטומיה בין אדם א' לאדם ב' (עמ' 9-45, שהם פרקים א'-ז' במקור). לאחר מכן עיין הרב בקשר האידיאלי השורר בין שני מרכיבים אלה באישיות האדם (עמ' 45-51 – פרק ח'). כעת יכול הרב סוף כל סוף לעסוק במשבר בעידן הנוכחי, עידן שבו הופר האיזון בין שני המרכיבים. בעמודים שלפנינו – כאמור, פרק ט' במקור – מאבחן הרב את סילוף האמונה בעולם המודרני, מטיח ביקורת קשה בצורות העכשוויות של הדת המאורגנת, וחושף את מצבו הבודד והרעוע של איש האמונה על כל ממדיו הטרגיים.

דחיית אדם ב'

הבדידות ההיסטורית של איש האמונה בן דורנו נובעת מכך שמחויבותו הדתית, זו המתוארת במושגי הברית והגאולה של אדם ב', אינה מובנת לאדם המודרני.[2] זה האחרון הלך שבי אחר הצלחתו האדירה בתחום ההדר והכבוד, והתפתה להאמין שכל חייו מסתכמים בפן של אדם א'. הוא מסרב להכיר בדואליות הטבועה באדם.

2. יש לציין את ההבחנה – הן **באיש האמונה הבודד**, הן בדיוננו – בין "איש האמונה בן דורנו" לבין "האדם המודרני". איש האמונה בן דורנו סובל מבדידות היסטורית, והאדם המודרני הוא הסיבה לכך. כל זאת יוסבר בהמשך.

> מתוך שהוא דוחה את האדם השני, נמצא שהאדם בן־ימינו מבטל את קהילת האמונה ובעלת הברית כדבר מיותר שאבד עליו הכלח. (עמ' 52)

היות שהאדם המודרני מגלם אך ורק את אדם א', הוא חושב במושגים אנושיים מוגבלים ויחסיים, ומדריכים אותו רק שיקולים של תועלת ושל אימות (כלומר, מה שמועיל לו ומובן לו). אדם ב', לעומתו, חושב במושגים מוחלטים המתעלים על הסופיות האנושית, ומונחה בידי מחויבות שהיא "למעלה מן השכל ונעדרת הנאה חושנית" (עמ' 55).[3] לפיכך, כאשר אנשי האמונה האמתיים, יחידי הסגולה שעוד דוגלים בהשקפת עולמו של אדם ב', מדברים על הצורך האנושי הבסיסי בגאולה, הכרוך בהקרבה עצמית ובמחויבות מוחלטת לאלוקים – הם נתקלים בחוסר הבנה אטום מצד האדם המודרני, ולעתים אף סופגים את חִצֵּי לעגו. לפיכך, בדידותו של איש האמונה בן דורנו הופכת לבידוד חברתי – וכתוצאה מכך, לחוויה מתסכלת ומזיקה.

לבו של המשבר

הרב סולוביצ'יק מאבחן לא רק את בידודה של הקהילה הדתית בעולם הולך ומתחלן; הוא עוסק במצב טרגי ומסוכן בהרבה: **חילון הדת עצמה.** חידושו הגדול של הרב במאמרו נמצא בטענה שאפילו האדם המודרני "הדתי" דוחה את אדם ב'! מסגרות דתיות רבות בדורנו אינן דוגלות במחויבות האמונה של איש הברית אלא דווקא ב"תרבות הדתית" (עמ' 58) של איש ההדר. דרכם הדתית היא זו של אדם א'.[4] הוא מסביר

3. זאת אומרת, בעוד אדם א' מונחה בידי המובן והמועיל, אדם ב' מחויב לגישה שהיא "למעלה מן השכל" (בניגוד ל"מובן") ו"נעדרת הנאה חושנית" (בניגוד ל"מועיל").
4. אוסיף ואומר, כפי שנראה בהרחבה בפרק 18, שהרב מתכוון לכלול בביקורתו

שכאשר הוא מדבר על האדם המודרני הדוחה את אדם ב׳ הוא מתייחס לא לאדם המודרני האתיאיסט, אלא -

> אל האדם המערבי המשתייך אל הדת המאורגנת והתומך בנדיבות במוסדותיה. הוא נמצא כיום בסכנה פן יאבד את תודעתו הדיאלקטית [המחויבת לגישותיהם של אדם א׳ ואדם ב׳ גם יחד]... האדם בעל ההדר רואה בתודעתו הדיאלקטית משא כבד מדי, המפריע לו בשאיפתו לאושר ולהצלחה, ולכן הוא נכון להסיר מעל עצמו את התודעה הזאת. (עמ׳ 52)

אדם א׳ המוצלח הרחיב את מרץ הכיבוש אף לתחום הדתי. הוא הצליח לחדור לתחום הדתי ולהשתלט עליו – ועל ידי כיבוש זה חתר תחת משמעות הדת וסילף אותה. דתו של אדם א׳ היא דת של נוחות, לא מחויבות. מטרתה לשרת את צרכיו, לא לקיים את רצון ה׳. אדם א׳ המודרני אינו מבין את משמעותה של מסירות מוחלטת ואינו חש בצורך בגאולה, הדברים שהם מהותה של האמונה. לפיכך נופלים דברי איש האמונה על אוזניים ערלות גם בקרב ״הדתיים״, ואיש האמונה מוצא את עצמו מבודד אפילו בתוך הקהילה ״הדתית״. זוהי הטרגדיה האמתית של איש האמונה, והיא המעמידה את הסכנה החמורה ביותר האורבת לעתידה של האמונה.

כדי להעריך את המצב לאשורו עלינו לבחון תחילה שני נושאים. המשך פרק זה יוקדש לראשון שבהם, גישתו של אדם א׳ לדת. הפרקים הבאים יוקדשו בעיקר לסוגיית עצמאות האמונה, דהיינו, כיצד מחויבותו הדתית של אדם ב׳ אינה יכולה להתפרש באמות המידה הפרקטיות־תועלתניות של אדם א׳. לאחר שנדון בשני הנושאים הללו

לא רק תנועות שנתפסות על ידו כאפיקורסיות, אלא גם, ואולי בראש ובראשונה, את קהילתו ה״אורתודוקסית־מודרנית״.

נוכל לבחון את האפשרויות העומדות בפני איש האמונה המתמודד עם השתלטותו של איש ההדר על הדת.

דת אדם א'

אדם א' דבק בצורה מסוימת של דת כל עוד היא מביאה לו תועלת בהשגת ההוד; הוא אינו מחויב לדת במובן מוחלט, ואינו מוכן להקריב למענה אף לא אחת ממטרותיו מתחום ההדר. למעשה, הדת לדידו אינה אלא ביטוי נוסף לבקשת ההדר. כמו כל דבר שהוא עושה, מדובר במפעל המעמיד במרכז את האדם (ולא את האלוקים), ואשר נועד להאדיר את דימויו העצמי ולהגדיל את נוחותו. גישה זו יכולה לפעמים לבוא לידי ביטוי בדמותן של נדבנות ופעילות חברתית ראויות לשבח, שהרי אדם א' אינו יצור גס וחומרני בלבד; תפיסתו היא "אנושות = כבוד = **אחריות** = הוד" (עמ' 18). אך כאשר אדם א' מאמץ חלק מגילוייה החיצוניים והטקסיים של הדת הוא מרוקן אותם מתוכנם הנשגב, משום שאינו מבקש להגיע דרכם למפגש גואל עם האלוקים. הנה כי כן, השתייכות לממסד דתי אינה הופכת אדם לאיש אמונה. בלשונו של הרב, האדם המערבי המשתייך לממסד דתי –

> אינו משתייך לקהילת אמונה וברית אלא לקהילה דתית. שני סוגי הקהילה רחוקים זה מזה כמרחק שני סוגי האדם. בעוד שקהילת האמונה והברית חדורת שאיפה לחיים של גאולה, הרי הקהילה הדתית מתמסרת להשגת כבוד והצלחה, ובכך דומה היא לכל שאר סוגי הקהילות, כגון הפוליטית, המדעית, האמנותית, שהן יצירותיו של האדם הראשון, ואשר כולן תואמות אותם דפוסי מבנה סוציולוגיים. הקהילה הדתית היא, אפוא, קהילה פעילה שיש בה שני אישים אך נעדרת ממנה "האישיות השלישית" [האלוקים]. תכליתה העיקרית היא לקדם את האינטרסים – לא להעמיק ולטפח את ההתחייבויות – של האדם המעריך את הדת

> במידה שהיא מועילה לו והרואה במעשה הדתי עניין העשוי להרבות לו אושר. תפיסה זו של הדת אצל האדם בעל ההדר אינה מוטעית לגמרי – בתנאי, כפי שאבאר להלן, שהוא יכיר גם בצדדים הבלתי פרגמטיים של הדת. (עמ׳ 52)

קטע זה ראוי לעיון מדוקדק, וברצוני להדגיש כמה נקודות שעלו בו.

השימוש שעושה אדם א׳ בקטגוריות של אדם ב׳

כפי שהזכרנו לעיל, אדם א׳ לכוד בתוך הסדר הטבעי ומפרש את קיומו במושגים שכליים ותפקודיים. אדם ב׳, לעומת זאת, עוסק גם במה שמעבר לו ולקיומו הגשמי. הם מחזיקים אפוא בשתי נקודות מבט שונות ביסודן.

הרב מכנה את תחומו של אדם א׳ ״תרבות״, בהיותה פרי יצירתו של האדם בלבד. אך בתור שכזאת, אופקיה מוגבלים לתחום הנתפס על ידי האדם – ודבר זה, בהכרח, מקנה לכלל המפעל התרבותי ערך מוגבל ויחסי בלבד (מכיוון שהאדם הוא ברייה מוגבלת). אדם א׳ אינו יכול למצוא בכוחות עצמו ערכים שיתעלו מעבר לו. רק אדם ב׳, המנהל קשר קרוב עם האלוקים, מסוגל לדבר במושגים מוחלטים.

כתוצאה מכך מתמודד אדם א׳ עם בעיה. הוא אינו שבע רצון מהצלחה חומרית בלבד, אלא ״תכופות מפסיק האדם את צעדתו [קדימה], פונה לאחוריו, רואה וסוקר את הישגיו היצירתיים, בעשותו מאמץ לקבוע אותם בפרספקטיבה פילוסופית וערכית״ (עמ׳ 53). הוא רוצה להקנות לעיסוקיו ״קביעות, התמדה וערך״ (עמ׳ 54). אך דברים אלה ניתנים להשגה אך ורק תוך התייחסות לעולמו המושגי של אדם ב׳.

לפיכך, כדי ״לחזק את בניינו התרבותי״ (עמ׳ 54), חייב אדם א׳ לבקש תמיכה מאדם ב׳. שאילת קטגוריות מושגיות מאדם ב׳ מאפשרת לאיש ההדר לרומם את חווייתו האסתטית לדרגת ״הנשגב״, מאפשרת לו לקבל אישור נעלה יותר לנורמה המוסרית שלו, מספקת לו גישה

לכוחות המרפאים של אמונה בזמני משבר, וכן הלאה (עיינו בעמ' 55-53). בקצרה: באמצעות שאילת מושגים מאדם ב', מסוגל אדם א' להחדיר למסגרת ההתייחסות שלו מרכיב טרנסצנדנטי, שאינו תָחום בזמן, במרחב או במגבלות הסופיות האנושית.

הרב סולוביצ'יק מסביר זאת בעזרת מטאפורה הולמת: תרגום משפה לשפה. הבה נדמיין שבתחום ההדר (תרבות) ובתחום הברית (אמונה) מדברים שתי שפות שונות. הרב מעלה שתי נקודות חשובות: (1) שפת תחום הברית ניתנת לתרגום חלקי לשפת התחום התרבותי; אך (2) היא אינה ניתנת לתרגום מלא.

מעשה התרגום (קרי, אדם א' המתרגם ל"שפתו" מונחים מ"שפתו" של אדם ב') הוא דבר חיוני, לגיטימי ואפשרי. הוא **חיוני**, כפי שזה עתה ראינו, כדי להקנות ערך נעלה יותר למאמצי אדם א'. הוא **לגיטימי** מכיוון שהאלוקים עצמו חפץ בקיומו של אדם א'. הוא **אפשרי** כי –

> האלוהים לא היה נוטע באדם בעל ההדר את הזיקה להכרות רוחניות ולאידיאות אילו לא היה מעניק לאיש האמונה את הכישרון לתרגם כמה מחוויות ההתגלות שלו – שהן למעלה מן השכל ונעדרות הנאה חושנית – לשיטה של ערכים ואמיתות המובנים על-ידי האדם בעל ההדר. (עמ' 55)[5]

הבעיה היא שאדם א' בן דורנו סבור שניתן לתרגם את שפת אדם ב' **במלואה** למושגיו שלו. לו היה הדבר כך, לא היה כל ייחוד ועצמאות לתחום הברית. על ידי הבנה מסולפת זו, אדם א' מכפיף את הדת לתרבות. הוא מעריך את הדת במושגי תרבות והדר בלבד, ואינו מכיר בשום דבר מעבר לכך.

5. אולם חשוב לציין שכאשר תפיסות אלה מתורגמות, הן כמעט ואינן מזכירות את צורתן המקורית. עיינו למשל **באיש האמונה הבודד**, עמ' 56, הערה 47.

פרגמטיזם דתי

לא זו בלבד שלגיטימי שאדם א' ישאל מאדם ב' מושגים כגון הנעלֶה והנצחי, אלא יש גם לגיטימציה לכך שאדם א' יראה במעשה הדתי דבר המניב פירות מעשיים. אורח החיים הדתי של אדם ב' אכן יכול להביא תועלת בתחומו של אדם א'. מסביר הרב:

> הרעיון שאפשר לתרגם אספקטים מסוימים של האמונה למונחים פרגמטיים, אינו חדש. המקרא כבר ציין כי קיום מצוות ה' מביא לאדם אושר בעולם הזה, וחיים של משמעות, כבוד ועונג. לפרגמטיזם[6] הדתי נועד מקום בתוך הפרספקטיבה של איש האמונה. (עמ' 55, הערה 46)[7]

אולם חשוב ביותר שהאדם לא יתייחס לאמונה **אך ורק** במונחים פרגמטיים. עליו להיות מחויב לאלוקים גם אם לא ניכר שמחויבות זו מביאה לאושר ולסיפוק, ואף אם המחויבות אינה תמיד מובנת לו.

> תפיסה זו של הדת אצל האדם בעל ההדר אינה מוטעית לגמרי – בתנאי, כפי שאבאר להלן, שהוא יכיר גם בצדדים הבלתי פרגמטיים של הדת. (עמ' 52)

אם איש ההדר אינו מצליח להכיר "גם בצדדים הבלתי פרגמטיים של הדת", הוא יחמיץ את כל מה שייחודי בדת, וממחוות האמונה שלו תופקענה "מידותיה הגואלות והמרפאות" (עמ' 59). אדם א' המודרני חותר תחת האינטרסים שלו עצמו, שכן הדת יכולה להעניק לו את מבוקשו בתנאי שישמור על שלמותה ועל חיבורה למקורה הנשגב.

6. פרגמטיזם – גישה המעריכה דברים על פי תועלתם המעשית.
7. במובן שונה, אך קשור במידת מה, הרב מדגיש **בובקשתם משם** (עמ' 132–133) את הלגיטימיות של דתיות המבוססת על פחד מעונש וציפייה לשכר ("שלא לשמה"). ראו **לעיון נוסף**, 1.

דפוסים סוציולוגיים

כיוון שהאדם המודרני משתמש בדת רק כדי לקדם את מרוצו אחר ההדר, ואינו מכיר בכך שהאמונה מציבה בפניו דרישות עצמאיות ומוחלטות, הוא מקים "קהילה דתית" בעלת מבנה זהה לכל שאר הקהילות שמקים אדם א'. מדובר בקהילה של אינטרסים ולא של מחויבות. חבריה אינם מאוחדים מכוח מסירות הדדית לאלוקים ולהשגת הגאולה, אלא מכוח הרדיפה המשותפת אחר ההדר והנוחות.[8]

מה פירוש הדבר באופן מעשי? אם האדם מתייחס לדת רק כשיטה נוספת להשגת אושר – ולא ככוח עצמאי, נשגב ויסודי המציב בפניו דרישות – הוא ניגש לדת עם השאלה "מה יש לה לתת לי?". במצב זה, הדת נאלצת לצדק את עצמה ברוח זו ולשווק את עצמה לציבור, והיא נעשית חלק מהחברה הצרכנית הרחבה.

הנה דוגמה מילדותי בארצות הברית. אני זוכר שבמהלך שידורי הסרטים המצוירים בבוקרי יום ראשון, שהוא יום חופש מלימודים, שודרה פרסומת מסוימת בתדירות גבוהה. בפרסומת הופיעה משפחה אמריקנית מטופחת ומסודרת לדוגמה שכל בניה לבושים במיטב מחלצותיהם ועושים את דרכם לכנסייה. לאחר שהם חוזרים הביתה, הם יושבים לסעוד ארוחה דשנה ואינם חדלים לחייך באושר קורן ולהרעיף זה על זה אהבה וחיבה. כשהתמונה המלבבת הייתה מתפוגגת, הופיעה הכתובית:

משפחה שמתפללת יחד – נשארת יחד[9]

איזה מסר הובע בפרסומת? שיש לשווק את הדת ממש כאילו הייתה משחת שיניים או אבקת כביסה. עליך להיות דתי כיוון שזה טוב לך.

8. ראה **לעיון נוסף**, 2.
9. .The family that prays together — stays together

חושש מגירושין? לך לכנסייה. רוצה ילדים מאושרים ומחייכים? לך לכנסייה. נסה ולא תתאכזב.

אין לי כל כוונה להמעיט בערכה של ההרמוניה המשפחתית. זהו ערך שגם אדם ב׳ מסוגל להוקיר. הבעייתיות נעוצה בגישת ה"מה יוצא לי מזה?" שעל פיה הדת נאלצת להוכיח את יעילותה ל"צרכן הדתי". האדם תובע מהדת להתאים עצמה לצרכים **שלו**, ולא להפך.

במצב כזה, הדת מאבדת מהאותנטיות ומהעוצמה שבה. היא מדללת את עצמה כדי למשוך מאמינים; לא פעם היא אפילו נוטה לשנות את המסר שלה מהקצה אל הקצה. היא נאלצת לשווק את עצמה בשוק הרעיונות על בסיס הערכים שאנשים **כבר מחזיקים בהם**, אף שרעיונות אלה אינם נובעים בהכרח ממקורות דתיים. הדת מנסה **לקסום** לציבור במקום **ללמד** אותו; היא מחזקת את הערכים (השייכים להדר) שהציבור מאמין בהם במקום להכתיב ערכים חדשים.

בדרך כלל, אנשים אינם רוצים לשמוע על הַקְּרָבָה, ענווה ובדידות. הם רוצים שהדת תהיה פחות תובענית ותספק יותר הנאות מיידיות. הדת, בעיניהם, אינה אמורה לשנות אותם, אלא להפך: למלא אותם בתחושה טובה כלפי עצמם. כשאנשים נעדרי מחויבות איתנה לאמונה אינם אוהבים את המסר שהם שומעים, הם פשוט יתעלמו ממנו בשאננות, או יסתלקו ויעברו לסביבה נוחה יותר. בנסיבות שכאלה, מי מגיע לעמדות הנהגה בקהילה הדתית? בדרך כלל לא המלומד, ההגון או הצדיק שבחבורה, אלא איש המכירות המצטיין.

בפרק הבא נבחן את צדה האחר של הדילמה – סירובו העיקש של אדם ב׳ להזדהות לחלוטין עם מטרותיו ורעיונותיו של אדם א׳. לאחר שנעיין בהרחבה בהתנגשות התפיסתית בין דתו של אדם א׳ ואמונתו של אדם ב׳, נפנה לשאלה – מה עכשיו?

לעיון נוסף:

1. **"שלא לשמה" בדת:** הרב סולוביצ'יק מתמודד בגלוי עם הפילוסופיה של עמנואל קאנט לאורך כל כתביו (במיוחד **באיש ההלכה**, כפי שנראה בפרק 30). **באיש האמונה הבודד**, הרב מזכיר את המוסר הקאנטיאני כניסיון להקנות תוקף מוחלט ליצירה תרבותית אנושית (עמ' 58). במרכז שיטתו של קאנט עומד "הצו הקטגורי", עקרון הגיוני המנחה מעשה מוסרי. כיוון שבעיני קאנט, העיקרון תובע מחויבות ללא תנאי, נוכל לומר שבמובן זה התחום המוסרי של קאנט מקביל לתחום הדתי של הרב סולוביצ'יק. אך אם כך הוא, כדאי לציין ניגוד מדהים ואירוני בין השניים (גם בלי להיכנס לפרטי הפילוסופיה הקאנטיאנית).

קאנט ידוע כמי ששלל את הלגיטימציה למניעים שהם בבחינת "שלא לשמה" במילוי "הצו הקטגורי": לדעתו יש לציית להוראות הצו הקטגורי אך ורק מתוך תחושת חובה. והנה, דווקא הרב סולוביצ'יק, הקורא לציית לנורמות הנובעות מהתגלות על־אנושית ולא מהשכל האנושי המוגבל בלבד, מודה שלגיטימי לציית לנורמות הללו אף מתוך מניעים פרגמטיים!

כמובן, וכאמור, הרב סולוביצ'יק דורש שמחויבותו של האדם לאמונה לא תתבסס **רק** על שיקולים מעשיים. עם זאת, יש הצדקה למידת מה של פרגמטיזם. נוסף על כך, אף שבקשַת הדת מתוך שיקולים מעשיים ("שלא לשמה") מצטיירת **בובקשתם משם** כמרכיב חיוני לכאורה בהתפתחותו הדתית של האדם, חשוב לציין ששלב ה"שלא לשמה" הוא הראשון בשלושת השלבים המתוארים שם. ככל שמעמיקה התודעה הדתית פוחתים השיקולים המעשיים – אך הם אינם נעלמים לחלוטין. אפילו האנשים המצויים בפסגת ההתפתחות הדתית לעולם אינם מאבדים קשר עם הפחד והביטחון הפיזיים הנובעים מתוך שכר ועונש אלוקיים. הם "הרקע לחיי הדת, בלעדם כל עניין של דתיות לא יכול להתקיים" (**ובקשתם משם**, עמ' 161).

לדעתי, הדוקטרינה "הגילויית" של הרב סולוביצ'יק, הכוללת הכרה כנה בחולשה ובשבריריות הטבועות במהותו של האדם, מחוברת למציאות האנושית יותר מהדוקטרינה הפילוסופית האידיאליסטית של קאנט.

2. **הסוציולוגיה של הדת:** ההנחה שקהילתו הדתית של אדם א' מקבילה מבחינה מבנית לקהילות אחרות של אדם א' מהווה יסוד בסוציולוגיה המודרנית של הדת. תחום חקר זה בוחן את הדת כתופעה חברתית, ומוצא בה קווי דמיון להתקבצויות חברתיות אחרות. עיינו, למשל, בחיבורו החלוצי של פיטר ברגר **החופה המקודשת** (Peter Berger, *The Sacred Canopy* [New York, 1967]) בעיקר בפרקים 6 ו-7, וכן בחיבוריו הבאים של ברגר בנושא זה (דוגמת *The Heretical Imperative*). **יש לציין שאיש האמונה הבודד יצא לאור שנתיים לפני צאת החופה המקודשת.**

פרק 16

עצמאות האמונה

מדוע איש האמונה בן דורנו "בודד באופן מיוחד" (עמ' 11)? נסכם בקצרה את טיעונו של הרב עד כה. האמונה (אדם ב') והתרבות (אדם א') מייצגות שני צדדים בלתי תלויים של דיאלקטיקה נצחית הטבועה במין האנושי. אף על פי כן, האדם המודרני[1] מזדהה רק עם צד אחד של הדיאלקטיקה: ערכי ההוד, ההדר והאחריות של אדם א' היוצרים טכנולוגיה והיבטים נוספים של התרבות האנושית. שיכרון הצלחתו של האדם המודרני בתחום הטכנולוגי־מדעי הביא אותו לצמצם את עולמו הפנימי כך שיכלול רק ערכים ותגובות רגשיות המשקפים את הדרו ומעצימים אותו. הענווה והתחושה המתמדת של חוסר שלמות, המאפיינות את אדם ב', זרות לו מכול וכול. אולם אין פירוש הדבר שהאדם המודרני נוטש את הדת לחלוטין. הוא מאמץ חלק מצורותיה החיצוניות, אך מרוקן אותן מתוכנן הקשור בברית ובגאולה וממיר את התוכן הפנימי בערכי הָדָר.

איש האמונה בדורנו מתמודד אפוא עם חילוניות עזה ותקיפה שחלחלה אף לתוככי הדת המאורגנת. דומה כי איש האמונה, אדם ב', הדובר "שפה זרה" של גאולה הכרוכה בדרך כלל בהקרבה ובכניעה בפני הקב"ה, איבד את היכולת לתקשר עם החברה הסובבת אותו.

1. כפי שצוין בפרק הקודם, כאשר אני מדבר על "האדם המודרני", כוונתי לנציגה האופייני של החברה הכללית בזמננו, להבדיל מ"איש האמונה בן דורנו" שהחברה מבודדת ודוחקת לשוליים.

הוא אינו חווה תחושה ממריצה של ייחודיות ושיח פורה בין הכוחות השונים השוכנים בקרבו, אלא סובל מבידוד חברתי ומבדידות מייסרת. החברה אינה מבינה ללבו, שמה אותו ללעג ומתייחסת לאורח חייו "כדבר מיותר שאבד עליו הכלח" (עמ' 52).

בפרק הקודם עיינו בהיבט אחד של הבעיה: העמדה הדתית שמאמץ אדם א'. כעת נעסוק במרכיב השני: התעקשותו של אדם ב' לשמור על עצמאות, סירובו העיקש להיכנע לתכתיבי החברה המודרנית ולהסתגל אל מטרותיו וערכיו של אדם א'. בפרק זה נניח את היסודות התיאורטיים לעצמאות האמונה.[2] בצמד הפרקים שאחריו נעיין בחלק מהשלכותיה – העיוניות והמעשיות. בפרק 17 ננתח את תגובתו של הרב סולוביצ'יק לביקורות אינטלקטואליות שונות על האורתודוקסיה, ובפרק 18, החותם את עיוננו ב**איש האמונה הבודד**, נבחן, לאור הרעיונות המובאים כאן, כמה מתשובותיו ההלכתיות של הרב וכן כמה מהחלטותיו בענייני מדיניות ציבורית.

שיקול קר או מחויבות נלהבת

כיצד עוברת הדת תהליך של חילון? בפרק הקודם ראינו שאף כי אדם א' ואדם ב' דוברים שפות מושגיות שונות ומאמינים בערכים שונים, אדם א' נדרש לשאול מושגים אחדים מאדם ב' כדי לחזק את המבנה התרבותי שלו. תרגום כמה מקטגוריות הגאולה של אדם ב' למושגים תרבותיים הוא דבר לגיטימי לחלוטין. אולם האדם המודרני אינו מסתפק בתרגום **חלקי**, אלא מעריך את הדת **כולה** על פי מידת התאמתה למטרות ההדר שהציב לעצמו. בכך הוא משעבד את הדת ליעדי התרבות וההדר בלי להכיר בכך שלתחום הדתי יש תביעות עצמאיות משלו. למעשה, חוויית האמונה יוצאת אל האדם בקריאה

2. בדיון להלן המונחים "עצמאות" ו"אוטונומיה" מורים על כך שהתחום המדובר (אמונה, הלכה, וכו') אינו נגזר מתחום אחר ואינו כפוף לו.

המצויה הרבה מעבר להבנתו המוגבלת ולמטרותיו המעשיות. כמצוטט לעיל, הרב מתאר את חוויות האמונה כ"למעלה מן השכל ונעדרות הנאה חושנית" (עמ' 55).

מדוע הדבר כך? האמונה נטועה לא רק בשכל אלא במכלול אישיותו של האדם, ומשפיעה על כל רובד בקיומו (כגון הרובד האסתטי, הרגשי והמוסרי, כפי שראינו במאמר "צירוף"). לפיכך, מחויבות האמונה אינה יכולה להתבסס על יסודות מעשיים או תועלתניים, משום שהמעשיות והתועלתניות הן קטגוריות תפקודיות בלבד, הנובעות ממרכיב צר (אך משמעותי) בקיומו של האדם, קרי, המרכיב השכלי. במילותיו החזקות של הרב:

> אין קטגוריות של הכרה שבהן אפשר לבטא את מלוא ההתחייבות של איש האמונה. ההתחייבות אינה מושרשת בממד אחד, כגון הממד הרציונלי [=שכלי], כי אם במלוא האישיות של איש האמונה. האדם כולו, על האספקטים הרציונליים והבלתי־רציונליים שלו, מתחייב כלפי האלוהים. לפיכך אין שיעור ההתחייבות ניתן להבנה על־ידי מידות השכל והמוסר. פעולת האמונה היא קדמונית, היא מתפוצצת בכוח יסודי... השכל אינו משרטט את המסלול בו הולך איש האמונה; תפקידו של השכל בא לאחר המעשה. השכל מנסה לאחר המעשה לחזור על עקבותיו של איש האמונה, ואפילו בניסיון צנוע זה אין השכל מצליח לגמרי... החוויה הגדולה שלו מניעה את איש האמונה ועל כן יכול הוא להגיע אל הנקודה בה הגיון השכל ואפילו הגיון הלב והרצון... נכנעים להתחייבות "אבסורדית". איש האמונה מתחייב לאלוהים מתוך "שיגעון" והוא "משתגע" באהבת ה'. (עמ' 55–56)

התארים "אבסורדי" ו"משתגע" מציינים כי מחויבותו של איש האמונה אינה מיוסדת על שיקולים הגיוניים קרים או על תועלת מעשית. היא בלתי־רציונלית, או על־רציונלית – אבל לא אנטי־רציונלית; במילים

אחרות, המחויבות **אינה קשורה** להיגיון, אולי היא **מעבר** להיגיון, אך אין היא **מנוגדת** להיגיון.[3]

כאן מזדקר לפנינו במלוא קומתו ההבדל בין מחשבתו של הרב סולוביצ׳יק ובין המסורת השכלתנית של הפילוסופיה היהודית בימי הביניים, שביססה את החיים הדתיים על הוכחות שכליות בדבר קיומו של האלוקים.[4] לפי הרב סולוביצ׳יק, תודעת האלוקים של איש האמונה, או חוויית האלוקים שלו, היא המרכזית בתפיסת עולמו ובתודעת העצמי שלו. פירוש הדבר הוא שאיש האמונה אינו מסוגל לתפוס את עצמו או את העולם בלי לחוש את נוכחות האלוקים. האמונה היא לו מודעות בסיסית, הנחת יסוד (או במינוח טכני: אקסיומה אַפְּרִיוֹרִית), ולא מסקנה שניתן להגיע אליה על בסיס הנחות מסוימות.[5] בשלב זה בדיון, חשוב ביותר להכיר בכך שהאמונה אינה נגזרת של עיסוקיו האחרים של האדם ואינה תוצאתם הטבעית, אלא היא כוח ״קדמוני״, ייעוד בסיסי בזכות עצמו. אין היא כפופה למטרות וערכים אחרים, ויש לשמור על עצמאותה – ובעידן המודרני, ביתר שאת.

עצמאות ההלכה

הנחתו של הרב בדבר עצמאות התחום הדתי בכלל וההלכה בפרט תופסת מקום מרכזי בהגותו. בטרם נבחן את ההשלכות של הנחה זו ביחס ל**איש האמונה הבודד**, נעיין בכמה הקשרים אחרים שהנושא עולה בהם.

החיבורים **איש ההלכה** (למשל, עמ׳ 25–35) ו״מה דודך מדוד״

3. הרחבה בעניין חשוב זה ניתן למצוא בהערה 47 של **איש האמונה הבודד** (עמ׳ 56–57).
4. הרב מעדיף לראות את השוני הזה כפרשנות מחודשת, לא כשֶבֶר. מערכת היחסים של הרב עם המחשבה היהודית בימי הביניים מורכבת ונדון בה בפרק 33. עיינו גם בפרק 12 לעיל, **לעיון נוסף** 3.
5. עניין זה מוביל ישירות לבעיית התקשורת של האמונה, שבה נעיין בפרק 18.

(עמ' 70-85) עוסקים בעצמאות המערכת ההלכתית. הרב סולוביצ'יק קובע שההלכה מהווה תחום קוגניטיבי עצמאי, ויש ללמוד אותה ולישמה על פי עקרונות הגיונה הפנימי ולא על פי אמות מידה זרות של סיבתיות היסטורית, כלכלית או סוציולוגית. הרב סבור, כמובן, ששיטת בריסק מיטיבה לחשוף את "הגיונה הפנימי" של ההלכה, כפי שהוא כותב בתמציתיות נוקבת:

> קאנט בשעתו הכריז על עצמאותה של התבונה הטהורה של ההכרה המדעית־מתמטית. [באופן דומה, סבי] ר' חיים נלחם את מלחמת השחרור של תבונת ההלכה ותבע לה אוטונומיה שלמה. פסיכולוגיזציה או סוציולוגיזציה של ההלכה הן התנקשות בנפשה, כשם שניסיון כזה יחריב את החשיבה המתמטית. אם החשיבה ההלכתית תלויה בגורמים נפשיים, הריהי מפסידה את כל האובייקטיביות ומידרדרת לדרגה של סובייקטיביות שאין בה ממש... ("מה דודך מדוד", עמ' 78)

במילים אחרות, המתמטיקה היא מערכת אוטרקית שבה נדרש מאתנו לשאול כיצד פועלת המערכת ולא מדוע היא בנויה בצורה מסוימת. הצעת נימוקים פסיכולוגיים או סוציולוגיים לכללים מתמטיים תיחשב לאבסורד. הרב סבור שכזו היא גם, בעיקרה, ההלכה: מערכת מושגים המשולבים אלה באלה. משימתנו היא להגדיר את המושגים ואת אופי התקשרותם, ולא לשאול מדוע הם כאלה ולא אחרים.[6] אף שתנאים היסטוריים, סוציולוגיים וכלכליים עשויים להשפיע על **יישום** ההלכה בנסיבות שונות, הם אינם משפיעים על **המושגים** ההלכתיים עצמם. יתרה מזאת, תגובות ההלכה לַנסיבות המִשתנות מובְנות במערכת, וכיוון שכך, השינוי ההיסטורי אינו משפיע על שלמות המערכת ההלכתית.

6. בדיון על **איש ההלכה**, בפרק 28 להלן, נרחיב בדעת הרב לגבי ההלכה כמערכת קוגניטיבית.

לר' חיים מבריסק ולרב סולוביצ'יק היו סיבות משלהם לפתח תפיסה אפריורית ועצמאית של ההלכה, אך תפיסה זו יכולה גם לשמש מענֶה לגישה ההיסטוריציסטית והיחסית שהתנועות הלא־אורתודוקסיות והעולם האקדמי נוקטים כלפי ההלכה.[7]

עצמאות התחום הדתי

ספרו של הרב סולוביצ'יק **התודעה ההלכתית** (*The Halakhic Mind*) מניח את היסודות המחשבתיים להנחתו בדבר עצמאותה הקוגניטיבית והמתודולוגית של ההלכה. למעשה, **התודעה ההלכתית**, בדומה ל**איש האמונה הבודד**, מתמקד לא רק בהלכה, אלא בתחום הדתי בכללותו.[8] בחיבור זה, שהוא טכני ביותר באופיו, הרב טוען שה"פלורליזם האפיסטמולוגי" של המדע במאה העשרים מאפשר לנו לפתח לראשונה פילוסופיה אמתית ועצמאית של הדת.[9] כשם שהמדע בתקופתנו, ובמיוחד פיזיקת הקוואנטים (בניגוד לפיזיקה האריסטוטלית או הניוטונית), מכיר בכך שאפשר לראות את העולם בשלל דרכים, וכן מודה בקיומם של מגוון מקורות מידע, כך נדרש גם מהפילוסופיה. לפיכך, רכיבי הדת – ובמושגינו אנו, פרטי ההלכה – עשויים לשמש בסיס לניסוח תפיסת עולם שתוקפה אינו פחות מכל תפיסה אחרת.[10] כיוון שהמדע והפילוסופיה כבר אינם מתיימרים לתאר כל דבר בר־ידיעה, יש כעת

7. ראו גם בפרק 10 לעיל, **לעיון נוסף** 3.
8. הרב אינו זה שבחר את השם של הספר – המטעה בצמצומו. פרטים נוספים על אודות הספר תמצאו בפרק 34 להלן.
9. אפיסטמולוגיה היא תורת הידע (אפיסטמה, ביוונית: ידע), ענף בפילוסופיה הבוחן את אפשרות הידיעה האנושית, ושואל, למשל, כיצד אנו יודעים דברים (באמצעות החושים, השכל או האינטואיציה?), ואם יש מגבלות עקרוניות ליכולתנו לדעת. "הפלורליזם האפיסטמולוגי", כפי שנראה להלן, הוא הדוקטרינה הסוברת שיש יותר מדרך לגיטימית אחת להתבונן במציאות.
10. מובן שמבחינה פילוסופית היא גם אינה תקפה **יותר** מכל דעה אחרת.

די מרחב לפנות לדת כאל מקור ידע – והדת חופשייה עתה להסביר את עצמה במושגיה שלה.[11]

איש האמונה הבודד מבוסס על אותה הנחה הדוגלת בריבוי השקפות עולם (אדם א׳ ואדם ב׳), וכן על אותה טענה בדבר עצמאותה של הדת. אמנם, במקום להתייחס לפן הקוגניטיבי שבסוגיה – הדת כמקור ידע – **איש האמונה הבודד** עוסק דווקא בממדים הקיומיים והחווייתיים של הדת. ההכרה בעצמאות הדת פותחת אפשרויות תיאורטיות מלהיבות, אך היא עלולה גם לעורר תחושת ניכור אצל אלה שאינם שותפים לה (ומתייחסים לדת דווקא כפן נוסף של התרבות). לפיכך, במקום האופטימיות המאפיינת את **התודעה ההלכתית**, המצפה בכיליון עיניים לעידן חדש במחשבה הדתית, **איש האמונה הבודד** נוקט נימה קודרת וטרגית יותר בתארו את בידודו של איש האמונה ואת התסכול שהוא חווה כשאינו מצליח לפרוץ את מחסום התקשורת המפריד בינו לבין בני דורו. הרב יונתן זקס מנסח ברהיטות את הקשר שבין שני המאמרים, שנכתבו במרחק של עשרים שנה זה מזה (**התודעה ההלכתית** ב-1944 ו**איש האמונה הבודד** ב-1965):

> הפלורליזם הרווח בתרבות זמננו, שהרב סולוביצ׳יק היה הראשון שזיהה אותו, הינו, בעת ובעונה אחת, שחרור וגם שלילה. הוא שחרר את המסורת מן הצורך להצדיק את עצמה במושגים זרים. אך הוא עקר את המסורת מעיגונה בסדר הקולקטיבי, וגרם שתצטייר כמערכת אחת מני רבות, הנבחרת במודע (אצל חוזרים-בתשובה) או מקבלת תוקף באמצעות מעשה אמונה ״קדמוני, מתפוצץ בכוח יסודי״ החומק מניתוח שכלתני. כאן ניכרת גאונותו של הרב סולוביצ׳יק, ועמה גם גודל הכאב המלווה את התפתחותו האינטלקטואלית: הוא היה הראשון לבחון את האפשרויות החיוביות הטמונות בשחרור [בספרו **התודעה**

11. עוד בנושא הפלורליזם האפיסטמולוגי, ראו **לעיון נוסף**, 1.

ההלכתית] – והראשון לשרטט את ממדיה הטרגיים של השלילה **[באיש האמונה הבודד]**.[12]

לעיון נוסף:

1. **התודעה ההלכתית** (*The Halakhic Mind*)**:** במשך מאות שנים צעדו המדע והפילוסופיה שלובי זרוע, כאשר המדע צועד בראש והפילוסופיה הולכת אחריו ומאמצת בעקבותיו צורה אחת ויחידה של הסתכלות על העולם. מחשבת ימי הביניים הייתה רתומה למדע האריסטוטלי שקבע את השאלות שיישאלו ואת שיטות החיפוש של התשובות. הפילוסופיה המודרנית המוקדמת הייתה רתומה למדע הניוטוני באותה צורה בדיוק. היות שהמדע קבע את דרכי החשיבה המקובלות, נאלצה המחשבה הדתית להצדיק את הדת במונחים רציונליים־פרגמטיים או לדחות את הרציונליות מכול וכול.

   לעומת זאת, במאה העשרים כבר לא נקט המדע עמדה אחידה או אינטואיטיבית כלפי העולם. האור, למשל, זוכה ליחס של גל ושל חלקיק כאחד, דבר שלכאורה מפר את עיקרי ההיגיון האריסטוטלי: דבר מה אינו יכול להיות A ולא־A בעת ובעונה אחת. נביא דוגמה נוספת: הגיאומטריה האוקלידית מיושמת ברובד הרגיל של חוויית החושים שלנו, ואילו הגיאומטריה הלא־אוקלידית (הדוחה אחת מהאקסיומות היסודיות של הגיאומטריה האוקלידית) חיונית באסטרופיזיקה ובמצבים אחרים שבהם יש להשתמש בתורת היחסות הכללית של איינשטיין.

   משאימץ המדע את הפלורליזם האפיסטמולוגי, והכיר בריבוי מודלים ומקורות ידע, נדרשה הפילוסופיה ללכת בעקבותיו. מעתה אין לראות עוד במודל המדעי הכמותי את הצורה הקוגניטיבית

12. R. Jonathan Sacks, *Tradition in an Untraditional Age* (London, 1990), p. 299.

היחידה להבין את היקום. הדבר סולל דרך לייסוד הדת כתחום אוטונומי של ידע ואמת. לנוכח שחרורה של מחשבת הדת מהנחותיו המוקדמות של הנטורליזם, פותח הרב סולובייצ'יק את ספרו **התודעה ההלכתית** בטענה הנועזת והאופטימית: "קשה למצוא תקופה בתולדות הפילוסופיה שהייתה נוחה יותר לאדם הדתי ההוגה מתקופתנו אנו" (עמ' 3).

הבהרה של הטיעונים המרכזיים בספר **התודעה ההלכתית** ניתן למצוא במאמרים הבאים:

א. R. Jonathan Sacks, "Rabbi Joseph B. Soloveitchik's Early Epistemology," *Tradition* 23:3 (Spring 1988), pp. 75–87; reprinted in *Tradition in an Untraditional Age* (London, 1990), 287–301.

ב. William Kolbrener, "Towards a Genuine Jewish Philosophy," *Tradition* 30:3 (Spring 1996), pp. 21–43.

שני מאמרים מופיעים בקובץ R. Marc Angel, ed., *Exploring the Thought of Rabbi Joseph B. Soloveitchik* (Hoboken, NJ, 1997), pp. 179–225.

עיינו גם בהתייחסות הנרחבת של דניאל ריינהולד (Rynhold) בספרו *Two Models of Jewish Philosophy: Justifying One's Practices* (Oxford, 2005).

פרק 17

אתגריה השכליים והקיומיים של האמונה

אמונה בלתי ניתנת לערעור

בשלב זה בעיוננו במאמר נוכל לשוב לאמירה מפתיעה המופיעה בתחילת **איש האמונה הבודד**, אמירה שהתמיהה קוראים רבים.

רצוי להוסיף כאן את הדברים הבאים כדי להעמיד את הבעיה בזווית-הראייה הנכונה. מעולם לא הוטרדתי באורח רציני על-ידי הבעיה של תיאור בריאת העולם אשר בתורה לעומת התיאור המדעי של האבולוציה, הן במישור הקוסמי והן במישור האורגני,[1] וכן לא הדאיג אותי העימות של הפירוש המכניסטי של השכל עם התפיסה המקראית הרוחנית של האדם. לא הייתי נבוך בשל חוסר האפשרות להתאים את סוד ההתגלות למסגרת האמפיריציזם ההיסטורי. יתר על כן, אפילו לא הוטרדתי על-ידי התיאוריות של ביקורת המקרא הסותרות את היסודות שעליהם מבוססות הקדושה והשלמות של המקרא. ברם, אף כי ניגודים וסתירות תיאורטיים

1. אבולוציה במישור הקוסמי היא התפתחות היקום, ואבולוציה במישור האורגני היא התפתחות החיים.

> מעולם לא ייסרו את מחשבותיי, לא יכולתי להתנער מתחושת אי־הנחת כי תפקידו המעשי של איש האמונה בחברה המודרנית הוא קשה ביותר, ואף פרדוקסלי. (עמ' 12)

כיצד ייתכן שנושאים אלה לא הטרידו את הרב? אין ספק שהדבר לא נבע מבורות או מהתנגדות למדע המודרני. כל מי ששמע את שיעוריו והרצאותיו של הרב, ובמיוחד את הרצאותיו בתחום הפילוסופיה, יכול להעיד שהרב הכיר מקרוב את כל הנושאים הללו. מדוע, אם כן, לא הוטרד מהם?

התשובה נובעת מהדיון שערכנו בנושא אוטונומיית האמונה. ראשית, יש להלכה מערכת התייחסות ושלמות מתודולוגית משל עצמה. לפיכך, היא אינה נדרשת להצדיק את עצמה בפני המערערים עליה מתוך הנחות חוץ־הלכתיות. נוסף על כך, היות שהאמונה היא מודעות בסיסית ולא מסקנה מחושבת, דילמות בתחום השכלי אינן מסוגלות לערער את יסודותיה. אין פירוש הדבר שהנושאים המופיעים לעיל אינם דורשים התייחסות, אלא שיש להתייחס אליהם בפרופורציה הנכונה, ולזכור שאין בכוחם לחרוץ את גורלה של אמונה אמתית. חוויית אלוקים חיים קודמת לכל, ועניני הביקורת שניים לה.

במילותיו של הרב סולובייצ'יק, "החוויה הגדולה... מניעה את איש האמונה" (עמ' 56) ורק אחר כך נכנס הפן השכלי לפעולה. עניין זה קשור קשר הדוק לשני נושאים שנגענו בהם בקצרה בפרקים הקודמים, וכעת באפשרותנו להבין אותם מתוך פרספקטיבה רחבה יותר.

1. הוכחה לעומת חוויה

בפרק 12 ראינו ש**החוויה** הקוסמית של האלוקים הופכת את **ההוכחה** הקוסמולוגית לקיום האלוקים לדבר מיותר. שתי סיבות לַדבר.

ראשית, אמונה המיוסדת על הוכחה רציונלית מובילה, במקרה הטוב, להסכמה שכלית על קיומו של עצם מופשט המכונה "אלוקים".

אמונה הנובעת מחוויה, לעומת זאת, יכולה להוביל לקשר אישי וקרוב עם הבורא.[2]

שנית, אם האדם חווה את האלוקים בצורה ישירה וללא תיווך, לשם מה הוא זקוק להוכחות מופשטות? הן **באיש האמונה הבודד** (עמ' 32, הערה 20), הן **בובקשתם משם** (עמ' 133-134), מביא הרב, בהסכמה מוחלטת, את הערתו הנוקבת של קירקגור בנושא:

> שעה שהחתן חובק את כלתו, כלום מבקשת היא הוכחה שהוא חי וקיים? הנפש המתפללת הדבֵקה באהבה ובהתלהבות באלוהים, כלום חייבת היא להוכיח שהוא קיים? כך שאל סרן קירקגור בלעג, כאשר סיפרו לו שאנסלם מקנטרברי,[3] אבי ההוכחה האונטולוגית המופשטת והסבוכה ביותר, עשה ימים רבים בתפילה ובתחנונים למען יזכה לעדות רציונלית על מציאות האלוהים.[4]

2. קטנות המוחין

בפרק 8 עסקנו בדיאלקטיקה שבין גדלות המוחין וקטנות המוחין

2. הדבר דומה להבחנה שערך ר' יהודה הלוי (**הכוזרי** ד, טז) בין אלוקי אריסטו ואלוקי אברהם, או בין העילה הראשונה ואלוקי הברית. אלא, שלעומת הרב, ר' יהודה הלוי מבסס את אמונתו הן על החוויה האישית הן על עובדת ההתגלות ההיסטורית. שיטתו המחשבתית של הרב היסטורית פחות, ומתמקדת יותר ביחיד, ולכן הרב עוסק בבסיס האמונה הראשון (חוויה אישית) ולא בשני (התגלות היסטורית).
3. תיאולוג נוצרי מהמאה ה-11.
4. הציטוט לעיל הוא מתוך **איש האמונה הבודד**. מקור הציטוט בקטע מיומנו של קירקגור משנת 1853 בכותרת "סתירה עצמית תמוהה" (X 5 A 120) המובא בתוך Søren Kierkegaard, *Papers and Journals: A Selection*, trans. Alastair Hannay (London, 1996), pp. 556–557:

   אנסלם מתפלל לאלוהים במלוא הכנות שיעלה בידו להוכיח את קיומו של הא־ל. הוא סבור שהצליח והוא נופל על פניו להודות לא־ל. תמוה שאינו שם לב שתפילתו והכרת התודה שהוא מביע מוכיחות את קיום הא־ל – הרבה יותר מכפי שעושה זאת ההוכחה עצמה.

המאפיינת את גדולי ישראל (ובצורה פחותה יותר כל יהודי). גדולי ישראל האמתיים ניחנו לא רק "בשפע כוחות מפותחים ומתפרצים – בעמקות, היקף וחריפות" ("פליטת סופריהם", עמ' 159), ולא רק בכוחות יצירה נועזים ובבשלות אינטלקטואלית, אלא גם בעליזות ובתמימות כשל ילדים חדורי סקרנות, התלהבות ואמונה ללא גבול. באחד מחיבוריו צייר הרב דיוקן שהעלה את דמות סבו לא רק בתור "איש ההלכה" אלא גם בתור "ילד ההלכה", דיוקן המתאר גם את הרב עצמו:

> מה היה הסבא שלי, ר' חיים, איש בריסק? מחד גיסא, גדול המחשבה המופשטת, שהכניס שינויי יסוד במיתודולוגיה ההלכית, ר' חיים הגדול; ומאידך גיסא, ילד קטן ורך, שלא יכול לכבול את רגשותיו הרותחים. געגועיו למשהו יפה ונעלה, חלומותיו ותקוותיו; הוא, איש המשמעת הקפדנית בתחום השכל, שכבש וריסן בדפוסי היגיון חד ודייקני את כל העושר ההלכי, נישא ללא כל הסתייגות בזרם עוז של פשטות, תמימות, רגישות, מבוכה, בהלה ילדותית וגם ביטחון שלא ישוער, אל מרחבים אשר לא שזפתם עין. ר' חיים הקטן!... בכל עת שהתנפל משה לפני אלוקים, נשמעה בכיית ילד. מי יכול להתנפל לפני אביו, להשליך את כל יהבו עליו – לשאת את עיניו רק אליו, ולבקש ממנו רק נוחם וישועה, אם לא הילד!... המבוגר, הזקן והגדול אינם מסוגלים להשתפכות נפשית כול־מקיפה וכול־חודרת כזאת. הכתר הנעלה ביותר שבידינו לתתו לאדם גדול משובץ באבני חן הילדוּת והקטנוּת. ("פליטת סופריהם", עמ' 159–160)

עמידה בפני ביקורות

נסכם ונאמר שההתקפות השכליות על היהדות לא הדאיגו את הרב סולוביצ'יק בשל (1) עוצמת חוויית האמונה שלו, ו־(2) העצמאות

המתודולוגית של ההלכה. סיבות אלו מסבירות באופן חלקי מדוע הרב סולוביצ׳יק, חרף היותו המנהיג האינטלקטואלי של האורתודוקסיה המודרנית, לא העלה על הכתב מענה להתקפות מחשבתיות על האמונה דוגמת האבולוציה או ההיסטוריציזם.[5] ד״ר משה סוקול טוען ש״הרב כתב על עניינים ש-(א) נגעו בלב התמודדותו האישית עם ההגדרה העצמית היהודית בעידן המודרני, ו-(ב) שלדעתו יכול היה לתרום להם רבות בזכות השילוב הייחודי בין תורת בריסק לאסכולת ברלין שאפיין אותו״.[6]

ואכן, הרב כתב מתוך תחושת התקשרות אינטלקטואלית והתקשרות רגשית עמוקה לנושא שבחר לכתוב עליו. חלק לא מבוטל מעוצמת חיבוריו נובע מהתקשרות זו. אולם נראה לי שיש גורמים נוספים המסבירים מדוע כתב הרב על נושאים מסוימים דווקא.[7]

נבחן למשל את שאלת ביקורת המקרא. הרב אמנם לא כתב מסה בנושא זה מכיוון שלא מצא בו עניין רב באופן אישי, וכן מכיוון שחש שאחרים, דוגמת הרב חיים הלר, היו מומחים ממנו בנושא. אולם **באיש האמונה הבודד** (עמ׳ 13) הוא מגיע להבחנה חשובה, שלפיה ביקורת המקרא אינה מציבה אתגר כה גדול כפי שמקובל לחשוב. המבקרים מבססים את טיעונם בדבר קיומם של כמה מקורות שונים לתורה על תופעות מסוימות בטקסט המקראי. הרב סולוביצ׳יק מציין בתגובה שחז״ל והראשונים היו רגישים לחריגות טקסטואליות אלה והציעו להן הסברים אחרים מכיוון שהנחות היסוד שלהם אינן דומות לאלה

5. עם זאת, בדרשותיו נהג הרב לעתים להעיר הערות קצרות שבמקום לדון בראיות בעד או נגד העמדה ״חאורתודוקסית״ הצליחו להאיר את כל הנושא באופן אחר. בנוגע לאבולוציה, ראו **לעיון נוסף**, 1. לגבי האמת ההיסטורית של סיפורי המקרא, עיינו **עמודו של עולם**, עמ׳ 15–20.

6. "*Ger ve-Toshav Anokhi*: Modernity and Traditionalism in the Life and Thought of Rabbi Joseph B. Soloveitchik," in *Exploring the Thought of Rabbi Joseph B. Soloveitchik* (Hoboken, NJ, 1997), p. 133.

7. ראו גם **לעיון נוסף**, 2.

של המבקרים. במילים אחרות, להבחין בתופעה טקסטואלית ולפרש אותה אינו היינו הך.

כך, למשל, העובדה ששמות האלוקים המופיעים בפרקים א׳ ו-ב׳ בספר בראשית שונים אלה מאלה אינה חייבת להוביל למסקנה שפרקים אלה נכתבו על ידי מחברים שונים. היא יכולה גם להעיד על כך ששני הפרקים עוסקים בטיפולוגיות נפרדות של האדם (כפי שסבור הרב סולוביצ׳יק), או בהיבטים שונים של האלוקים (כפי שמפרשת הקבלה); וייתכן עוד שלל הסברים אחרים. התופעות הטקסטואליות לעצמן אינן "מוכיחות" דבר. הן מקבלות משמעות אך ורק לאור הנחות מוקדמות בנוגע לדברים שהטקסט יכול או אמור להביע.

ועוד דבר. כדברי הרב שלום כרמי,[8] כדי להתעמת עם ביקורת כלשהי אפשר לנקוט שתי גישות. אפשר להגיב לביקורת באופן פרטני – אך במקרה כזה המשיב משחק במגרש הביתי של המבקר ותמיד נמצא במגננה. ומנגד, אפשר להציע הבנה שונה ומשכנעת. ב**איש האמונה הבודד**, הרב הולך במסלול השני. במקום לפתוח במאבק פרטני בפרשנות הביקורת לשני הפרקים הראשונים בספר בראשית, הרב שומט את הקרקע תחתיה באמצעות הצגת חלופה משכנעת. יוצא, אם כן, שהרב סולוביצ׳יק אכן מתעמת עם ביקורת המקרא: באופן עקיף אך בונה, ולא באופן ישיר אך מתגונן.

עצמאות אינטלקטואלית

לטענה זו קשורה הטענה שהרב לא עסק באפולוגטיקה.[9] אפולוגטיקה (מקור המונח במילה היוונית "אפולוגיה", שפירושה התגוננות) נובעת

8. "Of Eagle's Flight and Snail's Pace," in *Exploring the Thought of Rabbi Joseph B. Soloveitchik* (Hoboken, NJ, 1997), pp. 113–114.

9. עיינו בעיקר בדיונו של הרב פרופ׳ יצחק (איזידור) טברסקי, חתנו של הרב, אודות האפולוגטיקה ולימודי החול בפרקים 13–14 בדיוקנו המופתי על הרב סולוביצ׳יק, "The Rov", המופיע בקובץ *Rabbi Joseph B. Soloveitchik: Man*

מקבלת מסגרת התייחסות חיצונית כבת־סמכא, וניסיון ליישב מסורת (המסורת היהודית, במקרה שלנו) שלכאורה סותרת אותה. מנקודת מבט כזאת, המסורת מוצגת כ"בעייתית". כאשר דוחקים את המסורת להתאים את עצמה למסגרת זרה ומחושבת מראש, כופים אותה למיטת סדום. הדבר מוביל לסילוף המסורת – אם באמצעות הטענתה במשמעות בלתי־סבירה, אם על ידי התעלמות מרעיונות שאינם עולים בקנה אחד עם התיאוריה.

בניגוד לכך, הרב סולוביצ'יק חדור בביטחון גמור במסורת היהודית ועומד על עצמאותה הרעיונית. הוא לא ביקש "לשלב" או "ליישב" אותה עם כל שיטת מחשבה אחרת, אלא ראה בה עצמה את מסגרת ההתייחסות שלו. מנקודת מוצא זו חצב בבקיאותו העצומה במכרות הידע הכללי ודלה מהם רעיונות שבכוחם להאיר מושגים ביהדות או להעמיק את ההבנה בנפש האדם.

הגישה הלא־אפולוגטית מאפיינת את כל יחסו של הרב לידע הכללי.[10] הרב, שהיה חדור אמונה איתנה ובטוח בזהותו, לא חשש להיחשף לרעיונות חדשים ולא הגביל את חומרי הקריאה של ילדיו. הנחתו הייתה שעובדת ההתגלות האלוקית, הכרוכה באמונה באלוקים ובמערכת חוקים, אינה יכולה להשתנות עקב לימוד כזה או אחר. אולם הוא גרס שלימוד "מיטב הדברים שנחשבו ונאמרו בעולם", כלשונו של המשורר והמבקר מתיו ארנולד,[11] יכול להעמיק את פרשנותו למסורת ולחדד את יכולתו להנחילה.

העובדה שהרב רואה במסורת היהודית את מסגרת ההתייחסות

of Halacha, Man of Faith, ed. R. Menachem Genack (Hoboken, NJ, 1998), pp. 25-34.

10. אף שמחשבת הרב אינה אפולוגטית במובן ש"אין ניסיון להוכיח שהיהדות המסורתית תואמת לחלוטין את הפילוסופיה (או חלק כלשהו מתוכה)" (שם, עמ' 29), הוא אכן מבקש בחיבורו המרכזי המוקדם ביותר להגן על "כבוד ההלכה ואישיה" (**איש ההלכה**, עמ' 113). ראו פרק 30 להלן.

11. Matthew Arnold, Preface to *Culture and Anarchy* (London, 1869), p. viii.

הרעיונית שלו מצדיקה את הברדנות שהוא נוקט בשימוש ברעיונות שמקורם במחשבת המערב. בספר **התודעה ההלכתית** מובאים בהרחבה גם טעמים פילוסופיים לברדנות זו. פילוסופים מאריסטו ועד הגל העלו "תיאוריות של הכול", אך הפילוסופיה בת זמננו אינה סומכת עוד את ידיה על מערכות כאלו. כתלמיד נאמן של פילוסופיית המאה העשרים, הבין הרב סולוביצ׳יק שהוא אינו מחויב – מבחינה פילוסופית! – לשום אסכולת מחשבה. לפיכך, היה בידיו החופש להשתמש בתובנות מאסכולות פילוסופיות שונות בלי להשתעבד לאיזו מהן. חירות זו סיפקה לו מרחב יצירתי גדול משהיה נתון לו אילו נאלץ לתחום את עצמו לפרמטרים ולהנחות של שיטה מסוימת.[12]

שיקול זה הוביל את הרב פרופ׳ טברסקי להסיק כי "ההתפלפלות אם הנחותיו וטיעוניו [של הרב] הן מימי הביניים או מהעת החדשה, אם הן רציונליות או פיאטיסטיות, להתווכח אם מוטב לתאר את הגותו כאקזיסטנציאלית או כדיאלקטית, כקירקגורית או כניאו־קאנטיאנית, אינה מועילה במיוחד".[13] הרב סולוביצ׳יק היה רחוק מלהיחשב אריסטוטלי או ניאו־קאנטיאני אדוק שנאבק להצדיק את היהדות לאור פילוסופיה שמקורה חיצוני. הוא היה איש המסורה שהשתמש באופן ביקורתי ויצירתי ברעיונות ההולמים ביותר שמצא, במגמה להבין את המסורת היהודית ואת מצבו של האדם ולספק להם הסבר.

נושאים עיקריים ומשניים

נחזור לשאלה מדוע הרב בחר שלא לעסוק ישירות בביקורת המקרא (ובשלל נושאים בוערים נוספים). ראינו כי (א) הודות לעוצמת חוויית

12. מעניין לציין שהרב העלה טיעון דומה כשהשווה בין הרמב״ם לרמב״ן (ראו **לעיון נוסף**, 3). הרמב״ם הוגבל במידה מסוימת על ידי מסגרת פילוסופית אריסטוטלית, ונאלץ לבטא את רעיונותיו בז׳רגון המצומצם שלה, בעוד הרמב״ן נהנה מחופש יצירתי רב יותר בהגותו הדתית.
13. "The Rov", עמ׳ 34.

האמונה שחש, ובשל העצמאות המתודולוגית של ההלכה, נושאים אלה לא הטרידו אותו באופן אישי; כי (ב) המדרש ופרשני ימי הביניים כבר עסקו בחלק מהתופעות "המטרידות", והראו שעוצמת השאלה שמעמידה ביקורת המקרא תלויה במידה רבה בהנחות יסוד; וכי (ג) הרב הציע חלופה משכנעת, ובכך התייחס לביקורת בעקיפין. בהרצאותיו רצה הרב לחשוף את מאזיניו לעומק האינטלקטואלי והרוחני של היהדות, לפתוח בפניהם אופקים חדשים, ולא להילחם בקרבות מגננה.

מעבר לכל זאת, אני סבור שהסיבה העיקרית שהרב לא כתב על נושאים אלו הייתה שלדעתו לא אלה הם הנושאים החשובים או המרכזיים ביותר שעמם מתמודדת היהדות בעולם המודרני. היהדות תיבחן על פי האדם שתוציא תחת ידיה ולא על פי יכולתה להתגונן מפני קושיות אלו. המערכה בין הדת והחילוניות צריכה להתרחש בלב **לפני** שתתרחש בשכל. מדוע? ראינו שהרב סבור שבלב האמונה טמונה חוויית האלוקים, ותפקיד השכל הוא רק לאחר מעשה: השכל מִשני לחוויית האמונה ובא אחריה. לפיכך, אין טעם בעיסוק בשאלות שכליות לפני שהאדם מבסס בתוכו יסוד חווייתי לאמונה. וגם בכיוון ההפוך: כאשר היסוד החווייתי לאמונה מבוסס דיו, האתגרים השכליים נעשים דחופים פחות.

לכן, ב**איש האמונה הבודד** ובכתבים רבים נוספים, בחר הרב לעסוק בעיקר בנושאים הקשורים למצבו הקיומי של האדם: אפשרות חוויית האמונה בתוך החברה של ימינו; היחס בין גישותיהן הבסיסיות של המודרנה ושל הדתיות; והמשבר החווייתי של המאמין בתקופתנו.[14] כבר בפתח החיבור מכריז הרב שאין לו עניין לעסוק בפן המופשט והאינטלקטואלי של בעיית האמונה והשכל,[15] אלא בממד הקיומי:

14. עיינו גם **לעיון נוסף**, 4.
15. בכתביו המוקדמים, בעיקר בספרו **התודעה ההלכתית**, הרב אכן עוסק בפן המופשט של בעיית האמונה והשכל. אך שם אין הוא מנסה ליישב בין האמונה והשכל, כפי שעשו הוגי ימי הביניים, אלא הוא מבסס את ההלכה כתחום קוגניטיבי עצמאי.

> אין אני עוסק כאן בתיאוריה. לעומת זה רוצה אני להפנות את תשומת הלב אל המצב של חיי אנוש אשר בו נמצא איש האמונה כאדם ממשי, בתוך סבך דאגותיו ותקוותיו, ענייניו וצרכיו, שמחותיו ושעות עצב. (עמ' 9)

אדגיש: כאשר הרב אומר שהוא "אינו טרוד" מקבוצת הבעיות המתוארת לעיל, אין פירוש הדבר שאין לו עניין בהן. המדע והפילוסופיה היו חשובים לו מכדי שיאמץ גישה שכזאת. באומרו ששאלות אלו אינן טורדות אותו כוונתו לומר שאין הן מערערות את אמונתו. אף על פי כן, הן ראויות להתייחסות רצינית. העצמאות האפיסטמולוגית של הדת[16] פותחת נתיב שבו אפשר לחפש תשובות לבעיות קוגניטיביות אלו, וגם אם נתיב החקירה הזה אינו מוביל לפתרון הולם, היסוד החווייתי של האמונה נוסך בנו ביטחון שהשאלות אינן חייבות להיענות תכף ומיד. אם יש באדם אמונה יסודית במערכת ההלכתית וחוויה פנימית של אמת התורה, הוא יתייחס אחרת לאתגרים האינטלקטואליים, ואף יוכל לחיות ביתר נוחות עם השאלות הלא פתורות.

המשימה המרכזית שעמדה לנגד עיני הרב הייתה לסייע ליהודי המודרני להבין את מסורתו, לתפוס את הרלוונטיות שלה ולהעריך את ההשפעה הרצויה שיש לה על דעותיו ואורח חייו. לכן הרב דאג יותר לנושא המהותי של המחויבות הפנימית לאלוקים ופחות לנושאים המשניים של הביקורת האינטלקטואלית. הוא היה חדור ביטחון אינטלקטואלי ביהדות, והיה משוכנע שהיא תוכל להדוף כל התקפה. אולם פחות מכך בָּטַח בנפש האדם, בעומק ובחוזק של אופיו, ביכולתו להתעלות מעל עצמו ובמוכנותו להקריב. הרב זקס מנסח זאת במילים חודרות:

16. בהקשר שלנו מונח זה מציין את ההכרה שהיהדות פועלת על יסוד אקסיומות משלה ושיש להבינה על פי העקרונות הנוקשים של הגיונה הפנימי.

> לא **הידע** החילוני שהרב סולוביצ׳יק פגש באוניברסיטת ברלין טרד את מנוחתו, אלא **האדם** החילוני שפגש בפרברי אמריקה היהודית.[17]

בפרק הבא נדון בתוצאות מפגשו של הרב עם האדם החילוני.

לעיון נוסף:

1. **אבולוציה:** בספרו *The Emergence of Ethical Man* כותב הרב סולוביצ׳יק שלב בעיית ״האבולוציה לעומת הבריאה״ אינו שאלת ״הבריאה האלוקית והאבולוציה המכניסטית. נוכל למצוא פתרון כלשהו למחלוקת זו״ (עמ׳ 5). מהות הבעיה היא דווקא הדעות המנוגדות לכאורה שהאבולוציה והבריאה מציעות באשר **לאדם:** האם קיום האדם קשור לקיום הצומח והחי, או שמא הוא נושא את צלם האלוקים? המדע המודרני התייחס לאדם כהמשך של עולם הטבע, ואילו הפילוסופיה היוונית, הנצרות ו״אנשי המוסר היהודים בימי הביניים ואף בעת החדשה״ (עמ׳ 6) ראו את האדם כיצור נבדל וייחודי. בעזרת ניתוח של שלושת הפרקים הראשונים בספר בראשית ושל מגוון הלכות, הרב מגיע למסקנה שהיהדות – כפי שמובא בטקסטים היסודיים של התנ״ך וחז״ל ולא ״בקונצנזוס של רבים [מאנשי מוסר יהודים בימי הביניים ובעידן המודרני], דגולים ונכבדים ככל שיהיו״ (שם) – נוקטת עמדה שלישית. האדם הינו המשך של העולם הטבעי ונדרש ממנו להיות כזה; אך המפגש עם האלוקים עשוי להפוך אותו, **נוסף על כך** – ומבלי לסכן את טבעיותו – ליצור טרנסצנדנטי.

17. R. Jonathan Sacks, *Tradition in an Untraditional Age* (London, 1990), p. 49.

2. **נושאים ביבליוגרפיים:** זה המקום להזכיר כמה עניינים ביבליוגרפיים החיוניים להבנה מקיפה של יצירתו הספרותית של הרב סולוביצ׳יק. ראשית, פרט אולי לשלושת החיבורים הגדולים המוקדמים שנדון בהם מפרק 28 ואילך, לרב לא הייתה כל תכנית מוגדרת מראש בדבר הוצאת כתביו לאור. אמצעי התקשורת העיקרי שהרב השתמש בו היה הדיבור, ורק מדי פעם ניאות לפרסם אחת מדרשותיו (אמנם, ברוב דרשותיו, פרט לשיעורי הגמרא, הרב נהג לקרוא מתוך טקסט כתוב שהכין מראש). חלק גדול מדרשותיו או חיבוריו היה קשור לאירועים מסוימים ולא היה חלק מתכנית מאורגנת מראש: הספדים, דרשות למועדים, "כינוסי תשובה", נאומים בפני ארגונים שונים וכדומה.

לא־פעם הייתה יד המקרה בקביעה אילו מהדרשות יתפרסמו ואילו לא. לפעמים היה הרב מפרסם דרשה לאחר הפצרות חוזרות ונשנות, או שעיבד דרשה כתובה מתוך טיוטה שאדם אחר הכין בשבילו. אם לא היו מדרבנים אותו להדפיס דרשה מסוימת, היא כנראה לעולם לא הייתה יוצאת לאור. בעיה זו תוקנה בעקבות הורשת כתבי היד שלא פורסמו והדרשות המוקלטות לילדיו, יחד עם מתן הרשות להוציאם לאור. מאז מותו הכתבים יוצאים לאור חדשים לבקרים.

גורם נוסף שיש להביא בחשבון הוא שהרב סולוביצ׳יק היה כותב על פי נושאים, ולא היה בדעתו לבנות בכתביו שיטה הגותית סיסטמטית שלמה. הוא כתב על נושאים פרטיים שעניינו אותו ונהג לחזור לאותם נושאים ולהקדיש להם מחשבה נוספת וחדשה. בניגוד להוגים כמו אריסטו או קאנט, שהתכוונו לעסוק באופן שיטתי בכל הנושאים הפילוסופיים שעמדו על הפרק בדורם, לרב סולוביצ׳יק לא הייתה גישה שיטתית או רצון להקיף כל נושא. חלק מהסיבה לכך הייתה הסלידה של הפילוסופיה של המאה העשרים משיטות כוללות. סיבות נוספות מוזכרות בפרק לעיל. עוד על בעיות בשילוב

כתביו השונים ניתן לקרוא בדיון על אודות הקשר בין **איש ההלכה** לבין **ובקשתם משם** בפרק 34 להלן.

3. **הרמב"ם לעומת הרמב"ן:** אבחנה זו שמעתי בקלטת של דרשה של הרב משנת 1968 בנושא פירוש הרמב"ן לפרשת לך־לך. בהמשך מצאתי אזכור לכך במאמרו של הרב פרופ' טברסקי, "The Rov", עמ' 43–44, הערה 17.

קבלת שיטה פילוסופית מוגדרת מראש משפיעה לא רק על מרחב היצירתיות אלא גם על האותנטיות. בדרשה המוקלטת הנ"ל קורא הרב לרמב"ם בבדיחות הדעת "מלומד יתר על המידה" (overeducated); זו הסיבה ש**במורה נבוכים** היה הרמב"ם מועד לדבר בקלישאות פילוסופיות במקום לאפשר למקורות לדבר בעד עצמן. הרמב"ן, לעומתו, לא היה מחויב לקטגוריות של אריסטו ולכן הצליח לנסח פילוסופיה יהודית אותנטית יותר.

4. **אמונה ושכל:** אמרנו לעיל שלדעת הרב האמונה קודמת לשכל, ולכן העיסוק בה חשוב בעיניו יותר. דרך אחרת להסביר את העניין היא בחינה שכלית שלו. כל הסקה שכלית חייבת להתנהל בתוך מסגרת מסוימת של הנחות מוקדמות, או מה שנקרא במתמטיקה – אקסיומות. כפי שראינו, קבילותה של שאלה תלויה בתקפות ההנחה העומדת מאחוריה. הרב העדיף אפוא לעסוק לא בפרטי השאלות, אלא ברובד היסוד החיוני יותר: בהגדרת ההנחות המדריכות את האדם. ב**איש האמונה הבודד** הוא מסביר זאת כך:

> בטרם ניגש אל הניתוח, חייבים אנו לקבוע באיזו מסגרת נתאר את בעייתנו, במסגרת פסיכולוגית־אמפירית או תיאולוגית־מקראית. דומה עליי כי תסכימו עמי שאין לנו ברירה בעניין זה; כי בשביל איש האמונה, ההכרה העצמית יש לה משמעות אחת בלבד –

להכיר את מקומו ותפקידו בתוך מסכת המאורעות והדברים שעלו לפני רצונו של ה'. (עמ' 12)

אם מטילים ספק באמונה או במסורת מבחוץ, באמצעות שימוש בסדרת הנחות זרות, הדבר מוביל לתשובה אפולוגטית שאינה מניחה את הדעת. לעומת זאת, אם שואלים מבפנים – "אני מאמין, אבל כיצד אני אמור להבין עניין זה וזה" – אפשר לעסוק בשאלה בצורה פורייה יותר. זו הסיבה שהרב הקדיש את זמנו ומרצו לביאור הנחות היסוד של ההלכה – את תפיסת האלוקים, האדם והעולם שלה, ואת קשרי הגומלין בין מרכיבים אלה.

פרק 18

ההשלכות המעשיות של עצמאות האמונה

הרב סולוביצ'יק כמנהיג ציבור וכפוסק הלכה

בפרק 15 ראינו שאדם א׳ משתמש בדת למטרות ההדר. בפרקים 16 ו־17 ראינו שאדם ב׳, לעומת זאת, מתעקש לשמור על גישתו העצמאית לדת, המבוססת על ערכי הברית. אלא שבזמננו אדם א׳ אינו מסתפק בחיים לצד אדם ב׳. הוא מבקש לכבוש, להרחיב את תחומו ולהגיע להגמוניה מוחלטת במכלול אישיות האדם. הוא אף מנסה לנכס את התחום הדתי, ולשכתב אותו כך שינוסח במושגי הדר במקום במושגי ברית:

> ודאי, הוא בא למקום של תפילה. הוא שומע הרצאות על הדת והוא מעריך את הטקסים, אבל הוא אינו מחפש אמונה, על כל הייחוד והשוני שבה, אלא תרבות דתית. הוא אינו חותר לקראת הגדולה הטמונה במעשה ההקרבה אלא בנוחיות של שלוות הנפש. הוא רוצה חוויה אסתטית ולא חוויה של ברית, נימוס חברתי ולא צו א־לוהי. כללו של דבר, הוא מבקש למצוא באמונה את הדבר שאינו יכול למצוא במעבדה או בטרקלינו העשיר. מעשיו נאים אבל עדיין אינו מוכן לחוויית אמונה כנה התובעת מן האדם שיתמסר כולו ללא שיור לאלוהים, הדורשת התחייבות ללא

> סייג, מעשה הקרבה, ונסיגה. האדם המערבי עומד על דעתו, באופן שטני, שהוא צריך להצליח. אולם למרבה הצער הוא רוצה להצליח אפילו בהרפתקתו עם האלוהים. אם הוא מוסר את עצמו לאלוהים, הוא מצפה לתגמול... לפיכך דורש האדם המודרני שהאמונה תתאים את עצמה למצב הרוח ולמזג של הזמנים המודרניים. (עמ' 58–59)

תביעת האדם המודרני "שהאמונה תתאים את עצמה למצב הרוח ולמזג של הזמנים המודרניים" – שהם מצב רוחו ומזגו של אדם א' – היא האיום הגדול ביותר על העצמאות והלגיטימיות של חיי הדת והברית של אדם ב'. כמנהיג הציבור היהודי האורתודוקסי היה הרב רגיש לאיום זה, והוא פעל נגדו בכמה חזיתות. רעיון המאחד רבות מפסיקותיו ההלכתיות ופעילויותיו הציבוריות של הרב הוא הצורך לשמר את עצמאות היהדות וההלכה מן הלחצים החיצוניים לסגל את דרישותיהן ואת ערכיהן, למתן אותם או לוותר עליהם. נבחן כמה מקרים שהרב נתן בהם ביטוי מוחשי לדאגתו לשלום העצמאות הדתית, שעמדה במוקד תשומת לבנו במהלך הפרקים האחרונים.

1. שינויים בבית הכנסת

הרב נקט עמדה ציבורית תקיפה נגד שינויים בהתנהלות בבית הכנסת. שלמות ההלכה אינה עניין הנתון לאישור הציבור, כתב הרב: "מגוחך לצאת נגד חוק דתי בטענה שהוא אינו פופולרי בעיני הציבור".[1] באמצע המאה העשרים, היהדות האורתודוקסית נחשבה בארצות הברית זרם גוסס. העמדה הנחושה והרגישה גם יחד של הרב בסוגיות כגון

1. מובא ב- R. Louis Bernstein, *Challenge and Mission: The Emergence of the English Speaking Orthodox Rabbinate* (New York, 1982), p. 48. ראה גם **באיש על העדה**, עמ' 178.

המחיצה המפרידה בין נשים וגברים בבית הכנסת סייעה בהחייאת האורתודוקסיה.[2]

הרב התנגד לשינויים שונים ומשונים בסדרי בית הכנסת שהוצעו לאורך השנים, משום שלדעתו הם לא עלו בקנה אחד עם עקרונות ההלכה. אולם זה לא היה הטעם היחיד. הרב סבר שהמניע שמאחורי ההצעות, הרצון להפוך את התפילה בבית הכנסת ל"מהנה" יותר או ל"קבילה" יותר, מבטא היעדר הבנה במחשבת התפילה היהודית (הנובעת ממקורות ההלכה). למשל, על הצעה שפניו של החזן יפנו אל הקהל כתב הרב:

> חריגה זו מסלפת את עצם רעיון התפילה, התובעת מהאדם לשכוח את עצמו מתוך היותו בריה עלובה וחסרת ערך מחד גיסא, ומתוך כניעה ללא סייג בפני האלוקים מאידך גיסא. חזן הצופה בציבור המתפללים בעת אמירת התפילות הוא ביטוי להפך הגמור מכך: ליוהרה וגבהות לב מצד הציבור ושליחו, בדמות הפיכת מפגשו של האדם עם האלוקים להתכנסות חברתית.[3]

כאשר עוסקים בתחום ההלכה, טען הרב, הגיונה וערכיה הפנימיים חייבים להנחותנו – הם, ולא שיקולים אחרים.[4]

2. טקסים חדשים ועצמאות רבנית

בכמה הזדמנויות נשאל הרב אם ראוי ליצור טקסים חדשים, כגון הנצחת השואה בליל הסדר, קביעת סדר תפילה רשמי ליום העצמאות, ועריכת טקס דתי לציון 300 שנות חיים יהודיים באמריקה. הרב חש שכל אחד

2. בנוגע למחיצה, האורתודוקסיה באמצע המאה העשרים ועמדת הרב, ראו **לעיון נוסף**, 1.
3. מובא אצל ברנשטיין, שם. להסבר דומה בעניין המחיצה, ראו **איש על העדה**, מכתב 18.
4. ראו דרשת הרב לפרשת קורח המובאת בפרק 10 לעיל, **לעיון נוסף**, 3.

מהאירועים הללו ראוי לציון, אך בצורה מסורתית ומאושרת מבחינה הלכתית. הוא התנגד ליצירת טקסי כלאיים פסוודו־דתיים שלא כיבדו את עצמאות התהליך ההלכתי ואת שלמות הריטואלים הדתיים.[5] הרב תקף במילים חריפות את הטקסים החדשניים. כך, למשל, כתב על הטקס שהוצע לציון 300 שנות החיים היהודיים באמריקה:

> אין הסתדרות הרבנים צריכה או יכולה לאמץ את הטקס הדתי שנרקח בידי רב כלשהו של ה־Synagogue Council.[6] טקס זה מעלה לנגד עיניי הן ילדותיות דתית והן רגשנות נוצרית־מתודיסטית המתמצה בשירת המנונים ובקטעי קריאה רספונסיביים. לאמתו של דבר, מערכת הפולחן של הכנסייה המתודיסטית עדיפה במידה רבה מאוד על הגישה המוצעת בידי ה־Synagogue Council. אני מוטרד... מן האופי והמבנה הכלליים של הטקס, הכולל מעט מאוד יסודות יהודיים והרבה דברי הבאי הראויים לטקסי סיום של בתי ספר תיכוניים. (**איש על העדה**, מכתב 13)

כהרחבת רצונו לשמור על עצמאות ההלכה, הרב רצה גם לשמור על עצמאות הרבנות ולמנוע מהדיוטות להכתיב את דרך פעולתה. זו סיבה נוספת להתנגדותו לטקסים החדשים שהוצעו, כגון הטקסט שהכין הארגון הציוני־דתי "מזרחי" לרגל יום העצמאות:

5. ראו **איש על העדה**, מכתבים 12-15, לפרטי התנגדותו להצעות אלו.
6. הסתדרות הרבנים דאמריקה (Rabbinical Council of America) היא גוף רבני אורתודוקסי מרכזי, והרב עמד בראש ועדת ההלכה שלה במשך שנים רבות. מועצת בתי הכנסת של אמריקה (Synagogue Council of America) הייתה קבוצה יהודית בין־זרמית שכללה איגודים רבניים אורתודוקסיים, קונסרבטיביים ורפורמיים.

אני חש שאל לה להסתדרות הרבנים להפיץ בין חבריה את התוכנית שהוכנה בידי המזרחי. תחושותיי בעניין זה יסודן בטעם כפול. ראשית, סדר התפילה עשוי באורח שאינו הלכתי ובלא־ידע, והוא מפיץ ריח של טקסיות חסרת טעם, שאיננה רק זרה למסורת ההלכתית שלנו אלא אף סותרת לה...
שנית, אינני מאמין שארגון רבני כגון הסתדרות הרבנים דאמריקה צריך להפיץ חומר כלשהו שעניינו בנושא דתי ואשר הוכן בידי ארגון אחר, במיוחד כזה המורכב מהדיוטות. הראשונה שבסמכויותיה הייחודיות של הרבנות היא שליטה מוחלטת ובלתי מוגבלת בכל העניינים הקשורים להלכה ולשמירת מצוות. מתחת לכבודנו הוא לשמש בתפקיד של סוכנות דיוור עבור קבוצה כלשהי, בלא כל קשר לזכויותיה הברורות ולהישגיה. (שם, מכתב 15)

3. דיאלוג בין־דתי

עקרון עצמאות האמונה חל לא רק בעימות של הברית עם ההדר, אלא גם ביחסיה של היהדות עם דתות אחרות. לאורך ההיסטוריה פיתחה כל דת, כל קהילת־אמונה, את דרכה הייחודית להתייחס לאלוקים – והרב חש שעל כל דת לכבד את שלמות חברתה. אף שהרב כתב שהיהודים יכולים וצריכים לעבוד בצוותא עם אמונות אחרות בנושאים הקשורים ל"טובתו הכללית והתקדמותו של המין האנושי... הקלת הסבל האנושי... הגנת זכויות אדם... עזרה לנצרכים וכו'",[7] הוא ראה כדבר חסר־טעם (במקרה הטוב) דו־שיח בענייני אמונה. לכל דת שפה משלה, ואל לדת אחת לבקש מחברתה לפרש עצמה בקטגוריות זרות לה.

7. "ממעמקים", **דברי הגות והערכה**, עמ' 132. עם זה, נספח ל"ממעמקים" שכותרתו "על יחסים בין־דתיים" (**איש על העדה**, מכתב 51) מרחיב את טווח הנושאים הפתוחים לדיאלוג וכולל בתוכם נושאים **דתיים** כלליים, אך לא נושאים הנוגעים ל"מחויבותנו האישית המיוחדת במינה". השוני שבין "ממעמקים" ו"על יחסים בין־דתיים" נידון בהרחבה. ראו **לעיון נוסף**, 2.

> ההערכה הפשוטה של הערך של עדה אחת בתנאי [=באמת מידה של] השרות שנתנה לעדה אחרת... מהווה פגיעה בעצמאותה ובכבודה אפילו של העדה הדתית הקטנה ביותר.[8]

בבסיס עמדה זו עומד הרעיון כי – כפי שהסברנו בעניין **איש האמונה הבודד** – האמונה היא מודעות יסודית ולא מסקנה שאפשר לבארה על סמך הנחות מסוימות. הדבר מוציא מכלל אפשרות את התקשורת ברובד הדתי, שכן החוויה הדתית של כל קהילת מאמינים היא דבר פרטי שאינו ניתן להאחדה או להכנסה לדפוס כללי. בקיצור, הרב האמין בשיתוף פעולה ודיאלוג ברמת אדם א׳, אך לא ברמת אדם ב׳.

4. תפילות בין־דתיות

מסיבות דומות, הרב התנגד בתוקף לתפילות משותפות של בני דתות שונות.

> ובאשר לחגיגות בין־דתיות, הרי שאנו מוכנים ומזומנים לעודד תכניות מעין אלה כל עוד הן מתקיימות במסגרת פעילות לא־דתית. אין לעודד בשום אופן תפילה משותפת. אנחנו אזרחים נאמנים לארצנו הנהדרת ומחויבים לכל מוסדותיה – הפוליטיים, הכלכליים והחינוכיים – בלי שום הסתייגות או תנאי, כמו כל האמריקאים כולם. לכן יש לשבח פעולה ומאמץ משותפים בכל תחומי העשייה היומיומית. אך קשריו של אדם עם הא־להים, עבודתו אותו ושיחתו עמו, הם החוויה הפנימית האינטימית, האישית והייחודית ביותר. כל קהילה עובדת את הא־להים בדרכה המיוחדת. האחדה טוטלית (*Gleichschaltung*) מעוותת את עצם מהותה של החוויה הדתית. (**איש על העדה**, מכתב 12)

8. שם, עמ׳ 133. ראו גם **איש על העדה**, מכתבים 51 ו־53.

הרב הסביר את הנקודה האחרונה במקום אחר:

> אני מודע לחלוטין למסורת האמריקנית החשובה הדוגלת בסובלנות דתית, ואני מוקיר אידיאל זה בכל לבי. אף על פי כן, סובלנות אמיתית אינה באה לידי ביטוי ב-*Gleichschaltung*, קרי בהשוואת שתי מערכות ערכים ועקרונות שאי־אפשר להשוות ביניהן, כגון היהדות והנצרות, אלא במתן הזדמנות לכל הדתות לקדם את השקפותיהן ומנהגיהן בממדים היסטוריים ותיאולוגיים ייחודיים ולפרוח באווירה של הבנה וכבוד הדדיים. סובלנות זו היא ממידותיה הטובות של המסורת האמריקנית, אך בשעה שאנו משתתפים בה אל נשכח לרגע כי מהותה של הדת מתבטאת בייחודה ובייחודיותה, וביטולם של אלה כמוהו כנטילת נשמתה של הדת.[9]

5. פעילויות משותפות לזרמים שונים ביהדות

באופן דומה (אך מתוך מודעות גדולה הרבה יותר לאחווה ולערבות הדדית) המליץ הרב על שיתוף פעולה עם הארגונים הרפורמיים והקונסרבטיביים בעניינים הנוגעים לרווחה ולהישרדות יהודית, אך לא בעניינים הקשורים לאמונות ודעות ולקיום מצוות. בראיון משנת 1954, למשל, אמר הרב:

> אחדות ישראל היא עיקרון מרכזי של היהדות. עיקרון זה משולב באותו משפט עם העיקרון בדבר אחדות הבורא: "אתה אחד ושמך אחד ומי כעמך ישראל גוי אחד בארץ". העיקרון של אחדות ישראל מתבטא בצורה כפולה. ראשית – היהודים הם חברים

9. ברנשטיין, שם עמ' 62-61. מקור הדברים במכתב שכתב הרב סולובייצ'יק לרב ישראל קלעוואן (Klavan) ב-23 במאי 1954 בנושא משדר־התרמה ומגבית בשיתוף כנסיות פרוטסטנטיות וקתוליות. ראו גם את התנגדות הרב לבתי תפילה בין־דתיים ב**איש על העדה**, מכתב 1.

המאוגדים בעדה רוחנית אחת אשר נוסדה עם כריתת הברית בהר סיני...

שנית: אחדות ישראל באה לידי ביטוי בגורל הפוליטי־היסטורי המיוחד שלנו כאומה... חידת קיומנו מתגלה בבדידותנו ובסבלותינו לאורך כל השנים, ואף בתקופתנו שלנו... עובדה היא שאין היהודי מסוגל להתנתק מאחדות ישראל, הנובעת מבדידותו הגורלית של כלל ישראל כעם...

המסקנה ממה שנאמר לעיל היא פשוטה בתכלית. כאשר מדובר על ייצוג יהודים או אינטרסים יהודיים כלפי חוץ, ועל הגנה על זכויותיהם בפני העולם הלא־יהודי, חייבות כל הקבוצות והתנועות להתאחד. אסור שיתהווה איזשהו בקיע בשטח זה, באשר קרע כלשהו במחנה היהודי עלול להוות סכנה לכלל הציבור היהודי...

אך במה שנוגע לענייננו הפנימיים [של הקהילה היהודית] – קרי: אינטרסים דתיים־רוחניים, כגון חינוך, בתי כנסיות והתאחדויות של רבנים, במקום שבו צריך רעיון האחדות לבוא לידי ביטוי באידיאולוגיה רוחנית אחידה של עדת שומרי תורה – דומני שהאורתודוקסיה אינה יכולה ואינה צריכה להיות קשורה לחוגים המכחישים את יסודותיה של השקפת עולמנו. (**איש על העדה**, מכתב 21)

אם להשתמש במושגים שפותחו בראיון זה, ושנתיים לאחר מכן ב"קול דודי דופק": האורתודוקסיה חייבת לפעול יחד עם הזרמים היהודיים האחרים ברמת הגורל, אך אין לה אפשרות לשתף עמם פעולה בענייני ייעוד. הזרמים היהודיים השונים פועלים בצוותא כעם אך לא כעדה.[10]

10. על אף חילוקי הדעות העמוקים שהיו לרב סולוביצ'יק עם הזרמים הלא־אורתודוקסיים, הוא תמיד התייחס לנציגיהם בכבוד: "אני עושה דרך קבע שימוש במילה 'מלחמה', אך מתכוון בכך רק למאבק אידיאולוגי ולעולם לא למאבק אישי. אני רשאי לתקוף שיטה מסוימת, בראותי אותה כמזויפת, אך לעולם לא אתקיף את האדם המטיף לה. מאז ומעולם רחשתי כבוד אל היחיד

6. דת ומדינה בישראל

סכנת התערבותן של רשויות השלטון במדינת ישראל בענייני דת – שבהיעדר הפרדת דת ממדינה בישראל הייתה חריפה בה יותר מכפי שהייתה בארצות הברית – הסעירה את הרב מאוד. הרב סבר שהפסיקות ההלכתיות של הרבנות הראשית היו כפופות ללחצים פוליטיים של הממשלה, ושהממשלה לא כיבדה את עצמאותה של הרבנות. לדוגמה, בנוגע לשתי מחלוקות (שפרטיהן אינם מענייננו כאן)[11] אמר הרב:

> את עניין בני ישראל ומרבק, למשל, צריכה הייתה הרבנות לפתור לפני חמש שנים. אך התערבות המדינה, ישיבת החירום של הכנסת שנקראה לדון בהחלטת הרבנות, היא מכה לעצמאות הרבנות. בית המשפט האמריקאי הוא זרוע של המדינה, אך ההפרדה בין הזרוע המחוקקת והזרוע השופטת היא כה מובהקת, עד ששום סנטור או חבר בית המחוקקים לא יעז לדבר על פסקי דין של בית המשפט העליון ובוודאי שלא יקראו ישיבת קונגרס להפעיל לחץ על בית המשפט העליון. זה חרה לי מאוד והשפיל את כבוד הרבנות. (שם, מכתב 42)

אחת הסיבות לסירובו של הרב סולובייצ'יק להצעה לכהן כרבה הראשי של מדינת ישראל הייתה התרשמותו שהרבנות הראשית אינה עצמאית.[12]

הדוגל בהשקפתו ובצו מצפונו, גם אם אינני מסכים לדעותיו. יחס מעין זו תואם את הרעיון של כבוד הבריות, שכן 'חביב אדם שנברא בצלם' (אבות ג, יד)" (**איש על העדה**, עמ' 183). ראו גם את המכתב המצוטט למטה, **לעיון נוסף**, 1.

11. חסבר סוגיות אלו מופיע בהקדמתו של הרב הלפגוט ל**איש על העדה**.

12. ראו **איש על העדה**, מכתבים 29-34 ו-40-42, וכן במאמר המובא לעיל בפרק 1, הערה 35. בהקשר זה מספר פרופ' יעקב בלידשטיין סיפור מעניין ששמע מפי הרב סולובייצ'יק: "הוא סיפר לי כי דוד בן גוריון שלח אליו שליח נושא הבטחה כי אם יסכים להתמנות לתפקיד ידאג הוא, בן גוריון, לבחירתו. התשובה שנמסרה לשליח הייתה כי דווקא יכולתו של בן גוריון להבטיח מי ייבחר לרב ראשי למדינת ישראל מונעת ממנו את קבלת התפקיד" ("איגרות

האורתודוקסיה המודרנית להלכה ולמעשה

כמנהיג היהדות האורתודוקסית, הרב הגן עליה לא רק מפני התערבויות מבחוץ המפירות את ייחודיות האמונה ואת שלמותה, אלא גם מפני מגמות פנימיות שנטו לעגל פינות ולזלזל ברכיבים שהפריעו להשתלבות בחברת ההדר הכללית. כדי להבין זאת, כדאי לעצור לרגע ולחשוב עד להיכן הביא אותנו **איש האמונה הבודד** עד כה. ראשית, החיבור קובע שאיש הברית צריך להביא את המסר הייחודי שלו לאיש ההדר, וכך, מקווה הרב, לחולל תנועת מטוטלת פורייה ואף משלימה בין קיום במצבי ההדר וקיום במצב הברית. אך אין זה קורה בתקופתנו:

> כללו של דבר, בשורת הדת המתורגמת[13] אינה היחידה אשר איש האמונה חייב להעביר אל איש התרבות וההדר. לצדה של בשורה זו, חובה על איש האמונה להביא לידיעת איש התרבות וההדר את הבשורה של האמונה המקורית בכל ייחודה ובכל טוהרה הזך, למרות שבשורה זו אינה תואמת את האמונה היסודית של חברה תועלתנית. מה רבה אי ההתאמה! הבשורה המיוחדת הזאת מדברת על כישלון במקום הצלחה, על קבלת עול של רצון עליון במקום לצוות, על נתינה במקום שלטון, על נסיגה במקום התקדמות, על פעילות "אי־רציונלית" במקום חיים שהם תמיד רציונליים. כאן מתרחש המאורע הדרמטי. האדם בעל ההדר בן־ימינו דוחה את המשימה הדיאלקטית [קרי, שילוב ההדר והברית], ובכך דוחה הוא את איש האמונה. (**איש האמונה הבודד**, עמ' 57–58)

הרב י"ד סולוביצ'יק בענייני ציבור", בתוך **יוסף דעת: מחקרים בהיסטוריה יהודית מודרנית מוגשים לפרופ' יוסף שלמון**, ערך יוסי גולדשטיין [באר שבע, תש"ע], עמ' 83).

13. הדברים מתייחסים להנחת הרב כי "בשורת האמונה [של אדם ב'], כשהיא מתורגמת לקטגוריות תרבותיות [של אדם א']... בעלת עניין גם לאדם החילוני" (עמ' 54). להרחבה, ראו את הדיון בנושא "השימוש שעושה אדם א' בקטגוריות של אדם ב'" בפרק 15 לעיל.

למעשה, איש האמונה מתמודד עם דבר מדאיג אף יותר: חילון הדת עצמה. באותם חלקים של העולם שעברו מודרניזציה, צורותיה הדומיננטיות של הדת המאורגנת מכוונות להשגת הצלחה וכבוד, ולא גאולה. האדם המודרני מאמץ רק את רכיבי הדת המועילים לו בבקשת ההדר, בלי להכיר בדרישותיה העצמאיות והמוחלטות של האמונה.

מבחינה זו ניתן לקרוא את **איש האמונה הבודד** כביקורת חברתית ודתית חריפה המופנית לא רק לדת המאורגנת באופן כללי, אלא גם למגמות שרווחו בתוך הקהילה האורתודוקסית־מודרנית של הרב סולוביצ׳יק עצמו.[14] בחיבורים אחרים מביע הרב סולוביצ׳יק ביקורת זו בצורה מפורשת. למשל, בהשוותו את עולם האורתודוקסיה המודרנית לדוגמאות מופת מוקדמות לדתיותו של אדם ב׳, הוא טוען שהיא "קצוצת כנפיים להגביה עוף ונטולת השורשים לחדור לעומק החוויה הדתית".[15] במקום להגביה עוף ולחדור לעומקי הדתיות, במקום לחוות את הדיאלקטיקה של **איש האמונה הבודד** במלוא עוזה

14. המונח "האורתודוקסיה המודרנית" יכול להתייחס לאידיאולוגיה או לקבוצה סוציולוגית. דברינו כאן מתייחסים, בעצם, לפער בין השניים: האידיאולוגיה האורתודוקסית־מודרנית, כפי שנוסחה על ידי הרב, לעתים קרובות אינה באה לידי ביטוי בקהילה. הרב אהרן ליכטנשטיין קורא לכך ההבדל בין הלכתחילה והבדיעבד של האורתודוקסיה המודרנית; ה"לכתחילה" היא בחירה אידיאלית הנובעת ממתח דיאלקטי, וה"בדיעבד" היא ברירת מחדל מעשית הנובעת מאדישות פושרת. ראו מאמרֵי הרב ליכטנשטיין "ושמרו דרך ה׳ – חשבון נפש הציבור הדתי המודרני", בתוך **באור פניך יהלכון: מידות וערכים בעבודת ה׳**, ערך ראובן ציגלר, תרגם אליקים קרומביין (תל אביב, 2012), עמ׳ 237–270; וכן R. Aharon Lichtenstein, "The Future of Centrist Orthodoxy," in *Leaves of Faith: The World of Jewish Living* (Jersey City, 2004), pp. 309–330.

15. "פליטת סופריהם", **דברי הגות והערכה**, עמ׳ 148. עיינו למשל גם **בעל התשובה**, עמ׳ 199: "ועם כל היות היהודי האמריקני יהודי טוב ומאמין... הוא אינו חש בריבונו־של־עולם. הוא מאמין אולי, ולהאמין מוכרחים, אבל אין זה מספיק, צריך גם לחוש ולהרגיש במציאות הבורא". כמובן אין פירוש הדבר שלרב לא הייתה ביקורת על קבוצות אחרות; אך כמנהיג המחנה האורתודוקסי־מודרני הוא ראה את עיקר חובתו בדאגה לרווחתם הרוחנית של בני קהילתו, ולא בהפניית חִצֵי ביקורת כלפי קהילות אחרות.

והדרה, עלולה האורתודוקסיה המודרנית ליפול לשאננות דתית של התמקדות בכאן ובעכשיו ושל עיסוק כפייתי בהאדרה־עצמית חומרית ותרבותית. האם מחפשים אנשיה בבתי הכנסת מפגש של ברית עם הקדוש ברוך הוא, הכרוך בתודעה עמוקה של תלות ומחויבות לקבלת עול מצוות, או שמא הם מבקשים חוויה חברתית־אסתטית של קהילה נוחה?

תובנה זו מתקנת אי־הבנה (או הבנה חלקית) רווחת של המסר של **איש האמונה הבודד**. אכן, הוא מעודד חיים המורכבים מיסודות ההדר והברית גם יחד, ובכך הוא מהווה כתב הגנה, או כתב הרחבה, של **התיאוריה** של האורתודוקסיה המודרנית. אך חיבור זה גם מדגיש שהדת המאורגנת המודרנית רחוקה מלהגשים את אידיאל האיזון הדיאלקטי בין אדם א׳ לאדם ב׳, או, קל וחומר, את האידיאל המועדף שבו אדם ב׳ מנחה את מעשי אדם א׳ – ובהדגשה זו הוא מטיח ביקורת באורתודוקסיה המודרנית כפי שהִנה **למעשה**. כאשר הדיאלקטיקה של אדם א׳ ואדם ב׳ ממומשת במלואה, בכוחה להפיק חיזיון של יופי עילאי. אך בעולם של ימינו, דמויות מופת המגלמות יופי כזה, ברמה האישית או הציבורית, נדירות ביותר. מכאן בדידותו של הרב סולוביצ׳יק.

לעסוק בעולם, לאחוז בברית

פועלו של הרב בתור "מגן האמונה" – או ליתר דיוק מגן עצמאות ההלכה וייחודיות דתיותו של אדם ב׳ (דת הברית, ולא דת ההדר) – אינו מטשטש את העובדה שהרב דגל במעורבות פעילה בחברה והכיר בערכם הדתי של הישגי אדם א׳. יש לשמור על שני צידי הדיאלקטיקה של אדם א׳-אדם ב׳, מבלי שאחד מהם יבטל או יכריע את חברו. כשם שהרב דוחק במודרניים, ואולי בעיקר באורתודוקסים־מודרניים, לזכור את הברית, כך הוא גם מדגיש שחיי הברית אינם אמורים לפחד מההדר. הדתיות המחויבת לברית אינה צריכה לא להידחק לפינתה ולא להסתפק

במתן אישור לאדם א׳ כפי שהוא. תפקידה הוא להחדיר קדושה בכל תחומי החיים, כולל חיי אדם א׳. למשל, בנוגע להקמת בית ספר לרפואה בישיבה יוניברסיטי, כותב הרב:

> הקהילה האורתודוקסית תזכה להערכה אם תשמור על שלושה עקרונות: (1) שמירה על החיים האישיים ברמה אתית־דתית גבוהה; (2) הגנה על עקרונותיה ועל האידיאלים שלה בדרכים מכובדות; (3) הפגנה קבל עם ועדה, שיהודי בן תורה איננו חייב לסגת לקרן זווית ולהביט תוך השלמה וצער כיצד חולפים החיים על פניו, אלא יכול הוא לצעוד בצעד מהיר ובגאווה עם זרם החיים המודרניים, הנע במהירות לעבר אופקים חדשים של הישגים במדע ובטכנולוגיה. חייבים אנו להוכיח שיכול אדם ללמוד תורה ולהישאר נאמן לחיים של תורה בכל הקשר תרבותי, חברתי ומדעי. צריכים אנו להראות כי ההלכה איננה מצמצמת את יכולת הקליטה האינטלקטואלית והרגשית ואת הידע הכללי שברשות האדם הלומד אותה, אלא דווקא מסוגלת להעמיק את מחשבתו ולהרחיב את דעתו פי כמה וכמה. שומה עלינו להצביע אחת ולתמיד על הסילוף שבטענותיהם חסרות השחר של אותם חוגים חילוניים או דתיים־לכאורה, הטוענים כי ההלכה מגבילה את האדם ומנתקת אותו מן המציאות שמסביבו. תשובתנו לכך איננה צריכה להינתן בוויכוחים תיאורטיים, אלא באמצעות פעולות מעשיות. כאשר ישיבה אוניברסיטה תצליח לכונן בית ספר לרפואה ראשון במעלה, אשר יאפשר ללומדים בו לשלב חיי תורה עם מקצוע הרפואה, היא תתרום הרבה לכבודה של התורה ותביא להגדלת יוקרתה של היהדות האורתודוקסית. (**איש על העדה**, מכתב 10)

באופן דומה מביע הרב את משיכתו לציונות הדתית במילים כלליות ומקיפות:

> בַּעֲדי [=בשבילי], המזרחי מהווה לא רק מפלגה פוליטית, שעל חשבונה צריכים אנו לזקוף מתוך רגשי תודה והכרת טובה הישגים בדברי ימי בניין הארץ, אלא גם תנועה גדולה בעלת השקפת עולם חובקת שחקים, שכוחה גם יפה בגולה חוץ לגבולות הארץ. תפיסת עולם זו המבטאת את אמונתנו בנצח היהדות – מכריזה על עמידתנו האיתנה בתוך טבורו של העולם המודרני, על יופיו וכיעורו, גודלו, תוקפו ואכזריותו, הסואן והגועש, החורג והכובש, מלא עוז וגבורה מדעית־טכנולוגית אבל גם שחצנות מבהילה, זוהמה מוסרית וטומאת הנפש.
>
> אין אנו זזים מעולם זה ואין אנו פורשים לקרן זווית, ואין אנו מוכנים להפך כיתה [=כת] דתית שהפקירה את הציבור למען הצלת יחידים. אין אנו בונים תיבה כמו נח בשעתו. אנו מתפללים בעד הדור כולו. רוצים אנו לטהר עולם זה ולקדשו בעיני הנצח המתמידים בטהרתם ותפארתם, בתוכם הטרנסצנדנטי ובשלוותם האלוקית בתוך סופת המטמורפוזות ששמה התקדמות. אנו מאמינים כי היהדות – בכוחה לתת משמעות ותכלית, ערך ועידון לחיים המודרניים על כל ריבוי גווניהם. אין אנו מפחדים את [=מן] המתחדש בכל תחומי הקיום, ומשוכנעים אנו כי עלֹה נעלה ונוכל לו. לתפיסת עולם זו אני נאמן בכל מאודי. (שם, מכתב 37)

אולי המסר המקיף הגלום בפעילותו הציבורית של הרב, זו שהצגנו פה, הוא שהיהדות האורתודוקסית צריכה לאזור אומץ ולהיות משוכנעת באמונותיה, להצהיר בריש גלי על מחויבותה הכפולה להדר ולברית ולחיות אותה הלכה למעשה. הרב סבור שהאורתודוקסיה אינה צריכה לחשוש מהתמודדות עם האתגרים וההזדמנויות שהעולם המודרני מעלה בפניה, שכן הוא סמוך ובטוח שהתורה מסוגלת להתמודד עם כל תחומי העשייה האנושית ולגאול אותם. זאת ועוד, במפגשה עם קבוצות רוב שהשקפתן שונה משלה, אל לה לאורתודוקסיה לנסות

להתרפס ולהתפשר על עקרונותיה כדי לשאת חן בעיניהן. הכרזה על עקרונותיה, באצילות ובענווה, רק תעניק לה כבוד.

המעורבות בתחומי איש ההדר תקפה אך ורק אם האורתודוקסיה שומרת על יסודות הברית שלה. היהודי חייב תמיד להיות מודע לכך שהוא "גֵר וְתוֹשָׁב" (בראשית כג, ד) בחברה הסובבת אותו: גֵר וגם תושב.[16] הוא מאחד כוחות עם אחרים במסגרת מאמץ ההדר ("תושב"), אך הוא ייחודי במחויבות האמונה שלו ("גֵר"). אם המעורבות בעולם הסובב אינה יכולה להתקיים בד בבד עם שמירת העקרונות הדתיים בשלמותם, אין לחשוש מנסיגה זמנית מהחברה הכללית והתכנסות פנימה, כפי שהוא מייעץ לארגון רבני:

> הבחנתי במכתבך שאתה מודאג במקצת מן האפשרות שניוותר מחוץ לתמונה.[17] הרשה לי לומר לך, כי גישה זו של חשש היא האחראית להרבה מעשים ומחדלים, פשרות וטעויות, אשר תרמו רבות למבוכה הנפוצה בקהילה היהודית ואף לאובדן ההערכה העצמית שלנו, שאמורה לגרום לנו לתפוס את עצמנו כישויות עצמאיות המחויבות לפילוסופיה ולדרך חיים ייחודיות. הצורך בהשתייכות לחברה הוא כמובן תכונה טבעית חיובית, וכולנו שונאים את הבדידות וחרדים מן החוויה שבהיוותרות בצד. אך לעתים אין כל אפשרות אחרת ועלינו לעמוד במבחן זה באומץ. הרמב"ם היה מודע בימים עברו לחוויות מרות כגון אלה (ראה הלכות דעות ו, א). (**איש על העדה**, מכתב 12)[18]

16. מוטיב "גר ותושב" חוזר לעתים קרובות בכתבי הרב ובדרשותיו. ראו למשל "ממעמקים", עמ' 135, **ומן הסערה**, עמ' 54-57.
17. המיזם הנידון הוא תרגום חדש של התנ"ך לאנגלית שהוכן על ידי ה-Jewish Publication Society. דעתו של הרב הייתה שהנציגים האורתודוקסים אינם רשאים להשתתף במיזם אלא אם יונחה על פי עקרונות ופרשנות התורה שבעל פה.
18. הרמב"ם אומר שם: "דרך ברייתו של אדם להיות נמשך בדעותיו ובמעשיו אחר

מה עלינו לעשות?

מכאן אנו מגיעים לסיום **איש האמונה הבודד**. עקב דחיית אדם א׳ את אדם ב׳, איש האמונה אינו מתמודד רק עם משבר בתקשורת עם עמיתו בתחום ההדר, אלא גם עם העובדה שאדם א׳ חוטף את הדת מידיו. אין מדובר כאן באתגר אינטלקטואלי, אלא באתגר רוחני וחווייתי. הרב סולוביצ׳יק אינו מסוגל להתגבר על הבעיה באמצעות הסבר כיצד להפוך לאיש אמונה, כי שום קטגוריה הכרתית אינה יכולה להכיל את האמונה (כאמור בפרק 16 לעיל), וגם לא ניתן לתרגם את האמונה במלואה למושגים תרבותיים. הוא יכול **לתאר** מה פירוש הדבר **להיות** איש אמונה, אך הוא אינו יכול **להסביר** איך או מדוע יש **להיעשות** לכזה. האמונה היא תודעה בסיסית. היא הנחת יסוד, לא מסקנה מושכלת. מצב זה לא רק מתסכל את איש האמונה, אלא אף מאיים על מחויבות הברית שלו. הוא עלול לחוש שאין לו ברירה אלא לפרוש מחברה שכזאת – או, במובן יסודי יותר, לפרוש ממרכיב ההדר שבאישיותו.

> כאן מסתיים דו־השיח בין איש האמונה ואיש התרבות. מיד לאחר שמסיים האדם השני המודרני את מלאכת תרגום הדת לשפת התרבות, והוא מתחיל לדבר בלשון האמונה ״הזרה״, הוא חש שהוא בודד, מוזנח, בלתי־מובן, ועתים אף משטה בו האדם הראשון, היינו הוא עצמו. בהגיע שעת הניכור מתחיל מבחנו של איש האמונה והוא מתחיל לסגת מן החברה, מאדם הראשון – [בין אם] הוא זר, [בין אם] הוא עצם־עצמו. הוא שב, כמו משה בימי קדם, אל מקום סתרו הבודד ולמשכן הבדידות. כן, בדידותו של איש האמונה בימינו היא מסוג מיוחד. הוא מתנסה לא רק בבדידות

רעיו וחבריו ונוהג כמנהג אנשי מדינתו, לפיכך... אם היו רעים וחטאים שאין מניחים אותו לישב במדינה אלא אם כן נתערב עמהן ונוהג במנהגם הרע, יֵצֵא למערות ולחֲוָחִים ולמדברות ואל ינהיג עצמו בדרך חטאים״.

> מהותית אלא גם בבדידות חברתית, כל אימת שהוא מעיז לבשר את בשורת האמונה האמיתית. אלה הם ייעודו ומצבו ההיסטורי האנושי של האדם הנפגש עם הנצח ואשר למרות הכול ממשיך בעקשנות להביא את בשורת האמונה אל איש ההדר. (עמ' 59–60)

למעשה הרב סולוביצ'יק חותם את המסה פעמיים. פרק ט' (עמ' 51–60) מסתיים באווירה של סוף, ובהנחה שאיש האמונה חייב לכאורה לפרוש מהחברה. אך אז בא פרק י' (עמ' 60–61), ומביא את סיפור הפיכתו של אלישע מאיכר (אדם א') לנביא (אדם ב'). הסיפור מעלה את האפשרות שלאחר שאדם ב' פרש מההדר ופנה אל תחומי ההישג הדתי האפשרי לו, הוא יחזור בסופו של דבר, כמו אלישע, לחברת ההדר "כמשתתף בענייני המדינה, כיועצם של מלכים וכמורה לקהילת ההדר" (עמ' 61).

בסופו של דבר, אלישע גישר בין העולמות של אדם א' ואדם ב'. הרב חותם את ספרו בנימה חיובית יותר מזו שהסתמנה בסוף פרק ט': איש האמונה מצליח, חרף הקשיים והתסכולים, להיות מעורב בעולם ולהשפיע עליו מתוך הֶקשר דתי.

החיבור מתמקד לכל אורכו ביחיד ובקהילה גם יחד, אך הסיום מדגיש את ההיבט הקהילתי. הרוח המחייה את איש האמונה, כמוהו כשלושת האבות וכמשה רבנו, הוא שאיפת פיתוחה וקיומה של קהילה יודעת־אלוקים. הרמב"ם, בקטע שרבים בו המוטיבים שעתידים היו להתהדהד **באיש האמונה הבודד**, מתאר מטרה זו כאידיאל אנושי:

> נראה לי שמה שחִייב את הישארותם של ארבעה אלה [=האבות ומשה] בתכלית השלמות אצל הא־ל... אפילו כאשר עסקו בריבוי הממון, כלומר, בשעת הרעייה, העבודה החקלאית והנהגת הבית [במושגי הרב סולוביצ'יק: טיפול בעולמו של אדם א'], הוא שבכל המעשׂים האלה מטרתם הייתה להתקרב אליו יתעלה [במושגי הרב סולוביצ'יק: מטרת אדם ב']. ואיזו התקרבות! שכן תכלית מאמציהם במשך קיומם הייתה להביא לידי מציאות

> אומה היודעת את הא־ל ועובדת אותו... להפיץ את ייחוד השֵם בעולם ולהדריך את בני־אדם לאהוב אותו יתעלה. **(מורה נבוכים ג, נא)**[19]

כיצד הדבר מיתרגם ליישום מעשי בחיינו? מהי הרלוונטיות של **איש האמונה הבודד** בזמננו, עשרות שנים לאחר כתיבתו? הניתוח של הרב בדבר קריאת האלוקים לאדם לגלם בתוכו את אדם א׳ ואת אדם ב׳ גם יחד אמור להיות אקטואלי בכל הנסיבות, שכן הרב מתאר דבר יסודי במצב האנושי. לעומת זאת, התופעה שהרב מצביע עליה, של דחיית אדם ב׳, היא תופעה היסטורית התלויה באורחותיה של החברה, והרלוונטיות של תיאורה עשויה להשתנות.[20] מהו, אם כן, הנתיב הנכון שילך בו איש האמונה כיום: פרישה או מעורבות? כמו הרב בחתימתו כפולת הפנים, אני משאיר לקורא להחליט.

לעיון נוסף:

1. **מחלוקת המחיצה, האורתודוקסיה והרב סולוביצ׳יק:** רקע היסטורי על האורתודוקסיה באמצע המאה העשרים בארצות הברית אפשר

19. תרגם מיכאל שורץ. בקטע זה, הרמב״ם מדגיש את הקשר החיוני בין המרכיבים החומריים והרוחניים של בניין הקהילה. כשהאבות ומשה ״עוסקים היו בהנהגת האנשים, בריבוי הממון ובהשתדלות למען הקניין״, הם עשו זאת כדי לחזק את הבסיס החומרי של קהילת המאמינים אשר בתורה תשפיע על אחרים – ומשום כך ״העיסוקים האלה הם עבודת ה׳ צרופה וגדולה״. לפיכך, ״תכלית כל מעשיהם״ – הן בתחום אדם א׳, הן בתחום אדם ב׳ – ״הייתה מופנית להפיץ את ייחוד השֵם בעולם ולהדריך את בני־אדם לאהוב אותו יתעלה״.
20. אבחנה זו זהה לאבחנה שהרחבנו לגביה בפרק 11 לעיל, בין הבדידות המהותית (האונטולוגית) לבין הבדידות ההיסטורית. הרהורים על המשך הרלוונטיות של איש האמונה הבודד מופיעים בסימפוזיון בחסות עמותת עתי״ד במלאת 40 שנה לצאת המאמר (http://www.atid.org/resources/lmof40.asp), ובקצרה בהקדמתו של דוד שץ למהדורת הספר באנגלית משנת 2006.

למצוא במבוא מיוחד מאת הסוציולוג פרופ׳ חיים א׳ וקסמן שהתווסף למהדורה העברית של הספר **איש על העדה**. בנוגע למחלוקת המחיצה, ראו אצל Baruch Litvin, *The Sanctity of the Synagogue*, 3rd ed. (New York, 1987). עמדת הרב בנושא המחיצה מופיעה ב**איש על העדה**, מכתבים 16–20.

מכתב 16 הוא דוגמה יוצאת דופן ליכולתו של הרב להצהיר על עקרונותיו בבירור תוך הפגנת רגישות וענווה. משום כך, אביא כאן קטע ארוך מתוכו. המכתב נכתב לרגל הזמנת הרב לסעודה חגיגית ב"טמפל בני משה" (ברייטון, מסצ׳וסטס) לכבוד ידידו הרב יוסף שובוב (Shubow), רב קונסרבטיבי, שבמהלכה נחנך בית הכנסת של הרב שובוב שהישיבה בו מעורבת. הרב ענה לנשיא הקהילה:

> אם נאמר גלויות, עמדתי בפני מצב בלתי נעים בעליל. מחד גיסא השתוקקתי לקבל את הזמנתך. יקרה ללבי מאוד היכרותי רבת השנים עם הרב שובוב ואני רואה בו חבר יקר ומכובד, שאני מעריכו מאוד בשל כישוריו הרבים ותכונותיו הנפלאות. אין צריך לומה, כי אילו התקיימה ארוחת הערב רק לכבוד הרב והגב׳ שובוב, הייתי רואה לעצמי זכות גדולה לשמש כאחד מנותני החסות לאירוע זה.
>
> עם זאת, ומאידך גיסא, קבלת הפנים תשמש לצערי גם כהזדמנות לחגוג את השלמתו של הטמפל החדש ואת חנוכתו. אומַר בלשון שאיננה משתמעת לשני פנים כי אני מכיר בחשיבותו של בית חדש זה של תפילה עבור האוכלוסייה היהודית של ברייטון, כאמצעי לארגון קהילתי ולאחדות. אני אף מעריך את המאמצים הנדיבים שנעשו מצד חברי הקהילה ומנהיגיה ואשר אִפשרו להגשים משימה זו. גאוותם על שעלה בידם להשיג את מטרתם היא גאווה מוצדקת במלואה. אתה במיוחד גילית תחושה חזקה של מודעות קהילתית ומסירות לענייניו של עם ישראל, ועל כך אתה ראוי לשבח.

ועם כל זאת, אין באמור עד כאן כדי להצדיק את השתתפותי כנותן חסות לארוחת הערב שבה יחגגו גם את חנוכתו של הטמפל, וזאת משום שבו, ככל הנראה, תהיה ישיבה מעורבת [של גברים ונשים], אשר לדעתי איננה עולה בקנה אחד עם ההלכה המקודשת עלינו מדורי דורות. התביעה לישיבה נפרדת היא כמעט בבחינת אמת המובנת מאליה במערכת הדתית שלנו, ואין לי הזכות או הרצון לאשר סטייה ממסורת זו, לא בדיבור ולא בשתיקה. נוכחותי באירוע או הופעת שמי כאחד מנותני החסות לו – כמוה כאישור שבשתיקה לישיבה מעורבת, דבר שיטריד את מצפוני לאין שיעור. על כן, לאחר שהקדשתי מחשבה רבה לנושא, הגעתי למסקנה הבלתי נמנעת שהשתתפותי בעניין זה היא מעשה אבסורדי, ועל כן אני דוחה בכל הכבוד את בקשתך.

אני מבקש להדגיש שאין לפרש את דבריי אלה כביקורת או כגינוי. מטבעי אינני מטיף, ומעולם לא ניסיתי לשכנע אנשים המאמינים בפילוסופיה שונה משלי להחליפה בהשקפתי. אני כותב מכתב זה, שבו אני מסביר לך את תחושותיי על העניין כולו, מתוך תחושה עמוקה של ענווה. אני מקווה כי תבין את עמדתי במלואה וכי תעריך נכונה את היסוסיי לקבל עליי כיבוד שיעמוד בניגוד מוחלט למה שאני משוכנע בו עמוקות.

אנא העבר את איחוליי לרב שובוב ולרעייתו, ואחל להם בשמי שנים רבות של שמחה ואושר.

2. **דיאלוג בין־דתי:** מאמרו של הרב "ממעמקים" (Confrontation), ועמדתו בנושא הדו־שיח הבין־דתי, עוררו לדיון נרחב. ראו למשל:

א. הרב דוד הרטמן, **אהבה ואימה במפגש עם אלוהים: מורשתו התיאולוגית של הרב יוסף דוב סולוביצ'יק** (ירושלים, 2006), פרק 5.

ב. Daniel Rynhold, "The Philosophical Foundations of

Soloveitchik's Critique of Interfaith Dialogue," *Harvard Theological Review* 96:1 (2003), pp. 101-120.

ג. Yigal Sklarin, "Rushing in Where Angels Fear to Tread: Rabbi Joseph B. Soloveitchik, the RCA, Modern Orthodox Jewry and the Second Vatican Council," *Modern Judaism* 29:3 (Oct. 2009), pp. 351–385.

כמו כן ראו הפרוטוקולים המקוונים של כנס במרכז ללימוד נוצרי־יהודי בבוסטון קולג' בנושא "הרב יוסף סולוביצ'יק על דיאלוג בין־דתי: לאחר ארבעים שנה" (אנגלית), http://www.bc.edu/content/dam/files/research_sites/cjl/texts/center/conferences/soloveitchik/index.html

הנושא זכה לדיון מעמיק גם בעיתונות הישראלית; ראו את הוויכוח שהתנהל מעל דפי **מקור ראשון**: הרב שלמה ריסקין, "דיאלוג יהודי־נוצרי: חשיבה מחודשת", שבת הגדול גיליון 2 (אייר תשע"ב); פרופ' דוד ברגר, "אמונה ברשות היחיד", שבת הגדול גיליון 3 (כסלו תשע"ג).

3. **השפעתו של הרב סולוביצ'יק**: עיינו בספר **רב בעולם החדש: עיונים בהשפעתו של הרב יוסף דוב סולוביצ'יק על תרבות, על חינוך ועל מחשבה יהודית**, ערכו אבינעם רוזנק ונפתלי רוטנברג (ירושלים, 2010), ובמיוחד במאמרה של ד"ר טובה ליכטנשטיין, "מרחוק הרב נראה לנו: הרהורים על השפעתו של הרב סולוביצ'יק", שם, עמ' 535–543.

חלק ד

תורת האדם

פרק 19

חיי משפחה והחיים הדתיים

קהילת ההורות וקהילת הנישואין

בפרקים קודמים דנו בשאלה מדוע הרב עוסק בכתביו הפילוסופיים בחוויותיו האישיות,[1] וניסינו לבסס את הטענה כי לממד החווייתי ביהדות תפקיד מכריע ביצירת קשר עם האלוקים ובפיתוח אישיות דתית שלמה. המורה יכול להנחיל ממד זה שביהדות רק באמצעות חשיפת עצמו בפני התלמיד, חשיפה שבעקבותיה תיווצר שותפות רגשית, ולא רק מפגש שכלי.

הצורך בהכשרת תלמידים בממד החווייתי מסביר מדוע אנו מוצאים בכתבי הרב ובדרשותיו קטעים העוסקים בחווייתו הדתית האישית. אך יצירתו של הרב כוללת גם קטעים אישיים רבים המתארים את יחסיו עם משפחתו, ובמיוחד עם הוריו ורעייתו. איך אפשר להסביר את הופעתם של תיאורים אלו בכתביו ההגותיים?

התשובה מתבררת **באדם וביתו**, אסופת מאמרים שנערכה לאחר פטירת הרב ומציגה תורה מרתקת העוסקת בזיקה שיש בין יחסי האדם עם משפחתו לבין יחסי האדם עם קונו.[2] הרב טוען שיצירת מערכת

1. ראו לעיל בפרקים 2 ו-7.
2. כל מספרי העמודים בפרק זה מתייחסים ל**אדם וביתו** (מהדורת ידיעות ספרים, תל אביב, 2009).

יחסים משפחתית תקינה היא מרכיב הכרחי, או אולי אף תנאי מקדים, ליצירת מערכת יחסים עם האלוקים.[3]

> יחסו של הא־להים אלינו ויחסנו שלנו אליו ניתנים לתיאור ולביאור בקטגוריות אנושיות סופיות. היהודי למד להודות בנאמנותו ובאהבתו הנלהבת לא־להים באמצעות סיפור מעשיהם של האנשים שהוא אוהב ושעִמָּם הוא מבקש להזדהות. האמונה והתיאולוגיה היהודיות קשורות בחוויות סופיות ובקשרים משמעותיים השוררים בין בני אנוש. **באמצעות פיתוח מערכות הולמות של יחסים בינאישיים לומד היהודי כיצד לאהוב, לירא ולעבוד את הא־להים.** (עמ' 182–183)[4]

על אילו "קשרים בינאישיים" מדבר הרב? הרב מציין שני קשרים: הקשר עם ההורים והקשר עם בן או בת הזוג.

> הילד המוצא את שורשיו הסופיים והמוגבלים באביו או באמו, מוצא בכך גם את שורשיו האינסופיים והמוחלטים בא־להים. עם זאת, אין אדם יכול לגלות את המקור הטרנסצנדנטלי אפוף המסתורין אם לא חונן בתפישה ראשיתית של שייכות אל מישהו או של הכאת שורשים במשהו המצוי בתחומו של העולם הסופי והמוחשי.
>
> ...מכוח ההשוואה – אכן השוויון – שבין קהילת הנישואין וקהילת ההורות,[5] אנו מבינים כי הראשון שזור לא פחות מהשני

3. אף שאדם וביתו מתאר את השקפתה של היהדות בנוגע לקשרים בינאישיים, בתיאור זה אין די. לכן, בכתבים אחרים משתף הרב את קוראיו אף בחוויותיו האישיות מקשריו המשפחתיים, וזאת כדי ללמד על הממד החווייתי גם בתחום זה.
4. הדגשה שלי. קטע דומה נמצא **באדם וביתו**, עמ' 166.
5. הרב מתייחס לפסוק "עַל כֵּן יַעֲזָב אִישׁ אֶת אָבִיו וְאֶת אִמּוֹ וְדָבַק בְּאִשְׁתּוֹ וְהָיוּ

במרקם טבעו המטאפיזי של האדם ובחיפושו התיאולוגי אחר קשרים החוצים את גבולות הסופיות. לא הקהילה ההורית בלבד, אלא אף קהילת הנישואין, היא השתקפות של הקהילה הנשגבה של האדם והא־להים והיא גם הקדמה לקהילה נשגבה זו.[6]

בטרם נסביר קטעים חשובים אך תמציתיים אלה, עלינו לסקור כמה מושגים יסודיים בכתבי הרב. חלק ניכר מהגותו של הרב סולובייצ׳יק עוסק בפילוסופיה של האדם, או ״תורת האדם״, ותפיסת האדם בהגות הרב מיוסדת על ההנחה שכל אדם הוא ברייה **לא מושלמת**. חוסר השלמות נובע משתי סיבות: בני אדם הם סופיים יחסית לאלוקים, והזכר והנקבה זקוקים זה לזו כדי להגיע לשלמות.[7] המודעות לחוסר השלמות מכונה **בדידות**.[8] ההתמודדות עם מצב זה וההתגברות עליו נקראת **גאולה**.[9] יצירת הקשר עם הזולת – הורים, בן או בת זוג, ילדים וכלל ישראל – מתגברת על הבדידות באופן חלקי ומצביעה לכיוון ההתגברות הסופית על חוסר השלמות באמצעות הקשר עם האלוקים.

לְבָשָׂר אֶחָד״ (בראשית ב, כד), פסוק שבו קהילת הנישואין תופסת את מקומה של קהילת ההורות.

6. הקטע הראשון מופיע **באדם וביתו**, עמ׳ 166. הקטע השני מופיע לאחריו בכתב היד, אך הושמט בדפוס מפאת שיקולי עריכה.
7. **אדם וביתו**, עמ׳ 89: ״חוסר השלמות שבקיום נובע משני ניגודים אונטיים [=מובְנים בקיומנו]: הסופיות מול הנצחיות והייחודיות הגברית מול זו הנשית״.
8. כפי שראינו **באיש האמונה הבודד**, ה״בדידות״ מתייחסת גם לתודעת ייחודיותו של כל אדם, ומתוך כך לחוסר התאמתו לאחרים. חרבר מביא לניסיון ליצירת בסיס לתקשורת עם אחרים, המבוסס על מחויבות משותפת, רעיון המחזיר אותנו לרעיון **הגאולה**.
9. חלק מהגאולה הוא להפוך מאובייקט סביל לסובייקט פעיל (כפי שנראה בהמשך **באיש ההלכה** וב״קול דודי דופק״). לאחר שמהפך זה מושלם, האדם מסוגל ליצור קשרים עם סובייקטים אחרים, בין אם מדובר באדם ובין אם מדובר באלוקים.

עכשיו אנו כשירים להבין את הקטעים המובאים לעיל. פירושם טמון במשפט האחרון, המבטא את המסר העיקרי:

> **לא הקהילה ההורית בלבד, אלא אף קהילת הנישואין, היא השתקפות של הקהילה הנשגבה של האדם והא־להים והיא גם הקדמה לקהילה נשגבה זו.**

לפיכך, חובה עלינו להסביר את שני האפיונים הללו, ההשתקפות וההקדמה (במקור reflection ו־prologue). ניגש למשימה זו באמצעות סידור אמירות המופיעות לאורך כל **אדם וביתו** לכדי שלמות מלוכדת.

קשרי המשפחה כהשתקפות הקשר בין האדם לאלוקיו

במובן מסוים, קהילת ההורה והילד היא **השתקפות** של קהילת האדם והאלוקים. כיצד? את זאת מסביר הרב בקטע הבא:

> **מה הן האבהות והאימהות בנות החלוף אם לא השתקפותה של קרן אור המפציעה אלינו מעבר לגבולות היקום? ומה היא דאגתם של ההורים אם לא בת הד לדאגתו הגדולה של ריבונו של עולם?** "רב יוסף כי הוה שמע קל כרעא דאמיה אמר איקום מקמי שכינה דאתיא" (=כשהיה רב יוסף שומע את קול צעדי אמו היה אומר: אקום מלפני השכינה שבאה [קידושין לא ע"ב]). **בעקבות כל אם, צעירה או באה בימים, מאושרת או עגומה, צועדת השכינה. ומאחורי כל אב, זקוף או כפוף גו, אוהב שחוק או חמור סבר, מהלך "מלכא קדישא",[10] המלך הקדוש. אין זו**

10. בקבלה, "שכינה" ו"מלכא קדישא" הן בחינות "נקביות" ו"זכריות" של האלוקות, בהתאמה.

> מיסטיקה; זו ההלכה. המודעות לנוכחותה של השכינה מביאה לידי החובה לקום לקראת האב והאם. (עמ' 184. ההדגשה אינה במקור)

באופן דומה, ברית הנישואין קשורה בעבותות בל יינתקו עם הברית השוררת בין האלוקים לעמו:

> התנ"ך משווה את הברית ההיסטורית המופלאה המקשרת בין הקהילה הכריזמטית לבין הא־להים – עם הברית המוגבלת והפרטית המאחדת שני יחידים הבאים בברית הנישואין. מצד אחד, הברית המופלאה הזו הושוותה בידי הנביאים לא אחת ולא שתיים לאירוסין בין כנסת ישראל לבין הא־להים; מן הצד האחר, האירוסין השגרתיים שבין אישה לאיש הועלו לדרגת מחויבות־של־ברית. (עמ' 64-65)

קשרי המשפחה משקפים את הקשר בין האדם לאלוקים אם ניכרות בהן תכונות המתעלות מעבר לקשרים האנושיים הרגילים, או תכונות הנראות כייחודיות לקשר טרנסצנדנטלי. כך בקשר שבין הורים וילדים, וכך בקשר בין בני זוג נשואים.

בקשר מהסוג הראשון, ההורים מפגינים אהבה שאין בה שמץ אנוכיות, והילד מפגין הזדהות מוחלטת:

> הקשר שבין ההורה לילד, משעה שזה מגיע לבגרות, מנותק לחלוטין מכל הנעה הדונית [=תענוגית] ואנוכית, וניתן להסבירו רק במושגים של אהבה מן הסוג הנעלה ביותר, אשר שורשיה נטועים במודעותם של ההורה ושל הילד גם יחד לאחדותם הבלתי מוגבלת. לבם של ההורים הומה דרך קבע כלפי ילדם, ולמולם מתקיים מעשה מתמיד של הזדהות מצד הילד עם הוריו. (עמ' 164)

האדם חש צורך טבעי לתור אחר שורשי קיומו, למצוא את מקורו ומקום נטיעתו. החיפוש מביא אותו בשלב הראשון להוריו, ולאחר מכן – לאלוקיו.

> היהדות, מתוך תחושת הריאליזם המאפיינת אותה, רואה את חיפוש השורשים במסגרת המציאות של כאן ועכשיו כהשתקפות של המסע העיקרי בעקבות המקור או המוצא המוחלטים, מסע הנערך מעבר לגבולות המציאות החושית. (עמ' 166)

גילוי תודעת התלות והמושרשות מדגישה את המאפיינים הייחודיים המשותפים לקשר שבין הילד להורה ולקשר שבין האדם לאלוקיו:

> ההלכה הדגישה חזור והדגש את אופייה היחיד במינו של מערכת היחסים שבין הורה לילדו. לאמתו של דבר, היא החדירה לתוכה רעיון טרנסצנדנטלי וזיהתה אותה עם מערכת היחסים המקשרת את האדם אל הא־להים. את שתיהן מאפיין החיפוש אחר המקור. (עמ' 165)

ההיבטים הייחודיים לקשר שבין הילד להוריו באים לידי ביטוי הלכתי בין השאר בהלכות הנוגעות לאבלות המיוחדת על הורים,[11] בעונשים הכבדים על הכאת הורה או גידופו, ומעל לכול, במצוות כיבוד הורים ומוראם. הרב מדגיש את פן האהבה והיראה שבמצוות אלו, ובכך מחזק את ההקבלה בין הקשר בין ההורה לילדו והקשר בין אלוקים והאדם:

> לסיכום ייאמר כי הצו של כיבוד אב ואם מתפרש בקטגוריות של אהבה: לכבד משמעו לאהוב; האהבה מבטאת את חוויית

11. למשל, קריעת הבגד כנגד הלב ומנהגי אבלות הנמשכים י"ב חודש. ראו גם את דברי הרב בנוגע להבדל שבין האבל על ילדים והאבל על הורים ב**מן הסערה**, עמ' 81–82.

> האחדות האונטית [=אחדות של קיום], באיחוד של ה"אני" עם ה"אתה". (עמ' 164)
>
> הדבר שהתורה התכוונה לו באמצעות מצוות מורא ההורים הוא זיקה פנימית שיסודה בהערצה, הערכה עמוקה ויראת כבוד. על האדם לרחוש כבוד רב להוריו; עליהם לעורר בנפשו אהבה עמוקה וחדורת כבוד, תשוקה וגעגועים, רטט ושמחה רבה. מאפיינים אלה אינם שייכים לתחום החוויות האנושיות הארציות. מקורם במודעותנו הטרנסצנדנטלית והם שייכים בלעדית לתחום המפגש שבין אדם לא־להים. (עמ' 170)

על אותה דרך, גם הקשר בין איש לאשתו מגלם מרכיבים שבדרך כלל ייחודיים לקשר שבין האדם לאלוקיו, ולפיכך הוא משקף קשר זה:

> יכולים אנו לומר כי בקהילת הנישואין שיסודה בברית מתקיימת מערכת יחסים הדומה לזו המאפיינת את הברית המטפיזית: מחויבות מוחלטת ואי־אפשרות לשינוי. בלשון אחרת: שני מאפייניה המייחדים של הברית מציינים גם את קהילת הנישואין. (עמ' 69)

במילים "מחויבות מוחלטת", מתכוון הרב סולובייצ'יק לומר שהנישואין אינם רק הסכם חוזי המסדיר זכויות קניין, אלא קשר החודר לתחומים נסתרים ביותר באישיות: לתודעת השייכות המוחלטת ולאחדות הגמורה.[12] "אי האפשרות לשינוי" שבברית הנישואין מתייחסת לעובדה

12. אף שהרב מדבר בקטע זה על "קשר אישי החודר עמוקות אל התחומים הנסתרים ביותר של האישיות האנושית" (עמ' 69), הוא טוען בהמשך שרק בחינת האישיות המכוונת כלפי חוץ ("קריגמטית") יוצרת את הסכם הנישואין, ואילו הבחינה המכוונת כלפי פנים ("נומינוזית") עומדת מנגד (עמ' 83-84). לא ברור היכן עובר הגבול בין שתי טענות אלו; לאיזה עומק מגיעים קשרי הנישואין?

שברית זו מתעלה על הגחמה והקפריזה של הארוס ו"מלמדת את האדם למצוא אהבה ביציבות ובהמשכיות" (עמ' 70).[13]

נסכם: מערכת היחסים של האדם עם אלוקיו מבוססת על **מקורו** של האדם באלוקים ועל **הברית** שלו עמו. היבט "המקור" משתקף במערכת היחסים של האדם עם הוריו, קשר המביא למחויבות הלכתית ייחודית. היבט "הברית" משתקף במערכת היחסים של האדם עם בן/בת זוגו, קשר המתעלה על מערכות יחסים אנושיות אחרות המבוססות על חוזים.

יחסי משפחה כהקדמה למערכת היחסים בין האדם לאלוקיו

עתה, משעמדנו על קווי הדמיון שבין יחסי האדם עם משפחתו לבין יחסי האדם עם אלוקיו, אנו יכולים להבין מדוע יחסי המשפחה אינם רק **בבואה** לקשר שבין האדם לאלוקיו אלא גם **הקדמה** לקשר זה. כדברי הרב סולוביצ'יק, "באמצעות פיתוח מערכות הולמות של יחסים בינאישיים לומד היהודי כיצד לאהוב, לירא ולעבוד את הא-להים" (עמ' 183).[14] במילים אחרות, אדם בונה מערכת יחסים עם הקב"ה באמצעות מערכות יחסים עם בני אדם – וזאת בשני אופנים.

13. אך הדבר אינו שולל אפשרות לגירושין, כמבואר בעמ' 83-87.
14. הגדרת יחסי המשפחה כהקדמה ליחסים בין האדם לאלוקיו מעלה שאלה מתבקשת: האם הקדמה זו הכרחית, או שמדובר בדרך אחת מני רבות אפשריות ליצירת מערכת יחסים עם האלוקים? השאלה חשובה במיוחד למי שמשפחתו אינה מתפקדת בצורה תקינה. כשאני מלמד את **אדם וביתו**, עולה שוב ושוב השאלה מצד הלומדים: האם, לפי הרב סולוביצ'יק, אדם יכול לנהל מערכת יחסים טובה עם האלוקים גם אם מערכת היחסים שלו עם הוריו אינה תקינה? האם אדם יכול לפעול בסדר ההפוך, ולתעל צמיחה דתית לתיקון יחסי משפחה? אף שהייתי רוצה לענות שהרב הביא את יחסי המשפחה כדרך **אחת** לפיתוח קשר עם האלוקים, דומה כי מדבריו ניכר שלדעתו יחסי משפחה תקינים הם תנאי **הכרחי** לקשר תקין עם אלוקים.

ראשית, כאשר האדם רוחש רגשות מסוימים כלפי אנשים אחרים, הוא לומד כיצד לחוש אותם גם כלפי האלוקים. למשל, מורא אב ואם מכוון אותנו ליראת אלוקים, והנאמנות והמסירות בין בני זוג מלמדות איך לבטא מידות אלו ביחס לאלוקים. מה שמעורר באדם רגשי חיבור להוריו (רגשות כאהבה, מורא, תלות והכרת הטוב) אמור לעורר אותם רגשות ביחס למקורו המוחלט של האדם – לאלוקים, בורא העולם והאדם ומקיימם. הקדושה הגלומה במערכת היחסים שבין איש ואישה מפתחת את הקדושה הנדרשת למערכת היחסים בין האדם לאלוקיו, והמחויבות ההדדית של בני הזוג זה כלפי זו וכן כלפי ערכים משותפים מחזקת אותם בסלילת דרכם למחויבות כלפי אלוקים.

למעשה, עצם תחושת הבדידות המביאה את האדם לבקש שלמות באמצעות נישואין, וכן יכולתו לפתוח את קיומו הסגור ולחלוק אותו עם הזולת, הינן מרכיבים חשובים בפיתוח מערכת יחסים עם האלוקים. אף שבהקשר זה הרב אינו מתייחס לשיר השירים, ניתן לקשר אותו לענייננו. שיר השירים משתמש במשל האהבה בין אישה לגבר כדי לתאר את הנמשל, האהבה בין האדם והאלוקים. על יסוד התובנה של הרב בדבר החשיבות של יחסי המשפחה ביצירת מערכת יחסים עם האלוקים, אפשר לומר ששיר השירים משתמש במשל הזה לשתי מטרות. ראשית, כמובן, משל הקשר בין אישה לגבר מאיר את הנמשל של אהבת אדם לאלוקיו על ידי השוואת אהבה רוממה זו לַקשר העז וחדור התשוקה שבני האדם מכירים. אך למטבע צד שני: כאשר המקרא מאפשר להשוות אהבה בין אישה ואיש לאהבה הנעלה שבין האדם לאלוקיו, הוא מצביע על החשיבות הרבה של מערכת היחסים שבין הגבר והאישה – הן בפני עצמה, הן כסַמָּן וכסולם לקשר נשגב יותר עם האלוקים.

יתרה מזאת, במקרים רבים אי אפשר להעפיל למישור המטפיזי ללא הכנת בסיס במישור הארצי, כפי שהרב כותב בנוגע לרגש התלות:

> ועם זאת, המפגש בין האדם לבין הא־להים יכול להתרחש רק כאשר האדם – התר אחרי שורשיו הנצחיים, הראשוניים והנשגבים – מעסיק עצמו גם בשאלת שורשיו הגשמיים, שהם קלי ערך, מותנים וארעיים. רק לאחר שהאדם הסופי מכיר ומודה בתלותו במישהו אחר בעולם זה של כאן ועכשיו, רק אז מעניק לו הא־להים את ההכרה המאירה בדבר תלותו בשורש האחד והיחיד. החיפוש אחר השורשים איננו רק הרפתקה טרנסצנדנטלית; לא פחות מכך הוא הרפתקה אנושית. (עמ' 165)[15]

חשוב לציין שהרב מתייחס לא רק לתלותו של הילד בהוריו לעצם היוולדו וקיומו, אלא גם לצורך המתמשך של האדם באישורם של הוריו, בהערכתם ובאהבתם.

מערכות יחסים משתלבות

ויש אופן נוסף שאדם יוצר בו מערכת יחסים עם האלוקים באמצעות מערכות היחסים שלו עם אנשים: מערכות היחסים האנושיות עצמן נטענות בזיקה שבין אדם למקום. כך כותב הרב בעניין היחסים בין ילד להוריו:

> בצוותה את הילד על יראת אביו ואמו, העניקה התורה ממד חדש למערכת היחסים הבינאישיים, את הממד הטרנסצנדנטלי. זה מניף אותנו באחת הרחק ממערכת העולם האנושי החומרי, על דרכי הפעולה, המחשבה והתחושה שלו – היישר אל תחומה הנשגב

15. בנימה דומה כותב הרב סולובייצ'יק בספרו **התודעה ההלכתית** (עמ' 45 ובמקומות אחרים שידיעת העולם קודמת לידיעת האלוקים: "עם זאת, המוטיב המרכזי בחוויה הדתית אינו המציאות המוחלטת, אלא דווקא המציאות המיידית והחושית על כל ביטוייה המגוונים. ניתן להגיע לידיעה כוללת של המוחלט רק לאחר הכרות מדוקדקת עם 'עולם הצללים'".

> והטהור של הכרה עליונה, שבאמצעותה אנו מתוודעים למסתורין הנפלא של הקיום... מערכת היחסים והקשרים עם ההורים מכמינה בתמציתה את געגועי האדם ואת כמיהתו אל הא־להים; בסופו של דבר, התמסרותנו להורה ולא־להים אחת היא במהותה. מורא הורים משמעו התייצבות האדם ביראה וברטט לפני... מקור קיומו. האדם החולק להוריו כבוד והוקרה מעריץ בה בעת את הא־להים ועובדו. (עמ' 170–171)[16]

כאשר הילד (או הילדה) מתחתן, הוא מחליף את הזיקה הבין־אישית העיקרית שלו; הוא נוטש את הקהילה ההורית הוותיקה לטובת קהילת נישואין חדשה. אך קהילת הנישואין הזו לא תישאר קהילה בת שני חברים, כי ברגע שיוולד לזוג ילד -

> תעלה קהילת הנישואין המורכבת משני חברים לדרגה גבוהה יותר, לקהילה הורית בת שלושה חברים, קהילה אשר תשוב ותיהרס... בידי... הדור הבא [כאשר ילדו שלו יתחתן לבסוף]. באמצעות החוויה הנוצרת מזרם האירועים הדרמטי של סתירה לשם בנייה ובנייה לשם סתירה מממש האדם את חיפושיו אחרי המקור והמוצא ומתקרב בהדרגה יותר ויותר אל הא־להים. (עמ' 58)

היות שהדת היא חיפוש אחר **גאולה** (כפי שהגדרנו מונח זה בתחילת הפרק), הנישואים הם מתחילתם, עוד בהיותם קהילה בת שני שותפים בלבד, בעלי ערך דתי ולא רק תועלת פסיכולוגית או מעשית – שהרי מטרת הנישואין "היא החוויה הגואלת של החיים באחווה" (עמ' 56). אף על פי כן, הנישואין מגיעים למימושם המלא כקהילה משולשת,

16. ליתר דיוק, הרב מבחין (בעמ' 166–169) בין **כיבוד** ל**מורא**. **כיבוד** דורש שנתייחס להורים כפי שהיינו רוצים שיתייחסו אלינו, ועל כן הוא קטגוריה בין־אישית. **מורא** אינו מסתפק בכך, אלא דורש מחויבות חסרת פשרות, ויתור עצמי והקרבה, המבטאים קטגוריה דתית.

שבה בני הזוג חולקים מסירות משותפת לא רק זה כלפי זה וכלפי ערכים משותפים, אלא גם כלפי צד שלישי: ילדם.[17] כאן טמון הקשר בין קהילת הנישואים לקהילת ההורות.

בקהילה המשולשת הזו יכולים האיש והאישה להידמות לה׳ ולהפוך לשותפיו (עמ׳ 61–62). הולדת ילדים וגידולם כרוכה ב״והלכת בדרכיו״ בכמה רבדים: יצירה, הוראה, ויישום של חסד ללא תנאי וללא גבול. כאשר האדם מקים משפחה על אדני הקדושה והמחויבות הדתית, הוא עובד את אלוקיו ומתקרב אליו. ההורים מצרפים את ילדיהם לקהילת המסורה והופכים אותם לחלק מהמסורת, ובכך מעניקים להם לא רק חיי שעה אלא גם חיי עולם (עמ׳ 53–54, 78–79).

הקדשות

לאור כל זאת, אין זה מפתיע ששלושת החיבורים המרכזיים שהרב הוציא לאור בעצמו מוקדשים לבני משפחתו הקרובים: הראשון מוקדש לאביו, ושני האחרים לרעייתו. אמנם אלה מחוות שכיחות למדי בקרב מחברי ספרים, אך להלן אראה שהקדשותיו של הרב הן יותר ממחוות שגרתיות: הן חלק בלתי־נפרד מגוף החיבור, או, אם תרצו, הערות על גופם של חיבורים. כך או כך, כל אחד מהחיבורים הללו עוסק בחוויה הדתית, ובעיני הרב, חוויה זו מתווכת על ידי יחסי המשפחה.

וכך כתוב בראש **איש ההלכה**:

> באותה שעה באתה דיוקנו של אביו ונראתה לו בחלון (סוטה לו ע״ב).

17. בעוד ב**איש האמונה הבודד** השותף השלישי בקהילת הברית הוא האלוקים, הנה ב**אדם וביתו** השותף השלישי הוא הילד. והדבר מובן: אף ש**באיש האמונה הבודד** יש דימוי של נישואין, עיקר עניינו הוא הקהילה הדתית האנושית; ואילו **אדם וביתו** עוסק דווקא בקהילת הנישואין.

הרב התכוון שחיבורו יהיה, בין השאר, דיוקן רוחני של אביו וניסיון לעמוד על השלכותיו.[18] אשר להקדשת **איש האמונה הבודד**, כבר ציינתי בפרק 13 שהיא מצד אחד שיקוף של המאמר ומצד אחר משקל־נגד לו. נוסח ההקדשה הוא:

> לטוניה – אישה בעלת אומץ לב רב, הדר עילאי, מחויבות מוחלטת וכנות שאינה יודעת פשרות.

המאמר מדגיש את הבדידות, כבולט בכותרתו, ואינו מציע נחמה רבה לאישיות הדתית, וההקדשה מהווה ניגוד לדכדוך זה. עולה ממנה שניתן להתגבר על הבדידות שחווה איש האמונה, בצורה חלקית לפחות, באמצעות חיים עם שותף לערכים ולמחויבות.

ההקדשה של **ובקשתם משם** –

> "כאיל תערֹג על אפיקי מים, כן נפשי תערֹג אליך אלקים" (תהלים מב, ב): לשמה ולזכרה של רעייתי העדינה, טוניה ז"ל –

מוסיפה ושוזרת את בקשת הגאולה עם שאיפת השלמות האונטולוגית. כאשר הרב סולוביצ'יק מקשר בין ערגתו של משורר תהלים לאלוקים לבין ערגתו שלו לנוכחות אשתו, הוא מביע ברמז שבקשת הגאולה באמצעות האלוקים קשורה באופן הדוק וקרוב לבקשת שלמות באמצעות הנישואין. אכן, כל שלוש ההקדשות מדגישות את ערכם הדתי והאנושי של יחסי המשפחה, הגואלים כשלעצמם ומובילים לגאולה שלמה על ידי האלוקים.

18. ראו פרק 29 להלן.

לעיון נוסף

1. **אירוסין ונישואין:** ראו "מה דודך מדוד", עמ' 71–73, שם הרב מביא את חידושו של סבו, ר' חיים, כדי להראות שבעוד האירוסין יוצרים קשר פורמלי־משפטי בין האיש והאישה, הנישואין יוצרים אחדות קיומית.

פרק 20

תפילה (א):
התפילה כמפגש וכקניין עצמי

מקובלים ופילוסופים כאחד תהו על יכולתן של תפילות להשפיע על א־ל אינסופי וכול־יודע, והוגים רבים ביקשו להבין מדוע הקב"ה מקבל תפילות מסוימות ואינו שועה לאחרות. אולם הרב סולוביצ'יק נמנע מלעסוק בשאלות אלו בדיוניו העמוקים ומרובי־הפנים בנושא התפילה. כדרכו בקודש העדיף להתמקד בצד האנושי של המשוואה ולא בצד האלוקי. מהו, שואל הרב, אופיו המדויק של מעשה התפילה? מהם הלכי הנפש הפנימיים הדרושים לה? מהן השפעותיה על האדם המתפלל? במילים אחרות, מהם משמעותה ותפקידה של התפילה **בעבור האדם?** הרב מציע כמה תשובות לשאלה אחרונה זו, וכל תשובה מהווה מוקד של מאמר אחר:[1]

1. אף שחלק מהמאמרים עוסקים ביותר מנושא אחד, נתמקד בנושא העיקרי בכל מאמר. נוסף על המאמרים המצוינים כאן הופיע לאחר מותו של הרב ספר העוסק כולו בנושא התפילה: **עבודה שבלב**, בעריכת הרב שלום כרמי (אלון שבות, תשס"ו). פרקי הספר לקוחים מתוך שני קורסים שהרב לימד בבית הספר לתארים מתקדמים ע"ש ברנרד רבל בישיבה אוניברסיטה בסוף שנות ה־50. ספר זה עוסק בכמה נושאים ואינו מתמקד בעניין אחד, ואזכיר אותו כאשר נושא הנידון בו יחפוף לנושא הנידון פה. כיוון שאתמקד בעיקר במרכיב הבקשה שבתפילה, לא אעסוק בדיון החשוב המופיע ב**עבודה שבלב** בקשר לתפילת השבח ולגאולת האסתטי; על כך ראו **לעיון נוסף**, 2. מאותה

א. התפילה היא מפגש עם ה׳ (**איש האמונה הבודד**);

ב. התפילה היא אמצעי בידי האדם למצוא את אישיותו הפנימית ולעצבה (״גאולה, תפילה, תלמוד תורה״);[2]

ג. התפילה היא צורה של הקרבה עצמית לה׳ (״רעיונות על התפילה״).[3]

בפרק זה ובפרק הבא נעיין בכל אחת מהתשובות הללו וכן בקשרים ביניהן. אך קודם כול, עלינו להגדיר את כוונתנו במונח ״תפילה״. תפילת שמונה־עשרה, היא תפילת העמידה, בעלת המבנה המשולש של שבח, בקשה והודיה, היא התגלמות לב מהותה של התפילה היהודית. כשחז״ל אומרים ״תפילה״ כוונתם בדרך כלל לתפילת שמונה־עשרה. לכן נקדיש את עיוננו לה – ובפרט לחלק הארי שלה, הבקשה.

התפילה כמפגש

חז״ל עוסקים בשאלה אם ״מצוות צריכות כוונה״: האם כוונת הלב לקיים את דבר ה׳ היא תנאי הכרחי ליציאה ידי חובת מצווה, או שדי בעצם העשייה.[4] לגבי תפילה, אומר הרב, אין מחלוקת – לכולי עלמא תפילה בלא כוונה אינה תפילה. זאת מכיוון ש״מושג הכוונה ביחס לתפילה אינו דומה למושג הכוונה במצוות אחרות, כי הכוונה בתפילה אינה תוספת

סיבה לא אעסוק גם בדיון המופיע ב**עבודה שבלב** בקשר לקריאת שמע, פרט להשוואה בינה לבין תפילת העמידה.

2. הרצאה זו נמסרה בסמינר מחלקתי באוניברסיטת פנסילבניה במאי 1973, פורסמה בכתב־העת *Tradition* בשנת 1978, ותורגמה לעברית ב**דברי הגות והערכה**, עמ׳ 272-255.

3. ״רעיונות על התפילה״ נכתב בעברית וראה אור ב־1978 (**בהדרום** מז [תשרי תשל״ט], עמ׳ 106-84), אך מועד חיבורו אינו ידוע. הוא הודפס שוב בספר **איש ההלכה – גלוי ונסתר**, עמ׳ 271-237, ולשָם יִפנו מראֵי־המקום כאן.

4. לדוגמה, הגמרא (ראש השנה כח ע״א-ע״ב) דנה האם אדם התוקע בשופר לשם נגינה קיים את המצווה אף שלא נתכוון לעשות כן.

חיצונית אלא עצם התפילה ממש" (**איש האמונה הבודד**, עמ' 34, הערה 26). וליתר דיוק, ההבדל הוא במהותה של הכוונה. במצוות אחרות, הכוונה משמעותה פשוט "שהמקיים את המצווה מתכוון לפעול על פי רצון ה'" (שם; כוונה זו מכונה "כוונה לצאת"). ואילו הכוונה המגדירה את התפילה שונה בתכלית:

> כיצד היא הכוונה? שיפנה את לבו מכל המחשבות ויראה עצמו כאִלו הוא עומד לפני השכינה. (רמב"ם הלכות תפילה ד, טז)[5]

כהד לתיאורו של הרמב"ם, הרב כותב שהתפילה במהותה היא מפגש עם ה':

> התפילה היא ביסודה תחושתו של האדם שהוא נמצא בנוכחות בוראו והוא פונה אליו. להתפלל – משמעו אחד בלבד: לעמוד לפני ה'. (**איש האמונה הבודד**, עמ' 34)

מעניין זה נובע ההבדל בין תפילה לקריאת שמע, שאינה מפגש אישי אלא הצהרת מחויבות לקבלת עול מלכות שמים. בקריאת שמע האדם מדבר **על** האלוקים בגוף שלישי, ואילו בתפילה האדם מדבר **עם** האלוקים בגוף שני.

הרב מפתח את ההבחנה בין קריאת שמע והתפילה לא רק על ידי עיון בנוסחיהן ובמקורות האגדה הקשורים אליהן, אלא גם, כמנהגו, בעיון בהלכות העוסקות בהן.[6] את תפילת העמידה, למשל,

5. ר' חיים מבריסק מבין שהרמב"ם מבחין בין שלושה סוגים של כוונה בתפילה, ואילו הרב מבין שהרמב"ם מתייחס לסוג אחד ויחיד של כוונה. עוד לגבי המחלוקת הפרשנית הנדירה בין הרב וסבו הנערץ ראו **לעיון נוסף**, 3.

6. ראו **עבודה שבלב**, עמ' 107–109, לגבי המתודות שראוי להשתמש בהן כדי לחשוף את החוויות הסובייקטיביות העומדות ביסוד המעשים הדתיים. עיונו השיטתי של הרב ב**עבודה שבלב** באבני היסוד החווייתיות של התפילה (שבח, בקשה והודיה) ושל קבלת עול מלכות שמיים הוא יישום מעולה של

יש לומר בעמידה, עם הפנים לירושלים, בתנוחה הדומה לשל עֶבד, בלבוש הולם ובמקום נאות (לא על ראש קיר, למשל), וכן בדעה צלולה וללא הפסקות או הפוגות ארוכות. אף לא אחת מן הדרישות הללו חלה על קריאת שמע.[7] הלכות אלו מבטאות דפוס ברור: קריאת שמע היא הצהרה או הקדשה, שהאומרה מכוון אותה אל עצמו או אולי לאנשים אחרים, ואילו בתפילה האדם עומד בנוכחות השכינה ומדבר ישירות אל ה׳.[8]

החלק המרכזי והארוך ביותר בתפילת העמידה הוא הבקשה: שלוש הברכות הראשונות בתפילה משבחות את ה׳, שלוש האחרונות מבטאות הכרת תודה, ושלוש עשרה הברכות האמצעיות כוללות בקשות מסוגים שונים. אף על פי כן, התפקיד המרכזי של מפגש התפילה אינו קבלת המענה המבוקש מה׳ להפצרותינו, אלא יצירת אחווה, או קהילה, בין בני האדם והאלוקים:

התקבלותה של התפילה היא בבחינת תקווה, חזון, משאלה, בקשה, אך לא חוק בל יעבור או הנחת יסוד. בסיסה של התפילה איננה ההכרה באפקטיביות שלה, אלא האמונה כי באמצעותה אנו מגיעים לקרבה אינטימית עם הא־להים, וכך נולדת הקהילה המופלאה החובקת את האדם הסופי ואת בוראו. משימתה היסודית

המתודולוגיה שפיתח בספר זה, וביתר פירוט ב**התודעה ההלכתית**, מתודה של "שחזור" (reconstruction) המרכיבים הסובייקטיביים (הפנימיים) של הדת מתוך ביטוייה האובייקטיביים (החיצוניים).

7. הרב מנתח את הניגוד בין קריאת שמע ותפילת העמידה ב**עבודה שבלב**, עמ׳ 100–106, וכן ב"בעניין סמיכת גאולה לתפילה", **שיעורים לזכר אבא מרי ז"ל**, חלק ב׳, עמ׳ לה-נז.

8. רש"י מציג עניין זה בתמצות במסגרת נתינת טעם לחובת לבישת חולצה דווקא בתפילת שמונה-עשרה ולא בקריאת שמע: "אבל לתפילה צריך הוא להראות את עצמו כעומד לפני המלך ולעמוד באימה; אבל קריאת שמע אינו מדבר לפני המלך" (ברכות כה ע"א, ד"ה אבל לתפילה). עוד על קריאת שמע, ראו **לעיון נוסף**, 4.

> של התפילה איננה נבחנת בתוצאותיה המעשיות אלא ביכולתה ליצור את האחווה המטפיסית שחבריה הם א־להים ואדם. (**עבודה שבלב**, עמ' 51)

הדיון בתפילה ב**איש האמונה הבודד** מתמקד בתפקידה של התפילה ביצירת קהילת ברית – מטרתו המרכזית של אדם ב', הסובל מבדידות. ראשית, מפגש התפילה יוצר קהילה בין האדם ואלוקיו, וקהילה זו היא מקבילתה וממשיכתה של קהילת האדם והאלוקים שמחולל המפגש הנבואי. ההבדל היחיד בין קהילת הנבואה לקהילת התפילה הוא שבקהילת הנבואה האלוקים יוזם את הקשר, ובקהילת התפילה היוזמה באה מן האדם.[9]

שנית, התפילה מקימה קהילה בין אנשים. אנו למדים זאת מהחשיבות שההלכה מייחסת לתפילה בציבור, וכן מהעובדה שכל הבקשות בתפילת העמידה מנוסחות בלשון רבים – "וחננו מאתך", "השיבנו", "סלח לנו" וכדומה – אף שתפילת העמידה נאמרת בלחש על ידי כל מתפלל באופן אישי. הרב מסביר:

> בעת צרה אסור לו לאדם לשקוע בסבלו, להרהר רק בעצמו, להתעניין רק בעצמו ולבקש את האלוהים רק למען עצמו. יסוד התפילה המועילה והאידיאלית הוא הסולידריות האנושית והאהדה, או תחושת הברית של ההתחברות האקזיסטנציאלית [=הקיומית], של השותפות והחוויה בעמלם ובסבלם [של אחרים]. (**איש האמונה הבודד**, עמ' 36)[10]

9. לעיון בכמה מן ההשלכות של הבנת הרב לגבי נבואה ותפילה באיש האמונה הבודד, ראו אצל הרב יצחק בלאו: "Dialogue, Community and Morality: The Prayer-Prophecy Parallel," http://www.atid.org/resources/lmof40/blau.asp.

10. יצוין כי בעוד ב**איש האמונה הבודד** הרב עוסק הן בתפילה **עם** אחרים, הן בתפילה **למען** אחרים, במקומות אחרים הוא משלב בין שתי קטגוריות: כאשר האדם מתפלל **למען** אחרים מתוך שותפות בכאבם, הוא באופן טבעי

לפיכך, קהילת האדם והאלוקים הנוצרת בתפילה מוכרחת לכלול גם את הרֵע, ואינה יכולה להיות ממוקדת בצורה אנוכית רק בבקשותיו הפרטיות של האדם או בחווייתו הדתית הפרטית.

עם זה, מפגש התפילה חסר ואינו ממצה את ערכו אלא אם נלווית אליו, או קודמת לו, מחויבות לאורח חיים אלוקי.[11] הרב טוען שאין ספק כי "כל פגישה עם האלוהים, אם עליה לגאול את האדם, חייבת להתבהר ולהתממש בבשורת מוסר נורמטיבית" (**איש האמונה הבודד**, עמ' 37). והוא מבאר רעיון זה במילים רבות רושם:

> מי זה הזכאי לפתוח בדו־שיח של תפילה עם האלוהים? ודאי, האדם המוכן לטהר את עצמו מכל פגם וחטא. כל סוג של עוול, שחיתות, אכזריות וכו' מחלל את עצם מהותה של הרפתקת התפילה, משום שהוא כולא את האדם בתוך עולם קטן ומכוער אשר בו אין האלוהים רוצה להיכנס. אם האדם מתגעגע לפגוש את האלוהים בתפילה, חייב הוא לטהר את עצמו מכל דבר החוצה בינו ובין ה'. מעולם לא ראתה ההלכה את התפילה כמחווה נפרדת ומאגית, שהאדם יכול לעסוק בה בלי שיאחד אותה עם מכלול

מתפלל **עמם**. ראו בהערות שכתב הרב בכתב־ידו ומובאות אצל Lawrence Kaplan, "On Translating *Ish ha-Halakhah* with the Rav: Rabbi Joseph Soloveitchik's Supplementary Notes to *Halakhic Man*," in *Mentor of Generations: Reflections on Rabbi Joseph B. Soloveitchik*, ed. Zev Eleff (Jersey City, 2008), p. 339: "אנשים החולקים מצוקה יחד, חולקים גם את התפילה... להתפלל למען הזולת פירושו לחוות יחד חוויית סבל משותפת המדרבנת והדוחפת אנשים להתפלל יחד".

11. במסגרת התפילה, הדבר מתבטא בדרישת ההלכה לסמוך גאולה לתפילה, דהיינו, לגשת לתפילת העמידה מיד עם סיום ברכותיה האחרונות של קריאת שמע. "אין כל זכות לאדם להופיע לפני ה' אם לא קיבל על עצמו קודם את ההתחייבויות הכרוכות בשלוש הפרשיות של שמע" (**איש האמונה הבודד**, עמ' 39 הערה 35).

חייו... לעולם מבשרת התפילה את התשובה המוסרית. (**איש האמונה הבודד**, עמ' 39-40)[12]

אף שהרעיון המובע בקטע זה עשוי לא להפתיע בתחילה, השלכתו בהחלט אינה צפויה:

מטעם זה אין התפילה כשלעצמה ממלאה בקהילת ההלכה תפקיד כה נכבד כמו בקהילות אמונה אחרות, ומשום כך אין התפילה נחשבת לפעילות דתית התובעת לעצמה מעמד מרכזי, אם לא מעמד בלעדי. לעולם חייבת התפילה להיות בזיקה לחיים של תפילה המוקדשים למימוש הצו האלוהי, ובתורת שכזאת אין התפילה יחידה בפני עצמה אלא מבוא נשגב לפעילות הלכתית. (**איש האמונה הבודד**, עמ' 41)[13]

נישול התפילה ממקומה המרכזי הקיים בדתות אחרות, או ליתר דיוק, שילוב התפילה במסגרת רחבה יותר של מעש דתי, הוא מוטיב חוזר בכתבי הרב.[14] ספרו **עבודה שבלב** נפתח בציון העובדה כי ביהדות התפילה אינה האמצעי היחידי להגיע לאלוקים. היהדות מכירה ארבעה ערוצי תקשורת של החוויה הדתית – הערוץ האינטלקטואלי (לימוד

12. בהערת שוליים ארוכה (**איש האמונה הבודד**, עמ' 40-41 הערה 36), מבהיר הרב ש"אין למנוע את הזכות והאפשרות להתפלל משום אדם, אף הרשע הגרוע ביותר". עם זאת, הוא מדגיש "כי התפילה זקוקה ללב טהור וכי תפילתו של החוטא אינה שלמה".
13. לגבי "חיים של תפילה המוקדשים למימוש הצו האלוהי", ראו **לעיון נוסף**, 5.
14. קיים תקדים לגישה זאת במסורת היהודית. הרב ליכטנשטיין, למשל, מציין שמסורות וולוז'ין ובריסק, שהרב ממשיך את דרכן, העדיפו את לימוד התורה על התפילה ("התפילה במשנת הגרי"ד סולוביצ'יק זצ"ל", **עלון שבות** 149 [ניסן תשנ"ז], עמ' 79-80). ראו גם **לעיון נוסף**, 6. מאמרו של הרב ליכטנשטיין כולל תובנות חשובות רבות שלא נוכל לעסוק בהן במסגרת פרק זה. המאמר נמצא באתר 'דעת': http://www.daat.ac.il/daat/kitveyet/shana/hatfila-2.htm

תורה), הרגשי, הרצוני (קיום מצוות) והדיאלוגי (תפילה) – ולפיכך יש להבין את התפילה בהקשרה המתאים. יתרה מזאת, בעקבות הסִפרי והרמב"ם,[15] הרב מציין שהמונח 'עבודה שבלב' אינו מתייחס לתפילה בלבד, אלא גם ללימוד תורה.[16] הלב עובד את ה' באמצעות שתי הפעולות הללו, ואולי על ידי שילובן. כעת נפנה לתשובה השנייה לשאלה שהעליתי בראשית הפרק – מהי משמעות התפילה בעבור האדם – ונעיין במאמר המקשר בין שתי צורות העבודה שבלב.

התפילה כקניין עצמי

קיים קשר מעניין בין שלושת המושגים המופיעים בכותרת המאמר "גאולה, תפילה, תלמוד תורה": גאולת היחיד אינה מגיעה מתוך התערבות אלוקית, אלא דווקא על ידי שתי הפעולות האחרות המוזכרות כאן. במילים אחרות, במקום תהליך דו־שלבי שבו אדם עוסק בתפילה ובתלמוד תורה על מנת שה', בתורו, יגאל אותו, הרב מתאר תהליך חד־שלבי: האדם גואל את עצמו באמצעות תפילה ולימוד תורה. וזאת כיצד? כמו המאמר עצמו, גם אנו נתמקד בנושא התפילה.

התפילה אמנם מופנית לקב"ה ונובעת מההכרה בתלות האדם בו, אבל היא תהליך המתחיל בתוך עצמיות האדם: על האדם לחשוב ולשקול את צרכיו, ואז להציגם בפני ה'.[17] אדם יכול לדעת את צרכיו האמתיים רק אם הוא יודע מיהו באמת ומהן מטרותיו. תהליך התפילה, אפוא, כרוך בגילוי ובחידוד של תודעת הצורך האמתי של האדם, ולכן מדובר בפעולה של חינוך עצמי ושינוי עצמי.

15. **ספרי**, עקב, מא (על דברים יא, יג); רמב"ם, **ספר המצוות**, מצות עשה ה.
16. **עבודה שבלב**, עמ' 42–44; "בעניין ברכות התורה", **שיעורים לזכר אבא מרי ז"ל**, חלק ב', במיוחד עמ' ז–יא; "גאולה, תפילה, תלמוד תורה", **דברי הגות והערכה**, עמ' 270. ראה גם **לעיון נוסף**, 6.
17. הדבר נכון בין אם האדם רואה עצמו כיחיד, בין אם הוא רואה עצמו חלק מציבור. כמו הרב, גם אנו נתמקד כאן בתפילת היחיד.

משמבינים את זאת, מבינים כי התפילה היא חלק חשוב במפעל רחב יותר של יצירתו העצמית של האדם: "ה' רוצה כי האדם יהיה בורא – תפקידו הראשון הוא לברוא עצמו כיצור שלם" ("גאולה, תפילה, תלמוד תורה", עמ' 264). נקודת מבט זו על התפילה מסייעת לנו להבין את ההיגיון שבהצגת בקשותינו בפני מי שיודע את כל צרכינו. באמצעות התפילה, האדם מברר את תודעת הצורך שלו ומשתנה בהתאם. על ידי השינוי בעצמיותו הוא נעשה ראוי לכך שה' ימלא את בקשותיו.[18]

ומדוע זהו תהליך גאולי? על בסיס דברי **הזוהר**,[19] הרב מבחין בין שלושה שלבים בתהליך המוביל מעבדות לגאולה. היהודים ששועבדו במצרים היו תחילה דוממים, וחשו את כאב ההצלפות אך לא את ההשפלה שבעבדות. לעבד אין לא מודעות עצמית ולא מושג לגבי מטרותיו וייעודו. לכן הוא חש **כאב**, תחושה אינסטינקטיבית המשותפת לאדם ולבהמה, אך אין הוא מסוגל **לסבול**, שכן הסבל הוא חוויה קיומית הנובעת מאיום על תחושת העצמיות של האדם. היהודים במצרים לא מחו מכיוון שלא היו להם הכוונה וידיעה בדבר צורכיהם האמתיים, ומפני שטרם היה בכוחם לדמיין קיום מסוג אחר. רק כאשר הגן משה על האיש העברי חסר האונים מפני משעבדו המצרי קלטו בני ישראל את העוול שבמצבם. הדבר הוביל אותם, לראשונה, לזעוק לה' (שמות ב, כג) ולצאת מדממה לקול.

אף על פי כן, גם אם הייתה בהם **תודעת** הצורך, עדיין חסרה להם **ההבנה** מהו אותו צורך. היהודים חשו שקיומם פגום, שהם זוכים ליחס לא הוגן, אך לא ידעו איך למלא את חייהם בתוכן חיובי. בהר

18. יישום זה של דעת הרב מובא ע"י הרב שלום כרמי במאמרו "Destiny, Freedom and the Logic of Petition," *Tradition* 24:2 (Winter 1989), pp. 20–21. יישוב דומה לבעייתיות הפילוסופית שבבקשה הציע ר' יוסף אלבו **בספר העיקרים** (ד, יח).

19. פרשת וארא, כה ע"ב. הזוהר עוסק בגאולת הציבור דווקא, אך אין זה משנה לענייננו.

סיני הבינו לראשונה את צורכיהם העמוקים, על בסיס ייעוד־הברית שהציבה להם התורה. זהו השלב השלישי בגאולתם: המעבר מקול לדיבור. הגאולה מהשעבוד "זהה... עם התקשרות הדדית... כלומר, עם הופעתו של הדיבור" (עמ' 256), שכן רק אדם העומד ברשות עצמו לחלוטין מסוגל להעביר מסר רב משמעות.

העבדות אינה רק מוסד פוליטי, אלא מצב קיומי.[20] האדם נחשב עבד כל עוד חסרות בו תחושת עצמיות והמודעות לצרכיו הנלווית לה. אף שהאדם עשוי לחשוב שהוא יודע מה הם צרכיו, הערכה מדויקת יכולה לנבוע אך ורק מהבנה נכונה של ייעודו.

> אין ספק כי יודע האדם צרכים רבים, אך אלה אינם תמיד צרכיו הוא. שורש כישלונו של האדם לעמוד על צרכיו האמיתיים והראויים מצוי ביכולתו לשגות בהבנת עצמו ובזיהוי עצמו, כלומר – לאבד את עצמו. לעתים תכופות מאבד האדם את עצמו על ידי הזדהותו עם דמות כוזבת. בעקבות זיהוי מוטעה זה מאמץ האדם לוח כוזב של צרכים שסיפוקם נדמה לו כמחויב. האדם מגיב במהירות כלפי לחצים של צרכים מסוימים, מבלי שידע מיהו שאת צרכיו יצא לספק. כאן נולד החטא. מהי סיבת החטא אם לא מנהגו השטני של האדם לשגות בדבר זהותו העצמית? (עמ' 262)

התרופה לכך נמצאת בתפילה:

> התפילה היא תורת צורכי האדם. היא מספרת ליחיד, כמו לציבור, מהם צרכיו האמיתיים, על מה יעתיר לאלוקיו ועל מה לא יעתיר. מתוך תשע־עשרה הברכות של תפילת העמידה שלוש־עשרה עוסקות בצרכים אנושיים יסודיים, פרטיים או חברתיים־

20. ראה גם בפרק "עבדות וחירות", **בזמן חירותנו**, עמ' 47-64.

> לאומיים.[21] אפילו שתיים מתוך שלוש הברכות האחרונות ("רצה" ו"שים שלום") הן תפילות בקשה... [התפילה] מספרת לו [=לאדם] את סיפורן של תקוותיו וציפיותיו הנסתרות. היא מורה לו כיצד לחזות חזונות וכיצד להיאבק להגשמתו, מתי לשמוח בחלקו ומתי לחתור מעבר לזה. במילים ספורות, האדם מגלה את תודעת צרכיו, את עצמו, בתפילה; וכמובן, ברגע שבו מצא עצמו, הוא נהיה ליצור נגאל. (עמ' 265–266)[22]

בגאולת היחיד, כמו בגאולת בני ישראל ממצרים, מתרחשים שני שלבים לאחר דממת חוסר המודעות לצרכים. השלב הראשון נקרא "צעקה", ומסמל את ניצני התפתחות תודעת הצורך – "קול" ללא "דיבור", במילות הזוהר. השלב הבא הוא "תפילה", שמקורה בשורש פל"ל, והוא מסמל "מחשבה, שיפוט, הבחנה"[23] – במילים אחרות, סינון שכלי של מודעות־הצורך, או היכולת "לבקש בתבונה" (עמ' 267). בתפילה מגדיר האדם מטרות, אומד רצונות ומייסד הירכיה של צרכים.

לאחר שהסברנו תפילה מהי, נוכל לחזור למושג הצעקה ולהגדירה ביתר דיוק:

> התפילה בבחינת צעקה חסרה את ההתפתחות ההדרגתית של הנושא, את הצורניות המבנית, את מעין־גינוני־הסדר שאותם דרשה ההלכה מהמתפלל. בעוד שהתפילה היא פעילות מתבוננת המתרחשת ביודעין, הצעקה מיידית היא וכפייתית. (עמ' 268)

21. הרב מתייחס כאן לדברי הרמב"ם: "יש בהן [=בשלוש־עשרה ברכות הבקשה] שאילת כל הדברים שהן כמו אבות לכל חפצי איש ואיש, ולצורכי הציבור" (הלכות תפילה א, ו).
22. במילים אחרות, האדם נגאל מבערותו לגבי עצמו ומשעבודו לצרכים כוזבים.
23. המילה "פלילים", למשל, באה מן השורש פל"ל ועניינה המקורי הוא שיפוט, כגון בפסוק "וְנָתַן בִּפְלִלִים" (שמות כא, כב).

אמנם, אף שהתפילה מדורגת מעל הצעקה, שתיהן כאחת דרות יחדיו בַּסידור: הצעקה מתבטאת ב"סליחות" והתפילה בתפילת העמידה. לאדם יש צורך הן בצעקה מעומק הלב, הן בבקשה השקולה והמדודה.

אחר הדברים האלה פונה הרב לעסוק בקצרה בתפקידו הגואל של לימוד התורה בתהליך הקניין העצמי. כתוב בגמרא שהעוּבָּר לומד את כל התורה בעודו במעי אמו (נידה ל ע"ב). פירוש הדבר הוא שהתורה היא חלק מעצמיותו של האדם – ומכאן שכאשר האדם לומד תורה הוא למעשה חושף את עצמיותו. לתפילה וללימוד התורה משותף הדפוס הזה של גילוי העצמי, ועל כן מזכיר הרב את דברי הסִפְרִי הנזכרים לעיל, המגדירים הן את התפילה הן את לימוד התורה כעבודה שבלב.

הצגת המונח "עבודה" מאפשרת לרב לפנות פנייה חדה בשורות הסיום של המאמר. בלשון חז"ל, "עבודה" פירושה עבודת הקורבנות במקדש – ועל סמך זאת הרב מציג לפתע מוטיב חדש וסותר לכאורה ביחס ל"עבודה שבלב" שבתפילה: התפילה בבחינת הקרבה עצמית. הרב עצמו מציין את הסתירה, או הדיאלקטיקה, בין הצגת התפילה כהשגת העצמי לאורך המאמר לבין הצגת התפילה כהקרבה עצמית בסיומו.

> הדיאלקטיקה היהודית משחקת ב"שובבות" בשתי בחינות נוגדות ובלתי מתיישבות של התפילה. היא מכריזה על התפילה כדרך אל קניין עצמו, גילוי עצמו, הפיכת עצמו לנושא וגאולת עצמו של האדם... אולם קיימת גם בחינה אחרת של התפילה: תפילה כמעשה של נתינה. תפילה משמעה קורבן, הענקה בלתי מסויגת של האני כולו, השבת הגוף והנפש לה', השבת כל שברשות האדם וכל שיקר לו. (עמ' 270–271)

היחס בין שתי בחינות אלו של התפילה הוא יחס של הֶמשך:

בתחילה מסייעת התפילה לאדם כי יגלה את עצמו, על ידי הבנתה ואישורה של תודעת הצורך. משעה שמילא תפקיד זה של הגילוי העצמי, נקרא האדם לעלות על המזבח ולהשיב לה' כל שקנה זה עתה. אדם זה, שנצטווה לברוא עצמו, לעשות עצמו לאובייקט ולהשיג עצמאות וחירות עצמית, מתחייב להשיב כל שנראה בעיניו כקניינו שלו – לה'. (עמ' 272)

אף שרעיון התפילה כהקרבה עצמית מופיע במאמר "גאולה, תפילה, תלמוד תורה" כהפתעה של סיום, הנה רעיון זה עומד בלבו של החיבור שנעיין בו בפרק הבא, "רעיונות על התפילה".

לעיון נוסף

1. **התפילה במחשבת ישראל:** ראו **התפילה היהודית – המשך וחידוש**, ערך גבריאל חיים כהן (רמת־גן, 1978), ובמיוחד במאמר הסקירה של פרופ' שלום רוזנברג המופיע שם.

2. **התפילה כשבח במחשבת הרב:** ראו הרב אליקים קרומביין, "אם יש בו דבר אשר תוכל לקיימו: על חשיבותו של הספר 'עבודה שבלב' מאת הרב י"ד סולוביצ'יק", **אקדמות** יח (תשס"ז), עמ' 141–163; וכן אצל הרב יהושע אמרו, "Prayer and the Beauty of God: Rav Soloveitchik on Prayer and Aesthetics," *The Torah u-Madda Journal* 13 (2005), pp. 148–176.

3. **הצורך בכוונה – יישוב לסתירה ברמב"ם:** בהלכות תפילה ד, א, ו־ד, טו קובע הרמב"ם בלי הסתייגות: "כל תפלה שאינה בכוונה אינה תפלה, ואם התפלל בלא כוונה חוזר ומתפלל בכוונה" (ד, טו). נראה מכאן שיש להתכוון לכל אורך תפילת העמידה. לעומת זאת,

בהלכות תפילה י, א מסייג הרמב"ם את קביעתו זו ואומר שיש לחזור על תפילת העמידה רק אם המתפלל לא התכוון בברכה הראשונה שלה. ר' חיים מבריסק, החזון איש והרב מציעים שלושה יישובים שונים לסתירה העולה מכאן לכאורה.

א. ר' חיים (**חידושי רבנו חיים הלוי**, הלכות תפילה ד, א) סובר שהרמב"ם מתייחס בפרקים השונים בהלכות תפילה לסוגים שונים של כוונה. הכוונה המדוברת בפרק ד' היא שהמתפלל ירגיש "שהוא עומד בתפילה לפני ה'" – כוונה שבלעדיה המתפלל מוגדר כ"מתעסק" (כלומר כאדם העושה פעולה, פעולת התפילה במקרה זה, כבדרך אגב ובלי לתת עליה את דעתו). כוונה מסוג זה דרושה לכל אורך תפילת העמידה. פרק ד' עוסק גם ב"כוונה לצאת" (כוונה לצאת ידי חובת מצווה על ידי פעילות מודעת), שלדעת הרמב"ם, דרושה בכל המצוות. פרק י', לעומת זאת, עוסק בכוונה ייחודית להלכות תפילה: כוונת פירוש המילים. ומכיוון שקשה להתמיד בכוונה זו לכל אורך תפילת שמונה־עשרה, אמרו חז"ל שכל עוד כיוון המתפלל בברכה הראשונה בתפילת שמונה־עשרה, אינו צריך לחזור על התפילה כולה.

ב. **החזון איש** (**גיליונות לחידושי רבנו חיים הלוי**, שם) טוען שגם פרק ד' וגם פרק י' עוסקים באותו סוג של כוונה, אלא שפרק ד' מגדיר את הכלל ופרק י' מפרט אותו ומגדיר מהי כמות התפילה המזערית החייבת בכוונה: הברכה הראשונה. כלומר, פרק י' רק משלים את הפרטים החסרים בפרק ד'.

ג. **הרב סולוביצ'יק** (**איש האמונה הבודד**, עמ' 34–35 הערה 26, **שיעורים לזכר אבא מרי ז"ל**, חלק א', עמ' כה, וחלק ב', עמ' לט) סבור, כמו החזון איש, שפרק ד' ופרק י' עוסקים בכוונה מאותו סוג, דהיינו, כוונת העמידה לפני ה'. הרב אינו מזכיר את "כוונת פירוש המילים", ומוסיף במפורש שה"כוונה לצאת" אינה נוגעת לתפילה. אולם את טעמה של הגבלת חובת הכוונה

לברכה הראשונה, הרב מפרש באופן שונה מהחזון איש. החזון איש סבור, כאמור, שאף כי רצוי להתכוון לכל אורך התפילה, חז"ל (כמנהגם לעתים קרובות) קבעו שיעור מינימלי לקיום המצווה, שהוא כוונה במהלך הברכה הראשונה. הרב, לעומתו, סבור שהכוונה היא חובה לאורך כל תפילת העמידה, אך חז"ל, שזיהו את הקושי בריכוז ממושך, החליטו שאם המתפלל התכוון בברכה הראשונה – תיחשב כוונה זו כאילו התקיימה לאורך כל התפילה.

4. **קריאת שמע:** דיון בנושאים ובהלכות הקשורים לקריאת שמע וברכותיה נמצא בפרקים ו-ט ב**עבודה שבלב**, וכן ב"קונטרס בענייני קריאת שמע" שמביא הרב ב**שיעורים לזכר אבא מרי ז"ל**, חלק א', עמ' א-לט.

5. **"חיים של תפילה"**: בכמה מקומות, הרב מפתח את הרעיון ש"אין התפילה יחידה בפני עצמה אלא מבוא נשגב לפעילות הלכתית". ראו **איש ההלכה**, עמ' 80–82; **איש האמונה הבודד**, עמ' 39–41; "רעיונות על התפילה", עמ' 257–260; **על התשועות**, עמ' 54–57.

6. **תורה ותפילה:** על המתח שבין התפילה ולימוד התורה בתקופת חז"ל, ראו אצל Yaakov Elman, "*Torah ve-Avodah*: Prayer and Torah Study as Competing Values in the Time of Hazal," in *Jewish Spirituality and Divine Law*, eds. Adam Mintz and Lawrence Schiffman (New York, 2005), pp. 61–124. לגבי לימוד תורה כעבודה שבלב, ראו אצל הרב אהרן ליכטנשטיין, "ולעבדו – זה תלמוד", בתוך **בדרכי שלום: עיונים בהגות יהודית מוגשים לשלום רוזנברג**, ערך בנימין איש-שלום (ירושלים, תשס"ז), עמ' 181–191.

7. **צעקה ותפילה:** עוד על מושגי הצעקה והתפילה, ראו *Before Hashem You Shall Be Purified: Rabbi Joseph B. Soloveitchik on the Days of Awe*, adapted by Arnold Lustiger (Edison, NJ, 1998), pp. 43–58. במאמרו על התפילה (ראו הערה 18 לעיל) מפתח הרב שלום כרמי את הרעיונות לעומק, מעבר למה שלימד הרב.

פרק 21

תפילה (ב):
הקרבה עצמית והתעוזה שבתפילה

משבר ותפילה

התפילה גואלת את האדם – והנה הרב פותח את חיבורו "רעיונות על התפילה" בטענה שאדם גאל את התפילה; אדם זה הוא הרמב"ם. הרמב"ם, מוסיף הרב, גאל את התפילה ברובד ההלכתי וברובד ההגותי גם יחד. ראשית, לעומת רוב הפוסקים, שקבעו כי תפילה מדי יום היא מצווה מדרבנן בלבד, הרמב"ם פסק שמדובר במצווה דאורייתא.[1] דעת הרוב עשויה להוביל לעמדה הרואה את התפילה כמעין "נספח" למערכת ההלכתית – ואילו שיטת הרמב"ם ללא ספק מעמידה את התפילה במקום מרכזי יותר מבחינה הלכתית. שנית, הרמב"ם פיתח את התפיסה ש"עבודה שבלב" היא חיבור חובק־כול לאלוקים,[2] וכפי שראינו, התפילה היא צורה אחת של עבודה שבלב.

שתי טענות אלו מצד הרמב"ם מביאות להכרה שהתפילה היא "התבטאות הנפש המתגעגעת לאלוהים באמצעי המילולי, שעל ידו מביע האדם את סערת נפשו ורוחו" ("רעיונות על התפילה", עמ' 241).

1. הלכות תפילה א, א.
2. מורה נבוכים ג, נא.

אין חולק על כך שהיהדות "ציוותה על האהבה ועל היראה, על ההתמכרות הגמורה לאלוהים ועל הדביקות בו" (שם) – אך חוויות דתיות אלה היו נותרות אילמות ומופנמות בלי הביטוי המילולי שניתן להן בתפילה. התפילה משמשת, אפוא, "ראי הנפש הדתית חולת האהבה" (**עבודה שבלב**, עמ' 92). לפיכך, אפילו הרמב"ן, אשר הגן על העמדה שמצוות התפילה היומית היא מדרבנן, מודה כי "עניין התפילה ומהותה הם דבר תורה" ("רעיונות על התפילה", עמ' 241); במילים אחרות, התורה מכירה במוסד התפילה, איך אינה דורשת אותו כחובה בכל יום.[3]

במאמר אחר מציע הרב הסבר מרתק למחלוקת הרמב"ם והרמב"ן.[4] הרב טוען שם שהרמב"ם והרמב"ן כאחד סוברים שהתורה מחייבת תפילה בעת צרה של היחיד או הציבור. התפילה היהודית נובעת הן מתחושת המשבר, הן מהרגשת התלות המוחלטת של האדם באלוקים: "מִן הַמֵּצַר קָרָאתִי יָ־ה" (תהלים קיח, ה); "מִמַּעֲמַקִּים קְרָאתִיךָ ה'" (תהלים קל, א); "הִנֵּה כְעֵינֵי עֲבָדִים אֶל יַד אֲדוֹנֵיהֶם כְּעֵינֵי שִׁפְחָה אֶל יַד גְּבִרְתָּהּ כֵּן עֵינֵינוּ אֶל ה' אֱ־לֹהֵינוּ עַד שֶׁיְּחָנֵּנוּ" (תהלים קכג, ב). אלא ששני הפוסקים חלוקים בשאלה איזו צרה מצריכה תפילה. הרמב"ן סבור שהכוונה ב"עת צרה" היא למשברים חיצוניים, ברורים וניכרים דוגמת מלחמה, בצורת או מחלה. צרות כאלו מתרחשות רק לעתים רחוקות, ולכן התורה אינה דורשת תפילה בכל יום. הרמב"ם, לעומתו, סבור שהאדם מצוי במשבר תמידי ומהותי, שכן "עת צרה" מתייחסת למשבר העמוק, הפנימי והקיומי הנובע מתודעת התבוסה של האדם מפאת מגבלותיו, שבריריותו וסופיותו כבן־אנוש.[5] כדברי המדרש: "אין אדם יוצא מן העולם וחצי תאותו בידו" (קהלת רבה א, יג).

3. **השגות לספר המצוות להרמב"ם**, מצות עשה ה.
4. **עבודה שבלב**, עמ' 46–49. עיינו גם בהרצאתו של הרב, "התפילה כדו־שיח עם א־לוהים", בעיבודו של הרב אברהם בית־דין, **פרקים במחשבת הרב י"ד סולוביצ'יק**, עמ' 54–66.
5. לגבי תפילה ומשבר, וכן לעיון נוסף ברעיון "משבר העומק", ראו את הפרק

המודעות לתלותו המוחלטת של האדם באלוקים באה לידי ביטוי בעיקר בבקשה: אנו מבינים שחסר לנו משהו, ואנו מבינים שאיננו שלמים ושרק האלוקים מסוגל לספק את צרכינו. ניתן אף לומר שהרב מתאר קשר מעגלי בין התפילה והמשבר. הבקשה אינה רק **תגובה** לתודעת המשבר, אלא מטרתה גם **ליצור** אותה, וזאת באמצעות הסבת תשומת לבנו להיקף מחסורנו. דבר זה, בתורו, מוביל את האדם לעתור אל ה׳ ביתר עוז.[6]

הרשות להתפלל

העמדת עניין המשבר והבקשה במרכז תפיסת התפילה מעלה שאלה מהותית מבחינת הרב: כיצד מעז האדם לשטוח את בקשותיו העלובות בפני ריבון העולמים? השאלה אינה פילוסופית, אלא דתית: הרב מאמין באלוקים טרנסצנדנטי ונשגב, אמונה שנגזרת ממנה יראת־שמים עמוקה – ולנוכח זאת, כלום אין יומרנות מופרזת בפנייתו של האדם הסופי אל האלוקים האינסופי, שלעומתו הכול מתגמד ומאבד כל חשיבות, לבקש על צרכיו האישיים? במושגים הלכתיים, הרב מחפש "מַתיר" – דבר שיאפשר לאדם לעסוק באתגר הנועז שבתפילה.

הרב רואה הכרח בהשגת מתיר לתפילה לא רק באופן עקרוני, כי אם גם בכל פעם שהאדם מתפלל. על יסוד זה מושתתים רבים משיעוריו בנושא התפילה.[7] הגמרא קובעת שלפני שהאדם פונה בבקשה לה׳ עליו לשבח ולהלל אותו:

"משבר הסופיות האנושית" **במן הסערה**, בעיקר עמ׳ 165-171, וכן פרקים ב-ה **בעבודה שבלב**. ראו גם פרק 24 להלן.

6. נקודה זו מועלית על ידי הרב יהושע אמרו בעמ׳ 156 במאמרו המובא בפרק הקודם, **לעיון נוסף**, 2.

7. ראו בעיקר את השיעורים על פסוקי דזמרה וסמיכת גאולה לתפילה בחלק ב׳ של **שיעורים לזכר אבא מרי ז"ל**, עמ׳ יז-נז.

> דדריש רבי שמלאי: לעולם יסדר אדם שבחו של מקום [=ה'] ואחר כך יתפלל. מנלן? ממשה רבינו, דכתיב "ה' אֱ-לֹהִים אַתָּה הַחִלּוֹתָ לְהַרְאוֹת אֶת עַבְדְּךָ אֶת גָּדְלְךָ [וְאֶת יָדְךָ הַחֲזָקָה אֲשֶׁר מִי אֵל בַּשָּׁמַיִם וּבָאָרֶץ אֲשֶׁר יַעֲשֶׂה כְמַעֲשֶׂיךָ וְכִגְבוּרֹתֶךָ]" (דברים ג, כד), וכתיב בתריה [=אחר כך כתוב] "אֶעְבְּרָה נָּא וְאֶרְאֶה אֶת הָאָרֶץ הַטּוֹבָה" (שם כה). (עבודה זרה ז ע"ב)[8]

בעיני הרב, הקדמת השבח לבקשה איננה רק עניין של נימוס, אלא קבלת רשות לשטוח תחינה ובקשה.[9] לפיכך, הוא מסיק שדברי השבח הכלולים בפסוקי דזמרה ובברכות קריאת שמע מתירים לנו להתפלל את תפילת העמידה, וכן שדברי השבח שבשלוש הברכות הפותחות את תפילת העמידה מתירים לנו להמשיך בבקשותינו בשלוש־עשרה הברכות הבאות. במונחים הלכתיים, השבח הוא המתיר לבקשה.[10] לפיכך, הצורך במתיר אינו עניין פילוסופי גרידא, אלא חלק מעצם המבנה וההחוויה של התפילה עצמה.

לא רק בקשה מצריכה מתיר; בשיעוריו המוקדמים על התפילה העלה הרב שני "מתירים" לעצם האפשרות להתפלל, והוא מצטט אותם גם ב"רעיונות על התפילה":

8. קטע זה מופיע גם בברכות לב ע"א. קטע אחר בגמרא (ברכות לא ע"א) קובע את הסדר הראוי בתפילה על פי תפילת שלמה המלך לה' "לִשְׁמֹעַ אֶל הָרִנָּה וְאֶל הַתְּפִלָּה" (מלכים א' ח, כח), בהבנה ש"רינה" היא שבח ו"תפילה" היא בקשה.
9. המתיר נדרש מבחינת **האדם**, כדי שיוכל להיכנס להלך הרוח הראוי לפני שיתחיל בבקשות מה'. אמירת שבח גדולתו של האלוקים מסייעת לאדם להבין את התעוזה שבפנייתו לה', ואילו אמירת שבח טובו של האלוקים מסייעת לאדם להעריך את החסד שבהטיית אוזנו של ה' לבקשותיו.
10. ראו **שיעורים לזכר אבא מרי ז"ל**, חלק ב', עמ' ט-י, יח-כב, לח-נ. למעשה, הרב אומר שאפילו השבח עצמו דורש מתיר, כמו גם סוגי תפילה נוספים, כתפילת נדבה ותפילת תשלומין. נושאים אלו נידונים בהרחבה בשיעורים הנזכרים.

אין המאמר "תפילות – אבות תיקנום" סותר את המאמר השני "תפילות – כנגד תמידין תיקנום" (ברכות כו ע"ב). הרמב"ם הביא את שתי הסברות,[11] משלימות הנה הדדית; שניהם, התקדים ההיסטורי וגם חוק הפולחן שבמקדש, מצדיקים את התפילה. ("רעיונות על התפילה", עמ' 246)

התמקדותו של הרב בצורך במתיר מבטאת מסר דתי רב עוצמה: יכולתנו לעמוד לפני ה' היא זכות שאינה מובנת מאליה. אם יש לאדם תודעה חודרת של יראת שמים, עליה להביאו לידי התנהגות זהירה ושקולה בבואו לפני ה'. אולם ב"רעיונות על התפילה" מציין הרב מתיר נוסף, ברוח אחרת לחלוטין:

התפילה היא צורך חיוני לאיש הדתי. אין הוא יכול לעצור במעמקי נפשו את ההגות ואת הרגשים, את הלבטים והתלאות, את עריגותיו וכיסופיו, את ייאושו ומרירותו, בקיצור – את כל העושר הרב הגנוז בתודעתו הדתית. בלימת הביטוי הליטורגי היא מן הנמנע. התפילה הכרחית היא. אי אפשר לדתיות רעננה וחיה להחזיק מעמד בלעדיה. כלומר התפילה מוצדקת היא, משום שאי אפשר להתקיים בלעדיה. ("רעיונות על התפילה", עמ' 245)[12]

רעיון זה רחוק מאוד מתפיסתו המוקדמת של הרב בנושא התפילה, כי ה"מתיר" הזה מסלק בעצם את הצורך במתירים כלשהם. התפילה מצטיירת עתה כדבר בלתי נמנע, באשר היא צורך אנושי בסיסי. כלום

11. הלכות תפילה א, ה והלכות מלכים ט, א.
12. נוכל להוסיף על כך שהרב מבין כי התורה מעוניינת שהאדם יחיה בעולם הזה, ולפיכך רואה בצרכיו הגשמים של האדם דבר לגיטימי. "מי שמניח לצרכיו הלגיטימיים להתקיים בחוסר סיפוק, לעולם לא יטה אוזן לצורכיהם הדחופים של אחרים... לפיכך דחתה היהדות דגמים של קיום המכחישים את צורכי האדם, כגון זה הנזירי וזה המלאכי. עבור היהדות, תודעת הצורך היא חלק מהגדרתו של הקיום האנושי" ("גאולה, תפילה, תלמוד תורה", עמ' 265).

אין זה טבעי לדבר עם ה׳, כפי שעשו גיבורי התנ״ך, וכפי שעשו, בעצם, היהודים לאורך כל הדורות? האין ה׳ ״שומע תפילה״?

הרב ליכטנשטיין טען ששאלות אלו הפריעו לרב ועם השנים גרמו לו לסגת מהתמקדותו במתיר. להערכתו, שלושה דברים גרמו לַתפנית. ראשית, הרב תמיד נהג לשקול נושאים מחדש. שנית, בתחומים רבים פנתה הגותו לנתיב אנושי יותר. הגותו האפיסטמולוגית פינתה את מקומה להגות קיומית העוסקת באדם על צרכיו, דאגותיו ותקוותיו ומגלה רגישות כלפיהם. השלישי הוא, במילותיו של המשורר וורדסוורת, ״עָקָה וְצַעַר הֶאֱנִישׁוּ אֶת נַפְשִׁי״:[13] מחלת רעייתו הביאה אותו לידי ריכוך עמדתו בנוגע לזמינות התפילה לאדם.[14]

התפילה כהקרבה עצמית

הפחתת הדגש בצורך במתיר לתפילה, אין פירושה שהרב שינה את תפיסת האלוהות שלו מטרנסצנדנטיות לאימננטיות. ב״רעיונות על התפילה״ הרב מציג את תפילת העמידה של ימי החול כמי שמקיימת את שתי התפיסות יחדיו, מתוך מתח דיאלקטי. מתח זה הופך לדעתו את תפילת העמידה לרכבת הרים רגשית המעבירה את האדם במנהרת המשבר שלוש פעמים ביום. הסיבה לאופייה ההפכפך של התפילה נעוצה בנפשו המורכבת של האדם:

> התפילה, שהיא כראי המשקף את דיוקן העובד את ה׳ בלבו ובנפשו, מלאה תמיהות, כי גם העבודה עצמה מושרשת בתודעה דיאלקטית של האדם. לכן התפילה אינה מצטיינת בהמשכיות מונוטונית. רבת־גוונים היא; גלגולי־מוטיבים מנוגדים ישנם בה. מביעה היא מצבי רוח שונים, חוויות מנוגדות ומאוויי נפש הנעים

13. ״סטנצות אלגיות״, א, 36.
14. הרב ליכטנשטיין הציג תיאוריה זו בהרצאה שכותרתה ״גבולות התפילה״, שנשא במכון גרוס של ישיבה יוניברסיטי בירושלים בכ״ח באייר תשס״ו.

בכיוונים הפוכים. החוויה הדתית היא תנועה בת כיוונים שונים, בעלת חשיבות מטפיסית, וגם התפילה אינה מתנהלת לאיטה בדרך אחת וישרה, אלא קופצת וגולשת מגובה מופלא לעומק מבהיל, וכלפי לייא [=ולהפך]. ("רעיונות על התפילה", עמ' 243)

לפי הרב, לתפילת העמידה מבנה כיאסטי של א-ב-ג-ב-א.[15] התרשים להלן מציג את המבנה בצורה קלה וברורה, ומתאר ירידה למעמקים ועלייה מהם:

1. אבות	19. שים שלום	אהבה, חסד	גדול
2. גבורות	18. מודים	יראה, תלות	גיבור
3. קדושה; 4–16. בקשה; 17. רצה		פרדוקס, הקרבה	נורא

הברכה הראשונה, ברכת אבות, משדרת תחושה של אהבת ה' וחסדו לברואיו. האדם מרגיש "תמימות הנפש, דביקות באלוהים, שמנבכיה קורא האלוהים אל האדם" (שם, עמ' 250). ברכה זו אינה מדגישה את תלותו של האדם ואת חולשתו. הללו הן עניינה של הברכה הבאה, ברכת גבורות. את מקומם של האהבה והחסד תופסות בה יראת הבורא ועצמתו וחולשת האדם לעומתו. האדם עובר מעמדה אופטימית "לזעקה של רפה־אונים ומסכן שעיניו נשואות לרווח והצלה ממקום אחר" (שם). הברכה שלאחריה, קדושת ה', מציגה את הפרדוקס של טרנסצנדנטיות הא־ל מול עבודת האדם: "אתה קדוש ושמך קדוש, וקדושים בכל יום יהללוך סלה". כיצד יכול האדם לפנות אל האינסופי? רק באמצעות הקרבה עצמית, המושגת בשלוש עשרה ברכות הבקשה המופיעות לאחר מכן. אף שבמובנה הפשוט משמעות הבקשה היא עתירה לה' שימלא את צרכינו, כרוכה בה גם הודאה בתלותו של המתפלל ובחוסר שלמותו, והודאה זו נושאת בתוכה מידה של הקרבה עצמית:

15. הניתוח שהרב מציע למבנה החווייתי של תפילת העמידה מפורט על פני 25 עמודים (247–271) ויסוכם כאן בקצרה.

> עצם ההתנפלות לפני ה' וההודאה בשלטונו הבלתי־מוגבל ובחולשת האדם הגמורה, מהווה פעולת הקרבה. עבודה שבלב [במובן של הקרבה] באה לידי ביטוי בברכות אמצעיות. (שם, עמ' 266)

סיום הברכות האמצעיות הוא "שמע קולנו", שבו אנו מבקשים מה' "וקבל ברחמים וברצון את תפילתנו" – דהיינו, שיקבל את בקשותינו שבשתים־עשרה הברכות הקודמות. זו בקשה כללית לקבל את בקשותינו. הברכה הבאה, רְצֵה, דומה לכאורה לשמע קולנו, אך הרב מבחין בחדות בין השתיים. רצה מחברת את התפילה לעבודת הקרבנות (עמ' 267–269), ולפי הרב היא פסגת מוטיב ההקרבה העצמית שאליה שאף המתפלל במהלך ארבע־עשרה הברכות שקדמו לה (ברכת קדושת ה', ושלוש־עשרה הבקשות). זו הסיבה שהרב טוען כי "ברכת רצה היא אולי הברכה המרכזית בנוסח עבודה שבלב" (עמ' 267) – "עבודה" במובן של הקרבה דווקא.

שלוש־עשרה הברכות האמצעיות כוללות אם כן מוטיב כפול פנים: עתירה לה' על צורכי האדם, והודאה באי־שלמותו של האדם – הודאה שהיא מעין קורבן. המוטיב הראשון מודגש בשמע קולנו והשני ברצה. ברצה, האדם מבקש מה' לא שיקבל את **תחינתו**, אלא שיקבל את **מנחתו**:

> כשאדם מישראל אומר תפילת רצה אינו מתכוון לסיפוק הצרכים ומילוי המאוויים שעליהם שפך שיח ותחנון בברכות האמצעיות. על זה כבר התפלל בברכת שמע קולנו. כשהוא מגיע לרצה אין "זוטות" כאלו מעניינות אותו. נפשו בשאלה עמוקה וגדולה, החובקת זרועות עולם; הוא מבקש מאת הקב"ה לקבל את הקרבן הגדול שהקריב זה עתה,[16] לקבל את הווייתו המושבת

16. לא ברור האם "הקרבן הגדול **שהקריב זה עתה**" מתייחס לאמירת "רצה" עצמה או להיבט ההקרבה המשתמע משלוש־עשרה הברכות הקודמות.

לאלוהים, המתדבקת באין־סוף ומחברת את עצמותה בכיסא הכבוד. ("רעיונות על התפילה", עמ' 269)

רכיב ההקרבה בתפילה יובן אולי טוב יותר בעזרת קטע מתוך **מן הסערה:**

התפילה הגואה מתוך לב המלא במצוקה פנימית ובייאוש, אשר יסודם בחוויה מלאת סתירות זו,[17] איננה בקשה למען דבר כלשהו, תחינה המיועדת להקל על האדם את צרתו, אלא דווקא תפילה שהיא בעלת אופי סובייקטיבי יותר. אין היא מבקשת עזרה, ואף אין היא מנסה לפתור את המשבר. תפילה זו מקדשת את התבוסה, גואלת את היגון ומרוממת אותו לדרגת קורבן. תפילה הגואה "ממעמקים" היא עבודה של הקרבה. תפילה זו מקנה משמעות ומוכוונות לחוויית המשבר. מי שהיתה עד זה לא מכבר אישיות נשגבת (בשעת הניצחון), קונה לה כבוד, וכמובן גם גדולה, באמצעות התפילה, אשר במסגרתה מתחוללות הכניעה שמרצון וההשלמה עם התבוסה. תוצאותיה של תפילה כזו הן בלתי רגילות בטיבן. (**מן הסערה**, עמ' 171)

בהזדמנויות השונות שהרב דן בהן במבנה התפילה, אנו מגלים תפיסות שונות, אך אולי משלימות. "גאולה, תפילה, תלמוד תורה" מציג את חלק הבקשה שבתפילת העמידה כמסע של זכייה עצמית, שלאחריו מגיע אקורד הסיום של ההקרבה העצמית ב"רצה". לעומת זאת, "רעיונות על התפילה" מתאר את הבקשה כמעין הקרבה עצמית, ששיאה ב"רצה".

17. "חוויה מלאת סתירות זו", מתייחס לאישור העצמי ולשלילה העצמית המבטאים את משבר העומק של האדם, הנובע מה"מודעות האיתנה למציאותם של קיום בלתי שלם ושל ייעוד שלא הוגשם" (**מן הסערה**, עמ' 169); עיינו בהערה 5 לעיל.

ואילו ב"רעיונות על התפילה", ההקרבה העצמית מגיעה לאחר הזכייה העצמית:

> הקב"ה "רוצה" במנחת־נפש כזו. הוא לוקח את המנחה ומחזירה אחרי כן למביא המנחה. המתפלל מבטל את עצמו כדי לזכות בעצמו. ומתוך התפילה יוצא האדם מחושל ומורם ונישא, במוצאו את גאולתו באבדן־עצמו ובמציאת־עצמו. ("רעיונות על התפילה", עמ' 269)

הניגוד בין "גאולה, תפילה, תלמוד תורה" לבין "רעיונות על התפילה" משיב אותנו אל המתח הקיים בין שתי צורות הצירוף שעסקנו בהן בפרק 3: כיבוש־נסיגה לעומת כיבוש־נסיגה־כיבוש. האם התפילה מתמקדת בזכייה העצמית או בהקרבה העצמית? האם ההקרבה העצמית היא היעד הסופי, או שמא אחריה מגיע קניין מחודש של האני?

התשובה היא כמובן ששתי האפשרויות נכונות. כאשר אנו מתייחסים לחיבוריו השונים של הרב כמכלול, אנו רואים שהוא מקפיד לשמור על איזון בין אישור לבין שלילה, בין גאון לבין ענווה. בשני החיבורים שזה עתה הזכרנו מוצא הרב דיכוטומיה זו בתוך תפילת העמידה עצמה, ואילו ב**איש האמונה הבודד** הרב מגלה אותה בניגוד שבין קריאת שמע ותפילת העמידה:

> בשעת קריאת שמע חש האדם שהוא מתחייב כולו לאלוהים, ותודעתו קשורה במטרה נורמטיבית, המעניקה לאדם מעמד וערך מהותיים כיצור מוסרי אשר ה' הטיל עליו תפקיד גדול, ואשר האדם יודע שהוא בן־חורין להצליח או להיכשל בתפקיד זה... בניגוד לתודעת קריאת שמע, הרי תודעת התפילה שוללת את מעמדם וערכם של חיי האדם. האדם, בהיותו עבד ה', תלוי לגמרי בה'... כשהגמרא בברכות (יד, ב; טו, א) מזכירה "קבלת מלכות שמים שלֵמה" היא מתייחסת אל שתי התודעות אשר, למרות

אופיין האנטיתטי [=הסותר], מתמזגות לתודעה אחת כוללת של האדם שהוא בעת ובעונה אחת הן שליח חפשי והן עבדו של האלוהים. (**איש האמונה הבודד**, עמ׳ 39 הערה 35)

ב״רעיונות על התפילה״, לא זו בלבד שהתפילה מציגה שתי גישות לאדם, היא גם מבטאת תנועה מהחיוב לשלילה וחזרה לחיוב. ״שלוש הברכות האחרונות מסודרות בכיוון הפוך לשלוש הראשונות״ (״רעיונות על התפילה״, עמ׳ 269). ברכות אלו מטפסות מהמעמקים חזרה אל אור השמש ומסיימות בנימה של חסד:

אחרי כל הגלגולים והכרכורים מאהבה וחסד לחוויות פחד ואזלת־ידו של האדם, אחרי הגלישה ממרומי הגעגועים וההמראה לעומק הבהלה והמורא, אחרי ההתאפסות והמציאה העצמית, אחרי ההקרבה, ההתעקדות וההתעלות אל המוקד, והשיבה למציאות – באה עוד הפעם החוויה העדינה רפודת גיל ובטחה – אלוהים מופיע כנווה־שאנן ובמשכנות־מבטחים... אין האדם בורח מפני האלוהים, אלא נס אליו ומתרפק עליו ויושב בחיקה של השכינה. הכול עטוף שלווה מנוחה והשקט. על הכול נוזלת ברכתו של האינסוף ויורד חסדו של הקב״ה כטל על הר חרמון. העולם מואר באור יקרות השופע מן האַל־סוף. (״רעיונות על התפילה״, עמ׳ 271)

סיכום: למה נוסח קבוע?

אם התפילה היא אכן הביטוי המילולי לנפש דתית סוערת, מדוע אנו מתפללים בנוסח קבוע ומסודר? מדוע לא נבטא כל דבר העולה על לבנו? הרב מציע שלוש תשובות שונות, המבטאות במדויק את שלושת תפקידי התפילה שהעלינו מכתביו:

א. לפי **איש האמונה הבודד** (עמ׳ 34), שבו הרב מציג את מהות

התפילה כחוויית מפגש עם ה׳ (שנועדה להתגבר על הבדידות), הצורך בתיקון נוסח קבוע אינו מיוחד לתפילה. הוא מבטא את הנטייה הכללית של ההלכה לנסות להתעלות על הסובייקטיביות החולפת של החוויה ולהעניק לה ממד אובייקטיבי.

ב. לפי ״גאולה, תפילה, תלמוד תורה״ (עמ׳ 267), שם התפילה נתפסת כאמצעי ליצירה עצמית, חז״ל תיקנו טקסט קבוע כדי ללמד את האדם את היררכיית הצרכים, וכן להעניק לו מסגרת לחשבון נפש ותחינה אישיים.

ג. לפי ״רעיונות על התפילה״ (עמ׳ 246), המדגיש את ההקרבה העצמית ומתמקד בפרדוקס שבאפשרות פניית האדם המוגבל לא־ל האינסופי, נדרש טקסט קבוע כיוון שאחרת לא הייתה אפשרות להתפלל; התפילה הייתה מעשה נועז מכדי שיעלה על הדעת.

גישתו המורכבת של הרב סולוביצ׳יק בנושא התפילה מציגה אפוא דיאלקטיקה בין הקרבה להשגה, בין מרחק מן האלוקים לקרבה אליו, ובין ביטול עצמי לאישור האני. הסיבה לדיאלקטיקה היא השקפתו הדיאלקטית של הרב בנוגע לאדם, השקפה שתיבחן בפרקים הבאים.

לעיון נוסף

1. **גישת הרמב״ם לתפילה:** לניתוח היבטיה ההלכתיים של גישת הרמב״ם מתוך רגישות היסטורית ראו אצל יעקב בלידשטיין, **התפילה במשנתו ההלכתית של הרמב״ם** (ירושלים, תשנ״ד). לניתוח עמוק ומעורר־מחשבה של הממד הפילוסופי בגישת הרמב״ם, המחבר את השקפתו על התפילה להשקפתו על שלמות האדם, ראו Ehud Benor, *Worship of the Heart: A Study in Maimonides' Philosophy of Religion* (Albany, 1995).

2. **מבנה ונוסח תפילת העמידה:** קריאה צמודה של תפילת שמונה־עשרה, ברוח הרב סולוביצ׳יק, גם אם לא תמיד בהתאם לפרשנותו,

נמצאת בספרו של הרב עזרא ביק, **שיח ישעי: תפילת שמונה עשרה ויסודות האמונה** (ירושלים, 2014). עיון במגוון רחב יותר של תפילות, המבוסס על תכנית לימודים שפותחה תוך התייעצות עם הרב סולוביצ׳יק ונועדה לישיבת הרמב״ם בבוסטון, נמצא אצל R. Isaiah Wohlgemuth, *A Guide to Jewish Prayer* (Brookline, no date).

3. **פירוש על התפילה:** הרב נהג לקרוא את התפילות והפיוטים בדייקנות, והעלה תובנות רבות לגבי טקסטים ספציפיים. רבות מהן מתועדות בפירושים (בשפה האנגלית) שלוקטו משיעורי הרב על ידי ד״ר ארנולד לוסטיגר **במחזור מסורת הרב** (יום כיפור – ניו יורק, 2006; ראש השנה – ניו יורק, 2007) וכן **בסידור קורן מסורת הרב** (ירושלים, 2010), ועל ידי הרב שמעון פוזנר **בקינות קורן מסורת הרב** (ירושלים, 2010).

פרק 22

תשובה: יצירה עצמית או שיבה אל העצמי?

אתגר התשובה

נושא התשובה שבה את דמיונו של הרב סולוביצ'יק וטרד את מחשבתו – ולא קשה להבין מדוע. התשובה היא הִשתנוּת האישיות בהתאם לרצון ה', ועל כן היא מלמדת רבות על שני נושאים שעמדו בראש מעייניו של הרב: טבע האדם, והקשר בין האדם לאלוקיו. בדיוניו על התשובה התמודד הרב עם שאלות כגון – האם האדם מסוגל להשתנות? האם האישיות סטטית או דינמית? מהו היחס בין שכל לרגש? בין חטא לייסורים? בין אשמה לצמיחה? בין עבר להווה? בין בחירה חופשית לסיבתיות? וכיצד צריך האדם לפנות לאלוקיו – באהבה או ביראה? כיחיד או כחלק מהציבור? בעתירה אל מידת הדין או אל מידת הרחמים? מתוך ביטול האישיות או דווקא מתוך עמידה על ערכה? לנוכח חשיבותם וגיוונם של הנושאים שהעלינו כאן, אין פלא שכמה מן התובנות העזות והמעמיקות ביותר של הרב מופיעות במסגרת דיוניו בנושא התשובה.

הרב נמשך פעם אחר פעם לעיין בדינמיקה של התשובה, לאורך כל השנים הארוכות של פעילותו כמורה וכבותב. בשנת 1929 ניהל

חילופי מכתבים עם דודו בנושא,[1] ושניים מחיבוריו המוקדמים ביותר – **איש ההלכה** (1944) ו"קודש וחול" (1945) – כוללים עיונים עמוקים בסוגיית התשובה.[2] בקצה השני של שנות פעילותו, במשך שני עשורים, נשא הרב מדי שנה בין כסה לעשור את דרשות "כינוס התשובה", באוזני קהל אלפים שציפה לדבריו בכיליון עיניים.[3]

דרשות כינוסי התשובה הן יצירות מופת שנועדו ללב ולשכל כאחד. הן פתחו, בדרך כלל, בקטע קשה בהלכות תשובה לרמב"ם, ולאחריו שאלות על גבי שאלות עד ליישובן הסופי בהבזק מסנוור של תובנה בהירה. התובנה, או ליתר דיוק, החקירה[4] – כגון ההבחנה בין כפרה וטהרה – מועצמת על ידי פנייה להלכה ולפילוסופיה, עיון תפילה, פרשנות לסיפורי המקרא והמדרש מתוך רגישות פסיכולוגית, ומתן דוגמאות מחיי היומיום. בהצטרפם יחדיו מביאים רכיבים אלה לידי ביטוי את שגב התשובה ואת יכולתו של האדם להשיגה לבסוף, לאו דווקא בתהליך קל או נעים.

התמודדותו הישירה של הרב עם מורכבות התשובה ועמידתו על קשייה היא־היא המבחינה בינו ובין הוגים רבים אחרים. הרב וולטר וורצבורגר העיר על דרשות התשובה:

1. **אגרות הגרי"ד הלוי**, עמ' כג-כו.
2. **איש ההלכה**, עמ' 92-101; "קודש וחול", עמ' 157-162. בספרו **התודעה ההלכתית** (שכתב בשנת 1944), עמ' 47-50, דן הרב בנושא תפיסת הזמן, וכפי שנראה בהמשך פרק זה, תפיסת הזמן חיונית ביותר למתן אפשרות לתשובה.
3. דרשות אלו נמסרו מסוף שנות החמישים עד 1980. הדרשות משנת 1960 ומהשנים 1967-1972 עובדו בידי פנחס פלאי **בעל התשובה** (ירושלים, תשל"ה), והדרשות מהשנים 1973-1980 עובדו (באנגלית) בידי ד"ר ארנולד לוסטיגר בספר *Before Hashem You Shall be Purified* (Edison, NJ, 1998) (ראו גם **לעיון נוסף**, 1). פרופ' דוד שץ ציין שבשביל רבים מהנוכחים, דרשות אלו היו חלק מתהליך התשובה עצמו.
4. הגדרת המושג מופיעה בעמ' 9 לעיל.

ניתוח מעמיק של המרכיבים השונים של הנורמות ההלכתיות מניב שפע תובנות פסיכולוגיות, מוסריות, מטפיזיות ודתיות. בייחוד מדהימות ההימנעות המוחלטת מאפולוגטיקה כלשהי, והנכונות נטולת ההיסוס להתעמת עם המורכבויות שהפילוסופים נוטים תכופות להתעלם מהן בחיפושם אחר נוסחת־על שתאחד את החוויה כולה.[5]

מה שהרב וורצבורגר קובע לגבי דרשות התשובה נכון אף באשר למחשבת הרב בכלל. באזכרת השלושים לאחר פטירתו של הרב, אמר הרב שלום כרמי:

> מה למדתי מהרב שלא יכולתי ללמוד בשום מקום אחר? הדת הקונבנציונלית נוטה לערוך את המציאות, למזער את הקונפליקט הקיומי ולהעלים מאחורי מסך של זוהַר ורוד את ההיבטים המכוערים שלה. יותר מכל הוגה יהודי אחר לימד אותנו הרב, בכנותו הבלתי־נשכחת ולעתים אף אכזרית, את מה שהאדיקות המקובלת והליברליות האופנתית ניסו להסתיר מאיתנו: הדת אינה מפלט מהקונפליקט, אלא המפגש האולטימטיבי עם המציאות. מבחינת הרב, התמודדות עם המציאות פירושה שאיפה לחדור למשמעות התורה ולאתגרי הקיום האנושי, ולא להסיח את דעת האדם ממשימות אלו באמצעות טיפוח ספקות לגבי המציאות.[6]

כדי להבין את דעותיו של הרב סולובייצ׳יק על התשובה נערוך השוואה בין השקפותיו לבין ההשקפות של גדול אחר במחשבת ישראל במאה העשרים, הרב אברהם יצחק הכהן קוק. שניהם הוגי דעות מורכבים ודיאלקטיים, אך גישותיהם מובילות לכיוונים שונים תכלית שוני.

5. הקדמה למהדורת 1984 של **על התשובה** (באנגלית).
6. “A Three-Part Tribute,” in *Memories of a Giant,* ed. Michael Bierman (Jerusalem, 2003), p. 142.

שני ענקים

על פני השטח ניכרים קווי דמיון בין תולדות חייהם של הרב קוק (1935-1865) ושל הרב סולוביצ׳יק. שניהם רכשו את השכלתם התורנית במזרח אירופה, והיו בקיאים בהלכה ובמחשבה גם יחד. לאחר מכן עבר כל אחד לסביבה מודרנית וחילונית יותר, שבה שימש כמנהיג ציבור, מורה והוגה דעות. ברבות השנים היה כל אחד מהם מקור השראה לציבור שלם ועיצב אורח חיים חברתי־דתי שאינו מסתגר אלא עוסק בענייני העולם כביטוי למחויבות לתורה ולמצוות.

אולם דווקא נקודות המפגש מדגישות ניגודים. בעוד הגותו של הרב סולוביצ׳יק הייתה בעיקר פילוסופית וממוקדת בהלכה, עם שימוש מועט במוטיבים קבליים, הרב קוק התבסס על תורת הנסתר. לפיכך, כאשר נתקלו בחילון ההולך ופושה בחברה היהודית הציעו פתרונות שונים: הרב סולוביצ׳יק הציע את חשיפת עומקה הפילוסופי של המסורת ההלכתית – ואילו הרב קוק סבר שהפתרון הוא לחשוף לרבים את תורת הסוד.

שניהם אמנם היו הוגים דיאלקטיים, אבל גם כאן ניתן לעמוד על הבדל חשוב ביניהם. הרב קוק ביקש בגישתו המיסטית לערוך סינתזה בין העמדות הדיאלקטיות; הרב סולוביצ׳יק, שהתמקד בנקודת מבטו של האדם, בדרך כלל לא חיפש סינתזה. במילים אחרות, הרב קוק ביקש הרמוניה, ואילו הרב סולוביצ׳יק סבר שהקיום האנושי נידון לחיים רווי מתח.[7]

שאר ההבדלים חשובים לא פחות. הרב קוק עלה לארץ ישראל בשנת 1904, בימי שלטון העות׳מאנים, ולימים, והבריטי אז בארץ, נעשה רבה הראשי של ארץ ישראל. סביבה זו העמידה הזדמנויות ואתגרים שונים לחלוטין מאלה שעמדו בפני הרב סולוביצ׳יק בארצות

7. אם להידרש למושגים שהצגנו בפרק 3, הרב קוק עסק בדיאלקטיקה הגליאנית והרב סולוביצ׳יק בדיאלקטיקה קירקגורית. ראו גם **לעיון נוסף**, 2.

הברית של אמצע המאה העשרים.[8] לרקע זה יש יד ורגל בעובדה שהשאלות הלאומיות תפסו בהגותו של הרב קוק מקום מרכזי ודחוף מזה שתפסו אצל הרב סולוביצ׳יק, שהגותו עסקה בעיקר בפרט.[9]

אף ששני הרבנים התעניינו בעולם שסבב אותם וראו ערך בלימודי חול, רק הרב סולוביצ׳יק הכיר את החומר מכלי ראשון.[10] יתרה מזאת, הצהרות הרב קוק בעניין זה מבטאות דו־ערכיות וסתירה וייתכן שהשתנו עם הזמן, ואילו הרב סולוביצ׳יק דומה שאימץ לחיקו את לימודי החול ללא שינוי לאורך הזמן.[11] השוני ביניהם מתבטא גם בסוגות הספרותיות שכתבו בהן. בחיבוריהם על התשובה ועל נושאים אחרים ניכרת נפשם הפיוטית וכתיבתם הרהוטה של השניים – אבל רק הרב קוק כתב שירה ממש.

הן הרב סולוביצ׳יק הן הרב קוק מעמידים את התשובה במרכז הגותם.[12] שניהם מייחסים לה משמעות רחבה, הרבה מעבר להבנה

8. כפי שנראה בפרק 27, יש משמעות רבה לעובדה שהרב קוק לא חי בתקופת השואה והקמת מדינת ישראל, בניגוד לרב סולוביצ׳יק.

9. למרות התמקדותו של הרב סולוביצ׳יק ביחיד, הוא אינו מתעלם מחשיבות הציבור. ראו את הדיונים בפרקים 2, 26 ו־34.

10. הרב דוד כהן (הנזיר), תלמידו של הרב קוק ועורך רבים מכתביו, העיד שידיעותיו של הרב בלימודי החול באו ממקורות משניים: ראו **אורות הקודש א**, עמ׳ יח.

11. על יחסו המורכב של הרב קוק ל״תרבות זרה״ וללימודי החול ראו למשל אצל יהונתן גארב, "'Alien' Culture in the Circle of Rabbi Kook," in *Study and Knowledge in Jewish Thought*, ed. Howard Kreisel (Beer Sheva, 2006), pp. 253–264, ובמקורות המובאים בהערות השוליים.

12. כל אחד מהם כתב ודרש רבות על התשובה, ורעיונות אלה לוקטו על ידי אחרים לספרים במהלך חייהם. הרב סולוביצ׳יק קרא את עיבודי דרשותיו המופיעים **בעל התשובה** ונתן להם אישור שלאחר מעשה, ואילו הרב קוק הטיל על בנו את מלאכת עריכת **אורות התשובה** (ירושלים, תרפ״ד) מתוך קטעים שרשם בפנקסי הגיגיו האישיים. הדבר מדגיש הבדל סגנוני משמעותי בין הספרים. **אורות התשובה** הוא אוסף של רעיונות קצרים בדרך כלל, שסודרו על ידי העורך (פרט לשלושת הפרקים הראשונים, אשר נכתבו כיחידה אחת על ידי הראי״ה קוק). לפיכך, צורתם שונה מאוד מהדרשות הפומביות הבנויות לתלפיות **בעל התשובה**.

המקובלת של התשובה, אך הם חלוקים בעניין משמעותה של התפיסה הרחבה. בדרך כלל, התשובה נתפשת כחרטה על חטא שנעשה בעבר, המלווה בקבלה לעתיד שלא לחזור עליו. הרב סולוביצ׳יק והרב קוק מכירים בפירוש זה כמרכיב אחד בלבד מתוך תהליך כללי ומערכתי, הנמשך לאורך כל חיי האדם ואינו מתייחס לכפרת חטא בלבד. בקצרה, התשובה אצל הרב סולוביצ׳יק משמעה יצירת האני, ואילו אצל הרב קוק פירושה שיבה לעצמי הפנימי (ושיבה זו, כפי שנראה, מחוברת לשאיפה הכללית לשלמות הפועמת בכל מרחבי הקיום).

הרב קוק: שיבה קוסמית לאלוקות/לעצמיות

בעיני הרב קוק, התשובה אינה אך ורק עניינו של הפרט, אלא היא תהליך קוסמי, תנועה פנימית של הבריאה כולה לעבר השלמות (**אורות התשובה** ו, א). התשובה באה לידי ביטוי בחיי הפרט והאומה, בהתפתחות התרבותית ובהתקדמות המדינית, בשיבת עם ישראל לארצו ובהתפתחות המינים.[13] כל אלה מבטאים אותו כוח:

> התשובה הכללית, שהיא עילוי העולם ותיקונו, והתשובה הפרטית, הנוגעת לאישיות הפרטית של כל אחד ואחד... הן ביחד תוכן אחד. וכן כל אותם תיקוני התרבות, שעל ידם העולם יוצא מחורבנו, סדרי החיים החברתיים והכלכליים, ההולכים ומשתכללים, עם תיקוני כל חטא ועוון... כולם עושים חטיבה אחת, ואינם מנותקים זה מזה. (ה, ג)

השאיפה לשלמות היא, כמובן, שאיפה לקשר עם ה׳. אך אין זה ניסיון להתאחד עם ה׳ הנמצא מחוץ לאדם, אלא ניסיון לחשוף את השורש האלוקי שבפנים ולהביאו לידי ביטוי. מבחינת הרב קוק, התופס את

13. לשם ההשוואה לרב סולוביצ׳יק, נתמקד רק בתשובת היחיד.

האלוקים בצורה אימננטית ולא טרנסצנדנטית, האלוקות ממלאת את כל היקום ומצויה במהות כל הדברים הקיימים.

> כששוכחים את מהות הנשמה העצמית... הכול נעשה מעורבב ומסופק. והתשובה הראשית... היא שישוב האדם אל עצמו, אל שורש נשמתו, ומיד ישוב אל האלוהים, אל נשמת כל הנשמות... ודבר זה נוהג בין באיש יחידי, בין בעם שלם, בין בכל האנושיות, בין בתיקון כל ההוויה כולה, שקלקולה בא תמיד ממה שהיא שוכחת את עצמה. (טו, י)

החטא מנכר אותנו מעצמנו, וכך מעיב על הקשר בינינו לבין האלוקים. ועל כן, אף על פי שנהוג להבין את התשובה כשיבה **מחטא** או שיבה **לה׳**, הרב קוק סבור שמשמעות התשובה היא שיבה **לעצמי**, המכיל במהותו את האלוקות.

> חטא האדם הראשון, שנתנכר לעצמיותו, שפנה לדעתו של נחש, ואִבד את עצמו, לא ידע להשיב תשובה ברורה על שאלת ׳אַיֶּכָּה׳, מפני שלא ידע נפשו, מפני שהאניות האמיתית נאבדה ממנו... ״רוּחַ אַפֵּינוּ מְשִׁיחַ ד׳״ (איכה ה, כ)... איננו מבחוץ לנו, רוח אפינו הוא [כלומר, הוא בא מבפנים]. את ד׳ אלוהינו ודוד מלכנו נבקש... את האני שלנו נבקש, את עצמנו נבקש ונמצא. (**אורות הקודש ג, עמ׳ קמ-קמא**)[14]

14. בדברי הרב קוק על הנבואה אנו מוצאים קטע מדהים נוסף המזהה את העצמיות הפנימית עם האלוקות. הגרסה המקורית היא: ״נבואה ורוח הקודש באים **מפנימיותו של אדם**, ומתוכו הוא נשפע לכל מה שנוגע לעולם כולו״ (**שמונה קבצים** ה, קכז). הקטע הערוך, המעמעם את רעיונו של הרב קוק על ידי הוספת כמה מילים, אינו מעורר כל מחלוקת: ״נבואה ורוח הקודש באים, **בדבר ד׳, לפנימיותו של אדם**, ומתוכו הם נשפעים לכל מה שנוגע לעולם כולו״ (**אורות הקודש** א, עמ׳ כג). על העריכה והצנזורה של כתבי הרב קוק ראו מאמרו של אבינעם רוזנק, ״מי מפחד מכתבים גנוזים? שמונה קבצים מכת״י של הרב קוק״,

הרעיון שהתשובה והגאולה המשיחית משמען שיבה לעצמי, שהיא גם שיבה לאלוקים, מביא את הרב קוק למסקנה המדהימה שהתחושה המדכאת של החטא היא למעשה מקור אושר. החטא בולט לעין רק על רקע שלמות האלוקים. אם האדם אינו מצליח לתפוס את האלוקות, הוא לא ישים לב לחטאו. לכך, עצם המודעות לחטא נובעת מהבהקה אלוקית, ו"מתמלאים מזה הרעיון עצמו גיל וגודל אין סוף" (**אורות התשובה** טו, ט). רוצה לומר, תחושת החטא היא לאמתו של דבר סימן לאלוקות המציצה מבין מעמקי העצמי!

הרב סולוביצ'יק: זמן חי ויצירה עצמית

הרב סולוביצ'יק מוטרד מכך שמבחינה רציונלית רעיון התשובה נראה מופרך. הרי הזמן הוא חד־כיווני, ואין דרך לשנות את העבר. בין אם האדם מתחרט על מעשיו ובין אם לאו, הוא ראוי לעונש על מעשיו, וזאת כיוון שלמעשים יש השלכות. רק מעשה חסד על־טבעי מסוגל לנתק את הקשר הסיבתי שבין החטא לעונשו.

אף על פי כן, חוויית הזמן האנושית שונה מהזמן הפיזיקלי, החד־כיווני, הנמדד בשעון. הרב סולוביצ'יק אומר שאדם יכול לבחור לחיות בתוך "זמן חי", שבו כל שלושת הזמנים – העבר שנחווה, תודעת ההווה והעתיד המצופה – נוכחים במודעותו בכל רגע ורגע. בצורת חיים זו, משמעות העבר תלויה בכיוון שהאדם נותן לו בהווה ובעתיד.[15] אם העבר מת וקבוע, הסיבתיות יכולה לפעול רק בכיוון אחד: העבר משפיע על העתיד, אך לא להפך. אך האדם יכול גם לראות את העבר

תרביץ סט, ב (טבת-אדר תש"ס), עמ' 257-291, ובספרו של הרב יואל בן־נון, **המקור הכפול: השראה וסמכות במשנת הרב קוק** (תל אביב, תשע"ד), עמ' 18-72. בעמ' 52 הע' 155 מוסר הרב בן־נון ששמע מהרב הנזיר ששינוי פסקה זו נעשה בהתייעצות עם הרב קוק עצמו. אני מודה לדוד ברוקנר על ההפניה למקור זה.

15. ראו **איש ההלכה**, עמ' 99-101.

כדבר חי שמשמעותו אינה נקבעת עד לכתיבת הפרק האחרון בחייו. במקרה זה, הסיבתיות יכולה לפעול בכיוון ההפוך, מהעתיד לעבר:

> העבר כשהוא לעצמו, מהווה פרשה סתומה וחתומה. העתיד וההווה דורשים ומפרשים אותה. הרבה דרכים לסיבה, מנקודת מבט זו, להשתלשל.[16] העתיד קובע את הכיוון ומציין את הדרך. יש תופעה, שתחילתה חטא ועוון וסופה מצוות ומעשים טובים, וכן להפך. העתיד משנה את מגמות העבר ונטיותיו. (**איש ההלכה**, עמ' 96)

זו מהות התשובה:

> עיקר העיקרים של מהות התשובה הוא כי העתיד יִרדה בעבר וישלוט בו שלטון בלי מצרים. (שם)

בתפיסת זמן זו, "הסיבה" ו"התוצאה" משפיעות זו על זו. הסיבתיות מאבדת אפוא את הזיהוי שלה עם "קביעת דבר מראש", ועל כן היא מוחלפת במונח "יצירה":

> כשהעתיד משתתף בבירור העבר וליבונו – מורה את דרכו, מגדיר את מגמותיו, מפרש את נטיותיו ומציין את כיוון השתלשלותו – אז נעשה האדם ליוצר עולמות. (**איש ההלכה**, עמ' 97)

הדבר מבהיר כיצד התשובה בצורתה הנעלית ביותר, תשובה מאהבה, מסוגלת להפוך זדונות לזכויות (יומא פו ע"ב). השינוי אינו תהליך מטפיזי אלא תהליך פסיכולוגי, ובמסגרתו החוטא "נעשה למלך המשיח

16. כוונתו היא שלסיבה אחת יש תוצאות רבות אפשריות, ושהעתיד קובע את הסיבתיות האמתית של הסיבה. יתרה מזאת, ייתכן שסיבה בעתיד תשפיע על העבר, כפי שהוא מסביר בהמשך.

של עצמו וגואל עצמו מבור־שבי החטא" (**על התשובה**, עמ' 236).[17] באמצעות הערכה מחדש של אירועי העבר לאור מטרות העתיד, העבר מקבל משמעות חדשה ומכוון את החוזר בתשובה אל יעדו, או ייעודו, הנבחר.[18]

כעת נוכל ליישב סתירה העולה לכאורה בכתבי הרב סולוביצ'יק בנושא התשובה. על יסוד דברי הרמב"ם, "מדרכי התשובה... ומשנה שמו, כלומר אני אחר ואיני אותו האיש שעשה אותם המעשים" (הלכות תשובה ב, ד), הרב אומר בכמה מקומות שהתשובה הופכת את האדם לאישיות חדשה:

> ה"אחרות" הרוחנית וה"שונות" האישית, שנוצרות על ידי התשובה, מהוות את מהותה ותוכנה של זו. התשובה כובשת את חוק הזהות וההמשכיות השולט בהוויה הנפשית על ידי פלא היצירה וכוחה, שנמסרו לאדם. כשאדם שב, הרי הוא נעשה לבורא עולמות וליוצר עצמו ואנוכיותו. (**איש ההלכה**, עמ' 94)[19]

17. השיטות המדויקות להמרת זדונות בזכויות על ידי הערכת העבר מחדש פורטו לעיל בפרק 7. באותו פרק קישרנו בין "תשובת הטהרה" ל"תשובת העלאת הרע" – ואילו כאן שיטות אלו מקושרות לתפיסה נוספת שפותחה ב**על התשובה**, הלא היא "תשובת הגאולה". שלושה סוגים אלה של תשובה מופיעים, בהתאמה, בדרשות "כפרה וטהרה", "ביעור הרע או העלאתו", ו"היחס בין תשובה לבחירה חופשית".
18. למשל, אם אדם חטא, ייתכן שהחטא יקל עליו להידרדר או לפנות לחיי הוללות – אך ישנה גם אפשרות שהחטא יעורר בו תחושת אי שביעות רצון, תחושה שתוביל להערכת מטרותיו לעתיד ומיקומו ביחס אליהן, ומשם לצמיחה ולתיקון. החטא עשוי אפוא לקבל משמעויות שונות – כתמריץ לנפילה או כמעודד נסיקה – בהתאם להשלכות העתידיות. לפיכך, על ידי עיצוב ההווה לאור העתיד, יכול האדם לשנות את משמעות עברו.
19. ראו גם, למשל, **על התשובה** עמ' 25, 252–254.

אולם הרב גם טוען שבצורתה הנעלה והבריאה יותר של התשובה, האדם אינו מתנתק מעברו ואינו הופך לאדם חדש לחלוטין; אדרבה, מוטב לשמור על קשר עם זהות העבר ולהשתמש בה ככוח חיובי בהווה (**על התשובה**, עמ' 169–187). כיצד נוכל להבין את הסתירה? האם על האדם להפוך לאדם חדש או לא?

לנוכח תפיסתו של הרב כי האדם יכול לעצב מחדש את משמעות העבר, ברור שכאשר הרב מדבר על עיצוב אישיות חדשה אין כוונתו לבריאת דבר "יש מאין" – אלא לדחייה, או החלפה, של ה"אני" שנוצר מתוך הרגל, חוסר מחשבה וסבילות. האדם נדרש למלא תפקיד פעיל בעיצוב אישיותו, להפוך את עצמו מאובייקט לסובייקט, מאיש גורל לאיש ייעוד. בעל התשובה דוחה את פרשנותו המוקדמת למעשיו ומעריך מחדש את משמעות עברו, תוך שהוא שומר על המשכיות העצמי מהעבר. כך הוא יוצר הבנה עצמית חדשה, אישיות חדשה המנצלת את הישן במקום לנתק אותו לגמרי. יצירת העצמי משמעה, אפוא, עיצוב פעיל של חומר הגלם של האישיות, או עיצוב מחדש של אישיות חוטאת. הקב"ה מצווה את האדם לעצב את עצמו כאישיות אידיאלית. מוטיב זה מרכזי בהגותו של הרב, ולדעתו זוהי המטרה המרכזית של המצוות: "עיקר העיקרים הוא, שהאדם חייב ליצור את עצמו. אידיאה זו הורידה היהדות לעולם" (**איש ההלכה**, עמ' 92).

נקודות ניגוד בין שתי הגישות

גישותיהם של הרב קוק והרב סולובייצ'יק בנושא התשובה מסתעפות לכיוונים רבים ומתעמתות ברבדים שונים. נסקור כעת כמה מההבדלים ביניהן.

א. צלם אלוקים

הרב קוק, כאמור, סבור שצלם האלוקים נטוע באדם ומשימתו של האדם היא לאפשר לו לפרוץ החוצה. הרב סולובייצ'יק, לעומתו, טוען

שצלם אלוקים "אתגר הוא שיש לעמוד בו, ולא מתנת חינם" ("גאולה, תפילה, תלמוד תורה", עמ' 264). פירוש הדבר ש"האדם מגיע לעולמנו כחומר, כיצור היולי[20]... על האדם... לטעת צורה באישיות הכמוסה ונעדרת הצורה" (שם).

ב. תמיד בלב

הרב קוק כותב: "התשובה היא תמיד שרויה בלב, אפילו בעת החטא עצמו התשובה גנוזה היא בנשמה, והיא שולחת את קוויה, שהם מתגלים אחר כך בעת שבא הנוחם הקורא לתשובה" (**אורות התשובה** ו, ב). העצמי מוכן לתשובה ונוטה אליה. כוח החיים של התשובה תמיד נמצא באדם ומחכה להתגלות. הדבר הגיוני כאשר רואים בתשובה חזרה אל העצמי הפנימי.

הרב סולוביצ'יק, לעומת זאת, סובר שאין עצמי פנימי מולד, ולכן לא ניתן לדבר על תשובה כדבר השרוי תמיד בלב. אלא, התשובה פירושה יצירה מחודשת של האדם, עיצוב אקטיבי של העצמי לצורתו הרצויה. לכן, התשובה אינה יכולה לנבוע מבפנים, אלא האדם צריך לבחור בה כהחלטה יצירתית.

ניגוד זה מזכיר מחלוקת דומה בנושא התפילה. הרב קוק כותב שהנשמה מתפללת ללא הרף. תפילה זו תמיד מבקשת לצאת, וכשהאדם מתפלל הוא פשוט מאפשר לתפילה המתמדת של הנשמה לעלות אל פני השטח (**עולת ראי"ה** א, עמ' יא-יג). כפי שראינו בפרקים 20-21, הרב סולוביצ'יק מציג תמונה אחרת לגמרי ומדגיש את התעוזה שבעצם הפנייה לה', את הצורך שיש, לפיכך, בהיתר להתפלל, ואת ממד הבריאה העצמית הפעילה שיש בתפילה.

20. "היולי" מקורה במילה היוונית "hyle" שפירושה חומר. כותבים יהודים רבים בני ימי הביניים אימצו את הז'רגון האריסטוטלי והשתמשו במונח כדי לתאר חומר ללא צורה, דהיינו, דבר אמורפי (כמו "תוהו ובוהו" במקרא). אריסטו עצמו כינה חומר ללא צורה "חומר ראשוני", או prote hyle.

ג. ייסורי התשובה

בעיני הרב קוק, ייסורי התשובה דומים לכאב המתלווה לטיפול במחלה, אך בסופו של דבר התשובה אמורה להיעשות מתוך שמחה ולא מתוך עצב או תוגה (ראו למשל ח, א; ט, י). למעשה, כפי שראינו לעיל, כאב התשובה עצמו הוא מקור שמחה.[21] הרב סולוביצ'יק מסכים שהחטא הוא חולי, ומתוך כך הוא גורם סבל (**על התשובה**, עמ' 108 ואילך), ואף תומך בסברה שהתשובה אינה אמורה להוביל את האדם למרירות או למלנכוליה (**איש ההלכה**, עמ' 95); עם זה, הוא מוסיף נימוק נוסף לכאב התשובה: התשובה היא מעשה של יצירה, והכאב תמיד מתלווה ליצירתיות.[22]

ד. קלות התשובה

אף שהרב קוק מכיר בכך שאנשים רבים חווים את התשובה כתהליך קשה, הוא טוען שכיוון שמדובר בדבר טבעי, הוא עשוי להיות קל יחסית אם ניגשים אליו מתוך תפיסה נכונה: "כשבאים לשוב בתשובה צריכים לדעת שאין שום מניעה בדבר. אפילו אותם כ"ד הדברים המעכבים את התשובה (רמב"ם, הלכות תשובה, פרק ד), **תיכף** כשמבקשים ובאים לשוב עליהם שוב אינם מעכבים" (יד, ג); "עיקר הנפילות באות משום שאינו מאמין בקלותה של תשובה" (יד, ד1).[23] לפיכך, רוב כתביו מלאים עידוד, הן ליחיד[24] הן לציבור: "אין דבר בטוח בעולם כמו התשובה, וסוף הכל לשוב לתקון" (ו, ב).

הרב סולוביצ'יק, לעומת זאת, אינו מאמין שהתשובה היא דבר

21. טו, ט. ראו גם ח, ב; יג, יג; טז, ז ח.
22. עוד על תפקיד הייסורים במחשבת הרב, ראו להלן פרקים 23-24.
23. לאחר הופעת המהדורה הראשונה של אורות התשובה, התווספו לספר במהלך השנים קטעים נוספים, ואלו סומנו במספרים כגון יד, ד1 (המופיע אחרי הקטע המקורי יד, ד). ההפניות לעיל הן למהדורה השמינית (מרכז שפירא, תשמ"ז).
24. ראו לאורך פרק יד **באורות התשובה** (למשל, אותיות טו, כג, כו), וכן תיאור נרחב **באגרות הראי"ה** ב, שעה, במיוחד עמ' לו-לז.

קל. לדידו, אין מדובר בהסרת המחסום ובשחרור הטהרה הפנימית, אלא במאבקו של האדם ליצור את עצמו מחדש. לפיכך, הרב סולובייצ׳יק מבשֵׂר תקווה לציבור בלבד, אך לא ליחיד. מחילת עם ישראל מובטחת, אך לא מחילת היחיד.[25]

שתי תפיסות לגבי טבע האדם

ברור שתפיסותיהם של הרב קוק והרב סולובייצ׳יק בנושא התשובה, וכל ההבדלים העולים מהן, מבוססות על השקפותיהם החלוקות בדבר אופי האדם.

הרב קוק סבור שקטגוריות החטא והתשובה אינן חלות על האדם ביחס לאלוקיו, אלא על האדם ביחס לעצמו: האדם חוטא נגד עצמו ושב לעצמו. תפיסה זו מבוססת על רעיון אחדות האדם והאלוקים באני הפנימי, המסומל בתשובה הפנימית המתמדת של הנשמה. בהגותו של הרב קוק, הכול מתחיל ונגמר באלוקים. התשובה פירושה חשיפת האלוקי באדם, ובצורתה האידיאלית משמעותה איחודה של האלוקות הפנימית עם האלוקות במלואה.[26]

גישת הרב קוק, אפוא, מעודדת ומרוממת. האדם טוב וקדוש במהותו, ועליו רק להסיר את המניעות כדי שיוכל לאפשר לעצמו לחבור אל נשמת העולם בעלייתה מעלה מעלה.

לעומתו, הרב סולובייצ׳יק גורס כי האלוקים לעצמו והאדם לעצמו ותהום פעורה ביניהם. אם רוצה האדם להתקרב אל האלוקים עליו ליצור את עצמו. האדם מתחיל כגוש חסר צורה ולפיכך נדרש ממנו

25. בפרק 2 ראינו כיצד הדבר מסביר את ההבדל בין החרדה האופפת את וידויו של היחיד בתפילת העמידה בלחש ביום הכיפורים, לבין הביטחון האופף את וידוי הציבור בחזרת הש״ץ.

26. החטא ״סותר את האחדות שבין האישיות הפרטית עם כל ההוויה כולה״ (ח, ג); על ידי החטא תופס האדם את עצמו כישות פרטית ולא כחלק ממכלול אלוקי מקיף כול.

לעצב את עצמו באופן פעיל – פן יעוצב באופן סביל בידי הנסיבות. יש לאדם פוטנציאל גדול, אך עליו לעבוד קשה כדי לממשו.

ההבדל בין התפיסות מתומצת בצורה יפה בגישותיהן השונות לקשר שבין לימוד תורה ותשובה. הרב קוק כותב שככל שהתשובה גוברת, כך גוברת בעקבותיה בהירות לימוד התורה.[27] הרב סולוביצ'יק נוקט עמדה הפוכה: התורה מביאה עימה את טהרת האישיות! מבחינת הרב קוק, התשובה חושפת את האלוקי שבאדם, ועל ידי כך עוזרת לאדם להבין את התורה.[28] מבחינת הרב סולוביצ'יק, התשובה היא תהליך בנייה עצמית, והתורה מוסרת לאדם הנחיות שעליו לפעול על פיהן ואידיאלים שאליהם הוא יכול לשאוף.[29]

27. "לפי ערך בהירות התשובה שלפני הלימוד תגדל בהירות ההבנה של הלימוד; השכל מתרומם על פי יסוד התרוממות הרצון, והוא מתבהר לפי המידה של בהירות הרצון" (יד, כז). כדי לרדת לעומקה של פסקה זו, אני סבור שיש להכיר את היסוד המטפיזי לתפיסת התשובה של הרב קוק, כמפורט לעיל. עם זאת, במכתב למחנך בריטי העלה הרב קוק נקודה דומה שניתן להבינה במושגים פסיכולוגיים טהורים: "שכל הצלחה בתורה... הכול תלוי לפי מידת יראת ד' ועומק קדושת האמונה הטהורה המשורשת בנפש. כי הרחבת הכוח השכלי והעמקתו... תלוי הוא בעומק הרצון הנפשי המתעורר להוקיר את העניינים הלימודיים שהוא עוסק בהם" (**אגרות הראי"ה** ג, תשצז, עמ' עז-עח). במילים אחרות, אם האדם מעריך את הנלמד, הדבר יעורר בו מוטיבציה לעמול יותר בהבנתו.

28. כאן התמקדתי בדברי הרב קוק באורות התשובה על השפעת התשובה על לימוד התורה, אך מן הדין לציין שבכתבים אחרים הרב קוק דן בהשפעה המטהרת של לימוד התורה על האישיות. יש לשים לב שהטעם שנותן הרב קוק לכוחו המזכך של לימוד התורה (ראו **אורות התורה** יא, ו) חופף במדויק את תיאוריית האישיות הכללית שלו שהובאה לעיל: לימוד התורה מביא את האדם לקשר עם מקור החיים והקדושה, ועל ידי כך מוציא את האלוקות הפנימית האמתית מנבכי האישיות החוצה. לפיכך סבור הרב קוק שהתשובה ולימוד התורה מעניקים כוח זה לזה, כיוון שלשניהם אותו תפקיד של חשיפת האלוקות. **באורות התורה** יג, א מכניס הרב קוק את התפילה למעגל זה, וטוען שבנסיבות מסוימות התפילה משפרת ומעלה את תפיסת התורה באמצעות משיכת הרוח האלוקית מהנסתר לנגלה.

29. נוסף על כך, כפי שראינו בפרק 9, באמצעות מיקוד השכל במה שחשוב באמת,

אחדות או פיצול?

בנקודה זו עשויה לעלות השאלה אם אכן קיימת סתירה בין התמקדותו של הרב סולוביצ׳יק בפיצול בין האלוקי והאנושי לבין התמקדותו של הרב קוק באחדותם הפנימית; שהרי ייתכן שהם מתייחסים לממדים שונים של חוויה בלבד. הרב סולוביצ׳יק עוסק בפנומנולוגיה, חקר החוויה **האנושית**, ולדעתו, חוויה זו מקפלת בתוכה פילוג, דיכוטומיה, מתח וחרדה. לעומתו, הרב קוק עוסק במטפיזיקה, אשר מתמקדת במהות **האלוקית** של הדברים, שהיא הרמונית. לכן, ייתכן שהשוני ביניהם מתבטא אך ורק בנקודת המבט.

ראשית נזכיר שעצם המוטיבציה ליצירת הרמוניה בין עמדות שונות אופיינית לרב קוק, בעוד הרב סולוביצ׳יק – בשיעוריו, בהגותו ובחייו – לא ראה צורך בכך. במקרה שלנו, הניסיון ליצור הרמוניה נכשל שכן בעיני הרב קוק החוויה האנושית של פיצול בין שמיים וארץ היא אשליה, תוצר של חטא, ויש להתגבר עליה, בעוד בעיני הרב סולוביצ׳יק חוויה זו היא חלק מהמצב האנושי, והאדם, יצור מוגבל, אינו יכול להתגבר עליה.

נקודה זו מחזירה אותנו לעובדה שהרב סולוביצ׳יק רואה את האדם כנתון בתוך דיכוטומיות שאינן ניתנות ליישוב: האדם הוא גם נשגב וגם נחות, גם מנצח וגם מובס, גם טבעי וגם רוחני-טרנסצנדנטי,[30] גם נומינוזי וגם קריגמטי,[31] גם סובייקט וגם אובייקט.[32]

ועל ידי קישור האדם לחוכמת ה׳ ורצונו, לימוד התורה מטהר את הנפש מיצרים נחותים וממחשבות גסות. ראו, למשל, **שיעורים לזכר אבא מרי ז״ל**, חלק ב׳, עמ׳ יג.

30. זהו מוטיב מרכזי ב**איש האמונה הבודד** וב**אדם וביתו**.
31. ראו בעיקר **אדם וביתו**, עמ׳ 83-84. נומינוזי = סגור בתוך עצמו; קריגמטי = מתקשר עם אחרים.
32. ראו שני מאמרים בספר **ימי זיכרון**: ״שליחות״, עמ׳ 28-29, שהוא חלק האגדה משיעורו של הרב לזכר אביו בשנת 1964; ״בסוד שיח השופר״, עמ׳ 137-152, שהוא דרשת התשובה משנת 1974.

היות שהאדם אינו שש להודות בסופיותו ובמגבלותיו ואינו חש בנוח בפני מתח דיאלקטי, הוא מחפש דרכים להתחמק ממודעות זו.[33] אולם לדעת הרב סולוביצ'יק, שימור מודעות דיאלקטית זו חיוני לרווחתו הפסיכולוגית והדתית של האדם, מאחר שהיא משקפת את אופייה האמתי של המציאות. "המודעות הקיומית חייבת לשקף את מציאות היומיום ולא מצבים אידיאליים. על כן אין היא צריכה לשקף רק אחד או שניים מן ההיבטים הרבים אלא את כלל ההרפתקה האנושית, הכוללת חיוב וגם שלילה, ניצחון וגם הפסד" (**מן הסערה, עמ'** 179). ראייה רחבה זו מאפשרת לאדם להתגבר על העיסוק בעצמו ולהכיר באחרים, להימנע מתלות מוגזמת בערכים מוגבלים, לרכוש את היכולת להקרבה, לחוות את החיים בצורה עמוקה אך מאוזנת, ולהתחייב באופן בלעדי לקב"ה.[34]

תשובה, בהקשר זה, מקבילה לתפילה. התפילה, כפי שראינו בפרק 21, כרוכה במודעות דיאלקטית. מחד גיסא, היא דורשת שהאדם יכיר בקוצר ידו ויעסוק בהקרבה עצמית; מנגד, היא גורסת כי דווקא אדם החש שחייו מלאי משמעות ורוויי ערך הוא היכול לקיים דיאלוג עם האלוקים ולהביע את צרכיו. באופן דומה, במסגרת התשובה, האדם מתבונן בכישלונותיו, אך עצם העובדה שה' העניק לו בחירה חופשית ויכולת לבנות את עצמו מחדש נותנת תוקף לערכו ומאשרת כי עבודתו רצויה לבורא. בנקודה זו מסכימים הרב סולוביצ'יק והרב קוק: מאחר שהאדם הוצב בעולם במקום מסוים ובעיתוי מסוים, ומאחר שהוענקו לו כישורים וכישרונות מסוימים, הוא יכול להגשים משימה

33. במאמרים שונים מביא הרב את איוב לעומת קהלת (המייצגים את האישיות הגסה לעומת האישיות הדמונית), את דור המבול לעומת דור הפלגה (המייצגים את האדם ההולל לעומת האדם היהיר), ואת אחשוורוש לעומת המן (המייצגים אף הם ניגוד זה) כדי להדגים דרכים שונות של הימלטות מהמודעות הדיאלקטית לסופיות האנושית. ראו **מן הסערה**, עמ' 157-164, 168-171, **ועל התשועות**, עמ' 42-50.

34. **מן הסערה**, עמ' 176-181, 183-216. ראו פרק 24 לדיון מפורט יותר בהשלכות המודעות הדיאלקטית.

שהִנה ייחודית אך ורק לו.[35] ההקשבה לקריאה האלוקית, והיכולת לגלות או ליצור את המשאבים האישיים להגשמת משימה זו, נתונות בידי כל אדם ואדם.

לעיון נוסף:

1. **התשובה והימים הנוראים**: נוסף על הספרים שצוינו לעיל (**על התשובה** ו-*Before Hashem You Shall be Purified*), אפשר למצוא עיבודים לדרשותיו של הרב בנושאי התשובה והימים הנוראים בספרים **ימי זיכרון ודברי השקפה**, שניהם עובדו בידי משה קרונה; סדרת **נוראות הרב** (אנגלית), עובדה בידי ברוך דוד שרייבר; **ומחזורי מסורת הרב** לימים הנוראים, שצוינו בסוף פרק 21.

2. **העיקרון הדיאלקטי אצל הרב סולוביצ'יק**: נושא זה עולה לאורך הספר הנוכחי (ראו במפתח). ראו לשם השוואה את הרב יובל שרלו, **והיו אחדים בידך: מדיאלקטיקה להרמוניה במשנתו של הרב יוסף דוב הלוי סולוביצ'יק** (אלון שבות, תש"ס), עמ' 108–116; הרב חיים נבון, **נאחז בסבך: שערים להגותו של הרב סולוביצ'יק** (מעלה אדומים, תשס"ו), עמ' 25–46.

3. **תודעת הזמן**: על פי הרב, תחושת "העבר החי" היא שיוצרת את הבסיס לקיום החגים והצומות. בסדר פסח, למשל, אנו חווים מחדש את יציאת מצרים, ובתשעה באב אנו חווים מחדש את חורבן בית המקדש. באופן דומה, קריאת התורה מחזירה אותנו להר סיני. "תודעת הזמן המאחדת" מסבירה את עוצמת החיבור שלנו לדמויות היסטוריות ולארץ ישראל. ראו, בין השאר, **במן הסערה**, עמ' 63–67;

35. הרב סולוביצ'יק: **מן הסערה**, עמ' 154–156, **ועל התשועות**, עמ' 54–57. הראי"ה קוק: **עולת ראי"ה ב**, עמ' שנו.

The Emergence of Ethical Man, pp. 164-165; *The Lord is Righteous in All His Ways*, pp. 25-26. כמו כן ראו פרק 13 לעיל.

4. **השפעות פילוסופיות על תפיסת הרב סולובייצ'יק בנושא התשובה:** חוקרים מציינים את השפעותיהם של פילוסופים אחדים – במיוחד הרמן כהן, אנרי ברגסון ומקס שלר – על השקפתו של הרב בנושא הזמן והתשובה. מחקרים אחדים בוחנים את אופיין של השפעות אלו: היכן הרב משתמש ברעיונותיהם בצורה יצירתית, היכן הוא מפתח אותם והיכן גישתו שונה משלהם. ראו: אליעזר גולדמן, "תשובה וזמן בהגות הרב סולוביצ'יק", בתוך: **אמונה בזמנים משתנים: על משנתו של הרב יוסף דוב סולוביצ'יק**, ערך אבי שגיא (ירושלים, תשנ"ז), עמ' 175-190; R. Yitzchak Blau, "Creative Repentance," *Tradition* 28:2 (1993), pp. 11–18, reprinted in R. Marc Angel, ed., *Exploring the Thought of Rabbi Joseph B. Soloveitchik* (Hoboken, NJ, 1997), pp. 263–274; Lawrence Kaplan, "Hermann Cohen and Rabbi Joseph Soloveitchik on Repentance," *Journal of Jewish Thought and Philosophy* 13:1–3 (2004), pp. 213–258. כפי שכותב קפלן, "הוגה דעות גדול אמתי הוא יותר מסך כל ההשפעות האינטלקטואליות עליו. הוא יונק מהשפעות אלו בצורה יצירתית וחדשנית ושומר תמיד על זהותו, ייחודו ומקוריותו" (עמ' 240).

5. **המפגש בין הרב סולוביצ'יק והרב קוק:** שני הגדולים האלו נפגשו פעם אחת בלבד. הדבר אירע בשנת 1935, כאשר הרב סולוביצ'יק (בן 32) ביקר את הרב קוק (בן 70) על מיטת חוליו. תיאור קצר אפשר למצוא אצל הרב משה צבי נריה, **ליקוטי הראי"ה** (כפר הרא"ה, תש"ן), חלק א', עמ' 247-251. ראו גם ביבליוגרפיה של מאמרים המשווים בין שיטותיהם: R. Jeffrey Sacks, "Rabbi Soloveitchik Meets Rav Kook," *Tradition* 39:3 (Fall 2006), pp. 93–95.

אוכל להוסיף אף את מה ששמעתי מפי הרב אברהם שפירא,

ראש ישיבת מרכז הרב ורבה הראשי של ישראל, בעת ביקורו בישיבה יוניברסיטי בשנת 1983. כשהרב קוק נפגש עם הרב סולוביצ׳יק הצעיר, קרא הרב קוק לבנו הרב צבי יהודה ולרב אברהם שפירא (אז בן 24) וציווה עליהם לעקוב אחרי הרב סולוביצ׳יק בזמן ביקורו בארץ ולשמוע כל שיעור שייתן. ״שמעתי את שיעורי סבו, ר׳ חיים, בישיבת וולוז׳ין״, סיפר הרב קוק, ״ולאחר שיחתנו היום אני רואה שכוח הגאונות של הסבא נמצא אצל הנכד״. כן הייתי עד להתרגשותו הגדולה של הרב שפירא בפגישתו עם הרב סולוביצ׳יק לאחר כמעט חמישים שנה. כשנכנס הרב סולוביצ׳יק הקשיש לבית המדרש המלא מפה אל פה, עמד הרב שפירא על רגליו, ניגש ישר לרב, נשק לו, ואמר בקול גדול, ״מצווה לנשק ספר תורה!״.

פרק 23

התשובה כתגובה לייסורים ולרוע

בעיית הכאב

השאלה היסודית ביותר במחשבה הדתית נוגעת לבעיית הרוע: כיצד האלוקים, שכולו טוב והוא כול־יכול ויודע־כול, נותן לצדיקים לסבול? שאלה זו היא, כמובן, יותר מבקשה להבין: היא גם זעקה הבוקעת מלב פצוע. היות ששאלה זו כה טעונה מבחינה רגשית ושכלית, הרב קובע כי "אין שום דת היכולה להרשות לעצמה את המותרות שבהתעלמות מן הבעיה המטרידה יותר מכול, בעיית הסבל" (**מן הסערה**, עמ' 103).

פתרון אפשרי אחד לבעיה הוא דחיית ההנחה בנוגע לטבעו של האלוקים: ייתכן שרוע מתרחש מכיוון שהאלוקים מוגבל באופן כלשהו, ואינו יכול לו. היהדות רואה טענה כזו כבעייתית והיא איננה שכיחה בספרות התורנית.[1] פתרון נפוץ יותר, שהציע למשל הרמב"ם בספרו **מורה נבוכים** (ג, י־יב), הוא כפירה במציאות המטפיזית של הרוע: בתמונה הרחבה, ומנקודת המבט של האלוקים, הכול טוב, ומה שאנו תופסים כרוע אינו אלא אשליה הנובעת מהיותנו בעלי נקודת מבט צרה.[2] פתרון אחר, הבא לידי ביטוי בתלמוד (קידושין מ ע"ב ועוד),

1. ועם זה יש הוגים, במיוחד בקרב הנוטים לתורת הקבלה, המאמינים כי האלוקים **בוחר** לעתים להגביל את עצמו. ראו **לעיון נוסף**, 1.
2. הרב מרחיב על השקפה זו **במן הסערה**, עמ' 107-110, 133-135.

טוען שהצדיקים סובלים בעולם הזה כדי להגדיל את שכרם בעולם הבא, וייסורי העולם הזה הם כאין וכאפס בהשוואה לשכר זה.[3]

הרב סולוביצ׳יק מסרב להתייחס לרוע כאל דבר שאיננו קיים, או בעל חשיבות משנית.[4] לדידו, הסבל הוא חוויה אנושית שאינה ניתנת להכחשה, ואי אפשר לבטל אותה בעזרת תיאוריות מתוחכמות. הַמְעָטָה בחשיבותו של הסבל, באמצעות הסתמכות על סיבות פילוסופיות או מיסטיות, היא בעייתית מבחינה אינטלקטואלית, מוסרית ומעשית.

מבחינה אינטלקטואלית גישה זו בעייתית, שהרי כיצד יוכל השכל הסופי שלנו להבין את ״התמונה הרחבה״ האינסופית?

מן הבחינה המוסרית, ניסיון זה מעורר התנגדות מכיוון שהוא כופר בלגיטימיות סבלו של האדם. מי שחווה אובדן או מתייסר, כיצד נעז לומר לו שהרוע הוא רק אשליה והסבל הוא רק בגדר סברה מוטעית? נהפוך הוא: התגובה המוסרית היא לאשר את כאבו, לכבד את סבלו ולהציע לו תמיכה ואהדה. יתרה מזאת, אם רוע הוא רק אשליה, או אם הסבל מביא בסופו של דבר תועלת לקורבן, מדוע אנו משתדלים להקל עליו?

ולבסוף, מבחינה מעשית, בימינו הסברים מעין אלה אינם יעילים. אולי הם הקלו על האדם הטרום־מודרני, אך ודאי אין בהם כדי לעזור לאדם בן זמננו להתמודד עם סבלו.[5]

3. **מן הסערה**, עמ׳ 107–108.
4. שלא כהוגים רבים אחרים, הרב סולוביצ׳יק אינו מבחין בין ״רוע טבעי״ כגון רעידות אדמה או רעב לבין ״רוע אנושי״ דוגמת פשע ואכזריות. הסיבה לכך היא שאין לו עניין **בסיבת** הרוע או במקורו, אלא **בהשפעתו** על האדם.
5. בספרו **מן הסערה** (עמ׳ 109–110) הרב מתאר כיצד, ככל הנראה בתחילת הקריירה שלו, ניסה להשתמש בדרך הביטול המטפיזי של הרוע, ללא הצלחה: ״יכול אני להצהיר בגילוי לב מלא, כי אני עצמי לא הצלחתי ביותר בניסיונותיי להבהיר מטפיזיקה זו באורח משמעותי באוזני האדם המטורף מכאב, הצף ללא כל מטרה כשהוא מוקף מכל צד בשחור ובקדרות, כאותו עלה קמל הנידף על ידי הרוח והגשם בלילות הסתיו הכהים. ניסיתי, אך חוששני שנכשלתי כישלון חרוץ, כרעיו של איוב״.

אך גם אם מסלקים את כל ההתנגדויות שהוזכרו, נותרת בעיה בסיסית: העובדה שההתדיינות הפילוסופית מותירה את האדם סביל. העיסוק הפילוסופי ברוע אינו מבקש מעשה או תגובה מצדו של האדם, ובכך הוא נוטל ממנו את ההזדמנות להשתמש בכוחו הגואל של הסבל.

במקום לבקש **הסבר** תיאורטי פסיבי לסבל או למצוא לו צידוק, הרב דוגל **בתגובה** הלכתית פעילה ומעשית. הסבר זה מקבל את מציאות קיומו של הסבל, ואינו שואל **מדוע** הוא קיים, אלא **מה** על האדם לעשות משנפגש עמו: "איך יתנהג האדם בעת צרה? מה יעשה האדם ולא יימק בייסוריו?" ("קול דודי דופק", עמ' 13).[6] זוהי אכן דרכה של ההלכה: לא להעלות השערות בנוגע לקושיות ולמתחים שאין להם פתרון, אלא להציע דרכים שתאפשרנה חיים עמן.[7]

התגובה ההלכתית

מהי, אם כן, התגובה שההלכה מצפה לה מן האדם הסובל? נאמר במילה אחת: תשובה. כלומר, כאשר אדם סובל, עליו לבחור להשתמש בניסיון כואב זה כזרז לתהליך של שיפור־עצמי או יצירה־עצמית.[8] הפיכת העצמי מאובייקט לסובייקט – או כדברי הרב ב"קול דודי דופק", שינוי מקיום של גורל לקיום של ייעוד – הוא אולי הנושא המרכזי בפילוסופיה של הרב, ולשיטתו הוא גם מגמה מרכזית בקיום המצוות.[9] האלוקים מצווה על אדם ליצור את עצמו בדמות האישיות האידיאלית

6. על ההיסטוריה של "קול דודי דופק" אפשר לקרוא בפרק 25, **לעיון נוסף**, 1.
7. ראו פרק 3 לעיל.
8. חשוב לציין שהרב אינו אומר שחטא מסוים או מגרעת גרמו לסבלו של אדם, ולכן על האדם להביע חרטה על חטא מסוים זה. בהיעדר יכולת נבואה, מאמין הרב, ידע מסוג זה של סיבה ותוצאה ישירה הוא מעבר ליכולת האנושית. הרב אומר שהיות שסבל, הנובע מכל סיבה שהיא, מנער את האדם ומוציאו מן השגרה, מוטב לו לאדם להשתמש בהזדמנות כדי לחשוב על שיפור עצמי. טיעון זה של הרב אינו סיבתי אלא נורמטיבי־הלכתי.
9. ראו את הדיון בפרק 22 לעיל.

שלו. קיום של גורל פירושו שהאדם מיטלטל בידי כוחות חיצוניים אקראיים, ואישיותו מתגבשת באופן פסיבי וללא הכוונה מחושבת. קיום של ייעוד פירושו שהאדם משרטט את מפת ההתפתחות שלו ומשתמש בנסיבות חייו כדי להגיע למטרתו.

ב"קול דודי דופק" דוחה הרב לחלוטין את הגישה המטפיזית לרוע, ואף מכנה אותה "השליה עצמית" (עמ' 11). דחייה חד־משמעית זו היא נועזת מאוד, שכן הגישה המטפיזית לרוע הייתה מרכזית בחשיבה הפילוסופית והמיסטית של היהדות במשך דורות! הרב היה מודע לכך, ובשני דיוניו העיקריים האחרים בבעיית הרוע – בחיבורים "גישה הלכתית אל הייסורים" ו"מן הסערה"[10] – מילא את חובתו כלפי הגישה המטפיזית, ואישר את קיומם של שני ממדים משלימים בגישה היהודית לרוע: המטפיזי־תיאורטי וההלכתי־מעשי.[11] עם זאת, גם במאמרים אלה ברור שלבו של הרב סולוביצ'יק עם הגישה ה"הלכתית" האקטיבית. ואכן, כאשר סיכם הרב אחת מהרצאותיו בנושא השמיט לחלוטין כל אזכור של הגישה המטפיזית. הבה נעיין בסיכום זה, המציג בתמציתיות את טיעוניו של הרב:

> תמצית דבריי היא הקביעה, שהיהדות איננה ניגשת אל שאלת הרוע מן ההיבט הספקולטיבי־מטאפיסי. חקירה שכזו תהיה משימה חסרת תועלת. כל עוד אין המוח האנושי מסוגל להקיף

10. שני חיבורים אלו מופיעים בכרך **מן הסערה**, עמ' 97–124, ו־125–156 בהתאמה.
11. ב"גישה הלכתית אל הייסורים" מכנה הרב שני ממדים אלו "תמטי" ו"טופי", מילים שמקורן במילים היווניות ל"שורש" (תימה) ו"שטח" (טופוס). במילים אחרות, גישה תיאורטית מבקשת למצוא את שורש העניין בעוד גישה מעשית נשארת על פני השטח, מבלי לרדת לרבדים יותר עמוקים. ב"מן הסערה" מכנה הרב את שני הרבדים (בניגוד למה שהיינו מצפים) "קוסמי" ו"בריתי". זאת כיוון שבתוך המסגרת של העולם הנברא (קוסמוס) מבקש האדם הבנה, בעוד שבתוך המסגרת של הברית מבקש אדם לדעת כיצד לנהוג. (הרב לעיתים משתמש במילים "חזוני" או "אפוקליפטי" במקום "בריתי", וזאת כיוון שפירוש המילים "חזון" ו"אפוקליפסה" הוא התגלות).

את הבריאה, לחבוק אותה בכוליותה ולזכות בתובנה בדבר עצם תמציתו ומטרתו של הקיום ככזה, הוא לא יוכל להצליח בניסיונו להבין את הדילמה של הרוע. זה, הרוע, שזור היטב בתוך מרקם המציאות ואין דרך להבינו מחוץ לתבניתה האונטולוגית. איוב שגה כיוון שניסה להשיג את טבעו של הרוע. על כן המליצה היהדות להמיר את החקירה המטאפיסית בעשייה הלכתית אתית. האדם אינו צריך לשאול "מדוע יש רוע?"; עליו, לעומת זאת, להציג את השאלה: "מה אני אמור לעשות כשאני נפגש ברוע? כיצד עלי לנהוג אל מול פני הרוע?" זה האחרון מציב אתגר רב עוצמה בפני האדם, וחובתו של האדם לעמוד אל מול אתגר זה בעוז ובאומץ. אסור שהייסורים, לדעתה של היהדות, יהיו חסרי תכלית ויבוזבזו לריק. מן הייסורים צריכה להתגלות נורמה אתית, הקריאה לתשובה ולשגב עצמי. היהדות מבקשת להמיר את החוויה המייסרת והמתסכלת ביסוד ממזג, מזכך וגואל.
האדם נקרא להכריז מלחמה על הרוע ולנסות להעבירו מן העולם. אך אם הוא נכשל זמנית בניסיונו להביס את הרוע, עליו לדאוג לכך שהעימות יהיה אמיץ, הרואי ומועיל. בקצרה: במקום להתפלסף על טבעו של הרוע כחלק מדיון בשאלת צידוק הדין, מבקשת היהדות מן האדם שיילחם בו בלא רחם ויעשה אותו לכוח בונה.[12]

בדברי סיכום אלו, כמו במאמריו, מציג הרב שתי תגובות "הלכתיות" לרוע.

ראשית, חובה על האדם להילחם ברוע בצורה פעילה, ולנסות לחסלו. האלוקים נתן בידי האדם את הכישרון ואת היכולות להילחם בגורמים טבעיים ואנושיים לסבל – כגון מחלה, רעב, מלחמה, עוני ודיכוי – ועליו לנצלם במלואם.

12. **איש על העדה**, מכתב 69, עמ' 332-333.

שנית, על הסבל לדרבן "לתשובה ולשגב עצמי", וכך אפשר יהיה להמיר את הסבל ולהפוך אותו לגורם "ממזג, מזכך וגואל". ברור שהסבל מוציא את האדם משאננותו ומשגרתו, אך כיצד בדיוק יכול האדם להשתמש בניסיון הסבל כדי להתעלות ולטהר את עצמו? הרב מציע ללמוד שלושה לקחים מהסבל. להם נקדיש את יתרת פרק זה.

אמפתיה

על פי הקריאה המשכנעת שמציע הרב ב"קול דודי דופק" לסיפורו של איוב, הלקח המרכזי של חוויית הסבל הוא אמפתיה והזדהות עם סבלם של אחרים. בתחילה איוב הוא אמנם איש "תָּם וְיָשָׁר וִירֵא אֱ-לֹהִים" (א, א), אך הוא מרוכז בעצמו ובמשפחתו בלבד. בכל פעם שילדיו התכנסו למשתה "וְהִשְׁכִּים בַּבֹּקֶר וְהֶעֱלָה עֹלוֹת מִסְפַּר כֻּלָּם, כִּי אָמַר אִיּוֹב, אוּלַי חָטְאוּ בָנַי וּבֵרְכוּ אֱ-לֹהִים בִּלְבָבָם. כָּכָה יַעֲשֶׂה אִיּוֹב כָּל הַיָּמִים" (א, ה). חז"ל חידדו תפיסה זו כאשר הציעו, למשל, שאיוב היה יועץ לפרעה והחריש כאשר יועץ אחר הציע להשליך בנים עברים אל היאור (סוטה יא ע"א). מאחר שהמקרא אינו מספר מתי חי איוב, הגמרא מעלה כמה אפשרויות (בבא בתרא טו ע"א-ע"ב);[13] הרב מעיר שכל האפשרויות קשורות ברגעים הרי־גורל בתולדות עם ישראל, רגעים שבהם הישרדות העם עומדת על כף המאזנים ואיוב אינו נוקף אצבע להצילו.

לאחר שהטרגדיה נוחתת על איוב, הוא מקונן על מר גורלו ותוהה על הצדק האלוקי. חבריו נאספים כדי לנחמו, ומנסים להצדיק את מעשי האלוקים בדרכים שונות. בסופו של דבר האלוקים מדבר עם איוב מן הסערה, ומודיע לו כי לעולם לא יוכל להבין את המטפיזיקה

13. לדוגמה, יש הסוברים שאיוב היה בן זמנו של יעקב, יוסף, או עזרא. הגמרא מעלה גם סברה, שהרב אינו מזכירה, כי "איוב לא היה ולא נברא אלא משל היה" (בבא בתרא טו ע"א).

של הסבל: "מִי זֶה מַחְשִׁיךְ עֵצָה בְמִלִּין בְּלִי דָעַת... אֵיפֹה הָיִיתָ בְּיָסְדִי אָרֶץ? הַגֵּד אִם יָדַעְתָּ בִינָה" (לח, ב-ד). איוב מודה במגבלותיו: "לָכֵן הִגַּדְתִּי וְלֹא אָבִין, נִפְלָאוֹת מִמֶּנִּי וְלֹא אֵדָע" (מב, ג). אך גם אם איוב אינו מבין את הסיבה לסבלו, הוא לומד כיצד להזדהות עם סבלם של הסובלים האחרים, כיצד לחוש אחווה עם הקהילה הרחבה, וכיצד להגיב לסבל הזולת בחסד ובדאגה. בדיוק כאשר מגלה איוב את האמפתיה – ומחליף בה את ההתרכזות בעצמו, גם אם מתוך צדיקות, שאפיינה אותו בתחילת הספר – מגיעה נקודת המפנה: "וַה' שָׁב אֶת שְׁבוּת אִיּוֹב **בְּהִתְפַּלְלוֹ בְּעַד רֵעֵהוּ**" (מב, י).

התפכחות מאשליות של נצחיות

את יתר הלקחים מהסבל דולה הרב לא בעזרת ספר איוב אלא מתוך חוויית הסבל שלו עצמו. בשנת 1959 התגלתה אצלו מחלת הסרטן, והוא נאלץ לעבור ניתוח שהיה כרוך בסיכון רב. הניתוח, למזלו ולמזלנו, עבר בהצלחה. בתקופת החלמתו, תקופה של מספר חודשים, הייתה בידו השהות להרהר בהתנסותו האישית עם הסבל. את מסקנותיו העלה על הכתב, ואף דן בהן בעל פה בפורום סגור במאי 1960. תובנות אלו נותרו חסויות במשך עשרות שנים, עד אשר הוצאו לאור לאחר מותו ב-2003 במאמר "מן הסערה", שנכלל בכרך שזה גם שמו.

במסה זו מציין הרב שתי דרכים נוספות לשימוש בסבל לזיכוך האישיות. ראשית, המפגש עם הסופיות האנושית אמור להלום באדם עד כדי התפכחות מהאשליה של נצחיות. אף כי כל אדם יודע שבסופו של דבר הוא ימות, ידיעה זו נותרת בדרך כלל במישור השכלי, ומופנמת באמת רק לעתים רחוקות. בשל אי־הפנמה זו, בני אדם מייחסים חשיבות רבה מדי, חסרת פרופורציה, לתשוקותיהם ולתסכוליהם. כאשר מבין האדם באמת כי סופו למות, הוא זוכה לפרספקטיבה נכונה יותר על החיים, המשחררת אותו מהדאגות ומההחרדות חסרות החשיבות ומאפשרת לו להתמקד במה שמשמעותי באמת:

בכל פעם שהתחלתי לחשוב על המוות, היו מחשבותיי מתנפצות אחור ושבות לנושאן הרגיל, אל החיים... ואז הכניסה אותי מחלה בסוד האי־קיום. לפתע פסקתי להיות בן־אלמוות; נעשיתי בן תמותה.

בלילה שקדם לניתוח שעברתי התפללתי אל ריבונו של עולם והתחננתי בפניו שיחוס על חיי. לא ביקשתי בקשה גדולה מדי. כל שרציתי הוא שיזכה אותי להשתתף בחתונתה של בתי, אשר נדחתה בשל מחלתי – בקשה צנועה מאוד בהשוואה לתביעתי הבלתי הגיונית לחיים קודם למחלתי. ההמראה הדמיונית שממריאות הטיפשות והאנוכיות האנושיות הייתה רחוקה ממני עד מאוד באותו לילה.

בין כך ובין כך, "נפילה" זו מפסגת האלמותיות הכוזבת אל גיא הסופיות הייתה ההישג הגדול שהגעתי אליו בשעות ארוכות של חרדה וחוסר ודאות. שינוי זה לא היה ביסודו מעשה של נפילה אלא התרוממות אל מודעות קיומית חדשה החובקת הן את הטרגדיה שבמצב האנושי והן את גדולתו של האדם, על כל דו־הערכיות והפרדוכסליות שבה. חדלתי מלתפוס את עצמי בקטגוריות של נצחיות... את מקומה של עצמיות, שיכורה מחזון הקיום עד גבול חוסר השפיות, תפסה עצמיות תבונית יותר.

כאשר האדם מעתיק את נקודת מבטו מאשליית קיומו הנצחי אל עובדת מציאותו הזמנית, הוא מוצא לו מנוחת נפש והקלה מדאגות אחרות, מפחדיו הקטנוניים, ממתחים אבסורדיים ומסיוטים של שטות. (**מן הסערה**, עמ' 139)

יתרה מזאת, כאשר אדם נעשה מודע לכך שהוא בן תמותה וזמנו עלי אדמות קצוב, מתעוררת בו המודעות לזמן והוא נעשה רגיש לערכו של כל רגע בחייו. עם מודעות חדשה זו נדרש האדם להעריך מחדש מה רצונו להגשים בזמן שנותר לו, להבהיר לעצמו מהו תפקידו המיוחד

בעולם הזה, להקשיב למה שהאלוקים קורא לו לעשות ולהגדיר לעצמו את המשימה שרק הוא יכול למלא.

> כאשר אנו חווים את הטלטלה חזרה מן הנצחיות הכוזבת אל המציאות הזמנית, מתגלה לעינינו קטגוריה חדשה, רוצה לומר, עבודת הא־להים... קיומנו איננו פרי המקרה גרידא, עובדה מכנית, גחמה חסרת משמעות מצד הטבע או ההשגחה, אלא משימה משמעותית המשופעת באחריות ובמחויבות...
>
> היהדות מאמינה כי כל אדם מסוגל להכשיר עצמו לעבודת הבורא... כל אדם ניחן בדבר יחיד במינו, אשר בזכותו הוא שונה מן ה"אתה", ועל כן גם אין לו תחליף ואי אפשר בלעדיו; זה הוא ערכו הרוחני של קיום חד־פעמי, מיוחד, כזה שלעולם אי אפשר יהיה לכפול אותו, אשר יכול ואף צריך לעבוד את הא־להים על ידי מעורבות עצמית בדראמה של הגאולה על כל רמותיה. זה ההומניזם או הדמוקרטיה היהודית...
>
> אם האדם חי בנצחיות כוזבת, הוא עשוי להחמיץ את הקריאה; הוא עשוי שלא לשמוע את הקול המדבר אליו; הוא עשוי שלא להבין כי הא־להים עצמו פונה אליו וקורא לו לעבודתו. כי באינסופיות דבר אינו חולף, דבר אינו אובד; שום זמן לא תם ונותר מאחורינו; הכול מתמיד ונמשך. ישנה רק חזרה אינסופית. אך אם מודעות הזמן מתעוררת בי... אזי אני מגלה כי החמצתי את הקריאה, כי איחרתי את המועד שבו יכולתי לבצע את המוטל עלי, להגשים את שליחותי. אני אף מתחיל להבין את האחריות אשר חוויית הזמן שלי מביאה בעקבותיה, את עקרון הדריכות והערנות המתמידות, כיוון שהקריאה מגיעה פעמים רבות במרווחים קצרים ביותר. אני מצפה לעתיד בפחד ובחשש, כיוון שזה הזמן שבו אני עשוי לפעול ולשרת. כל חלקיק של זרם הזמן האינסופי קונה לו ערך רב, שהרי ברגע זה הריני חי ומסוגל לעשייה; מה יקרה ברגע הבא לא אדע...

היהדות מאמינה כי לכל אדם נועד מקום קבוע בבריאה. אם אני מוצא עצמי נעוץ כאן ועכשיו, משמעו שהא־להים סבור כי כאן ועכשיו אוכל לפעול באופן היעיל ביותר. לו נולדתי לפני מאה שנים, או אם הייתי בא לעולם בעוד כמה עשורים, תרומתי לעבודת הא־להים היתה אפסית. הוא רוצה שאפעל כאן ועכשיו.

(**מן הסערה**, עמ' 154–155)[14]

בדידותו של הסובל

כאמור, הרב מציע ב"מן הסערה" דרך נוספת לרתימת הסבל לזיכוך האישיות. לצד המודעות לַסופיות, הייסורים פותחים בפני האדם את חוויית הבדידות. האדם הסובל חש שהוא נפרד מן ההמון ומנותק מקשריו החברתיים.

כאשר המכה נוחתת עליו, השאלה הראשונה שעולה על שפתיו של הסובל היא: מדוע אני? מדוע עלי להיות שונה מן האחרים? מדוע נבחרתי אני כדי לחקור את מבואותיו של גיא הייסורים? תחושה של קנאה ממלאת את לבו של מי שפגע בו הנגע. הוא מקנא בכולם, באביון ובמלך, בצעיר ובזקן. הסבל נחסך מהם בעוד שאני נבחרתי לשאתו.

כאשר הספדתי באודיטוריום של "ישיבה אוניברסיטה" שבניו יורק את דודי, הגרי"ז סולוביצ'יק זצ"ל, ביודעי על מחלתי שלי, מחשבה טורדנית אחת תקפה את מחשבתי. כל אלפי האנשים האלה הם בריאים ומקווים לחיות חיים ארוכים וטובים, בעוד שאני אינני בטוח כלל כי אזכה ללוות את בתי אל חופת נישואיה. כאשר מחשבות אלו חולפות במוחו של האדם במהירות האור,

14. ראו לעיון נוסף, 4.

הוא חש עזוב, אומלל ובודד. אני שונה; ייעוד מיוחד הוצב למולי; אין שום אדם שגורלו כגורלי. (**מן הסערה**, עמ' 141)

ערב יום הניתוח, מספר הרב, הוא חש מנוכר אפילו מן הקרובים אליו ביותר. רק הוא ניצב לפני המוות, והם לא היו מסוגלים להיות שותפים בהתמודדות הזאת שלו. רק אז הבין את משמעות הפסוק "כִּי אָבִי וְאִמִּי עֲזָבוּנִי וַה' יַאַסְפֵנִי" (תהלים כז, י).

מעולם עד אותו רגע לא הבנתי את הפסוק הזה... במצבים מסוימים, אדם מתנתק אפילו מהוריו או מאשתו ומילדיו האהובים. חיי קהילה, תחושת יחד, ספוגים תמיד ברוח של שיתוף פעולה, עזרה והגנה הדדית. לפתע מגלה האדם כי אין שום עזרה אשר אהוביו מסוגלים להושיט לו. הם בבחינת צופים המתבוננים בדראמה הנחשפת בפניהם במהירות שאי אפשר לשנותה. אין הם נוטלים בה חלק... אני ניצב בפני הא־להים, איש אינו עומד לצידי. (**מן הסערה**, עמ' 141–142)

כאשר תפס הרב כי תלותו בסובבים אותו מוגבלת (ואפילו במקרה של קשרים אנושיים חזקים, עמוקים ומעשירים), הוא חווה תחושה של קשר מוחלט, בלתי מוגבל ויחידני עם האלוקים. ולכן הוא מסכם: "מפגשו של יצור בודד עם ההוויה הבודדת מכול בבדידות מוחלטת הוא חוויה טראומטית אך גם חוויה כבירה" (עמ' 142).

ניצול הטרגי

בעיני הרב, תשובה משמעה יצירה עצמית: לא רק "תחזוקה רוחנית" או תיקון פגמים, אלא הזדמנות של האדם להפוך את עצמו מאובייקט סביל לסובייקט פעיל ולעצב את אישיותו מחדש. בחיבוריו "קול דודי דופק" ו"מן הסערה" מציע הרב שלושה לקחים הנלמדים מחוויית

הסבל – אמפתיה, סופיות ובדידות – אשר בכוחם להוביל למהפך של האישיות ולהעלאה עצמית.

לבני אדם יש נטייה מובנת לנסות ולהדחיק את חוויית הסבל מתודעתם, אך הדחקה כזו היא טרגית מסיבה כפולה: במקרה כזה לא רק שהאדם סָבַל, אלא שהסֵבֶל "בוזבז". הסבל הוא התנסות שיש בה פוטנציאל גאולי. האדם המצליח לשלב בתוך עצמיותו את חוויית הסבל ואת הלקחים ממנה, הגיב באופן פעיל וקונסטרוקטיבי לצרה שפקדה אותו. האדם יכול להשתמש בכוח הגואל של החוויה כדי לצמוח מבחינה מוסרית ודתית, לחוות תחושת קרבה חזקה יותר אל הקב"ה, ולחוש ביתר עוז את ייעודו בחיים. בשל כך מסיק הרב כי אף לאחר שחלפו הייסורים, "אסור שיישכחו" החוויות ולקחיהן (עמ' 142).

לעיון נוסף:

1. **בעיית הרוע במחשבת ישראל:** לסקירה תמציתית ומעניינת ראו: שלום רוזנברג, **טוב ורע בהגות היהודית** (תל אביב, תשמ"ה).

2. **גישתו של הרמב"ם לבעיית הרוע:** ראינו למעלה כי ב**מורה נבוכים** מציע הרמב"ם הסבר מטפיזי של הרוע כאשליה. עם זאת, ב**משנה תורה** מציג הרמב"ם את התשובה כתגובה הלכתית לרוע:

> כל מי שאינו מתאבל כמו שציוו חכמים הרי זה אכזרי, אלא יפחד וידאג ויפשפש במעשיו ויחזור בתשובה. ואחד מבני חבורה שמת, תדאג כל החבורה כולה; כל שלשה ימים הראשונים יראה את עצמו כאילו חרב מונחת לו על צוארו, ומשלשה ועד שבעה [כאילו היא] מונחת בקרן זוית, מכאן ואילך [כאילו] עוברת כנגדו בשוק. כל זה להכין עצמו ויחזור ויעור משנתו, והרי הוא אומר "הִכִּיתָה אֹתָם וְלֹא חָלוּ" (ירמיהו ה, ג) – מכלל שצריך להקיץ ולחול. (הלכות אבל יג, יב)

(למרבה ההפתעה, הרב אינו מצטט דברים אלו של הרמב"ם, אף כי לכאורה הדברים מחזקים את טיעוניו; אך במקום אחר הרב מצטט פסקאות מתוך הלכות תעניות [א, א-ג] לרמב"ם, המורות על התפילה והתשובה כתגובות למצוקה של הקהילה).

כיצד יכול הרמב"ם לנקוט עמדות כה שונות ב**משנה תורה** וב**מורה נבוכים**? הסבר אחד טמון אולי בשני הממדים שיש במחשבת ישראל לשאלת הרוע, על פי הסברו של הרב סולוביצ'יק שהזכרנו לעיל. אפשרות נוספת מועלית בספרו של הרב **התודעה ההלכתית** (עמ' 92-98); הרב דן שם במתודולוגיות השונות לחיפוש אחר המשמעות הדתית שהרמב"ם נוקט בשתי יצירות המופת שכתב. לעיון נרחב בהבדלים בין **משנה תורה** לבין **מורה נבוכים** ראו הרב פרופ' יצחק טברסקי, **מבוא למשנה תורה לרמב"ם** (ירושלים, 1991), עמ' 322-332.

3. **הייסורים במחשבת הרב**: לניתוח של גישת הרב ראו David Shatz, " 'From the Depths I Have Called to You': Jewish Reflections on September 11th and Contemporary Terrorism," in *Jewish Studies in Violence*, eds. Roberta Rosenberg Farber and Simcha Fishbane (Lanham, MD, 2006), pp. 195–225; Moshe Sokol, "Is There a 'Halakhic' Response to the Problem of Evil?" in ibid., pp. 227–238.

4. **השליחות האלוקית והמשימה האישית הייחודית**: ראו סוף פרק 22 לעיל, וכן "שליחות", בתוך **ימי זיכרון**, עמ' 9-28. להרחבות בנושא המנהיגות והשליחות ראו **זמן חירותנו**, עמ' 149-157; **על התשובות**, עמ' 79-86; *The Emergence of Ethical Man*, pp. 183–192.

פרק 24

ייסורים: ההלכה והמצב האנושי

בפרק הקודם ראינו כיצד הפיק הרב סולוביצ׳יק ממפגשו האישי עם המוות שתי תובנות משמעותיות. הדבר עשוי להביא את הקורא לידי מחשבה שההגעה לתובנות אלו, ואף יישומן, אפשריות רק בנסיבות הטרגיות והנואשות ביותר; אולם סבורני שהרב כיוון מסרים אלה גם למצבים קיצוניים פחות. ואכן, ניתן לשמוע הדים להם גם בתורות ובמאמרים אחרים של הרב סולוביצ׳יק ושל ההולכים בדרכו.

הימים הנוראים ולקחי הייסורים

הלקחים מן הייסורים רלוונטיים במיוחד למפגש השנתי שלנו עם הדין – כלומר, הימים הנוראים. בימים אלה האלוקים מחליט מה יהיה גורלנו במהלך השנה החדשה: ״בראש השנה ייכתבון וביום צום כיפור ייחתמון״.

לדוגמה, כאשר גילה הרב סולוביצ׳יק שחלה בסרטן, הוא חש בדידות רבה שגרמה להתמוססות הקשרים החברתיים שלו. אבל בדידות קיצונית זו הביאה אותו לעמוד בלב שלם אל מול בוראו. הדבר יכול לסייע בהבנת מנהג שרבים נבוכים לגביו: מדוע מתחילים את יום הכיפורים, היום הנורא והנשגב ביותר של השנה, בהצהרה משפטית על התרת נדרים? חוסר־התאמה זה גרם לרבנים מסוימים, דוגמת הרב שמשון רפאל הירש, להרחיק לכת עד כדי ביטול אמירת ״כל נדרי״

בקהילות שלהם. תובנת הבדידות שהפיק הרב סולובייצ׳יק מן הייסורים מבהירה את התפיסה שבבסיס ״כל נדרי״ ומעניקה לאמירת התפילה הזו משמעות חדשה. ביום הכיפורים מתייצב האדם לפני קונו ומבקש ממנו שנת חיים – אך איזו זכות יש לו לאדם לבקש זאת מהקב״ה, אם לא התחייב בלב שלם וללא הסתייגות לשרת אותו? אם האדם כבול בהתחייבויות חיצוניות, אם הוא שבוי בידי תשוקותיו ושאיפותיו, אם הוא משועבד לדעת הקהל – הרי הוא עדיין משרת ״אלוהים אחרים״, ואינו יכול להתייצב לפני האלוקים. רק כיצור חופשי ומשוחרר יכול האדם להקדיש את עצמו באופן בלעדי לשירותו של הא־ל. משום כך, אין אנו יכולים להיכנס ליום הדין בלי שנצהיר שכל שבועותינו וכל התחייבויותינו בטלות ומבוטלות, ושרק לאלוקים יש תביעה בעניינו. למצב זה אנו מגיעים באמצעות ההצהרה כבדת המשקל של ״כל נדרי״.[1]

הממד השני שהייסורים פותחים בפנינו הוא מה שהרב סולובייצ׳יק מכנה ״אי־קיום״ או ״האיִן״ – דהיינו היות האדם בן־תמותה. מהרגע שבו האדם חדל לתפוס את עצמו כבן־אלמוות יכול הוא לאמוד את שליחותו הייחודית בחיים ולראות את מקומו ביחס להגשמתה. הרב סולובייצ׳יק דן בעריכת חשבון נפש ייחודי זה – המתמקד במשימת חייו של הפרט – בהקשר של המפגש הטראומטי עם המוות. לעומתו, תלמידו הרב אהרן ליכטנשטיין מוצא את הדרישה לחשבון נפש כזה משובצת בתוך לוח השנה שלנו. אם על האדם לשוב מחטאיו במהלך השנה כולה, שואל הרב ליכטנשטיין, מדוע יש צורך במצווה המיוחדת של תשובה במהלך עשרת ימי תשובה? הרב ליכטנשטיין מציע ״שאם בדרך כלל האדם בוחן את חטאיו המסוימים במסגרת הווייתו הרוחנית, הרי שבין ראש השנה ליום הכיפורים ישנו חיוב לבדוק את אותה ההוויה עצמה״.[2]

1. ראו **על התשובה**, עמ׳ 144–145.
2. הרב אהרן ליכטנשטיין, **באור פניך יהלכון: מידות וערכים בעבודת ה׳**, ערך ראובן ציגלר, תרגם אליקים קרומביין (תל אביב, 2012), עמ׳ 240.

במילים אחרות: בדרך כלל, אדם מתנהל בחייו על פי מטרות וערכים מסוימים. לאורך הדרך הוא מנסה לתקן פגמים אישיים שגילה – אך את הנחות היסוד שלו, את מטרותיו ואת ערכיו, אין הוא בודק מחדש בכל פעם. עשרת ימי תשובה מחייבים בדק בית יסודי מסוג זה. במקום להתמקד בעבירות מסוימות, על האדם לשקול מחדש את עצם דרכו וכיוונו בחיים.

במקום להמתין עד שאסון או פורענות יביאו את האדם לבחינה מקיפה של המטרות והאידיאלים שלו, מוטב – אומר הרב ליכטנשטיין – להיעזר בימים הנוראים, ולראותם כהזדמנות לתשובה רדיקלית.[3] הרב סולוביצ׳יק, לעומת זאת, סובר שהייסורים הם אלה הכופים על האדם להעריך את שליחותו בחיים. אך באומרו ״ייסורים״ אין הרב סולוביצ׳יק מתכוון רק לייסורים חמורים דוגמת עינויי גוף או שכול (נרחיב על כך בהמשך). הגדרתו הרחבה לייסורים מאפשרת להכליל בהם גם את הימים הנוראים, ולצדם עוד תחומים נרחבים של החוויה האנושית.

משבר עומק

הנה כי כן, המסה ״מן הסערה״ מועידה לייסורים תפקיד חשוב עד להפתיע בחיים הדתיים, במידה שמעטות כמותה בתולדות המחשבה

3. ״רדיקלית״ באשר היא מתייחסת אל שורש קיומו של האדם (radix=שורש בלטינית). שימו לב לכך שגם בהערת השוליים מספר 3 הארוכה ב״קול דודי דופק״ (עמ׳ 13-15) קושר הרב סולוביצ׳יק את תהליך החזרה בתשובה המונע מייסורים לתהליך התשובה הנדרש ביום הכיפורים, אף כי בדרך שונה במקצת. הוא מסביר שבחיי היומיום נדרש האדם לחזור בתשובה על עבירות שהוא מודע להן – ואילו הייסורים, כמו גם יום הכיפורים, דורשים מהאדם לפשפש אחר עבירות נסתרות ובלתי־ידועות, מתוך כוונה לעצב את אישיותו מחדש ולזככה (עיינו גם בשיעורו ״לזעוק ולהריע על כל צרה שתבוא״ בחלק א של **שיעורים לזכר אבא מרי ז״ל**, במיוחד בעמ׳ קצא-קצו). הדבר אינו זהה לחלוטין לתהליך המעמיק של בחינת ההנחות והמטרות שהרב ליכטנשטיין מתווה, אך עדיין זהו תהליך רחב בהרבה מהחזרה בתשובה ה״רגילה״.

היהודית. אך אם נקרא את המסה הזו בהקשר של שתי המסות המופיעות אחריה בספר, מסות שהיו חלק מאותה סדרת הרצאות,[4] ההתרשמות הזו תתמתן קמעה. על פי הרב סולוביצ'יק, ביסוד הווייתו של כל אדם יש "משבר עומק"[5] שרצוי כי האדם יהיה מודע לו, ומשבר עומק זה גם הוא תופעה של ייסורים.

משבר שעל פני השטח, דוגמת מחלה או אסון טבע, הוא גלוי לכול, ועל כן ברור גם מדוע הוא בגדר ייסורים. לעומת זאת, משבר עומק הוא חוויה פרטית וייחודית שעל האישיות הבוגרת לבחור מרצונה החופשי להתמודד איתה. משבר זה נובע מהבנת הסופיות שלנו: "חוסר השלמות של חווייתנו הקיומית בכל הרמות מושרש בטבעו של האדם ובייעודו. הוא יצור נברא, וככזה הוא חלק ממציאות סופית – והסופיות היא בלתי מושלמת, פגומה וספוגה בסתירות ובחוסר היגיון" (**מן הסערה**, עמ' 163).[6] כל מה שאנו חושקים בו מוגבל בסופו של דבר על ידי האנטיתזה שלו, כך שאף לא אחד מניצחונותינו מושלם: החיים מוגבלים על ידי המוות, הידע על ידי הבורות, היופי על ידי הכיעור והמוסריות על ידי הרוע.

אף כי אין באפשרותנו להשיג את השלמות, אנו יכולים להקל מעלינו את עול הייאוש הנובע מהכרה זו, על ידי כך "שנקדש את אי השלמות הזו כקורבן לא־להים... מוצאים אנו כבוד והדר לא בטירוף שבמיצוי כוס הכיבוש עד תומה, רק כדי לעבור לשתיית כוס נוספת, אלא בכיבוש עצמנו ובנתינת עצמנו; בביקוש אחר מעשה ההיטהרות, אחר הגאולה שבהחזרת קיומי שלי אל בעליו, אל הא־להים; בהקרבה ההרואית" (שם). ל"הקרבה" הזו אפשר להגיע

4. בין השנים 1957 ו־1960 נשא הרב סולוביצ'יק בפני קבוצת רבנים מזרמים שונים סדרה בת למעלה מארבעים הרצאות בכותרת "תפיסת האדם ביהדות", בחסות מועצת הרבנים של ניו יורק והמוסד הלאומי לבריאות הנפש. "משבר הסופיות האנושית" ו"תיאוריה של רגשות" היו מן ההרצאות שניתנו בסמוך לתחילת הסדרה, ו"מן הסערה" הייתה הרצאת הסיום.

5. דנו ב"משבר העומק" בקצרה בפרק 21.

6. מכאן ואילך, כל ההפניות בפרק זה יהיו לספר **מן הסערה**, אלא אם יצוין אחרת.

בשתי דרכים: "תחילה, ברמת החוויה הסובייקטיבית, כמודעות עצמית למשבר המוצאת את ביטויה בתפילה; שנית, ברמה האובייקטיבית, כהחלטה של הקרבה" (עמ' 165). בפרק על אודות תפילה והקרבה דנו בדרך הראשונה – השלמתנו עם התלות המוחלטת שלנו באלוקים. הדרך השנייה מתייחסת ליכולתנו לקבל על עצמנו מצוות מגבילות שנתן לנו הקב"ה, ובכך לקדש את כל מעשינו – נושא שפיתחנו בדיון במאמר "צירוף".

המשבר שעל פני השטח ומשבר העומק אינם המקורות היחידים לייסורים אנושיים. הרב סולוביצ'יק מאמין שבכל פעם שדבר־מה מונע את מימושו של הרצון, תחושת התסכול והמוגבלות שהדבר יוצר היא סוג של ייסורים. משום כך, וכתוצאה מהדרישה הדתית להבלגה ולהקרבה, מרחיק הרב סולוביצ'יק לכת ומצהיר ש"הפעולה הדתית בעיקרה חוויית סבל היא"![7] דת פירושה הצבת רצון האלוקים לפני רצונו של האדם, קרי הכנעה לפני הא־ל.[8] לאור זאת, ברור מדוע הרב סולוביצ'יק אומר כי "נפשי בוחלת בכל אלו הדרשות הסובבות סחור סחור לנושא אחד: שמירת המצוות טובה לעיכול המזון, לשינה מתוקה, לשלום המשפחה ולעמדה חברתית".[9] קיום המצוות אמנם מיטיב עמנו, אך הוא בראש ובראשונה מעשה של צייתנות לאלוקים ומענה לקריאתו.[10]

7. "על אהבת התורה וגאולת נפש הדור", עמ' 427.
8. כפי שנראה ב**ובקשתם משם**, בפסגת ההגשמה הדתית אדם יכול לחוות הזדהות עם רצונו של האלוקים במקום כניעה לרצונו. אך לרמה זו מגיעים רק מעטים; רוב האנשים חווים דיכוטומיה בין רצונם שלהם לרצון ה', ועליהם לבחור מי ינחה את הדרך.
9. "על אהבת התורה וגאולת נפש הדור", עמ' 427.
10. **במן הסערה**, עמ' 122–124, הרב סולוביצ'יק מציין תועלת חשובה ואירונית מתפיסת המצוות כעבודת האלוקים ולא כעבודה המשרתת את עצמנו. שמירת המצוות מלמדת אותנו להכניע את עצמנו (כלומר לבטל את רצוננו בפני רצונו), ועל ידי כך מכינה אותנו לקבל בכבוד תבוסה שתבוא מידי גורם חיצוני. "אם האדם לומד בהדרגה, יום אחר יום, להביס את עצמו בדברים פעוטים, בשגרת היומיום, בהרגלי האכילה, בחיי האישות, בחייו הציבוריים... אזי, כך אני מאמין,

החוויה הדיאלקטית של החיים

ההחלטה הבוגרת להתעמת עם משבר העומק הטמון בקיום האנושי יכולה להוביל אל "החוויה הדיאלקטית של החיים".[11] הרב סולוביצ'יק משתמש במילה "חוויה" בדרך מסוימת מאוד, ומבחין בינה לבין תחושה או מצב רוח. הרב אומר, לדוגמה, שמשבר של עומק איננו "מצב רוח של תבוסה ואומללות, אלא... חוויה שבה נתקשרו בקשר בל יינתק התיזה והאנטיתיזה, השלילה והחיוב" (עמ' 172). תחושה או מצב רוח הם תגובה רגשית מיידית וכמעט אינסטינקטיבית לגירוי ש"נעדרים ממנה התובנה האינטלקטואלית, תפיסה אינטואיטיבית של ערכים נעלים והכוונת האנרגיה הרוחנית אל הערוצים הראויים" (שם). החוויה, לעומת זאת, נבנית באופן מודע על ידי בחירה של רגשות רצויים או מתאימים. האדם יכול לקחת גוש של מצבי רוח מעורבים זה בזה וחסרי צורה, לברור מתוכם את הלא־רצויים, להציב את הנשארים בתוך מערכת רחבה יותר של ערכים – וכך לעצבם "לכלל חוויה נפלאה, הספוגה גם ביציבות ובתחושת כיוון" (עמ' 173).

בהתאם לכך מציין הרב סולוביצ'יק שהיהדות אינה רואה בעין יפה **מצבי רוח** בתחום הדת, כגון זה המתבטא בהמרת דת פתאומית. לעומת זאת, היא מתייחסת אל **החוויה** הדתית כאל פרי של התפתחות פנימית ממושכת:

> היהדות מגלה עניין בחוויה דתית המשקפת את האישיות האמיתית, את תנועות הנפש העמוקות ביותר; היא מחזרת אחר חוויה

כשהוא יעמוד מול הרוע והמצוקה, וכשימצא את עצמו במשבר, יעלה בידו לשאת את בעייתו בכבוד" (עמ' 124). בעוד ב"קול דודי דופק", ובמקומות אחרים, הרב סולוביצ'יק דן בעמדת ההלכה בנוגע לשאלה כיצד נדרש אדם **להגיב** לייסורים, כאן הוא דן באופן שבו חיי הלכה **מכינים** להתמודדות עם ייסורים.

11. משמעותו של מונח זה תתבהר להלן.

> הנובעת ממעורבות של אמת בהוויה הטרנסצנדנטלית, מחשבון נפש וממימוש עצמי איטיים וזהירים, מתפיסה אינטואיטיבית עמוקה של ערכים נצחיים ומהבנת הייעוד והפרדוכס האנושיים, מלילות אומללים וחסרי שינה של ספק וספקנות קודרים ומימים זוהרים של השראה, מהיקרעות בין כוחות מנוגדים ומניצחון וזכייה בחירות. (עמ' 173–174)

היהדות אינה מנסה אפוא לפתות את האדם באמצעים חיצוניים מושכי לב ומקסימים – חללים אפלוליים, זכוכית צבעונית, נגינת עוגב – מכיוון שאלה יוצרים רק מצב רוח בן חלוף.

מצבי רוח כפופים לעיקרון הסתירה; למשל, אדם אינו יכול להיות במצב רוח של שמחה ובמצב רוח של עצב בעת ובעונה אחת. לעומת זאת, החוויה, כאשר היא נבנית כהלכה, יכולה להכיל דיכוטומיות. דבר זה הוא המאפשר את החוויה הדיאלקטית שהיהדות דוגלת בה. לשאלה שהרב מעלה בעקבות מדרש תהלים (קב, א), כיצד יכול דוד המלך לכנות את עצמו במזמורי תהלים גם "מלך" וגם "עני", הוא משיב שמודעותו הקיומית של דוד מכילה בתוכה את שני קוטבי הקיום: ניצחון ותבוסה, הדר וענווה.

> חוויית החיים היא דו־ערכית, משום שהקיום עצמו משופע בדיכוטומיות ובסתירות... המודעות הקיומית חייבת לשקף את מציאות היומיום ולא מצבים אידיאליים. על כן אין היא צריכה לשקף רק אחד או שניים מן ההיבטים הרבים, אלא את כלל ההרפתקה האנושית, הכוללת חיוב וגם שלילה, ניצחון וגם הפסד. (עמ' 179)

על כל אדם להיות ישר ובוגר דיו כדי להודות שהוא גם מלך וגם עני, גם מרומם וגם מושפל, גם נשגב וגם סופי. זהו היבט מרכזי ב"חוויה הדיאלקטית של החיים".

יתרונות המודעות הדיאלקטית

ב"תיאוריה של רגשות", המסה האחרונה **במן הסערה**, מסביר הרב סולוביצ'יק את התהליך שבאמצעותו יכול אדם להעמיד את רגשותיו לבחינה ביקורתית ולהחליט לאורה אילו רגשות להכליל במודעותו הקיומית. לא ניכנס כאן לפרטי תהליך זה,[12] אלא נתייחס רק אל תוצאותיה הפסיכולוגיות של המודעות הדיאלקטית שהיהדות דוגלת בה. המודעות הדיאלקטית – הרואה את האדם כנשגב אך גם שפל, כמלך ועם זאת עני, כמסוגל להתעלות על עצמו אך גם כבול בידי הסופיות – לא זו בלבד שהיא מציאותית יותר מההתבוננויות החד־צדדיות בנות־החלוף, היא גם מועילה יותר לאדם כיצור רוחני. נמנה אפוא את השלכותיה של מודעות זו, ומתוך כך נבין כמה מן הסיבות לכך שהדיאלקטיקה כה חשובה בעיני הרב.

ראשית, בהטיפה להסתכלות רחבה ודיאלקטית במציאות מקדמת היהדות את ה"טוטאליות של חיי הרגש". פירוש הדבר הוא שאל לנו להעניק בלעדיות לרגש אחד ולפסול את האחרים. הנצרות, לעומת זאת, מצהירה כי היא מתבססת אך ורק על רגש האהבה – וקיטוע זה של קשת הפעילות הרגשית האנושית מרושש את היצירתיות של האדם ואף מעוות את תמונת עולמו. החיים, אומרת היהדות, עשירים ורבי ממדים מכדי שאפשר יהיה לקלוט אותם בתגובה רגשית בודדת; וכדברי הרב סולוביצ'יק, "פעילות רגשית שאיננה ניתנת לשינוי לא תוכל להעריך ייעוד המשתנה והולך" (עמ' 189). לעתים נחוצה השנאה ממש כמו האהבה, למשל כאשר מתעורר הצורך להילחם ברוע מושרש.

שנית, כאשר החוויות הרגשיות שלנו עוברות את הסינון של המודעות הדיאלקטית, כל אחת מהן מביאה בחשבון את העבר ואת העתיד, ומשום כך מתמזגת עם הלך הרוח ההפוך לה. הרב מכנה זאת "העיקרון של רציפות החוויה הרגשית". לדוגמה: רגש לא ביקורתי

12. להרחבה בנושא זה ראו **לעיון נוסף**, 1.

מביא את האדם להגיב לחגיגת חתונה בהתרגשות מלאת גיל; אך כאשר השמחה ממוקמת בפרספקטיבה החובקת־כול והביקורתית של החיים, "תרועת השמחה הבלתי מבוקרת מתחלפת באופן הדרגתי בשקט ובשלווה, שיש בהן גם מטעמה של אותה עצבות כבדת ראש ההולמת מי שנוטל חלק בחגיגה הנפלאה אשר בה מתמזגים שני גורלות לאחד" (עמ' 196). מודעות פרדוקסלית זו מסומלת בשבירת הכוס תחת החופה. התוספות (ברכות לא ע"א, ד"ה אייתי) מייחסים את הפעולה לא לזיכרון חורבן המקדש אלא לעיקרון של "עִבְדוּ אֶת ה' בְּיִרְאָה, וְגִילוּ בִּרְעָדָה" (תהלים ב, יא) המוסבר בגמרא כך (בתרגום עברי):

> אמר רב אדא בר מתנא אמר רבה: במקום גילה שם תהא רעדה...
> רב אשי עשה משתה נישואין לבנו. ראה לחכמים שהיו צוהלים הרבה. הביא כוס בדולח לבנה, שבר לפניהם והתעצבו...
> אמרו לו חכמים לרב המנונא זוטי במשתה הנישואים של מר בנו של רבינא: ישיר לנו כבודו. אמר להם: אוי לנו, שנמות! אוי לנו, שנמות! (ברכות ל ע"ב - לא ע"א)

הנישואים מייצגים לא רק "איחוד מקודש של שני זרים", אלא גם את הניסיון של בני הזוג "להילחם ביריב מבעית – המוות" בהנציחם את עצמם על ידי הולדת ילד (עמ' 196). בצורה זו, אין הפרדה בין השמחה לבין המודעות לייעודנו הטרגי; מכאן דבריו של רב המנונא זוטי בשמחת הנישואין: "ווי לן דמיתנן" – אוי לנו, שאנו עומדים למות!

יש לזכור שההלכה אינה דוחה רגשות גולמיים, דהיינו רגשות שטרם עמדו במבחן הביקורת: למשל, ההלכה דורשת שנשמח עם החתן והכלה באופן מלא וחסר סייגים.[13] אבל בה בשעה ההלכה שואפת ששמחה זו תוצב על יד היפוכה: מודעות חמורת סבר לייעוד האנושי. באופן זה אנחנו מוצאים לכל אחד מרגשותינו מקום במסגרת

13. ראו, למשל, כתובות יז ע"א.

בעלת משמעות רחבה יותר, וכך יוצרים מודעות חווייתית מאוזנת וביקורתית.[14]

חסד: התעלות מעל אנוכיות רגשית

התועלת השלישית והעיקרית שבגישה הדיאלקטית היהודית לרגש היא תועלת מוסרית. המודעות הדיאלקטית מכוונת את תשומת לבנו לא רק לאירועים מן העבר או מן העתיד, ולא רק לרגשות מנוגדים לאלה שאנו חווים כעת, אלא גם לבני אדם אחרים. רגשות נוטים להביא את האדם להתמקדות בעצמו: כיצד **אני** חש בנוגע לכך? מה משמעות הדבר **בשבילי**? היהדות מאמינה שעל הרגשות לצאת מקונכיית האנוכיות שלהם. כך, למשל, כאשר אדם צעיר מתאהב, לא פעם הוא ממקד את תשומת לבו ואת כל חיבתו במושא אהבתו, עד להתנתקות מכל אדם אחר – כולל (או במיוחד) הוריו. היהדות מאמינה כי האהבה צריכה לא להציב מחסומים אלא להסירם, ובכך לאפשר לאדם הצעיר להבין כמה גדולה ובלתי אנוכית היא האהבה שהוריו חשים כלפיו, וכמה חשוב שיחזיר ויגמול באותה אהבה. הדרך לכך היא הערכה ביקורתית של הרגשות: הערכה המעתיקה את הרגשות הנקודתיים אל מסגרת סך החוויות של האדם, ומפנה את תשומת לבו לרגשותיהם של אחרים.

התורה מזמינה את ה"אני" להכיר את ה"אתה" אף במצב שה"אני" פחות נוטה לכך. לדוגמה, השמחה בעת אסיף מוצלח אסור לה שתוביל את האדם לשביעות רצון עצמית; עליה להובילו דווקא לשאיפה לחלוק את השפע עם אלה שגורלם לא שפר כגורלו. לפיכך, דווקא כאשר האדם מבקש להתכנס עם משפחתו ולחגוג את חג האסיף, התורה מצווה עליו לפתוח את דלתותיו ליתום ולאלמנה, לחלוק את

14. בדיוננו בנושאי האנינות והאבלות להלן, נפגוש דוגמה נוספת שבה ההלכה מוצאת מקום לרגשות גולמיים ולרגשות מזוככים (או, בלשון הרב, לרגשות לא ביקורתיים ולרגשות ביקורתיים), כל אחד בזמן המתאים לו.

יבולו עם הכוהנים, הלויים והאביונים – ויתרה מזו, לפתוח בפניהם את לבו.

> ...היהדות דאגה לכך ששמחת החג וההתלהבות הכרוכה בו לא יחזקו באדם את התבדלותו ובדידותו הקיומית; אדרבא, עליהן להביא אותו לקשר הדוק יותר עם רעיו. תחושת הסימפטיה – שהיא מעצם מהותה חוויה של כאב, השגת הסבל, העוני והמחסור – הוחדרה אל רגש השמחה הנשגבת. רק באמצעות המודעות הביקורתית, המשלבת את האנטיתטי אל תוך רקמת החוויה, מתנשא רגש השמחה מהילולת קציר אנוכית ואינסטינקטיבית אל תחום קיומי נעלה ואנושי יותר, שבו נטענים הרגשות בערכים, והשמחה עוברת תהליך של חיברות, כשירות שמגיש האדם לרעיו בני האנוש. (עמ' 207)

הרב סולוביצ'יק מרחיב נקודה זו באופן שתכיל תפישה יהודית מרכזית. "הפרשנות הביקורתית של חוויותינו הרגשיות, והענקת ערך מוסרי להן, מבטאות רעיון יהודי מוסרי שהוא ייחודי עד מאוד, רוצה לומר: החסד" (עמ' 209). מבחינה מילולית, המונח "חסד" מציין הפרזה או עודף. כאשר החסד עולה לרמה הקיומית, פירושו פתיחה של קיום סגור, או התעלות מעבר לגבולות האני. נורמת החסד אמנם מוצגת תחילה דרך מעשים, אך היא מתרחבת גם אל טיפוח מודעות כוללת־כול, השתתפות ברגשותיהם של אחרים ושיתוף רגשות עם אחרים – במילים אחרות, הרחבת המרחב הקיומי העצמי.

הרמב"ם (**מורה נבוכים ב, לז**) מבסס על רעיון זה את תורת החינוך שלו וגם את תפיסת הנבואה שלו: המורה, או הנביא, מומרץ על ידי דחף פנימי להפיץ את המסר שבפיו; אישיותו כה גדושה, שהיא גולשת על גדותיה כלפי אחרים – כתיאורו הסוחף של הנביא ירמיהו: "כִּי הָיָה דְבַר ה'... בְלִבִּי כְּאֵשׁ בֹּעֶרֶת עָצֻר בְּעַצְמֹתָי וְנִלְאֵיתִי כַּלְכֵל וְלֹא אוּכָל" (כ, ח–ט).

אך בטרם ישחר אל הזולת, על האדם להתכנס אל תוך עצמו ולזכך את אישיותו, לכווץ את הקיום האנוכי, ולהעביר את האגו ממרכז המציאות אל שוליה. רק אז יביע החסד תשומת לב לאחרים ולא רק האדרה עצמית. תנועה זו של הצטמצמות והתרחבות היא "הדרמה המוסרית הגדולה אשר החוויה הדיאלקטית פורשת לנגד עינינו" (עמ' 215).

שני סוגים של אבלות

במסה הראשונה **במן הסערה**, "אנינות ואבלות", דן הרב סולוביצ'יק בשני השלבים של האֵבל, אנינות ואבלות, תוך שהוא מחבר יחדיו נושאים אחדים שבָּחַנו לעיל: ייסורים, רגשות דיאלקטיים וחזרה בתשובה. אנינות היא מצבו של האבל מרגע מותו של קרובו עד לרגע הקבורה. בתקופה זו פטור האָבֵל מכל החובות ההלכתיות שאינן נוגעות לסידורי הקבורה. הוא פטור למשל מתפילה ומתפילין. עם הקבורה מתחילה התקופה השנייה, ימי האבלות, המצוינת על ידי החלה פתאומית של חובות הלכתיות.

הרב סולוביצ'יק פותח את הדיון בשני שלבים אלה בשאלה אופיינית: "מה הן ההבחנות ההלכתית והחווייתית שבין שני שלבים אלו של תקופת האבל?" (עמ' 51). נפש האדם חווה את העולם בתפיסות שונות ואפילו מנוגדות – וההלכה, המחייבת הוקרה כנה וריאליסטית לכל התגובות האנושיות הללו, נותנת ביטוי לכולן. הבנת ההלכה דורשת, אם כך, הבנה של הטבע האנושי.

הנאמנות להלכה דורשת אפוא מהאדם הוקרה של הערך העצמי האנושי שלו, ומודעות למשמעותם ולחשיבותם של מעשיו. אולם המפגש עם המוות מערער תפיסה עצמית זו.

כיצד יכול קיומנו להיות משמעותי יותר מזה של החיות, כאשר המוות גורם לנו להבין כי האדם כמוהו כבהמת השדה, הניצב אל מול סוף אכזרי זהה?

> בקצרה, תגובתו הראשונית של האדם כלפי המוות ספוגה בזדון ובלעג עצמי. הוא אומר לעצמו: אם המוות הוא ייעודם האחרון של כל בני האדם, אם כל מה שהוא אנושי בא אל קצו בקבר החשוך והצר, אזי מה הטעם בהיותי אדם? מה הטעם ביומרה לטעון שאני המובחר שביצורים, נזר הבריאה? לשם מה עליי לתבוע את ההכרה בייחודיותי ובצלם הא־להים שבי? לשם מה צריך אני לקבל עלי את המחויבות, ומדוע עלי לשאת את המשא האנושי־מוסרי? (עמ' 51–52)

ההלכה אינה מנסה להתעלם ממחשבות וסְפֵקות "מטורפים" אלה, הסותרים את התפיסה ההלכתית הבסיסית בדבר בחירת האדם. להפך, היא עומדת על מתן ביטוי ל"תגובה האנושית הספונטנית כלפי המוות" (עמ' 51). לדידו של הרב סולוביצ'יק, ההלכה הקובעת כי האבל פטור מקיום מצוות־עשה בשלב הראשון לאבלות, שלב האנינות, נובעת באורח טבעי ממציאות החיים, ולא רק מפרשנות הכתובים.

הפטור מן המצוות בעת האנינות הוא אפוא תגובה טבעית; ואילו האכיפה המחודשת והמיידית של החובות עם תחילת האבלות היא תגובה כפויה. חופש הבחירה של האדם, אומר הרב, חל לא רק לגבי המעשים, אלא גם לגבי מחשבות ותחושות. כשם שההלכה דורשת שאנשים ייתנו ביטוי לחורבנם כאשר הם נפגשים עם עובדַת סופיותם של החיים, כך היא תובעת מהם לבטא את כוחם ואת יכולתם לצאת כמנצחים מן המפגש עם "ייאוש שחור והרסני" המלווה את ה"אפלה הנוראה" שבמפגש עם המוות.

בשלב האנינות, האדם מתאבל כאשר הוא נתון "בחשכה מוחלטת ומבולבלת", ואין הוא יכול להכיר בגדולתו ובהיותו יצור נבחר. אך לאחר הקבורה, בשלב האבלות, הוא מתאבל "במצב של מודעות נאורה", אשר במסגרתו הוא יכול להכיר במעמדו האנושי היחיד במינו. אין כאן חזרה אל השלב שלפני האנינות, שבו עשוי היה האדם להתעלם מן האפשרות של נפילה ל"בירא עמיקתא" ואיבוד משמעות החיים.

אדרבה, "המוות מציע לאדם הזדמנות לחשוף את גדולתו ולפעול באורח הרואי; לבנות – גם אם הוא יודע כי לא יזכה לחיות וליהנות מן הבניין המפואר שבבניינו הוא נוטל חלק" (עמ' 54).

במקום הזעזוע והייאוש המלווים את שלב האנינות, בשלב האבלות לומד האדם "להתעלות מעל עצמותו הפיסית, ולהזדהות עם קהילת הברית העל־זמנית. המוות, כך מזהירה ההלכה את האדם, לא רק שאין הוא משחרר את האדם ממחויבותו, אלא דווקא היפוכו של דבר: הוא מגדיל ומעשיר את מעמדו של האדם כישות היסטורית, ומחדד את תחושת תודעתו המוסרית" (שם); כזכור, זהו אחד מלקחי הייסורים שראינו במאמר "מן הסערה". באבלות, לעומת אנינות, "מחליפה העצבות מתוך תבונה את הייאוש... [ו]באה הצהרת האני במקום שלילתה" (שם).

נקודת המפנה שבה הופכת האנינות לאבלות היא בעת אמירת הקדיש ליד הקבר. תפילה זו עיקרה דברי שבח לאלוקים, והיא משקפת מודעות לכך שהאדם אינו חסר משמעות כחיית השדה, אלא כה חשוב עד שאלוקים עצמו מתעניין בדברי השבח שבפיו. אמירת הקדיש משמשת, אם כן, הצהרה לא רק בדבר גדולתו של הקב"ה, אלא גם בדבר גדולתו של האדם. "באמצעות הקדיש אנו מכריזים על סירובנו לציית למוות ולמזימה המרושעת שרקם כנגד האדם" (עמ' 55), כאשר אבלותו של האדם מתבטאת "בהיותו מודע לגדולת האדם ולעצם הבחירה בו" (עמ' 54).

זו דוגמה קלאסית ל"רציפות החוויה הרגשית" ולכך שההלכה מוצאת מקום הן לרגש הלא־ביקורתי, הן לרגש הביקורתי. האנינות מייצגת רגש ראשוני, הממוקד רק בהווה ובתחושת כאב. ואילו האבלות מציינת את השלב המבוקר, או המזוכך, של האֵבל, השם את האֵבל בפרספקטיבה רחבה יותר. לכן היא כוללת בתוכה מרכיבים של רגשות מנוגדים: נחמה ותקווה. הנחמה אינה הלך נפש היורש את מקומו של היגון, אלא היא מתמזגת עמו לידי חוויה רחבה ומורכבת.

מודעות רחבה זו של האבל קשורה גם לתשובה. ואכן, רבים

מהאיסורים הנוהגים בתקופת השבעה (כגון איסורי הרחיצה, הסיכה, נעילת הסנדל ותשמיש המיטה) מזכירים את יום הכיפורים. פעולת האבלות הופכת למעשה של כפרה. באבלות ובַתשובה כאחד, אובדן מעורר את מודעותנו למה שהיה ברשותנו ואיננו עוד. בתשובה, החטא גרם לכך שהאלוקים אינו נוכח בחיינו, ורק אז אנו תופסים את ההזדמנויות שהוחמצו ואת הפוטנציאל שלא מומש. הוא הדין במותו של אדם קרוב. "בשלב האבלות אנו שואלים את השאלות שצריכים היינו לשאול קודם לכן: מי היה זה? מי אבד לנו? דמותו קוסמת לנו מרחוק, ואנו שואלים מתוך רגש של אשמה וחרטה את השאלות שצריכים היינו לשאול בזמנן, שאלות שרק חיינו יכולים לספק להן את התשובות" (עמ' 58).

שאלות אלו מחזירות אותנו שוב ללקחי הייסורים. אם האדם מגיב לסבלו בצורה פעילה ומתוך ביקורת עצמית, הוא יכול להשתמש בחוויה הכואבת של האובדן ככוח מניע להשתפרות ולהתקדשות. כך יכולים אנו כעת להבין את הסיכום הקצר של עמדתו של הרב סולוביצ'יק המופיע במסה נוספת **במן הסערה**, "לספוד לשרה ולבכותה":[15]

> האבלות, אם מקיימים אותה באיפוק ובהתאם למצוות ההלכה, מעצימה את מעמדו של האדם. זו חוויה כבירה של גדוּלה אנושית; מעשה של הקרבה הזורע בפני הסובל אור על משמעותם של החיים, כמו גם על ייעודה של האנושות. ניתוח ביקורתי וערכי כזה מעשיר את אישיותו. הוא מטהר אותו מן המכוער והמבוזה שבחיים. (עמ' 82)

15. דרך אגב, קשה שלא להבחין בנימה האוטוביוגרפית העולה ממסה זו, שנכתבה עשר שנים לאחר מותה של זוגתו של הרב, ד"ר טוניה סולוביצ'יק.

טרגדיה ויצירתיות

למרות ההתמקדות בייסורים, במשבר וב"ייעודו הטראגי של האדם", חזונו של הרב סולוביצ'יק אינו חזון פסימי. נקודת המוצא שלו היא הכרה בערכו של כל אדם ובמשמעות שבחייו, והגותו אף מחזקת הכרה זו. לאמתו של דבר, רק על סמך המשמעות הרבה של חיי האדם, יכול הרב להכריז על המוות, ניגודם של חיים משמעותיים אלה, כעל אבסורד. כפי שהרב סולוביצ'יק מדגיש תכופות, הדרישות ההלכתיות של אבלות והספד מבוססות על הכרה בייחודו של כל אדם, שכן רק הכרה כזו מאפשרת הערכה נכונה של האובדן נעדר־התחליף שפקד אותנו במות יקירנו.[16] לימוד גישתה של היהדות כלפי האבלות מגביר אפוא את ההערכה שאנו חשים כלפי בני האדם, למרות סופם הטראגי והבלתי נמנע. יתרה מזאת: התעמקות האדם במחשבה על היותו בן תמותה מעוררת את רגישותו לזרימת הזמן, ודוחפת אותו להעריך את הייעוד היחיד במינו שהוטל עליו ואף לחתור להגשמתו.

עצם ההתמודדות הבונָה עם בעיות התמותה האנושית ושבריריות האדם יכולה לסייע לאדם להתגבר על הפחדים שבעיות אלו מעוררות בו. בספרו **איש ההלכה** מסביר הרב סולוביצ'יק כי בהעמדת נושאים אלה לרשות הניתוח היוצר, בהפיכתם לחומרי גלם בידי המחשבה המעַבֶּדת, נעשה האדם בפועל לבעליהם ופחדו מפניהם נמוג. הוא מספר כי סבו, ר' חיים מבריסק, היה מתגבר על חרדת המוות על ידי לימוד אינטנסיבי של הלכות טומאת מת. "הלכות אלו... היו משקיטות את המיית נפשו ומשרות עליה רוח של שמחה וחדווה... פעולת האובייקטיפיקציה כובשת את אימת המוות הסובייקטיבית" (עמ' 67). באורח דומה, ממשיך הרב סולוביצ'יק, הסופר לב טולסטוי התגבר על פחדו מפני המוות באמצעות "פעולת האובייקטיפיקציה של

16. ראו לדוגמה את פתיחת המאמר "פליטת סופריהם" בדברי **הגות והערכה** (עמ' 137–142).

המוות בתור נשוא יצירתו האמנותית", על ידי כתיבת הנובלה **מותו של איוואן איליץ'** (שם, הערה 86). הרב סולוביצ'יק עצמו הפך את המוות למושא יצירתו ההלכתית וההגותית, וכך לא זו בלבד שפעל עליו פעולת אובייקטיפיקציה, אלא השתמש בו כתמריץ להתבוננות ולצמיחה. כך עשוי לימוד נושאי המוות והייסורים להיות מעשה בונה, בעל אופי מזכך וגואל.[17]

לעיון נוסף:

1. **ההתמודדות עם הייסורים במחשבה היהודית:** ראו R. Shalom Carmy, ed., *Jewish Perspectives on the Experience of Suffering* (Northvale, NJ, 1999).

2. **בחינה ביקורתית של הרגשות:** בפרק זה ובפרק 6 ראינו שעל פי הרב סולוביצ'יק היהדות תובעת מהאדם לשלוט בחייו הרגשיים, לשלב אל תוך אישיותו את הרגשות הראויים ולדחות את אלה שהוא מגלה שאינם ראויים. הדבר אינו דורש מן האדם להקהות את תגובותיו הרגשיות, אלא לגשת אליהן בעין ביקורתית. במאמר "תיאוריה של רגשות" מפרט הרב סולוביצ'יק את הקריטריון שלפיו יוכל אדם לעמוד על ערכן של תגובותיו הרגשיות.

   כשאני אוהב את רעי, מצריך העניין שני מרכיבים: תחילה קביעה שכלית האומרת כי ישנו אדם שאני מכנה אותו בשם רעי; ושנית, שיפוט ערכי שעל פיו אותו אדם ראוי לאהבתי (בשל מרכיב אחרון זה אומר הרב כי "הרגשות הם האמצעי שדרכו נפתח בפנינו עולם הערכים" [עמ' 185], וכך הוא מבליט את חשיבותם של הרגשות ואת חשיבותה של הפעלת כוחותינו הביקורתיים ביחס אליהם). רגש

17. חלקים מפרק זה עובדו מתוך דברי הפתיחה ל**מן הסערה** שכתבתי יחד עם שאר עורכי הספר.

ראוי ובונה־אופי הוא רגש אשר הן השיפוט השכלי, הן השיפוט הערכי שלו הם נכונים ומדויקים; רגש בלתי ראוי ומזיק הוא רגש שנוצר על ידי תפיסה כוזבת של המציאות (דרך משל, כאשר דבר הגורם לפחדי איננו קיים בפועל) או על ידי שיפוט ערכי מוטעה (אם, לדוגמה, האדם ההוא איננו באמת ראוי להיות רעי). ערכו של רגש נאמד אפוא לא על פי תכונות מהותיות של רגש זה, אלא על פי ההקשר שהוא מתעורר בו.

אישיותו של אדם רחוקה מלהיות רק אוסף של מצבי רוח חולפים; היא יכולה להיות בעלת עומק, אחדות ויציבות, אך זאת רק אם האדם נותן דעתו באופן קבוע לחוויה הדיאלקטית של החיים. כך, אם יתמיד לשמור על יחס ביקורתי כלפי תגובותיו הרגשיות וישלב אותן בתוך נקודת מבט רחבה יותר, יוכל לעצב אותן על פי ערכיו.

חלק ה

תולדות ישראל וייעודו:
קול דודי דופק

פרק 25

מהשואה עד הקמת המדינה

גורל וייעוד

"קול דודי דופק" הוא מן הידועים בחיבוריו של הרב סולוביצ'יק, אך רבים מחפשים בו את מה שאין בו. יש הרואים בו דוגמה ל"תיאולוגיה של השואה" – אלא שהרב טוען בחיבור זה כי הבנה תיאולוגית של השואה אינה אפשרית ואף אינה רצויה. קוראים אחרים, בייחוד בארץ, רואים את החיבור כביטוי מובהק של עקרונות הציונות הדתית; אך התיאור העוצמתי של התגלות יד ה' בהקמת המדינה עלול להסיח את הדעת מכך שחזון הציונות הדתית המוצג במאמר שונה במידה משמעותית מזה הרווח בקרב מרבית הקוראים הישראלים. בין שני קטבים טעונים אלה, השואה והתקומה, נעלם לעתים מעין הקורא אחד הרעיונות החדשניים והחשובים ביותר במאמר: שילובה של זהות יהודית־חילונית במסגרת השקפת עולם דתית. יחד עם זאת, מן החיבור הזה שסוגות רבות משמשות בו בהרמוניה – מניתוח תיאורטי ופרשנות המקרא, דרך שיח הלכתי והתבוננות סוציו־פוליטית וכלה בווידוי אישי ובהדרכה קהילתית – עולה נושא מרכזי אחד: ההבחנה בין גורל לייעוד, ותפקידם של אלו בחיי עם ישראל.

הבחנה זו מורה על קיומן של שתי רמות בקיום האנושי: גורל, המישור שבו האדם הוא אובייקט פסיבי שכוחות מבחוץ פועלים עליו ושחייו חסרי מטרה ומשמעות; ולעומתו ייעוד, המישור שבו האדם הוא

סובייקט אקטיבי המתווה את דרכו על פי ערכים שבחר בעצמו ואשר מעניקים לחייו תכלית וכיוון. "תעודתו של האדם בעולמו", כותב הרב, "היא להפוך גורל ליעוד; קיום מופעל ומושפע לקיום פועל ומשפיע; קיום מתוך אונס, מבוכה ואילמות – לקיום מלא רצון, מעוף ויזמה" (עמ' 12).[1] כשהוא בוחר לעשות כן, "האדם נהפך לשותפו של הקב"ה במעשה בראשית" (שם).

בפרקים 23 ו–24 נתקלנו ביישומה של ההבחנה בין גורל לייעוד ברמת הפרט: אל לו לאדם לשאול את השאלה הפסיבית חסרת המענה, שאלה שהיא מתחומו של ה"גורל", "**מדוע** נפל בחלקי גורל כה אכזר?". במקום זאת, על היחיד להתייחס אל הסבל מנקודת המבט של ה"ייעוד", כך שישאל כיצד יוכל **להגיב** באופן מועיל לרוע שפקד אותו, ואזי ישתמש בסבל כזרז לשיפור עצמי, מוסרי ודתי. במובן רחב יותר, המעבר מגורל לייעוד, מאובייקט לסובייקט, הוא העומד בבסיס גישתו של הרב לנושא היצירה העצמית, נושא שעסקנו בו בהרחבה בפרקים הדנים בתפילה ותשובה. באמצעות מעשים אלה, האדם בורא את עצמו מחדש והופך אדם טוב יותר בכך שהוא מברר לעצמו מהם צרכיו האמתיים ומנסה לעצב את עצמו על פי הדמות האידיאלית שעליו להיות.

במאמר "קול דודי דופק" מיישם הרב ברמה הלאומית את הקטגוריות שראינו לעיל ברמת הפרט: יצירה עצמית, גורל וייעוד, אובייקט וסובייקט. עם זאת, ברמה הלאומית באות קטגוריות אלו לידי ביטוי שונה, שכן ה"גורל" מהווה נתון בקיומו הלאומי של עם ישראל, ואי אפשר להתעלות מעליו ולנטשו.

1. מידע ביבליוגרפי על "קול דודי דופק" מופיע **בלעיון נוסף**, 1. מספרי העמודים מתייחסים לספר **דברי הגות והערכה** שהמאמר משובץ בו.

השואה ומדינת ישראל

"קול דודי דופק" דן בשניים מן האירועים הדרמטיים ביותר בהיסטוריה של עם ישראל: השואה, שבמהלכה נרצח בשיטתיות כשליש מעם ישראל; ושובה של הריבונות היהודית בארץ ישראל אחרי כאלפיים שנות גלות, בדמותה של מדינת ישראל. כאשר "קול דודי דופק" הוצג לראשונה, בדרשה שנישאה בשנת 1956, היו שני אירועים אלה טריים בזיכרונם של הנוכחים.

לנוכח סמיכות אירועים מכריעים אלו בחייה של האומה, כמעט התבקש חיפוש הקשר ביניהם. בקצוות הקשת האידיאולוגית היו שראו קשר סיבתי ישיר בין שני האירועים. האדמו"ר מסאטמר, למשל, גרס כי השואה ניחתה על עם ישראל כעונש אלוקי על חטא הניסיון להקים מדינה ריבונית לפני בוא המשיח, וכי את הצלחת המפעל הציוני יש לתלות בסיטרא אחרא – כוחות הרשע המטפיזיים.[2] בקצה השני של המחנה הדתי האמין הרב צבי יהודה קוק כי השואה הייתה "ניתוח" אלוקי הכרחי כדי לגדוע את הקשר של היהודים אל הגולה ולהביאם אל ארץ ישראל, כחלק מתהליך בלתי נמנע של תחייה לאומית וגאולה משיחית.[3]

הרב סולוביצ'יק אינו מספק הסברים סיבתיים ואינו מציע השערות מטפיזיות מדוע הקב"ה הביא לאירועים אלו.[4] לדעתו, השכל האנושי

2. הרב יואל טייטלבוים, **ויואל משה**, מהדורה שנייה (ברוקלין, תשכ"א), עמ' 122–125.
3. הרב צבי יהודה קוק, **שיחות הרב צבי יהודה על המועדים**, חלק א', ערך הרב שלמה אבינר (ירושלים, תשס"ו), עמ' 230–249. לגבי סאטמר, הרב צבי יהודה קוק ומגוון הגישות בקרב הציונות הדתית לגבי הקשר בין השואה והקמת המדינה, ראו **לעיון נוסף**, 2.
4. כאשר הרב סולוביצ'יק מתייחס לשואה כ"הסתר פנים" (עמ' 23, 25 ו־29), אני סבור כי הוא משתמש במונח על מנת לתאר כיצד אנשים תופסים וחווים את האירוע, ולא כהסבר תיאולוגי לאי־התערבות אלוקית. אמנם, ישנם הוגים שאכן משתמשים במושג הסתר פנים כבסיס תיאולוגי להבנת השואה. ראו לדוגמה:

המוגבל אינו מסוגל לרדת לחקר דרכי ההשגחה העליונה. השאלה היחידה שהאדם יכול וצריך לשאול את עצמו היא כיצד עליו לפעול בנסיבות חייו הנתונות. הרב מדגיש כי חשוב להגיב כראוי לא רק לרע אלא גם לטוב; אנו חייבים לא רק בגאולת הרע שנפל בחלקנו, אלא גם בהעלאת הטוב שזכינו בו:

> היהדות העמיקה את הרעיון הזה [של השימוש בסבל למטרת תיקון עצמי] בצרפה את עניין תיקון הסבל והעלאתו עם תיקון החסד והעלאתו. חסדי ה', אומרת היהדות, אינם ניתנים לאדם מתנת־חינם; הם מחייבים משהו; הם אוצרים בקרבם תביעה מוסרית־הלכתית לאדם המתענג עליהם. אמנם השפעת החסד באה מידו הפתוחה, הגדושה והרחבה של הקב"ה, אבל אין היא מתנה ללא שיור או ללא תנאי; אין היא דורון מוחלט. השפעת־טובה היא תמיד בבחינת מתנה על תנאי – על מנת להחזיר – או לזמן. כשהקב"ה נותן לאדם עושר ונכסים, השפעה וכבוד – על המקבל לדעת איך להשתמש בהם, איך להפוך את המתנות היקרות לכוחות־יצירה פוריים, איך לשתף את הזולת בשמחתו וגדולתו, איך לגמול חסד עם חסדי־ה' הנובעים ובאים אליו ממקור אין־סוף. (עמ' 15)

הרב שאל־נזף באוזני קהל מאזיניו, יהודים אמריקנים שומרי מצוות, תוך שהוא כולל את עצמו בין הננזפים: האם הגבנו באופן ראוי כאשר אחינו שנלכדו באירופה נזקקו לעזרה? והיות שהתשובה ודאי שלילית: האם למדנו משהו מכישלון זה? כעת, משהקב"ה העניק לנו מתנה פלאית בדמותה של מדינת ישראל, האם נחמיץ שוב את ההזדמנות, לא ניענה

הרב אליעזר ברקוביץ, **אמונה לאחר השואה**, תרגם אביב מלצר (ירושלים, תשס"ו), והרב נחום (נורמן) לאם, "The Face of God", בתוך *Theological and Halakhic Reflections on the Holocaust*, eds. R. Bernhard Rosenberg and R. Fred Heuman (Hoboken, NJ, 1992), pp. 119-136.

לקריאה וניכשל שוב? איננו יכולים לדעת מדוע התרחשה השואה, אומר הרב, אך יכולים אנו לדעת במה היא מחייבת אותנו – לסייע לאחינו היהודים באשר הם, ולנצל את ההזדמנויות שהקב"ה מציב בדרכנו.

"דודי דופק!"

הדימוי המרכזי שהרב משתמש בו לקוח משיר השירים. הרעיה ואהוב לִבה הדוד, שניהם חולי אהבה, מחפשים זה את זה – אך המפגש חומק מידיהם. המסורת היהודית פירשה את המגילה באופן אלגורי, כמשל ליחסים בין האדם ואלוקיו, או כמשל ליחסים בין עם ישראל ואלוקיו.[5] החיבור **ובקשתם משם** עוסק בפרשנות הראשונה, ואילו "קול דודי דופק" בפרשנות השנייה. בהתאם לכך, נקודת המוצא של **ובקשתם משם** היא חיפוש העלמה אחר דודה, בעוד "קול דודי דופק", כפי שמלמדת הכותרת, מתמקד בחיפוש הדוד אחר הרעיה.

ב"קול דודי דופק" מדגיש הרב כי אין אנו יודעים מדוע מסתתר הדוד (כמו בשואה), אך עלינו לפתוח את הדלת כשהוא (האלוקים) מתדפק עליה. אין ספק, ממשיך הרב ואומר, כי הקמת המדינה הוא אירוע על־טבעי – זוהי מתנת ה' לעם ישראל, הזדמנות שניתנה מלמעלה, קול נקישות הקב"ה על דלתותינו:

> לפני שמונה שנים, בעצם ליל־בלהות מלא זוועות־מאיידנק, טרבלינקה ובוכנוולה, בליל של תאי־גז וכבשנים; בליל של הסתר־פנים מוחלט... – בליל זה גופו צץ ועלה הדוד. הא־ל המסתתר בשפריר חביון הופיע פתאום והתחיל לדפוק בפתח אהלה של הרעיה הסחופה והדוויה, שהתהפכה על משכבה מתוך פרפורים

5. הרב דן בשתי הפרשנויות לשיר השירים ומקורותיהן **בובקשתם משם**, עמ' 121-119, הערה 1. מעניין לציין כי הוא מצביע על כך שהפרשנות הקבלית לשיר השירים משלבת את שני המוטיבים.

ויסורי־גיהינום. עקב ההכאות והדפיקות בפתח הרעיה עטופת־
אבל, נולדה מדינת ישראל! (עמ' 23)

נקישות הדוד על דלת הרעיה – קריאתו של הקב"ה לעם ישראל – באות לידי ביטוי בשישה היבטים משמעותיים, ואפילו פלאיים, בהקמת מדינת ישראל:

1. **ההיבט המדיני:** "מבחינת היחסים הבין־לאומיים לא יכחיש אף איש, שתקומת מדינת ישראל, במובן פוליטי, היתה התרחשות כמעט על־טבעית. רוסיה וארצות־המערב תמכו יחד ברעיון ייסודה של מדינת ישראל" (עמ' 23).

2. **ההיבט הצבאי:** "חיל ההגנה הקטן של ישראל ניצח את צבאותיהן העצומים של ארצות־ערב" (עמ' 24).

3. **ההיבט התיאולוגי:** "כל טענות התיאולוגים הנוצרים, שהקב"ה נטל מכנסת ישראל את זכויותיה בארץ ישראל, ושכל ההבטחות בנוגע לציון וירושלים מתייחסות במובן אלגורי אל הנצרות והכנסייה הנוצרית, נתגלו בפרהסיא, על ידי יסוד מדינת ישראל, כטענות־שקר, שאין להן שום עיקר ושורש" (עמ' 24–25).[6]

4. **התבוללות:** "רבים מהמתנכרים לשעבר קשורים עתה למדינה העברית בקשרי־רגש גאים על השגיה הכבירים. הרבה... שרויים בפחד טמיר ודאגה בשל משבר העובר על מדינת ישראל... סימן טוב הוא ליהודי כשאינו יכול להתעלם מיהדותו... בעצם העובדה כי שם ישראל נישא על שפתיים, יש בה משום הזכרה ליהודי הבורח כי אי־אפשר לו לנוס מן כנסת ישראל שבה 'הסתבך' מלידתו" (עמ' 26).

5. **הגנה עצמית:** "בפעם הראשונה בתולדות גלותנו הפתיעה ההשגחה את שונאינו בתגלית המרעישה, שדם יהודי אינו הפקר!" (שם).

6. לתיאור מפגשיו של הרב עצמו עם מיסיונרים ראו: *The Lord is Righteous in All His Ways: Reflections on the Tish'ah be-Av Kinot*, ed. R. Jacob J. Schacter (Jersey City, 2006), pp. 158-160.

6. **מקלט:** "יהודי הנס מארץ־אויב יודע עכשיו כי יכול הוא למצוא מקלט בטוח בארץ־אבות. זוהי תופעה חדשה בדברי־ימינו" (עמ' 28).

פותחים את הדלת?

לאור ההתפתחויות הפלאיות הללו, אין ספק שנדרשת תגובה הולמת מצדו של עם ישראל. אם להשתמש בדימוי מתוך שיר השירים – על הרעיה לחדול מלהתמהמה, לקום מיצועה ולפתוח את הדלת. אך מה משמעותה הקונקרטית של "פתיחת הדלת"?

לאור התפתחות המאמר עד כה, נראה כי התגובה הטבעית לקריאה האלוקית היא עלייה לארץ ישראל – השתקעות בארץ ושותפות פעילה בבניין המדינה ובעיצוב אופייה. ואמנם, נראה כי זו המסקנה שהרב מגיע אליה בתחילה (עמ' 29-31). למרות זאת, התגובה הראויה שהוא מציע בהמשך דבריו היא גיוס כספים למען המדינה וסוגי סיוע נוספים. עד סוף המאמר מודגשות דווקא דרישות מינוריות־יחסית אלו, ולא הקריאה הדרמטית יותר לעלייה והשתקעות בארץ.[7]

אין ספק כי תפנית זו בדברי הרב, מקריאה לעלייה לארץ לקריאה לפעילות פילנתרופית וסיוע, קשורה בחלקה להבנתו של הרב את קהל מאזיניו. הוא חש כי מעטים בקרב יהודי אמריקה, אפילו האורתודוקסים

7. מאמר זה של הרב דן בקריאתו של הקב"ה **לאומה** ובתשובה **הלאומית** ההולמת. מכאן שהוא אומר שעל העם "לפתוח את הדלת" באמצעות הוצאה לפועל של מיזמים לאומיים, כמו למשל יישוב הנגב. על המחנה הדתי לקחת על עצמו מיזמים קהילתיים כגון הקמת קיבוצים דתיים, בנייה לעולים דתיים והקמת רשת בתי ספר דתיים. אפשר לטעון כי כל עוד המדינה והקהילה נוטלות על עצמן את ביצוע המיזמים האלה יכול הפרט להיות שותף במפעל הלאומי באמצעות תרומות, או להפנות את מרצו לאפיקים אחרים שגם הם בעלי ערך, כמו חינוך יהודי. אף על פי שייתכן שהדברים תואמים את הלך מחשבתו של הרב – עדיין אין בכך, לדעתי, כדי לפתור את סוגיית העלייה לארץ.

מביניהם, ישושו לעזוב את חייהם הנוחים כדי להיות חלוצים בארץ ישראל רוויית המלחמות, הנאבקת על קיומה. יתרה מזאת, במקום אחר הוא מציין כי אין לתלות את חוסר ההיענות לקריאה לעלייה לארץ רק בטעמים של נוחות, אלא שיש לייחסה להיעדרה של החוויה הדתית. אפילו בקרב הצעירים לומדי התורה באמריקה בא היחס לארץ ישראל לידי ביטוי בעיקר ברמה ההלכתית־עיונית, וחסר לצעירים אלה הממד הרגשי – הקשר לארץ האבות ול"געגועי הדורות" ("על אהבת התורה", עמ' 418). הרב סבר כי אף על פי שבהחלטה לעלות לארץ כרוכים שיקולים רבים, הרי בראש ובראשונה זוהי החלטה שצריכה להתקבל ממניעים אידיאליסטיים הנגזרים מערכי התורה. בראיון שערך עמו כתב העיתון "מעריב" בשנת 1975 אמר הרב:

> באמת, טועים אנשי הממשלה והסוכנות. כדי לעורר אנשים לעלייה לא צריך להגיד להם: "עלו! ואם תישארו בגלות – אתם נתונים בסכנה כמו יהודי גרמניה לפני עלות היטלר לשלטון". לא כך. צריך לחנך ולהורות דרך־חיים שתוביל אותם לארץ ישראל. דבר זה אנחנו עושים.
>
> [שאלה:] במעשה זה רואה כבוד הרב שליחות ציונית לאומית?
>
> [תשובה:] זוהי שליחות התורה וההשגחה.[8]

למרות האמור לעיל, אי אפשר להתעלם מכך שהעלייה אינה נושא מרכזי בכתבי הרב – אפילו לא בדרשותיו מדי שנה בפני ועידת "המזרחי" בארצות הברית. השאלה המתבקשת היא מדוע, על אף קריאתן המהדהדת של "שש הדפיקות", לא עלה הרב סולובייצ'יק עצמו לארץ. כמה בלתי־נמנעת היא השאלה הזו אפשר ללמוד מהמקרה הבא: לאחר שיעור שבו למדו תלמידי תיכון בישראל את "קול דודי דופק", שש שנים לאחר צאתו לאור, הם ביקשו מהמורה שלהם, גב' מרים שילה,

8. **איש על העדה**, מכתב 45, עמ' 260.

להפנות את השאלה אל הרב עצמו. המכתב הגיע אל הרב כשהיה שרוי באבלות על אשתו. וכך ענה הרב:

> אני מודה לה על דבריה, ואני מקבל את תוכחתה ברצון. אמנם חטאתי לארץ הקודש. הנני בין המפגרים. מובן, שהרבה גורמים בלתי תלויים בי עיכבוני. בכל זאת איני מבקש אמתלא, ואין אני מלמד סנגוריה על עצמי. אשמתי, והקולר תלוי בצווארי. אשתקד החלטנו, אני ורעייתי ז"ל, לבוא ארצה ולעשות שמה כשישה חודשים, כדי לראות את הארץ ואת העם היושב בה. אולם, רבות מחשבות בלב אדם, אירע מה שאירע, ורבות אנחותיי ולבי דווי![9]

אך זהו, כמובן, אינו הסיפור כולו. יהיה זה סביר לשער כי הרב הרגיש שבהקמת מפעל תורני אדיר בארצות הברית הוא מרים תרומה משמעותית לחיזוקה של האורתודוקסיה שם, ושיהיה זה מסוכן ובלתי אחראי מצידו לנטוש את צאן מרעיתו ולהותירם ללא הנהגה. אף כי בראיון שציטטנו לעיל העיד הרב שהוא מעודד לעלייה, הרי שתלמידו המובהק הרב צבי שכטר מציין כי הוא לא עודד לעלייה רבנים ומורים אשר הוכיחו את יעילותם בחינוך בקרב הקהילות בגולה.[10] זהו אכן המסר העולה מחתימת מכתבו של הרב אל מרים שילה, המחנכת בבית הספר התיכון בגבעת וושינגטון, אשר תלמידיה תמהו מדוע הרב נשאר בארצות הברית:

> גם אני, יהודי פשוט, בלשון רבנן דיבנה (ברכות יז ע"א) הייתי אומר: אני מלמד – והרבה העמלים עם הציבור בשדה החינוך התורני מלמדים, אני מלאכתי בעיר ניו־יורק הגדולה, במוסד רב תלמידים – והם מלאכתם בגבעת ואשינגטון או במושב אחר

9. שם, מכתב 43, עמ' 251.
10. הרב צבי שכטר, **נפש הרב** (ירושלים, תשנ"ד), עמ' צח.

> במוסד מצומצם בכמותו. אחד המרבה ואחד הממעיט ובלבד שיכוון את לבו לשמים. מלאכת כולנו מוקדשת לטיפוח ערכי היהדות, מסורת אבות ותורת רבותינו, בעלי הקבלה וחכמיה.[11]

ברור כי מסר המאמר "קול דודי דופק" אינו מתמצה ב"שש הדפיקות", וכדי להבין את עמדתו של הרב בכללותה יש להעמידה בהקשר רחב יותר. בפרק הבא נבחן את המשכו של החיבור, מקום שם מציג הרב את תפיסתו לגבי בריתות הגורל והייעוד, ונבחן את השלכותיה של תפיסה זו לגבי בסיס הזהות היהודית בימינו. על רקע זה נוכל, בפרק 27, להבין לעומק את אופי מחויבותו רבת הפנים של הרב כלפי מדינת ישראל.

לעיון נוסף

1. **"קול דודי דופק"**: במקורו היה החיבור דרשה ביידיש שנשא הרב בישיבה יוניברסיטי בשנת 1956 לרגל יום העצמאות של מדינת ישראל. הרב סולוביצ'יק הוציא לאור גרסה עברית של החיבור ב-1961, שזכתה להדפסות חוזרות רבות – בין היתר בתוך **דברי הגות והערכה**, עמ' 9-55. רבות נכתב על חיבור זה, כמו למשל בסימפוזיון שנערך בכתב העת *Tradition* לכבוד יובל ל"קול דודי דופק" (39:3, סתיו 2006, עמ' 15-96).

2. **התמודדות עם השואה**: לגבי העמדות המנוגדות במחנה הדתי – הרבי מסאטמר ומנגד הרב צבי יהודה קוק – ראו פרקים 2 ו-3 בספרו של אביעזר רביצקי, **הקץ המגולה ומדינת היהודים: משיחיות, ציונות, ורדיקליות דתית בישראל** (תל אביב, 1993). לסקירה של הגישות בציונות הדתית לגבי הקשר בין השואה ותקומת המדינה, תוך התמקדות בדעותיו של הרב יהודה עמיטל, ראו משה

11. **איש על העדה**, מכתב 43, עמ' 251-252.

מיה, **עולם בנוי וחרב ובנוי: הרב יהודה עמיטל לנוכח זיכרון השואה** (אלון שבות, תשס"ב), עמ' 42–73. לגבי השאלה המסקרנת כיצד הבינו הוגים יהודים דתיים את השואה בזמן התרחשותה, ראו מנדל פייקאז', **חסידות פולין: מגמות רעיוניות בין שתי המלחמות ובגזרות ת"ש-תש"ה** (ירושלים, 1990); אליעזר שביה, **בין חורבן לישועה** (תל אביב, 1994); אסתר פרבשטיין, **בסתר רעם: הלכה, הגות ומנהיגות בימי השואה** (ירושלים, 2002). לסקירה רחבה של הגישות באורתודוקסיה לשואה, תוך כדי התרחשותה ובמבט לאחור, ראו בקורס המקוון של הרב תמיר גרנות, "שואה ואמונה", באתר של בית המדרש הווירטואלי ע"ש ישראל קושיצקי של ישיבת הר עציון; הקורס עובד לידי ספר: **אמונה ואדם לנוכח השואה**, ב' כרכים (אלון שבות, תשע"ג). מבחר כתבים מפרי עטם של הוגים אורתודוקסיים ואחרים ניתן למצוא בספר Steven Katz, Shlomo Biderman, Gershon Greenberg, eds., *Wrestling with God: Theological Responses during and after the Holocaust* (Oxford, 2007).

פרק 26
גורל, ייעוד והזהות היהודית

ברית הגורל

בפרק הקודם ראינו כי היחיד נקרא להחליף קיום של "גורל" בקיום של "ייעוד". ברמה הלאומית, לעומת זאת, אי אפשר לחמוק מהגורל. עם ישראל נדרש לחיות את חייו בשני הממדים הקיומיים, הגורל והייעוד, כיוון שהקב"ה כרת איתו שתי בריתות גם יחד – את "ברית הגורל" ואת "ברית הייעוד".

ברית הגורל, שנכרתה במצרים, מאחדת את כל היהודים על רקע סבל משותף. ברית זו מבדילה את עם ישראל מכל העמים, בהסכמתו או בלעדיה – כפי שנאמר: "וְלָקַחְתִּי אֶתְכֶם לִי לְעָם וְהָיִיתִי לָכֶם לֵא-לֹהִים" (שמות ו, ז).[1] בהר סיני, מנגד, כרת עם ישראל מרצונו עם הקב"ה ברית ייעוד שלפיה הוא מקבל על עצמו את עול המצוות כדי להיות לגוי קדוש: "וַיִּקַּח סֵפֶר הַבְּרִית וַיִּקְרָא בְּאָזְנֵי הָעָם, וַיֹּאמְרוּ כֹּל אֲשֶׁר דִּבֶּר ה' נַעֲשֶׂה וְנִשְׁמָע. וַיִּקַּח מֹשֶׁה אֶת הַדָּם וַיִּזְרֹק עַל הָעָם, וַיֹּאמֶר

1. במאמר "קול דודי דופק" הרב קורא ל"ברית גורל" גם "ברית מצרים", ואילו **בחמש דרשות** (עמ' 85–106) הוא מכנה אותה "ברית אבות". אבל גם כשהוא מכנה אותה "ברית מצרים" מודה הרב שהיא התקיימה גם לפני תקופת השעבוד – למשל, הוא מביא דוגמאות לברית זו מתוך קורותיהם של אברהם ויוסף – אלא שהברית "נתחשלה במצרים" (עמ' 34). לגבי מקורות המושגים "ברית גורל" ו"ברית ייעוד", ראו **לעיון נוסף**, 1.

הִנֵּה דַם הַבְּרִית אֲשֶׁר כָּרַת ה' עִמָּכֶם עַל כָּל הַדְּבָרִים הָאֵלֶּה" (שמות כד, ז-ח). ברית הגורל הביאה להיותו של עם ישראל עם נבדל מכל העמים, עד כדי בידודו; ברית הייעוד מעניקה להיבדלות זו משמעות ותוכן, תוך שהיא מוסיפה ממדים של ייחוד וקדושה.

הדרך שהרב מיישם בה את ההבחנה בין גורל וייעוד ברמת הכלל שונה, כמעט עד אי־עקביות, מהדרך שהוא מיישם בה הבחנה זו ברמת היחיד. כך, למשל, הקיום ה"גורלי" אינו נבחר על ידי היחיד אלא נכפה עליו; זוהי צורת קיום פסיבית, שיש להתעלות מעליה. לעומת זאת, אף שגם על עם ישראל הגורל נכפה, גורל זה אינו בהכרח גורל של קיום פסיבי, וגם לא ניתן להתעלות מעליו ולנטשו.

נבדלותו ובידודו של עם ישראל הם נתונים שאי אפשר לשנות, מאחר שהם נקבעו ב"ברית מצרים". גם אם יהודי ישאף להתרחק מעמו ולהיטמע בגויים, הם יזכירו לו את מוצאו. להזדהות כפויה זו ישנם היבטים חיוביים ושליליים. לממד שותפות הגורל בקיומו של עם ישראל עלולה להיות השפעה שלילית, אם הפרט יהיה שווה נפש לגביו או ינסה לשווא להיאבק בו; מאידך גיסא, אם יכיר בשותפות הגורל ויקבל אותה, ההכרה עשויה להוביל לתחושה חיובית כלפיה, שתרכך את טבעה הכופה והמדכא.

הכרת הגורל המשותף גורמת לתודעת אחווה בעלת ארבעה ממדים.

ראשית, אחדות הגורל וההיסטוריה המשותפת הן מנת חלקו של כל יהודי, ללא קשר למעמדו החברתי ולמקום מגוריו בעולם; יחד יעלו היהודים ויצליחו או יחד יפלו. ברוח זו דיבר מרדכי אל אסתר כשאמר לה "אַל תְּדַמִּי בְנַפְשֵׁךְ לְהִמָּלֵט בֵּית הַמֶּלֶךְ מִכָּל הַיְּהוּדִים" (אסתר ד, יג), וזהו גם אחד המסרים העולים מדרשותיו של הרב על פורים.[2] פורים מהווה, כמובן, דוגמה קלאסית לשותפות הגורל המאחדת את עם ישראל, ואפילו שמו של החג עניינו גורל: "כִּי הָמָן בֶּן הַמְּדָתָא

2. ראו, לדוגמה, המסה "כפל פניו של פורים", בתוך **על התשובות**, עמ' 15-35.

הָאֲגָגִי צֹרֵר **כָּל הַיְּהוּדִים** חָשַׁב עַל הַיְּהוּדִים לְאַבְּדָם וְהִפִּיל **פּוּר הוּא הַגּוֹרָל** לְהֻמָּם וּלְאַבְּדָם... עַל כֵּן קָרְאוּ לַיָּמִים הָאֵלֶּה פוּרִים עַל שֵׁם הַפּוּר" (אסתר ט, כד-כו).

שנית, אם כל היהודים שותפים לאותן נסיבות, עליהם להיות שותפים גם לסבל. כאשר יהודי בתימן שרוי במצוקה, על היהודי היושב בלונדון לחוש בכאבו. תחושה זו של אמפתיה עם אחינו הסובלים משתקפת בעובדה שתפילותינו למען חולים ולמען נזקקים אחרים, כמו גם הלשון שאנו מנחמים בה את האבלים, מנוסחות בלשון רבים. אין אנו יכולים להתייחס לצרכיו של היחיד בלי להתייחס לצורכי הכלל – ולהפך: הכלל כולו כואב את סבלו של היחיד.[3]

שלישית, תחושת שותפות במצוקה מביאה לאחריות משותפת. רעיון זה מופיע הן כעיקרון הלכתי – "כל ישראל עֲרֵבים זה בזה" (שבועות לט ע"א) – הן כעובדה היסטורית: האחריות למעשיו של היהודי היחיד הוטלה תמיד על כתפי העדה כולה. אמנם עובדה זו, שאי אפשר לפרשה אלא כביטוי ל"ברית הגורל", שימשה לעיתים קרובות את אויבינו האנטישמים, אך היא גם התשתית לציווי על קידוש השם ולאיסור על חילול השם: כאשר יהודי מתנהג כיאות הוא מקדש את שם ה', וכאשר הוא חוטא הוא מחלל את שם ה'.

רביעית, שותפות בסבל ואחריות משותפת מצמיחות פעולה משותפת; כלומר מעשי חסד וסיוע הדדי הנובעים לא רק מרגשות חובה אלא גם מרגשות חמלה והזדהות. גם עשיית החסד, הפעולה האובייקטיבית, וגם הרגשות הסובייקטיביים של אמפתיה וטוב לב (שהרב מתארם במקום אחר כמידת הרחמנות), מצויים בלב לבו של המוסר היהודי.[4] הביטוי הנעלה ביותר של ברית הגורל, אם מכירים בה ומקבלים אותה, הוא הענקת חסד ואהבה לאחיך היהודים:

3. ראו גם את הסעיף העוסק במחויבות הדדית בפרק 2 למעלה, ואת הדיון בנושא התפילה והקהילה בפרק 20 לעיל.

4. הרב דן בסוגיה זו באריכות בדרשותיו לפסח, שבהן הוא מתייחס להשפעה העמוקה של העבדות במצרים על הנפש היהודית. ראו: **זמן חירותנו**, עמ' 34-36,

מתוך תודעת האונס הגורלי והבדידות הנוראה כמקור יחדותו של העם נולדת מידת־החסד הקוראת והמפעילה את הקיבוץ הגורלי ליחדות חיובית על־ידי השתתפות מתמידה במאורע, בסבל, במצפון ובפעולת־עזרה. היהודי הבודד מוצא את נחמתו בהצטרפותו הפעילה אל הכלל ועל ידי הפלת מחיצות־קיום אגואיסטי־מובדל והתחברותו אל הזולת. חוויית־הגורל המעיקה על האדם מוצאה את תיקונה בהתלכדות הוויות אישיות־אינדיבידואליות לחטיבה חדשה ששמה עם. חובת־האהבה לזולת נובעת מתודעת העם הגורלי, הבודד והתוהה על ייחודו. עליה נכרתה ברית־מצרים. ("קול דודי דופק", עמ' 38-39)

שני מרכיבים של הזהות היהודית

"ברית הייעוד", המכונה גם "ברית סיני", טעונה הסבר פחות מאשר "ברית הגורל". פירוש ברית הייעוד הוא, בפשטות, קבלת עול המצוות מרצון, וכתוצאה מכך הצבת התכלית להיות גוי קדוש וללכת בדרכי ה'. ההשתייכות לעם ישראל, שבממד הגורל היא רק כורח שאינו ניתן לשינוי, מקבלת בממד הייעוד משמעות, תוכן וכיוון:

שיתוף־גורל משמעותו אי־היכולת למרוד בגורל, הטרגיקה של חוסר־אונים, כמו אצל יונה הנביא, לברוח מאלהי־העברים... שיתוף־יעוד הוראתו חופש הרצון לשאוף למטרה, ההחלטה בת־החירות להתקדש לאידיאל, כיסופים וגעגועים להקב"ה. (עמ' 53)

כדי לכונן חיים על פי ממד הייעוד עלינו להתאמץ באופן פעיל ומכוון ולהתעלות מעל נסיבות חיינו אל עֵבר רמת קיום נעלה יותר. במסגרת

54-56, 131-135 (ובמיוחד בדיון על אודות הרחמנות בעמ' 133-134), ועל התשועות, עמ' 34-35.

ברית הייעוד היהודים כרוכים זה בזה לא רק עקב כורח היסטורי ושותפות גורל, אלא אף בשל ערכים ואידיאלים משותפים ומתוך השאיפה המשותפת להיות "מַמְלֶכֶת כֹּהֲנִים וְגוֹי קָדוֹשׁ" (שמות יט, ו) ו"לתקן עולם במלכות ש־די" (מתוך תפילת 'עלינו לשבח'). היהודים הם הוויה אחת לא רק כמושא לפעילותם של אחרים, אלא גם ככוח הפועל לשם השגת מטרות.

שתי הבריתות מהוות ממדים הכרחיים בקיום היהודי. המתגייר מצטרף הן לעם היהודי, הן לאמונה היהודית. הוא מקבל עליו הן את שותפות הגורל, הן את שותפות הייעוד. זו אכן הייתה הצהרתה של רות המואבייה, הגיורת הידועה ביותר בתולדות עם ישראל: "עַמֵּךְ עַמִּי וֵא־לֹהַיִךְ אֱ־לֹהָי" (רות א, טז). את שני ההיבטים האלה מסמלים שני מרכיבים של תהליך הגיור ההלכתי: ברית המילה, הסימן הבלתי־נמחה בגוף המבדיל את היהודי; והטבילה, המסמלת היטהרות והתעלות.

מה חסר יהודי כאשר הוא מקבל על עצמו רק אחד ממרכיבי הזהות? הרב מסביר:

> ישראל, המשתתף בסבל העם ובגורלו, אבל לא נשתלב ביעודו המתבטא בחיי תורה ומצוות, מקצץ בנטיעות ופוגם את יחדותו. ולהיפך: ישראל, שאיננו כואב את כאב־העם והמשתדל לפרוש מן הגורל היהודי, אעפ"י שהוא עושה מצוות, מחלל קדושת־ישראל. (עמ' 43)[5]

5. בהערה לקביעה זו (עמ' 43, הערה 20) מצטט הרב את דבריו המפורסמים של הרמב"ם: "הפורש מדרכי ציבור, אעפ"י שלא עבר עבירות אלא נבדל מעדת ישראל... אין לו חלק לעולם הבא" (הלכות תשובה ג, יא) – הוקעה חריפה ביותר. יש לשים לב, עם זאת, שרש"י כפי הנראה חלוק על קביעה זו של הרמב"ם. בעוד עמדתו של הרמב"ם מתבססת ככל הנראה על ברייתא (ראש השנה יז ע"א) כפי שהיא מופיעה גם בדפוס וילנא של התלמוד, בפני רש"י עמדה גרסה שונה של אותה ברייתא, וכתוצאה מכך הוא הבין את הביטוי "שפירשו מדרכי ציבור" כמתייחס לאלה שאינם מקיימים את המצוות.

אחת השאלות העיקריות במחשבת ישראל בעת החדשה עוסקת בטיבה של הזהות היהודית: האם הזהות היהודית מוגדרת על ידי השתייכות לדת, לעם או אפילו – בעקבות עליית התנועה הציונית – ללאום? **הדת** מוגדרת על פי האמונות והפולחן, **עם** מוגדר על פי יחסי קרבה ושארות־בשר, היסטוריה משותפת ותחושת סולידריות, **ולאום** על פי הטריטוריה והריבונות. יהודים לא־דתיים בגולה נטו להגדיר את הזהות היהודית במונחים של השתייכות לעם במשמעות של מעין משפחה מורחבת, בלי הממד הדתי והלאומי. ציונים חילונים ניסו להגדיר מחדש את הזהות היהודית במונחים של לאום, תוך שימת דגש במרכיב הטריטוריאלי והמעטת חשיבותם של היבטי העם והדת. יהודים אורתודוקסים, שהדגישו את הזהות הדתית, התאמצו למצוא מקום בתוך מסגרת השקפת עולמם ליהודים שאינם שומרי מצוות – קבוצה אשר אך לפני מאתיים או שלוש מאות שנה הייתה שולית בלבד אך עתה היא מהווה את מרביתו של עם ישראל. בעקבות קביעתו של רב סעדיה גאון כי "אין אומתנו אומה אלא בתורותיה",[6] ישנם הסבורים כי יהודים שאינם שומרי מצוות הם יהודים רק במובן הטכני, ולכן נוטים לבטלם, או רואים בהם יהודים שומרי תורה ומצוות בפוטנציה ותו לא.

עמדות כאלו שאפשר למצוא ביהדות האורתודוקסית משקפות חוסר כבוד ואי־לגיטימציה ליהודים שאינם דתיים; אך עם רעיון שתי הבריתות, מציע הרב סולוביצ'יק תיאוריה דתית בדבר הזהות היהודית המשלבת בתוכה את היהודים הלא־דתיים ומייחסת להם מקום מכובד ולגיטימי (אף כי לא אידיאלי) בעולם של היהדות ובתוך מסגרת השקפת העולם ההלכתית: הם שותפים בברית הגורל אך לא בברית הייעוד. אף שאינם שותפים לשאיפה להיות לגוי קדוש מתוך החזון של שליחותו של עם ישראל, הם עדיין שזורים בעם היהודי מתוך שותפות הגורל – מבחינת העבר המשותף, ההזדהות עם כלל ישראל וההשתתפות ב"קהילת החסד".

6. **ספר האמונות והדעות** ג, ו (ג, ז במהדורת הרב קאפח, עמ' קלב).

הבחנה זו בין שתי הבריתות מעניקה לנו תובנה חדשה לגבי גישתו של הרב, שבה עסקנו בפרק 18, בעניין שיתוף הפעולה עם זרמי היהדות הלא־אורתודוקסיים בתחומים הקשורים לעזרה הדדית, אנטישמיות, סיוע למדינת ישראל, וכיוצא בזה – בקצרה, בכל מה שקשור לתחום הגורל היהודי. זהו אחד משורשי המחלוקת של הרב עם העמדה החרדית האנטי־ציונית שעל ברכיה התחנך. הרב סבר כי הציונים החילונים שגו לגבי שני הממדים של הקיום היהודי: הם דחו את הייעוד המבוסס על תורה ומצוות, וגם האמינו כי כינונה של מדינת ישראל יחולל נורמליזציה של עם ישראל וגורלו כך שהיהודים יהיו ל"עם ככל העמים". יחד עם זאת, הוא חש הזדהות עם הציונים החילונים על בסיס ברית הגורל, ולכן קרא לשיתוף פעולה איתם (אך לא לכפיפות אליהם) בבניין המדינה.

למעשה, הרב אף הצהיר כי לשומרי המצוות יש הרבה מה ללמוד מהיהודים החילונים הפועלים למען רווחתו של עם ישראל. לרבים משומרי המצוות חסרה המחויבות לכלל ישראל בהתאם לברית הגורל, והם דואגים רק לאלה המשתייכים לחוגיהם המצומצמים. מנגד, המחויבות להישרדות גרידא של עם ישראל, שאינה קשורה לתכלית קיומו, אף היא אינה מספקת. מכאן שכלל הציבור היהודי יפיק תועלת מהתייחסות לשתי הבריתות גם יחד.

לעיון נוסף

1. **שני ממדים של עם ישראל:** פרופ׳ יעקב בלידשטיין, בנספח למאמרו "על עם ישראל בהגותו של הרב יוסף דוב סולוביצ׳יק", בתוך **אמונה בזמנים משתנים: על משנתו של הרב יוסף דוב סולוביצ׳יק**, ערך אבי שגיא (ירושלים, תשנ"ז), עמ׳ 168–171, מצביע על כמה הוגים שפיתחו מושגים המקבילים במובנים מסוימים למושגי הגורל והייעוד של הרב סולוביצ׳יק; אך הוא גם מראה כיצד גישתו של הרב, במיוחד בהשפעת השואה, שונה מהגישות שקדמו לה. יש

להוסיף על דבריו כי בחלק האגדה של שיעורו של הרב לציון יום השנה לאביו בשנת 1943 (שיצא לאור כעבור שנה במוסף **הפרדס** שנה י"ז חוברת י"א [שבט תש"ד], עמ' 16-44, והודפס שוב בביטאון התורני של ישיבת רבנו יצחק אלחנן, **בית יצחק**, כרך כט [תשנ"ז], עמ' 145-197) – הרצאה שנשא בתקופת השואה עצמה – כבר עשה הרב שימוש במושגים גורל וייעוד (אף כי לא באותם מונחים עצמם), כשדיבר על "מחנה" ו"עדה", כמו גם על "אלוקי העברים" ו"אלוקי ישראל". הרב זאב גוטהולד ז"ל סיפר לרב יאיר קאהן כי הרב סולוביצ'יק אמר לו שהוא הגה את הרעיון לגבי שני הממדים של עם ישראל בתקופה שלמד מדע־המדינה באוניברסיטה בוורשה, באמצע שנות ה־20 של המאה שעברה.

2. **הרב סולוביצ'יק וההגות הציונית־דתית:** בסדרה של ספרים ומאמרים מציג פרופ' דב שוורץ את העמדה כי קיימת תיאולוגיה משותפת להוגים בקרב הציונות הדתית, והוא ממפה את ההבדלים ביניהם ואת נקודות המחלוקת. ראו, למשל, בספרו **אמונה על פרשת דרכים: בין עיון למעשה בציונות־הדתית** (תל אביב, תשנ"ו). הוא כולל את הרב סולוביצ'יק בתוך רשימת ההוגים של הציונות הדתית, בהתבסס, בין היתר, על גישתו של הרב כלפי שיתוף הפעולה עם הציונים החילונים; ראו לדוגמה מאמרו של פרופ' שוורץ בסוגיה זו בתוך **אמונה בזמנים משתנים** (עמ' 123-145).

פרופ' יעקב בלידשטיין חולק על קטגוריזציה זו של הרב, במאמרו "הרב יוסף דוב סולוביצ'יק כהוגה דתי־ציוני – האמנם?" בתוך **דרך הרוח: ספר היובל לאליעזר שביד**, בעריכת יהוידע אמיר (ירושלים, 2005), עמ' 439-450. הוא טוען כי אף שהרב סולוביצ'יק היה מנהיג ציוני דתי, אין הציונות הדתית מצויה במרכז הגותו. הוא לא הקדיש לה הרבה חשיבה פילוסופית, לא היה עסוק בבעיות העולות מהקיום הלאומי של עם בארצו, ולא ניהל שיג ושיח עם ההוגים של הציונות הדתית או הושפע מרעיונותיהם.

על כן, הגם שהגותו אכן רלוונטית לציונות הדתית, אין היא נגזרת במהותה מהשקפת עולמה של הציונות הדתית ואינה מהווה חלק אורגני ממנה.

פרק 27

חשיבותה של מדינת ישראל

שתי הבריתות ומדינת ישראל

בשנת 1935, בביקורו היחיד בארץ ישראל, הגיש הרב סולוביצ׳יק את מועמדותו למשרת הרב הראשי של העיר תל אביב כנציג "אגודת ישראל", מפלגה דתית לא־ציונית ואולי אפילו אנטי־ציונית. לא ארכו הימים, ובשנת 1944 כבר שימש יושב־ראש הוועד המרכזי של תנועת "המזרחי" הציונית־דתית בארצות הברית. הרב מעיד כי תפנית זו לא הייתה לו קלה, כי הייתה כרוכה בדחיית מסורת משפחתו וגם עוררה את הסתייגותם של עמיתיו הרבנים:

> לא נולדתי בבית ציוני. אבות הוריי, בית־אבא שלי, רבותי וחברי היו רחוקים מהמזרחי... התקשרותי למזרחי באה בהדרגה...
> בניתי מזבח, עליו הקרבתי לילות נדודי שינה, ספקות ופקפוקים. אולם השנים של שואת היטלר, תקומת המדינה והישגי המזרחי בארץ ישראל שכנעוני בצדקת דרכה של תנועתנו. המזבח עודנו עומד גם היום, והקרבן עודנו מעלה עשן עליו...
> יהודים כמוני ואחרים, אשר שורשיהם יונקים מן הקרקע העתיקה של אביי ורבא ואשר התקשרו עם התנועה, הרי הם בבחינת יוסף,

הנדרשים להקריב על המזבח את מנוחת הנפש שלהם, יחסי חברות וידידות. (**חמש דרשות**, עמ' 23-24)[1]

מגוון גורמים, חלקם קשורים לגורל וחלקם לייעוד, תרמו לתמיכתו של הרב במזרחי ולתחושת מחויבותו האישית למדינת ישראל.

א. גורל – שלוש הדפיקות האחרונות מתוך שש הדפיקות שתיארנו לעיל בפרק 25 קשורות כולן בתרומתה של הקמת המדינה לשימור קיומו של עם ישראל. מדינת ישראל היא מקלט ליהודים נרדפים; ייסודה מלמד שגם ליהודים יש זכות הגנה עצמית; והיא משמשת מגן בפני סכנת ההתבוללות של יהודי התפוצות, אשר רבים מהם שומרים על הזהות היהודית שלהם דרך הזדהותם עם המדינה והדאגה לקיומה.

ב. ייעוד – מדינת ישראל תורמת להשגת המטרות הרוחניות של עם ישראל בכמה דרכים.

ראשית, במפעל יישוב הארץ וכינון הריבונות היהודית בה ישנו קיום של אחת מתרי"ג המצוות: "וְהוֹרַשְׁתֶּם אֶת הָאָרֶץ וִישַׁבְתֶּם בָּהּ..." (במדבר לג, נג).[2]

שנית, מדינת ישראל מהווה סביבה טבעית ואוהדת ללימוד תורה. בה יכול עם ישראל להקים מחדש את מרכזי התורה שנחרבו באירופה.[3] באמצעות הסיוע לכינון הריבונות היהודית בארץ ישראל והקמת

1. למעשה, אביו של הרב כבר יצר קשרים עם המזרחי כאשר מונה בשנת 1920 כראש ישיבת בית המדרש לרבנים "תחכמוני" בוורשה, שהיה מזוהה עם תנועת המזרחי. השאלה בדבר העיתוי המדויק של מעברו של הרב מאגודת ישראל למזרחי הועלתה במאמרו של הרב שלמה פיק, "The Rav: Biography and Bibliography", **בד"ד** 6 (תשנ"ח), עמ' 31-37. בכל אופן, עניינו כאן הוא בתפיסה העצמית של הרב. הדברים שצוטטו לעיל הובאו מתוך דרשה שנאמרה בפני פעילי המזרחי בארצות הברית בשנת 1962.
2. "על אהבת התורה וגאולת נפש הדור", עמ' 424-425; **חמש דרשות**, עמ' 88-89. ראו גם **לעיון נוסף**, 1.
3. **חמש דרשות**, עמ' 20-22.

מוסדות תורניים בארץ סללה המזרחי את הדרך להמשכיות הקיום הרוחני היהודי בעקבות שקיעתה של החברה היהודית המסורתית – שקיעה שראשיתה בתקופת ההשכלה ושיאה בחורבנה בשואה. בכך עשתה המזרחי כמעשה יוסף, אשר צפה את הבאות – את המכשולים שיעמדו בדרכם של ממשיכי אורח החיים המסורתי של אבותיו בארץ כנען הענייה והנידחת – וסלל את הדרך להצלחת המשכיותה של הרוח היהודית אפילו באימפריה הפרעונית המפותחת. כמו יוסף בשעתו, גם מנהיגי המזרחי נתקלו, בעקבות עמדתם ומעשיהם, בדחייה ובהתנגדות מצד אחיהם שלא היטיבו לראות למרחוק כמותם.

שלישית, לא רק לימוד התורה עשוי להפיק תועלת מקיומה של מדינת ישראל, אלא אף יישום התורה – זאת מאחר שבמסגרת המדינה ניתן להחיל את ההלכה על מגוון נושאים, ובכלל זה בתחומי הטכנולוגיה המודרנית והחיים הציבוריים. ישנם כאלה הסבורים כי התורה אינה יכולה להתקיים בחברה מודרנית – ולכן עליה להשתנות בהתאם לזמנים המשתנים (דעתם של הרפורמים), או לחילופין, עליה לסגת ולהתבצר בחומות (דעתם של החרדים). הרב הזדהה לחלוטין עם עמדת המזרחי, שעל פיה התורה צריכה ויכולה לפעול בעולמנו: התורה יכולה לכל אתגר וניתן ליישמה בכל הנסיבות.[4] מכאן תקוותו שמדינת ישראל תהווה מסגרת שבתוכה תוגשם ברית הייעוד באמצעות קידום ערכי התורה ובאמצעות יישומה של ההלכה בכלל התחומים של הפעילות האנושית.[5]

הרב הרגיש בעוצמה את קשרו הנצחי של היהודי לארץ ישראל, והעיד בהזדמנויות שונות כי את האהבה לארץ הקדושה הוא ספג מאביו וסבו.[6] יתרה מכך, הוא האמין כי ההשגחה העליונה הכריעה

4. **חמש דרשות**, עמ' 100-103, 112-113, ו"מה דודך מדוד", עמ' 90-91 (נראה כי העמדה שהרב מציג בתור "יש אומרים" היא שלו עצמו, כעמדה מנוגדת לזו של דודו הגרי"ז).
5. "קול דודי דופק", עמ' 52-53.
6. ראו, לדוגמה, "על אהבת התורה", עמ' 422-423; **חמש דרשות**, עמ' 23-24;

כי במחלוקת בין הציונים הדתיים לבין החרדים מתנגדי הציונות, הצדק עם הראשונים.[7] אף על פי כן, כאשר אנו מנסים לבחון אילו מרכיבים של הייעוד היהודי ניתן להגשים **רק** בארץ ישראל, אנו מוצאים כי מדובר רק בראשון שבהם – המצווה הספציפית של יישוב הארץ. הרב סבר כי את המרכיבים המקיפים יותר של ברית הייעוד, דהיינו הקמת מוסדות תורניים, חתירה לקדושה ויישום ההלכה בחברה המודרנית, ניתן להגשים גם בתפוצות. כפי שראינו בפרק 18, הזדהותו של הרב עם תנועת המזרחי התבססה לא רק על פעילותה למען קידום החיים הדתיים במדינת ישראל, אלא על עקרונות פילוסופיים רחבים הנוגעים לכל מקום: אמונה בפתיחות, בפעילות אנושית, ביצירתיות ואמונה בכוחה של התורה לזכך את האדם ואת החברה.[8]

ב"קול דודי דופק" ובכתבים אחרים מבטא הרב את אמונתו העמוקה כי יד ה' נגלתה בהקמת המדינה.[9] עם זאת, העובדה כי יד ה' נוכחת בתקומת עם ישראל בארצו, אין פירושה בהכרח כי מדינת

איש על העדה, עמ' 260.

7. **חמש דרשות**, עמ' 17-24. גם בדיון על "שש הדפיקות" עולה סוגיה זו.

8. ראו גם את דבריו רבי־העוצמה **באיש על העדה**, עמ' 227-228: "אני רואה במזרחי ובפועל המזרחי שני דברים: (1) מפלגה פוליטית בארץ אשר על חשבונה אני זוקף את רובם של הישגי הציבור הדתי שמה... (2) תנועה גדולה בעלת אידיאולוגיה מסוימת והשקפת עולם שכוחה יפה בין בארץ ובין בגולה. ביד תנועה זו נתון המענה לבעיה חמורה: איך אפשר להכניס את עולם הנצח שלנו לתוך ההוד של העולם המודרני? איך יכולים אנו לעמוד עמידה חזקה ורבת אונים בתוך תוכה של החברה המודרנית ולקדש את המתחדש והמתרחש בה יום יום בקדושה עליונה? אין אני יכול להיספח לשום חברה או אגודה אשר כתבה על דגלה: פרשו מן העולם הגדול למערות אפלות והיבדלו ממנו ומכלל ישראל. בריחה זו מן המערכה היא תחילת נפילה ומעידה על חוסר אמונה בנצח היהדות ובכוחה להשתלט גם על החיים החדישים השוטפים בעוז, על כל חשרת חילופי צורה ודיוקן שלהם. לפי תפיסת עולמה של תנועתנו, כַּבִּירת אונים היא היהדות ולא יבצר ממנה דבר, גם בחברה מפותחת ביותר חורגת וכובשת שטחי טבע חדשים".

9. ראו, לדוגמה, **חמש דרשות**, עמ' 109-112. לגבי השאלה אם יש לומר "הלל" על הנס הזה, ראו **לעיון נוסף**, 2.

ישראל מייצגת את "ראשית צמיחת גאולתנו". כמו כן, היות המדינה חסד פלאי מעם ה' אינה מצביעה בהכרח על כך שהיא נושאת ערך בפני עצמה. דעתו של הרב היא כי מדינת ישראל מהווה הזדמנות – הזדמנות חשובה אך לא היחידה – העומדת לפתחו של עם ישראל, לשמר את קיומו ולהגשים את ייעודו. הגשמת התכלית העליונה בדמות שילובן של שתי הבריתות, שמשמעותה התעלות האומה מעם של גורל לגוי־קדוש של ייעוד, אינה מוגבלת לארץ ישראל. המדינה היא מכשיר המשרת (או אמור לשרת) את הגשמת הערכים הרחבים יותר של עם ישראל ותורת ישראל.

הדרך השלישית

הרב סבר, אם כן, כי מדינת ישראל היא מתנה מעִם ה', לא פחות; כי יש לה תפקיד חשוב בשימור קיומו הפיזי של עם ישראל וזהותו; וכי טמון בה הפוטנציאל לשמש תשתית להשגת הייעוד שלו. יחד עם זאת, הוא סבר כי המדינה אינה **יותר** מזה. באיגרת משנת 1957 מציג הרב את עמדתו לעומת שתי גישות אחרות המצויות בקרב היהדות האורתודוקסית:

> אני מסכים על ידו, כי ישנה דעה הלכתית שלישית שאינה מקבילה לא לדעת שתומי העין השוללים, וגם לא לסברת ההוזים המחייבים חיוב מוחלט – עד כדי זיהוי עם התכלית העליונה של הווייתנו ההיסטורית והעל־היסטורית – את המדינה. דעה שלישית זו (שהלכה כמותה בכל מקום), אני מרשה לעצמי לנחש, תחייב את המדינה ותוקיר תקומתה והתמדתה מתוך חיבה והתמכרות, אבל לא תפריז על ההערכה יותר מדי עד כדי גלוריפיקציה והאלהה.[10]

10. **איש על העדה**, עמ' 198.

"שתומי העין" הם החרדים, והרב סולוביצ'יק מבקר אותם על כי הם מסרבים להכיר בנס של הקמת המדינה, שוללים את משמעותה ההיסטורית ואינם מגלים עניין בנטילת חלק פעיל בפיתוחה.[11] ה"הוזים" הם תלמידיו של הרב קוק, הרואים את מדינת ישראל כבעלת ערך רוחני עצמי ומייחסים לה תפקיד מכריע במילוי ייעודו של עם ישראל. לפני שנצביע במדויק על הנקודה שבה חלוק הרב סולוביצ'יק עם מחנה זה, עלינו להבין את גישתו הכוללת של הרב קוק למשמעותה הדתית של מדינת ישראל – מדינה אשר בימיו עדיין לא קמה.

הרב קוק סבר כי היהדות מיוסדת על שתי "אידיאות", הלאומית והאלוקית.[12] אין לזהות בין מונחים אלה לבין המושגים גורל וייעוד. ראשית, גורל וייעוד מתקיימים ביחס של היררכיה, ולא ברור לגמרי אם זהו היחס בין הלאומי לָאלוקי בהגותו של הרב קוק. שנית, האידיאה הלאומית משמעה שעם ישראל יכול לתת ביטוי למהותו הפנימית רק באמצעות כינון ריבונות פוליטית בארץ ישראל, ואילו הגורל הינו ממד של הקיום היהודי בכל מקום ותחת כל ריבונות שהיא. הרב קוק סבר כי במשך אלפיים שנות הגלות לקתה היהדות עצמה בחסר מאחר שנעדר ממנה המרכיב הלאומי של זהותה. מתוך השקפה זו נתפסים הציונים החילונים כ"מורדים קדושים", מפני שאף כי הם דוחים את האידיאה האלוקית, הם מסייעים לתחייתה של היהדות עצמה בהשבת האידיאה הלאומית. בהשבת הריבונות היהודית בארץ ישראל הם מחברים מחדש את האומה לאחד משני מקורות חיוניותה – מקור שהיה נעדר עד כה – ובכך הם מתחילים תהליך בלתי נמנע של גאולה. בין אם מקימי

11. במקרא, בלעם בן בעור הוא "הַגֶּבֶר שְׁתֻם הָעָיִן" (במדבר כד, ג; כד, טו). כפי שמציינים שם האבן־עזרא והרמב"ן, מונח זה הוא יחידאי במקרא, ועל כן רבו בו הפירושים. הרב סולוביצ'יק כנראה מבין אותו בהתאם לגמרא המפרשת כי בלעם היה סומא באחת מעיניו (סנהדרין קה ע"א; נדה לא ע"א), וכידוע, אדם כזה רואה ראייה דו־ממדית.

12. להצגה יסודית של השקפת הרב קוק בסוגיה זו ראו מאמרו "למהלך האידיאות בישראל" בתוך **אורות** (ירושלים, תשמ"ה), עמ' קב-קיח. דבריו מכוונים גם לאדם באשר הוא אדם, אבל אנחנו נתמקד ביישומם לגבי עם ישראל.

המדינה היו מודעים לכך בין אם לא, בהקמת המדינה טמון ערך רוחני אינהרנטי; המדינה היא בבחינת "יסוד כיסא ה' בעולם", ולכן "מדינה זו היא באמת היותר עליונה בסולם האושר".[13]

רעיונות כמו תהליך היסטורי דטרמיניסטי, מהויות אינהרנטיות ומרידות קדושות זרים לתפיסתו של הרב סולוביצ'יק. אין הוא מייחס שום ערך אינהרנטי לריבונות, מלבד הערך של הגשמת המצווה הספציפית של יישוב הארץ. כמו כן, אין הוא מייחס שום ערך רוחני אינהרנטי למדינה, אלא רואה בה מכשיר גרידא להשגת מטרות אחרות.[14] מטרות אלו (דהיינו גורל וייעוד) הן אותן מטרות שיהודים חתרו אליהן במשך שנות הגלות הארוכות, שהרי ניתן להשיגן גם בגולה. פרופ' יעקב בלידשטיין מציין כי הרב סולוביצ'יק, להבדיל מן הרב קוק, אינו מקבל את הביקורת הציונית על החיים היהודיים בגולה. מסיבה זו, אין הרב רואה צורך בתחייה של היהדות, ובאותה מידה אין הוא רואה את המרידה של הציונות החילונית בדת כשלב הכרחי בביטוי הדיאלקטי של המהות היהודית.[15]

יתרה מכך: הרב סולוביצ'יק מאמין כי אם יש אופי לאומי יהודי, אין הוא מולד או מהותי אלא הוא מעוצב בהשפעת ההתנסויות ההיסטוריות שחוותה האומה. הרב אינו מדבר על "מהותו" של עם ישראל, ולא זו אף זו, אין הוא מתייחס לקדושתה של ארץ ישראל

13. אורות ישראל ו, ז, בתוך **אורות**, עמ' קס.

14. בשיעורי "ירחי כלה" שניתנו בקיץ 1978 וקיץ 1981, הציע הרב סולוביצ'יק כי המצוות למנות שופטים בכל עיר בארץ ישראל ולבער עבודת אלילים מארץ ישראל הן קיומים של המצווה לרשת את הארץ וליישבה. על בסיס תובנות אלה, מציע הרב יאיר קאהן לראות את שתי המצוות האלה לא רק כתוספות למצוות כיבוש הארץ ויישובה, אלא כמגדירות את מהות מצוות ירושה וישיבה. במילים אחרות, ריבונות בלבד אינה מספקת, אלא שהריבונות מהווה "הכשר מצווה" להשגת תכליות רחבות יותר של צדק ועבודת ה'. ראו מאמרו "להעביר גילולים מן הארץ", **עלון שבות** 145 (תשנ"ה), עמ' 13–23.

15. "על עם ישראל בהגותו של הרב יוסף דוב סולוביצ'יק", בתוך **אמונה בזמנים משתנים: על משנתו של הרב יוסף דוב סולוביצ'יק**, ערך אבי שגיא (ירושלים, תשנ"ז), עמ' 159–160.

כתכונה מטפיזית מהותית. פרופ' בלידשטיין מספר כי הרב התייחס לתפיסה כזו כדרך חשיבה מיתית: "אני זוכר שהוא פיתח את רעיון קדושת הארץ לא כקדושה 'מיתולוגית' אלא כפונקציה של הארץ כמספקת הקשר ובסיס לחברה קדושה (שוב כיוון מיימוני ביסודו)".[16] בקטע חריף מציין הרב כי גישות המדברות על קדושה מהותית קרובות לפֶטישיזם, כלומר, אמונה בכוחם העל-טבעי של עצמים גשמיים:

> [בעיני רבי יהודה הלוי והרמב"ן], תכונת הקדושה המיוחסת לארץ ישראל היא איכות מטפיזית אובייקטיבית הטבועה בארץ. עם כל הכבוד שאני חש כלפי הראשונים, אני חייב לחלוק על עמדה כזאת. אין אני סבור כי עמדה זו משכנעת מבחינה הלכתית. הקדושה בהיבט הלכתי היא יציר אנוש; ליתר דיוק, היא קטגוריה היסטורית. אדמה מתקדשת בעקבות אירועים היסטוריים שחוללו אנשים קדושים, ולעולם לא עקב עליונות ראשיתית. המונח ההלכתי "קדושת הארץ" מורה על תוצאה של מעשה ידי אדם, בין אם מדובר בכיבוש הארץ (מעשי גבורה), בין אם מדובר בישיבה בארץ (קרבת האדם לטבע). קדושת האדמה נעוצה אך ורק בזיקתו של האדם אליה. לחפץ דומם אין לייחס שום דבר באופן אפריורי. ייחוס קדושה אובייקטיבית לדומם מדיף ריח של פטישיזם.[17]

16. שם, עמ' 160.
17. *The Emergence of Ethical Man*, עמ' 150. בעניין מושג הקדושה בכתבי הרב, ראו להלן בפרק 28, **לעיון נוסף**, 3. ראו גם **אדם וביתו**, עמ' 86: "היהדות החזיקה מאז ומעולם בדעה כי הקדושה איננה עניין אובייקטיבי הטבוע במהותו של אובייקט כלשהו; היא איננה שרויה בחפץ הקדוש בלא תלות בדרך שבה מטפלים בו. אנו מתנערים מן הרעיון שישנה קדושה כשלעצמה, מתת מטפיזית מתמידה שאינה מביאה בחשבון את יחסו של האדם אל האובייקט. גישה שכזו אל מושג הקדושה תגבול בפטישיזם ובאיסורי טאבו פרימיטיביים. הקדושה נולדת על ידי מעשיו של האדם ועל ידי חוויותיו, ואף נקבעת על ידם. ברגע שהאדם מאמץ לו גישה גסת רוח כלפי החפץ הקדוש, מסתלק לו יסוד הקדושה. זו, הקדושה, אינה מתבטאת בסגולה פורמאלית כלשהי של חפץ או של מוסד, אלא בקשר שנוצר בינם ובין האדם. זו חוויה יותר משזו תכונה תרומית".

ברור אם כך שהרב קוק והרב סולוביצ׳יק יוצאים מנקודות הנחה שונות לגמרי. אבל גם בבית מדרשו של הרב סולוביצ׳יק יש התוהים מדוע לא הקדיש תשומת לב מרובה יותר לערכים מסוימים שלכאורה מתאימים להשקפת עולמו ונובעים ממנה. כמה הוגים מתלמידיו הוסיפו לפתח מושגים על בסיס קווי המחשבה שהתווה הרב. כך, למשל, אחד מתלמידיו המובהקים, הרב אהרן ליכטנשטיין, סבור כי מדינת ישראל מאפשרת קיום חיים יהודיים מלאים יותר ואורגניים יותר, חיים שבהם משולבים תחומי קיום שונים, בניגוד לחיים המפוצלים המאפיינים את הקיום היהודי בתפוצות. במדינת ישראל, אפילו להיבטים של חיי היומיום יש ערך חברתי ודתי, כי גם בהם טמונה תרומה לבניין הארץ ושגשוגה – ועל ידי כך נוצרת תחושה של חיים שלמים יותר. הרב ליכטנשטיין אינו שולל מן החיים היהודיים בגולה לא את הלגיטימיות ולא את הערך, אך הוא רואה בישראל את מרכז החיים היהודיים ואת מוקד עתידו של הקיום היהודי. ומעל לכול, קדושת הארץ – גם במובן ההלכתי גרידא, ולא המיסטי – משַׁווה לשמירת המצוות בארץ ישראל איכות מיוחדת ותחושה של הסתופפות תחת כנפי השכינה. ואכן, היבטים אלה של ארץ ישראל ושל החיים הלאומיים בה משכו אליה את הרב ליכטנשטיין, והוא עלה ארצה.[18]

אף לא אחד מן המרכיבים הללו היה זר לרב סולוביצ׳יק, אך כאמור אין הוא מדגיש אותם. פרופ׳ בלידשטיין מעיר כי

18. ראו מאמרו "On *Aliya*: The Uniqueness of Living in *Eretz* Yisrael," *Alei Etzion* 12 (5764), pp. 15–22 (etzion.org.il/en/aliya-uniqueness-living-eretz-yisrael). במאמר המדגים יפה כיצד מימשו תלמידי הרב סולוביצ׳יק את דרישתו מהם לחשוב בעצמם, להיות תלמידים ולא חסידים, מונה הרב נתנאל הלפגוט היבטים נוספים של הקיום הלאומי היהודי שלא זכו לתשומת לב בתורת הרב: האוטונומיה היהודית כביטוי למלכות ישראל; האפשרות ליישם את ההלכה בסוגיות לאומיות בכל הרמות של האחריות הממשלתית; הפוטנציאל לעצב ישות מדינית על פי ערכים יהודיים – וכתוצאה מכך האפשרות להיות ״אור לגויים״. ראו R. Nathaniel Helfgot, "On the Shoulders of a Giant: Looking Back, Yet Looking Forward," *Tradition* 39:3 (Fall 2006), pp. 31–37.

> דימוי זה של מדינת ישראל כהגשמה פוטנציאלית של הייעוד המוסרי והחברתי הרחב ביותר של היהדות, ייעוד המבוסס על מחויבות בריתית רחבה, נתפס על ידי רבים מתלמידי הרב כמשתמע מדבריו. מעניין (וחבל?) שדימוי חיובי ומעורר זה, אינגו חוזר תדירות בטקסטים שהופיעו בדפוס.[19]

דמותו של יוסף התנ"כי הייתה מקור השראה לרב יוסף סולוביצ'יק. יוסף דאג בעיקר להבטיח את המשכיות מסורת אבותיו גם כשמקום מגוריו הועתק לארצות נכר. על פי תפיסתו של הרב, ארץ כנען וממלכת מצרים אינן רק מקומות גיאוגרפיים אלא גם ייצוגים של תרבויות: התרבות הפשוטה והעתיקה מול המתוחכמת והחדשה. בימינו, גרס הרב, את המטלות של התמדת התורה ויישומה בסביבות חיים חדשות מן ההכרח יהיה לבצע גם בישראל וגם בתפוצות. הוא השקיע את מרב מאמציו, מרצו ויצירתיותו בהגשמת המטרות הללו במדינה המובילה בעולם המערבי. בו בזמן, הוא היה מעורב בהבטחת שימורם של חיי תורה במדינת ישראל ובעיצוב אופייה ועתידה של המדינה הצעירה, והביע עניין רב בכך. עתה מוטלת על דור חדש החובה להמשיך את פועלו של הרב בשני המרכזים של החיים היהודיים.

לעיון נוסף:

1. **מצוות יישוב הארץ:** הרמב"ם אינו כולל מצווה זו **בספר המצוות**, אך הרמב"ן מונה אותה כאחת מן המצוות שהשמיט הרמב"ם ושיש להוסיפן לרשימת המצוות (מצוה ד). אף שממשיכי תורתו של הרב קוק מייחסים משמעות רבה לקביעתו של הרמב"ן, המהווה עיקרון מנחה לפעילותם החברתית־פוליטית ומוקד של תפיסת עולמם, הרב יהודה עמיטל מציין ("משמעותה של משנת הראי"ה לדורנו", **עלון**

19. בלידשטיין, שם.

שבות בוגרים ח [תשנ"ו], עמ' 137) כי הרב קוק מביא דברים אלו של הרמב"ן רק פעם אחת בכתביו הרבים. נראה כי גם הרב קוק וגם הרב סולוביצ'יק אינם רואים במצווה זו אלא אחת מן המצוות, ולכן הרב קוק מבסס את הערך העצום שהוא מייחס לריבונות יהודית על שיקולים אחרים, בעוד הרב סולוביצ'יק אינו מייחס לריבונות ערך נעלה במערכת הערכים של היהדות. למרות האמור לעיל, יצרו ממשיכי דרכו של הרב קוק זיקה בין החשיבות העצומה של הריבונות לבין מצוות יישוב הארץ (אשר מעמדה שרוי במחלוקת בין הראשונים), ולכן העמידוה בראש סולם המצוות.

2. **"הלל" ביום העצמאות:** קיימות כמה גרסאות באשר לעמדתו של הרב לגבי אמירת "הלל" ביום העצמאות. גם אם נניח כי הרב התנגד לה, הרב אהרן ליכטנשטיין מציין שאי אפשר לגזור מסוגיה הלכתית זו שום מסקנות לגבי עמדתו של הרב כלפי הציונות ומדינת ישראל (ראו מאמרו "על יחסו של הגרי"ד סולוביצ'יק ז"ל לציונות", **עלון שבות בוגרים** יז [תשס"ג], עמ' 157–160). הרב ליכטנשטיין משווה את הסוגיה לעמדתם של "שמונים וחמישה זקנים, ומהם שלושים וכמה נביאים" אשר חשו צער על כי מטעמים הלכתיים אינם יכולים להיענות לבקשתם של מרדכי ואסתר לכונן מצווה חדשה של קריאת המגילה (ירושלמי מגילה א, ה). האם פירושו של דבר כי הכחישו שאירע נס בשושן הבירה, או סברו שהצלתם של היהודים מידו של המן הרשע ומזימתו הייתה בלתי חשובה? באנלוגיה לכך סבור הרב ליכטנשטיין כי הרב סולוביצ'יק הכיר בגודל הנס בימיו (הקמת המדינה), אך יחד עם זאת לא חש בהכרח כי ההלכה מצדיקה את יצירתם של טקסים חדשים.

ועוד, הרב סולוביצ'יק סבר שהמשמעות האמתית הטמונה באירועים תתגלה רק עם חלוף הזמן. לכן, כשם שהמתינו חז"ל לפני שהכריזו על חנוכה כחג (שבת כא ע"ב), כך גם עלינו לא להיחפז ביצירת חגים וריטואלים חדשים בעקבות הקמת המדינה

או בעקבות הניצחון המדהים של מלחמת ששת הימים. כך מובא בשמו על ידי הרב דוד הרטמן, *Conflicting Visions* (New York: Schocken, 1990), pp. 23, 158; ועל ידי הרב צבי שכטר, **נפש הרב** (ירושלים, תשנ"ד), עמ' 94.

3. **קריאת "קול דודי דופק" בישראל:** הרב ד"ר אברהם וולפיש, פרופ' דב שוורץ והרב יובל שרלו דנו מעל דפיו של כתב העת *Tradition* 39:3 (Fall 2006) באופן התקבלותו של המאמר "קול דודי דופק" בישראל: השפעתו המצומצמת, נקודות המבט החדשניות שהוא מציע, והפוטנציאל הטמון בו לעורר עניין בעקבות התמורות והשינויים הדתיים והתרבותיים שהציבור הדתי־לאומי עובר בשנים האחרונות.

חלק ו

ההלכה והמסע הרוחני

פרק 28

הדיאלקטיקה של איש ההלכה

במאמר הגדול הראשון שפרסם הציב הרב סולוביצ׳יק לעצמו מטרה שאפתנית במיוחד: לתאר את אישיותו ואת מטרותיו של איש ההלכה, ״בעל הוויות אביי ורבא״ (עמ׳ 15).[1] הוא הציע ״לחדור לתוך כבשונה של תודעת איש ההלכה ולעמוד על מהותו של טיפוס ׳מוזר ומשונה׳״ (שם). איש לא ניסה לעשות זאת בעבר, והתוצאה המצערת היא, על פי הרב, ״שאין לב חכמי הדת גס״ בדמותו ובאופיו של איש ההלכה (עמ׳ 11).

הקושי במשימה שהרב הציב לעצמו נובע מכך שאיש ההלכה הוא בעל אישיות מורכבת: ״שתי דמויות המכחישות זו את זו משתקפות באיש ההלכה, שתי בבואות, שאין ראי זו כראי זו, מתגלמות בנפשו ורוחו״ (שם). בשיטתו הטיפולוגית המוכרת – הזכורה לנו במיוחד מ**איש האמונה הבודד** – מתחיל הרב סולוביצ׳יק את תיאורו של איש ההלכה בהצגת שתי דמויות אידיאליות: הפעם אלה הם איש הדעת ואיש הדת.[2] את איש הדעת מדגים הפיזיקאי המתמטי, העוסק אך ורק בעולם המציאות הפיזית ומנסה להגיע לידי שליטה שִׂכלית בו. איש הדת, לעומתו, הוא טיפוס רוחני ומיסטי, המתמקד במסתורין שבטבע ומבקש להתעלות מן העולם הגשמי ולעבור אל עולם שכולו

1. לפרטים ביבליוגרפיים ראו **לעיון נוסף**, 1. כל הפנייה סתמית בפרקים 28–30 מתייחסת ל**איש ההלכה**.
2. בתחילת פרק 2 דנו בכוונתו של הרב בהתייחסו ל״טיפוסים אנושיים אידיאליים״.

רוח. איש ההלכה דומה לשני הטיפוסים הללו אך גם שונה מהם – ובכך ייחודו.

> מצד אחד, רחוק הוא מאיש הדת הכללי כרחוק מזרח ממערב, ושווה בהרבה דרכים לאיש הדעת הפרוזאי, ומצד אחר הרי הוא איש האלקים, בעל גישה אונטולוגית מקודשת לשמים ותפיסת עולם נהנה מזיו השכינה. ולפיכך קשה לבדוק את תודעתו הדתית של איש ההלכה בסימנים המובהקים שהפסיכולוגיה התיאורית והפילוסופיה המודרנית של הדת נתנו באישיות הדתית... מקצתו הוא איש הדת, ומקצתו – איש הדעת, וכולו מובדל ומופלה משניהם. (עמ׳ 11–12)

הספר **איש ההלכה** הוא יצירה רחבת יריעה, עמוקה ומרתקת. כדי להבין אותה עלינו לנתח, ראשית כול, את שני הטיפוסים – איש הדעת ואיש הדת – ולהבין במה דומה איש ההלכה לכל אחד מהם ובמה הוא שונה. זאת תהיה מטרתנו בפרק הנוכחי. לאחר מכן, בשני הפרקים הבאים, נבחן אילו מטרות מנסה איש ההלכה להשיג, ננסה לזהות את הדמות או הדמויות שאיש ההלכה מבוסס עליהן, ונתהה מה היו מטרותיו של הרב בכתיבת המסה.[3]

לפני שננתח את "שתי הדמויות המכחישות זו את זו" באיש ההלכה, עלינו לשים לב לכך שבניגוד לרושם המתקבל מהצהרות הפתיחה שצוטטו לעיל, **איש ההלכה** אינו יצירה של תיאור וניתוח בלבד, אלא גם של סנגוריה. הספר מתאר טיפוס מסוים של אדם דתי, גישה מסוימת לדת והבנה מסוימת של ההלכה, ומגן עליהם. בעיני המתבונן מן החוץ, ה"למדן" או ה"תלמיד חכם" מצטייר כאדם יבשושי וקפדן השקוע בספר מאובק ומתעלם מן העולם שבחוץ ומן הרוח

3. מחקרים אחדים בחנו לעומק את **איש ההלכה**; כאן אגביל את הדיון לקווי המתאר העיקריים של הספר. ראו **לעיון נוסף**, 2.

שבפנים. העוצמה והמקוריות ביצירתו של הרב סולוביצ׳יק מסלקות את הדימוי המעוות הזה. על פי הדימוי החדש שהרב סולוביצ׳יק מציע, איש ההלכה מגלם בתוכו, דווקא דרך לימוד תורה קפדני ושמירת מצוות מדוקדקת, את צירוף תכונותיהם הטובות ביותר של איש הדת ושל איש הדעת.

איש ההלכה ואיש האמונה הבודד

איש הדעת, המדען והתיאורטיקן, מאופיין בשכליות נשגבת ויצירתית. איש הדת, המיסטיקן רודף האלוקים, מתאפיין בתשוקתו הדתית הבוערת. איש ההלכה, הלמדן השוחה בים התלמוד, נראה שונה מאוד משניהם. אם כך, כיצד ייתכן שאישיותו היא תוצר של שילוב בין השניים? נוכל להתחיל להבין את הדיאלקטיקה שיוצרת את איש ההלכה אם נשווה אותה לדיאלקטיקה שבין אדם א׳ (איש ההדר) לבין אדם ב׳ (איש הברית) ב**איש האמונה הבודד**.

אף כי אין איש ההדר ואיש הדעת טיפוסים זהים, הדמיון ביניהם רב.[4] שניהם בעלי אישיות פעילה וחדשנית; שניהם מאמינים באמונה שלמה בכוחו של השכל; ולשניהם יש תחומי עניין מוגבלים, ומחקרם מוגבל לתחום הניתן להבנה באמצעות השכל.

קשה ממנה ההקבלה בין איש הברית (אדם ב׳) לאיש הדת. ההבדלים ביניהם מכריעים. שניהם מחפשים את האלוקים, אך איש הדת רואה את העולם הגשמי על היבטיו הפיזיים והחברתיים כמכשול בפני הרוח, ואילו איש הברית אינו מחזיק בגישה דואליסטית כזאת. לכן, איש הברית מחפש רֵעות, ואילו איש הדת נותר לבד; איש הברית מבקש ליצור מערכת יחסים עם הא־ל, ואילו איש הדת מבקש לאבד

4. בהמשך נבחן את פעילותו המדעית של איש הדעת, ויתברר לנו שהוא מדען בעל נטייה תיאורטית יותר, בעוד איש ההדר עוסק במדע טכנולוגי־יישומי. הבדל זה אינו משפיע על הרעיון המוצג לעיל.

את עצמו בתוך האינסוף; איש הברית חש בודד בעולם, ואילו איש הדת מרגיש לכוד בתוך העולם.

איש הברית מנסה להתגבר על בדידותו על ידי בניית מערכות יחסים עם הא־ל ועם אנשים אחרים. איש הדת, כרומנטיקן, מנסה להימלט מהכלא הגשמי על ידי חקירת תעלומות אזוטריות, חקירה שבה הוא קופץ מעבר לתחום ההיגיון האובייקטיבי אל תחומן של התחושות הסובייקטיביות. ניסיון זה גורם לאיש הדת למעברים חדים בין אקסטזה לעצבות – דבר הגורר לעתים קרובות סגפנות, חרדה וייסורי נפש.[5]

איש הברית, אם כך, הוא טיפוס בריא יותר מאיש הדת, ועובדה זו משפיעה על טבעה של הדיאלקטיקה בכל אחד מהספרים. בעוד **באיש האמונה הבודד** קורא הרב לאדם לשמר את שתי העמדות, הן של איש ההדר הן של איש הברית, תוך מעבר דיאלקטי מתמיד בין שתיהן, גיבורו של **איש ההלכה** מתעלה מעל השניות שבין איש הדעת לאיש הדת ואינו חוזר, לאחר מכן, אל עמדתו של מי מהם. במונחים שפיתחנו בפרק 3: הדיאלקטיקה **באיש האמונה הבודד** הִנה דיאלקטיקה קירקגורית, שבה נשמר מתח מתמיד בין התזה לאנטי־תזה, ואילו זו **שבאיש ההלכה** היא דיאלקטיקה הגליאנית, שבה נוצרת מתוך שתי התזות המנוגדות עמדה שלישית, סינתזה.

העדפת הדיאלקטיקה ההגליאנית **באיש ההלכה** מתבקשת לנוכח יחסו השלילי המובהק של הרב לצד אחד של המשוואה הדיאלקטית בחיבור זה, איש הדת. הרב סבור שהוא מגלם, או עלול לגלם, את מה שוויליאם ג'יימס מכנה "הנפש החולה".[6] אך לשימוש בסוגי

5. אף שאיש הדת אינו רואה חשיבות בעולם הגשמי ומתמקד בעולם הרוחני בלבד, הרב מבהיר בעמ' 24–25 שאין הדבר מוביל אותו **בהכרח** לנקוט בגישה סגפנית קיצונית. כמה מחוקרי משנתו של הרב סולוביצ'יק התעלמו מנקודה זו. עם זאת, נכון הדבר שכאשר הרב חולק בהמשך על גישתו של איש הדת, הוא מתייחס בעיקר לטיפוס הסגפן.

6. ויליאם ג'יימס, **החוויה הדתית לסוגיה** (1902), תרגם יעקב קופליביץ (ירושלים, תש"ט), הרצאות VI ו־VII.

הדיאלקטיקה השונים בשני הספרים יש גם סיבה עמוקה יותר. הדיאלקטיקה הבסיסית בספר **איש האמונה הבודד** מתנהלת בין הכיבוש לבין ההקרבה, בעוד הדיאלקטיקה הבסיסית ב**איש ההלכה** מתחוללת בין התמקדות בעולם הזה לבין התמקדות בעולם הבא, או (אם להשתמש במונחים שנגדיר בפסקה הבאה) בין מטריאליזם לדואליזם. הרב רואה ערך הן בכיבוש הן בהקרבה, ולכן הוא משמר את הדיאלקטיקה הנצחית ביניהם ב**איש האמונה הבודד**; אך הוא פוסל הן את המטריאליזם הן את הדואליזם, ולכן ב**איש ההלכה** עליו למצוא עמדה שלישית שתגבר על חסרונותיהן של השתיים.

רוחניות של העולם הזה

איש הדעת, המטריאליסט, מכיר רק בקיומו של העולם הגשמי. איש הדת, הדואליסט, מכיר בקיומם של שני עולמות, הגשמי והרוחני, אך סבור שהם סותרים זה את זה, ומבקש להימלט מהראשון כדי לחיות בשני. איש ההלכה אינו יכול לקבל אף לא אחת מהדעות הללו:

> לא ראי איש ההלכה כראי איש הדת, המורד בשלטונה של המציאות ומבקש לו מקלט בעולם האצילות, ולא כראי איש הדעת, שאינו נתקל בהוויה טרנסצנדנטית. איש ההלכה מכיר את הטרנסצנדנטיות אבל אינו עולה אליה אלא מורידהּ אליו. במקום להעלות את התחתונים לעולם העליון, הוא מוריד את העליונים לעולם התחתון. (עמ' 44)[7]

7. דווקא באמצעות לימוד ההלכה ויישומה מוריד איש ההלכה את העליונים לעולם הממשי. התהליך יוסבר במחצית האחרונה של פרק זה. תפקידו הפעיל של איש ההלכה משתקף בתפיסתו של הרב את מושג הקדושה, כאפיון שאינו טבוע באובייקט, אלא נוצר בעזרת התערבות אנושית. ראו **לעיון נוסף**, 3.

ברור מדוע איש ההלכה, כאדם דתי, אינו יכול להסכים עם איש הדעת שאין דבר זולת העולם הגשמי ושאין להתעניין אלא בעולם הגשמי. אך כאן אנו נתקלים בשאלה אחרת: אם איש ההלכה מסכים עם איש הדת על כך שיש עולם רוחני עליון ועל כך שיש לשאוף למגע איתו, מדוע אין הוא מצטרף אל איש הדת במשימתו לעלות לעולם העליון? מדוע עליו להישאר נטוע בעולם הזה, בעת שהוא שואף לקשר עם העליונים? איזו סיבה יש לאדם דתי לרצות להישאר בעולם שאינו טרנסצנדנטי?

הרב סולוביצ׳יק מציע שלוש סיבות (עמ׳ 43-46).[8] ראשית, הוא סבור שעמדתו של איש הדת אינה מוסרית:

> איש הדת, שמבטו נעוץ בעליונים, שוכח לפרקים תכופים את התחתונים, ונכשל בשניות מוסרית וגם בצביעות. צא ולמד: מה עשו הרבה דתות לעולם בשל עריגתן להבקיע את מחיצות המציאות והקיום הממשי ולהימלט אל ספירות הנצח? בעטיים של צלילי הוויה נהדרה, שריחפו בסביבתם, לא קלטה אוזנם... אנקת אביונים ושוועת דלים... אין לך דבר הרע לנשמה, כחרבות לגוף, כמו היסח הדעת מן העולם הזה. (עמ׳ 43-44)

שנית, שאיפתו של איש הדת להפוך לישות רוחנית בלבד היא שאיפה חסרת בסיס; האדם הוא ישות גשמית מעצם טבעו, ועליו להכיר בכך.[9]

8. רעיונות אלו הוסברו בפרוטרוט בפרק 10 לעיל. נוסף על סיבות אלו, יש סיבה פילוסופית: איש ההלכה חייב להישאר נטוע בעולם הזה, מפני שלשכל אין גישה ישירה אל העולם הרוחני. ראו להלן בפרק זה תחת הכותרת ״מעלות ההכרה ההלכתית״ ובפרק 30.

9. באופן דומה לכך, בהערה 4 באיש ההלכה מציע הרב הסברים מוסריים ומציאותיים לכך שהחוויה הדתית אינה יכולה להיתפס כמשהו פשוט ושלֵו. הסיבה המציאותית היא שתיאור כזה יהיה פשוט שקרי: החוויה הדתית היא ״מסובכת וחמורה ומפותלת ביותר... מראשה ועד סופה אנטינומית ואנטיתיטית״ (עמ׳ 14). הסיבה המוסרית היא שהתשוקה לפשטות נובעת מהמרד נגד השכל והמחשבה האובייקטיבית (המעלים שאלות וטורדים את מנוחתו של האדם),

שלישית, דרכו של איש הדת אינה שוויונית; רק יחידי סגולה יכולים לשאוף לכך, בעוד ההלכה אמורה להנחות את הקהילה כולה.

איש ההלכה דוחה הן את המטריאליזם של איש הדעת, הן את הדואליזם של איש הדת, ובמקומם מאמץ גישה אחדותית המכירה בגשמי וברוחני גם יחד ובמקום לבטל את האחד לטובת האחר מבקשת לאחדם. כדי להבין כיצד הוא עושה זאת, עלינו לשאול כעת לא במה נבדל איש ההלכה מאיש הדעת ומאיש הדת, אלא במה הוא דומה להם.

כמו איש הדת, גם איש ההלכה "מתרפק על קונו" ו"נפשו צמאה לאל חי" (עמ' 43). גם הוא חש שעמידתו כישות סופית בפני הא־ל האינסופי מכחישה את קיומו מצד אחד, ומאשרת את קיומו מצד אחר (עמ' 62-65) – אך בניגוד לאיש הדת, הוא מתגבר על שניות זו באמצעות ההלכה.[10] ואחרי כל זאת, כמעט בכל מובן אחר, דומה הוא

ודחיית ההיגיון – באמצעות קידוש האינסטינקטים, החושים והרגשות הבלתי מרוסנים – תביא, בסופו של דבר, לשחיתות מוסרית. הוא מסיים במשפטים מלאי עוצמה:

> ומאורעות התקופה האחרונה [דהיינו השואה] יוכיחו. האדם המשתחרר מן העיקרון הרציונלי והפורק עול הדעת האובייקטיבית מעל צווארו, סופו לקצץ בנטיעות ולהחריב סדרי בראשית. ולפיכך נוח לה לדת להתאחד עם הדעת ההגיונית הבהירה והמלובנת – אף שלפעמים תכופות מתנגשות הנה הדדי – מלתנות אהבים עם השקפות מעורפלות מסתוריות, המגששות באפלת ההוויה בלי אבוקת המדע האובייקטיבי, וחושבות כי חדרו לתוך כבשונו של עולם. (שם)

ראו גם **התודעה ההלכתית**, עמ' 52-55, שם שוב פוסל הרב את הדחייה הרומנטית של השכל, בהכריזו כי "ההשלכות המוסריות של כל תיאוריה פילוסופית... יקבעו במקרים רבים את ערכה של השיטה כולה" (עמ' 52), ומוסיף ש"כאשר השכל נכנע בפני רגשות אפלים ומפוקפקים, אף סכר לא יכול לעצור את זרם הרגשות הגואה" (עמ' 53).

מנגד, גם השימוש בשכל ובהיגיון קר יכול להוביל לזוועות מוסריות, כמו במקרה של הקומוניזם. לכן, מבחן המוסר לא תמיד יעדיף את הגישה השכלתנית על פני גישות בלתי־רציונליות.

10. איש ההלכה מתגבר על המשבר הנובע מהשאלה "ומה הוא האדם, לאמיתו של דבר, לגבי ההוויה הגדולה ומעשי מרכבה?" (עמ' 64) בכך שהוא מבין כי "ההלכה הציבה את האדם בטבורו של עולמה" (שם).

דווקא לאיש הדעת: בשכלתנותו הקפדנית, במזגו השקול, בגישתו הרציונלית והאובייקטיבית לעולם, בנטייתו לכימות, ובהתמקדותו בעיקר בעולם הזה. כמו איש הדעת, הוא "מחזיק בכל מהותו בהוויה הממשית ובעולם הזה המוחשי" (עמ' 43) ו"עוסק בקונסטרוקציות מתוך חדוות חידוש ורטט יצירה ומקיש את מושכליו האידיאליים [כלומר, יצירות מחשבתו] אל העולם הריאלי, כמו שהמתמטיקאי עושה" (עמ' 42).

כיצד ניתן להשוות חיים של לימוד ההלכה ויישומה לחייו של מתמטיקאי? וכיצד ניתן לומר שחיים כאלה מביאים את העולם העליון לתוך עולמנו? כדי להסביר זאת מציג הרב שני רעיונות: ההלכה כמערכת קוגניטיבית, ומושג הצמצום. עקרונות אלה מגדירים את טבעה של ההלכה ואת פעילותו של איש ההלכה, ומדגישים את מעמדם הייחודי של ההלכה ושל איש ההלכה בעולם הדת.

איש המדע ואיש ההלכה

רעיון ה"הלכה כמערכת קוגניטיבית" יתחוור לנו לאחר שנבין את יחסה של התפיסה הניאו־קאנטיאנית אל המדע.[11] בדרך כלל, המדע נחשב לפעולה אמפירית ואפוסטריורית (כלומר: שלאחר־מעשה); משמע, המדען חוקר את המציאות ללא דעות מוקדמות, וכשהוא מגלה דפוס חוזר כלשהו במציאות הוא מתחיל לנסח חוקים כדי להסביר את התופעה שנצפתה.[12] התפיסה הניאו־קאנטיאנית, לעומת זאת, גורסת שהמדען בונה מערכת חוקים אפריורית (כלומר: של הנחה מוקדמת) ואידיאלית,

11. ליתר דיוק, זאת תפיסתו של מייסד אסכולת מרבורג של הניאו־קאנטיאניזם, הרמן כהן (שאת הגותו למד הרב סולוביצ'יק באינטנסיביות), וכן של תלמידיו פאול נטורפ (Natorp) וארנסט קסירר (Cassirer).

12. הרב מייחס גישה זו ל"פוזיטיביסטים" כגון דיוויד יום (Hume) ול"פרגמטיסטים" כגון ויליאם ג'יימס (עמ' 26, הערה 17). אך לאור טענתו של תומאס קון (Kuhn) בספרו **המבנה של מהפכות מדעיות** (שיקאגו, 1962; ובעברית, בתרגום יהודה מלצר: תל אביב, 1977, ובמהדורה מחודשת 2005) שכל מחקר מדעי נערך

ובוחן את הטבע דרכה. המערכת היא "אפריורית" כיוון שהקטגוריות אינן נובעות מהניסיון אלא ממחשבה טהורה; היא "אידיאלית" כיוון שהיא אינה חייבת להתאים למציאות, אלא רק לשמור על עקיבות פנימית. לאחר שהמדען מבצע את המהלך היצירתי הזה, הוא בוחן את העולם דרך הקטגוריות שהגה בעצמו ומחפש מתאם בין המציאות הממשית לבין המבנים שיצר.[13]

הרב סולובייצ'יק סבור כי פעולתו של איש ההלכה מקבילה לזו של המדען. ההלכה, הוא טוען, איננה רק מערכת נורמטיבית, אלא גם מערכת קוגניטיבית. במילים אחרות, היא איננה רק מערכת של חוקים המדריכה את חיי האדם היהודי, אלא גם מערכת מושגים המגדירה כיצד תופס איש ההלכה את העולם, מעין עדשה שדרכה הוא מתבונן בסביבתו:

> איש ההלכה כשהוא ניגש אל המציאות, הרי הוא בא ותורתו, שניתנה לו מסיני, בידו. מזדקק הוא לעולם בחוקים קבועים וכללים מוצקים. (עמ' 28)

נדגים זאת בדוגמה מפורסמת:

> כשאיש ההלכה נתקל במעיין המפכה חרש, הרי יש לו יחס אפריורי קבוע לתופעה ריאלית זו: הלכות מעיין בנוגע לטבילת זב, טהרה בזוחלים, מטהר בכל שהוא, כשרותו למי־חטאת וכו',

בתוך מסגרת של תפיסות רווחות (קון מכנה אותן בשם "פרדיגמות"), יהיה קשה לאמץ היום גישה כזאת, אף שהיא עדיין נפוצה בקרב הציבור הרחב.

13. תפיסה כזאת של המחקר המדעי עלולה להיראות מנוגדת להבנה הטבעית, אך בעת כתיבת **איש ההלכה** היא רווחה בקרב מדענים ופילוסופים של המדע כאחד. אם נחשוב בהקשר של מתמטיקה ולא בהקשר של פיזיקה, יהיה קל יותר להבין את הגישה. המתמטיקאי יוצר מבנים מופשטים ומתמקד בהם, בלי להתייחס לחוויות מהעולם הממשי. לאחר מכן, הוא חוקר את העולם באמצעות מבנים אלה ומוצא תופעות פיזיקליות המקבילות למבנים האידיאליים שהגה.

וכו׳. הוא מסתכל במעיין, מתחקה על טיבו, שורשו ומהותו. ישנם בידו כללים וחוקים אפריוריים, אידיאליים, הקובעים את אופי המעיין, והוא משתמש בדינים הללו, כדי להסיק שמעתתא אליבא דהלכתא, אם המעיין הריאלי מקביל לדרישות ההלכה האידיאלית או לא. (שם)

חוקי ההלכה ועקרונותיה ניתנו על ידי הא-ל, אך הם נתונים לפרשנות ולהמשגה בידי האדם. לכן זוהי הזירה העיקרית שבה איש ההלכה מבטא את היצירתיות שלו. ״איש ההלכה קיבל את התורה מסיני לא בתור מקבל פשוט אלא בתור יוצר עולמות, בתור שותף להקב״ה במעשי בראשית״ (עמ׳ 73). בגלל כפל פניה של ההלכה, איש ההלכה גם **מגלה** את העקרונות שנתן הא-ל בסיני וגם **יוצר** הַמְשָׂגָה של עקרונות אלו בכוחות עצמו.[14] לאחר שאיש ההלכה יוצר את עולם מושגי ההלכה האידיאליים, ״מזדקק הוא לעולם״ באמצעות מערכת ההנחות ההלכתיות שלו. כיוון ש״אין לך תופעה, יצור ובריאה, שאין ההלכה האפריורית ניגשת אליהם באמת מידתה האידיאלית״ (עמ׳ 28), חייב איש ההלכה לבחון את כל מרכיבי הבריאה: טבע, חברה, מסחר, משפחה, ממשל, נפש האדם וכן הלאה.

מעלות ההכרה ההלכתית

הרב מזהה אפוא שני שלבים בהכרה ההלכתית: יצירתו של עולם אידיאלי – ובחינת העולם הממשי על פיו.[15] כל אחד מהשלבים נותן מענה לבעיה שונה.

14. הרב סולובייצ׳יק מרחיב בעניין הקשר בין המרכיב האלוקי למרכיב האנושי של ההלכה ב״מה דודך מדוד״ וכן **בובקשתם משם**. ראו את הדיון להלן בפרק 35.
15. ראו גם את תיאור שני השלבים **באיש על העדה**, עמ׳ 289-291. בעקבות שני השלבים הללו העוסקים באובייקטיפיקציה, יכול האדם ליישם את השלב הסובייקטיבי של ״רקונסטרוקציה״. ראו פרק 31 להלן.

ראשית, כיוון שאיש ההלכה משלב בין השכלתנות היוצרת של איש הדעת לבין כמיהתו הטרנסצנדנטית של איש הדת, עולה השאלה: כיצד יכול אדם לגשת אל התחום הטרנסצנדנטי באמצעים שכליים? כהוגה בעל הכשרה מקפת בפילוסופיה של עמנואל קאנט, הרב סולוביצ׳יק נטה להימנע ממטפיזיקה.[16] בשל כך פונה הרב **באיש ההלכה** וביצירות אחרות לכיוון אחר ומעביר את מוקד הפעלת השכל האנושי מתחום המטפיזיקה אל תחום ההלכה. אמנם, האדם אינו יכול לתפוס את טבעו או את מהותו של הא־ל, אך הוא יכול ללמוד את התורה, שהיא מעין תוצר או ביטוי של רצונו של הא־ל וחכמתו. בכך יכול שכלו של האדם לחדור אל התחום הטרנסצנדנטי – ויותר מכך, לבטא בו יצירתיות.

השלב השני של ההכרה ההלכתית מתמודד עם בעיה שונה: אם איש ההלכה מתעניין כל כך במבנים האידיאליים שהם פרי מחשבתו, כיצד יכול הוא להישאר נטוע במציאות הממשית (דבר שהוא חייב לעשות, על פי הרב סולוביצ׳יק, מן הסיבות שנמנו לעיל)? התשובה היא שהוא משתמש במבנים האלה כקטגוריות שדרכן הוא תופס את העולם. השלב הזה בהכרתו של איש ההלכה מביא אותו להתמקד בעולם הזה; יתרה מזאת, שלב זה מביא את הא־ל לתוך העולם בכך שהוא מחיל על העולם קטגוריות השאובות מהעולם הטרנסצנדנטי. כפי שאומר הרב סולוביצ׳יק במקום אחר: "אין הוא מנסה לפרש את הא־ל במונחי העולם, אלא את העולם במונחי הא־ל" (**התודעה ההלכתית**, עמ׳ 45). האפשרות הראשונה ("לפרש את הא־ל במונחי העולם") הייתה פועלה של המטפיזיקה של ימי הביניים: שימוש בקטגוריות של השכל האנושי הסופי כדי להבין את האינסוף. על פי הרב, פעולה זו אינה אפשרית ואינה רצויה. האפשרות השנייה ("לפרש... את העולם במונחי הא־ל") היא פעולתו של איש ההלכה: שימוש בקטגוריות ההלכתיות, שנקבעו בשיתוף פעולה בין הא־ל

16. ראו פרק 30 להלן.

לאדם, כדי להכיר את העולם. פעולה זו אפשרית מבחינת תורת ההכרה וגם רצויה מבחינה מוסרית ורוחנית.[17]

איש הקבלה ואיש ההלכה

אחת הדרכים להביא את האלוקות אל תוך העולם היא באמצעות חשיבה הלכתית, דהיינו תלמוד תורה; דרך נוספת היא פעולה הלכתית, דהיינו שמירת מצוות. כדי לפתח רעיונות אלו, עלינו לראות כיצד מציג הרב מושג קבלי: הצמצום.

בקבלה – ויש לשים לב לכך שהמקובל הוא סוג של "איש הדת" – הצמצום הוא טרגדיה. לפני בריאת היקום מילא ה', כביכול, את הקיום כולו. כיוון שדבר סופי אינו יכול להתקיים במחיצת האינסוף, נאלץ ה' "לצמצם" את נוכחותו על מנת לפנות מקום לעולם. "איש הסוד רואה במציאות העולם כעין 'פגיעה' ח"ו, בכבודו של הקב"ה" (עמ' 49). העולם, אם כן, משמש מחסום בין האדם לבין הקב"ה; אם ייעלם העולם, יתאחד הכול בתוך אינסופיותו של ה'. כיוון ששאיפתו העליונה של המקובל ("איש הסוד") היא להתאחד עם ה', הצמצום מייסר את נשמתו.

איש ההלכה מבין את מושג הצמצום אחרת. לדידו הצמצום הוא מקור לאושר, המעניק משמעות לעצם קיומו. הרב סולוביצ'יק חוזר למשמעות המדרשית של המונח צמצום, שלפיה ה' אינו מצטמצם כדי **לפנות מקום** לעולם, אלא מצטמצם **אל תוך** העולם.[18]

17. בספר **התודעה ההלכתית** דן הרב בהרחבה ברקע האפיסטמולוגי המהווה בסיס לתפיסתו את ההלכה כמערכת קוגניטיבית. שימו לב ש-*homo religiosus* **בהתודעה ההלכתית** אינו זהה ל"איש הדת" **באיש ההלכה**. הגדרת *homo religiosus* **בהתודעה ההלכתית** כוללת כל אדם דתי, ואפילו את איש ההלכה עצמו.

18. על אף שהרב אינו אומר כך בפירוש, לורנס קפלן מבחין בדבריו של הרב שני שלבים של צמצום: "בשלב הראשון, שאותו מבצע הא־ל עצמו, הא־ל מצמצם את עצמו בתוך המרחב האידיאלי של מושגים הלכתיים אפריוריים... בשלב השני,

> בשעה שאמר הקב"ה למשה "עשה לי משכן", התחיל [משה] מתמיה ואומר: "כבודו של הקב"ה מלא עליונים ותחתונים, והוא אומר 'עשה לי משכן'"?... אמר הקב"ה: "לא כשם שאתה סבור כך אני סבור, אלא כ' קרש בצפון וכ' בדרום וח' במערב [יספיקו], ולא עוד אלא שארד ואצמצם את שכינתי בתוך אמה על אמה". (שמות רבה לד, א)

העולם אינו עלבון לא-ל או מחסום המפריד בין האדם לאלוקיו, אלא הוא הזירה היחידה שבה יכול אדם לעמוד בפני ה'. "וַיַּרְא אֱ-לֹהִים אֶת כָּל אֲשֶׁר עָשָׂה וְהִנֵּה טוֹב מְאֹד" (בראשית א, לא): ה' רוצה שהאדם יחיה בעולם הזה ושהאדם יכניס לתוך העולם הזה את נוכחותו של הבורא.[19] בני האדם מצמצמים את נוכחותו האינסופית של הא-ל אל תוך העולם הסופי באמצעות מימוש ההלכה.[20]

שאותו מבצע האדם, כשאדם ממשש בעולם האמתי את ההלכה האידיאלית שלמד, הוא מוריד את השכינה... אל העולם הזה" (Joseph Soloveitchik and" Halakhic Man," in *The Cambridge Companion to Modern Jewish Philosophy*, eds. Michael L. Morgan and Peter E. Gordon [Cambridge, 2007], pp. 217–218).

19. הצמצום מתייחס לא רק להתכווצות הנוכחות האינסופית של ה' אל תוך העולם הסופי, אלא גם, אולי בהשאלה, אל "מעשה האובייקטיפיקציה והקוואנטיפיקציה [=כימות] של הסובייקטיביות הדתית הנוזלת ממקורות טמירים" (עמ' 91). האובייקטיפיקציה מתבצעת בשתי דרכים: באמצעות קיום מצוות ובאמצעות הכוונה בעת קיומן (עמ' 56-57). ראו פרק 10 ופרק 30 לפירוט נוסף בעניין הצורך בהחצנה, סידור וכימות של הפנימיות הדתית.
מעניין שבמאמריו "הקהילה" (עמ' 230) ו"גאון וענווה" (עמ' 220-221) מבין הרב אחרת את החיקוי האנושי של הצמצום האלוקי. בחיבורים אלו הוא מסביר כי כפי שה' מצמצם את נוכחותו האינסופית על מנת "לפנות מקום" לעולם, כך צריך האדם להגביל את ביטויי האגו והתשוקות שלו (ראו את הדיון בפרקים 2-3). אמנם, הוא מצטט את המובן המדרשי של הצמצום ב"גאון וענווה" (עמ' 217), אך בשני החיבורים הוא מפתח דווקא את תפיסת הצמצום הקבלית כמודל לחיקוי לבני האדם.
20. ייתכן שדברי הרב סולוביצ'יק על צמצום **אל תוך** העולם – להבדיל מהצמצום

אמנם, העניין מסתבך מפני שבאיש **ההלכה** הביטוי המיוחד לכך, "התגשמות ההלכה", נושא שתי משמעויות שונות: הכרת המבנים ההלכתיים עם מבט למימושם בעולם,[21] כפי שכבר ראינו; וקיום הנורמות ההלכתיות, המקרבות את העולם הממשי אל העולם האידיאלי.[22] כפל המשמעות הזה מוביל אותנו אל השאלה המתבקשת: מה חשוב יותר לאיש ההלכה, הלימוד או המעשה? נדון בשאלה זו בפרק הבא.

לעיון נוסף:

1. **ביבליוגרפיה: איש ההלכה** פורסם לראשונה בשנת 1944 בכתב העת **תלפיות**, כרך א, חוברת ג-ד, עמ' 651-735 (נמצא באתר Hebrewbooks.org), ופורסם שוב בקובץ **בסוד היחיד והיחד**, בעריכת פנחס פלאי (ירושלים, תשל"ו), עמ' 39–188, ובספר **איש ההלכה: גלוי ונסתר** (ירושלים, תשל"ט), עמ' 9–113. ההפניות כאן הן למהדורת תשל"ט. כאשר הספר תורגם לאנגלית על ידי פרופ' לורנס קפלן בשנת 1983 (תחת הכותרת *Halakhic Man*), עבר הרב סולוביצ'יק על התרגום והציע הרחבות והבהרות. בסופו של דבר, התרגום שפורסם היה נאמן למקור ולא כלל את ההרחבות, אך המתרגם תיעד אותן והביאן במאמרו "On Translating *Ish*

בתפיסה הלוריאנית, הנע **החוצה** מן העולם ומפנה לו מקום – מושפעים מכתבי חב"ד. אלא שהרב מרוקן את הצמצום מתוכנו המטפיזי והקוסמולוגי והופך אותו למושג הלכתי שבו הטרנסצנדנטיות נכנסת לעולם המוחשי באמצעות תלמוד תורה ושמירת המצוות. אני מודה לד"ר יואל פינקלמן על הבהרת נקודה זו.

21. ראו, לדוגמה, עמ' 41: "וחיים על פי ההלכה – פירושם: הכרת ההלכה כשהיא לעצמה, והיקשה אל העולם הריאלי – התגשמות ההלכה".

22. ראו, לדוגמה, עמ' 79: "איש ההלכה מגשים את התורה במעשה, בלי ויתורים ופשרות, בלי כחל ושרק, כי הלא התגשמות ההלכה היא משאת נפשו וחלומו הנהדר".

ha-Halakhah with the Rav: Rabbi Joseph Soloveitchik's Supplementary Notes to *Halakhic Man*," in *Mentor of Generations: Reflections on Rabbi Joseph B. Soloveitchik*, ed. Zev .Eleff (Jersey City, 2008), pp. 334–345

2. **ניתוח איש ההלכה:** נוסף על כמה מאמרים, שאחדים מהם מוזכרים בפרק זה ובפרקים הבאים, הוקדשו שני מחקרים מקיפים לניתוח מפורט של **איש ההלכה**: דב שוורץ, **הגותו הפילוסופית של הרב סולוביצ'יק (א) – איש ההלכה: דת או הלכה?** (אלון שבות, תשס"ד); David Shatz, "A Framework for Reading *Ish ha-Halakhah*," in *Turim: Studies in Jewish History and Literature Presented to Dr. Bernard Lander*, vol. 2, ed. R. Michael A. Shmidman (New York, .2008), pp. 171–231

3. **הגדרת מושג הקדושה:** בדיונו על הקדושה **באיש ההלכה** (עמ' 49-46), מדגיש הרב סולוביצ'יק שתי נקודות.

ראשית, "קדושה לפי תפיסת ההלכה מסמנת השתקפות הטרנסצנדנטיות הכי סתומה וחתומה, בעולמנו הממשי" (עמ' 47). בדברו על "השתקפות טרנסצנדנטיות סתומה" חולק הרב על תפיסתו של הפילוסוף הרמן כהן, המגדיר את הקדושה כקטגוריה מוסרית. ובהצהירו שהיא מופיעה "בעולמנו הממשי", הוא חולק על חוקר הדתות רודולף אוטו (Otto), התופס את הקדושה כמציאות "אחרת לחלוטין" ומנותקת מהמציאות הממשית (בספרו רב־ההשפעה *Das Heilige* [מינכן, 1917]; בעברית: **הקדושה**, תרגמה מרים רון [ירושלים, 1999]).

שנית, הרב טוען כי "הקדושה נוצרת על ידי האדם, על ידי בשר ודם" (עמ' 47). כפי שראינו בדיון על קדושתה של ארץ ישראל בפרק 27, הרב מאמין ששום דבר אינו נעשה קדוש מעצמו; קדושה דורשת התערבות אנושית. האדם שולט בלוח השנה (וכך קובע מתי

יחולו החגים), מקדֵש את בית המקדש, מושח את הכוהנים, מקדיש קורבנות, וכן הלאה. אמנם, נראה כי קדושת השבת נוצרת ללא התערבות אנושית, כפי שאנו מעידים בתפילת העמידה ובקידוש: הברכה "מקדש ישראל והזמנים" הנאמרת במועדים רומזת שלבני ישראל יש תפקיד בקידוש הזמנים, ואילו הנוסח הנאמר בשבת, "מקדש השבת", רומז שהקב"ה לבדו מקדש את השבת. בשיעורו "קידוש כמקדש השבת" (**שיעורים לזכר אבא מארי ז"ל**, חלק ב, עמ' קלח-קנא) מציע הרב כי השבת כוללת שני היבטים, אחד מהם תלוי רק בקידושו של הקב"ה והאחר כולל קידוש של האדם. ועדיין, ההיבט הראשון מהווה בעיה מסוימת להגדרת הקדושה המופיעה ב**איש ההלכה**. ראו גם את הפרק העוסק בקידוש בספרו של הרב אהרן ליכטנשטיין, **קדושת אביב: עיונים בקדושת הזמן והמקום** (ירושלים, תשע"ז), עמ' 105-136.

4. **הלכה ומדע בכתביו של הרב סולוביצ'יק**: ראו Lawrence Kaplan, "Rabbi Joseph B. Soloveitchik's Philosophy of Halakhah," *The Jewish Law Annual* 7 (1988), pp. 139–197; דוד שץ, "המדע והתודעה הדתית בהגותו של הרב סולוביצ'יק", בתוך **אמונה בזמנים משתנים: על משנתו של הרב יוסף דוב סולוביצ'יק**, ערך אבי שגיא (ירושלים, תשנ"ז), עמ' 307-344.

פרק 29

ערכיו ואופיו של איש ההלכה

בפרק הקודם עסקנו בזיקה שבין איש ההלכה לבין שני טיפוסים אידיאליים אחרים: איש הדעת ואיש הדת. בפרק זה נעסוק בהיבטים אחרים של איש ההלכה, ונתמקד במיוחד במחויבותו ללימוד, לקיום ההלכה ולמוסר. כן נשרטט קווים לדמותו וננסה לזהות את הדמויות ההיסטוריות הקרובות לדגם האידיאלי של איש ההלכה.

תלמוד ומעשה

לאיש ההלכה שתי מטרות עיקריות: לימוד ההלכה וקיומה. כפי שראינו, לימוד התורה משמעותו לא רק להכיר את הטקסטים על בוריים, אלא גם לתפוס באמצעותם את העולם האפריורי של התבניות ההלכתיות: להבין אותו, לעצב אותו דרך פרשנות אישית ויצירתית ודרך המשגה, ולשקוע בו. לימוד תורה בצורה זו מאפשר לאיש ההלכה להפוך את התורה לרכושו שלו ולהטמיעה בתוכו, כפי שמפרש רש"י את הפסוק "כִּי אִם **בְּתוֹרַת ה'** חֶפְצוֹ **וּבְתוֹרָתוֹ** יֶהְגֶּה יוֹמָם וָלָיְלָה" (תהלים א, ב): "בתחילה היא נקראת תורת השם, ומשלמדה וגרסה היא נקראת תורתו".[1]

1. קידושין לב ע"ב ד"ה ובתורתו.

מטרתו האחרת של איש ההלכה, קיום ההלכה, משמעותה יישום התבניות האידיאליות בעולם המעשה האנושי והניסיון האנושי. לכך יש שתי השלכות. ראשית, קיום המצוות ממחיש, מבטא ואולי אף מחצין את אמונתו הסובייקטיבית של איש ההלכה. שנית, באמצעות החלת התבניות ההלכתיות על העולם הפיזי איש ההלכה מחבר בהצלחה בין עולם המציאות לבין עולם ההלכה האידיאלי וכך מוריד את השכינה לעולם.

מה חשוב יותר לאיש ההלכה – לימוד או מעשה? במקומות מסוימים ב**איש ההלכה** נדמה שהלימוד הוא בעל החשיבות הגדולה יותר, ובמקומות אחרים נדמה שהמעשה (הבא בעקבות הלימוד, כמובן) הוא חשוב יותר.[2] חרף אמירתו של הרב ליכטנשטיין כי אנטיתזה זו "נותרת, בסופו של דבר, בלתי פתורה במסה זו",[3] נדמה לי שבסך הכול התלמוד יוצא וידו על העליונה.[4] הדבר בולט ביותר כשהרב מתייחס לוויכוח התלמודי המפורסם העוסק בנושא זה:

> וכבר היה רבי טרפון וזקנים מסובין בעלית בית נתזה בלוד,
> נשאלה שאילה זו בפניהם: תלמוד גדול או מעשה גדול?
> נענה רבי טרפון ואמר: מעשה גדול.
> נענה רבי עקיבא ואמר: תלמוד גדול.
> נענו כולם ואמרו: תלמוד גדול, שהתלמוד מביא לידי מעשה (קידושין מ ע"ב).[5]

2. לקטעים שבהם הלימוד הוא העיקר ראו לדוגמה עמ' 31-35, 59-61, 76. לקטעים שבהם המעשה הוא העיקר ראו לדוגמה עמ' 79-82, 83-91. למעשה, הרב משתמש באותו ביטוי, "משאת נפשו של איש ההלכה", לתאר הן את לימוד ההלכה (עמ' 31 וכנראה גם 36), הן את קיומה (עמ' 79, 82, 83, 88).
3. "The Rav at Jubilee: An Appreciation," *Leaves of Faith: The World of Jewish Learning* (Jersey City, 2003), p. 191.
4. ראו לדוגמה עמ' 31, 35, 41, 76.
5. דיון זה מופיע גם בספרי, דברים מא, ובמדרש תנאים לדברים יא, יג.

המסקנה כי "תלמוד גדול שהתלמוד מביא לידי מעשה" מותירה פתוחה את השאלה מה מן השניים חשוב יותר **בפני עצמו**. אולם פרשנותו של איש ההלכה למחלוקת חז"ל זו הופכת את השאלה לחסרת משמעות מעשית. בציינו כי "מעשה" יכול להתייחס ל"קביעת ההלכה או הנורמה האידיאלית" (פעילות תיאורטית) או ל"התגשמותה בעולם הריאלי" (פעילות מעשית), קובע הרב סולוביצ'יק ש"איש ההלכה מדגיש את המעשה במשמעותו הראשונה" (עמ' 60). לכן הן התלמוד הן המעשה (במשמעות זו) הופכים להיבטים שונים של הלימוד.

במובן מסוים, איש ההלכה **נאלץ** לתת קדימות ללימוד התיאורטי, כי אף שההלכה מושלת בכל תחום בחייו, תחומים רבים שההלכה עוסקת בהם אינם נמצאים בשימוש בימינו (למשל, הלכות בית הבחירה והלכות טומאה וטהרה). כדאי לשים לב לעובדה שהרמב"ם, לאחר שמנה **בספר המצוות** את 248 מצוות העשה שבתורה, מציין ששישים (!) בלבד הן "מצוות הכרחיות", כלומר, מצוות התקפות לכל האנשים בכל התקופות. אם איש ההלכה היה משקיע את מרב מרצו במעשה, הוא היה נשאר עם פחות מוטיבציה ועם פחות הצדקה ללמוד את תחומי ההלכה שנותרו בגדר אידיאל בלבד, והדבר עומד בסתירה לעצם מהותו.

אף שאיש ההלכה מקיים מצוות בחרדת קודש, שאיפתו העמוקה לממש את ההלכה במלואה בעולם הפיזי היא משיחית במהותה, ואינה עומדת בהכרח בראש מעייניו בחיי היומיום. בקוראנו כיצד מסכם הרב את פעולותיו של איש ההלכה, עלינו לתת את דעתנו להבחנה בין יעדים שאיש ההלכה מנסה להשיג בצורה פעילה לבין יעדים שביחס אליהם הוא נותר פסיבי: "הוא **יוצר** עולם אידיאלי, **מחדש** את ישותו **ומהפכה** לזו של איש האלקים, **חולם** על ריאליזציה שלמה של ההלכה בטבורה של המציאות הבלתי־אמצעית, **ומצפה** למלכות שדי, שתצמצם את עצמה בתוך הממש והיש המוחשי" (עמ' 113). איש ההלכה הוא פעיל **בלימוד** וב**יצירה עצמית** ("יוצר", "מחדש", "הופך") – וסביל **בריאליזציה** המלאה של ההלכה ("חולם על", "מצפה ל-").

מחויבותו המוסרית של איש ההלכה

בפרק הקודם ראינו כי איש ההלכה דוחה את גישתו של איש הדת, מאחר שלדעתו זוהי גישה המובילה להתנתקות מהמציאות ומתאימה ליחידי סגולה בלבד. אך אם באמת איש ההלכה מעריך את הלימוד יותר מכפי שהוא מעריך את המעשה, האם יכול הוא להיחשב כנטוע במציאות ופונה גם אל ההמון? במילים אחרות, אם איש ההלכה חי בעולם של מושגים הלכתיים שלא כולם ניתנים להגשמה, כיצד הוא נטוע בעולם המציאות; ואם הוא מאמין שההלכה דורשת רמה כה גבוהה של חשיבה מופשטת, כיצד הוא נחשב דמוקרטי ולא אליטיסטי?

ייתכן שכדי להשיב לטיעון הראשון מסיים הרב סולובייצ׳יק את חלקו הראשון של **איש ההלכה** (המתמקד יותר בלימוד מאשר במעשה) בדרך דומה לזו שנקט הרמב״ם בחתימת ספרו **מורה נבוכים**. לאורך כל הספר מציג הרמב״ם גישה שכלתנית מאוד של שלמות אנושית, ונדמה שעל כל מעשי האדם להיות מכוונים למטרה העליונה – שלמות אינטלקטואלית, שהיא ידיעת האלוקים. אך בפרק האחרון מבהיר הרמב״ם שהשלמות האינטלקטואלית אינה עיונית בלבד, אלא היא כרוכה בפעולות הנובעות מתוך ידיעה והבנה. הוא מסביר זאת באמצעות פירוש פסוקים מספר ירמיהו: ״כֹּה אָמַר ה׳: אַל יִתְהַלֵּל חָכָם בְּחָכְמָתוֹ, וְאַל יִתְהַלֵּל הַגִּבּוֹר בִּגְבוּרָתוֹ, אַל יִתְהַלֵּל עָשִׁיר בְּעָשְׁרוֹ. כִּי אִם בְּזֹאת יִתְהַלֵּל הַמִּתְהַלֵּל, הַשְׂכֵּל וְיָדֹעַ אוֹתִי – כִּי אֲנִי ה׳ עֹשֶׂה חֶסֶד מִשְׁפָּט וּצְדָקָה בָּאָרֶץ; כִּי בְאֵלֶּה חָפַצְתִּי, נְאֻם ה׳״ (ט, כב-כג):

> כי בפסוק זה, בהבהירו את התכלית הנאצלת ביותר, אין הוא מסתפק בהשגתו יתעלה בלבד. שהרי לוּ זאת היתה כוונתו היה אומר: ״כִּי אִם בְּזֹאת יִתְהַלֵּל הַמִּתְהַלֵּל הַשְׂכֵּל וְיָדֹעַ אוֹתִי״ וקוטע את הדיבור, או היה אומר: ״הַשְׂכֵּל וְיָדֹעַ אוֹתִי כי אני

אחד", או היה אומר: "כי אין לי תמונה", או: "כי אין כמוני" וכיוצא בזה. אבל הוא אמר: יש להתפאר בהשׂגתי ובידיעת תארַי, והכוונה למעשׂיו, כמו שהבהרנו [בחלק א, פרק נ"ד] באשר לדברו: "הוֹדִעֵנִי נָא אֶת דְּרָכֶךָ [וְאֵדָעֲךָ לְמַעַן אֶמְצָא חֵן בְּעֵינֶיךָ]" (שמות לג, יג). והוא הבהיר לנו בפסוק זה שהמעשׂים שאתה חייב לדעת ולחקות הם "חֶסֶד, מִשְׁפָּט וּצְדָקָה"... אחרי־כן השלים את העניין ואמר: "כִּי בְאֵלֶּה חָפַצְתִּי נְאֻם ה'", כלומר, מטרתי שיהיו מכם חסד משפט וצדקה בארץ באופן שהבהרנו באשר לשלוש־עשרה מידות שהכוונה היא להידמות אליהן ושזאת תהיה התנהגותנו. התכלית שאותה ציין בפסוק זה היא אפוא שהוא הבהיר ששלמות האדם שבה יתפאר באמת היא [מדרגתו של] מי שהגיע להשׂיג את האל יתעלה כפי יכולתו ויודע כיצד היא השגחתו בברואיו בהביאו אותם לידי מציאות ובהנהיגו אותם. לאחר אותה השׂגה, אותו אדם יתכוון בהתנהגותו תמיד לחסד משפט וצדקה מתוך הידמות אל מעשׂיו יתעלה. (**מורה נבוכים** ג, נד, תרגם מיכאל שורץ)

כלומר, על פי הרמב"ם מטרת האדם היא ידיעת ה', אבל ידיעה אמתית כוללת את הידיעה שה' פועל בעולם בצורה מוסרית ("חֶסֶד מִשְׁפָּט וּצְדָקָה"). על כן האדם שבאמת משיג את ה' כפי היכולת האנושית מחויב על ידי הבנה זו לפעול גם הוא בצורה מוסרית מושכלת.

באופן דומה, לאחר שלאורך חלקו הראשון של איש ההלכה מודגש חיפושו של איש ההלכה אחר אידיאל הדעת, מסיים הרב סולוביצ'יק את החלק הזה (עמ' 79–82) בהדגשת רגישותו המוסרית של איש ההלכה ומחויבותו להתנהגות אתית.[6] כל אלה ממלאים תפקיד משמעותי במחויבותו למימוש ההלכה בשלמותה:

6. במהלך הדורות התחבטו פרשני הרמב"ם בשאלה אם יש להגדיר את המעשה הנובע מתוך השלמות השכלית כפעילות מוסרית, פוליטית, או הלכתית. בכל

> אין [היהדות] יודעת את הפולחן הרגיל והמצוי בין אישי הדת – פולחן המופיע בתור פעולה דתית בלתי־רציונלית, שכל מגמתה מכוונת כלפי העלאת האדם מתוך הישות הממשית לזבול וערבות [כלומר, לרקיעים העליונים]. עבודת האלוהים, על פי תפיסת ההלכה, מתקיימת (מלבד לימוד התורה) בגישום עקרונותיה בעולם הריאלי. אידיאלי הצדק הם עמודי האש להשקפת עולם זו. משאת נפשו של איש ההלכה היא תיקון העולם במלכות החסד והצדק – הריאליזציה של היצירה האפריורית־אידיאלית, ששמה תורה (או הלכה) בתחום החיים הממשיים. (עמ' 81–82)

לכן, לדידו של איש ההלכה ולדידו של הרמב"ם, הדעת היא גם מטרה בפני עצמה וגם תמריץ לפעול. הרב מדגים את עומק מחויבותו המוסרית של איש ההלכה דרך אמירה מופלאה של סבו:

> סיפר לי דודי הרב מאיר ברלין [בר־אילן], כי פעם שאל את ר' חיים, איש בריסק, מה היא תעודת [=מטרת] הרב. ענה ר' חיים ואמר: "לתבוע עלבונם של גלמודים ועזובים, להגן על כבוד עניים ולהציל עשוק מיד עושקו". לא ההוראה, לא ההנהגה הפוליטית, אלא התגשמות אידיאלי הצדק הִנה עמוד האש של רב ומורה בישראל. התגשמות אידיאלי הצדק היא מילוי תעודת יצירה, שהוטלה על האדם, תיקון העולם במלכות ההלכה וחידוש פני הבריאה. (עמ' 80)

אף שהדגשת מחויבותו האתית של איש ההלכה מרככת את הטענה שאין הוא משתייך באמת לעולם המציאות, עדיין אפשר לטעון כלפיו שהוא אליטיסט, בשל הדגש שהוא שם בלימוד תורה תובעני ויצירתי.

אופן, הדמיון המבני בין דברי הרמב"ם לבין דברי הרב בולט מאוד. על הדיון העוסק בסיום **מורה נבוכים**, ראו את המקורות המובאים לעיל בפרק 3, **לעיון נוסף**, 2; ובפרק 34, **לעיון נוסף**, 3.

הרב סולוביצ'יק שב לנושא זה במאמרו **ובקשתם משם**, כאשר הוא דן בנחיצותם של שני ממדים בהלכה – האליטיסטי והדמוקרטי (או האזוטרי והאקזוטרי).[7]

מבנהו של 'איש ההלכה'

הבה נעצור ונסקור את מבנהו הכולל של **איש ההלכה**. הספר מחולק לשני חלקים: א. השקפת עולמו וחייו (עמ' 11–82); ב. כוח היוצר שבו (עמ' 83–113).

1. פרקים א-ט בחלק הראשון (עמ' 11–61) מציגים את "ההשקפה האונטולוגית" (כלומר ההשקפה על תחומי ההוויה השונים) של איש הדעת, של איש הדת ושל איש ההלכה, ומתמקדים באופן מיוחד ביחסה של כל אחת מהדמויות למציאות הגשמית ולעולם הרוחני. בעוד גישתן של שתי הדמויות הראשונות מאלצת אותן לבחור באחד מהשניים, איש ההלכה בוחר להתייחס לשני התחומים ולנסות לאחד ביניהם. כלומר, איש ההלכה מושך מטה את תבניות ההלכה האידיאליות מהעולם הטרנסצנדנטי אל העולם המציאותי והגשמי באמצעות הַמְשָׂגָה יצירתית שלהן, הסתכלות על העולם דרכן, וקיומן הלכה למעשה.

2. פרקים י-יב בחלק הראשון (עמ' 62–82) בוחנים כיצד רוחניותו המציאותית של איש ההלכה, על חתירתה לאידיאלי ועל הקֶשב שלה למציאות, מעצבת את דמותו – במיוחד בהשוואה לאיש הדת (אשר דמותו מובאת לאורך החיבור בהנגדה לזו של איש ההלכה).

3. החלק השני מתמקד בכוחו היצירתי של איש ההלכה כפי שהוא מופעל בשלושה תחומים: בתורה, בעולם (פרק א, עמ' 83–92), ובמיוחד באישיותו (פרקים ב-ג, עמ' 92–112).

בפרק זה ובפרק הקודם חקרנו את סעיף 1 ואת החלק הראשון

7. ראו בפרק 34 להלן, ובעיקר ראו את פרק 10 לעיל, ובמקורות המצוינים שם בלעיון נוסף, 2.

של סעיף 3. את נושא היצירה העצמית, הנושא העיקרי בסעיף 3, בחנו ארוכות בפרקים שעסקו בתפילה, בתשובה ובסבל.[8] כיוון שכך, לא אנתח את דיונו הנוסף – העשיר ומעורר המחשבה – של הרב בנושא זה ב**איש ההלכה**. רק אומַר בקצרה כי מעבר למה שכבר עסקנו בו בתחום היצירה העצמית, חלקו השני של **איש ההלכה** מוסיף דיון בהשגחה האלוהית ובנבואה לא כעיקרי אמונה, אלא כדרישות נורמטיביות. כהמשך לדעתו של הרמב"ם שה' מעניק השגחה פרטית (לעומת השגחה על מינים) ונבואה רק ליחידים הראויים לכך, מתייחס איש ההלכה לאמונות אלה כציוויים: על האדם להתאמץ להיות ראוי להשגחה פרטית ולנבואה. הפרט יכול למלא משימה זו של שכלול עצמי באמצעות פיתוח ייחודו והפעלת היצירתיות שלו.[9] ואכן, מרשים מאוד כיצד מזהה הרב בחלק השני את החידוש כתכונת מפתח של איש ההלכה, דמות שבעיני זרים עשויה להיראות מיושנת ומאובנת. למעשה, הרב משבח את היצירתיות עד כדי כך, שהוא מתאר אותה כצורה הנעלה ביותר של חיקוי האלוקים (כפי שה' יוצר, כך גם על האדם להיות יוצר, עמ' 83–87) וכמקור לכל הקדושה (עמ' 90–92).

נותר לנו רק לבחון את סעיף 2, אישיותו של איש ההלכה. ניגש לנושא זה דרך השאלה: מיהו איש ההלכה?

מיהו איש ההלכה?

במובן מסוים, השאלה "מיהו איש ההלכה" אינה הוגנת, כי הרב מבהיר בהערת השוליים הראשונה בספרו "שתיאור איש ההלכה מתייחס לטיפוס אידיאלי טהור... אישי ההלכה הריאליים, שאינם טיפוסים פשוטים אלא מורכבים, מתקרבים במידה מעוטה או מרובה אל איש

8. ראו פרקים 20, 22 ו־23 לעיל.
9. כדאי לשים לב כיצד הרב מנגיד בין הרעיונות ההלכתיים של דינמיות ואינדיבידואליות לבין הרעיונות היווניים של סטטיות ואוניברסליות (108–111). בפרק 35 להלן נבחן כיצד ההלכה מאמצת אינדיבידואליות ויצירתיות.

ההלכה האידיאלי" (עמ' 11 הערה 1). למרות זאת, אנו יכולים לשאול מי הן הדמויות מהחיים האמתיים התואמות "במידה מרובה" לאיש ההלכה האידיאלי. הבה נתחיל בבחינה של אחד מגיבוריו הגדולים של הרב סולוביצ'יק, הרמב"ם.

איש ההלכה הוא בעל תכונות רבות שהרמב"ם העריך, ואשר תואמות את הידוע לנו על הרמב"ם עצמו מספריו ומאיגרותיו. איש ההלכה מוּנָע מרגש עמוק של יראת שמים ואהבת אמת יוקדת (עמ' 71). חווייתו הדתית היא חודרת וכבירה, ועם זאת היא "באה... על ידי הסתכלות קונטמפלטיבית"; חוויה זו היא צנועה, "בעלת בושת פנים ואצילות יתרה, אבל חזקה כחלמיש צור" (עמ' 75). הוא נמנע ממלנכוליה ומשמחה מוגזמת, ובמקום זאת לובש ארשת של כבוד חגיגי וכובד ראש, רוגע מאופק ושליטה עצמית חמורה (עמ' 68–70). איש ההלכה הוא אינדיבידואליסט, עצמאי ובטוח בעצמו, אציל הרוח, נועז ואסרטיבי (עמ' 71). הוא תקיף בדעתו ושונא פשרנות אינטלקטואלית ורכות שכלית (שם). אין הוא זקוק לאישור מאחרים, והוא בז ליראת שמיים שאינה מבוססת על ידיעה (עמ' 78).

אך למרות הדמיון במישור הרגשי, איש ההלכה והרמב"ם נבדלים זה מזה במישור העיוני. איש ההלכה ניגש לאלוקים דרך ההלכה, ואינו מטריד את עצמו בנסתרות ובתעלומות מטפיזיות (עמ' 49) או במורכבויות פילוסופיות, "מחשבות ספקולטיביות" ו"הפשטות דקות מן הדקות" (עמ' 56). במובן זה, ההבדל בינו לבין רמב"ם הפילוסוף גדול מאין כמוהו.[10] איש ההלכה מתייחס ללימוד ההלכה באותו אופן שהרמב"ם מתייחס ללימוד פילוסופיה: זו הדרך הטובה ביותר לדעת את האלוקים, פסגת הידע האנושי והמטרה של שאיפותינו המשיחיות. לימוד ההלכה תופס מקום של כבוד בהשקפתו של הרמב"ם, ואילו ללימוד הפילוסופיה אין מקום כלל בהשקפתו של איש ההלכה.

10. בנקודה זו איש ההלכה נבדל גם מגיבור אחר של הרב, הלוא הוא הרמב"ן, שעסק בקבלה.

ישנו גורם נוסף המבדיל בין איש ההלכה לבין הרמב"ם, ולא רק הוא אלא כמעט כל גדולי ישראל: איש ההלכה נמנע לכהן בתפקידי רבנות ואינו שׂשׂ לפסוק בענייני הלכה (עמ' 31). לאור תכונה זו, הגאון מווילנה, העונה למרבית הקריטריונים שהוזכרו לעיל ומעולם לא שירת בתפקיד רבני, נראה כעונה באופן הטוב ביותר להגדרה של איש ההלכה. ואכן, אנקדוטות רבות ב**איש ההלכה** עוסקות בגאון מווילנה,[11] ונדמה שהרב רואה בו דוגמה לאישיות שהוא מנסה להציג.

עם זאת, זיהויו של הגאון מווילנה עם איש ההלכה הוא בעייתי. השקפתו של הגאון, שעיצבה את כל העולם ה"מתנגדי" בעקבותיו, לא רק שהושפעה מהקבלה (תחום שאינו מעניין את איש ההלכה), אלא גם, כמו אצל איש הדת, נטתה להתנתקות מהמציאות ולראיית העולם הרוחני כמנוגד למציאות.[12] וכך כותב אחד החוקרים: "המתנגד שונה מאוד מאיש ההלכה. הוא פסימי באופן נוקשה, דואליסטי באופן מחמיר, סגפן באופן קיצוני, ואובססיבי כלפי המוות באופן כמעט ממשי".[13] במידה שהמושג "מתנגדים" מכוון לגאון מווילנה וחוגו, קשה להסכים עם הגדרתו של איש ההלכה, בידי חוקר אחר, כ"פנומנולוגיה של המתנגדות בסדר גודל יוצא דופן".[14]

11. עמ' 36, 40, 55, 69–70, 77.
12. על הדואליזם של איש הדת ראו פרק 28. בניו של הגר"א, בהקדמתם לביאורו ל**שולחן ערוך**, מספקים עדות מדהימה מכלי ראשון המתארת את היעדרותו של אביהם מהעולם הזה ואת סגפנותו: תזונתו היחידה הגיעה מכמות קטנה של לחם ספוג במים שאכל פעמיים ביום, ובלע בלי לטעום; הוא ישן רק שעתיים ביממה, בארבע מקטעים של חצאי שעות; הוא נמנע לחלוטין מניהול שיחות חולין מסוג כלשהו, אפילו עם ילדיו, והקדיש את כל כוח הריכוז שלו ואת כל מרצו ללימוד תורה בלבד.
13. Allan Nadler, "Soloveitchik's Halakhic Man: Not a *Mithnagged*," *Modern Judaism* 13:2 (1993), p. 128. מאמר זה טוען באופן משכנע שלמרות הציטוטים שמביא הרב מאת הגאון מווילנה ומאת תלמידו הדגול ר' חיים מוולוז'ין, המתנגדים הראשונים אינם מתאימים להגדרה של איש ההלכה.
14. Eugene Borowitz, "The Typological Theology of Rabbi Joseph B. Soloveitchik," *Judaism* 15:2 (Spring 1966), p. 209.

בניגוד למתנגדים הראשונים, שהתייאשו מהשגת שלמות דתית כל עוד היו קשורים בכבלי העולם הזה, איש ההלכה "שקוע כולו במ"ט שערי האופטימיות האונטולוגית[15] ובהוויה עצמה" (עמ' 52). הוא רחוק מהתפיסה הרואה במוות שחרור מכבלי הגשמיות. איש ההלכה מתעב את המוות כי "העולם הזה מייצג [את] מצע ההלכה ו[את] רקע חיי איש ההלכה... פה [היא] יכולה להתממש ולצאת מן הכוח אל הפועל. פה, בעולם הזה, קונה איש ההלכה חיי עולם!" (עמ' 36).[16] איש ההלכה ממוקד לגמרי בשאיפה ללמוד את ההלכה ולקיימה, ואין הוא מוטרד כלל מן העולם הבא:

> העולם הבא הוא עולם שקט ושאנן, שכולו טוב ושכולו ארוך ושכולו נצח, שאדם מקבל בו שכר המצוות, שעשה בעולם הזה. ברם אין קבלת שכר פעולה דתית, ולפיכך מבכר איש ההלכה את העולם הריאלי על פני ההוויה הטרנסצנדנטית, כי הרי כאן יכול אדם ליצור ולפעול ולעשות פרי, ושם אין בידו לשנות שום דבר. (עמ' 37)

ושמא הלך המחשבה המדעי של איש ההלכה, האינדיבידואליזם הנועז שלו, האופטימיות והיצירתיות, מרמזים שהספר הוא תיאור עצמי של הרב סולובייצ'יק? אני סבור שלא, כי לאיש ההלכה אין לא העניין ולא היכולת לחבר את **איש ההלכה**.[17] מחברו של **איש ההלכה** מפגין ידע מעמיק בפילוסופיה יהודית, בקבלה, במחשבה נוצרית, בפילוסופיה

15. כלומר הוא חש אופטימיות כלפי האפשרויות שמציעים החיים בעולם הזה.
16. בנושא גישת ההלכה וגישת איש ההלכה למוות, ראו עמ' 35–41.
17. גם הרב יונתן זקס ודוד שץ העירו על כך. ראו: R. Jonathan Sacks, "Rabbi Joseph B. Soloveitchik's Early Epistemology," in *Exploring the Thought of Rabbi Joseph B. Soloveitchik*, ed. R. Marc Angel (Hoboken, NJ, 1997), p. 223, n. 10; David Shatz, "A Framework for Reading *Ish ha-Halakhah*," in *Turim: Studies in Jewish History and Literature Presented to Dr. Bernard Lander*, vol. 2, ed. R. Michael A. Shmidman (New York, 2008), p. 197.

כללית ובספרות עולמית; איש ההלכה, כפי שהוא מתואר בספר זה, נעדר סקרנות באשר לנושאים אלה, ונדמה שלימוד ההלכה ממלא את כל עולמו הרוחני.

נוסף על כך, האדם שהוא איש ההלכה והספר **איש ההלכה** משתמשים בשיטות שונות מן היסוד בגישתם אל תחומי העניין שלהם. תבניות החשיבה שאיש ההלכה משתמש בהן ללימוד ההלכה דומות לאלו הנמצאות בשימוש במדעי הטבע ומתאימות לניתוח עקרונות מופשטים ויחסי הגומלין ביניהם. בניגוד לכך, הספר **איש ההלכה** מציג את גיבורו באמצעות השימוש בשיטה הפנומנולוגית (העוסקת בחקר תופעות), הלקוחה ממדעי הרוח והמתארת מצבים ומבנים של התודעה האנושית (כאמור בהערת השוליים הראשונה בו).[18] איש ההלכה, בגישתו הלמדנית הכמו־מדעית, מסוגל לכתוב פירושים וחידושים לתלמוד, אך לא ספר כמו זה המתאר אותו.

לאחר שפסלנו את כל הנזכרים לעיל, והוספנו עליהם דמויות אחרות שהרב מציגן כניגודו של איש ההלכה (המקובלים, ראשוני תנועת המוסר, החסידים, ובוודאי התנועה הרפורמית), נותרת השאלה: מיהו איש ההלכה? כל הסיפורים המובאים בחיבור כדי להמחיש את תכונותיו של איש ההלכה, מקורם בחייהם של גדולי התורה בליטא מאז המאה ה-18. רובן המכריע של האנקדוטות נוגעות לסבו של הרב, ר' חיים מבריסק, ולאביו של הרב, ר' משה סולוביצ'יק.[19] אכן, הרב בפירוש מכנה כל אחד מהם "איש ההלכה" (עמ' 40, 41). לאור

18. לעיון נוסף על אודות המתודות השונות של מדעי הטבע ומדעי הרוח, ראו **התודעה ההלכתית**, עמ' 30-36, וגם Lawrence Kaplan, "Rabbi Joseph B. Soloveitchik's Philosophy of Halakhah," *The Jewish Law Annual* 7 (1988), pp. 186–187.

19. ב**איש ההלכה** הרב אינו מזכיר את דודו הרב יצחק זאב סולוביצ'יק (הגרי"ז), אך בהספד שנשא לדודו כ-15 שנה לאחר פרסום הספר, הרב מציג אותו בבירור כאיש הלכה ומכנה אותו "איש ההלכה היחיד בדורו" ו"איש ההלכה האותנטי ביותר" ("מה דודך מדוד", עמ' 89). פרט לאביו של הרב וסבו, מרבית הסיפורים באיש ההלכה עוסקים בגאון מווילנה, שהזכרנוהו לעיל. כמו כן, יש מספר קטן

דברים אלה, אנו יכולים להבין את הציטוט בראש הספר, העוסק ביוסף המקראי (ויש לזכור שגם שמו של הרב היה יוסף): "באותה שעה באתה דיוקנו של אביו ונראתה לו בחלון" (סוטה לו ע"ב). נראה שכשצייר את דיוקנו של "איש ההלכה", ראה הרב לנגד עיניו בעיקר את "איש בריסק".

אף שקווי האופי של איש ההלכה מתאימים לאיש בריסק דווקא, ניתן לייחס חלק מתכונותיו ורעיונותיו בצורה רחבה יותר לכל הטיפוסים האינטלקטואליים הדתיים, או לכל אלה שתלמוד תורה הוא המתווך העיקרי בעבודת ה' שלהם. איש ההלכה או איש בריסק הוא גרסה קיצונית של טיפוס כללי זה, מפני שהוא שואב את **כל** מזונו הרוחני מעולם הלמדנות.[20]

באיש ההלכה, אם כן, מציג הרב סולוביצ'יק טיפוס שבעיניו הוא יפה וראוי להערצה. אך למרות הזדהותו של הרב עם איש ההלכה וההערכה הגדולה שהוא רוחש כלפיו, טיפוס זה מציג רק פן אחד באישיותו הדתית של הרב סולוביצ'יק. הרב עצמו היה פתוח למגוון רחב יותר של התנסויות ורגשות, והוא התעניין במקורות ידע ובתחומים רחבים מאלה ששואף להם איש ההלכה האידיאלי שהרב מתאר בעוצמה ובחיוניות כה רבה.[21]

לעיון נוסף:

1. **המתנגדים הראשונים**: ראו ספריהם של הרב נחום לאם, **תורה לשמה: במשנת רבי חיים מוולוז'ין ובמחשבת הדור** (ירושלים, תשל"ב); עמנואל אטקס, **יחיד בדורו: הגאון מווילנה – דמות**

של סיפורים על דמויות נוספות ממשפחתו של הרב: הנצי"ב, בית הלוי והרב אליהו פיינשטיין (סבו מצד אמו).

20. בנושא לימוד ההלכה כגורם רוחני המספיק לעצמו, ראו **לעיון נוסף**, 2.
21. אני מאמין שזה הדבר שגרם לו לחבר את **ובקשתם משם**. ראו בפרק 35 להלן.

ודימוי (ירושלים, תשנ"ח); Allan Nadler, *The Faith of Mithnagdim: Rabbinic Responses to Hasidic Rapture* (Baltimore, 1997).

2. **האם לימוד ההלכה זקוק לתוספת?** לשאלה אם לימוד ההלכה צריך להיות מלווה בלימוד של דיסציפלינות נוספות, מטא־הלכתיות, יש היסטוריה ארוכה ומרתקת. עובדה מעניינת היא שהמתעד העיקרי בימינו של הדיאלקטיקה בין יצירה הלכתית לבין אימוץ דיסציפלינות מטא־הלכתיות (למשל, פילוסופיה, מיסטיקה, חסידות ומוסר) היה הרב פרופ' יצחק (איזידור) טברסקי, חתנו של הרב סולוביצ'יק. מאמרים רבים הנוגעים לכך רוכזו באסופת מאמריו *Studies in Jewish Law and Philosophy* (New York, 1982). פרופ' כרמי הורוביץ פרסם ביבליוגרפיה מקיפה של כתבי הרב פרופ' טברסקי בתוך **מאה שערים: עיונים בעולמם הרוחני של ישראל בימי הביניים, לזכר יצחק טברסקי**, ערכו עזרא פליישר, יעקב בלידשטיין, כרמי הורוביץ ודוב ספטימוס (ירושלים, תשס"א), עמ' 1–10.

פרק 30

מטרותיו של איש ההלכה

תיאור והגנה

מועד פרסומו של החיבור **איש ההלכה**, שנת 1944, גרם לרבים לשער כי הרב כתב אותו כהספד פילוסופי על אביו שנפטר במפתיע שלוש שנים קודם לכן, ואולי אף כהספד על עולם הישיבות הליטאי שחרב בשואה. ואמנם, ייתכן שישנם מאפיינים של הספד בחיבור זה; אך נראה לי שכדי להבין מה ביקש הרב להשיג בכתיבתו עלינו להעמיק בקביעותיו הפרוגרמטיות המפורשות בפתח החיבור ובסופו, וכן לעיין במונחים שהרב בחר בקפידה כדי לאפיין את איש ההלכה לכל אורך החיבור. עכשיו, לאחר שכבר עמדנו על עיקרי הנושאים של **איש ההלכה**, הוא הזמן הנכון לעשות זאת.

בתחילת החיבור מצהיר הרב:

> ...קשה **לבדוק את תודעתו הדתית של איש ההלכה** בסימנים המובהקים **שהפסיכולוגיה התיאורית והפילוסופיה המודרנית של הדת נתנו באישיות הדתית**... איש ההלכה מייצג דמות דיוקן מקורית ואופי עצמאי "מוזר", **שאין לב חכמי הדת גס בהם**... תעודתנו במאמר זה היא לחדור לתוך כבשונה של תודעת איש ההלכה... (עמ' 11–15, ההדגשה אינה במקור)[1]

1. שימו לב לדברים דומים בעמ' 26: "אין בכל אלו הסברות שהובעו על ידי

ובסופו הוא כותב:

> ...גלוי וידוע לפני מי שברא את העולם, שלא נתכוונתי אלא **לכבוד ההלכה ואישיה**, שהותקפו לעתים תכופות ע״י אלה שלא חדרו לתוך מהותם ולא עמדו על טיבם. (עמ׳ 113, ההדגשה אינה במקור).

בפסקאות אלו, הרב מנסח שתי מטרות – **בדיקה** במובאה הראשונה, **הגנה** במובאה השנייה – ומזהה שני מושאים לבדיקה ולהגנה: איש ההלכה ומערכת ההלכה. ליתר דיוק, הרב מבקש (א) לבדוק את תודעתו הדתית של איש ההלכה, (ב) להגן על כבוד איש ההלכה, ו-(ג) להגן על כבוד ההלכה.

הרב אינו מגדיר מפני מי ברצונו להגן על איש ההלכה ועל ההלכה עצמה. אך כמדומני שחוסר יכולתם של ״הפסיכולוגיה התיאורית והפילוסופיה המודרנית של הדת״ ושל ״חכמי הדת״ להבין את ההלכה ואת אנשי ההלכה הוא המוביל את בעלי הדיסציפלינות הללו (וחשוב מכך, את המעגלים הרחבים שהושפעו מהם) לגנות ואף לתקוף את ההלכה ואת אישיה.

הפסיכולוגיה והפילוסופיה של הדת

הפסיכולוג והפילוסוף האמריקני ויליאם ג׳יימס (1842–1910) מוכר בין היתר כמייסד התחום המכונה בפי הרב ״הפסיכולוגיה התיאורית של הדת״.[2] בספרו **החוויה הדתית לסוגיה** (1902) הוא מתאר סוגים רבים

הפסיכולוגיה והפילוסופיה של הדת בנוגע לצורת החוויה הדתית, תבניתה ומהותה, כדי הבנת יחס איש ההלכה לעולם״.

2. היו עוד מבני דורו של ג׳יימס שעסקו בתחום זה, אבל ג׳יימס הוא אשר ״כתב את החיבור הקלאסי והמוכר ביותר בתחום... והביא את התחום לתשומת לב ציבורית יותר מכולם״ (David Wulff, "Psychology of Religion," *Encyclopedia*

של "האדם הדתי" (homo religiosus), אך כל הסוגים הללו מקיימים דת המיוסדת על רגש ואפופה מיסטיקה. ג'יימס אינו מסוגל להעלות על דעתו דתיות הסובבת סביב השכל כמו זו של איש ההלכה, דתיות שבה החוויה נובעת מההכרה ולעולם אינה מקדימה אותה. **איש ההלכה** מוסיף לטקסונומיה הדתית של ג'יימס סוג חדש לחלוטין של אישיות, דתית־קוגניטיבית.

הדמות המכוננת ב"פילוסופיה המודרנית של הדת" (כמו גם בתחומים רבים אחרים בפילוסופיה) היא ללא ספק הפילוסוף הגרמני עמנואל קאנט (1724–1804). מהיסודיות בהבחנותיו של קאנט היא ההבחנה בין נוֹאוּמֶנָה (דברים כשהם לעצמם) ובין פֶנוֹמֶנָה (תופעות, או דברים כפי שהם נתפסים בחושינו). אפשר להחיל את השכל האנושי על תחום הפנומנה, אך אין לו גישה לתחום הנואומנה, הכולל את תחום המטפיזיקה הטרנסצנדנטית (מה ששוכן "מעבר" לעולם הגשמי). לפיכך, הנחותיה המטפיזיות של הדת – קיומו של הא־ל, הישארות הנפש והבחירה החופשית – אינן ניתנות להוכחה או לסתירה. הן אינן שייכות לידיעה אלא לאמונה.

עם זה, אפשר להחיל את השכל האנושי בהצלחה על כמה תחומים אחרים, ביניהם:

א. **מדע:** תחום זה פותח במידה רבה יותר על ידי ניאו־קאנטיאנים כגון הרמן כהן מאשר על ידי קאנט עצמו.[3]

ב. **חקר התודעה האנושית:** גם אם אין אנו יכולים לקבוע לגבי רבים מהדברים שאנו חושבים עליהם אם הם ממשיים, ידוע לנו שמחשבותינו כשלעצמן ממשיות, ולכן אותן ניתָן לחקור. למעשה, הפרויקט העיקרי של קאנט בחקר הידיעה היה זיהוי המבנים שבאמצעותם המחשבה עורכת הכרה. בהסיטו את תשומת הלב מן

of Psychology and Religion, eds. David Leeming, Kathryn Madden and Stanton Marlan [New York, 2009], p. 732). ג'יימס הוא פסיכולוג־הדת היחיד שהרב מזכיר את שמו ב**איש ההלכה**.

3. ראו גם את "איש המדע ואיש ההלכה" בפרק 28.

העיון **בדברים**־כשהם־לעצמם, הוא סלל לפילוסופים ולפסיכולוגים את הדרך לחקור את תהליכי המחשבה והמודעות הסובייקטיבית של **החושבים**. מהלך זה, "הפנייה אל העצמי", הותיר השפעה ארוכת טווח על הפילוסופיה והביא לעלייתה של השיטה הפנומנולוגית שהרב עושה בה שימוש **באיש ההלכה** ו**בובקשתם משם**. שיטה זו (כאמור בפרק 29) חוקרת את התפיסות ואת התודעה ולא את מה שעומד מאחוריהן.

ג. **מוסר:** האדם מסוגל ומחויב לנסח את הנורמה המוסרית האוניברסלית באמצעות שימוש בשכלו שלו בלבד. קוראים לכך **אוטונומיה**, דהיינו חקיקה עצמית (אוטו=עצמי, נומוס=חוק). אם האדם פועל כראוי רק מתוקף הוראה חיצונית, ולא מפני תוקף הוראת מצפונו שלו, הוא אינו פועל במוסריות אלא בכניעות, לא כבן חורין אלא כעבד. קאנט מכנה התנהגות שכזו התנהגות **הטרונומית**, דהיינו התנהגות הנובעת מחוק חיצוני (הטרו=אחר, נומוס=חוק).[4]

אף כי לפי תורת הידיעה של קאנט אין באפשרותנו לאמוד את אמיתותן של טענות דתיות, הדת ממלאת תפקיד מעשי חשוב בביסוס תורת המוסר של קאנט. שכן כדי להניח כי קיים סדר מוסרי יש צורך להניח שלאדם נתונה בחירה חופשית, שנשמתו היא נצחית ושהאלוקים קיים.[5] קאנט מאמץ אפוא את הנחותיה הבסיסיות של הדת, אלא שאצלו אין מדובר עוד בדת במובנה השכיח. הקב"ה, המְצַוֶּוה ההטרונומי, נותן המצוות, נפקד ממערכת זו. מבחינת קאנט, דת אמתית פירושה פעולה לאור צו המוסר של מצפון האדם, כהיענות

4. לפעול לפי מה שמכתיב היצר במקום לפי מה שמכתיב השכל, גם הוא סוג של הטרונומיה.

5. (א) אילולא הייתה לאדם בחירה חופשית, הוא לא היה יכול להיות יצור מוסרי. (ב) היצור המוסרי מבקש לשכלל את עצמו, ובלתי אפשרי להשיג מטרה זו בפרק זמן של חיים; ומכאן עלינו להניח את הישארות הנפש לאחר מיתה. (ג) סדר מוסרי גורר בהכרח שאושרו של האדם צריך להיות פרופורציונלי למוסריותו. עם זאת, רק קיומו של הא־ל יכול להבטיח שכך אכן יתרחש בסופו של דבר. בעיני קאנט, שלוש ההנחות הללו הכרחיות כתשתית לתורת המוסר שלו, והן גם מייצגות גורמים המניעים התנהגות מוסרית.

למצפון ולא מפאת ציווי חיצוני לו. האדם אינו יכול לנהל קשר אישי עם האלוקים, ובאותה מידה האלוקים אינו מעוניין שהאדם יעבוד אותו. תפילות וטקסים דתיים, המהווים לדבריו את "הפולחן החיצוני" (cultus externus), הינם חסרי משמעות. לפולחן הדתי יש לכל היותר ערך אינסטרומנטלי, אם הוא ממחיש את מחויבותו של האדם לאידיאל המוסרי או מחזק אותה.

קאנט וההלכה

בעקבות תיאורים נוצריים מימי ראשית הנצרות ועד לימיו, ובעקבות הפרשנות ליהדות שהציע הפילוסוף הרציונליסט והיהודי הכופר ברוך שפינוזה (1677-1632), קאנט מתייחס ליהדות כלא יותר מאסופה של חוקים פוליטיים וטקסים ריקים מתוכן שמטרתם לשמר אחידות קבוצתית. לדידו, היהדות חסרה ליבה מוסרית ומושג כלשהו של חובה אוטונומית; למעשה, היא אינה תובעת דבר במישור הפנימי של האדם. במקום זאת, היא דורשת את קיומן של מצוות חיצוניות, וכך מגיעה לידי דקדוקי עניות שאבד עליהם הכלח ולגישה לגליסטית מאובנת. היהדות לדידו היא התגלמותה של ההטרונומיה, היוצרת אישיות נרצעת ובכך מרחיקה את השגת המטרות הנעלות של כבוד האדם והמוסר האנושי. לפי הגדרתו של קאנט, לא ניתן להחשיב את היהדות כדת כלל ועיקר.[6]

רוב ההתקפות על היהדות ההלכתית מימי קאנט ואילך נבעו באופן זה או אחר מביקורתו של קאנט. זאת לא מפני שכל התוקפים היו פילוסופים מתוחכמים, אלא מפני שמערכת הערכים שקאנט וממשיכיו דגלו בה – אוטונומיה, אינדיבידואליות, חירות, קפדנות אינטלקטואלית, תעוזה ויצירתיות – היו לתפיסות השולטות בתרבות המערב המודרנית. רעיונותיו של קאנט, גם אם בצורה מדוללת, נעשו

6. לביבליוגרפיה של הכתבים הרלוונטיים של קאנט בנושא זה, ראו **לעיון נוסף**, 1.

מובנים מאליהם, בין מכוח השפעתו הישירה או העקיפה, בין מכוח "רוח התקופה" שהכתיבה גישה דומה לשלו[7] – והערכים האמורים (אוטונומיה, אינדיבידואליות וכו') הוטחו ביהדות ככתב אישום חריף כיוון שמקומם לכאורה נפקד ממנה. איזה מענה יכולה לתת לכך דת המסורה לכאורה ללימוד נוקשה של כתבים עתיקים ולקיום הלכות הטרונומיות?

שאלת צדקתה של גישת קאנט לדת[8] ושאלת צדקת דעותיו על אופייה של היהדות הן שתי סוגיות נפרדות לחלוטין. יהודים רבים סברו שקאנט צדק בשתיהן. לפיכך, הם הסיקו אחת משתי מסקנות: (א) שעל היהדות לעבור רפורמה שתקרב אותה לדת ההיגיון של קאנט באמצעות הסרת ההלכות "הפולחניות" ושמירת ההלכות "המוסריות" ותו לא (זו הייתה גישת היהדות הליברלית־רפורמית); או (ב) שיש לזנוח את היהדות מכול וכול (גישת המתבוללים). יהודים אחרים – השונים מאוד זה מזה בדעותיהם, מהרב יצחק ברויאר ועד הרמן כהן – חשו שפרשנותו של קאנט לדת נכונה במהותה, אך פרשנותו ליהדות לוקה בחסר, ושהאמת היא שהיהדות עומדת בקריטריונים שקאנט הציב לדת אמתית. קבוצה שלישית, אף שלא אמרה זאת בפירוש, סברה בדיוק להפך: קאנט הבין את היהדות בצורה הנכונה אבל הגדיר את הדת בצורה שגויה; היהדות היא אכן דת הטרונומית, ועל כך גאוותה (ניתן לייחס גישה זו לזרם החרדי). לבסוף, היו כאלה שקראו תיגר על שני המרכיבים בהשקפתו של קאנט: הן על גישתו

7. כפי שמציין הפילוסוף הדגול בן־זמננו אלסדייר מקינטייר: "בשביל רבים שמעולם לא שמעו על פילוסופיה, קל וחומר לא על קאנט, מוסריות היא בערך מה שקאנט אמר שהיא" (Alasdair MacIntyre, *A Short History of Ethics* [New York, 1966], p. 190).

8. לסיכום, קאנט האמין כי דת אמתית כרוכה בעיצוב רצון האדם בהתאם לחובה המוסרית שהוכתבה על ידי שכלו האוטונומי. מעניין לציין כי אף שקאנט אינו יכול להיחשב כנוצרי מסורתי, גישתו הפילוסופית הושפעה מהרקע הפרוטסטנטי הפּייֶטיסטי שלו, שהדגיש את הפנימיות ואת החובה המוסרית גם יחד.

לדת, הן על פרשנותו ליהדות. עם קבוצה זו אפשר למנות את הרב סולוביצ׳יק.[9]

ביקורת ותגובה

גישתו של הרב להגותו של קאנט היא מורכבת. מצד אחד, הרב סולוביצ׳יק מקבל את תיחום השכל לתחום הפנומנה (הדברים כפי שהם נראים לעינינו), וכן את המסקנה הנובעת מכך: חוסר יכולתנו לחקור את המטפיזיקה בכלים שכליים. במקום לחקור את טענותיה המטפיזיות של הדת, הרב סולוביצ׳יק, כמו אחרים, פונה לכיוון ה"עצמי" וחוקר את **האישיות** הדתית.[10] מובן שהוא אינו טוען שהדת היא יצירה אנושית ותו לא, אך הוא חוקר את הדת מנקודת המבט האנושית, לא האלוקית. פירוש הדבר שהוא בודק את השפעתה של הדת על האדם, את תפקידו של האדם בתוך עולם הדת ואת משימתו של האדם בעיצובה של הדת תוך שותפות עם ה׳.

הוגים רומנטיים רבים הקצינו את "הפנייה אל העצמי" והתייחסו לדת כאל דבר סובייקטיבי ורגשי לחלוטין. התמקדותו של הרב סולוביצ׳יק בתודעה האנושית ובפנימיותו של האדם אינה מוליכה אותו בכיוון זה. להפך: איש ההלכה, כאמור, קרוב הרבה יותר לאיש הדעת מאשר לאיש הדת. דתיותו של איש ההלכה מבוססת על השכל, ומטרתו העיקרית היא להביא אל הדת אובייקטיביות. הוא עושה זאת הן על ידי פעולת ההמשגה בלימוד התורה הקפדני והמדויק שלו, הן על ידי הוצאתם של מושגים אובייקטיביים אלה לפוֹעַל על ידי קיום

9. ליתר דיוק, וכפי שנראה להלן, הרב סולוביצ׳יק קורא תיגר על חלק מההיבטים בגישתו של קאנט לדת, ומקבל אחרים. לעומת זאת, את פרשנותו של קאנט ליהדות שלל מכול וכול.

10. בנקודות שונות בקריירה שלו, הרב סולוביצ׳יק חקר את האישיות הדתית דרך עדשות פנומנולוגיות, תוך התמקדות במצבים ומבנים של תודעה – ומבעד לעדשות קיומיות, תוך התמקדות בדילמות הממשיות של הפרט, יכולתו לתקשר, ליצור קהילות ועוד.

המצוות. מחויבותו ללימוד התורה ולקיומה מונעת ממנו להיסחף בזרם הסובייקטיביות והרגש הבלתי מרוסן המאפיין צורות דת רבות בימינו.[11]

אף על פי כן, אני סבור שהרב סולוביצ׳יק מפגין רגישות לביקורת של קאנט גם כשאינו מציין במפורש כי הוא מתפלמס או מתגונן.[12] למשל, קאנט ואחרים ראו בַּמצוות טקסים ריקים וחלולים – והנה, כפי שראינו בהרחבה בפרקים 6-9 לעיל, הרב מוכיח ברבים מכתביו, ההלכתיים וההגותיים כאחד, שההלכה עוסקת לא רק בקיום החיצוני של המצוות אלא גם בתחום הפנימי של הרגש והחוויה. יתרה מזאת, בספרו **התודעה ההלכתית**, הרב טוען שיש ערכים המגולמים בתוך הנורמות ההלכתיות, וניתן לזהותם לאחר לימוד מושגי קפדני של נורמות אלו.[13]

להאשמתו של קאנט כי היהדות היא הטרונומית עונה הרב בשני אופנים. ראשית, הוא מוכיח שקיימת ביהדות אוטונומיה רחבה (לפחות לתלמידי חכמים מופלגים).[14] שנית, הוא מוכיח שההטרונומיות חשובה גם היא ושמוּר לה מקום. כפי שמציין החוקר משה סוקול, יותר

11. ראו גם David Shatz, "A Framework for Reading *Ish ha-Halakhah*," in *Turim: Studies in Jewish History and Literature Presented to Dr. Bernard Lander*, vol. 2, ed. R. Michael A. Shmidman (New York, 2008), pp. 207–211. הרב יונתן זקס מציין בתמציתיות שגם **איש ההלכה** וגם **התודעה ההלכתית** שותפים לתחושה "שהדת הרומנטית והסובייקטיביזם הפילוסופי נכשלו, וכי יש להציג את הדת כסוג של תפיסה קוגניטיבית ממושמעת" (R. Jonathan Sacks, *Tradition in an Untraditional Age* [London, 1990], p. 294).

12. בין אם הרב נחשף לביקורות אלה בכתביהם של דמויות מההשכלה, מהיהדות הליברלית, מהתיאולוגיה הפרוטסטנטית, מהפילוסופיה, מדעי החברה או מקורות אחרים – כולם נובעים במידה זו או אחרת מקאנט ומרוח הזמן של עידן הנאורות שיצרה אותו. בשל כך, לא אתייחס לכל ביקורת בנפרד, אלא אעסוק בקאנט עצמו, המקור לביקורת.

13. ב**התודעה ההלכתית** הרב סולוביצ׳יק מנתח בהרחבה את שני השלבים של פעילות זו: (א) הכרה ובנייה של מבנים הלכתיים אובייקטיביים; (ב) שחזור של ערכים וחוויות סובייקטיביות מהנתונים האובייקטיביים האלה. ראו פרק 31 להלן.

14. ראו את הקטע על "שלטון השכל" בפרק 35 להלן.

משהרב עוסק בסוגיה הטכנית־פילוסופית של האוטונומיה, הוא מאמץ **אתיקה** של אוטונומיה, כלומר, הערכה חיובית של תחושת החירות, האינדיבידואליות והערך העצמי של איש ההלכה.[15] יותר משהרב טרוד בשאלת ההטרונומיות במערכת ההלכתית כשלעצמה, מעסיקות אותו, במיוחד **באיש ההלכה**, השלכותיה של ההטרונומיה על האישיות הדתית. האישיות ההטרונומית היא פסיבית, חסרת יצירתיות וכנועה – ואילו איש ההלכה הוא פעיל, יצירתי וניחן בהדר. איש ההלכה משיג את תחושת האוטונומיה באמצעות זיהוי מלא של רצונו עם רצון בוראו (קרי, ההלכה), ולזיהוי הזה הוא מגיע באמצעות השותפות היצירתית עם האלוקים בקביעת ההלכה וביישומה.

העובדה שהרב משתמש במושג "אוטונומי" – גם אם לא בדיוק במובן של קאנט – כדי לתאר את איש ההלכה,[16] מובילה אותנו לנקודה חשובה בנוגע **לאיש ההלכה**. בתארו את ההלכה ואת איש ההלכה, הרב משתמש שוב ושוב במושגים קאנטיאניים וניאו־קאנטיאניים טעונים: אוטונומי, א־פריורי, יצירתי, מדעי וכו'. בעשותו כן, הוא מצהיר על שני דברים: האחד, שהוא מעריך רבות מהתכונות שהקאנטיאנים ומבקריה המודרניסטים האחרים של היהדות ההלכתית מעריכים; והשני, שניתן להשיג את אותן תכונות וערכים עצמם באמצעות לימוד ההלכה וקיומה. כפי שהוא כותב במשפט נוקב וממצה: "אינדיבידואליות, עצמאיות, מקוריות, חירות, זוהי תכלית היצירה [העצמית של איש ההלכה]" (עמ' 111).

אפשר להסיק מכאן, וממקומות אחרים, שהרב מגיב למבקרי ההלכה שלדידם "חיים המוקדשים ללימוד תורה חונקים את המחשבה ומנוונים את הנפש; אורח החיים ההלכתי שולל מהיחיד את חירותו

15. משה סוקול, "אדון או עבד? על האוטונומיה האנושית לנוכח האל בהגותו של הרב יוסף סולוביצ'יק", בתוך **אמונה בזמנים משתנים: על משנתו של הרב יוסף דוב סולוביצ'יק**, ערך אבי שגיא (ירושלים, תשנ"ז), עמ' 403-443; **ולעיון נוסף**, 2.
16. לגבי האוטונומיה הקאנטיאנית והאוטונומיה ההלכתית, ראו **לעיון נוסף**, 3.

ואת היצירתיות האינטלקטואלית שבו ומנשל אותו מהאינדיבידואליות שלו".[17] לרב, שגדל על ברכיהם של אנשי ההלכה המובהקים, ענקי בית בריסק, נראות האשמות אלו מגוחכות מיסודן. סביר להניח שהוא הבין כי כדי שלימוד תורה רציני ומחויבות להלכה יפרחו בעולם המודרני, יש להסביר את יסודותיו האידיאולוגיים של לימוד התורה המושגי ולשרטט את דמותו של התלמיד־חכם באופן שיהיה לאדם המודרני מובן ומזמין כאחד. הוא מסביר שההלכה היא דיסציפלינה קוגניטיבית; היא דורשת את תרומתו היצירתית של הלמדן ומטפחת אישיות רבת הדר שהגיעה למימוש עצמי, תוך הימנעות מהפרזותיו של איש הדת. לפיכך, כפי שמסכם דוד שץ:

> אותם ערכים שלדעת המבקרים המודרניים ניתנים למימוש רק עם נטישת ד' אמות של הלכה, הם בני־השגה דווקא בד' אמות אלו. **דומה שיש כאן שימוש במודרנה נגד עצמה; מתגלה שמערכת ערכיה אינה מתנגדת למסורת, אלא תומכת בה ומאשרת אותה.** איננו מעלים כאן... טיעון המשתמש בהנחותיו של המבקר המודרני רק כדי לשכנע את המבקר בצדקת שבחיו של הרב סולוביצ'יק לאיש ההלכה, בלי שהרב סולוביצ'יק דוגל באותן הנחות. להפך, דומה שהרב סולוביצ'יק מקבל באמת ובתמים את ערכי החירות, היצירתיות והמקוריות מכיוון שהם מעוגנים במקורות היהדות.[18]

סיכום

איש ההלכה מבקש להשיג כמה מטרות. ראשית, הוא מתאר סוג של דתיות המבוססת על השכל, וסוג של אישיות דתית שאינו מוכר

17. Shatz, "A Framework," p. 193.
18. שם, עמ' 196.

לפסיכולוגיה ולפילוסופיה המודרנית של הדת. שנית, הוא מגן על ההלכה מפני האשמות בדבר הטרונומיה, כניעות, וחוסר זיקה למוסר ולהכרה קוגניטיבית. שלישית, הוא מגן על האישיות ההלכתית מפני האשמות בדבר היותה מנותקת מהמציאות, פסיבית ונעדרת יצירתיות. בה בשעה, החיבור מעניק הצדקה ללימוד תורה ומסביר את משמעותו וחשיבותו במושגים נהירים לאנשים מודרניים; טוען לעליונותה של הדתיות של איש ההלכה – דתיות שמתוך שימוש בשכל ושמירת גבולות גוברת על הסובייקטיביות של איש הדת ועל קיצוניותו; וקובע את מרכזיותה של היצירתיות בחיים ההלכתיים: יצירתיות בתחום לימוד התורה, יצירתיות בעולם (באמצעות מימוש אידיאלים הלכתיים), ויצירת עצמיותו של האדם.

ובקשתם משם (עמ׳ 124 ואילך), הרב סולוביצ׳יק כותב שטבעם של בני אדם לנסות לעגן את קיומם בדבר־מה יציב ונשגב. הדבר נכון כפליים לגבי האדם המודרני, השרוי במבוכה ובסתירה. קורא כזה – ולא רק אותם קוראים שכבר שקועים בעולם הלמדנות המושגית – עשוי לגלות כי **איש ההלכה** הוא ספר מושך למדי, חרף אופיו ה"מוזר ומשונה" (עמ׳ 15) של גיבורו המרכזי. הספר נפתח בהכרה כי קונפליקט פנימי הוא כוח יוצר, אמירה שרבים יסכימו איתה אך יתקשו למצוא אותה במקורות היהדות המוקדמים יותר. הספר ממשיך ובונה דתיות יציבה ואובייקטיבית, אך גם דינמית ויצירתית. דתיות זו חומקת מהמלכודות שרבים מייחסים לדת בימינו – פסיביות וניתוק מהמציאות, טקסיות ריקה ורגשנות שטחית, או ריטואליזם טכני ועצלנות אינטלקטואלית. איש ההלכה, לעומת כל אלו, חי חיים חדורים רצינות וגבורה, דרמה ומעורבות, בעודו מתמסר למאבק התובעני והמשמעותי שבהבנת וניסוח מושגים הלכתיים, במימוש אידיאלים אלוקיים בעולם המוחשי, ובעיצוב אישיות אינדיבידואליסטית שהיא שכלית ומוסרית, יצירתית ורבת הוד בעת ובעונה אחת.

במסגרת שלושה פרקים קצרים, קשה למצות את המגוון העשיר של הרעיונות העולים מבין דפי **איש ההלכה**. אוכל רק לסיים באמצעות

פרפראזה של חתימת הספר: "אלה הן מקצת דרכיו של איש ההלכה. יותר ממה שהעליתי על הגיליון כאן כתוב בספר. אין הפרקים האלה אלא צירופי אותיות ותגים, חיבור שברי פסוקים וליקוט קווים אופייניים מפוזרים. אולם גלוי וידוע לפני מי שברא את העולם, שלא נתכוונתי אלא להבהיר את נושאיו העיקריים של הספר ואת מטרותיו, כי רבים הבינום שלא לאשורם. ואם שגיתי, ה' הטוב יכפר בעדי".

לעיון נוסף:

1. **ביקורתו של קאנט על היהדות:** קאנט מנסח את תורת ההכרה שלו **בביקורת התבונה הטהורה** (1781, מהדורה שנייה 1787; תרגם: ירמיהו יובל, בני ברק, 2013). תיאוריית המוסר שלו מוצעת בספריו **הנחת יסוד למטאפיזיקה של המידות** (1785; תרגם: חנן אלשטיין, תל אביב, 2010) **וביקורת התבונה המעשית** (1788; תרגמו: ש"ה ברגמן ונתן רוטנשטרייך, ירושלים, תשל"ג); וביקורתו על היהדות – **בהדת בגבולות התבונה בלבד** (1793; תרגם: נתן רוטנשטרייך, ירושלים, תשמ"ו), פרשה שלישית, תחילת החלק השני (עמ' 114 והלאה). על הערכתו השלילית כלפי היהדות, ראו אצל יעקב כ"ץ, "קאנט והיהדות: ההקשר ההיסטורי", **תרביץ** מא, ב (תשל"ב), עמ' 237–219.

2. **כניעות לעומת הדגשת האני:** משה סוקול ("אדון או עבד", עמ' 420–418) סבור **שאיש ההלכה** מציג את צד ההוד שבתלמיד חכם לא רק כדי לסתור את השקפת המודרניים שלפיה הוא פסיבי ומנותק מהעולם הזה, אלא גם כדי לסתור את "מוסר הכניעות" השלט בחוגים רבים בקרב היהדות החרדית. דוד שץ ("A Framework for Reading *Ish ha-Halakhah*," *op. cit.* [p. 395], pp. 201–203) מבחין בין כוונתו של הרב סולוביצ'יק **באיש ההלכה** ובין הדברים שהקוראים יכולים להפיק מחיבורו, ומציין ש"אין הוכחה פנימית ישירה" לכך

שהרב התכוון להתפלמס ב**איש ההלכה** עם העמדה החרדית בדבר הכניעות במרחב הדתי ובמרחב העולם הזה. ועדיין, אומר שץ, אפשר לעמת את **איש ההלכה** עם עמדות חרדיות בהקשר אחר: לקרוא את החיבור הזה ככתב הגנה על שיטת הלימוד היצירתית והמושגית של בריסק, המעלה על נס את המחדש, בניגוד למבקרים חרדים כגון החזון איש, הרב אברהם ישעיה קרליץ (1953-1878). גישתו של החזון איש ללימוד תורה, בניגוד לבריסק, נצמדת לטקסט, מחפשת את הפשט ולא המשגה מופשטת, ומבכרת התמדה וענווה על פני ביטוי אישי ואוטונומיה אינטלקטואלית. (לאפיון החזון איש, שץ נעזר במאמר: Lawrence Kaplan, "The Hazon Ish: Haredi Critic of Traditional Orthodoxy," *The Uses of Tradition*, ed. Jack Wertheimer [New York, 1992], pp. 145–173).

מעניין לציין שהאשמות דומות לאלו שהפנה החזון איש כלפי אנשי בריסק הוצגו יותר משבע מאות שנה קודם לכן על ידי **ספר חסידים** כנגד בעלי התוספות, שהציגו שיטת לימוד עיונית וחלוצית שהדגישה ביטוי אישי וחדשנות. ביקורת זו נותחה במאמרים מאת פרופ' חיים סולוביצ'יק ופרופ' ישראל תא־שמע, ומסוכמת בספרו של פרופ' תא־שמע **הספרות הפרשנית לתלמוד**, כרך א (מהדורה שנייה, ירושלים, תש"ס), עמ' 81-84 (ראו שם מקורות נוספים).

3. **אוטונומיה קאנטיאנית והלכתית:** קנת סיסקין (Kenneth Seeskin, "Ethics, Authority, and Autonomy," in *The Cambridge Companion to Modern Jewish Philosophy*, eds. Michael L. Morgan and Peter E. Gordon [Cambridge, 2007], pp. 195–196) מציין שלדעתו של קאנט, אוטונומיה אין פירושה עשיית כל דבר העולה על רוחו של היחיד. קאנט סבור שנורמות הן דבר אוניברסלי ואינן מבוססות על גחמות אישיות. האוטונומיה של היחיד מושגת רק כאשר התבונה האנושית קובעת כי אופן התנהגותו נכון – והיא תקבע כך רק אם מה שיחיד זה הורה לעצמו חל על כולם ואינו מושתת על רצונותיו

הפרטיים גרידא. במילים אחרות, התבונה של היחיד אינה **מחדשת** את הנורמה אלא היא **מאמצת** או **מאשרת** נורמה אוניברסלית.

אם נבין כך את האוטונומיה הקאנטיאנית, אולי יש ויתור מרחיק לכת מצד הרב סולוביצ'יק באומרו: "חופש הרצון הטהור במשנתו של קאנט מתייחס בעיקרו ליצירת החוק המוסרי ולהחלטה המוסרית. חירות איש ההלכה מכוונת לא כלפי חידוש החוק עצמו, כי הרי הוא נתון לו מאת הקב"ה, אלא כלפי הריאליזציה של הנורמה בעולם הממשי" (**איש ההלכה**, עמ' 61, הערה 80). גם לפי קאנט, היחיד אינו באמת יוצר את החוק, אלא מסכים ומזדהה עמו.

כמובן, קאנט גם אומר שהתגלות חיצונית אינה בעלת כוח מחייב, ושמקור הסמכות המוסרית הוא העצמי. עם זה אין הרב סולוביצ'יק יכול להסכים. הוא יכול לענות על כך שמרגע שההתגלות אכן התרחשה, העצמי יכול להעניק סמכות למה שנתגלה; וזה הדבר שאיש ההלכה משיג באיחוד הרצונות. הרב סולוביצ'יק מדגיש את מרכזיות מושג **הברית**, ומושג זה נשען על רצונו החופשי של האדם. האדם אינו מקור החוק, אך הוא מאמץ אותו מתוך חירות כאילו הוא שלו. יתרה מזאת, באמצעות חירות ההמשגה והפרשנות, איש ההלכה נוטל חלק בהתפתחות החוק הגילויי.

יוצא אפוא שהפער בין קאנט והרב מצטמצם כאשר אנו מביאים בחשבון שני גורמים: א. נורמות אינן תלויות ברצונו הפרטי של האדם גם לפי קאנט; ב. גם נורמה הנובעת מהתגלות עשויה לזכות לאישור אוטונומי בכך שמאמצים אותה לאחר גילויה. ראו דבריו של הרמן כהן: "החוק של אלוהים אין בו משום ניגוד לאוטונומיה של הרצון המוסרי. רק במתודה של ניסוח המושג מצוי ההבדל, והוא ההבדל שבין האתיקה ובין הדת" (**דת התבונה ממקורות היהדות**, תרגם צבי ויסלבסקי [ירושלים, תשל"ב], עמ' 364). ראו גם *The Emergence of Ethical Man*, p. 154.

פרק 31
סובייקטיביות ואובייקטיביות בהלכה

תהליך דו־שלבי

בפרקים הקודמים ראינו כיצד דוחה הרב סולוביצ׳יק שתי גישות קוטביות: הקוטב האחד, גישה הטוענת כי הדת סובייקטיבית לחלוטין ואינה זקוקה לביטוי נורמטיבי וחיצוני כלשהו; והקוטב הנגדי, הגישה הטוענת כי היהדות מורכבת רק ממעשים חיצוניים ותופעות אובייקטיביות ומתעלמת לגמרי מהתחום הסובייקטיבי־פנימי. ברבים מכתביו של הרב, כמו לדוגמה **התודעה ההלכתית** ו**איש ההלכה**, הרב קובע כי שני הממדים, האובייקטיבי והסובייקטיבי, מרכזיים ביהדות.[1]

בספר **התודעה ההלכתית** מוסיף הרב עיקרון מתודי חשוב לכל המבקש להעמיק בהבנת הסובייקטיביות הדתית: הדרך הלגיטימית היחידה אל הממד הסובייקטיבי עוברת בביטוייו האובייקטיביים. את המתודה המאפשרת התחקות אחר גורמיה הסובייקטיביים של מערכת דתית דרך הופעותיה האובייקטיביות – מתודה הנקראת "רקונסטרוקציה" או שחזור – פיתח הפילוסוף הניאו־קאנטיאני מאסכולת מרבורג פאול נאטורפ (1854–1924).

1. הדבר נכון לכל ביטוייה של הרוח האנושית, אך למטרת הדיון הנוכחי נתמקד ביישום תובנה זאת ליהדות.

מהם אותם גורמים אובייקטיביים של הדת שבאמצעותם ניתן לשחזר את הגורמים הסובייקטיביים? הרב סולוביצ׳יק סבור שהדת קיבלה ביטוי אובייקטיבי במצוות ובמנהגים ובכתבי הקודש, אך גם, ובאופן יסודי יותר, במערכת מושגים המהווה תחום קוגניטיבי אוטונומי.[2] לפיכך, תהליך בידודם של האלמנטים האובייקטיביים של הדת הוא דו־שלבי. תחילה, על השואל להתחקות אחר כל הצורות המגובשות והאובייקטיביות של התודעה הדתית – כגון כתובים, חוקים, יסודות אמונה, טקסים ותפילות. בשלב השני יש להעמיד צורות אלו לניתוח קפדני ויצירתי כדי להגדיר ולגזור מהם את העקרונות המושגיים שבהם.

ניתוח מעין זה נכון במיוחד כאשר מדובר בחקר ההלכה – מאחר שכפי שכבר נוכחנו לדעת מקריאה ב**איש ההלכה**, ההלכה אינה אוסף של חוקים גרידא, אלא מערכת רעיונית א־פריורית. ההלכה אמנם באה לידי ביטוי בטקסטים ובחוקים, אך במהותה היא מערכת של מושגים פורמליים. מושגים אלה אמנם ניתנו בהר סיני, אך תהליך העיבוד וההפשטה נעשה בכוחה של התבונה האנושית, באמצעות שיטות חשיבה וניתוח הייחודיות להלכה. רק לאחר הצבת המושגים והגדרת קשרי הגומלין ביניהם יהיה בידינו בסיס נתונים אובייקטיביים ומכומתים, שעל גביו נוכל לעשות את פעולת השחזור של החוויה הסובייקטיבית.

על פי מתודה זו, אין אנו שואלים ״מדוע״ מושגים אובייקטיביים אלה הינם כפי שהינם, ואין אנו תרים אחר סיבתם הראשונית. הדת היא תחום אוטונומי, וניסיון למצוא את ה״סיבה״ שבבסיסה משמעו אפוא הכפפה של המושג הדתי לתחום אחר שהוא מחוץ לדת. יתרה מכך, איננו יכולים לשחזר את הסובייקטיביות הראשונית, את המקור הסובייקטיבי שממנו נבעו המושגים והתופעות הדתיים האובייקטיביים.

2. ראו את הדיון בהלכה כמערכת קוגניטיבית בפרק 28, וכן את הדיון בפלורליזם האפיסטמולוגי של **התודעה ההלכתית** בפרק 16.

במתודת השחזור אנו מקבלים את הנתונים האובייקטיביים כפי שהם, ושואלים מה כרוך בהם ואלו רעיונות נובעים מהם: "כשבוחנים נורמה דתית באופן רטרוספקטיבי, באמצעות רמזים וקטוריאליים המכוונים אל הסובייקטיביות – הפעולה הדתית, על המבנה הייחודי שלה, משמרת את האוטונומיה המלאה שלה" (**התודעה ההלכתית**, עמ' 95). מוטיב חוזר בכתבי הרב הוא החשיבות שהוא מייחס להחלפת השאלה "מדוע" בשאלה "מה".[3]

הבה ננסה להנהיר את כל המונחים האלה ולתרגמם לשפה מוכרת יותר. טכניקת האובייקטיפיקציה שהרב נוקט היא "למדנות בריסקאית" (או, בעגה הישיבתית, "לומדות"). "שחזור" (רקונסטרוקציה) היא השיטה המועדפת עליו בהתחקותו אחר השקפת העולם של היהדות – השקפת עולם אשר, כפי שכבר נוכחנו לדעת שוב ושוב, חייבת להיות נגזרת מההלכה.[4] בניסיון להגיע לניסוחה של הפילוסופיה של היהדות חשוב ביותר לא לפסוח אף לא על אחד משני השלבים בתהליך (המשגה למדנית־אובייקטיבית ושחזור הסובייקטיבי).[5] הניסיון להגיע לניסוח של הפילוסופיה היהודית ללא התייחסות למבעים האובייקטיביים של ההלכה, או בלי להמשיגם כראוי תחילה, יהיה ניסיון עקר.

3. הגישה של שאלת ה"מה" במקום שאלת ה"מדוע", גישה שהרב מייחס גם למדען וגם ללמדן, מאפיינת את איש הדעת בספר **איש ההלכה**, את האדם הראשון בספר **איש האמונה הבודד**, את ההלכה הטוֹפית בספר **מן הסערה**, ואת איש הייעוד במאמר "קול דודי דופק".

4. לגבי "שיטת בריסק", ראו **לעיון נוסף**, 1. לגבי תפקיד האגדה בניסוח הפילוסופיה היהודית, ראו **לעיון נוסף**, 2.

5. שלב ההמשגה, או למדנות בריסקאית, אינו רק שלב מקדים לתהליך השחזור, אלא שהוא בעל ערך עליון בפני עצמו, כפי שראינו **באיש ההלכה**. כשאנו לומדים את הגותו הפילוסופית של הרב, עלינו לזכור כי הוא הקדיש את מרב זמנו ומאמציו במשך כל שנות פעילותו ללמדנות בריסקאית, קרי לשלב ההמשגה, ולא לשחזור־רקונסטרוקציה. לגבי היחס שבין "למדנות" (המשגה תלמודית) ושחזור, ראו **לעיון נוסף**, 3.

מקרי בוחן

כשמתחילים בהתייחסות למבעים האובייקטיביים של ההלכה, כפי שהתווינו לעיל, ניתן לשחזר שלושה סוגים של סובייקטיביות:

1. מושגים פילוסופיים, או רכיבים של השקפת עולם;
2. ערכים הלכתיים;
3. אלמנטים של החוויה הדתית, ובעיקר החוויה הפנימית של המצוות.

לצורך ההבהרה, נציג דוגמאות לכל סוג.

1. מושגים פילוסופיים

בספר **התודעה ההלכתית** מונה הרב מספר רב של מושגים פילוסופיים וקוגניטיביים שניתן לשחזר מתוך הנתונים האובייקטיביים: סיבתיות, מרחב, כמות, איכות, הכרחיות (עמ' 50); זמן, מהות, אגו (עמ' 99); חירות, יחסי אדם־אלוה, בריאה ואִיון (עמ' 101). הרב מציע כאן מיזם שאפתני, שהוא עצמו ביצע באופן מפורש רק במקרים אחדים, כגון בדיוניו הרבים בהבנה ההלכתית של הזמן (לדוגמה, **איש ההלכה**, עמ' 101-98; **התודעה ההלכתית**, עמ' 46-50; **מן הסערה**, עמ' 52-55).[6]

2. ערכים הלכתיים

כאן אפשר למנות כמה רכיבים. ראשית, גזירת הערכים ההלכתיים משמעה יכולת ההיסק מפרטי ההלכה לרוח ההלכה. כשמבינים את עקרונות ההלכה, אפשר להחיל אותם גם על מצבים שאינם כלולים בהלכה הנתונה, כמו גם על תחומים ניטרליים לכאורה, המכונים "דבר הרְשות". בפרק 18 ראינו כיצד מיישם הרב גישה זו בכמה פסקי הלכה

6. ראו את הדיון בסוגיית הזמן בפרק 22 למעלה, וכמו כן מאמרו של הרב מאיר טברסקי: "Towards a Philosophy of Halacha," *Jewish Action* 64:1 (Fall 2003), pp. 49–65.

ובהחלטות שלו לגבי מדיניות ציבורית – כגון התנגדותו, על בסיס הפילוסופיה ההלכתית של התפילה, לכך ששליח הציבור יפנה פניו אל ציבור המתפללים. גם במקרה של ישיבת נשים וגברים ביחד בבית כנסת (שהרב סבר שלגביה קיים איסור הלכתי טכני), יכולתו של הרב להבין את הערכים ההלכתיים ולבארם אפשרה לו להציג נימוקים משכנעים גם בפני קהל שאינו מקפיד במצוות ואינו בקי בהלכה.

בקטגוריה של ערכים הלכתיים נכללות גם מצוות כלליות שמטבען אינן יכולות להיות מתוחמות ושלשם יישומן נדרש היסק ממצוות אחרות. דוגמאות למצוות מסוג זה הן "קְדֹשִׁים תִּהְיוּ" (ויקרא יט, ב) או "וְעָשִׂיתָ הַיָּשָׁר וְהַטּוֹב בְּעֵינֵי ה'" (דברים ו, יח). גישתו של הרמב"ן למצוות מסוג זה השפיעה השפעה מכרעת על גישתו של הרב. התבוננו למשל בדברי הרמב"ן לגבי הביטוי "הישר והטוב" בפסוק הנזכר:

> והכוונה בזה, כי מתחלה אמר שתשמור חוקותיו ועדותיו אשר ציווך, ועתה יאמר גם באשר לא ציווך תן דעתך לעשות הטוב והישר בעיניו, כי הוא אוהב הטוב והישר. וזה עניין גדול, לפי שאי אפשר להזכיר בתורה כל הנהגות האדם עם שכניו ורעיו וכל משאו ומתנו ותיקוני הישוב והמדינות כולם, אבל אחרי שהזכיר מהם הרבה, כגון "לֹא תֵלֵךְ רָכִיל" (ויקרא יט, טז), "לֹא תִקֹּם וְלֹא תִטֹּר" (שם פסוק יח), "לֹא תַעֲמֹד עַל דַּם רֵעֶךָ" (שם פסוק טז), "לֹא תְקַלֵּל חֵרֵשׁ" (שם פסוק יד), "מִפְּנֵי שֵׂיבָה תָּקוּם" (שם פסוק לב), וכיוצא בהן, חזר לומר בדרך כלל שיעשה הטוב והישר בכל דבר, עד שיכנס בזה הפשרה ולפנים משורת הדין, וכגון מה שהזכירו בדינא דבר מצרא (בבא מציעא קח ע"א), ואפילו מה שאמרו: פרקו נאה ודבורו בנחת עם הבריות, עד שיקרא בכל עניין תם וישר.

טיעונו של הרמב"ן הוא, בפשטות, שהמצוות הכלליות ניתנו מפני שהתורה לא יכולה הייתה להתייחס לכל המצבים האפשריים. אולם הרב

לומד מדברי הרמב"ן דבר שהוא מעבר לכך: העובדה שהתורה קבעה את המצוות הכלליות מלמדת אותנו כמה חשובה היא יכולת ההיסק של ערכים מתוך הלכות ספציפיות ומקרים פרטיים.

לצד שחזור הערכים מתוך מצוות ספציפיות וכלליות פיתח הרב תפיסות פילוסופיות לגבי מוסדות הלכתיים שלמים. דוגמה טובה לכך היא דיונו בספר **אדם וביתו** במערכת הערכים הגנוזה בגישה היהודית לנישואין.

ולבסוף, בחלק מכתביו, הרב נוקט צעד לא טיפוסי להגותו ומציע גישה טלאולוגית להלכה בכללה.[7] **באיש ההלכה**, למשל, הוא מאפיין את ההלכה כסובבת סביב היצירתיות; מאידך גיסא, **באיש האמונה הבודד** הוא מעביר את הדגש אל השגת הקתרזיס ("צירוף", היטהרות). יחד עם זאת, אין להבין מכאן שהרב התכוון שההלכה **נועדה** להשיג את המטרות הללו. כוונתו היא כי אלה הם דפוסים כלליים שהוא מוצא בתוך ההלכה, והם בעלי משמעות סובייקטיבית וחשיבות בעבודת ה'.

3. חוויות דתיות

קטגוריה זו, שבה נכללים המרכיבים החווייתיים של המצוות, מוכרת לנו מאוד מתוך עיסוקנו בפרקים הקודמים בנושאים כמו תפילה, תשובה, אבלות, שמחת יום טוב וכיבוד הורים. הרב הקדיש תשומת לב רבה לנושאים אלה בכמה וכמה מחיבוריו, כגון **על התשובה**, **אדם וביתו**, **מן הסערה ועבודה שבלב**, ואף במאמרים הלכתיים המופיעים **בשיעורים לזכר אבא מרי ז"ל**.[8]

בכמה מקומות בכתבים אלה, הבנת היסוד הרגשי במצווה פותחת פתח לתובנות חדשות ורחבות. לדוגמה, בחינה של הלכות אבלות, ושל דיני האבל במועדים, מגלה שדיני אבלות מחייבים גם

7. טלאולוגיה היא חקר הסיבתיות. ראו את הדיון בנושא הטלאולוגיה של ההלכה בפרק 14 למעלה.
8. ראו את הנספח לפרק 6.

ממד פנימי, מעבר להקפדה על הפן הגלוי החיצוני. באמצעות חקירת הקונפליקט שבין החוויה הפנימית של שמחת החג לבין העצבות שבאבל, הרב מקשר את הראשונה עם התחושה של נוכחות הקב"ה, ואת השנייה עם תחושת היעדרו. נוסף על כך, באמצעות ההשוואה בין הלכות אבלות לבין דיני המצורע והמנודה, הרב מציע את קיומו של דפוס מבני מקיף אף יותר. אבלותו של היחיד מתבטלת מפני חג ומועד כי הפרט הוא עדיין חלק מן הקהילה; לעומת זאת, אבלותו של המצורע או המנודה אינה בטלה עקב חג ומועד, כי אנשים אלה נודו מן הקהילה ולכן אינם יכולים להשתתף בשמחת החג. מכאן, שחוויית הנוכחות של הקב"ה שחווה היחיד בימי חג, מתווכת על ידי הקשר בין הקב"ה והקהילה.

חשוב לציין כי כל המצוות שהוזכרו לעיל – אבלות, שמחת הרגל, תפילה, תשובה וכד' – שייכות לקבוצת מצוות שהִנה מתאימה במיוחד לחקר הסובייקטיביות, מאחר שגם ההלכה הפורמלית והאובייקטיבית דורשת ממד פנימי בקיום המצוות הללו. הרב מגדירן כמצוות בעלות מעשה חיצוני וקיום פנימי, או מעשה באיברים וקיום בלב. בדיונו על אחת מהן – מצוות קריאת שמע – הוא מודה כי במצוות מסוג זה קל יותר מבמצוות אחרות לשחזר את הפן הסובייקטיבי:

> מאז ומתמיד טענתי כי היסודות ההלכתיים הם היוצרים את התשתית הראויה ביותר והמוסמכת ביותר אשר ממנה עשויה לצמוח תובנה פילוסופית. אם גישה זו משכנעת במה שנוגע לנושאים שונים, הרי שהיא בוודאי נכונה לגבי קריאת שמע, שהיא... נורמה סובייקטיבית. ההלכה לא הותירה מעולם רעיון זה מחוץ לטווח ראייתה. כללי ההלכה מגלים אפוא בבהירות את מהותה הפנימית של החוויה, וכיוון שהיסודות הסובייקטיביים הם כה בולטים, הרי **שתהליך האובייקטיפיקציה לא עבר כאן שלבים מרובים, והיסוד האובייקטיבי תואם כמעט לגמרי למקבילו הסובייקטיבי.** (**עבודה שבלב**, עמ' 107, בתוספת הדגשה)

אך מה לגבי החוויה בתחומים אחרים בהלכה, כגון דיני טהרה, נדרים, זרעים, כשרות, ממונות וכו׳? האם היסוד הסובייקטיבי בהם מתמצה כולו בהמשגות פילוסופיות וערכיות כמו בקטגוריות הראשונה והשנייה שהצגנו למעלה? או שמא מתקיים בהן גורם רגשי, אלא שקשה יותר לאתר אותו כי ההלכה הפורמלית אינה מצווה עליו במישרין, ולכן הוא ״עבר... שלבים מרובים״ ב״תהליך האובייקטיפיקציה״? הרב אינו מתייחס לשאלה זו, אך גישתו לטעמי המצוות – שבה נדון כעת – עשויה להדריך אותנו בכיוון התשובה.

״רמז יש בו״

בספרו **התודעה ההלכתית** (עמ׳ 91–99), עוסק הרב בסוגיה הסבוכה של טעמי המצוות. הוא מצטט בחיוב את דברי הרמב״ם ב**משנה תורה**, שאף כי מצוות השופר וההיטהרות במקווה הן למעשה גזרות – צווים אלוקיים שאין טעמם גלוי – הן כוללות ״רמזים״. לדוגמה, הרמב״ם כותב:

> אף על פי שתקיעת שופר בראש השנה גזירת הכתוב, רמז יש בו, כלומר: עורו ישֵׁנים משנתכם ונרדמים הקיצו מתרדמתכם, וחפשו במעשיכם וחזרו בתשובה וזכרו בוראכם. (הלכות תשובה ג, ד)

הרב סולוביצ׳יק מסביר כי הרמב״ם אינו תר אחר ״הסיבתיות האובייקטיבית למצווה״, שהיא דבר שאיננו יכולים לדעת, אלא ״מנסה לשחזר את הקורלטיב הסובייקטיבי״ (עמ׳ 94). הקורלטיב הסובייקטיבי פירושו ״הנטיות והמגמות הכלליות הנסתרות בתודעה הדתית״ ו״המבנה של הרעיונות הקוגניטיביים הדתיים הבסיסיים ביותר״ (עמ׳ 99). בספרו של הרב **התודעה ההלכתית** אפשר למצוא את הקורלטיבים הסובייקטיביים שהוא מחפש, בשני תחומים הקשורים זה לזה: רעיונות פילוסופיים־קוגניטיביים, ומבנים פנומנולוגיים של תודעה.

כשחזר הרב כעבור שלושים שנה לעסוק באותה בעיה, משמעותה של גזרה (ב-1974, במסגרת דרשה בעניין פרה אדומה), הוא חיפש את הקורלטיב הסובייקטיבי בתחום שונה במקצת. שאלתו הייתה עכשיו: מהי משמעות המצווה בשביל האדם המקיים אותה? כיצד המצווה משפיעה עליו וכיצד היא משתלבת בעבודת ה׳ שלו? מהו המסר הרוחני שהיא מעבירה, ומהו המוטיב המרכזי שלה? הרב הרחיק לכת, והציע שלכל המצוות יש קורלטיב חווייתי או רגשי:

ועם זאת, אף שאסור לשאול למניעים ולנימוקים הנוגעים לציוויו ולהוראותיו של הא-להים, רשאים אנו לתהות על מלוא משמעותו של חוק סתום זה לגבינו. החיפוש אחר המסר הרוחני שבחוק הוא דבר מותר בתכלית. הרמב״ן, כמו גם הרמב״ם, הדגיש חזור והדגש כי בכל מעשה דתי צריך להימצא גם יסוד של עבודה שבלב (ראו, למשל, רמב״ן, **השגות לספר המצוות**, עשה, ה; רמב״ם, **מורה נבוכים** ג, נא). אל המעשים הריטואליים והמוסריים גם יחד יש להחדיר התלהבות של רגש, אהבה ושמחה, כאשר המעשה המכני נעשה לחוויה חיה. ברור שלא ניתן להשיג כל זאת אם אין במצווה מסר שניתן להעביר, רעיון שניתן להציע או משמעות מעשירה שניתן להעניק. כדי להקריב לא-להים את לבבי ואת נפשי, כדי לעבוד אותו בכל מאודי, יש דבר אחד שלא ניתן בשום פנים ואופן לוותר עליו – ההבנה, מעורבות השכל.
לעולם אסור לי, כמובן, לומר כי המסר שאני מגלה במצווה מסביר אותה ומשיב על השאלה הבלתי לגיטימית בדבר הסיבה שהביאה את ריבונו של עולם להורות לנו לפעול בדרך בלתי מובנת זו. עם זאת, רשאי אני להעלות את השאלה בדבר משמעותה של המצווה לדידי. כיצד עלי להבין, לא את טעמה של המצווה, אלא את מהותה כחלק בלתי נפרד מדרכי בעבודת ה׳? הבה ונראה מה אומרת לנו סוגיית הפרה האדומה. כיצד אנו חווים את ״חֻקַּת הַתּוֹרָה״ הזאת? מה הוא הרעיון המרכזי העומד ביסוד הנושא

> כולו? בקצרה: אין אני שואל "מדוע פרה אדומה?", אלא "מה היא פרה אדומה?" (**מן הסערה**, עמ' 91–92)

לאורך כל שנות פעילותו, החזיק הרב בעמדתו יוצאת־הדופן והמקורית, כי המקור הטוב ביותר לשאוב ממנו את מחשבת היהדות הוא ההלכה. הוא אף דבק במסקנתה של תפיסה זו – שאף על פי שבסיסה של פעולת שאיבה זו הוא הנתונים האובייקטיביים של ההלכה, זוהי פעולה סובייקטיבית מיסודה. הגם שמוקד חיפושו של הרב אחר הסובייקטיביות של המצוות הוסט לאורך השנים ממושגים קוגניטיביים־פילוסופיים אל ערכים הלכתיים וחוויות הלכתיות, קריאתו לפעולה בסוף **התודעה ההלכתית** ממשיכה להדהד בעוצמה: "מתוך מקורות ההלכה, השקפת עולם חדשה ממתינה לניסוחה" (עמ' 102).

לעיון נוסף:

1. **שיטת בריסק ("לומדות")**: כולם מסכימים על כך שהרב לא המציא את מתודת הלימוד של בריסק; זאת עשה סבו, רבי חיים מבריסק. יחד עם זאת, הרב היה הראשון שניסח את ההנחות והתוצאות הדתיות והפילוסופיות של שיטת בריסק, כפי שראינו בפרק זה ובפרקים העוסקים ב**איש ההלכה**. הוא מאפיין את טבעה של שיטת בריסק בכתבים נוספים שלו, כשלעתים הוא מכנה אותה בשמה (ב"מה דודך מדוד"), ולעתים הוא פשוט קורא לה "לימוד תורה" (למשל ב**ובקשתם משם**, פרק טו).

   בתחום של שיטת בריסק עצמה, הרב כמובן תרם תרומות חדשניות רבות. תרומותיו כללו לא רק חידושים בסוגיות ספציפיות, אלא גם הרחבה של שיטת בריסק לתחומים חדשים (כגון אורח חיים), וניסוח חקירות חדשות (כגון המעשה החיצוני והקיום הפנימי).

   על מצבה של שיטת בריסק כיום, ועל מה שצופן לה העתיד, ראו את מאמרו המקיף של הרב אהרן ליכטנשטיין, "הגישה המושגית־

בריסקאית בלימוד תורה: השיטה ועתידה", **נטועים** יח (תשע"ג), עמ' 9-38, וכן את הקובץ *Lomdus: The Conceptual Approach to Jewish Learning*, ערך הרב יוסף בלאו (ניו יורק, 2006), ובמיוחד את מאמריהם של הרב מיכאל רוזנצוויג והרב משה ליכטנשטיין. ראויה לתשומת לב מיוחדת המחלוקת המרתקת בין הרב אליקים קרומביין לרב אברהם וולפיש בשאלת מידת השוני בין דרך לימודו של הרב יוסף דוב סולוביצ'יק לבין דרכו של סבו ר' חיים מבריסק. ראו הרב אליקים קרומביין, "מר' חיים מבריסק והגרי"ד סולוביצ'יק ועד 'שיעורי הרב אהרן ליכטנשטיין' – על גלגוליה של מסורת לימוד", **נטועים** ט (תשס"ב), עמ' 51-94; הרב ד"ר אברהם וולפיש, "השיטה הבריסקאית והקריאה הצמודה – תגובה למאמרו של הרב אליקים קרומביין", **נטועים** יא-יב (תשס"ד), עמ' 95-137; הרב אליקים קרומביין, "מעבר למורכבות – בעקבות תגובתו של הרב אברהם וולפיש", שם, עמ' 139-173.

אחד ממבקריה של שיטת בריסק בשנים האחרונות היה הרב שג"ר, במיוחד בספרו **בתורתו יהגה – לימוד גמרא כבקשת אלוקים** (אפרת, תשס"ט). ביקורתו נידונה מכמה זוויות במאמרים המופיעים בגיליון יז של כתב העת **נטועים** (תשע"א), עמ' 115-270.

2. **אגדה:** עם ה'נתונים האובייקטיביים' של היהדות נמנים טקסטים דתיים, ואלו כוללים לא רק כתבים הלכתיים אלא גם את כתבי האגדה. במבט ראשון, נראה כי אגדות חז"ל הן מקור מעולה לחקר השקפת היהדות. אף על פי כן, הרב מחשיב את ההלכה כמקור העיקרי לפיתוח פילוסופיה יהודית, ואת האגדה כמקור משני בלבד. בספרו **עבודה שבלב** הוא מסביר את היסוסו המתודולוגי בנוגע לשימוש ב"אגדתא":

[בנוגע לאגדה,] כאן עלי להדגיש, כמובן, את הצורך בזהירות מרובה כדי שלא יפול אדם קורבן לדמיונו שלו ויחדיר אל

הטכסטים שהוא קורא רעיונות הזרים להם. במיוחד מועדים לכך הרבנים שבקרבנו, הנוטים אל הגישה הדרשנית, בבקשם לנצל את האגדה בעיקר כנקודת מוצא או כיסוד קישוטי, בלא קבלת מחויבות של ממש למלוא עוצמתם של דברי הפרשנות שלנו. עלינו להיות אפוא זהירים במיוחד שלא להמיר את רעיונותיה של האגדה במחשבותינו שלנו. עם זאת, משימה זו איננה חסרת תקווה, כל עוד אנו מתירים לעצמנו לעמוד על המשמר ולא להיסחף על גלי דמיוננו. **וטוב מפעם לפעם לבדוק ביאורים אגדיים על רקע רעיונותיה של ההלכה, כדי לוודא את תוקפה של גישתנו.** (עמ' 107, ההדגשה נוספה)

3. **מקומה של הלמדנות הבריסקאית בתהליך השחזור**: במכתב מרתק משנת 1952 על טבעה של ההלכה (**איש על העדה**, עמ' 289-293), הראוי לבחינה מדוקדקת, הרב מעמת בין שתי שיטות של גישה להלכה: השיטה "הנורמטיבית האֵידֵטית" (eidetic normative) והשיטה "הטלאולוגית". סבורני שהמושגים האלו מתייחסים לשתי השיטות שנידונו לעיל: אובייקטיביזציה ("למדנות") ושחזור, בהתאמה. שימו לב להערות המסיימות שלו:

באשר לשיטה הטליאולוגית, אני עושה בה שימוש בבואי לפרש את ההלכה על רקעה הפילוסופי־מטאפיסי. מכל מקום, יש ספק בלבי אם שיטה זו תהיה בת־ביצוע בשדה ההלכה הטהורה. כאותו מדען הבוחן את נושא מחקרו בזכות עצמו, מבלי להתייחס לאיזו תכלית המצויה מעבר לתחומו, כך איש ההלכה חייב להפריד בין המהות הלוגית ההלכתית לבין המטפיזיקה ההלכתית. **כיוון שחשיבה הלכתית מופשטת חייבת להקדים כל פרשנות פילוסופית, הרי שיש לראות את השיטה הנורמטיבית האידטית כראשונה במעלה.** (עמ' 293, ההדגשה נוספה)

להבנת נסיבות כתיבתו של מכתב זה, עיינו במאמר הבא: Lawrence Kaplan, "From Cooperation to Conflict: Rabbi Professor Emanuel Rackman, Rav Joseph B. Soloveitchik, and the Evolution of American Modern Orthodoxy," *Modern Judaism* 30:1 (Feb. 2010), pp. 46–68.

4. **הרמזים בשופר ובמקווה:** אמנם הרב סולוביצ'יק מביע את הערכתו למתודולוגיית ה"רמז" של הרמב"ם, אך אין זה אומר בהכרח שהוא חושב שהרמזים הספציפיים של הרמב"ם משכנעים לגמרי. בספרו **התודעה ההלכתית** הוא אינו מבקר במפורש את הרעיון של הרמב"ם שהשופר מרמז על תשובה, אך הוא עצמו מציע פרשנות אחרת, המבוססת על פרטי ההלכה, בשיעוריו ובמאמרו "בסוד שיח השופר" (**ימי זיכרון**, עמ' 137–152): פרשנות הרואה את תקיעת השופר כצורת תפילה לא־מילולית.

אקדם ברשותכם את הטיעון של הרב שלב אחד נוסף, ואציע כי מכיוון שבתקיעות דמעומד תקיעת השופר משולבת בתוך המבנה של תפילת מוסף עצמה ("תקיעה על סדר הברכות"), תקיעות אלו מרמזות על המוטיבים המרכזיים הבאים לידי ביטוי בתפילה זו: הכתרה (מלכויות), זיכרון (זיכרונות), התגלות וישועה (שופרות). את הרמז של הרמב"ם (תקיעה כקריאה לתשובה) מסתבר יותר לקשר לתקיעות דמיושב. נראה כי תקיעות דמעומד, כמו התפילות שהן משולבות בתוכן, מכוונות כלפי הקב"ה, ואילו תקיעות דמיושב, שאינן משובצות בתוך הקשר של תפילה כלשהי, עשויות להיות מכוונות כלפי האדם.

אשר לרמז שמצא הרמב"ם לגבי טהרה במקווה (הלכות מקוואות יא, יב), נראה שהרב סולוביצ'יק חשב שרמז זה אינו משכנע כלל – עד כדי כך שסיים את הציטוט מדברי הרמב"ם במילים "ואף על פי כן, רמז יש בדבר", ולא טרח לצטט את הרמז עצמו. הרמז, הנוגע

לטיהור הנשמה,[9] אכן רחוק מהתוכן האובייקטיבי של המצווה. אולי קורלטיב סובייקטיבי סביר יותר היה מקשר טומאה למוות (כפי שנראה בדינים רבים של טומאה), ואת מי המקווה ללידה מחדש.

5. **אינטואיציה ואינדיבידואליות ב"לומדות"**: למרות העובדה שהרב מציג את הניתוח הבריסקאי כשיטה שהיא גם אובייקטיבית וגם מבצעת אובייקטיפיקציה דרך המשגה, הוא מודה במאמריו "על טבעה של ההלכה" ו"מה דודך מדוד" שב"לומדות", כמו במדע, המלומד הדגול מפתח אינטואיציה המנחה את ההמשגה שלו. יתר על כן, בהלכה, אולי שלא כמו במדע, אינטואיציה זו מקושרת לא רק למבני מחשבה פורמליים, אלא גם לערכים. לדוגמה, הביטו בפסקה הדחוסה אך המהדהדת הזו במאמרו "על טבעה של ההלכה":

> ההכרה ההלכתית היא חוויה אדירה הגדושה בכל סגולותיה המיוחדות של האישיות שלא ניתן להביעה. יש, כמובן, אובייקטיביות ויציבות בהלכה, אך אלה אינן מונעות את הגיוון ואת ההטרוגניות במה שנוגע לגישות ולמטרות. רעיון אחד יכול להתנסח בדרכים שונות בידי שני חכמים שונים; שני דוברים יכולים להטעים אותה מילה בדרכים שונות; אות אחת יכולה להיכתב בשתי דרכים שונות בידי שני סופרים; וההלכה, ללא כל קשר לתוכנה הזהה, יכולה להתבטא במגוון דרכים. ההלכה משקפת את אישיותם של העוסקים בה, היא מגלה צורות קיום

9. "דבר ברור וגלוי שהטומאות והטהרות גזירת הכתוב הן... וכן הטבילה מן הטומאות, מכלל החוקים היא: שאין הטומאה טיט או צואה שתעבור במים, אלא גזירת הכתוב היא, והדבר תלוי בכוונת הלב... ואף על פי כן, רמז יש בדבר: כשם שהמכוון ליבו ליטהר, כיון שטבל – טהר, ואף על פי שלא נתחדש בגופו דבר; כך המכוון ליבו לטהר נפשו מטומאת הנפשות, שהן מחשבות האוון ודעות הרעות, כיון שהסכים בליבו לפרוש מאותן העצות, והביא נפשו במי הדעות – טהר".

בעלות צביון אישי והיא מעבירה מסר שלא ניתן להביעו בדרך אחרת.

כיוון שלא ניתן לנתק את העשייה ההלכתית מן האדם העוסק בה, אינני יכול להבין כיצד אפשר להפריד את ההכרה ההלכתית מהנחות ערכיות או ממוטיב אתי. לו היה העיון ההלכתי מוגבל לשלב הפרשני שלו – קרי: לפענוחם של כמה טקסטים מעורפלים – אזי ניתן היה להצדיק אי־התאמה בין השיפוט הלוגי לבין השיפוט הערכי. אך כיוון שהחשיבה ההלכתית היא יצירתית, מקורית ונובעת ממעמקי חביונה המסתוריים של האישיות, ממקום שבו נשזרים זה בזה מוטיבים לוגיים־קוגניטיביים ומוטיבים ערכיים־מוסריים, אזי כל ניסיון של הפרדה יביא לפגיעה ביצירתיות האנושית. מנסיוני שלי יודע אני כי בכל חקירה הלכתית הודרכתי תמיד בידי תחושה אינטואיטיבית עמומה אשר הורתה לי את דרך האמת, ואינטואיציה זו לא היתה מעולם מעורטלת מתכלית מוסרית. (**איש על העדה**, עמ' 292)

להיבטים נוספים של תפקיד האינטואיציה בהרמנויטיקה של הרב, ראו: הרב ד"ר אברהם וולפיש, "הרמנויטיקת הגלוי והנסתר במשנת הגריד"ס", **מכלול** לא (תשע"ה), עמ' 135–174.

פרק 32

ובקשתם משם (א): החיפוש הטבעי אחר האלוקים

דומה כי **ובקשתם משם** היא העמוקה והנלהבת בכל יצירותיו של הרב סולוביצ׳יק. הוא כתב חיבור זה בפרץ השראה לאחר שסיים את **איש ההלכה**, ואמר עליה לאחר שנים: ״לפי דעתי עולה הוא [על **איש ההלכה**] בתוכנו ובצורתו״.[1] חתנו ותלמידו, הרב אהרן ליכטנשטיין, מתאר את נסיבות כתיבתו של הספר:

> את מסתו ״ובקשתם משם״ – שראתה אור רק [בשנת 1978], אך בעיקרה נכתבה, בגלגולה הראשון תחת הכותרת ״איש האלקים״, צמוד ל״איש ההלכה״, בעיצומה של מלחמת העולם השנייה – הוא כתב כאחוז טירוף. אם התיישב לכתוב בערב היה ממשיך, ללא הרף, עד שחר. חותנתי ע״ה, מתוך דאגה לשלומו, הייתה שואלת: מה זה ועל מה זה, וכלום אין העניין סובל דחייה למחרת; והוא, בעל הלבבות המתרוצצים, בשלו.[2]

1. מתוך מכתב משנת 1963 אל הרב ד״ר שמואל ק׳ מירסקי, שפורסם ב**איש על העדה**, עמ׳ 326. הרב שלום כרמי, תלמידו הקרוב של הרב סולוביצ׳יק, סיפר שהרב סבר ש**ובקשתם משם** הוא ״תרומתו התיאולוגית החשובה ביותר״ (“The Beginning of Wisdom,” *First Things* 195 [Aug./Sept. 2009], p. 39).
2. ״דברי הספד על הגרי״ד סולוביצ׳יק״, **מסורה** ט (אדר תשנ״ד), עמ׳ יז.

ואכן, עקבות "הלבבות המתרוצצים" של הרב, עקבות מעורבותו האישית העמוקה בשאלות שהעלה בספר, עקבות התמודדותו היצירתית והעוצמתית עם שאלות הליבה הנוגעות לחיים הדתיים וההלכתיים, ניכרים לעין הקורא את **ובקשתם משם**. בסוף פרק 35 נדון בהיסטוריה של כתיבת הספר ובקשר בינו לבין **איש ההלכה**; אולם ראשית ננתח את רעיונותיו העיקריים ואת משמעויותיהם.

המטאפורה המרכזית

כותרת הספר מקורה בספר דברים (ד, כט), שם נאמר לבני ישראל שבעתיד יוגלו בגלל חטאיהם, ובכל זאת "וּבִקַּשְׁתֶּם מִשָּׁם אֶת ה' אֱ־לֹהֶיךָ וּמָצָאתָ כִּי תִדְרְשֶׁנּוּ בְּכָל לְבָבְךָ וּבְכָל נַפְשֶׁךָ". מילות הפסוק הן ניסוח בהיר ומדויק של נושאו המרכזי של הספר: החיפוש אחר האלוקים. אולם, אף על פי שהכותרת לקוחה מספר דברים, המטאפורה המרכזית בספר קשורה בספר אחר במקרא: שיר השירים.

שיר השירים מתאר את היחסים בין צמד נאהבים, ועל פי מסורת חז"ל תיאור זה הוא אלגוריה ליחסים בין הקב"ה לבין עם ישראל, או ליחסים בין הקב"ה לבין האדם.[3] הרב סולוביצ'יק מדגיש נקודה תמוהה בשיר השירים: הנאהבים עורגים זה לזה, ובכל זאת, פעם אחר פעם, אינם מנצלים את ההזדמנויות למפגש ביניהם. כאשר הדוד יכול סוף סוף לפגוש את אהובתו, הוא מסתתר בין הסלעים. מדוע הוא נמלט? גם התנהגותה של השולמית מעלה תמיהות. היא מחפשת את אהובה בכל מאודה, ואפילו מתארת את עצמה כ"חוֹלַת אַהֲבָה" (ב, ה). כאשר האהוב מגיע לבסוף ונוקש על דלתה, היא מתמהמהת לפתוח לו את הדלת. לבסוף, כאשר היא יוצאת ממיטתה ופותחת את הדלת, ואהבתה סוערת ולבה גועש, היא מגלה שהוא כבר עזב: "דּוֹדִי חָמַק עָבָר" (ה, ו).

3. המדרש, התרגומים, רש"י ור' יהודה הלוי מציעים את הפרשנות הראשונה, בעוד רבנו בחיי אבן פקודה והרמב"ם מציעים את השנייה. ראו את הדיון בהערה 1 של **ובקשתם משם**, עמ' 119–121.

מהי המשמעות של מחזור העורג אך מסתתר, ושל אהובה המתגעגעת אך נחבאת? הרב מבין את ה"משחק" המוזר הזה לאור הפרשנות האלגורית שלו עצמו: האלוקים אינו חושף עצמו במלואו, והאדם נסוג מפניו בדיוק ברגע שבו יוכלו להיפגש. מטרת **ובקשתם משם** היא לתאר כיצד האדם חווה דיאלקטיקה זו של רצוא־ושוב, ולהסביר כיצד הוא יכול להתעלות מעליה.

שכל והתגלות כחוויות דתיות

האדם יכול לפגוש את האלוקים בשתי דרכים עיקריות. הדרך הראשונה, שהאדם הוא היוזם בה, היא חקר העולם הטבעי והאנושי באמצעות השכל ויכולות אנושיות אחרות. הדרך השנייה, שבה האלוקים הוא היוזם, היא התגלות אלוקית, המגיעה ממקום שהוא מעבר לעולם הנברא ומעבר לגבולות ההבנה האנושית.

ההוגים הדתיים של ימי הביניים עסקו במתח שבין השכל להתגלות, אך הרב סולוביצ'יק "מתמודד עם הנושא באופן המודרני האופייני לו. השכל וההתגלות אינם נתפסים כשני מקורות נפרדים של ידע או כשתי תורות נפרדות, אלא כשני אופנים שונים של חוויה, שתי דרכים שונות להתחבר לאלוקים, שתי עמדות שהיחיד יכול לנקוט".[4]

על פי הפילוסופיה המודרנית, קטגוריות השכל האנושי קבילות רק בעולם הטבעי (ולא בתחום המטפיזי), ולכן מתייחס הרב סולוביצ'יק לחוויית האלוקים בתוך העולם הטבעי כאל "החוויה הדתית השכלנית", "חוויית בראשית", "החוויה הקוסמית", "התודעה הטבעית", "התודעה הדתית הטבעית" ו"התודעה האונטולוגית". מנגד, חוויית האלוקים המוענקת על ידי התגלות ה' מתקראת פשוט "התודעה הגילויית", "התודעה הנבואית" או "חוויית סיני". אחד הנושאים המרכזיים

4. Lawrence Kaplan, "Joseph Soloveitchik and Halakhic Man," in *The Cambridge Companion to Modern Jewish Philosophy*, eds. Michael L. Morgan and Peter E. Gordon (Cambridge, 2007), p. 221.

והחשובים ביותר בספר הוא הרעיון ששני סוגי התודעה הדתית, הטבעית והגילויית, חיוניים לחיים הדתיים (וכן לחיים אנושיים בכלל).

בספר **ובקשתם משם** מוצגים שלושה שלבי התפתחות של התודעה הדתית. נסדר אותם בטבלה:

	בראשית	**סיני**
1	ביטחון	פחד
2	אהבה	יראה
3	דבקות	

כעת נציג את ההתפתחות הזאת בקיצור נמרץ, ובהמשך נסביר כל שלב בפירוט רב יותר. בשלב הראשון האדם מבקש להיפגש עם האלוקים במסגרת התחום המוגבל של הטבע והשכל, אך בסופו של דבר רואה שהמפגש הזה אינו מספק, וברגע המשבר מפתיעה אותו התגלותו של הא־ל. מכאן מתפתחת דיאלקטיקה בין הביטחון המגולם ב"תודעה הטבעית" של האלוקים לבין הפחד הנובע מ"התודעה הגילויית". בשלב השני הדיאלקטיקה בין החוויות הסותרות (ביטחון ופחד) מעמיקה ונעשית דיאלקטיקה בין חוויות משלימות, אהבה ויראה. בשלב הסופי, השלישי במספר, חוויית הדבקות בא־ל גוברת על הניגוד שבין החוויה השכלית לבין החוויה הגילויית.

כעת נוכל לראות שפרקי הספר מתאימים היטב למבנה הזה:

א. פרק א הוא הקדמה פיוטית לספר.

ב. פרקים ב–ז מתארים את השלב הראשון.

ג. פרקים ח–י מתארים את השלב השני.

ד. פרקים יא–יט מתארים את השלב השלישי.

ה. פרק כ הוא סיכום של כל השלושה.

בשל מבנה זה מתחלק הספר לשני חלקים מרכזיים: עשרת הפרקים האחרונים מבטלים למעשה את הדיכוטומיות המתוארות בעשרת הפרקים הראשונים.

לב מחפש

הדרך הטובה ביותר לסכם את הספר היא לעבור על שמות הפרקים, המתארים את מסעו של האדם בחיפוש אחר האלוקים. המילה "לב", במובנה כמקור הרגשות והתודעה, חוזרת על עצמה בשמות הפרקים השונים, ומזכירה לנו שיצירה זו עוסקת בפנומנולוגיה דתית ולא בפילוסופיה דתית. במילים אחרות, הספר עוסק בסוגים של תודעה וחוויה דתית, ולא בבעיות אינטלקטואליות של היגיון, הוכחות או ראיות.[5] לכן, אך הולם שהדימויים והציטוטים מקורם בעיקר בשיר השירים, שיר האהבה הנשגב של התנ"ך.

א. **הלכה גלויה ואהבה מסותרת** – כותרת זו מגדירה את התמה המרכזית של הספר, הלא היא ביקוש האהבה במסגרת המדכאת לכאורה של ההלכה: אהבה הן מצדו של הנותן האלוקי, הן מצדו של בן האנוש המקיים את מצוותיו.
ב. **לב עורג** – הביקוש החופשי והמאושר של אדם אחר האלוקים בתחום הטבע והיצירות האנושיות (חוויית בראשית), המתבטא בפסוק "מָשְׁכֵנִי אַחֲרֶיךָ נָּרוּצָה" (שיר השירים א, ד).
ג. **לב נכזב** – כישלון החוויה הדתית שעל טהרת השכל, כפי שמתבטא בפסוק (המופיע כציטוט הפותח בפרק ג, סעיף ב) "וְדוֹדִי חָמַק עָבָר" (שיר השירים ה, ו).
ד. **לב נפתע** – התגלותו הפתאומית של האלוקים (חוויית סיני); "אֲנִי יְשֵׁנָה וְלִבִּי עֵר קוֹל דּוֹדִי דוֹפֵק!" (שיר השירים ה, ב).
ה. **לב כוסף ומפחד** – השוואה בין חוויית בראשית לחוויית סיני ותיאור הדיאלקטיקה ביניהן; הרצון להתקרב אל האלוקים והפחד

5. עובדה זו בולטת במיוחד בסעיף ב של פרק ב (עמ' 127–132) ובהערה 3 (עמ' 127–129), כאשר הרב מציע פרשנות מחודשת להוכחות ההגיוניות לקיומו של האלוקים במונחים חווייתיים. נושא זה עלה כבר במסגרת דיוננו באיש **האמונה הבודד**, ונשוב אליו בסוף פרק 34.

מפני הקרבה באים לידי ביטוי בפסוק "לֹא תוּכַל לִרְאֹת אֶת פָּנָי כִּי לֹא יִרְאַנִי הָאָדָם וָחָי" (שמות לג, כ).

ו. **לב מפולג** – כמו הפרק הקודם: הדיאלקטיקה בין חוויית בראשית לחוויית סיני; "וּפָחַד וְרָחַב לְבָבֵךְ" (ישעיהו ס, ה).

ז. **לב רץ ובורח** – שוב אותה דיאלקטיקה כדלעיל; "וַיַּרְא הָעָם וַיָּנֻעוּ וַיַּעַמְדוּ מֵרָחֹק" (שמות כ, יד).

ח. **לב מתנחם** – השלב השני: הדיאלקטיקה של הניגוד והמתח בין פחד לבין ביטחון הופכת לדיאלקטיקה משלימה של אהבה ויראה.

ט. ללא כותרת – דוגמאות למרכזיות הדיאלקטיקה בין אהבה ליראה בעבודת ה'.

י. **"זֶה אֵלִי וְאַנְוֵהוּ אֱלֹהֵי אָבִי וַאֲרֹמְמֶנְהוּ"** (שמות טו, ב) – הידמות לאלוקים (*imitatio Dei*) כביטוי לדיאלקטיקה המשלימה של אהבה ויראה.

יא. **מן הידמות לדבקות** – דוגמאות לשלב השלישי, דבקות; מכאן ואילך, הכותרות מלאות יותר ויותר תשוקה.

יב. **לב מתדבק** – הבדלים בין המושג המיסטי של "ההתאחדות עם אלוקים" לבין הדבקות ההלכתית.

יג. **"שְׂמֹאלוֹ תַּחַת לְרֹאשִׁי וִימִינוֹ תְּחַבְּקֵנִי"** (שיר השירים ב, ו) – הרקע הפילוסופי לרעיון הדבקות.

יד. ללא כותרת – עוד על הרקע הפילוסופי לרעיון הדבקות.

טו. ללא כותרת – שתי טכניקות או שני ביטויים של רעיון הדבקות: שלטון השכל והעלאת הגוף.

טז. ללא כותרת – ההלכה והעולם.

יז. **לב מתנבא** – שיאה של הדבקות; האדם מוצא בחוויית סיני את מה שחיפש בחוויית בראשית.

יח. ללא כותרת – יצירה והתמדת ההתגלות.

יט. **לב רץ לבלתי שוב** – המסורה כהתמדת ההתגלות: "שִׂימֵנִי כַחוֹתָם עַל לִבֶּךָ כַּחוֹתָם עַל זְרוֹעֶךָ" (שיר השירים ח, ו).

כ. **סיכום.**

עתה נעיין ביתר פירוט בכל אחד משלושת השלבים של התפתחות התודעה הדתית.[6]

שלב א' (א): בקשת האלוקים הטבעית־שכלית

השלב הראשון מתחיל בכך שהאדם יוצא מרצונו ובלב מלא תקווה לבקש את האלוקים במרחב הטבעי והשכלי. במהלך החיפוש, לא תמיד הוא מודע לכך שאת האלוקים הוא מבקש; הוא מבקש את המוחלט, את האמת, את העוגן היציב ביקום, את הדבר שיוכל לשמש בסיס מוצק לחייו ולהעניק להם משמעות. מטרות אלו תושגנה רק באמצעות מציאת השתקפויות של הטרנסצנדנטלי בתוך העולם. השתקפויות כאלו הן למשל הנשגב באמנות, החוקיות בטבע, הטוהר של המושגים הפילוסופיים, והכמיהות העמוקות של הנפש האנושית. עקבות הטרנסצנדנטלי, או עקבותיו של האלוקים, ניכרות בעולם הטבעי ובעולם האנושי וגם מעבר להם:

> אין לך פינת סתרים במציאות טבע ורוח, שאין תודעת האדם ההומה אל דודה מציצה לתוכה ומפשפשת בה. מתחקה היא על ניצני הטרנסצנדנטיות המתגלים מפעם לפעם בארץ ציה וצלמוות... בשר ודם עורג להיחלץ מן המצר של עולם מוגבל ומותנה ולצאת למרחביה אל־סופי ובלתי־תלוי. חיפוש זה הוא פעולת התנשאות על־עצמית (self-transcendence), שהיא באמת תמציתה של העלייה התרבותית של האדם. (עמ' 124)

6. בסעיף הסיכום של פרק 35 נראה שאפשר להבין את שלושת השלבים של התפתחות התודעה הדתית כשלוש גישות להלכה. לפירוט שלושת השלבים ראו גם את המבוא (שכתבתי יחד עם פרופ' דוד שץ) לתרגום האנגלי של **ובקשתם משם**: *And from There You Shall Seek*, trans. Naomi Goldblum (Jersey City, 2008), pp. xi–xxxix. חלקים מהפרק הנוכחי ומשלושת הפרקים הבאים שאובים מתוך הקדמה זו.

בעיני הרב סולוביצ׳יק, אם כן, בַּקָּשַׁת הטרנסצנדנטלי, או בקשת האלוקים, היא תכונה בסיסית בטבע האדם, וזהו למעשה הדחף המניע רבים ממפעליו התרבותיים.[7] כאשר האדם נתקל בהדר היקום, במורכבות האינטלקט שלו עצמו, ברגשותיו העמוקים ובכיסופיו המטפיזיים, הוא עומד לנוכח רמזים להימצאות בוראו.

כשהאדם מתייצב מול הטבע הוא יכול להשתמש בשכלו כדי להבין את סדרי הבריאה, והוא יכול גם לחוש את האלוקים באמצעות חוויית הקוסמוס הישירה והבלתי־אמצעית. שתי היכולות הללו ניתנו לאדם על ידי האלוקים – ״עשה הקב״ה את האדם איש מדעי, משכיל על דבר אמת, ואיש מתגעגע לא־לוהים וחורג מחרצובות המדע גם יחד״ (עמ׳ 155) – ולכן היהדות מאשרת את שתיהן. הציווי האלוקי ״וּמִלְאוּ אֶת הָאָרֶץ וְכִבְשֻׁהָ״ (בראשית א, כח) מחייב התקדמות מדעית (ראו עמ׳ 154–155), בעוד המוסד ההלכתי של הברכות מעיד על פליאתו ותדהמתו של היהודי כאשר הוא מוצא את האלוקים בדינמיקה של היקום:

> אנו מצווים על פיה [ההלכה] לברך על כל תופעה קוסמית: על דמדומי חמה השוקעת תוך להבות ועל הארגמן של זריחתה, כשהיא מטפטפת בראשי ההרים, על הירח העולה המזלף אור חיוור, על כוכבים במסילותם וכוכבי שביט הזונקים ממרחבים שקופים, על מראה הקשת אשר בענן ועל הרעם והברק מתוך הערפל, על אילנות מלבלבים ופרחי חן נותני ריח טוב, על המיית האוקיינוס וריצת גליו, על המים והלחם, על פרי הארץ ותנובות שדה, על גוף בריא שנברא בחכמה, על שריריו ועצביו, על יכולת תנועה, עמידה וזקיפה. בקיצור, אנו מברכים על כל שהאדם פוגע בו ושמפגין איתנות בראשית. מה טיבה של ברכה, ברכת הנהנין

7. בעיני הרב, ״תרבות״ מתייחסת לא רק לאמנות או לספרות, אלא לכל תוצר של היצירתיות האנושית, כולל טכנולוגיה, ממשל וכו׳.

או ברכת הראייה, אם לא שבח והודאה לקב"ה על טבעו של עולם שהופך בו ברגע, שהברכה יוצאת מפי המברך, לעולם על־טבעי, עולם פלא, אם לא גאולת הטבע מאילמותו ומיתמותו וגלמודותו, אם לא זיהוי הדינמיקה הקוסמית עם רצונו הקדמון של היוצר החבוי והפועל מתוך המחבוא בחומר אורגני ובלתי אורגני, בחי, בצומח ובדומם! על מה מעידה הברכה אם לא על עובדה משונה, כי למרות החוק הפסיכולוגי שההרגל והשִגרה מטמטמים את הרגש העדין, מעמעמים את הבינה הערה ומכבים את שלהבת האכסטזה, היהודי מתלהב מכל תופעה ותופעה. (עמ' 135–136)

אך אף על פי שהיהדות מעודדת מפגש שכלי וחווייתי עם האלוקים במסגרת התחום הקוסמי־רציונלי, ומכירה ב"חשיבותה, גודלה ותוקפה" (עמ' 137), בסופו של דבר אין די בכל אלה. הבה נברר את הסיבות לקביעה זו.

שלב א' (ב): כישלונה של חוויית בראשית

הראינו שיש שתי דרכים עוצמתיות ומשמעותיות לגילוי אלוקים בעולם הנברא – מפגש חווייתי וחקירה אינטלקטואלית – אך שתיהן דרכים בעייתיות. המפגש החווייתי אינו מספק, מפני שגם אם אדם חש ניצנים של האלוקות כאשר הוא חווה את הקוסמוס, הנוכחות האלוקית נגלית ונסתרת בו־זמנית. אחת הסיבות לכך שהיא נסתרת הִנה החטא: "מדוע לא ימצא האדם את קונו כשהוא מבקשו ומחזר אחריו בשולי הקוסמוס הטבוע ברצונו הקדמון של הקב"ה? הגורם לתסכול האדם בשטח זה הוא החטא, המבדיל בין האדם ובין קונו" (עמ' 140).[8] הקב"ה נמצא

8. כוונתו של הרב אינה ברורה לחלוטין. אחת הפרשנויות האפשריות היא שבשל חטאו הקדמון של האדם, או בגלל אופיו החוטא, הסתיר ה' את נוכחותו ולכן הוא אינו נראה עוד בעולם. לחילופין, ייתכן שהרב מתכוון לומר שהניסיון לתפוס את ה' דרך השכל והחוויה הקוסמית בלבד אינו מביא בחשבון את החטא, את

בכל מקום, אך לא תמיד ניתן לראות או לחוות את נוכחותו. הוא עטוף, כפי שכתוב בתורה, בעב הענן.

גם הנתיב האינטלקטואלי המוביל לאלוקים דרך התבוננות בעולם הנברא אינו נתיב מספק, וזאת מכמה סיבות.

ראשית, הבנתנו השכלית את היקום בהכרח אינה מושלמת. המדע עצמו, כך מסביר הרב, כבר מודע למגבלותיו.[9]

יתר על כן, כשאדם מנסה להוכיח את קיומו של הא־ל באמצעות השכל, הוא מבסס את ההוכחה על הסדר הטבעי של הקיום. אך בכך אנו מתעלמים מהיבט אחר של הקיום:

> מחשבת איש הדת הכללי – דרכה סוגה בשושנים וענודת חן. היא מוצאת את אשר תבקש... באידיאות מתנוססות לתפארה, בהרמוניה הטבועה במשטר העולם, וכן כל כיוצא בהם. מן החוקי, המשטרי, הטוב והיפה עולה הוא אל המוחלט, השלם והאחד. ברם אובדת עצות ומבולבלת היא מחשבת איש הדת הכללי כשפוגעת היא בערעי, באי־מסודר, ברע, בשליליות, בהעדר ובהיוליות. (עמ' 143)

ועוד – הרב סולוביצ'יק, כמו פילוסופים מודרניים רבים אחרים, טוען שכל הוכחה שכלית לקיומו של האלוקים דינה להיכשל, כי "אין לנו רשות להשתמש בקטגוריות ילידות מציאות סופית, מותנית וזמנית כדי להוכיח אמיתת מציאות אַל־סופית, מוחלטת ונצחית" (עמ' 127). כלומר,

הטומאה ואת הצורך בגאולה. הגישה הדתית הטבעית יכולה, במידה מסוימת, לחשוף את הא־ל הקוסמי שהוא מקור כל היקום, אך היא לא תחשוף את הא־ל הגואל המושיע את האדם.

9. הרב מסביר שהפיזיקאים המודרניים אמנם יכולים להציב מודלים מתמטיים המקבילים לסדרי הטבע הניתנים למדידה (המציאות הכמותית), אך הם אינם יכולים להסביר את המציאות האיכותית האנושית – תחום החוויה החושית הבלתי אמצעית (עמ' 125–127).

לא ניתן להוכיח את קיומו של האלוקים, אך לא ניתן גם להפריכו. קיומו חורג מתחום האפשרי להוכחה או להפרכה.

לבסוף, גם לו היו ההוכחות האלה תקפות, הן היו מובילות אותנו לכל היותר לתפיסה קרה, מופשטת ובלתי אישית של האלוקים. לתפיסה כזו עלולות להיות השלכות מרחיקות לכת ומסוכנות:

> בסופו של דבר: דתיות קוסמית רציונלית נתפסת לפנתיאיזם,[10] בין לזה של פלוטינוס עם האמנציות שלו, ובין לזה של שפינוזה עם העצם בעל התארים האינסופיים שלו. הצד השווה שביניהם – שאך כפשׂע ביניהם ובין האתיאיזם. במלה אחת, אם הדתיות יונקת רק מן השכל והתודעה התרבותית – סופה לכפור בעיקר. (עמ' 139)

נקודה זו היא נקודה חשובה שאין להתעלם ממנה. הוגי דת רבים סברו כי כפירה באלוקים מקורה בטיפשות, במחלה נפשית, בבורות, ברוע לב או ברשעות.[11] אך בעיני הרב סולוביצ'יק יכולה ההתכחשות לא־ל לנבוע לא רק מ"מטירוף הדעת, גאוותה ושיגעונה" (עמ' 139), כאשר השכל מדמה לעצמו שהוא יכול להסביר את המציאות על כל היבטיה, אלא גם מהמאפיינים הבסיסיים של החוויה האנושית בעולם:

> ברם גם המציאות עצמה עם צביונה המוזר אשמה במבוכת האדם המוליכה אותו למרי ומרד. בשביל המדען העולם עטוף חוקיות פורמלית יתרה; בשביל הפוזיטיביסטן מלא הוא מוחשיות כהה ועבה; שתיהן מחפות על סוד מעשה־בראשית. הקליפה הסמלית וגם הקליפה המוחשית חוצצות בין האדם לקונו.[12] לפעמים

10. פנתיאיזם הוא התפיסה הגורסת שהא־ל והטבע אחד הם.
11. ראו **לעיון נוסף**, 1.
12. פוזיטיביזם היא פילוסופיה המסתמכת על התנסות חושיות ממשית בלבד במקום להשתמש בהסמלה המופשטת של המדע.

> הקונסטרוקציה, יצירת השכל, נתפסת כיש מוחלט ומחזיקה מעמד כפתרון גמור לבעיה הנצחית. גאוות האדם וחוצפתו דוחות אותו להאלהת עצמו כפתרון התעלומה. אז המדען משתגע וכופר. לפעמים האיכות המוחשית דרוכת פרימיטיביות איתנית כובשת את טבורה של תודעת האדם ועומדת לשטן על דרכו אל האלוקים. אז איש החמדה והעדנה משתגע וכופר. (עמ' 139)

לכן, לא רק בורות או זדון מובילים לבלבול או לכפירה ביחס לאלוקים. למעשה, עצם הסיבה לבלבול או לכפירה היא הניסיון למצוא את האלוקים בטבע, ניסיון הנידון לכישלון בשל גבולות ההבנה האנושית:

> דרישת האלוקים רק בתוך המציאות היא יוזמה הרפתקנית מלאה עזות רוח וחירוף נפש, הנתקלת לפעמים בכושל מאוים. אמנם שומעים בני אדם ברגעי השראת הרוח את קול ה' א־לוהים המתהלך בגן ההוויה, אבל קצרי המשך המה מומנטים אלה, חולפים הם חיש מהר. מתרחק ההד ונבלע במרחבי האין־סופיות... ישנה כאן חוויית א־לוהים כבירה, אבל מתבטאת היא בתוך תודעת התיחום והצמצום של היכולת הקוגניטיבית האנושית ובתוך התנגשותה עם התעלומה. ניסיון נועז כזה – גילוי שכינה בתוך הטבע על כל תפארתו וגודלו, בלי לצאת חוצה לו – אינו מקרב את האדם אל האלוקים. סך הכול של היגיעה לגלות את הא־לוהות בשטח ההוויה ובתכסיסי הדעת הוא לאות רוחנית ופשיטת הרגל. (עמ' 139–140)

עם זאת, חשוב לזכור שהכחשת הא־ל אינה **בהכרח** תוצאה של בקשת האלוקים בתחום הטבעי־שכלי, אלא רק **אחת האפשרויות**:

> בקשת האלוקים על ידי האדם מתגלמת בפעולה שכלית... ברם מבקשים אלה, כפי שהדגשתי לעיל, כשבאים לגבול האחרון של

> הממש, נבהלים ונסוגים הם אחור. כשהם מעומתים עם הנצח, עם מרחקים מבהילים שמושכים וגם דוחים, מעודדים וגם לועגים – כולם מפסיקים את דרכם. הרבה מהם נבוכים; הרבה נבהלים ומקצצים בנטיעות. רק אחדים נשארים ניצבים מול המסתורין הנשקף ומצפים לישועה מאת האלוקים אשר אותו המה דורשים. (עמ' 141-142)

כל המבקשים – ה"נבוכים" וה"מקצצים בנטיעות", לצד אלו ש"נשארים יציבים" – חווים את תחושת המשבר כאשר הם מגיעים אל "הגבול האחרון של הממש". משבר זה הוא־הוא המעורר אצל האדם את הצורך בהתגלות, וממנו היא נובעת. אך כפי שעוד נראה, כאשר אדם נתקל לראשונה בהתגלות אלוקית אין הוא חווה אותה כמענה לצרכיו.

לעיון נוסף:

1. **גישות אורתודוקסיות לכפירה ולאי־קיום מצוות:** צבי זוהר ואבי שגיא, **מעגלי זהות יהודית בספרות ההלכתית** (תל אביב, תש"ס); **אורתודוקסייה יהודית: היבטים חדשים**, ערכו יוסף שלמון, אביעזר רביצקי ואדם פרזיגר (ירושלים, תשס"ו); R. Jacob J. Schacter, ed., *Jewish Tradition and the Non-Traditional Jew* (Northvale, NJ, 1992); Adam S. Ferziger, *Exclusion and Hierarchy: Orthodoxy, Nonobservance, and the Emergence of Modern Jewish Identity* (Philadelphia, 2005).

פרק 33

ובקשתם משם (ב): הדיאלקטיקה של השכל וההתגלות

נמשיך להתוות את שלביה של האודיסיאה הדתית כפי שמתאר אותה הרב סולוביצ'יק.

שלב א' (ג): ההתגלות כאירוע וכחוויה

כאשר אדם נקלע למשבר ולמבוכה, יש וה' מתגלה אליו אף כאשר אין הוא מוכן או מצפה לכך. ה' עושה זאת לא כדי לחון את האדם בהבנה שכלית של המוחלט והנצחי, ואף לא כדי להעניק לו שלווה וביטחון באופן כזה או אחר. ה' מתגלה לאדם כדי שיוכל לבטא את רצונו ולכפות את מצוותיו על האדם.

> האדם, כשהוא מבקש את האלוהים, הרי הוא מבקש את השכל הנעלם ממנו. רוצה הוא ששכל זה יזדקק אליו ויאיר את עיניו על דבר תבל ומלואה, על דבר מהות האדם וגורלו – אבל במקום למצוא את השכל הנעלם, הוא פוגע ברצון הסתום. רצון זה מתגלה לו לאדם, ובמקום לגלות לו סוד מעשה בראשית, הוא תובע מן האדם משמעת בלתי־מוגבלת והכנעה מוחלטת. (עמ' 146)

התגלות הרצון האלוקי איננה חוויה חד־פעמית בלבד, ואיננה מנת חלקם של מתי המעט שה׳ בחר בהם לנביאים. היא נעשית מרכיב בר קיימא בתודעה הדתית של האדם, כשם ש״החיפוש הטבעי״[1] אחר האלוקים מהווה מרכיב קבוע בתודעה הדתית האנושית:

> גילוי אלוהים לאדם... נהפך לדורות לחוויה תמידית, תודעה ייחודית. האדם לדורי דורות חי ומרגיש את הגילוי, כמו שהוא חי ומרגיש את הֶחֶרֶג [כלומר הכיסופים] הטבעי לאלוהים. (עמ׳ 147)

לפיכך, אף שבפרק ד (עמ׳ 141-147) הקורא עשוי להתרשם כי ההתגלות תופסת את מקומו של החיפוש הטבעי אחר האלוקים, הפרקים הבאים מסבירים שבתור חוויות תמידיות, שתיהן קיימות זו לצד זו בתודעת האדם (גם אם במתח מתמיד). היהדות תובעת את שתי צורות התודעה הדתית, הן הטבעית הן הגילויית:

> [ראשית, התודעה הדתית הטבעית:] האדם מצווה לא רק להאמין באלוהים, אלא גם לדעת את האלוהים, כמו שכתב הרמב״ם: ״מצות עשה לדעת כי יש שם מצוי ראשון ממציא כל נמצא״ [הלכות יסודי התורה א, א]. דעת זו פירושה הכרת אלוהים ע״י הכרת מעשיו, מעשה בראשית. [לאחר מכן, התודעה הדתית הגילויית:] ברם מאידך גיסא קבעו, כי לדעת את האלוהים על ידי הטבע אינו מספיק. עיקר העיקרים הוא אמונה בגילויו לאדם והכנת האדם לקיים את רצונו ללא תנאי. [ולבסוף, דו־קיום של שתי התודעות:] האדם הוא דורש את האלוהים וגם שבוי אלוהים. שניות זו נותנת תוכן מיוחד ומקורי לחוויה הדתית שתורתנו

1. ״החיפוש הטבעי״ אחר האלוקים בעיני הרב הוא החיפוש אחר האלוקים דרך הטבע (הכולל את העולם הטבעי והתחום האנושי כאחד). הנושא נידון בפרק 32 לעיל.

המליצה עליה. כך עלה ברצונו הקדמון של הבורא ליטע באדם שתי תודעות, גישה בעלת דו־פרצופים. (עמ' 149)

שלב א' (ד): הדיאלקטיקה של ביטחון ופחד

פרקים ה-ו (עמ' 147–158) מדגישים את המתח שבין שתי הגישות הדתיות, הטבעית והגילויית, על ידי הצגת סדרת ניגודים ביניהן – ואילו פרק ז (עמ' 159–167) מראה מדוע אין די בכל גישה לכשעצמה ויש צורך בשתיהן. נפרט תחילה בקצרה את מאפייניה של כל תודעה דתית כשלעצמה, ועל ידי כך יתבהרו הניגודים הקיימים ביניהן.

במצב ה"טבעי" של התודעה הדתית, האדם מחפש אחר האלוקים מתוך רצון להשתחרר מכבלי עריצות הטבע, מתוך צמא לחירות ולהרחבה. הוא מפלל למפלט של חסד ולגאולת המציאות. תחושת קרבת אלוקים מעניקה לו עוד ועוד חירות ועונג. החיפוש ה"טבעי" אחר האלוקים משריש את האדם בחייו בעולם הזה ומעודד אותו ליטול חלק בתיקון העולם והחברה. בקשת־האלוקים הטבעית פתוחה לצורות ביטוי רבות ומכילה גישות רבות; מדובר במפעל שכלי, מוסרי ואסתטי. וכפי שכבר אמרנו, זוהי בעצם פסגת ההשגה התרבותית. היות שתודעה זו קשורה קשר הדוק לתרבות האנושית, היא דינמית ומתקדמת בהתאם להתפתחותו הכללית של האדם.

ההתגלות, לעומת זאת, מקורה בתחום הסגור בפני ההבנה האנושית, ולכאורה אין היא קשורה לרצונות אנוש. הגישה הדתית הגילויית אין לה דבר עם חופש ויצירתיות, אין לה עניין בתרבות, והיא מצטמצמת לתחומה העצמאי. היא תובעת בלעדיות ואינה מגלה סובלנות כלפי גישות מרובות־פנים או מפעלים מתחרים. האדם חווה כפייה והשתעבדות וחש שנתבעת ממנו התמסרות גמורה. ריבונו של עולם נראה לו מרוחק ומפחיד, ודומה בעיניו שהדבר היחיד המגשר על הפער בינו לבין אלוקיו הוא הצו המוחלט. בעוד התודעה הטבעית רואה את האלוקים כחבוי בתוך העולם הנברא, התודעה הגילויית רואה אותו

כעומד מעבר ליקום ומובדל ממנו. ומאחר שתוכני התודעה הגילויית מקורם בתחום מובדל ונצחי, הם סטטיים ובלתי־משתנים.

על שתי הגישות, הטבעית והגילויית, אומר הרב "החרג הוא יצרי־טבעי בשעה שמילוי החרג הוא רוחני" (עמ' 158). משמעות הדבר היא שבשלב א', הגישה הטבעית־רציונלית והגישה הגילויית שמות להן למטרה את המשך הקיום האנושי, והן כשלעצמן תולדה של יצר הישרדות ביולוגי. עם זאת, כדי לספק דחף טבעי ופרגמטי זה, האדם מגלה שהוא חייב לסגל אמצעים דתיים. בממד ה"טבעי" של הדת, האדם הבודד וחסר המנוחה, אשר מחפש שלווה, שואף לגבור על המוות ותר אחר תכלית – והוא מגלה שהוא יכול להתקרב ליעדים הללו באמצעות התעלות על־עצמית, חיפוש אחר המוחלט והתקרבות לאלוקים. אלא שאין הוא מודע לדרישות כלשהן הנובעות מכך. בממד ה"גילויי" של הדת, האדם נתקל באלוקים כשופט ומנהיג מטיל אימה; מכיוון שהאדם, שהינו חוטא ונעדר שלמות, אינו יכול בשום אופן להצדיק את עצמו בפני הא־ל, הוא מגלה שיצר ההישרדות שלו מניע אותו לשמור מרחק מהאלוקים ולא להתקרב אליו. ולמרות זאת, דווקא מתוך חוויית הפחד הזו הוא משרת את האלוקים, שכן הפחד מוליד בו את ההחלטה לציית לרצון המוחלט של האלוקים, והופך את ההתגלות לתודעה גילויית מתמדת.

אף כי הפחד הנובע מהחוויה הגילויית עומד בסתירה לביטחון ולאמון הנובעים מהחוויה הטבעית, הרב מתאר את התחושות הללו כדרות בכפיפה אחת – אמנם במתח דיאלקטי – שכן שתיהן מרכיבים הכרחיים בתודעה הדתית של האדם. גם הפנייה אל ה' כדי לקבל שכר, וגם הבריחה מפניו כדי להימנע מקבלת עונש, הן לגיטימיות. חוויות כאלו הן משמעותיות ובעלות ערך; היהדות מקבלת את האדם הטבעי ואת תשוקתו הפשוטה להמשך קיומו.[2]

2. בהערה חשובה (עמ' 161; ראו גם עמ' 170), מוסיף הרב כי אפילו ברמות הגבוהות ביותר של התפתחות דתית (אשר תפורטנה בהמשך), האדם שומר על רצון פשוט לקבלת שכר, ובמיוחד להימנעות מעונש. אין האדם יכול פשוט

העובדה כי החוויה האנטי־תיטית של אהבה ופחד, של חפץ הריצה אל האלוהים וחפץ הבריחה ממנו, מושרשת בקרקע ביולוגית־טבעית ובמצב האדם כיצור פסיכו־סומטי,[3] אינה מפחיתה מערכה וחשיבותה. ההלכה תמיד טיפלה בקיומו הממשי של האדם, כבלה אותו בתודעת שכר ועונש, ולא ראתה שום הפסד ברצון האדם להתקיים במובן פיסי־ביולוגי, ליהנות מקיומו הנָאָה גמורה ולהשתחרר מן מכאובי גוף ונפש. לשם זה כבלה אותו בהבטחת שכר ועונש ונתנה לפניו ברכה וקללה. הברכה היא הטוב שבחיים הטבעיים והקללה היא שלטון הרע שבהם. כדי לשעבד את האדם לצו גילויי על־טבעי היא מפחידה וגם מרגיעה את האדם הטבעי. (עמ' 160–161)

שלב א' (ה): נחיצות שתי הגישות

ראינו כי היהדות מאשרת גם את התודעה הדתית ה"טבעית", וגם את התודעה הדתית ה"גילויית". יחד עם זאת, אף לא אחת מהן מספיקה כשהיא לעצמה.

נמנה תחילה את בעיותיה של דתיות טבעית שאיננה מאוזנת על ידי דתיות גילויית. ראשית, היעדר המרכיב הציוויי של התגלות עלול להוביל לדתיות שכל כולה מחשבתית ורוחנית, ללא רכיב התנהגותי. שנית, היעדר הגורם האובייקטיבי של התגלות מוביל לדתיות סובייקטיבית, אשר איננה יכולה להחזיק מעמד לאורך זמן.[4] שלישית, דת הנעדרת מרכז כובד של יסוד מוחלט נעשית משועבדת

לסלק את הרמות הנמוכות של דתיות כאשר הוא עולה לרמות גבוהות יותר, שכן האדם הוא תמיד אנושי. המחשבה שאפשר אחרת מבטיחה כישלון בהשגת היעדים הרוחניים של האדם.

3. "פסיכו־סומטי" כאן פירושו מורכב מגוף ונפש.
4. בנוגע לשתי הסוגיות הללו, עיינו בדיון בפרק 10 לעיל תחת הכותרת "סובייקטיביות מוחלטת".

לתרבות, ועבודת הא־ל מוכפפת בה לתשוקות האנושיות.[5] על ידי כך הדת מאבדת את האוטונומיה שלה ואת כוחה הקדמון, ומוליכה את האדם, אשר רואה עצמו כמקור הנורמה, לאנרכיה מוסרית. אהבה שאינה מאוזנת על ידי פחד, סובייקטיביות שאינה מוגבלת בידי המוחלט, ורוחניות שאין עמה ציוויים – מביאות כאוס לעולם.

נפנה עתה לבעיותיה של דתיות גילויית שאיננה מאוזנת על ידי דתיות טבעית. היות שהחוויה הגילויית נאכפת מבחוץ, האדם תופס אותה כדבר שאינו קשור לתודעה התרבותית שלו ושאינו מגיב לרצונותיו ולצרכיו. היא נעשית לו מערכת כפייתית המתאפיינת בעיקר בפחד מעונש. גישה כזו אינה רצויה, שהרי ה׳ חפץ שהאדם יעבוד אותו לא רק מתוך עצב ופחד אלא גם מתוך כמיהה ספונטנית ושמחה: "עִבְדוּ אֶת ה׳ בְּשִׂמְחָה" (תהלים ק, ב).

> כשהאדם איננו רואה את האלוהים ואינו מרגיש את נוכחותו בכל מקום אשר יפנה, כשהוא חושב על האלוהים רק מתוך יראת העונש ובשכל צונן, ללא אכסטזה, גיל והתלהבות, כשפעולותיו ומעשיו הם נטולי נשמה, פנימיות וחיוניות – פגומים המה חייו הדתיים. (עמ׳ 163)

יתר על כן, התמקדות בלעדית בציות לפקודות, תוך עצימת עיניים בפני תפארת העולם והאתגר הטמון בו, מוליכה לסגפנות ולנסיגה מהמשימה של תיקון העולם ויישובו ומהטיפול בצרכיו הגשמיים והנפשיים של האדם. גם זה איננו קביל, שכן האדם הושם בעולם על מנת לחיות בו ולשכלל אותו. שותפותו של האדם בבריאה משתקפת לא רק באמצעות מעשיו, כפי שצוין זה עתה, אלא גם על ידי גישתו הרגשית:

5. זהו, כמובן, מוטיב מרכזי **באיש האמונה הבודד**. ראו במיוחד פרקים 15 ו־16 לעיל.

> התודעה הטבעית שניתנה לו מן הבורא היא מקור געגועי האדם לאין סוף ולנצח. ממנה נובעים רגשות שמחה והתפעלות, ממנה שוטף ובא זרם האושר והמתיקות שבחיים, והיא דוחפת את האדם להשתתפות ולהשתלבות בתהליך היצירה הממשית; היא אומרת לאדם להתקדם, לעלות ולהתעלות. (עמ' 164)

בפרק מאוחר יותר, הרב מבטא באופן מרשים את הבעייתיות שבפחד שאינו מרוכך באהבה, בהציגו את העיוותים הפסיכולוגיים והדתיים שהדבר יוצר. ראשית, פחד יתר כזה "הוא אבי אבות כל ניברוזה [=נוירוזה] וכל אנומליה [=סטייה] פסיכית באדם" (עמ' 173). ועוד, "הדתיות המתעכבת יותר מדי בתחום הפחד הנורא הזה אינה משיגה את מטרתה. היא נכשלת במאגיות" (עמ' 174). בדבריו אלה הוא מתכוון לומר שבמקום לראות בה' ישות מוסרית, אדם האפוף בפחד יתייחס לה' כאל כוח אי־רציונלי ומלא חֵמה, שאפשר לפייסו במתנות ובמעשי פולחן.

וכך מסכם הרב את הצורך בשני הסוגים של תודעה דתית – טבעית והתגלותית:

> אם כל תודעתו וחווייתו הנן טבעיות, פנימיות, מעורות באישיותו, אז הוא דומה לאיש חילוני העומד מחוץ לסמכותה של הדת. כלפי לייא [=ולהפך], אם הוא נטול תודעה־חוויה טבעית ואיננו משזר את חווייתו הגילויית במסכת חווייתו הרוחנית הכול־כוללת – סופו לפרוש מן המעשה ומן המציאות. אם אין זיקת גומלין קיימת בין שתי תודעות־חוויות, האידיאל הדתי לא יתגשם. (עמ' 164)

להשלמת הדיון שלו, הרב סולוביצ'יק מציין (עמ' 164–167) כי בעוד החוויה הטבעית־אינטלקטואלית היא תופעה אזוטרית – כלומר, היא מוגבלת לאליטה של יחידים המסוגלים לעסוק בחקירות מעמיקות

ולחוות את הנשגב – האמונה הגילויית הִנה אקזוטרית,[6] שכן ההתגלות מופנית לכולם, וצוויה ניתנים לביצוע על ידי כולם, ללא תלות ביכולת השכלית והרוחנית. על יסוד זה הוא מסביר שוב מדוע שתי הגישות הן הכרחיות. מצד אחד, הדת שייכת לכולם, לכלל הקהילה. מצד שני, היא חייבת לספק ליחיד היוצא־דופן הזדמנות להעמיק את חוויית האלוהות ותפיסת האלוהות שלו ולהרחיבן. קורח צדק כשהכריז ש"כָל הָעֵדָה כֻּלָּם קְדֹשִׁים", אך שגה כשהלין "וּמַדּוּעַ תִּתְנַשְּׂאוּ עַל קְהַל ה'?" (במדבר טז, ג). הקדושה האקזוטרית של הקהילה (קדושת ישראל) אינה מבחינה בין גדול וקטן, אולם הקדושה האזוטרית תלויה בגדולתו ובעמקותו של היחיד.[7]

שלב א': סיכום

לפני שנעבור לשלב ב', הבה נסכם את ההתפתחות המורכבת בשלב א'. האדם מבקש משמעות וביטחון, ומתוך כך מתחיל את החיפוש אחר אלוקים תוך שימוש בכל כוחותיו האינטלקטואליים, הרוחניים, היצירתיים והחופשיים. הוא מצליח במפעל זה באופן חלקי, במוצאו סימנים של המוחלט במסגרת המדע, הפילוסופיה, האומנות ונפש האדם, במיוחד במסגרת החוויה הקוסמית (כלומר, המפגש הישיר עם הטבע אשר מעניק לאדם תחושה של האינסופי). הצלחה זו מטפחת אצל האדם הרגשה של אמון וביטחון, שכן הוא מוצא סדר בעולם ורמזים לכך שיש משהו שמתעלה עליו. הוא נמשך אל חסדו של הא־ל, שמציע נחמה ותמיכה.

ואולם, למרות חיפושיו של האדם, אין ביכולתו להשיג בדעתו את האלוקים; בלשון ציורו של שיר השירים, הרעיה מצליחה לקבל מבטים חטופים מדודה, אך אינה יכולה לפגוש אותו. המחפש נוכח לדעת

6. משמעות "אקזוטרי" היא "חיצוני" וזמין לכלל.
7. לדיון נוסף בהיבטים האזוטריים והאקזוטריים של הדת, ראו פרק 10 לעיל (בסעיף "אזוטרית ולא דמוקרטית", ובלעיון נוסף, 2).

שהשכל, היצירתיות התרבותית והחוויה הקוסמית מובילים אותו רק כברת דרך מסוימת. הקטגוריות של השכל האנושי נשברות כאשר הן פוגשות את האינסופי; יותר מכפי שהאלוקים נגלה בטבע, הוא מסתתר בו; תפיסתו החלקית והבלתי ברורה של האדם את האלוקים נותרת מעורפלת ובלתי אישית; והאדם עדיין אינו מסוגל להסביר את קיומם של הכאוס והרוע. מבולבל, מתוסכל ומיואש, זונח האדם את החיפוש.

לפיכך, אין האדם מוכן להתגלות פתאומית של האלוקים – מה גם שהאלוקים אינו מגלה את עצמו כבורא ושומר על כל מה שקיים, אלא כמחוקק הנוטל את חירותו של האדם ודורש ממנו מחויבות מוחלטת. במקום להימשך אל האלוקים ולהתנחם בחסדו, מתמלא עתה האדם חרדה ופחד מפני מידת הדין האלוקית. הוא חווה מצב מנוגד לגמרי לזה שחווה קודם לכן, כאשר חירותו ויצירתיותו באו לידי ביטוי במהלך החיפוש אחרי הא־ל.

אלא שתודעה זו של פחד אינה צריכה לבטל את התודעה הקודמת של ביטחון. נדרשת תודעה כפולה, של ביטחון ופחד בצוותא חדא, תודעה רליגיוזית שהיא גם טבעית וגם תוצאה של התגלות. שני הצדדים נחוצים, כי חיים המבוססים רק על תודעה טבעית מתחמקים ממרות הדת, נעדרים איפוק והופכים בסופו של דבר לחילוניים; ולהפך, חיים המתבססים רק על תודעת התגלות מוותרים על פעילות מעשית ותיקון העולם. ואולם, בשלב זה של התפתחות דתית, שתי צורות אלו של תודעה הן אנוכיות ומתמקדות רק בהשפעתו של האלוקים על קיומו האישי של האדם. הפרט מחפש את האלוקים במטרה לעגן ולאשש את קיומו הוא, ומציית למצוות ההתגלות רק כדי לקבל שכר ולהימלט מעונש.

שלב ב': אהבה ויראה

לאחר שלב עבודת הבורא מתוך תועלת אישית (כלומר "שלא לשמה"), לעתים יתעלה האדם לרמה גבוהה יותר של תודעה דתית, המתמקדת

פחות בקיומו שלו ויותר באלוקים עצמו. בשלב זה האדם עובד את ה' לא במטרה למלא את צרכיו האישיים, אלא מתוך הערכה לגדולתו של הקב"ה.

> היהדות אומרת: פילוג הרשויות של בקשת האלוהים וגילוי האלוהים הוא רק השכבה העליונה בתודעת האלוהים. כשאנו מעמיקים ויורדים לנבכי תודעה זו אנו מוצאים שכבה אחרת לגמרי. הגישה והבריחה גם יחד מתעלות בהוד רוחני ועולות ממעמקי הטבעיות למרומי תפיסה אונטולוגית־מטפיסית. אהבת השכר ופחד העונש טעוני התועלתיות נהפכים לאהבה ויראה, חוויות מסתוריות טרנסצנדנטליות. (עמ' 167)

הרב מכנה את השלב הנמוך יותר של עבודת הבורא "תועלתי" או "אבדימוני" (eudaemonic). שני הכינויים משמעותם ששלב זה מתבטא בחיפוש אחר אושר ורווחה. את השלב הגבוה יותר הרב מכנה "אונטולוגי", ללמדנו שמקורו במהות ההוויה. כלומר – בשלב הנמוך יותר האדם עובד את ה' מתוך מניעים חיצוניים, ואילו בשלב הגבוה יותר הוא עושה זאת "לשמה".

איזה היבט בגדולתו של הא־ל מניע את האדם להגיע לרמת עבודת הא־ל הגבוהה יותר? האלוקים מתייחס לעולם באופן דואלי. מצד אחד, הוא בורא ומשמר את כל מה שקיים: "כל הנמצאים... לא נמצאו אלא מאמיתת הימצאו" (רמב"ם, הלכות יסודי התורה א, א). מצד שני, קיומו האינסופי והייחודי של האלוקים מבטל כל דבר אחר: "וכולא קמיה כלא חשיבין" [תרגום: "הכול נחשב ככלום לפניו"] (זוהר, הקדמה, יא ע"ב).

האדם שהגיע לרמה הגבוהה יותר של הכרה דתית מגיב תגובה כפולה כאשר הוא תופס אמיתות אלו. הוא מייחל להתקרב לאלוקים, לא כדי להשיג משהו, אלא רק מתוך משיכה עזה אל מקור ההוויה, החוכמה והטוב. זו כבר איננה כמיהה תועלתית לביטחון, אלא אהבה

רוחנית. אך כאשר האדם מתקרב לאלוקים הוא מבין כמה שפל הוא בהשוואה אליו, ולכן הוא מתמלא לא בפחד אינסטינקטיבי אלא ביראה רוחנית. בניגוד לפחד, המבטא את רצונו של האדם להימלט מאלוקים, יראה מבטאת את הכמיהה לאלוקים, שהאדם יודע שאינה יכולה להתממש לגמרי, בגלל דלותו של האדם וגדולתו ללא שיעור של האלוקים. ככל שהאדם מתקרב אל האלוקים מתחדדת אצלו ההכרה שאינו יכול באמת לדבוק באינסופי.

הרמב"ם מתאר בצורה נפלאה את השניות של אהבת ה' ויראתו. הוא מתאר את האהבה והיראה לא כרגשות מנוגדים, אלא כשני צדדים של אותו מטבע. שתיהן נובעות מההכרה בגדולתו של האלוקים ומהתשוקה הטהורה להתקרב אליו.

> והיאך היא הדרך לאהבתו ויראתו? בשעה שיתבונן האדם במעשיו וברואיו הנפלאים הגדולים, ויראה מהם חכמתו שאין לה ערך ולא קץ – מיד הוא אוהב ומשבח ומפאר ומתאווה תאווה גדולה לידע השם הגדול, כמו שאמר דוד, "צָמְאָה נַפְשִׁי לֵא-לֹהִים לְאֵ-ל חָי" (תהלים מב, ג). וכשמחשב בדברים האלו עצמן, מיד הוא נרתע לאחוריו, ויירא ויפחד ויידע שהוא בריה קטנה שפלה אפלה, עומד בדעת קלה מעוטה לפני תמים דעות, כמו שאמר דוד, "כִּי אֶרְאֶה שָׁמֶיךָ מַעֲשֵׂה אֶצְבְּעֹתֶיךָ... מָה אֱנוֹשׁ כִּי תִזְכְּרֶנּוּ?" (תהלים ח, ד-ה). (הלכות יסודי התורה ב, ב)

בעיני הרב, התנועות המשלימות של משיכה ורתיעה הן מהות החוויה הדתית:

> בריצתו אל קונו וגם בנסיגתו ממנו, בטלטלה של האדם על ידי שני כוחות ענקיים, אהבה ויראה, מתגלמת עבודת אלוהים היותר נהדרת. חכמי הסוד קראו לתנועה המטולטלת, המסתורית של איש האלוהים – תנועת רצוא ושוב. (עמ' 177)

יתרה מכך, הוא ממשיך: "שתיהן מהוות יסודות של התודעה הדתית ההלכתית" (עמ' 177); ולכן, הן משתקפות גם בפרטי ההלכה. לדוגמה, ברכות מתחילות בפנייה לה' בגוף שני ("ברוך אתה") ומסתיימות בהתייחסות אליו בגוף שלישי (למשל, "שהכול נהיה **בדברו**", לא "**בדברך**"). הפנייה בגוף שני מביעה שאיפה אוהבת לקיים שיחה ישירה עם הקב"ה, אבל הדבר נועז מדי, ולכן המעבר לגוף שלישי משקף את ההכרה שהא-ל נסתר מאתנו ואנחנו רחוקים ממנו. באופן דומה, ב"קדושה" שבתפילת העמידה מרגיש היהודי את קרבתו של האלוקים וקורא: "מְלֹא כָל הָאָרֶץ כְּבוֹדוֹ" (ישעיהו ו, ג). אבל אחר כך הוא חש בריחוקו של האלוקים ומכריז: "בָּרוּךְ כְּבוֹד ה' מִמְּקוֹמוֹ" (יחזקאל ג, יב), כלומר, ממקומו הנסתר והנשגב של האלוקים. מחברי התפילה הוסיפו שאלה לתיאור פסוקים אלה: "משרתיו שואלים זה לזה: איה מקום כבודו?". אף שהאלוקים נמצא בכל מקום, כולם שואלים היכן הוא מכיוון שהוא שוכן בבדידותו.

שלב ב': והלכת בדרכיו

החוויה הדיאלקטית מתבטאת בהידמות לה' (ההליכה בדרכי האלוקים) שהיא עיקרון מרכזי ביהדות.[8] על ידי ההליכה בדרכי האלוקים מוצא האדם פתרון לדיכוטומיה בין רצונו לחופש מוסרי (חוויית בראשית) לבין שעבודו למצוות ה' (חוויית סיני).

ההידמות לה' כוללת הודאה בכישלון: האדם מתייאש מהאפשרות לדבוק באלוקים, והוא מחליט, כמטרה מציאותית ובת־השגה יותר, ללכת בדרכי הא־ל. באופן מעשי, משמעות הדבר היא שהאדם מחקה את טובו של הא־ל כפי שמבוטא ברצונו – כלומר, במצוות ההתגלות, קרי, בהלכה. הוא רואה שההלכה, שאמנם נכפתה על־ידי האלוקים, היא תוצאה בעלת־פשר של חוכמתו ולא סתם תוצאה שרירותית של

8. להרחבה בנושא "והלכת בדרכיו", ראו פרק 3 לעיל.

רצונו. לכן, לא רק שהוא מרגיש חייב לציית לה, אלא הוא בוחר וחפץ לעשות כך. בעשותו כן, הוא מתגבר על המתח שהיה נחלתו בשלב א׳, כשתפס את הציווי האלוקי כמנוגד לחירות האדם. על ידי שינוי המיקוד מעצמו אל האלוקים, ועל ידי שינוי התפיסה שלו בדבר המצווה הגלויה, מבין האדם שבעצם אין סתירה גמורה בין התודעה הטבעית לבין התודעה הגילויית.

ליתר דיוק, ההליכה בדרכי ה׳ מיישבת בין החירות לכפייה, או בין הכמיהה הטבעית למצווה הגלויה, בשלוש דרכים.

הראשונה: כאשר האדם חווה יראת אלוקים הוא מבין שהוא אכן עבד למצוות הגלויות של האלוקים, אך אין הדבר מעיק עליו. להפך: הוא מרגיש שהאלוקים הוא אדון נשגב, נבון ונדיב; והוא שואב שמחה מהעובדה שהוא משרת אדון כזה.

השנייה: כאשר חווה האדם אהבה כלפי אלוקים הוא לא רק מציית באהבה, אלא **בוחר** באופן חופשי ללכת בדרכיו, כי הוא מבין כמה נשגב הוא. הוא לא סתם עבד מאושר; לפעמים הוא אפילו אינו מרגיש כלל עבד. האדם אינו רואה עוד את גילוי רצונו של האלוקים כדבר כפוי ומאיים המעורר בו רגשות של פחד ולחץ. עד כה ראה את ההתגלות כנובעת ממידת הדין; עתה הוא מבין שהיא נובעת בה במידה גם ממידת החסד. ההתגלות כבר אינה מפחידה וסתומה, אלא משמעותית ומעשירה. כמובן, בשל ה"רצוא ושוב" המאפיין את האהבה והיראה, הוא ישוב ויטלטל חזרה אל תודעת ההכרח. למרות זאת, הוא יציית לציווי האלוהי לא רק מתוך כפייה אלא גם מרצון, "מתוך השאיפה התמידית לעלייה ולהתעלות" (עמ׳ 180).

שלישית, האדם מבין שהוא יכול למצוא בהלכה את נקודת המשען המוחלטת שחיפש בשלב א׳; המצווה הגלויה איננה מהווה איום על קיומו, אלא היא ישות טרנסצנדנטלית היכולה לעגן את קיומו הנסער. להזכירכם: בשלב א(א) ("ביטחון"), האדם מחפש מרצונו החופשי, בִּיצירתיות ובְשמחה, מפלט במוחלט; בשלב א(ב) הוא אינו מצליח למוצאו; ובשלב א(ג) ("פחד") הוא נתקל בניגוד המפחיד שלו.

עכשיו, בשלב ב׳, מתברר לו, אם גם בדיעבד, שבשלב א(ג) מצא בעצם את הדבר שחיפש בשלב א(א). רק עכשיו, משהתגבר על תחושת־האימה הראשונית שגורם גילוי רצונו של אלוקים, הוא יכול לראות שנקודת המשען המוחלטת והאישור לקיומו, מסופקים למעשה על־ידי המצווה הגלויה עצמה.

ההשלמה בין שתי צורות התודעה הדתית, החופש והשעבוד, בשלב ב׳ פותרת את הבעיות שעמדנו בפניהן בשלב א׳, כשניסינו לרתום יחד בעול שתי דרכים מנוגדות של דתיות. בשלב ב׳, האדם מכיר בקיומו של ציווי חיצוני וכפוי, אך בוחר לציית לו. הוא משתוקק לקרבתו של אלוקים, אך כמיהה זו מדריכה את התנהגותו ואינה נשארת בתחום המחשבה בלבד. הדת מספקת את הכוח הנדרש לאדם כדי לרסן את דחפיו הכאוטיים, אך זאת בלי לשתק אותו מפחד. התשוקה לחירות אינה מובילה עוד לאנרכיה מוסרית – ומנגד, גילוי רצונו של אלוקים אינו מוחץ עוד את האדם, אינו מתכחש לאינדיבידואליות שלו ואינו מכחיד את כמיהתו. הדת איננה כפופה יותר לתרבות, אך גם אינה סטטית. המצווה הגלויה נעשית חלק מהדתיות הטבעית של האדם ואולי אפילו המהות שלה.

נדמה שההידמות לה׳ היא השלב הגבוה ביותר שהאדם יכול להגיע אליו. האדם נע חליפות בין משיכה אל גדולתו של האלוקים לבין רתיעה בפני הודו. תנודה זו מניבה הן השלמה והן החלטה נחושה: השלמה עם העובדה שעליו להישאר מרוחק מאלוקים, והחלטה נחושה שממרחק זה הוא יכול לחקות את תכונותיו המוסריות של אלוקים כפי שהן באות לידי ביטוי בהלכה. ״הגזירה הגילויית, נטולת נימוק, מתמזגת במצב זה עם התודעה היוצרת הנורמטיבית והופכת למצוָה מוסרית מלאת־טעם ומגמה״ (עמ׳ 180). לו יכול היה להיצמד לאלוקים, להיות שותפו המלא, היה זוכה ״לחירות מטפיסית ומוסרית, להעמיק מציאות ולהרחיב קיום״ (עמ׳ 186); אך נדמה שמטרה זו אינה בת השגה – כי איך יכול האדם לגשר על המרחק בין העצמי הסופי שלו לבין הבורא האינסופי?

מן ההיגיון היה שכאן יסתיים הספר. אך להפתעתנו הרבה ההמשך מלמדנו שאלוקים סיפק למעשה את הדך לגַשר על מה שלכאורה אינו ניתן לגישור, לאפשר לאדם לסגור את התהום הפעורה בינו לבין אלוקים, להתגבר באופן מוחלט על הדיכוטומיה שבין התודעה הטבעית והגילויית. האדם יכול לדבוק באלוקים באהבה, מבלי להירתע. כיצד מתרחש הדבר? זה נושאו של הפרק הבא.

לעיון נוסף:

1. **מוטיבים קבליים בכתבי הרב סולוביצ'יק**: מספר מושגים השאובים מעולם הקבלה מופיעים ב**ובקשתם משם** ובכתבים אחרים של הרב סולוביצ'יק. לגבי יחסו לתורת הסוד, ראו רבקה הורביץ, "יחסו של הרב סולוביצ'יק לחוויה הדתית ולמיסתורין", בתוך **אמונה בזמנים משתנים: על משנתו של הרב יוסף דוב סולוביצ'יק**, ערך אבי שגיא (ירושלים, תשנ"ז), עמ' 45-74, ולורנס קפלן, "מוטיבים קבליים בהגותו של הרב סולוביצ'יק: משמעותיים או עיתוריים?", שם, עמ' 75-93.

פרק 34

ובקשתם משם (ג): דבקות בקב"ה

שלב ג': דבקות

ברמה הגבוהה ביותר – הרמה העליונה של התודעה הדתית – האדם מגיע לדבקות בקב"ה. ברמת הדבקות חווה האדם אהבה טהורה בלא יראה:

> בתחילה חרג האהבה מחובר לדחיית מורא, אבל לבסוף צף ועולה גל של אהבה טהורה לוהטת ביקוד הכיסופים הפולט את החרדה ואת הרתיעה מתוכם. איש האלוהים מתחיל בשניות ומסיים באיחוד, פותח באהבה רצופת בעתה וחותם באהבה שהפכה את הכוח הדוחה לכוח מקרב ואת ההרתעה – לעריגה. הבורח מרגיש פתאום את יד השכינה המלטפת אותו כאם רחמניה עדינה, והוא הופך את פניו ברעדה ותמיהה אילמת, מתכסה באדרתו ואחר מכן מגלה קצת פניו וצופה בעין נדהמת מלאה פחדים והשתוממות עד שמבטו נתקל בבת־צחוקה של השכינה המתגלה, הדולקת אחריו, ומיד מתאהב הפליט הנרדף ברודף האוהב אותו אהבה אין קץ. (עמ' 193–194)

החוויה שתוארה זה עתה מבטאת רעיון חשוב. בהתגלותו לאדם אין הקב"ה חפץ לשעבדו או להטיל עליו מורא, אלא לגאול אותו. המוטיב המרכזי של התגלות האלוקים הוא האהבה האינסופית של הבורא לבריאה שלו, והאישור שלו ל"קיומו השלם של האדם" (עמ' 194). כלומר, ה' אינו מעוניין להגביל את קיומו של האדם אלא להגדיל אותו. הוא מתגלה לאדם המתחבט והמחפש כדי ליידע אותו במשמעות קיומו הזמני והאפשרויות הגלומות בו. פתאומיות ההתגלות, ולא תכניה, היא המפחידה את האדם. אולם בסופו של דבר ההתגלות מניבה את "הגיל, בן־האהבה, והידידות המתמידה בין אלוהים ואדם" (שם).[1]

משהבין האדם שמטרת ההתגלות היא שיפור חייו, הוא לומד להפנים – באמצעות תהליך שיפורט להלן – את "החוקה הגילויית", ועל ידי כך נעשה כביכול שותפו של האלוקים.[2] הוא מגלה שהחוק האלוקי דווקא תובע את חירותו ויצירתיותו, ואינו מתכחש להן. חוק ההתגלות (כלומר ההלכה) מאשר ומקדש את קיומו כאדם קונקרטי: לא עבד אלמוני ולא גרגיר אבק חולף.

> היהדות פסקה הלכה למעשה, כי האדם מתדבק בקב"ה על ידי ריאליזציה שלמה של אישיותו, על ידי חשיפת כל האפשרויות הגנוזות בנבכי הוויתו. ההרחבה הנפשית – ולא הצמצום הנפשי – [היא] פתח להתדבקות מיטפיסית עם הקב"ה. במובן זה היהדות אישרה במקצת את ההשקפה המוסרית, כי גישום [=הגשמת] האידיאל של התקרבות לאלוהים הוא פרי הגשמת עצמותו של

1. מפתיע במיוחד שימושו של הרב במונח "ידידות" כדי לתאר את יחסי האדם עם קונו. שכן הרב, במיוחד בדיוניו בנושא התפילה, מגלה רגישות רבה לסכנות הטמונות ב"התרועעות" יתרה עם הקב"ה, מצב שהגמרא מכנה בתמיהה ובביקורת "חברותא כלפי שמיא" (ברכות לד ע"א, בבא בתרא טז ע"א).
2. זכרו שבפרק 28 לעיל הפך האדם לשותפו של הקב"ה על ידי המשגת ההלכה. בפרק 35 נראה ביטויים נוספים לשותפות האדם עם האלוקים.

האדם תוך פעולות המכוונות כלפי "אנכי" וגם כלפי הזולת.
(עמ' 193)

ההבדל בין דבקות והתאחדות

חשיבות הקביעה שהחוק האלוקי אינו דוחה את האינדיבידואליות האנושית כי אם להפך, דורש אותה, תתבהר כשנשווה בין **דבקות** בה' לבין **התאחדות** עם ה' (unio mystica). מבקשי ההתאחדות רוצים שהעצמיות הסופית שלהם תשקע בתוך האחדות המוחלטת של האינסוף. כדי להשיג מטרה זו הם שוללים את אופיו המגוון והמורכב של האדם, מרוקנים את חייו מצבע ומקפיאים אותו בנקודת נצח הנטולה ממדים ותוכן.

היות שמיסטיקאים אלה שוללים את חשיבות האינדיבידואליות והחיים הקונקרטיים, אין הם מבינים את ערכו של אורח חיים מסוים המגשים את רצון הא-ל, ולא את טבעה המוסרי הפעיל של הדת. רק דבר אחד חשוב להם: חוויותיהם האקסטטיות הפנימיות. מאחר שההתאחדות מתאפשרת רק במצב של התבודדות, הם מהללים את הבדידות ומתעלמים מחיי החברה. משלילת החברה ומההתמקדות הבלעדית בדברים הנצחיים, הם אף מגיעים לידי שלילה של התהליך ההיסטורי החי, המעצב את החברה וגם מעוצב על ידה.

תורת הדבקות חולקת על כל הנקודות הללו. ראשית, אין היא מדברת על אחדות עם האלוקים, אלא על הידבקות בו. אחדות עם האלוקים מאיינת את מהותו הנפרדת והייחודית של האדם; דבקות, לעומתה, דורשת שהאדם יישאר אדם, שישמר את האינדיבידואליות האנושית שלו:

האדם אינו מתדבק באלוהים על ידי הכחשת עצמותו הריאלית, כי אם להיפך, בקיום עצמותו. האישיות הממשית, רבת צבעים, מתקרבת אל אלוהיה כשהיא חיה חיים עצמיים, רבי־גוונים,

> מקוריים, טעוני מגמה, יזמה ופעילות, ומשתחררת מדמיון של עצמאות גאה ומחוצפת. אז, ורק אז, מתחילה היא להתקיים קיום אלוהי. השבתת הייחוד והמקוריות שבאדם אינה מקרבתו לאלוהים כמו שדימו המיסתיקאים, אמרה היהדות. (עמ׳ 190)

תורת הדבקות טוענת שחשיבה ללא פעולה אינה גואלת את האדם. היא גורסת כי האדם ממלא את ייעודו הדתי הן בלימוד, הן **במימוש** צו ההתגלות ההלכתי. היות שההלכה נוגעת ליחיד ולקהילה, ניתן לממשה רק בהצטרפות לקבוצה חברתית. לכן ניסחו חז״ל את מצוות ההתדבקות בקב״ה במונחים של ״דבקות״ חברתית:

> ״וּלְדָבְקָה בוֹ״ (דברים יא, כב) – וכי היאך איפשר לו לאדם לעלות למרום ולדבק באש? והלא כבר נאמר ״כִּי ה׳ אֱ־לֹהֶיךָ אֵשׁ אֹכְלָה הוּא״ (דברים ד, כד), ואומר ״כָּרְסְיֵהּ שְׁבִיבִין דִּי־נוּר״ (דניאל ז, ט)! אלא הדבק בחכמים ובתלמידיהם... (ספרי, דברים מט)[3]

לא זו בלבד שדבקות אינה ניתנת להשגה במצב של בדידות, אלא ״הקב״ה מתחבר ליחיד רק בזכותו של הציבור הנאמן לו והדורש אותו״ (עמ׳ 192). מכאן שההלכה מכירה בחשיבות סביבתו החברתית של האדם ובהשפעתה. מאחר שלחברה מקום מרכזי כל כך, גם להיסטוריה יש חשיבות ברורה, שכן החברה מגבשת את אופייה רק במסגרת של התפתחות היסטורית. לסיכום ההבדלים בין הדבקות וההתאחדות, קובע

3. הרמב״ם מסביר **בספר המצוות** (מצות עשה ו): ״הוא צווה עלינו להתערב בין החכמים ולהתחבר אתם ולהתמיד ולשבת עימם ולהשתתף עימם בכל דרך מדרכי ההשתתפות: במאכל ומשתה ומקח וממכר, כדי שנגיע בכך להדמות למעשיהם ולהאמין בדעות האמתיות מדבריהם״. כמובן, כאן מתעוררת השאלה: כיצד החכמים עצמם לומדים להכיר את הא־ל ולדבוק בו? הרב סולוביצ׳יק מציע שתי תשובות: הראשונה, דרך הקשר הישיר שלהם לתורה (כפי שנסביר בהמשך הפרק הזה); והשנייה, דרך הקשר שלהם למוריהם ולשרשרת המסורת עד הר סיני (כפי שנראה בפרק הבא).

הרב, "מוסריות של חיי המעשה, הקיימת במסגרת הזמן, קודמת במעלה לחוויות ושאיפות ערטילאיות המרוכזות בנצח" (עמ' 193).

הבסיס הפילוסופי של הדבקות

משנוכחנו כי על פי ההלכה האדם דבק בה' על ידי דבקות ב"יודעיו",[4] נשאלת השאלה: כיצד "יודעיו" דבקים בקב"ה? "המענה הפשוט הוא – על ידי ידיעתם" (עמ' 194). ואולם, בביאור "המענה הפשוט" הזה נוקט הרב דוקטרינה רמב"מית[5] עלומה במקצת ובהחלט לא פשוטה – אחדות המשכיל והמושכל – ומוסיף עליה משלו.

נפרט. הרב טוען, בהסתמך על הרמב"ם, שקיימת צורה של ידיעה שבה, במעשה הידיעה, המכיר (ה"משכיל") מתאחד עם המוכר (ה"מושכל"). ה' "יודע" כל העת את העולם באופן זה, וגם לאדם היכולת לידע זה.[6] נובע מכך שאם לאלוקים ולאדם יש מושא ידע אחד (קרי, העולם), וכל אחד מהם מתאחד עם מושא ידע זה, הרי הא־ל והאדם מאוחדים באמצעות הידע שלהם. במילים אחרות: אם א' מתאחד עם ב', ו־ג' מתאחד עם אותו ב', הרי א' מתאחד עם ג'.

על כך מוסיף הרב שתי טענות משלו.

4. הרב שואב את הנוסחה של "להידבק ביודעיו" מכותרת הלכות דעות של הרמב"ם; אמנם, בגוף הלכות דעות (ו, ב), כמו בספרי, מופיע "להידבק בחכמים".

5. תורה זו, ששורשיה נעוצים באריסטו, אומצה על ידי רבים מהפילוסופים שבאו אחריו. הרב, שלא במפתיע, מתמקד באופן שבו היא באה לידי ביטוי אצל הרמב"ם.

6. ליתר דיוק, האינטלקט של היודע מתאחד עם מה שניתן להבנה ותפיסה בקשר לאובייקט. "כשהאדם תופס את המהות האינטליגיבילית [intelligible] של הישות, הרי הוא חותר לתוכה ומתאחד עמה. במקום הכרה כפעולת צילום עצמים זרים הממשיכים את יציבותם וקיומם העצמאי אף לאחר שהושגו (כנוסחת ריאליזם הדמויות העתיק), באה ההכרה הפעלתנית והיוצרת; חודרת היא לתוך רשות האובייקט, כובשת את האחֵרות, לוקחת אותו שבי, ומתלכדת עמו" (עמ' 198). להבהרה מלאה יותר של טיעון זה, ראו **לעיון נוסף**, 2.

1. "ידע" זה אינו חשיבתי בלבד, אלא ידע הממזג מחשבה, רצון ופעולה.

2. מה שגם האלוקים וגם האדם "יודעים" אינו רק העולם אלא גם ההלכה; למעשה, ההלכה היא הרלוונטית ביותר למושג הדבקות כפי שהרב מנסחו.

אפשר לסכם את פרשנות הרב לרמב"ם כך:

אלוקים -> עולם <- אדם

כאשר החצים מייצגים ידיעה או קוגניציה; הרב שינה את זה באופן הבא:

אלוקים -> הלכה <- אדם

כשהחצים מייצגים לא קוגניציה אלא "מחשבה = רצון = פעולה" (עמ' 202).

הבסיס לשינוי הראשון של הרב (סעיף 1 לעיל) ברור למדי. אצל האדם המחשבה, הרצון והמעשה במקרים רבים נפרדים: למשל, אדם יכול **לדעת** שהעישון אינו בריא, אבל הוא עדיין **רוצה** לעשן. או שהוא יכול **לרצות** להפסיק לעשן, אבל **בפועל** הוא ממשיך לעשן. אצל הקב"ה, לעומת זאת, דבר זה לא יעלה על הדעת. ה"מחשבה־רצון־פעולה" שלו היא אחדות אחת, ועל האדם, במהלך חייו, לנסות לחקות את העקביות הזאת.[7] ידיעה טהורה, שאין לה כל השפעה על הרצון או המעשים של אדם, אין די בה כדי להביא למצב של דבקות באלוקים.[8]

אך איזה מושא מתאים לסוג זה של "ידיעה" רבת־פנים אך משולבת, המאפשרת דבקות? שאלה זו מחוללת את השינוי השני של הרב לתיאוריית הרמב"ם. הן היקום הן ההלכה משקפים את חוכמת

7. הרב סולוביצ'יק (עמ' 203) מקשר רעיון זה ל**מורה נבוכים** ג, נד, המחבר בין מחשבה לפעולה. האיחוד בין רצון ומעשה אצל האלוקים מרומז ב**מורה נבוכים** א, סה–סז, והוא מקדים את הדיון באיחוד של השכל, המשכיל והמושכל אצל האלוקים (**מורה נבוכים** א, סח).

8. הצורך לאחד בין מחשבה, רגש ופעולה בחיים הדתיים, והשפעות הגומלין ביניהם, הם נושאים מרכזיים במחשבתו של הרב. לפיכך, פרקים 4–10 לעיל בספרנו הוקדשו לנושאים אלה.

האלוקים ואת רצונו, ושניהם עשויים להיות נתונים לחקירה שכלית של האדם – אך משניהם, רק עם ההלכה הוא יכול לזהות את רצונו, ורק אותה הוא יכול לחקות במעשיו.[9] מכאן שכל דרכי ההתדבקות שהרב מתאר בפרק טו והלאה נוגעות לדבקות האדם בקב"ה באמצעות ההלכה, לא באמצעות העולם.[10]

להציל את הרמב"ם

לפני שנמשיך ונבדוק את טכניקות ההתדבקות בפרק הבא, מתבקשות כמה הערות בנוגע לשימוש שהרב עושה במשנת הרמב"ם בהקשר שלנו ובהקשרים אחרים. כל מי שמתייחס לרמב"ם במלוא הכבוד והרצינות, והרב הוא כמובן כזה, חייב להתעמת עם שאלת ההתיישנות הפילוסופית של משנתו. מחשבת הרמב"ם משלבת הנחות ודוקטרינות אריסטוטליות רבות שעם השנים הוחלפו באחרות והוגדרו כמיושנות בשל התפתחויות מדעיות ופילוסופיות מאוחרות יותר. אם נסיר את היסודות או הפיגומים האריסטוטליים (ויסודות אינם פיגומים; לבחירת המטפורה כאן יש חשיבות רבה), האם הבניין של מחשבת הרמב"ם יישאר על תלו?

הדיון שלנו ברקע הפילוסופי של מושג הדבקות אצל הרב מדגים את תגובתו של הרב לאתגר זה. הוא מרבה לגייס דוקטרינות רמב"מיות שעלולות להיתפס כארכאיות או כמיושנות, ומנסה להעניק להן חיים חדשים באמצעות פרשנות מחודשת, באמצעות שכתובן לאור הנחות פילוסופיות מודרניות, או באמצעות ניסיון להראות את הרלוונטיות שלהן לסוגיות דתיות בנות זמננו.[11] כשם שאביו של הרב סולוביצ'יק

9. הרמב"ם עצמו היה חולק על קביעה זו. הוא האמין שעל ידי התבוננות בעולם הנברא (הן הפיזי, הן המטפיזי) ניתן להבחין ב"תארי הפעולה" של האלוקים, ושהאדם יכול לנסות ליישם תכונות אלו בחייו הוא (**מורה נבוכים א, נד**). אולם האדם המודרני, התופס את הטבע במושגים מכניים ולא טלאולוגיים (תכליתיים), יתקשה לאמץ את עמדתו של רמב"ם. ראו **לעיון נוסף**, 3.
10. בעניין המעבר מהעולם אל ההלכה כמדיום של דבקות, ראו **לעיון נוסף**, 4.
11. ראו, לדוגמה, את הדיון הקצר שלנו (בפרק 29 לעיל) על אודות השימוש שהרב

מופיע כנושא דגל הרמב"ם בתחום ההלכתי בסיפור המפורסם בסוף **ובקשתם משם**, הרב סולוביצ'יק עצמו מופיע כנושא דגל הרמב"ם בתחום הפילוסופי כאן ובמקומות אחרים.[12]

שני נושאי הדגל חשופים להאשמה שבעוד הרעיונות שהם מייחסים לרמב"ם הם בעצמם מושכים, אפשר שאין הם קולעים תמיד לכוונתו המקורית של הרמב"ם.[13] לפעמים הרב עצמו מקבל טענה זו. במקרים אלה, הוא מחליט באופן מודע לפרש מחדש דוקטרינות ימי־ביניימיות. כך למשל קורה בדיון המרתק שלו באופן שבו להוכחות ימי־ביניימיות לקיום הא־ל עדיין יש בימינו ערך רב כביטויים של חוויות ולא כמופתים רציונליים.[14] במקרים אחרים, לא ברור אם הרב סבור שפרשנותו תואמת את כוונת הרמב"ם או שהוא מציע עיבוד מודרני שלה. כך או כך, על כנפי אמונתו שדברי הנשר הגדול הם רלוונטיים לעד, הרב תמיד מנסה לקרוא אותן באופן המשמר את משמעותן לימינו.

עושה ב**איש ההלכה** בתיאוריות של הרמב"ם בנושאי ההשגחה והנבואה.

12. אין משמעות הדבר שהרב אינו מבקר אף פעם את עמדותיו הפילוסופיות של הרמב"ם. לדוגמה, בספרו **התודעה ההלכתית** (עמ' 91–99) יש לרב ביקורת נוקבת על גישתו של הרמב"ם בעניין טעמי המצוות, כפי שהיא באה לידי ביטוי ב**מורה נבוכים**.
13. כמובן, הלומדים בשיטת בריסק דוגלים בדעה שלימוד תורה אינו אך ורק מחקר עתיקות, ושהפרשנות היצירתית היא חלק לגיטימי של תלמוד תורה ומסירתה. ראו, לדוגמה, הרב אהרן ליכטנשטיין, "תורת חסד ותורת אמת: הרהורים מתודולוגיים" בספרו *Leaves of Faith: The World of Jewish Learning* (Jersey City, 2003), p. 61–87 (עתיד להופיע גם בעברית).
14. לדוגמה, במקום ה**הוכחה** הקוסמולוגית (שעל פיה אם העולם קיים הרי שמישהו יצר אותו), יש לנו ה**חוויה** הקוסמולוגית, המתייחסת ל"תודעה תכופה התוקפת על האדם הרואה את האל בתוך־תוכה של המציאות וגם סביב לה" (עמ' 130). ראו את הדיון הנרחב ב**ובקשתם משם**, עמ' 127–132, ולהלן **בלעיון נוסף**, 5.

לעיון נוסף:

1. **דבקות והתאחדות ביהדות:** אף שהרב מייחס את דוקטרינת ההתאחדות המיסטית עם הא־ל (unio mystica) לפלוטינוס, הפילוסוף מהמאה השלישית לספירה, ייתכן שגם ראה לנגד עיניו אחדים מגדולי הקבלה והחסידות שדגלו בדוקטרינה זו. השאלה אם ניתן למצוא ביהדות חסידים של unio mystica אמתית נידונה על ידי חוקרי הקבלה. ראו גרשם שלום, "'דבקות' או 'התקשרות אינטימית עם אלוהים' בראשית החסידות", בתוך **דברים בגו: פרקי מורשה ותחיה** (תל אביב, תשל"ו), עמ' 325–350, נדפס מחדש בתוך **השלב האחרון: מחקרי החסידות של גרשם שלום,** ערכו דוד אסף ואסתר ליבס (ירושלים, תשס"ט), עמ' 237–258; וכן את תגובתו של משה אידל בתוך **השלב האחרון,** עמ' 259–267, ובהרחבה בפרק העוסק בהתאחדות המיסטית בספרו **קבלה: היבטים חדשים** (ירושלים, תשנ"ג).

2. **אחדות המשכיל והמושכל:**
   א. לרקע הפילוסופי של תיאוריית הידע של הרב, ראו: אביעזר רביצקי, "קניין הדעת בהגותו: בין הרמב"ם לניאוקאנטיאנים", בתוך **ספר יובל לכבוד מורנו הגאון רבי יוסף דוב הלוי סולוביצ'יק,** ערכו הרב שאול ישראלי, הרב נחום לאם והרב יצחק רפאל (ירושלים, תשמ"ד), כרך א, עמ' קכה–קנא.
   ב. כדי להסביר את טענתו של הרב ביתר פירוט, אצטט את הקדמת העורכים למהדורה האנגלית של **ובקשתם משם** (*And from There You Will Seek,* p. xxv), שכָּתבנו פרופ' דוד שץ ואנוכי:

במקרים רבים בידע האנושי – למשל, במקרה של "אני יודע שהשולחן הזה חזק" – קיימת הבחנה בין המכיר, הסובייקט, ובין המוכר, האובייקט. גם באמירה כמו "אני יודע שאני קיים" אני

מפצל את אישיותי, כביכול, בין הסובייקט היודע לבין האובייקט הידוע. אך לגבי הקב"ה, כפי שמסביר הרמב"ם ב**משנה תורה**, קיימת אחדות מושלמת – היודע והידוע חד הם יחד עם הידע. יתרה מזאת, הידע של הקב"ה על העולם מאוחד עם ידיעת עצמיותו, שכן העולם אינו יכול להתקיים בנפרד מהקב"ה. העולם אינו אובייקט בלתי תלוי.

הרמב"ם מציג בהלכות יסודי התורה (ב, י) את התזה שלפיה היודע ומה שידוע ("המשכיל ומושכל") חד הם ביחס לקב"ה, וב**מורה נבוכים** (א, סח) הוא מציג תזה זו ביחס לאדם. מובן שיש סוג מסוים של ידיעה שבמסגרתה האדם רק "מצלם" את מושא הידיעה, ללא השתתפות פעילה ויצירתית. אך במקרים אחרים, מקרים של ידע פעיל ויצירתי, סוג המקרים המעניין את הרב במיוחד, היודע מתאחד עם הידוע. "כשהאדם תופס את המהות האינטליגיבילית של הישות, הרי הוא חותר לתוכה ומתאחד עמה..." (עמ' 198). למרות ההקבלה בין הידיעה האלוקית לידיעה האנושית, חשוב לעמוד על ההבדל ביניהן. להכרה האלוקית אין קץ, כיוון שאם הקב"ה היה מפסיק לחשוב על העולם, הכול היה חוזר לתוהו ובוהו; ואילו בני האדם אינם עסוקים בהכרה מתמשכת. לפעמים הם יודעים רק באופן פוטנציאלי, וכפל הפנים של הסובייקט והאובייקט מושב על כנו. ובכל זאת, כאשר האדם מכיר, ההכרה שלו מתמזגת עם היקום ומתאחדת איתו; הוא "כובש" אותו וחובר אליו.

הנקודה הקריטית כאן היא כדלקמן: כאשר האדם מתאחד עם העולם, הוא גם מתאחד עם בוראו. שהרי העולם, שהוא פרי המחשבה האלוקית, הוא המושא של הידיעה האלוקית והידיעה האנושית כאחד. "על ידי הכרת העולם האדם מכיר את בוראו ומתדבק בו" (עמ' 202), שכן "האדם והאלוהים מתייחדים בהכרת עולם" (שם). הקב"ה מאוחד עם העולם, והאדם מאוחד עם העולם, ומתוך כך האדם מאוחד עם האלוקים.

3. **הרמב"ם על התבוננות בעולם הנברא:** כפי שצוין בהערת השוליים מס' 9 לעיל בפרק זה, הרמב"ם האמין שלימוד הפיזיקה והמטפיזיקה יכול לסייע בהבנת "תוארי הפעולה" של הבורא, וכך לעזור לאדם ליישמם בחייו שלו. הוגים אחדים, אשר הרמן כהן הוא המפורסם שבהם, מפרשים את יישומם של תארים אלו במונחים אתיים; ראו את מאמרו של כהן, "אופייה של תורת המידות להרמב"ם", בתוך ספרו **עיונים ביהדות בבעיות הדור**, תרגם צבי ויסלבסקי (ירושלים, תשל"ח), עמ' 17-59. אחרים מפרשים את חיקויו של הבורא, או את הטמעת תוארי הפעולה שלו, במונחים של מנהיגות פוליטית ופעילות חקיקתית; מבין הכותבים האחרונים בנושא, ראו למשל זאב הרוי, "בין פילוסופיה מדינית להלכה במשנת הרמב"ם", **עיון** כט, ג (תש"ם), עמ' 198-212; Howard Kreisel, *Maimonides' Political Thought* (Albany, 1999).

4. **דבקות באמצעות העולם ובאמצעות ההלכה:** דומה כי לאורך פרקים יג-יד בונה הרב סולוביצ'יק את מודל הדבקות באמצעות הכרה משותפת של העולם רק כדי לערער אותו בסוף פרק יד על ידי החלפת הכרתו של העולם בהכרתה של ההלכה. יש כמה דרכים להסביר את המעבר הזה מהכרת העולם להכרת ההלכה.

א. בפרק זה טענתי שמבחינת הרב, אחדות "מחשבה-רצון-פעולה" ניתנת להשגה ביחס להלכה בלבד.

ב. דוד שץ, במאמרו "המדע והתודעה הדתית בהגותו של הרב סולוביצ'יק" (בתוך **אמונה בזמנים משתנים: על משנתו של הרב יוסף דוב סולוביצ'יק**, ערך אבי שגיא [ירושלים, תשנ"ז], עמ' 322-323), מסכים עם הנ"ל ומעלה טענה נוספת: רק לימוד ההלכה, ולא לימוד הטבע, הוא זה המשלב בין התודעה הטבעית והתודעה הגילויית; ולפיכך, רק ההלכה יכולה לסייע לאדם להתגבר על הדיאלקטיקה המרכזית של **ובקשתם משם**.

ג. אביעזר רביצקי מציג סיבה נוספת: "משעה שקוממה ההגות

הביניימית את החיץ שבין דעת האדם לבין המהות האלוקית, ובאה ההגות החדשה [כלומר, קאנט] והוסיפה והציבה חיץ בין דעת האדם לבין העצמות העולמית [כלומר, האדם אינו יכול להכיר את 'הדבר כשלעצמו', אלא רק את תפיסתו שלו את הדבר הזה] – האם נותר תחום הכרה, שבו הותר לו לאדם לחתור לפניי ולפנים... לרשותו של המוחלט[?]... שמא נותרה זירה, שהיא 'אידיאליסטית' מטבע ברייתה? כאן שורשו של המעבר מן העולם אל ההלכה, ממעשה בראשית לסיני" ("קניין הדעת בהגותו" [לעיל, **לעיון נוסף**, 2], עמ' קלח). חוקרים אחדים חולקים על הצעתו של רביצקי; למשל דוד שץ ("המדע והתודעה הדתית", שם) ומשה סוקול ("אדון או עבד? על האוטונומיה האנושית לנוכח האל בהגותו של הרב יוסף סולוביצ'יק", בתוך **אמונה בזמנים משתנים**, עמ' 431-432, ובהערה 97).

ה. ולסוף, נראה לי שהמעבר מהתבוננות בעולם להתבוננות בהלכה בפרק יד ייראה חד פחות לאור טענתו של הרב בהמשך החיבור, בפרקים יז-יח, כי מתקיים סוג של אחדות בין הקוסמוס להלכה (או כפי שהרב מנסח זאת, בין החוק האונטולוגי לבין החוק המוסרי הגילויי).

כעת אנו נדרשים לשאלה נוספת: אם הדבקות ניתנת לחלוטין להשגה באמצעות ההלכה, איזה תפקיד עוד נותר לגישה הקוסמית כלפי הבורא? עניין זה יובהר בפרק 35, **לעיון נוסף**, 1, לאחר שנסיים לבחון את סוף **ובקשתם משם**.

5. **פרשנות מחודשת לרמב"ם**: באופן מעניין, בעוד בגוף החיבור (עמ' 127-132) מציין הרב סולוביצ'יק שהוא מפרש מחדש באופן מודע את ההוכחות לקיום הבורא כחוויות הבורא, ומודה שזו לא הייתה כוונת הוגי ימי הביניים, הנה בהערת השוליים מס' 4 (עמ' 129) הוא מציג קריאה חווייתית של ההלכה הפותחת את **משנה תורה** ומציין

שקריאה זו תואמת את כוונתו המקורית של הרמב"ם! הרמב"ם כותב: "יסוד היסודות ועמוד החכמות, לידע שיש שם מצוי ראשון, והוא ממציא כל הנמצא" (הלכות יסודי התורה א, א). בהתייחסותו למונח המפתח "לידע", הרב מסביר כי "ידיעה זו אינה מבוססת על היקש הגיוני כי אם מידית היא: ידיעת המציאות כמציאות אלוה..." (עמ' 129). ראו גם **על התשובה**, עמ' 195-201.

ראוי לציין כי פרופ' שמעון רבידוביץ (1896-1957), חברו של הרב מאוניברסיטת ברלין, הציע אף הוא שהמונח "לידע" אינו מתייחס לידע רציונלי (אם כי הוא פירש אותו כאמונה מוצקה); ראו "על המדע בספר המדע", בתוך ספרו **עיונים במחשבת ישראל**, כרך א (ירושלים, תשכ"ט), עמ' 333-345 (המאמר הופיע לראשונה באנגלית בשנת תש"ב). יחד עם זאת, בשני מכתבים לפרופ' רבידוביץ משנת 1954 (שנכללו בספר **איש על העדה**, עמ' 297-300), הרב סולוביצ'יק נוקט כלפי הרמב"ם גישה רציונליסטית יותר מזו של רבידוביץ, ומציין שלדידו של הרמב"ם "מצוות ייחוד ה' כוללת חובת אמונה מוחלטת [כפי שרבידוביץ טוען] וגם יגיעה אינטלקטואלית – עד כפי ששכלו של אדם מגיע – לתרגם אמונה זו לאידיאות שכליות" (עמ' 298). לפיכך, בניגוד לפרשנותו את הרמב"ם בהערה 4 של **ובקשתם משם**, נראה במכתב זה לרבידוביץ שהרב מפרש את המונח "לידע" כמסמן הכרה רציונלית. באופן מפתיע, הרב משווה במכתב זה בין תפיסתו הרציונלית של הרמב"ם לבין זו החווייתית של רבי יהודה הלוי, ומעדיף את האחרונה:

> אין הדבר חשוב עכשיו אם שיטתו [של הרמב"ם] נכונה היא מפאת נקודת מבט המציאות הדתית כפי שאנו באים במגע ובמשא עמדה. אני נוטה לקבל השקפתו של ר' יהודה הלוי בנוגע לחוויה הדתית האינטלקטואלית [שהרמב"ם דוגל בה] בניגוד לפגישה הטרנסצנדנטית ה"מוחשית" [כגישתו של ר' יהודה הלוי], אבל רבנו הגדול [הרמב"ם] מסור היה לשיטה זו בכל לבבו ובכל נפשו,

אף על פי שאיננה יכולה להחזיק מעמד בחיים הדתיים היום־יומיים. (**איש על העדה**, עמ' 300)

לאחרונה הופיעו סיכומי חלק משיעוריו של הרב סולוביצ'יק על **מורה נבוכים**. ראו: Lawrence Kaplan, ed., *Maimonides – Between Philosophy and Halakhah: Rabbi Joseph B. Soloveitchik's Lectures on the Guide of the Perplexed at the Bernard Revel Graduate School, 1950–51* (Jerusalem, 2016).

פרק 35

ובקשתם משם (ד):
דבקות באמצעות ההלכה

ראינו כי מטרתה של הדבקות היא להתגבר על השניות שבין תודעתו הדתית הטבעית והחופשית של האדם ובין תודעתו הדתית הגילויית והכפויה – במילים אחרות, להתגבר על הדיכוטומיה שבין בראשית לסיני. כעת מפרט הרב שלוש טכניקות להשגת דבקות, או שמא שלוש דרכים לביטוי הדבקות:

א. שלטון השכל;
ב. העלאת הגוף;
ג. התמדת דבר אלוהים. (עמ' 204)

כאמור בפרק הקודם, הבסיס לדבקות הוא החיבור שבין אלוקים ואדם באמצעות הקשר המשותף שלהם להלכה, והקשר הזה כרוך במחשבה, מעשה ורצון. ואם כן, נראה לי להציע ששלושת האמצעים (או הביטויים) לדבקות שהזכרנו מתייחסים לשלושת סוגי החיבור:

מחשבה = שלטון השכל (לימוד תורה);
מעשה = העלאת הגוף (שמירת מצוות);
רצון = התמדת דבר אלוקים (נבואה, מסורה וזהות רצונות).

אף לא אחד מבין המרכיבים המוכרים הללו – לימוד תורה,

שמירת המצוות ומסירת תורה שבעל פה – אינו עניין פשוט של קיום או ציות. כל אחד מהם הוא מפעל יצירתי שהאדם יוצק לתוכו את האינדיבידואליות שלו, ובכך הופך את מושגי ההלכה וציוויה לנחלתו ועל ידי כך מִידַבֵּק במי שנתנם. עתה נבחן כל אחד משלושת המרכיבים הללו.

א. שלטון השכל

ההלכה היא תוצר של התגלות אלוקית. אך מרגע שניתנה ההלכה בסיני, היא אינה סגורה בפני השכל האנושי. להפך: ההיגיון האנושי הוא הפוסק האחרון. הדבר נכון הן ברמת הלימוד, הן ברמת הפְּסָק והיישום בפועל. לגבי הפסק, הרב מצטט את התפיסה הידועה כי מאז ההתגלות בסיני, ההכרעות ההלכתיות אינן נקבעות על פי הנבואה או על פי בת קול אלא על פי הנמקה וטיעונים אנושיים:

> הסמכות היחידה [בהלכה] היא ההיגיון. ההלכה הפקיעה אפלולית מסתורית מרשותה. גם לחישות האינטואיציה הנמצאות מעבר להכרה השכלית, גם התגלות על־טבעית הופקעו מתחומה של ההלכה. נביא המחווה את דעתו, בצורת נבואה, בדיני התורה – חייב מיתה... המחשבה האנושית, הכפופה לעקרוני הלוגוס, "העיזה" לחדור לתוך רשות שאינה שלה ולהחזיק בה. (עמ' 205)

בתחום פסק ההלכה, חופש הפעילות של תלמיד חכם מוגבל על ידי התקדים, על ידי הכרעת הרוב ועל ידי הצורך בעשיית סייגים לתורה; אך בתחום הלימוד, השכל היצירתי זוכה לשלטון ללא מצרים.[1] כאן, תלמיד החכם מפעיל את השכל באמצעות יצירת חידושים, פירושים

1. למרות המגבלות שהוטלו על איש ההלכה בתפקידו החקיקתי־שיפוטי, פעילותו עדיין נמצאת בתחום האנושי; "לֹא בַשָּׁמַיִם הִיא" (דברים ל, יב). המגבלות על חופש ההחלטה שלו, שהזכרנון לעיל – תקדים הלכתי, הכרעת הרוב, והצורך

ורעיונות. חידושים אלה צריכים לצמוח מתוך גבולותיהן של הנחות יסוד קבועות ואפריוריות שמקורן בהתגלות, אך חופש הפרשנות היצירתית וההמשגה המוענק לאנשי ההלכה בגבולות אלה שומט את הקרקע תחת ההאשמה בדבר מאובנותה של ההלכה: "הראשונים והאחרונים יצרו עולמות חדשים מרהיבי עין ביופיים ובשגבם" (עמ' 205).[2]

לא זו בלבד שהשימוש בשכל האנושי בחשיבה ההלכתית יוצר רעיונות חדשים, הוא גם מפיח חיים ורעננות באקסיומות הקבועות של ההלכה. אף שהאקסיומות ניתנו בהתגלות ואי אפשר לדחותן, ישנה "חירות רבה ונאדרת" (עמ' 206) בפעילותו הקונספטואלית של בעל ההלכה. החכם מארגן את הנתונים ואת ההנחות של ההלכה במסגרות מושגיות החושפות את ההיגיון והאחידות הפנימית שבה:

> בכל דור ודור מחויב אדם להעמיק שאלה ומחקר ביסודות ההלכה, בהגדרת מושגיה, בבדיקת עקרונות הכרתה, בסידור הישגיה; תעודתו היא לחצוב אידיאות חדשות ותפיסות מפתיעות ומרנינות־לב. (עמ' 206)

לפיכך, החירות והיצירתיות המאפיינות את התודעה ה"טבעית" מוחדרות אל תוך התודעה הגילויית. "הקב"ה נתן תורה לישראל וציוונו לחדש וליצור [בתוכה]" (עמ' 207). ומאידך, בכך שהתודעה הגילויית דורשת את השתתפותו של השכל האנושי בתהליך ההלכתי – יתרה מזאת, בכך שהיא מעניקה לו את הסמכות "לחדש וליצור" במסגרת ההלכה – מבטאת תודעה זו את הערכתה לתודעה הטבעית, בה בעת שהיא מבקשת להעלותה במעלות הקדושה.

לעשות סייגים לתורה – הינן בעצמן תוצרים של השכל האנושי. יתר על כן, חופש ההמשגה של איש ההלכה משפיע על כל פסק שהוא עשוי לתת.

2. לדברים על טבעה של יצירתיות הלכתית, ובפרט על המהפכה הרעיונית שהגה ר' חיים מבריסק, עיינו ב"מה דודך מדוד", עמ' 74-82.

ב. העלאת הגוף

בתארנו את "שלטון השכל" התמקדנו באופן שבו המרכיב האנושי חודר לתחום הגילויי. כעת, בבואנו לבחון את רעיון "העלאת הגוף", המוקד שלנו הפוך: האופן שבו המרכיב הגילויי חודר לתחום האנושי.

היהדות אינה מתייחסת לפן הטבעי והביולוגי של האדם בבוז או בייאוש. לפיכך, אין מטרת הציוויים הגילויים לשלול או לדכא את קיומו הפיזי של האדם. להפך: היהדות גורסת כי יש לעדן את הדחפים הביולוגיים של הגוף, לגאול אותם ולקדשם, אך לא להכחיד אותם. היא מעמידה מצוות שיש בהן תביעה כלפי הגוף, וכך טובעת בדחפים אלה חותם של "כיוון ותכליתיות" (עמ' 207). התורה מאפשרת אפוא לאדם לחוות עונג, גם כאשר היא מונעת ממנו להשתעבד ליצר ולשקוע בהנאה מופרזת.[3]

הרב סולוביצ'יק מסכם כי ההתגלות אינה שוללת את החיים הגשמיים אלא מתקנת אותם:

> אמונה גילויית אינה מתנגשת עם היש ואינה מכחישה את חשיבותו. אדרבה, תורתה היא תורה ריאלית, תורת־היש, שתכליתה היא קידוש המציאות הביולוגית [קרי, העלאת הגוף] ושתכסיסיה צפונים בהכרה ההגיונית [קרי, שלטון השכל]. (עמ' 215–216)

כלומר, ההתגלות מכוונת את האדם לקיום טבעי מלא; היא מאשרת את חשיבות המציאות ומקשרת אותה להשגת ערכים נשגבים.

יתרה מזאת, ממשיך הרב, ההתגלות אינה מסיחה את דעתו של האדם מהמציאות אלא ממקדת את תשומת לבו בעולם. כדי ליישם את ההלכה דרושים לאדם ידע פרטני על העולם והבנה מעמיקה שלו. "ההלכה האובייקטיבית סגורה בתחום הממש. האובייקט שלה הוא

3. בנושא העלאת הגוף נסתפק כאן בדברים אלו, היות שהרחבנו בכך בפרק 5.

היש המקיף אותנו סחור־סחור" (עמ' 216). ההלכה מביאה בחשבון את כל החידושים המדעיים והטכנולוגיים, וניסוחה ויישומה תלויים בהבנת מושגים כמו חלל, סיבתיות, כוונה והכרח, ובהבנת תחומים כגון פיזיולוגיה, אנטומיה ופוליטיקה. ברוח אמרתו של גלילאו כי ספר הטבע כתוב בשפת המתמטיקה אומר הרב: "ההלכה כותבת בלשון המציאות המדעית המסודרת" (עמ' 217).

לסיכום שני המרכיבים הראשונים של הדבקות – המהווים למעשה הבנה מעמיקה יותר של תלמוד תורה ושמירת המצוות – כותב הרב כי "היהדות העמידה את שלטון השכל וקידוש הגוויה [=הגוף] בטיבור [=טבור] עולמה" (עמ' 215). בעשותה כן, היא "הפקיעה את השניות המלפפת את תודעת האלוהים שבאדם", כלומר, השניות שבין התודעה הדתית הקוסמית־טבעית ובין התודעה הדתית הגילויית־נבואית. כיצד? הוא מסביר לגבי "העלאת הגוף" כי "אם התוכן הגילויי מופנה כלפי קיום טבעי, ממשי, על כל צביונו וגווניו, אז נסגרת התהום שנפתחה בחוויית הדת" (קרי התהום שבין החוויה הטבעית והחוויה הגילויית). ולגבי "שלטון השכל" הוא ממשיך כי "האידיאל של ההלכה מתגלם בשאיפתה לפעולה גילויית ופעולה שכלית משותפת. איש־ההלכה נאחז במושגים על־שכליים ודן עליהם מבחינה שכלית אובייקטיבית". כך, באמצעות שני סוגי הדבקות, "הטרנסצנדנטיות יורדת לתוך היש המוגבל והמותנה. המציאות, שהיא מחוץ לגבולות ההכרה, נקלטת במציאות המזדקקת להכרה" (עמ' 215-216).

ג. התמדת דבר אלוהים

(א) נבואה

המרכיב השלישי של הדבקות, "התמדת דבר אלוהים", מתייחס הן לנבואה (עמ' 217 ואילך), הן למקבילה העכשווית – הלא היא המסורה, דהיינו התהליך המתמשך של העברת התורה (עמ' 225 ואילך ועמ' 227 ואילך). נפתח בנבואה.

בראשית הנבואה, ה׳ מתגלה לאדם וכך מעביר את הנביא לעולם על־שכלי. אך הנביא אינו נשאר בעולם זה בלבד; הוא מצטווה "לחזור לעולמו הריאלי ולתקנו ולטהרו" (עמ׳ 217). הנבואה מבטאת בכך – בדומה לשלטון השכל ולהעלאת הגוף – את התמזגות ההתגלות ומציאות העולם הזה, מיזוג של תודעה גילויית עם תודעה טבעית־שכלית.

אף שה׳ מתגלה לבני האדם, הוא מצפה מהאדם לבקש אותו ולהתכונן למפגש הנבואי. "ההכשרה [למפגש הנבואי] מתרכזת בחדירה לתוך כבשונו של עולם, בחיים טהורים וקדושים, בהשתלמות אישיותו ההלכתית־מוסרית והתעלותו לפסגת דבקות באלוהים" (עמ׳ 218). דרישה זו גלומה במצוות "קְדֹשִׁים תִּהְיוּ" (ויקרא יט, ב), שמטרתה ליצור "אישיות הראויה לנבואה" (עמ׳ 218).

החובה להתכונן לנבואה אינה רק מצווה, אלא גם אמצעי חיוני להשגת הדבקות. היא גורמת למעבר משמעותי ביחסו של האדם להתגלות ולדרך שהוא חווה בה את ההתגלות. כאשר ההתגלות האלוקית **קודמת** להכנה האנושית, אין רצף בין התודעה הטבעית לתודעה הגילויית. כתוצאה מכך, האדם חש פחד ואימה מפני ההתגלות.

> אומרת היהדות לאדם [אשר חווה התגלות בלי הכנה מוקדמת], הנה חרדת חרדה גדולה, נרתעת לאחוריך בשעה שאלוהים נראה אליך, ואתה לא ציפית לו ולא התפללת לבואו, לכן בואו הילך עליך אימים. ברם, אין פחד זה שנובע מאי־ציפיה לאלוהים ומפתאומיות הגילוי מלווה גילוי שתחכה לו בכל לבבך ובכל נפשך. אם תבקש את האלוהים[4] והוא יענה לתפילתך ויירָאה אליך – לא תפחד מפניו. שמח תשמח בו, ובחיקו תמצא מנוחה ומרגוע. (עמ׳ 219)[5]

4. שימו לב לכך שבמילים אלו נרמזת כותרת הספר. הפסוק שבכותרת הספר מופיע בו רק פעם אחת, בעמ׳ 135.

5. אם ההתגלות הייתה אירוע חד פעמי, טיעון זה היה מעגלי. כיצד יכול אדם

כאשר, בניגוד למקרה של התגלות לא צפויה, האדם פוגש את האלוקים לאחר שביקש אותו **ולאחר** שהתכונן למפגש אתו, אזי הוא מקדם בברכה את החוויה הגילויית, שכן הוא תופס את משמעותה הפנימית.[6] ראינו שבראשית מסעו, האדם משתמש ב"תודעה היוצרת החופשית" כדי לבקש תשובה לחידת הקיום. אם הוא מתכונן לנבואה, הוא יבחין ש"תודעת הגילוי ה'הכרחית'" מספקת את הפתרון לחידה. כך, באמצעות הכנה לנבואה, "מתאחדת הדעת עם האמונה, התודעה היוצרת החופשית עם תודעת הגילוי ה'הכרחית', וקשר **של שאלה ותשובה, של חרג ומילוי** בוקע ועולה" (עמ' 219, הדגשה שלי).

חלק זה ב**ובקשתם משם** משמעותי אך מעט מעורפל. לכן, חשוב להסביר את כוונתו של הרב באומרו ש"החרג" (ערגה) של התודעה הטבעית זוכה ל"מילוי" (סיפוק) על ידי התודעה הגילויית וכי ההתגלות "משיבה" ל"שאלה" שהציג השכל.

ללא ההתגלות, האדם עומד נבוך בפני המציאות. הוא מחפש את הסדר ואת המשמעות שבעולם, אך פוגש מרכיבים המונעים ממנו מלמצוא את מבוקשו:

> כל ההשקפה התרבותית של האדם המודרני מלאה סתירות וניגודים היא. נתקלת היא ביסודות בלתי־שכליים שאינם נתפסים להכרה: המדע המתימטי־פיזיקלי נתקל בממשיות איכותית חיה; המטפיזיקה – בעצם סומא ואטום, בטבעיות מיכאנית; המוסר – בחטא ועוול; האמנות – במיאוס ומוקצה, וכן כל כיוצא בהן. כובד הבלתי־שכליות והבלתי־עקביות שבמציאות הנתפסת מעיק על

להכין את עצמו להתגלות באמצעות מילוי הצוויים המוכתבים על ידי ההתגלות? אך כפי שעוד נראה, ההתגלות היא תהליך ומודעות מתמשכים, ועל כן אנו רשאים להבין כי אף שההתגלות הראשונית בסיני הייתה באמת מעוררת מורא (ראו שמות כ, יד־טו), החוויה המתמשכת של ההתגלות (באמצעות המסורה) אינה צריכה להיות כזו.

6. אין זה אומר שההתגלות מגיעה אך ורק באמצעות מאמץ אנושי. ובכל זאת, "מזדקק הא־לוה לאדם המבקש אותו והמתגעגע לפגישה גילויית" (עמ' 219).

> תפיסת העולם התרבותית. על אף כל הישגי האדם הטכנולוגיים ועל אף כיבוש החומר במידה ידועה, החידה הנצחית מבצבצת ועולה מכל תחומי ישות־הבראשית ובייחוד מן התחום המואר על־ידי השכל. (עמ' 221)

הבריאה היא אפוא תעלומה. האדם מנסה עם "התודעה הטבעית" שלו לגלות את מקומו בבריאה, או ליצור לעצמו מקום בר־קיימא בתוכה. אך הצלחתו במאמץ זה היא במקרה הטוב חלקית ומוגבלת, ובסופו של דבר רחוקה מלהשביע את רצונו.

סיני מבשר את הפתרון שהאדם מייחל לו. באמצעות ההתגלות האדם מוצא את מבוקשו, שכן המערכת החובקת־כול של ההלכה מעניקה משמעות וחשיבות לכלל היבטי הקיום (גם אלה שאינם נהירים לשכל). האדם מוצא בתוכה את העוגן הקיומי שלו. יתרה מזו: מכיוון שהאדם ממלא תפקיד מהותי בניסוח ההלכה וביישומה, ייחודו וחירותו מקבלים אשרור דווקא מתוך ההתגלות.

עצם ההכרח שהאדם חש, הכרח הכובל אותו לסמכות ההתגלות, הופך ל"מושיע וגואל" שלו. ההתגלות "משחררת אותו מכבלי מציאות־טבע" – כבלים המסכלים את מאמציו להגיע להתעלות על־עצמית – "ומעלה אותו למדרגת חֵרות של איש האלוהים" (עמ' 221–222). כאשר הוא מעריך את מלוא משמעותה של ההתגלות, ומתוך כך נכסף להתגלות במקום לירוא מפניה, "משא כבד של חוקים ודינים [גילויים] נהפך לכוח מושך כביר המעלהו מיוון־מציאות אטומה ליש טעון־מגמה וחרג" (עמ' 222).

האדם פותח אפוא בחיפוש חופשי אחר משמעות וחשיבות, חיפוש הנובע מתודעתו הטבעית. בהמשך הוא פוגש את ההכרח הגילויי. אך בזכות ההתגלות, הוא מגיע בסופו של דבר אל חוויית החירות שלו – החירות מכבלי הטבע, החירות להתחבר למקור הקיום האמתי, החירות להתעלות מעל עצמו. "אין לך בן חורין אלא מי שעוסק בתורה" (אבות ו, ב). חוויית המצוות חדורה שמחה, אושר וחירות מוחלטת, כאילו

המצוות האלוקיות זהות לתביעות השכל הרציונלי והיוצר. האדם אינו מקיים את המצוות מתוך הכרח או מתוך חיקוי, אלא מתוך הזדהות ושותפות. האדם מוצא בתוכו לאו דווקא את פרטי ההלכה – אלא את הצורך במערכת קוגניטיבית־נורמטיבית של תקפות מוחלטת המבקשת את השתתפותו, מאשררת את ערכו ומרוממת את קיומו. ההלכה הגילויית עונה בזאת על שאיפותיו העמוקות ביותר.

ראינו קודם ששלטון השכל מסמל את דבקות המחשבה, ואילו העלאת הגוף מסמלת את דבקות המעשה. עתה אנו רואים שהנבואה (והמסורה, שבה נדון מיד) הקושרת בין השכל לבין ההתגלות מתוך "חרג ומילוי", מסמלת את דבקות הרצון או את דבקות הרגש והחוויה. הכיצד?

כל שלוש צורות הדבקות מושגות באמצעות התמזגותו של האדם עם ההלכה ושזירתה של התודעה הטבעית בתודעה הגילויית. באמצעות "התמדת דבר אלוהים" משיג האדם איחוד עם ההלכה שאינו מסתכם בתחומי המחשבה והמעשה בלבד, אלא מרחיק עד לתחום ההזדהות הרגשית. בבקשו את הנבואה, האדם מעניק ממד של חירות לחוויה הגילויית. בתופסו את משמעותו האמתית של הגילוי (כתשובה לשאלה, כמילוי החרג), הוא זוכה בחירות המוחלטת אשר מושגת באמצעות איחוד רצונו עם רצון הבורא. ברמת דבקות זו, הגילוי לובש פנים חדשות: הוא מסמל חירות, לא הכרח; אשרור של חייו הטבעיים של האדם, ולא שלילתם; והוא מחדיר משמעות בכל הווייתו.

(ב) מסורה

אף שמבחינה טכנית עידן הנבואה תם לפני שנים רבות, לאמיתו של דבר התגלות אלוקית אינה נחלתם הבלעדית של דמויות תנ"כיות עתיקות כמו ישעיהו, יחזקאל ועמוס, אלא היא נמשכת לאורך כל הדורות. "הגילוי ההיסטורי החד־פעמי מהווה תודעה חיה והמשכית של גילוי אלוהים" (עמ' 225). קודם לכן קבע הרב כי כל יהודי נדרש **להתכונן** לנבואה; כעת הוא טוען שכל יהודי יכול למעשה **ליטול חלק** במסורת

הנבואית, שכן "גילוי האלוהים הוא חזון נצחי השט בזרם הזמן ובשטף הדורות" (שם).

הצעה זו, שהגילוי אינו מסתיים, באה לידי ביטוי ב'מסורה' – העברת התורה וקבלתה – המחברת תקופות ודורות יחד. כשם שהכרה משותפת בהלכה מאחדת את האדם עם אלוקיו, היא גם מאחדת בין האדם לאדם: בינו לבין בני תקופתו (במערכת היחסים בין הרב לתלמיד),[7] ובינו לבין בני דורות אחרים.

כאשר נביאי התנ"ך התנבאו באוזני אנשים, הם האצילו מהודם האישי וחלקו חלק ממהותם העצמית עם אחרים. למשל, התורה מספרת שמשה האציל מרוחו על יהושע תלמידו (במדבר כז, כ) ועל שבעים הזקנים (שם יא, יז). באופן דומה, כאשר מורה מלמד, הוא לא רק מעביר מידע; הוא חולק מעצמו. הדבר נכון במיוחד בלימוד התורה שבעל־פה, "שבטבעה וחלותה לא באה לידי אובייקטיפיקציה מעולם, אף לאחר שנכתבה. תורה שבעל־פה פירושה: תורה שמתמזגת עם הייחוד האישי והופכת לחלק בלתי נפרד של האדם. כשמוסרים אותה, נמסרת גם העצמות האישית" (עמ' 229).[8] התורה אינה אובייקט סטטי המועבר מרב לתלמיד. כל מי שמקבל אותה מותיר בה את חותמו האישי ואז מעביר את התורה המחודשת והרעננה בתורו לדור הבא.

כל מי שמלמד תורה ומוסרה עושה מעשה של חסד. "הנביא או החכם נתמנה בתור אפוטרופוס לשם חלוקת רכוש רוחני" (עמ' 232-233). כשהם חולקים את תורתם עם הציבור, הם מתמזגים מבחינה קיומית עם הציבור.

קהילת הלימוד כוללת לא רק את בני אותו הדור, אלא גם בני הדורות הקודמים והעתידים לבוא. באמצעות "פעולת זיהוי היסטורי עם עברה ועתידה של האומה, גורלה וייעודה" (עמ' 233), היחיד והציבור

7. ראוי לציין כי כמו הרמב"ם, גם הרב אינו דן אף פעם במערכת היחסים בין תלמיד לרעהו – החברותא.

8. לדיון נוסף בהבנה זו של התורה שבעל־פה ומערכת היחסים שבין רב לתלמיד, עיינו בסוף פרק 2 בספרנו.

מתחברים. כנסת ישראל פירושה "הזדווגות של דור ראשון ואחרון של נביא ומאזין, של רב ותלמיד, של גילוי שכינה בדמדומי־שחר וחזון אחרית הימים ביום ההוא" (עמ' 233–234).

הרב סולוביצ'יק ממחיש את טבעה החי של המסורה באמצעות סיפור "חברותו" מילדות עם הרמב"ם.[9] לאחר תיאור חוויית ילדותו, הוא כותב על השלכותיה ברבות השנים:

> כשאני יושב ללמוד הנני נמצא תיכף ומיד בחבורת חכמי המסורה. היחס בינינו הוא אישי. הרמב"ם מימיני, רבנו תם משמאלי, רש"י יושב בראש ומפרש, רבנו תם מקשה, הרמב"ם פוסק, הראב"ד משיג. כולם הם בחדרי הקטן, יושבים סביב לשולחני. המה מביטים עלי בחיבה, משתעשעים עמי בסברא ובגמרא, מעודדים ומחזקים אותי כאב. אין תלמוד תורה רק פעולה דידקטית, אין עסק בדברי תורה רק עניין פורמלי טכני המתגשם בהמצאות וחילוף ידיעות. היא חוויה כבירה של התיידדות של דורות הרבה, הזדווגות של רוח ברוח, איחוד של נפש בנפש. אלה שמסרו את התורה ואלה שקיבלו אותה מזדמנים לפונדק היסטורי אחד. (עמ' 232)

"התמדת דבר האלוהים" משיגה אפוא כמה מטרות. ראשית, באמצעות איחוד עריגת התודעה הטבעית עם מילויה בתודעה הגילויית, היא מביאה את רצון האדם לידי חיבור עם רצון האלוקים. שנית, היא מדגישה את הממדים הרגשיים והחווייתיים של שני המרכיבים האחרים של הדבקות, כלומר, לימוד תורה[10] ושמירת המצוות.[11] ולבסוף,

9. לא אתמצת סיפור זה, כדי לא לקלקל את חוויית קריאתו. ראו **ובקשתם משם**, עמ' 230–232.
10. "המסורת והקבלה של תורה שבעל פה... מתגשמות בעירוי התודעה הגילויית, במסורת חזון ש־די חי, בתוך **חוויה** גועשת מדור לדור" (עמ' 227).
11. "האם אין שמירת המצוות מהווה **חוויה** הממתיקה את המרירות שבחיי האדם, מטהרת וגואלת אותו מיגונו, מבדידותו ומאבלו?" (עמ' 222).

באמצעות יצירת קהילת המסורה, התמדת דבר האלוקים מביאה אל התחום החברתי ואל השטף ההיסטורי את שני המרכיבים האחרים, המתפרשים לעתים כעיסוקים מבודדים וא־היסטוריים.[12]

סיכום

מבחינת חווייתו הפנימית של האדם, **ובקשתם משם** מתאר תנועה מחירות לכפייה ובחזרה לחירות (עמ' 222). מבחינת יחסו של האדם להתגלות (ההלכה), האדם נע על פי חיבור זה מהתייחסות אל ההלכה ככפייה המאיימת עליו, דרך תפיסתה כדבר שנכפה עליו אך רצוי בעיניו, עד תפיסת ההלכה כמרכיב המוטמע בקיומו שהתמזג בתודעתו הטבעית. ההלכה נראית בתחילה אדישה (במקרה הטוב) לשאיפותיו של האדם, אך הנה מתברר שהיא קשובה להפליא לצרכיו העמוקים ביותר של קיומו. היא מבקשת שותפות פעילה מצד האדם, ודרך שותפות זו היא מאשררת ומקדשת את היצירתיות האינטלקטואלית של האדם, את קיומו הפיזי ואת חייו החברתיים והתרבותיים.[13]

12. בנוגע לנקודה האחרונה הזו, ראו: R. Shalom Carmy, "On Cleaving as Identification: R. Soloveitchik's Account of *Devekut* in *U-Vikkashtem Mi-Sham*," *Tradition* 41:2 (Summer 2008), pp. 100–112.
13. לורנס קפלן מתאר ברהיטות את מסלול ההתפתחות המתואר ב**ובקשתם משם**: "ההלכה, למרות היותה גילוי [אלוקי], משילה את ה'שונות' שלה, את טבעה המאיים. ההשפעה הראשונית של ההתגלות מגבילה את האדם. אולם התוכן והמטרה של אותה התגלות, במונחים של לימוד ושל קיום כאחד, מעוררים תחושה של חופש, אשרור־עצמי, אישור החברה, התרבות והציוויליזציה, ומעל לכול, אישור רוחו היצירתית של האדם אשר אפיינה בתחילה את התודעה הדתית היצירתית־רציונלית. אלא שהמעבר הדיאלקטי יכול להתרחש רק אם האדם משיגו: אם בלימוד ההלכה וקיומה ממיר האדם בעצמו את חוויית ההכרח לחוויה של חופש" (Lawrence Kaplan, "Joseph Soloveitchik and Halakhic Man," in *The Cambridge Companion to Modern Jewish Philosophy*, eds. Michael L. Morgan and Peter E. Gordon [Cambridge, 2007], pp. 226–227).

הרב סולוביצ׳יק עצמו חותם את **ובקשתם משם** בסיכום המהלך התודעתי המתואר בו. אביא כאן את הסיכום במלואו:

ההשתתפות הפעילה בפעולת הרקונסטרוקציה של התוכן הגילויי היא משאת היהדות. מתפתלת היא דרך שלוש השכבות של התודעה הטרנסצנדנטלית. מביטחון־פחד מתגלגלת היא באהבה־יראה ומשם ואילך מעפילה היא לאהבת חשק־דבקות. לכתחילה מביאה השאלה את האדם למפגש גילויי. על־ידי חתירתו למוחלט, לבלתי מותנה ולנצחי, הוא נתקל בציווי האלוהי ובשלטון על־בראשית התובעים ממנו סוג חיים מיוחד. חוויית הגילוי בשכבה זו מכחישה וסותרת את ערכי האדם השכליים ושואפת להמיר את הפעילות החופשית של רוח האדם בפסיביות של הכרח וחרדה. במצב ב׳ האדם מתחיל להתיידד עם חוויית הגילוי ומתחיל להרגיש בטיחות ואמון בחוויה זו ומנסה לחברה עם חוויית האלוקים בתוך מערכת טבע חוקית ומסודרת; מזדהה הוא עם תודעת אלוהי עולם, המבטאת פלא־חסד, חנינה וברכה וגם עם תודעת אלוקים מעל ומחוץ לעולם הדורשת מן האדם השתעבדות והתחייבות מוחלטות. מצב ב׳ יש בו גם מן ההשתעבדות האימפרטיבית, מן הגילוי, עם כל כובד הרשות העל־שכלית המעיק על התודעה. אבל יש בו גם משאננות הביטחון הגמור וציפיית השכר המוחלט. האדם עושה את מצוות ה׳ בעל כורחו; אולם כתופעת־לוואי של ההכרח, הוא רגש השלוָה הגמורה של העבד העושה רצון אדונו, מקנה הגילוי לַנע ונד בשבילי בראשית משען ומשענת. התכלית היא ההידמות לאלוה. יש בה מן ההכרח וגם מן הגיל והבטיחות.[14]

14. מעניין לראות שהסיכום שלפנינו מעניק תשומת לב רבה לשלב ב׳, אף שהספר עצמו מקדיש לו תשומת לב פחותה במידה ניכרת מזו שהוא מקדיש לשני השלבים האחרים. עובדה זו האחרונה אף ראויה לציון בפני עצמה: תשומת הלב המועטה יחסית ש**ובקשתם משם** מקדיש לשלב ב׳, אף כי נראה כי זוהי הרמה הגבוהה ביותר שהיהודי הממוצע יכול להגיע אליה.

האופי האימפרטיבי של התנהגות האדם מכסיף לאט־לאט עם בקיעת דמדומי־שחר של חוויה ג׳ – של האהבה־יראה, של געגועי־הנפש אל מקורה מתוך שאיפה לדבקות גמורה והתחבטותה בתנועת ריצה ללא רתיעה. בשעה שבמצב ב׳ ההידמות לאלוה היא המטרה, במצב ג׳ הדבקות באלוה היא התכלית. מה בין הידמות לדבקות? ההידמות מקצתה חירות גמורה ומקצתה השתעבדות גמורה. הדבקות כולה פעילות חופשית. האדם חי על פי התורה והמצווה בשמחה רבה. הוא מתאווה לעשות את רצון ה׳ כאילו רצון האין־סוף הוא גם רצונו של האדם הסופי. במצב ג׳ אנו רואים את פלא זיהוי הרצונות. (עמ׳ 234–235)

בין "איש ההלכה" ל"ובקשתם משם"

הרב סולוביצ׳יק כתב את הטיוטה של **ובקשתם משם** בשנות הארבעים של המאה העשרים, זמן קצר לאחר שהשלים את כתיבת **איש ההלכה**. חרף חשיבותו של החיבור – או אולי בגללה – הוא לא ראה אור עד 1978, כאשר הרב פרסם אותו בכתב העת הרבני **הדרום**.

בשלושת העשורים של ההשתהות בפרסום החיבור ניסה הרב כותרות שונות. בשלב הראשון הוא נקרא "איש האלוהים"; במכתב משנת 1963 לרב ד"ר שמואל קלמן מירסקי (1899–1967),[15] הרב קורא לו "ההלכה הגלויה ואהבת הא־להים המסותרת", הכותרת המשמשת (בשינויים קלים) לפרק הראשון של הגרסה הסופית; לאחר מכן, במהדורה המודפסת, הוא בחר בשם "ובקשתם משם", כותרת שמקורה (כאמור בפרק 32 לעיל) בפסוק מהתורה: "וּבִקַּשְׁתֶּם מִשָּׁם אֶת ה׳ אֱ־לֹהֶיךָ וּמָצָאתָ כִּי תִדְרְשֶׁנּוּ בְּכָל לְבָבְךָ וּבְכָל נַפְשֶׁךָ" (דברים ד, כט).

אמצע שנות הארבעים של המאה העשרים הייתה תקופה של פריחה יצירתית אצל הרב. הוא כתב במהלכה שלושה חיבורים

15. **איש על העדה**, עמ׳ 325–326.

מרכזיים – **איש ההלכה, התודעה ההלכתית** (שנכתב ב-1944 וראה אור ב-1986), **ואיש האלוהים**, הגרסה המוקדמת של **ובקשתם משם**. קשה לדעת מדוע פרסם את **איש ההלכה** זמן קצר לאחר חיבורו (ב-1944 בכתב העת הרבני **תלפיות**) אך המתין זמן רב כל כך בטרם פרסם את שני החיבורים האחרים. ייתכן שחש צורך מיוחד לפרסם את **איש ההלכה** מכיוון שחיבור זה כולל, בין היתר, נימה של הספד לאביו, הרב משה סולוביצ׳יק, שנפטר בשבט תש״א (1941). אך דחיית פרסום שני החיבורים האחרים מסקרנת, והרב סולוביצ׳יק לא הותיר רמזים מדוע עשה כן. עם זאת, ניתן לומר שכאשר **התודעה ההלכתית** הופיע לבסוף, הנוסח היה זהה לגרסה שנכתבה ב-1944, ללא שינויים פרט לכותרת ולהשמטת מספר הערות שוליים טכניות, ואילו **ובקשתם משם** (בזמנו, **איש האלוהים**) נערך שוב טרם פרסומו – וככל הנראה השינויים לא היו רק שינויי מבנה וסגנון. העריכה הראשונה הידועה לנו נעשתה בידי הרב במהלך שנות השישים, כאשר הוא הכין את החיבור לפרסום ב**תלפיות**, כתב העת שפרסם את **איש ההלכה** עשרים שנה קודם לכן. כתב היד הערוך אבד, אך צילום של כתב היד המקורי ללא עריכה אותר לבסוף והרב סולוביצ׳יק שוב ערך והרחיב את החיבור בשנות השבעים. החיבור המצוי בידינו שונה בהחלט מהחיבור המקורי שנכתב בשנות הארבעים.

קשה להטיל ספק בכך ששלושת החיבורים שנכתבו בשנות הארבעים – **איש ההלכה, התודעה ההלכתית ואיש האלוהים** – הם חלקים של תוכנית אינטלקטואלית שאפתנית אחת, ושהם קשורים זה לזה באופנים שונים הכרוכים בהשוואות ובניגודים. במכתב האמור לעיל משנת 1963 לד״ר מירסקי, הרב סולוביצ׳יק מאפיין את החיבור שטרם פורסם ואשר לימים ייקרא **ובקשתם משם** כ״המשך מסתי הראשונה על דבר איש ההלכה״ (**איש על העדה**, עמ׳ 325). הוא ממשיך ואומר כי בחיבור שטרם פורסם הוא ״משרטט דמות דיוקנו של איש ההלכה בעולמו הפנימי בחווייתו ובמרוצו לקרבת הא־להים״ (שם, עמ׳ 326).

הצהרתו של הרב בפני ד"ר מירסקי כי החיבור "במחבואי" הוא המשך ל**איש ההלכה** מעידה כי קיים קשר מסוים בין שני החיבורים; כלומר, **ובקשתם משם** משלים את תווי דיוקנו של איש ההלכה באמצעות חקירת עולמו הפנימי וחווייתו הדתית, ואולי אף באמצעות חשיפת פנים באישיותו ובהתפתחותו שהושמטו בחיבור הקודם. מעניין גם לציין שהרב עצמו הציע את כותרת הכרך הכולל את **איש ההלכה** ואת **ובקשתם משם**: הכותרת **איש ההלכה: גלוי ונסתר** (ירושלים, תשל"ט). מחציתה השנייה של הכותרת רומזת ש**איש ההלכה** מתאר את הפן "החיצוני" של איש ההלכה ואילו **ובקשתם משם** עוסק ברובד הסמוי והפנימי. בקריאה כזו, האישיות "המתדבקת" המתוארת בשיא התהליך התלת־שלבי של **ובקשתם משם** תהיה כנראה זהה לאיש ההלכה. כיוון ש**ובקשתם משם** מתמקד **בהתפתחות** "האיש המתדבק" ולא בפנומנולוגיה שלו, אפשר להגדיר את הקשר בין שני החיבורים כך: בעוד **איש ההלכה** מציג את איש ההלכה מבחינה אנליטית – מפרק את השלם לחלקיו – **ובקשתם משם** הוא חיבור סינתטי המציג כיצד אישיות הלכתית מורכבת ונבנית.[16]

אולם לצד נקודות ההשקה הברורות בין "איש ההלכה" לבין "איש הדבקות" המתואר בחתימת **ובקשתם משם** – בראש ובראשונה, היצירתיות ההלכתית ו"זיהוי הרצונות" – נראה כי שני הטיפוסים הללו שונים זה מזה בכמה מובנים. לדוגמה, "האיש המתדבק" פתוח להיבטים מיסטיים, בניגוד לאיש ההלכה. פער נוסף מתגלה במפגש עם המציאות. איש ההלכה – בדומה למדען – נוטה לכמת ולסווג, ואילו "האיש המתדבק" נמשך גם להיבטים האיכותניים של המציאות שאינם ניתנים לכימות. ולבסוף, תהליך ההתפתחות שעובר "האיש

16. זהו הניסוח של אביעזר רביצקי, "קניין הדעת בהגותו: בין הרמב"ם לניאוקאנטיאנים", בתוך **ספר יובל לכבוד מורנו הגאון רבי יוסף דוב הלוי סולובייצ'יק**, ערכו הרב שאול ישראלי, הרב נחום לאם והרב יצחק רפאל (ירושלים, תשמ"ד), כרך א, עמ' קכט.

המתדבק", הכרוך בעיסוק תרבותי נרחב ובמגוון מסועף של חוויות, אינו מתיישב בקלות עם ההשקפה הצרה והממוקדת יותר של איש ההלכה ועם אופיו החמור. "האיש המתדבק" מציג באישיותו ובגישתו הדתית רב־ממדיות שלכאורה חסרה אצל איש ההלכה.

יהיו שיטענו שפערים אלה קיימים רק כלפי חוץ; אבל אחרים ישיבו להם שאי אפשר לפטור פערים כאלה כלא היו. לאלה האחרונים אפשר להציע כמה כיווני הסבר. אפשר לומר ש"איש ההלכה" ו"האיש המתדבק" מייצגים שני מודלים שונים של דתיות יהודית, גם אם המחבר לא התכוון לכך; אפשר לומר ש"האיש המתדבק" מכיל בתוכו את "איש ההלכה" ומתרחב מעבר לו; ואפשר גם לשער שהשקפתו של הרב סולוביצ'יק לגבי "איש ההלכה" התפתחה בין פרסום שני החיבורים.

כל שנוכל לומר בביטחון מלא הוא שבלי קשר לשאלה אם כדי להבין כל אחד מהחיבורים **איש ההלכה** **ובקשתם משם** צריך לקרוא את השניים ברציפות, אין ספק שקריאה רצופה זו נחוצה כדי להבין את המחבר. רוחב היריעה, העומק והמקוריות של חזונו של הרב, המתבטא בצירוף החיבורים הללו, הם ההופכים אותם למושכים כל כך – ומבטיחים להם מקום קבוע בקאנון המחשבה הדתית היהודית והכללית כאחד.

לעיון נוסף:

1. **דרכים לדבקות:** אם על פי חתימת **ובקשתם משם** ההלכה היא הדרך להשיג את הדבקות במלואה, איזה תפקיד נותר לגישה הקוסמית לאלוקים? זכרו ש**ובקשתם משם** נפתח באדם המבקש את אלוקיו בתוך המרחב הטבעי: באמצעות המדע, באמצעות חוויית אלוקים בטבע ובנפש האדם וכו'. האם, לאור סוף החיבור, יש בחיפוש הזה ערך?

אפשר להבין מדברי הרב שבסיכומו של תהליך הגישה הקוסמית

יורדת מן הפרק ומתגלה כחסרת תועלת, כיוון שהאדם יכול למצוא את כל מבוקשו בהלכה בלבד. פרשנות זו מתחזקת אם כורכים את **ובקשתם משם** עם **איש ההלכה** יחד ומניחים ש"האיש המתדבק" בחיבור הראשון זהה ל"איש ההלכה" בחיבור השני.

עם זאת, ייתכן שהרב סבור שהגישה הקוסמית לאלוקים אינה נדחית על הסף, אלא משתלבת בהלכה. כפי שראינו בפרק 32, הדרישה ההלכתית לברך על תופעות טבע דורשת מן האדם את הכרת הא־ל בתוך הטבע. נוסף על כך הצווים האלוקיים "וּמִלְאוּ אֶת הָאָרֶץ וְכִבְשֻׁהָ" וכן "לְעָבְדָהּ וּלְשָׁמְרָהּ" (שאף כי ניתנו בגן עדן ולא בסיני, הם עדיין מחייבים לדעת הרב) מעניקים ערך דתי למאמצים מדעיים ותרבותיים. כשהרב כותב "הסתכלות במעשי בראשית, **שאין בה מן ההשתעבדות לחוק האלוהי ההלכתי המוסרי**, אינה מביאה לא לידי אהבה ולא לידי דבקות ולא לידי איחוד המשכיל והמושכל" (עמ' 204, הדגשה שלי), נותר פתח לאפשרות שהסתכלות במעשי בראשית עשויה להביא לדבקות אם היא מלווה בקבלת ההלכה. ואכן, כמודגם בספרו של הרב, המאמץ "הטבעי־קוסמי" של הבירור הפנומנולוגי בנפש האדם והחוויה הדתית עשוי להביא את האדם לאהוב את ה' ולדבוק בו.

2. **הקשר שבין 'איש ההלכה' לבין 'ובקשתם משם':**

א. כמה מן החוקרים רואים בשני החיבורים תיאור של אותה דמות משתי זוויות שונות – אובייקטיבית וסובייקטיבית, אנליטית וסינתטית, או יעד ודרך. ראו למשל אצל אביעזר רביצקי, "קניין הדעת בהגותו: בין הרמב"ם לניאוקאנטיאנים", בתוך **ספר יובל לכבוד מורנו הגאון רבי יוסף דוב הלוי סולוביצ'יק**, ערכו הרב שאול ישראלי, הרב נחום לאם והרב יצחק רפאל (ירושלים, תשמ"ד), כרך א, עמ' קכט; ואצל לורנס קפלן: Lawrence Kaplan, "Joseph Soloveitchik and Halakhic Man," in *The Cambridge Companion to Modern Jewish Philosophy*, eds.

Michael L. Morgan and Peter E. Gordon (Cambridge, 2007), .p. 227

ב. אחרים רואים בהם תיאור של שתי דמויות שונות. דוד שץ כותב: "**ובקשתם משם** משרטט אישיות דתית שמאווייה, חוויותיה וכיוונה רחבים משל אלה המיוחסים לאיש ההלכה". ראו David Shatz, "A Framework for Reading *Ish ha-Halakhah,*" in *Turim: Studies in Jewish History and Literature Presented to Dr. Bernard Lander,* vol. 2, ed. R. Michael A. Shmidman (New York, 2008), p. 173 n. 3. הרב וולטר וורצבורגר רואה את "איש ההלכה" כנוטה לכיוון "איש הדעת", ואילו את "האיש המתדבק" כנוטה לכיוון "איש הדת": R. Walter Wurzburger, "The Centrality of Creativity in the Thought of Rabbi Joseph B. Soloveitchik," in *Covenantal Imperatives* (Jerusalem, 2008), p. 157. מיכאל ברגר טוען ש**איש ההלכה** מציג את חשיבות ההלכה לאישיות הקוגניטיבית ואילו **ובקשתם משם** מציג את חשיבותה לאישיות הדתית, ומסיק מסקנה דומה לזו של הרב וורצבורגר: Michael Berger, "*U-Vikkashtem mi-Sham*: Rabbi Joseph B. Soloveitchik's Response to Martin Buber's Religious Existentialism," *Modern Judaism* 18 (1998), p. 108. דב שוורץ רואה נתק עמוק יותר בין שתי הדמויות. לדעתו **איש ההלכה** מציג את אבותיו הבריסקאיים של הרב סולובייצ'יק, ואילו **ובקשתם משם** מתאר את הרב עצמו. ראו דב שוורץ, **הגותו הפילוסופית של הרב סולובייצ'יק (ב) – מחקר התודעה לתיאור אשיות הקיום** (רמת גן, תשס"ח), עמ' 9.

ג. משה סוקול מציע כי שני החיבורים מתארים את דמותו של איש ההלכה, אך השקפתו של הרב סולובייצ'יק לגבי דמות זו התפתחה בזמן שעבר בין כתיבת החיבור המוקדם והחיבור המאוחר. לכן דמות איש ההלכה כוללת היבטים רבים יותר של "איש הדת" בחיבור המאוחר מבין השניים. ראו משה סוקול,

"אדון או עבד? על האוטונומיה האנושית לנוכח האל בהגותו של הרב יוסף סולוביצ'יק", בתוך **אמונה בזמנים משתנים: על משנתו של הרב יוסף דוב סולוביצ'יק**, ערך אבי שגיא (ירושלים, תשנ"ז), עמ' 427-426. סוקול גם כותב כי אף שאיש ההלכה ובקשתם משם מדגישים את האוטונומיה האנושית יותר מכתביו המאוחרים יותר של הרב, עדיין קיימת אחדות גדולה בין חיבוריו המוקדמים והמאוחרים, מכיוון שיש מתח מובנה בסוגיה של האוטונומיה האנושית אף בכתביו המוקדמים, וההכנעה הפידאיסטית (הטוענת כי האמונה היא עצמאית ואינה תלויה בשכל) מוצאת מקום גם בהם.

ה. בין הדעות שהצגתי בפרק זה, יש אחת שאני נוטה לכיוונה: הרב סולוביצ'יק ביקש לסבור שאיש ההלכה והאיש המידבק הם אותו אדם המיוצג בשני ממדים שונים – חיצוני ופנימי (באופן דומה לדיכוטומיה של האישיות הפנימית והחיצונית שהוא מפתח במאמרו "בסתר ובגלוי"). עם זאת, אנו כקוראים חשים שאי אפשר לאלץ את שתי הדמויות הללו לדור בכפיפה אחת, על אף כל המאפיינים המשותפים להן. הדמויות הללו מייצגות כוחות שונים המושכים את המחבר, או היבטים שונים של אישיותו הפנימית הרחבה וחסרת ההרמוניה.

חלק ז

פרספקטיבה רחבה

פרק 36
סקירה וסיכום

בסוף הפרק הראשון כתבתי שמסע העיון במחשבת הרב סולובייצ'יק הוא מלהיב ודרמטי לא פחות מרוחו הסוערת של הרב עצמו. כעת, כשאנו מתקרבים לסוף המסע, אני מקווה שאכן היה מלהיב ודרמטי – ולא פחות מכך, שהיה גם מאיר עיניים ומעורר השראה. בפרקי הספר התוודענו למשנת הרב דרך עיון ברבים מכתביו הפילוסופיים; בפרק זה נסקור כמה מהנושאים שנגענו בהם בעיונים אלה, ובפרק הבא נתייחס לחלק מהסוגיות הרחבות יותר העולות מסקירה זו.

הִתעלות האישיות (פרקים 1–10)

לאחר שהצגנו ביוגרפיה קצרה של הרב ומיקמנו אותו בהקשרו ההיסטורי, פתחנו את השער ללימוד מחשבת הרב בעיון בשני מאמרים שהעלו נושאים מרכזיים בהגותו של הרב, נושאים שפותחו בהרחבה בחיבוריו הגדולים יותר. בקריאת "הקהילה", בחנו את השקפתו של הרב בעניין חשיבותה של חוויית הבדידות והיחד בדרך למימוש הפוטנציאל האנושי, בעניין האופנים השונים ליצירת ה"יחד" בהקשר של ציבור (רעיון שפותח בהמשך ב**איש האמונה הבודד**), ובעניין אופייה של ה"עמיות" היהודית (אשר נידון בהרחבה ב"קול דודי דופק"). כשניתחנו את "גאון וענווה", בחנו את השקפתו כפולת הפנים של הרב לגבי האדם, את רעיון "והלכת בדרכיו", ואת מרכזיות הדיאלקטיקה בהגותו

(בפרק הבא נעסוק בשאלה מדוע הדיאלקטיקה חשובה כל כך). דיוניו של הרב באתיקה של הניצחון ובאתיקה של התבוסה הניחו את היסודות לא רק למאמר "צירוף", אלא גם לשניות העומדת בלב לבו של **איש האמונה הבודד**.

הפרקים הבאים השתמשו במאמר "צירוף" כבסיס לדיון ברעיון הגבורה ההלכתית (הקרוי גם נסיגה או צירוף), ובאופן שבו הוא מתבטא בארבעה תחומים: הגופני־הנאתי, הרגשי, השכלי והדתי. ראינו כיצד ההלכה מאשרת את ערך מעורבות האדם בכל ארבעת התחומים, אך בד בבד דורשת ממנו לקבל על עצמו מגבלות כדי לטהר מעורבות זו, לתעל אותה ולרוממה. ההלכה רוצה שהאדם ייהנה מהחיים, אך לא בצורה אנוכית או שפלה. היא גם רוצה שהאדם יחוש את מלוא מנעד רגשותיו הראויים ובעלי הערך, תוך בקרה מתמדת על עולמו הרגשי ושְליטה בו. היא דוגלת כמובן במעורבות שכלית ודתית – אך המחווה השכלית, כאשר אין נלווית לה מודעות למגבלותיה, יש בה מן היוהרה, ואילו המחווה הדתית, כאשר היא מתבצעת ללא הכרה באי־שלמותו של האדם ובשבריריותו, הִנה צדקנית ובלתי־נגאלת. בפרקים אלה עסקנו גם במתח הקיים בכתבי הרב בין צירוף דו־שלבי ותלת־שלבי: האם האדם נסוג בענווה רק כדי לטהר את התקדמותו הנועזת, או שמא יש בנסיגה מטרה לכשעצמה?

דיון זה הוביל בפרקים הבאים לבחינה כללית יותר של תפקידי השכל, החוויה והמעשה בחיים הדתיים, וכן בקשרי הגומלין ההכרחיים ביניהם. ללא איזון והשלמה הדדית, כל מרכיב יביא לתוצאות מזיקות. לחילופין, כאשר שלושת המרכיבים פועלים בצוותא, האדם מסוגל לחיות חיים דתיים מלאי משמעות וערך ולהתרומם לגבהים עילאיים. האדם צריך לרתום את כל יכולותיו לעבודת ה': מוח, לב ואיברים. כולם יודעים שהיהדות דורשת לימוד תורה וקיום מצוות, אבל הפנימיות חשובה לא פחות. חווייתו הדתית של האדם אמורה לנבוע הן מידיעה תורנית הן משמירת המצוות; וגם להפך: הלימוד והמצוות אמורים לחולל את החוויה. המחשבה מנחה את הרגש ואת המעשה;

הרגש מעורר את המחשבה ואת המעשה; והמעשה מגלם את המחשבה ואת הרגש.

הדת והמודרנה (פרקים 11–18)

יש אולי כאלה הסבורים כי החילוניות דורשת התקדמות והדת דורשת נסיגה; הרב סולוביצ׳יק טוען שהיהדות דורשת את שניהם גם יחד. השניות הזאת מצויה בגרעינו של **איש האמונה הבודד**, עיונו הקלאסי של הרב בשאלת מקומה של הדת בעולם המודרני. בפרשנותו לשני תיאורי בריאת האדם בספר בראשית מגלה הרב סולוביצ׳יק שני סוגי אדם: אדם א׳, האישיות היוצרת ורבת ההוד – ואדם ב׳, האישיות הענוותנית והמחויבת לברית. בעוד אדם א׳ מבקש להשיג את ההדר באמצעות שליטה בעולם, אדם ב׳, השרוי בתחושת אי שלמות, מבקש להיגאל באמצעות שליטה עצמית ובאמצעות פיתוח קשרי עומק עם הזולת, ובמיוחד עם הקב״ה. אף ששתי העמדות הן לכאורה בלתי ניתנות לגישור, ה׳ מצווה אותנו לאמץ את שתיהן, להיטלטל בין שני מצבי הקיום בדיאלקטיקה תמידית.

הבנה זו של שתי המטלות היסודיות של האדם מובילה לכמה מסקנות חשובות. ראשית, קיומו של אדם א׳ רצוי בעיני ה׳, ולכן יש לפועלו היצירתי ורב ההדר ערך דתי. בהתאם לכך רואה הרב סולוביצ׳יק באור חיובי את הרחבת השליטה האנושית באמצעות ההתקדמות הכללית בתחומי המדע והטכנולוגיה, התפשטות התרבות והתפתחות הציוויליזציה. עם זאת, עלינו גם לתת לאדם ב׳ את מקומו הראוי לו; והדבר מוביל למסקנה השנייה: לאדם ב׳ ולבקשת־הגאולה שלו יש ערך עצמי, שאינו תלוי בשאלה אם הם עוזרים לבקשת־ההדר של אדם א׳. האמונה (תחומו של אדם ב׳) אינה כפופה לתרבות (יצירתו של אדם א׳); היא כוח קדמוני שאינו נזקק לחפש לעצמו לגיטימציה בערכים שמחוצה לו.

החיים בתוך הדיאלקטיקה התמידית בין אדם א׳ לאדם ב׳ אינם

חוויה קלה, מכיוון שעוד בטרם הכה האדם שורש באחת העמדות כבר קוראת לו העמדה הנגדית; אך כאשר קיימת רגישות לשתי דרכי קיום אלו, הרגישות הכפולה הופכת את ההתמודדות הדיאלקטית הזו לחוויה בונה וחיובית. איש האמונה בן זמננו, לעומת זאת, מוצא את עצמו במצב קשה המוביל לצורה שלילית והרסנית לחלוטין של בדידות: החברה המודרנית אינה מבינה אותו ודוחקת אותו לשוליים מכיוון שהיא מכירה אך ורק בקיומו של אדם א׳. אפילו התחום הדתי עצמו נשלט על ידי אדם א׳, שכן האדם המודרני מצפה מהדת למלא את צורכי ההדר וההוד שלו. הוא אינו מודה בכך שלאמונה הדתית יש תביעות אוטונומיות משל עצמה, תביעות אשר לעתים קרובות דורשות ממנו הקרבה.

בחתימת **איש האמונה הבודד** אנו פוגשים תופעה הקיימת בכמה מכתבי הרב: סיום כפול פנים המציג בפנינו שתי חלופות. לפי הראשונה, ייתכן שאיש האמונה ייאלץ לסגת מתחומו של אדם א׳ (הן בחברה הסובבת אותו, הן בתוך עצמו) כדי לשמר את האוטונומיה של המחויבות האמונית. לפי השנייה, לאחר נסיגה זמנית לשם התחזקות, אדם ב׳ ישתלב מחדש עם אדם א׳ ויחד הם ישימו להם למטרה ״לתקן עולם במלכות ש־די״. בסיום כפול פנים זה אנו פוגשים שוב את המתח בין הצירוף הדו־שלבי והצירוף התלת־שלבי.

האוטונומיה של האמונה, מוטיב מרכזי **באיש האמונה הבודד** בפרט ובמחשבת הרב בכלל, עמדה במוקד דיוננו בפרקים 16–18. בחנו את היסוד התיאורטי שלה ואת השלכותיה בתחומים השכליים והמעשיים. בתחום השכלי, ההכרה באוטונומיה המתודולוגית של ההלכה, בצירוף ההכרה בהיותה של חוויית האמונה יסודית וראשונית, מאפשרות יחדיו להתמודד בביטחון וביעילות עם ערעורים על האמונה. בפסיקותיו ההלכתיות עמד הרב סולוביצ׳יק על כך שההלכה תשמור את שלמותה המערכתית ואת הגיונה הפנימי ולא תתאים את עצמה לאופנות הזמן. אוטונומיית האמונה שימשה לרב כעיקרון מנחה גם בתפקידו כמנהיג ציבור. אף שתמיד היה מודע לערכה של אחדות

הציבור, בענייני אמונה הוא דגל באוטונומיה רבנית בתוך העולם האורתודוקסי, באוטונומיה אורתודוקסית בתוך העולם היהודי, ובאוטונומיה יהודית בתוך העולם הבין־דתי.

גורל, ייעוד והמצב האנושי (פרקים 19–27)

משהתוודענו לכפל הפנים של איש ההדר ואיש הברית **באיש האמונה הבודד**, בחנו היבטים נוספים בתפיסת האדם של הרב בכתביו על המשפחה, התפילה, התשובה והייסורים. **באדם וביתו** מסביר הרב מדוע קשרי המשפחה חיוניים לא רק בפני עצמם אלא גם ביחסים שבין אדם למקום וכיצד הם משמשים להם השתקפות ומבוא. היחסים בין אדם להוריו, בן או בת זוגו וילדיו כוללים מחויבות מעשית וקשרים רגשיים, ורק באמצעותם יכול האדם ללמוד לאהוב, להעריץ ולעבוד את האלוקים. יתרה מזאת, קשרי המשפחה עצמם עשויים להיות חלק מעבודת ה׳ ולסייע לגאול את האישיות האנושית.

בכתביו הרבים בנושא התפילה הרב סולובייצ׳יק אינו עוסק בהשפעתה על האלוקים, אלא דווקא, בהתאם לגישתו הכללית, בפעולתה על האדם. באמצעות בחינת הלכות התפילה ונוסחיה, מזהה הרב שלושה תפקידים שנועדו לתפילה. ראשית, התפילה היא מפגש עם הקב״ה, דיאלוג הממשיך את זה שהתנהל בין הקב״ה לנביאים – וככזו היא צריכה להשתלב במכלול הרחב יותר של עבודת ה׳ בחיינו. שנית, התפילה היא אמצעי לאדם לזכך את מודעותו לצרכיו: לעזור לו להבחין בין צרכים אמתיים לצרכים מזויפים. מתוך כך יוצרת התפילה לָאדם ״עצמי״ טוב ואותנטי יותר. כינינו תפקיד זה ״קניין עצמי״. שלישית, בתפילה האדם מקריב את עצמו לה׳, שכן ״עצם ההתנפלות לפני ה׳ וההודאה בשלטונו הבלתי־מוגבל ובחולשת האדם הגמורה, מהווה פעולת הקרבה״ (״רעיונות על התפילה״, עמ׳ 266). סדר הזמנים בין שני הרכיבים האחרונים, הקניין העצמי וההקרבה העצמית, מוצג בצורות שונות בכתבים השונים של הרב, והדבר

מחזיר אותנו לדיאלקטיקה שבין הצירוף הדו־שלבי והצירוף התלת־שלבי.

התפילה נובעת מתחושת משבר, מתודעת היעדר, הקיימת הן ברמה החיצונית של הצרכים הגופניים והחברתיים, הן ברמה העמוקה יותר של מודעות האדם לחסרונותיו, לחטאיו, לפגיעותו, למגבלותיו ולהיותו בן תמותה. עם זאת, חרף העובדה שהתפילה דורשת מהאדם לגלות ענווה ולהודות בחסרונותיו, ההלכה מתירה לו לקיים דו־שיח עם בורא עולם ולשטוח בפניו את בקשותיו ובכך מעידה שלחייו יש משמעות, תכלית וערך. הכרה כפולה זו של גאון וענווה אצל האדם עומדת גם ביסודו של רעיון התשובה. בתהליך התשובה, האדם מתבונן בכישלונותיו, אך עצם העובדה שה׳ העניק לו בחירה חופשית ויכולת ליצור את עצמו מחדש מאשררת את תוקף ערכו ומעידה שעבודתו רצויה לפני ריבון העולמים.

בפרקים 23-22 עיינו בשני היבטים מרכזיים בתורת התשובה של הרב. ראשית, ראינו שהתשובה היא בעיניו הביטוי האולטימטיבי של היצירתיות האנושית – כלומר, יצירת העצמי. עימתנו גישה זו לתשובה עם גישת הרב קוק לתשובה כשיבה אל האני. שנית, בחנו את גישת הרב לתשובה הרואה אותה כתגובה ההלכתית לסבל. כשאדם נתקל במצוקה, אל לו להגות בשאלה המטפיזית ״מדוע זה קרה לי?״ כיוון ששאלה זו מציגה אותו כקרבן סביל של כוחות חיצוניים. עליו לשאול את השאלה ההלכתית הפעילה: ״כיצד עליי להגיב לנסיבות הקשות?״. התשובה לשאלה זו היא שהאדם צריך להשתמש באירוע הטראומטי, שהפר את דפוסי הפעולה המיושבים ואת השגרה המוכרת, כהזדמנות לשינוי ולצמיחה – במילים אחרות, כהזדמנות לתשובה. כך הסובל הופך מאובייקט הנשלט על ידי כוחות חיצוניים לסובייקט המתווה את מסלולו בסערה. הרב סולוביצ׳יק מציג שלושה לקחים שהוא למד ממפגשו האישי עם סופיות חיי האדם, ואנו בדקנו כיצד לקחים אלה נשארים רלוונטיים גם במצבים קיצוניים פחות. בחינה זו הובילה אותנו לעיין בתפקיד המשבר בהגותו של הרב, באופייה

הדיאלקטי של חוויית החיים, ובשאלה כיצד בא הדבר לידי ביטוי בהלכות אנינות ואבלות. לבסוף, ציינו שכתבי הרב על אודות מוות וייסורים מהווים הם־עצמם דוגמאות להתמודדות בונה וגואלת עם מצוקות.

בחינת קטגוריות הגורל והייעוד בחיי הפרט הובילה אותנו לבחינת הקטגוריות האלה באשר לקיומו הלאומי של עם ישראל. בתגובה לשואה, כמו בתגובה לרוע בכלל, אל לנו לשאול את השאלה שאין עליה מענה "למה?". השאלה הנכונה היא אילו פעולות עלינו לעשות בעקבות השואה. ובכל זאת, בעוד היחיד יכול להתעלות מעל הגורל, הציבור אינו יכול להימנע ממנו. עם ישראל נקשר בברית גורל המתבטאת בייסורים ובאחריות משותפת, כמו גם בברית ייעוד המתבטאת בערכים משותפים ובמטרה להיות "מַמְלֶכֶת כֹּהֲנִים וְגוֹי קָדוֹשׁ" (שמות יט, ו) ו"לתקן עולם במלכות ש־די". לכן, תגובה נאותה לנס מדינת ישראל היא התמסרות לחיזוק שתי הבריתות: תמיכה במדינת ישראל (ברית הגורל) והטמעת ערכי התורה בה (ברית הייעוד). סיימנו את עיוננו ב"קול דודי דופק" בהשוואה בין גישת הרב לשואה ולמדינת ישראל לבין גישותיהם של הוגים אחרים, ובבחינת השלכותיה של גישת שתי הבריתות על סוגיית הזהות היהודית בימינו.

ההלכה ומסע החיפוש הדתי (פרקים 28–35)

איש ההלכה מגלם תכונות שהרב מתאר כמיטב המעלות של איש הדעת ושל איש הדת – או, בתרגום חופשי מאוד, של המדען ושל המיסטיקן. איש הדעת, המטריאליסט, מכיר רק בעולם החומר וניגש אליו באמצעות כליו האינטלקטואליים היצירתיים, המושגיים והשיטתיים. איש הדת הוא דואליסט המכיר בעולם החומרי וגם בעולם ברוחני, אך סבור שהם שוללים זה את זה ולכן מבקש להימלט מהראשון כדי להגיע אל השני. איש ההלכה משתמש בכלים של איש הדעת כדי להשיג את הקדושה שמחפש איש הדת. במקום לנוס מהמציאות אל העולמות העליונים, כפי

שעושה איש הדת, איש ההלכה מביא את הנשגב אל העולם האנושי ומאפשר בכך רוחניות של העולם־הזה.

איש ההלכה דוחה את גישתו של איש הדת, גישה סובייקטיבית המכוונת אל העולם שמעבר לעולם הזה, שכן הוא סבור שגישה זו אינה מוסרית, אינה מציאותית ואינה דמוקרטית. הוא רוצה להעניק לדת ממד אובייקטיבי, ועושה זאת הן באמצעות לימוד תורה שיטתי ומדויק ההופך את מושגי ההלכה לאובייקטיביים, הן באמצעות מימוש מושגים אלה על ידי שמירת המצוות. ההלכה, מסביר הרב, היא תחום ידע קוגניטיבי; היא דורשת את תרומתו היצירתית של הלומד ומעצבת אותו – דרך השימוש בתבונה והשמירה על גבולות – לכדי אדם ממומש ובעל הדר הנמנע מההפרזות של איש הדת.

משהצבנו את איש ההלכה בין הגישות הקיצוניות של איש הדעת ואיש הדת, בחנו כיצד הוא מצליח לערות את הנשגב אל תוך העולם הארצי וכיצד מעצב מִפעָל זה את אישיותו ופעולותיו. בדקנו כמה מודלים אפשריים לדמותו של איש ההלכה, והסקנו שאף על פי שהוא טיפוס תיאורטי ואידאלי, הוא מהדהד את דמויותיהם של תלמידי החכמים הגדולים משושלת בריסק (הגם שהם לא היו בהכרח מנסחים את מפעלם כפי שעשה זאת הרב). מטרתו המוצהרת של הרב בכתיבת **איש ההלכה** לא הייתה רק לעשות מחווה לאבותיו. הוא ביקש לתאר דתיות שכלית ואישיות דתית שאינה מוכרת לפסיכולוגים ולפילוסופים של הדת בני זמננו; להגן על ההלכה מפני הטענות שהיא הטרונומית, לא־הכרתית, בלתי מוסרית ועבדותית; ולהגן על האישיות ההלכתית מפני הטענות שהיא מכוונת אל עולמות אחרים, פסיבית ובלתי יצירתית. בדרך להשגת מטרות אלה מסביר **איש ההלכה** את הערך הנעלה שבלימוד תורה; טוען שדתיותו של איש ההלכה, המתאפיינת ביציבות ובאובייקטיביות אך בה בעת בדינאמיות ובחדשנות, עולה על זו של איש הדת; ועומד על מרכזיותה של היצירתיות בחיי ההלכה: יצירתיות בלימוד התורה, יצירתיות בעולם (באמצעות הגשמת אידיאלים הלכתיים), ויצירתיות כלפי העצמי. איש

ההלכה חי חיים של רצינות רבה ושל גבורה, של דרמה ומעורבות. הוא מקדיש את זמנו למאמץ התובעני ורב־המשמעות לתפוס ולנסח את מושגי ההלכה, לממש את ערכיהם הנעלים בעולם הקונקרטי, ולעצב אישיות ייחודית שהיא אינטלקטואלית ומוסרית, יצירתית ומלאת־הוד.

בעוד **באיש ההלכה** הרב חולק על התפישה כי הדת היא סובייקטיבית בלבד ואינה דורשת ביטויים אובייקטיביים ונורמטיביים, בכתבים אחרים הוא חולק על דעת הטוענים שהיהדות מורכבת רק מתבניות אובייקטיביות ושהיא מתעלמת מהסובייקטיביות. הרב טוען בספרו **התודעה ההלכתית** שהדרך הלגיטימית היחידה לגשת לממד הסובייקטיבי־פנימי של היהדות היא באמצעות גילוייו האובייקטיביים־חיצוניים. לכך אפשר להגיע באמצעות שיטת הרקונסטרוקציה (התחקות או בנייה מחדש), שהסברנו בפרק 31. הרקונסטרוקציה מאפשרת לנו לגזור מתוך הצורות האובייקטיביות של היהדות כמה מרכיבים סובייקטיביים: מרכיבים פילוסופיים של השקפת עולם, ערכים הלכתיים, והחוויה הפנימית של המצוות. לאחר מכן הדגמנו מרכיבים אלה בכמה מקרי מבחן.

ובקשתם משם הוא יצירה משלימה, מלווה או קוֹנְטְרַפּוּנְקְטִית **לאיש ההלכה**; בסוף פרק 35 דנו בטבעו המדויק של היחס בין שתי היצירות. בחיבור זה עוסק הרב בשכל ובהתגלות, אך לא כשתי שיטות לגילוי האמת אלא כשני אופנים לחוות את האלוקות. הספר מתאר התפתחות בת שלושה שלבים, שבה היחס בין החוויה הדתית הרציונלית לבין החוויה הדתית הגילויית מתקדם מְסתירה להשלמה ומהשלמה להתמזגות.

בשלב א׳ האדם, המחפש משמעות וביטחון קיומי, פותח בחיפוש אחר הא־ל, ורותם לכך את כל כוחות המחשבה, הנפש, היצירתיות והחירות. הוא נוחל הצלחה חלקית במוצאו עקבות למוחלט בתוך המדע, הפילוסופיה, האמנות והנפש האנושית; הוא מוצא סדר ביקום ורמזים לקיומו של דבר־מה נעלה ממנו. אך המחפש מגלה ששכלו, פעילותו התרבותית וחווייתו הקוסמית מאפשרים לו ללכת רק חלק

מהדרך ליעדו הנכסף. בדרך כלל, הקב"ה נסתר בשפריר חביון; כאשר האדם זוכה בכוחותיו להשיג "מבט חטוף" בא־ל, זהו א־ל מופשט וכללי; והאדם אינו יכול להבין את חוסר־הסדר בעולם ואת הרוע. ברגע שבו האדם כבר מוכן, בייאושו, לוותר על החיפוש, ה' מתגלה אליו – אך במקום להושיט לו יד, ה' מתגלה כמחוקק הנוטל מהאדם את חירותו ותובע מחויבות מוחלטת. מכך נובעת שניות מתוחה של ביטחון ופחד, של דתיות טבעית ודתיות גילויית. שניהם הכרחיים, שכן ביטחון שאינו מאוזן על ידי פחד, סובייקטיביות שהמוחלט אינו מרסן אותה ורוחניות ללא ציוויים מביאים אנדרלמוסיה לעולם. ולהפך: פחד ללא ביטחון מוביל לפרישות, להכחשת העולם ולנטישת דרך הפעולה המעשית.

הביטחון והפחד משלב א' סובבים סביב העצמי: האדם מבקש את הא־ל כדי לעגן את הקיום שלו, ומציית לציוויי ההתגלות כדי לזכות בפרס ולחמוק מעונש; אולם בשלב ב' הדברים מבשילים לכדי אהבה וליראה הנובעות מההכרה בשֶׂגב הא־ל. שלב זה מיישב בין החופש לבין הכפייה, שכן כעת האדם **בוחר** לציית לצו האלוקי. באמצעות החוק מחקה האדם את הא־ל, את מושא יראת הרוממות.

בשלב ג' מקיים האדם את המצוות לא מתוך כפייה וגם לא מתוך חיקוי, אלא מתוך הזדהות ושותפות. ההלכה עונה למאווייו העמוקים של האדם בכך שהיא מציעה לו מערכת קוגניטיבית־נורמטיבית בעלת תוקף מוחלט המבקשת את תרומתו, מאששת את ערכו ומרוממת את קיומו. הוא מגלה שההלכה אינה שוללת את חירותו ויצירתיותו אלא אדרבה דורשת אותן. "האדם מתדבק בקב"ה על ידי ריאליזציה שלמה של אישיותו, על ידי חשיפת כל האפשרויות הגנוזות בנבכי הווייתו" (עמ' 193). בשלב זה, המכונה 'דבקות', מתגלים המושגים המוכרים 'תלמוד תורה', 'שמירת המצוות' ו'המסורה' כפעילויות יצירתיות שבהן מערה האדם את ייחודו. בכך הופך האדם את מושגי ההלכה ומצוותיה לשלו, ובאופן זה דבק הוא בה', נותן התורה. ההלכה קוראת לשותפותו הפעילה של האדם, ועל ידי כך היא מאשרת ומקדשת את יצירתיותו

האינטלקטואלית, את קיומו הגשמי ואת חייו החברתיים והתרבותיים. מפעל המסורה ההלכתית, בפנייתו אל הדורות הנוכחיים, הקודמים והבאים, מחזק את קשריו של האדם להווה, לעבר ולעתיד.

משהשלמנו את הסקירה הקצרה של הפרקים הקודמים, נפנה עתה לכמה מהמושגים הרחבים יותר שעולים מכתבי הרב, ונציע כמה מחשבות מסכמות על הרב ועל פועלו.

פרק 37

נושאים מרכזיים והרהורים לסיום

מרכזיות ההלכה

בשנת 1963, כאשר בידי קהל הקוראים נמצא רק קומץ מכתבי הרב סולוביצ׳יק, תיאר הרב אהרן ליכטנשטיין את הנושאים העיקריים שנידונו בהגותו של הרב סולוביצ׳יק: ״מהי משמעותה של ההלכה בחיי היומיום? כיצד היא עונה לצרכיו הרוחניים הבסיסיים של האדם? מה מגלות לנו המצוות על הייעוד שהועיד ה׳ לעם ישראל? מה היחס בין ההלכה לבין נסיבות החיים המודרניים?״.[1] תיאור זה נכון גם היום, חרף העובדה שמאז פורסמו עוד ספרים ומאמרים רבים של הרב.

ההלכה, בעיניו של הרב, היא רבגונית באופן יוצא מן הכלל. היא גוף של ידע, צורת חשיבה, משקפיים שאפשר לראות מבעדם את המציאות ולפרשה, תכנית־אב שאפשר לעצב את העולם באמצעותה, ומדריך להתפתחות האדם ולהתעלות על־עצמית. ההלכה מאפשרת ומתווכת את מפגשו של האדם עם ה׳, כאשר היא מציעה התבוננות מעמיקה לתוך רצונו וחכמתו של ה׳ ומעצבת את החוויה הדתית. היא מקדשת את קיומו הטבעי של האדם וממלאת את כל תחומי החיים שלו במשמעות ובכיוון. בדרך זו, ההלכה מעניקה אמצעי להתמודדות

1. R. Aharon Lichtenstein, "R. Joseph Soloveichik," in *Great Jewish Thinkers of the Twentieth Century*, ed. Simon Noveck (New York, 1963), p. 281.

יצירתית ובונה עם המצב האנושי, עם סתירות בלתי־ניתנות־ליישוב ועם שאלות נטולות מענה שגם לה אין יומרה לפתור אותן. דרישותיה של ההלכה רבות, אך הן לא באות לדכא את האדם אלא לאשר את ערכו, לחשוף בפניו ממדים חדשים של הקיום ולרומם את קיומו.

ועם זה, הרב אינו מסתיר את העובדה שההלכה, המדריכה את האדם לְקיום שה׳ במרכזו, נחווית תכופות כקשה ותובענית. מושג ההקרבה תופס מקום מרכזי בהגותו של הרב, והוא אינו מבטיח לאיש שההקרבה תתוגמל בהצלחה או בניצחון. יתרה מכך: ההלכה עוסקת בכל תחומי הקיום האנושי – שכל, רצון, רגש, מעשה – ואינה מכירה ב״נייטרליות״ של שום תחום בחיים, ועל כן כל כישרון וכל מאמץ חייבים להיות מכוונים למטרת עבודת ה׳. דתות וזרמים דתיים רבים בעולם המודרני מבטיחים הרבה ודורשים מעט – והנה הרב סולובייצ׳יק מציע דת לאנשים בוגרים: דת שהיא כנה, מורכבת ותובענית.

נושא החשוב במיוחד לרב סולובייצ׳יק הוא יחסי הגומלין בין הסובייקטיבי לאובייקטיבי בהלכה. מצד אחד, פנימיות ורגש דתי הם בעלי חשיבות קריטית; אכן, ישנן מצוות מרכזיות, כמו תשובה ותפילה, שהאדם לא יכול לקיים בלעדיהם. מצד שני, סובייקטיביות דתית היא לרוב חולפת וערטילאית. אם אין היא מובעת בצורה אובייקטיבית ומוחצנת, לא יהיה לה הכוח לשרוד לאורך זמן, להתגבר על יצרים ודחפים רבי־עוצמה ולהשפיע על האדם לאורך זמן. ההלכה מתמודדת עם סכנות אלו על ידי אובייקטיביזציה של הדחף הדתי הסובייקטיבי, יחד עם יציקת תוכן דתי־סובייקטיבי אל תוך פעולת הדת האובייקטיבית.

לא פחות חשובה ממעשה דתי ומרגש דתי היא חשיבה דתית, כלומר לימוד התורה. לימוד התורה, כמובן, הוא גם אמצעי; הוא מדריך לקיום המצוות, והוא יוצר חוויה דתית מרכזית. אבל הלימוד הוא גם מפעל חשוב ביותר בפני עצמו. האדם אינו יכול להבין את מהותו של

ה׳, אך לימוד התורה מאפשר לו לחדור אל רצונו הנגלה של הא־ל. לימוד התורה מביא את יכולתו החשובה ביותר של האדם, השכל, אל תוך תחומה של עבודת ה׳, ובכך עוזר לו לממש את צלם האלוקים שבו. מעבר לכך, האדם הופך בעזרת פרשנותו והמשגתו היצירתיות להיות שותפו של ה׳ בפיתוח ההלכה עצמה.

לאורך הדורות, יחסי הגומלין בין חוק לרוחניות משכו את תשומת לבם של הוגים יהודים. בימי הביניים, פילוסופים ומקובלים כאחד נטו לראות בהלכה דבר יבש וטכני, וביקשו להפוך אותה לרוחנית באמצעות הוספת שכבה של משמעות סמלית או מיסטית על לימודה וקיומה. לדעתו של הרב, לעומת זאת, אין כל צורך לפנות אל תורותיהן האזוטריות של הפילוסופיה והקבלה כדי להכניס לחיי היהודי משמעות דתית – שכן הדבר מושג על ידי לימוד ההלכה. הרב אומר על ההלכה מה שהוגים בימי הביניים אמרו על הפילוסופיה או על הקבלה: זהו הידע העליון – למעשה הטוב העליון – לאדם, וזאת היא הדרך הטובה ביותר להתקרב לה׳. לדידו של הרב סולוביצ׳יק, אם כן, לימוד ההלכה וקיומה הם־הם המקורות של הרוחניות היהודית.

יתר על כן, לדעת הרב ניתן לפתח פילוסופיה של היהדות רק אם דיני ההלכה ומושגיה משמשים הבסיס האובייקטיבי שפילוסופיה זו נבנית עליו. להבדיל מהוגים קודמים רבים, שניסו להסביר את ההלכה בעזרת מערכות פילוסופיות חיצוניות, או שניסו לשלב את התורה עם התיאוריות הפילוסופיות בנות זמנם, הרב סולוביצ׳יק טוען שההלכה אינה דורשת שילוב כזה מכיוון שהיא בעצמה הביטוי המזוקק והאותנטי ביותר של מחשבת היהדות. בהתאם לכך, ניתן להפיק השקפה יהודית אמתית רק מתוך מקורות ההלכה ולא מתוך מערכת חוץ־הלכתית. היות שההלכה מבטאת מערכת ערכים עצמאית ומוסברת בחוקיות משל עצמה, הרב חוזר ומדגיש את שמירת האוטונומיה של ההלכה בתיאוריה ובמעשה. את ההלכה, סבור הרב, יש להבין ולקיים על פי העקרונות של ההיגיון הפנימי שלה.

תורת האדם

מערכת היחסים בין ה׳ לאדם עומדת בלב היהדות. מכיוון שכך, המבקש להבין את היהדות כיאות צריך להבין את שני הצדדים בברית: את ה׳ ואת האדם. דבר זה מסביר שני מאפיינים עיקריים במחשבת הרב: מרכזיותה של ההלכה, ומאמציו החוזרים־ונשנים לכונן אנתרופולוגיה דתית. כיצד? כפי שהוזכר קודם, אין אנו יכולים להבין את מהותו של ה׳. בכל זאת, אנו יכולים לנסות להבין את רצונו הנגלה, ודבר זה מושג בפעולה שהתייחסנו אליה לעיל – לימוד ההלכה. לעומת זאת, את מהותו של האדם אפשר לנסות להבין לעומק. והרב, המאמין שלמשימה זו יש ערך דתי רב, חוקר את מקורות היהדות כדי להרכיב תפיסה של האדם. אם, כפי שהרב אומר, "אישיותו של האדם היא המקדש האמיתי שבו שרוי הקדוש ברוך הוא" (**על התשובה**, עמ׳ 124), הנה אנו חייבים להבין את אישיותו של האדם כדי לבנות מקדש ראוי לה׳. בגלל כפילות זו, הרב מאפיין את היהדות כ"מעמידה את ה׳ במרכז אך מכוונת לאדם": היא סובבת סביב ה׳, שהוא המקור וגם היעד של כל הקיום; אך בו בזמן מרעיפה תשומת לב לאדם, שהוא שותף בברית עם ה׳.

אישיותו של האדם, כפי שהיא נתפסת על ידי הרב, היא מורכבת ורבגונית. מורכבות זו, יחד עם מגוון המצבים שאדם נתקל בהם בחייו, מזמינה תגובות שונות ומנוגדות: הוד וענווה, גדלות המוחין וקטנות המוחין, ועוד. בפיתוח תורת האדם, מתייחס הרב למגוון רב של חוויות אנושיות ונושאים פסיכולוגיים: תענוג וזיכוך הדחפים הטבעיים; נישואים ומיניות; יחסי הורים וילדים; סבל, שכול ומוות; הפרט והקהילה; חטא, תשובה ותהפוכות אישיות; השכל והרצון; שעמום ובדידות; חופש מוסרי וכפייה; אוטונומיה והטרונומיה; רוחב הרגש ושלמות האישיות. כמובן, כל אלה נידונים בהקשר של קיום דתי, שהרי אלו הן המשקפיים שהרב רואה את החיים מבעד להן.

האדם מתייחד מכל בריותיו של ה׳ ביכולתו לעשות מעצמו יותר ממה שהוא מטבעו. הוא מסוגל לעיצוב עצמי פעיל ומודע –

ואכן, להתעלות על־עצמית. האדם אינו רק מעשי ומחפש הנאה, אלא נטועה בו גם תשוקה עמוקה אל הגדול, המשמעותי והגואל. ברשותו גם היכולת והרצון לשאוף לדָבָר הרבה יותר גבוה מעצמו; מטבעו הוא מחפש אחר ה׳, אפילו אם הוא קורא לו בשם אחר כגון "המוחלט" או "הנשגב". אולם צורת הקיום המרוממת שהאדם שואף אליה אינה ניתנת לו כמתנה מאת ה׳, וגם אין היא מישור שהאדם יכול לנוח משטיפס אליו. צורת הקיום המרוממת היא העפלה מתמדת, מאבק נצחי המלווה בייסורי התגברות על תשוקות ובצירי לידה־מחדש. ובכל זאת, המאבק כשלעצמו הוא מטהר. האדם עצמו צריך להחליט להתחייב למאבק הפָעיל הזה ליצירה עצמית ולהתעלות על־עצמית; אחרת, הוא יישאר יצור היולי. רק הוא יכול להפוך את עצמו מאובייקט פסיבי לסובייקט אקטיבי.

אף בעלותו למישורי קיום גבוהים יותר ויותר, אין האדם יכול להותיר מאחוריו את העצמי הטבעי שלו ולהפוך ליצור שכולו רוחני. הימצאותו בתוך העולם הטבעי היא עובדה בלתי נמנעת, ועל כן אין הוא יכול להתכחש לצרכים הנוגעים לקיומו הגופני, ליחסיו החברתיים וכן הלאה. לפיכך, ההלכה מכוונת את האדם להשיג קדושה בתוך ודרך העולם הטבעי, העולם שאותו ה׳ ראה כ"טוב מאוד".

שאיפתו הגבוהה ביותר של האדם אינה השגת התאחדות עם ה׳, שבה היחיד נמוג אל תוך האינסוף האלוקי, אלא השגת דבקות בה׳. דבקות פירושה התפתחות מלאה של יכולותיו ושל ייחודו של הפרט דרך שותפות יצירתית עם הא־ל. עם זאת, החתירה לפיתוח עצמי ולפיתוח מערכת יחסים עם ה׳ אינה אמורה להסיח את דעתו של האדם מאהבת הרֵעַ: "התכלית העליונה של האדם היא לחיות הוויה שלמה ומשוכללת וגם להשתתף בהעלאת מציאות הזולת" (**ובקשתם משם**, עמ׳ 223). על האדם לטפח את ייחודו בעודו נשאר מחויב לקהילה; ולאמתו של דבר, קשריו של האדם עם הקהילה אינם טפלים לפיתוחו האישי, אלא מהווים חלק בלתי נפרד ממנו. האדם הוא חלק מקהילת בני־דורו, ובתוכה הוא יכול לעשות חסד ולהפגין אחריות הדדית;

וכאשר האדם נעשה חולייה בשרשרת מסירתה של התורה שבעל פה, הוא מצטרף לקהילת דורות העבר והעתיד, ועל ידי כך הוא מתעלה מעל הסופיות שלו ומשיג צורה גבוהה יותר של דבקות.

אף על פי שהיצירה העצמית מהווה נושא מרכזי במשנתו של הרב לאורך הדרך, בכתביו המאוחרים הוא מפנה את תשומת הלב לבעיה הנעוצה בהשגת מימוש עצמי אנושי: יצירה עצמית מחדדת את ייחודו של האדם, וייחוד זה מחזק את בדידותו. "'להיות' משמעו להיות היחיד, יחיד ושונה, וכתוצאה מכך בודד" (**איש האמונה הבודד**, עמ' 39). הצטרפות לאחרים בקהילה של מחויבות יכולה לעזור באופן חלקי להתגברות על הבדידות. אבל תמיד נשאר באישיותו של האדם גרעין ייחודי לגמרי, גרעין שאי אפשר להסבירו לזולת ושאפשר לחלוק אותו רק עם ה' ומתוך כך להתקרב אליו עוד.

קרבה זו לה' מסייעת לאדם בהתמודדותו עם עוד מחולֵל־בדידות, הלא הוא תחושת האי־שלֵמות של האדם. שני גורמים יוצרים אי־שלמות זו: בני אדם הם סופיים ואילו ה' הוא אינסופי; וזכר ונקבה זקוקים זה לזו כדי להשיג שלמות. האדם היחיד הוא בעל כורחו מוגבל, בן תמותה ובלתי מושלם, ולעולם אין הוא מתגבר על תחושות האי־שלמות והבדידות. הדבר מוליד משבר קיומי. האדם המודע למשבר, המבין שהגשמה־עצמית מוחלטת יכולה להימצא רק בה', יכול לנצל את מודעותו כדי להגיע להתמסרות מוחלטת לה'. הואיל והכפיפות לה' משחררת את האדם משעבודים אחרים, היא מביאה בסופו של דבר להיטהרות וגאולה. עול המחויבות לאלוקים אינו מעניק הקלה או נוחות, אלא רוממות וגדולה.

כשם שיש שניות מהותית בראייתו של הרב את האדם כמלא הדר ועניו כאחד, כך ישנה שניות יסודית בתפיסתו לגבי ההגשמה האנושית. המטרה האנושית הסופית היא, מצד אחד, פיתוח ייחודו האישי של האדם ("קניין עצמי"); ומצד שני, הקדשה והתמסרות מוחלטת ("הקרבה עצמית"). בהתאם לכך, ההלכה מכוונת את האדם גם להיות יצירתי וגם להגיע להיטהרות ("צירוף", קתרזיס). דרך יחסי הגומלין והמתח שבין

שתי מטרות אלה יכול האדם להתעלות לגבהים רמים יותר ולהגשים את תפקידו הייחודי ואת משימתו בעולם.

גישה למציאות

מחשבתו של הרב סולוביצ׳יק נטועה בקרקע המציאות, ולפיכך היא נמנעת מתיאוריות מטפיזיות ספקולטיביות ומדחייה סגפנית של העולם־הזה. הרב מתייחס רק לתופעות שהוא מכיר מניסיונו, ומאשר את ערכם של כישרונות האדם ועיסוקיו על ידי הקצאת מקום להם בתוך עולם עבודת ה׳. קיומו הפיזי של האדם, חייו הרגשיים ויכולותיו השכליות – בעיני הרב הללו אינם ניסיונות שעובד ה׳ צריך לעמוד בפניהם, ולא נטל שיש להיפטר ממנו, אלא אמצעים חיוניים להתפתחות האדם, שהאדם יכול וחייב לנצל להשגת מטרות נעלות. עובד ה׳ אינו מתכחש לעולם, אלא מרומם אותו וגואל אותו.

הואיל והעולם אינו מחסום בפני מבקש האלוקים, אלא הוא הזירה בה מתרחש המפגש בין ה׳ לאדם, הבנת העולם הכרחית למאמץ הדתי. מכאן עולה כי ההלכה דורשת ידע בפיזיולוגיה, בבוטניקה, באסטרונומיה, בגיאומטריה, בפסיכולוגיה, במדעי המדינה, בסוציולוגיה ובתחומי ידע רבים נוספים. יתר על כן, הרב רואה ערך דתי לא רק במצוות במובנן המצומצם, אלא גם במאמציו היצירתיים של האדם בתחומי המדע והתרבות, כל עוד אלה מופיעים בהקשר רחב של עבודת ה׳ ואינם מכוונים לשרת את האדם בלבד. ״אמונה גילויית אינה מתנגשת עם היש ואינה מכחישה את חשיבותו. אדרבה, תורתה היא תורה ריאלית, תורת־היש, שתכליתה היא קידוש המציאות הביולוגית ושתכסיסיה צפונים בהכרה ההגיונית״ (**ובקשתם משם**, עמ׳ 215–216).

מאחר שהרב סולוביצ׳יק מתייחס אל העולם כפי שהוא, אין הוא מתכחש לקיומם של דחפים ויצרים סותרים באדם, וגם לא ללגיטימיות שלהם. כמו כן, אין הוא תומך בצמצום תחומי העניין של האדם או

בהצרת התחום הרגשי שלו. אבל הוא אכן דורש שנשתמש בקריטריונים הלכתיים ומוסריים כדי לשפוט אילו רגשות והיבטים של האישיות רצוי לטפח, ובאילו מצבים אנו רוצים להשתמש בהם.

יתר על כן, הוא מכיר בעובדה שלפעמים האדם חי בהרמוניה ובשלווה ולפעמים במתח ובדיכוטומיה. הרמוניזציה מאולצת ויישוב מטפיזי של סתירות אינן חלק מהרפרטואר של הרב. הוא מעדיף הכרה כנה בעובדות לא נוחות (כמו קיום הסבל האנושי) ובשאלות ללא מענה (כמו מדוע ה׳ מאפשר לרֶשע להתקיים). בפני עובדות ושאלות מעין אלו אין להציע תירוצים, שהיא פעולה פסיבית, אלא יש להגיב בצורה פעילה ויצירתית (גם מבלי לתרץ ולהסביר).

הרב סולוביצ׳יק מתמודד עם המציאות, חמוש בביטחון מלא ביכולתה של התורה לעמוד בכל התקפה וביכולתה לגאול את האנושות. יהודי דתי אינו צריך לסגת לפינה ולאטום את עצמו מן העולם שמסביב. "אנו מאמינים כי היהדות – בכוחה לתת משמעות ותכלית, ערך ועידון לחיים המודרניים על כל ריבוי גווניהם. אין אנו מפחדים את המתחדש בכל תחומי הקיום, ומשוכנעים אנו כי עלֹה נעלה ונוכל לו" (**איש על העדה,** עמ׳ 230). הגישה הראויה כלפי החברה המקיפה היא זאת שביטא אברהם אבינו באמרו לבני חת בחברון "גֵר וְתוֹשָׁב אָנֹכִי עִמָּכֶם" (בראשית כג, ד): היהודי משתתף בקידום הרווחה הכללית של החברה, תוך שהוא מחזיק במערכת ערכים שהיא ייחודית ונפרדת מזו של החברה הסובבת.

דיאלקטיקה

הדיאלקטיקה היא רעיון מרכזי במחשבת הרב. כתביו מלאים בזוגות דיאלקטיים: איש הדעת ואיש הדת, החוויה הדתית הטבעית והחוויה הדתית הגילויית, אדם א׳ ואדם ב׳, השכל והרגש, היחיד והציבור, הוד וענווה, ועוד זוגות רבים. לדברי הרב, היהדות אינה מסכימה עם עיקרון "השלישי הנמנע" של אריסטו, הקובע כי כאשר ישנם שני היגדים

סותרים, רק אחד מהם יכול להיות נכון. היהדות מאמינה ששניהם יכולים להיות נכונים.

דבר זה נכון בתחומים רבים. לדוגמה, בתחום הערכים, אנחנו מצווים לאמץ את גישת ההדר של האדם הראשון וגם את גישת הענווה של האדם השני. בתחום התודעה הדתית, עלינו להתייחס לאלוקים הן כרחוק הן כקרוב, ולחוש כלפיו יראה ואהבה. "התודעה הדתית, היותר עמוקה והיותר נשגבה שבחוויית האדם, הנוקבת ויורדת עד התהום ובוקעת ועולה עד לרקיע, אינה כל כך פשוטה ונוחה, אלא כלפי לייא [=להפך], מסובכת וחמורה ומפותלת ביותר. במקום שאתה מוצא תסבוכתה, אתה מוצא גדולתה" (**איש ההלכה**, עמ' 13, הערה 4).

אף שגישה זו "מסובכת וחמורה ומפותלת ביותר", היא הכרחית משום שהיא משקפת במדויק מציאות מורכבת. יתר על כן, הגישה הדיאלקטית חשובה לבריאות הנפש, שכן רק גישה המכירה בערכים ובדרישות מרובים יכולה להציל את האדם מהנוירוזה הנובעת ממחויבות מוגזמת ולא מאוזנת לערך יחיד. החוויה הדיאלקטית של החיים, המוצאת מקום למכלול הרגשי של האדם וממזגת חוויות הפוכות לכדי שלם קוהרנטי, יוצרת פרסקטיבה רחבה על החיים המעודדת את האדם לפעול הן מתוך כבוד והן מתוך חסד.

הוגים כגון סרן קירקגור, רודולף אוטו וקרל בארת' כוננו את מרכזיותה של הדיאלקטיקה במחשבה הדתית המודרנית, והרב סולוביצ'יק למד את כתביהם ביסודיות. אולם חשובים לא פחות הם התקדימים לגישה הדיאלקטית בתוך היהדות עצמה, כמו שיטת הרמב"ם בנוגע לאהבה ויראה, שיטת המקובלים לגבי תכונות מנוגדות כגון גבורה וחסד, ובמיוחד שיטת בריסק בלימוד גמרא, היודעת להכיל גישות סותרות בלי לדלל את ייחודה ותוקפה של כל אחת מהן.

בכתביו של הרב סולוביצ'יק אנו נתקלים גם בדיאלקטיקה הֶגֶליאנית (שבה ההתנגשות בין התזה והאנטי־תזה מולידה סינתזה) וגם בדיאלקטיקה קירקגורית (שבה התזה והאנטי־תזה נשארות במתח תמידי). **איש ההלכה** הוא דוגמה לראשונה, **ואיש האמונה הבודד**

הוא דוגמה לשנייה. באופן דומה, הרעיונות הסותרים בדבר קתרזיס (צירוף) בעל שני שלבים וקתרזיס בעל שלושה שלבים עולים שוב ושוב בכתביו של הרב ללא פתרון. במבט־על אפשר לומר שכתבי הרב מכילים דיאלקטיקה קירקגורית בין שתי צורות הדיאלקטיקה עצמן.

נקודת מבט אנושית

הרב סולוביצ׳יק מקבל את הגבולות שקאנט מציב באשר להיקף הידיעה האנושית. משום כך הוא נמנע כאמור ממטפיזיקה, ומתמקד בתחום האנושי ובמיוחד באישיות הדתית. בגשתו לנושא זה הוא משתמש במגוון טכניקות. כתביו המוקדמים יותר עושים שימוש בכליה של הפנומנולוגיה, אשר מנתחים מצבים ומבנים של תודעה. בכתביו המאוחרים הוא שם דגש חזק יותר בנקודת המבט הקיומית, המתמקדת בדילמות המוחשיות של הפרט, במשבריו ובנקודות התורפה שלו. הן בכתביו המוקדמים הן באלה המאוחרים עושה הרב שימוש נרחב בטכניקת הטיפולוגיה, בציירו סוגי אישיות תיאורטיים המגלמים רעיונות מסוימים או עקרונות מנחים. הבנת הלכידות הפנימית של כל אחד מסוגי האישיויות הטיפולוגיות מאפשרת להבין טוב יותר את תפקודם של בני אדם מורכבים, אשר עשויים לשלב שניים או יותר מסוגים אלה.

בכתביו, אם כן, הרב אינו מנסה **להוכיח** טענות אמת, כפי שעשו פילוסופים רציונליסטים של ימי הביניים – אלא הוא מנסה **לתאר** עמדות דתיות ומצבי תודעה. אין הוא מבקש להראות **איך ומדוע** להיות איש הלכה או איש אמונה בודד, אלא רק **מה טיבן** של דמויות אלה. מתוך כך מוצעת לנו תובנה מעמיקה אל היבטים חשובים של הקיום הדתי.

לצד נימוקיו הפילוסופיים לוותר על נקודת המבט המטפיזית, הרב גם סבור שנקודת מבט זו אינה מתאימה לאופיו של האדם המודרני, הנטוע במציאות של העולם הזה. בשל כך, הרב מטפל

בכל הנושאים מנקודת המבט האנושית: למשל, לא כיצד מתייחס ה׳ לתפילה, אלא מה מחוללת התפילה בתוך האדם; לא מדוע ה׳ מאפשר רוע בעולם, אלא כיצד אמור האדם להגיב לסבל.

הרב סולוביצ׳יק מקיף את רוחב היריעה של נקודת המבט האנושית, בהדגישו הן את ההיבט השכלי, הן את ההיבט הרגשי. במפתיע, הוא גם משלב רכיבים מן החוויה האישית שלו, והללו מעניקים להגותו את ״כוחה המיוחד: יכולתה לנוע מחוויות אישיות מאוד לטיפוסים אידיאליים, ולאחר מכן לגלות טיפוסים אלה בסיפורים מקראיים, במדרשי חז״ל או בפרטי הלכה״.[2] ואכן, בתוך מאמר אחד אנו יכולים לעתים קרובות למצוא מגוון יוצא דופן של צורות הבעה: פילוסופיה מופשטת, הלכה טכנית, פרשנות טקסטואלית, הבחנה פסיכולוגית, תובנה דתית, שגב פיוטי ווידוי אישי.

אף כי הרב מעריך לא רק את האנליטי אלא גם את החווייתי, ואף כי הוא רואה את המחויבות לאמונה כדבר שאינו נובע מן ההיגיון (וגם אינו מנוגד לו), הרב דבק תמיד במחויבותו לחשיבה רציונלית ואובייקטיבית. לדידו, ההלכה דורשת שימוש בשכל שלנו, ואילו בהיסחפות על גלי הסובייקטיביות טמונה סכנה.

הגותו של הרב סולוביצ׳יק מושרשת היטב במסורת היהודית, אך תמיד רגישה למצב האנושי הכללי. לכן, כמו הרמב״ם, הוא משתמש במקורות יהודיים כדי להתמודד עם סוגיות אוניברסליות. יתר על כן, משום רגישותו למצב האנושי אין הוא מסתפק בעיסוק בפילוסופיה מופשטת בלבד; הוא תמיד מקשר בין עיון למעשה.

הרב מודע לכך שנקודת המבט האנושית היא בהכרח מוגבלת, ועל כן, להבדיל מן הפילוסופים של הדורות הקודמים, הוא אינו מציע ׳תיאוריה מאוחדת גדולה של הכול׳. הוא בוחן כל נושא בתורו, על פי העניין וההתעניינות האישית, ותמיד משאיר את רעיונותיו פתוחים לבחינה וניסוח מחודשים. אך מאותה סיבה עצמה הוא בוחן בדרך כלל

2. R. Jonathan Sacks, *Tradition in an Untraditional Age* (London, 1990), p. 40.

כמה זוויות ראייה לכל נושא, שהרי "לתודעה יש אינסוף רבדים, ואַל לוֹ לְאיש להיות יהיר עד כדי הטענה שהוא הגדיר את התודעה הדתית במידה כלשהי של סופיות או מיצוי".[3] נטייה זו, המשקפת צניעות אינטלקטואלית, בולטת, למשל, **באיש ההלכה** ו**באיש האמונה הבודד**. מכל הטעמים שמנינו חשוב להיזהר ולא לקרוא את הפילוסופיה של הרב כשיטתית יותר מכפי שהיא באמת – אף שתֵּמות מקיפות אכן עולות מתוך משנתו, כפי שפורט לעיל.

כאדם החי בעידן המודרני ומאמץ נקודת מבט אנושית, הרב מפגין מודעות חדה למתרחש סביבו. הוא עוסק במגמות חברתיות כמו חילון והתבוללות, לאירועים כמו השואה והקמת מדינת ישראל, ולעמדות כמו פרגמטיזם ורומנטיקה. יתר על כן, הוא בוחן את הרגשות המאפיינים את האדם המודרני, כגון בדידות, ניכור ומשבר מצד אחד, ואת שמחת הידיעה והתרגשות היצירה מצד שני. הוא מנסח גישה אורתודוקסית מודרנית כאידיאל ולא כפשרה בלבד – מתוך רגישות להזדמנויות שבמודרנה, לאתגרים שהיא מעמידה ולסכנות הגלומות בה, ומתוך מחויבות נלהבת לשמירת מסורתה הנצחית של היהדות.

המשכיות במחשבתו של הרב

ראינו שהרב משתמש בכתביו השונים בכמה סוגים של דיאלקטיקה. הסוג הננקט בכל חיבור משקף את אופי האישיות שהוא מתאר: איש ההלכה ואיש האלוקים (המופיע **בובקשתם משם**) הם אישיויות הרמוניות, בעוד איש האמונה הבודד ואיש ההדר והענווה הם מיוסרים וקרועים. אישיויות מנוגדות אלה נוצרו בתקופות שונות של כתיבתו של הרב: חיבוריו המוקדמים מתארים אישיויות הרמוניות, ויצירותיו המאוחרות יותר מתארות אישיויות קרועות. הבחנו גם במעבר מגישה

3. David Shatz, "A Framework for Reading *Ish Ha-Halakha*," in *Turim*, vol. 2, ed. R. Michael A. Shmidman (New York, 2008), pp. 183–184.

פנומנולוגית לגישה אקזיסטנציאליסטית, וכמו כן גם בעובדה כי באופן כללי הרב שאף לדון בנושאים מחדש בכל פעם שהוא עסק בהם – ובכך הותיר מקום לקיומם של ניגודים ואף לחוסר עקביות. התמורות הללו עלולות להביא לטענה שיש קרע ונתק בין התקופות הקדומות במשנתו של הרב לבין התקופות המאוחרות יותר – כמו אצל הוגים כגון ויטגנשטיין והיידגר, הידועים בכך ששיטתם המאוחרת דחתה את שיטתם המוקדמת.

אינני חושב שמסקנה כזו מתבקשת; ההמשכיות במחשבתו של הרב עולה בהרבה על השינוי. דברים רבים נשארים קבועים במחשבתו של הרב, כגון טענותיו כי אמונה היא מודעות בסיסית ולא מסקנה מנומקת; כי האדם הוא ישות טבעית וגם ישות רוחנית; וכי ההלכה היא המפגישה בין הרוחניות והטבעיות באדם. שימו לב גם לעניין המתמשך שלו בחשיפת המשמעויות העמוקות של הדרמה שבתלמוד התורה ובשמירת המצוות. יתר על כן, גם כאשר הדגש או המיקוד משתנים, בדרך כלל שני הקטבים של הדיאלקטיקה המדוברת – למשל סובייקטיביות ואובייקטיביות, או חופש וכניעה – נמצאים הן ביצירה המוקדמת, הן בזו המאוחרת. באשר לשאלה הטבעית מדוע מתרחשים שינויים אלו בשימת הדגש והמיקוד, התשובה הבסיסית היא שאל לנו לצפות לדבר־מה אחר מהוגה דעות יצירתי ודיאלקטי הרגיש למצבו המשתנה של האדם.

הבה נבחן שני מקרים שהרב משנה בהם את המיקוד. ציינו זה עתה שאיש ההלכה ואיש האלוקים הם בסופו של דבר דמויות הרמוניות, ואילו איש האמונה הבודד הוא חצוי ומיוסר. זהו חלק משינוי גדול יותר, המתבטא במעבר מתיאורים של אישיויות שהגיעו לשיא ההתפתחות האנושית, בהשיגם הזדהות מלאה עם רצונו של ה׳, בכתבים המוקדמים – לתיאורי מאבקים מכמירי לב של אנשים לא שלמים ולא מושלמים בכתבים המאוחרים. יתר על כן, ההתייחסויות המוקדמות נוטות להיות מופשטות ואידיאליות, ואילו המאוחרות מוחשיות ואישיות יותר.

שינוי שני של מיקוד נוגע לתיאור האדם כיצור טבעי ורוחני. בשלב מוקדם ביצירתו של הרב, הוא התווכח עם מי שראה את האדם כישות רוחנית בלבד; בשלבים מאוחרים יותר, הוא התווכח עם מי שראה את האדם אך ורק כיצור טבעי. לכן, **באיש ההלכה** הפולמוס העיקרי של הרב הוא עם איש הדת ועם התמקדותו בעולם הבא, ואילו **באיש האמונה הבודד** הפולמוס העיקרי שלו הוא עם אדם א׳ (איש ההדר) ועם עמדתו השוללת את הממד הרוחני שבאדם.

שינויי מיקוד אלה – מדמויות העומדות בפסגה לדמויות מאוזנות יותר, ממצבי תודעה אידיאליים לדילמות מוחשיות, מהבלטת הקוגניטיבי־אובייקטיבי להדגשת הרגשי־סובייקטיבי – אפשר לייחסם לגורמים רבים ושונים. בשלב המוקדם של הקריירה שלו, הרב עדיין לא היה מנהיג ציבור. חיבוריו המוקדמות נכתבו בפרטיות חדר העבודה שלו, ולא נועדו להקראה בפני קהל רחב. מכאן שהחיבורים יכלו להתמקד בדמויות נשגבות וברעיונות מופשטים ולהיות כתובים בלשון גבוהה. המאמרים המאוחרים יותר נכתבו כולם תחת עומס חריג של מטלות הוראה, והיו אמורים להיות מוצגים בעל פה בפני קהלים מגוונים. בשל כך, היה עליהם לעסוק בנושאי התעניינות רחבים יותר ולהיות מנוסחים בסגנון נגיש יותר (אם כי עדיין דרשו מאמץ מהקורא או מהמאזין). כמובן, קיימים גם גורמים רלוונטיים אחרים: שינוי פרספקטיבה עם השנים ועם בואן של מצוקות; נקודות מפנה היסטוריות כמו השואה והקמת מדינת ישראל, והיטמעותן ההדרגתית בתודעה; שינויים בחברה האמריקנית וביהדות האמריקנית; וכן הלאה.

ללא קשר לסיבות הספציפיות של שינויי המיקוד של הרב, הנקודה העיקרית שעלינו להבין היא שכאשר דוגל אדם בפילוסופיה דיאלקטית, שינויים בנסיבות מחוללים אצלו שינויים בדגשים – ועם כל זאת, יש לראות תמיד את הדיאלקטיקה בשלמותה. במילים אחרות, עלינו לתת את הדעת לשני צדי הדיאלקטיקה, ולא רק לצד שהרב בחר להדגיש במאמר מסוים. על כן, אם נרצה ליישם את משנת הרב

במציאות של ימינו, נצטרך להעריך מחדש איזה צד בדיאלקטיקות השונות שהרב מעלה דורש חיזוק היום, גם אם אין זה הצד שהרב הרגיש צורך להדגיש בזמנו ובמקומו. יתר על כן, עלינו ללמוד מהרב כיצד לפתח חשיבה תורנית יצירתית משלנו, ולוודא כי היא מיוסדת הן על הבנת ההלכה, הן על הבנת רוח האדם.

מורשתו

היסטוריונים יקבעו את מידת תרומתו של הרב סולוביצ'יק להחייאתה של האורתודוקסיה בארצות הברית ומחוצה לה, ותלמידי החכמים יעריכו את תרומתו לדרך הלימוד הבריסקאית במישורי ההנחלה והחידוש. אך כבר עתה ברור שהשפעתו הציבורית של הרב הועצמה על ידי שליטתו המוחלטת בהלכה ובמחשבה והתמצאותו העצומה בתורה ובחכמה גם יחד. הוא הגן על מסורת ישראל, אך אימץ אל חיקו את המדע, הטכנולוגיה והפילוסופיה, ובכך אִפשר ליהדות האורתודוקסית לפרוח בקרב אלה המשתלבים בעולם המודרני, שעלולים היו להתרחק ממנה. להערכתו של הרב פרופ' יצחק טברסקי, הרב הוכיח כי "תלמיד חכם אחד, גדול לאין־שיעור, ששליטתו במרחבי תורה שבעל פה היא מוחלטת וללא־עוררין, שמשנתו מקורית וחודרת, שהשפעתו עמוקה ונרחבת – אכן מסוגל לשנות את כל הנוף... תורתו יצקה במסורה עניין וקסם חדש, חשפה את עומקיה ובכך חיזקה את ביטחונם של רבים בה".[4]

תרומותיו של הרב למחשבת ישראל רבות. נסתפק כאן בציון כמה מהן. הוא הכניס לעולם המחשבה היהודית את דמותו של איש ההלכה, שמאז קנה לו בה מקום של קבע. לפני הרב, מעטים היו מעלים

4. תרגום חופשי מתוך R. Yitzchak (Isadore) Twersky, "The Rov," in *Rabbi Joseph B. Soloveitchik: Man of Halacha, Man of Faith*, ed. R. Menachem Genack (Hoboken, NJ, 1998), p. 40.

על דעתם שדמותו של הלמדן יכולה להיות מזיגה בין הדיוק וההדר היצירתי של המדען לבין רוחב היריעה והתשוקה של איש החזון הדתי. באשר לזהות יהודית, הבחנתו של הרב בין גורל לבין ייעוד הייתה למרכיב מרכזי של השיח. כתיאורטיקן של ההלכה, הרב היה הראשון שביטא את ההנחות הדתיות והפילוסופיות של שיטת בריסק המושגית, כמו גם את השלכותיה בתחומי המחשבה והחיים היהודיים. בכך, הוא השיב את העיון המעמיק בתלמוד למקום מרכזי גם בעיני אלה החיים חיים מודרניים לחלוטין.

הרב סולוביצ׳יק הציע מגמה חדשה למחשבת היהדות, בכך שהראה כיצד ההלכה אינה רק מוסברת באמצעות הפילוסופיה היהודית, אלא היא־היא המקור של הפילוסופיה היהודית. בניסיונו להפיק פילוסופיה מההלכה, הוא עמד על כך שראשית יש להבין את ההלכה כראוי. משמעות הדבר היא כי יש לעסוק תחילה בניתוח מושגי קפדני של ההלכה במונחיה שלה (למדנות), ורק אז לחקור את השלכותיה הפילוסופיות. הרב מימש מיזם זה, של ״שחזור״ המחשבה מתוך התגלמותה האובייקטיבית בהלכה, רק באופן חלקי; הוא השאיר לדורות הבאים את שיעוריו הלמדניים בתלמוד כבסיס (לצד שיעוריהם של אחרים) למשימת דליית הערכים, החוויות והמושגים הפילוסופיים הכלולים בתוך ההלכה.

לצד חידוש מתודולוגי זה, העמדתה של הלמדנות ההלכתית כחומר הגלם שממנו יש לשחזר את ההיבטים הסובייקטיביים של היהדות, הרב השתמש בעוד שיטות שלא היו נפוצות במחשבת היהדות, כגון טיפולוגיה, פנומנולוגיה ואנתרופולוגיה דתית. תרומותיו משתרעות על פני טווח רחב גם בכיוונים אחרים. הוא הציע נקודת מבט ציונית־דתית לא־משיחית, שזוכה להכרה גוברת בארץ כמשקל נגד לקולות העולים מקרב אסכולת הראי״ה והרצי״ה קוק. בחזית אחרת, כתביו ״אפשרו לסוגי אישיות ודפוסים נפשיים מסוימים למצוא את מקומם ביהדות״; במיוחד בכתביו המאוחרים יותר, הוא ״נתן בית למי

שהיה קודם לכן חסר בית: ליהודי בעולם המודרני החווה קונפליקט, בדידות ואי־נוחות אמונית חריפה".[5]

השאלה המרכזית בכתביו היא כיצד מסייעת ההלכה לאדם להתייחס לעולם, לקב"ה ולעצמו. הוא מקרין את העומק והדרמה של החיים ההלכתיים בלי לדלל את הדרישות שהם מציבים. משנתו משתרעת על פני שטחים עצומים, ובכך מגלה את רוחבם ועומקם של נפשו ושכלו. בהערכה תמציתית של תרומתו של הרב סולוביצ'יק למחשבת היהדות, מסכם הרב אהרן ליכטנשטיין:

> תחומי החוויה שנחקרו, טיב החקירה ורמתה, המשאבים שהשתמש בהם, הבעיות שנוסחו, ומעל לכול הרעיונות והרגשות שבוטאו – אכן מרכיבים יחד חידוש של ממש... הרב היה קול סמכותי, המבהיר את טיבה של ההלכה על כל השלכותיה ומראה את יחסה לנושאים ערכיים ואנושיים המטרידים את האדם, במישור הפרטי ובמישור הכללי. בכך הוא פתח בפנינו דרך חדשה ורעננה, שכולנו אסירי תודה לו עליה.[6]

5. תרגום חופשי מתוך R. Jonathan Sacks, *Tradition in an Untraditional Age* (London 1990), p. 282.
6. תרגום חופשי מתוך *Leaves of Faith: The World of Jewish Learning* (Jersey City 2003), pp. 193-195.

תודות

ספר זה הוא פרי שנים רבות של לימוד כתבי הרב, הוראתם ועריכתם. נחשפתי לראשונה לכתביו של הרב בכיתה י׳, כאשר אבי הביא לי עותק מצולם של **איש האמונה הבודד** (שעוד לא יצא כספר) ואמר שנראה לו שזה יעניין אותי. הוא צדק, בלשון המעטה. נשביתי. כתביו של הרב דיברו אליי אישית באופן שאינו דומה לשום דבר שקראתי קודם לכן, ואני טרפתי את כל מה שכתב הרב או אשר נכתב בשמו (באותם ימים היו אלה רק כמה ספרים ומאמרים בודדים).

מתבקש היה שארצה לחלוק עם אחרים את אהבתי למחשבתו של הרב, ולכן, כמה שנים לאחר מכן, כאשר למדתי בכולל של ישיבת הר עציון, לימדתי במשך כמה שנים שיעור שבועי על הגותו של הרב סולוביצ׳יק לתלמידי שנה ב׳ בישיבה. הקורס הזה שימש בסיס לקורס למידה מרחוק שכתבתי באנגלית בשביל בית המדרש הווירטואלי ע״ש ישראל קושיצקי של ישיבת הר עציון (etzion.org.il) בשנים 1999-1997; וקורס מקוון זה, בתורו, שימש בסיס לחציו הראשון של ספר זה. השאלות וההערות של התלמידים בקורסים הללו, הפרונטליים והווירטואליים, סייעו בחידוד הצגתם וניתוחם של הרעיונות המופיעים בספר. אני מודה לישיבת הר עציון על שהעניקה לי את ההזדמנות ללמד קורס זה בישיבה ובאינטרנט. בייחוד אני מודה לרבותיי הנערצים, ראשי הישיבה באותם ימים, הרב אהרן ליכטנשטיין זצ״ל והרב יהודה עמיטל זצ״ל, לא רק על התפקיד שמילאו בהתפתחותי האישית אלא גם על כך שבנו אכסניה אמתית של תורה שבצלה אני גאה לשכון. אף שמעולם לא זכיתי להכיר את הרב סולוביצ׳יק באופן אישי, התמזל

מזלי ונחשפתי לגדלות תורנית ואנושית אמתית כאשר למדתי אצל הרב ליכטנשטיין והרב עמיטל.

בתקופה שלימדתי את הקורסים הללו נפלה בחלקי הזכות להתמנות למנהל הגנזך והמחקר של עמותת תורת הרב, בראשות בנותיו של הרב סולוביצ׳יק, ד״ר עטרה טברסקי וד״ר טובה ליכטנשטיין. מתוך כך זכיתי בגישה למאות כתבי יד של הרב שטרם פורסמו, ולאלפי קלטות. תפקידי היה, בין היתר, לזהות ולצרף יחד את כתבי היד, לפקח על השכתוב, לחלק את המאמרים לכרכים, להשתתף בעריכת הכרכים באנגלית ובעברית, וללוות אותם עד לשלב הוצאתם לאור. העבודה הייתה מתגמלת ביותר: זכיתי לחוות את הריגוש שבקריאת כתבי יד שעד אותו רגע לא נחשפו לעיני איש מלבד הרב עצמו, ואת ההתרגשות שבגילוי רעיונותיו של הרב ובהפצתם; זכיתי לעבוד בשיתוף פעולה הדוק עם חבריי לצוות העורכים, פרופ׳ דוד שץ וד״ר יואל וולוולסקי; וזכיתי בקוֹרת הרוח הכרוכה בראיית אנשים אחרים נהנים מפירות עמלי. נסיבות כמו אלו שזכיתי להן, המאפשרות להפוך אהבה לעבודה, אינן דבר שכיח. ברצוני להודות מקרב לב לעמותת תורת הרב, ובייחוד לד״ר טובה ליכטנשטיין, על הזכות שמוסד זה העניק לי ועל האמון שהוא נתן בי.

שנים אחדות לאחר שנטלתי על עצמי את המשימות הללו, שוב התמזל מזלי עת נתבקשתי לכתוב את הספר הנוכחי על ידי מכון הרב יוסף דוב סולוביצ׳יק. ארגון זה, שמושבו היה בבוסטון, עסק בהנצחת מורשתו של הרב בפרסום כתבים, בהכשרת מורים, בפיתוח מנהיגות ובחינוך קהילתי. על כך אני מודה מקרב לב לדיקן מכון הרב סולוביצ׳יק דאז, הרב פרופ׳ יעקב י׳ שכטר, ולהנהלת המכון. הרב שכטר הפגין חדות עין ונדיבות לב בפיקוחו על כתיבת ספר זה, כאשר קרא את הטיוטות והעיר בהרחבה על התוכן ועל הסגנון. בלי עידודו ובלי עבודת העריכה הדקדקנית שלו לא היה הספר הזה נכתב, ועל כך אני אסיר תודה לו. כן אני מודה לחיים (הרווי) גרטל, ממנהיגי ישיבת רמב״ם בברוקליין שבמסצ׳וסטס, על מחויבותו להפצת תורתו

של הרב, על מסירותו לכתיבתו של ספר זה כהנצחה ראויה לחמיו, אברהם ליוואוויץ ז"ל, ועל עזרתו בהופעת הספר בעברית. תודה מגיעה גם ליהושע וולף, המנכ"ל לשעבר של ישיבת רמב"ם, על מאמציו לקידום פרסומו של ספר זה.

ספר זה נהנה גם מתשומת לבם של קוראים נוספים. פרופ' דוד שץ, בנדיבות הלב האופיינית לו, בחדות אנליטית ובאלגנטיות סגנונית, סיפק הערות מפורטות על הספר בגרסתו האנגלית, ולאורך שנים התכתב איתי בהרחבה על נושאים רבים הקשורים לספר. תרומתו שיפרה את הספר להפליא, ומילות תודה, רבות וכנות ככל שתהיינה, לא תספקנה להביע את הכרת הטוב שלי כלפיו.

אני מוקיר עד מאוד את תרומותיהם של שני קוראים חדי הבחנה נוספים, הרב יאיר קאהן ועליזה ישראל, אשר הסכימו בטוב לבם לקרוא את כל כתב היד וסיפקו הערות יקרות ערך. ד"ר יואל וולוולסקי, מתחשב וחברי כדרכו, הביע עניין מתמשך בהתקדמות העבודה על הספר והעניק עצה נבונה. במשך השנים, הרווחתי רבות מן הדיונים על תורתו של הרב (ונושאים רבים אחרים) עם מוריי הרב מיכאל רוזנצוייג והרב שלום כרמי. הרב אליקים קרומביין והרב יעקב נגן סקרו את פרק 22 וחלקו עמי את מומחיותם ביחס לרב קוק.

שיחותיי עם מורי ורבי הרב אהרן ליכטנשטיין זצ"ל על משנת הרב סולוביצ'יק היו, כמובן, מאירות עיניים ביותר. כאשר ביקשתי ממנו לכתוב כמה שורות בגב הספר, הוא הפתיע אותי עם מכתב המלצה ארוך, שאני מתכבד להציב בתחילת הספר; על מכתבו האדיב, כמו על כל כך הרבה דברים אחרים, אני מודה למורי ורבי זצ"ל מעומק הלב.

כאן המקום להודות לאלה שעמלו על תרגום הספר לעברית בעבור בית המדרש הווירטואלי: למתרגם שי סנדיק, ולעורכים חיים שורץ ועוזיה קרונמן. תרגומם שימש בסיס לספר הנוכחי, אף שהרשיתי לעצמי לערוך ביד חופשית ולשנות מהמקור כדי להתאים את הספר לקורא הישראלי ולאפשרויות השפה העברית. יצחק וובר שימש עוזר מחקר בפרקים האחרונים של הספר.

חובה נעימה לי להודות לקוראים יקרים שהעירו הערות חשובות ומועילות בטרם פרסום הספר: לאמי מורתי, שקראה את כתב היד באנגלית, ולאבי מורי ולבתי תהילה, שקראו את כתב היד בעברית.

צוות הוצאת מגיד, ובראשו המו״ל מאיר מילר, טיפל בספר כהרגלו: באדיבות, במקצועיות, וללא פשרות באשר לאיכות. עורך הלשון צור ארליך ראוי לציון מיוחד; בזכות חושיו הלשוניים החדים והדקים אין מרגישים בספר כי מקורו בשפה אחרת. דוד ברוקנר הגיה את הספר בדייקנות, הרב דב קרול הכין את המפתחות ותני בייער עיצבה את הכריכה בטוב טעם. לכבוד הוא לי להיות שותף למפעל האדיר של הפצת תורה המתקיים תחת חסותן של הוצאת קורן והוצאת מגיד. תודתי נתונה גם לשחר גזונדהייט על הציור המיוחד שהכין עבור הכריכה, ולאיתן אייזנברג על הצילומים שהיו מקור השראה לציור.

כתיבתו של ספר זה הייתה לי לזכות מבחינות רבות; אחת מהן היא שספר זה עצמו מהווה הוקרת תודה לרב סולובייצ׳יק זצ״ל על כל אשר למדתי ממנו. אני מקווה שבאמצעות שיתופם של אנשים אחרים בעושר תורתו, החזרתי לו מעט מהחוב הגדול שאני חב לו על כל אשר העניק לי.

כמו בכל דבר שאני עושה, תודתי העמוקה ביותר מוקדשת למשפחתי. משימה בלתי אפשרית היא להביע כראוי את הערכתי, הערצתי ואהבתי להוריי, הרב צבי וסנדרה ציגלר. שלי שלהם; כל מה שאני עושה אני עושה בזכותם. ועל כך כל המוסיף גורע.

סביי וסבותיי ז״ל, אשר לימדוני מה הם ענווה וכוח רצון, ממשיכים להיות לי מקור השראה גם שנים רבות לאחר פטירתם. אחותי שרון תמיד עודדה אותי ותמכה בי, ועונג רב הוא לראות שקרבת הלבבות בינינו התרחבה גם אל הדור הבא של צאצאינו.

ילדיי תהילה, ישראל, אריאל, יהושע ונעם מביעים עניין אמתי בעבודתי ומגלים התלהבות רבה בכל פעם שעבודה זו מבשילה לכדי ספר היוצא לאור, אך האמת היא שמלאכת האהבה העמוקה ביותר

שלי הִנה ילדיי עצמם, והם מקור אושרי וגאוותי הגדולים ביותר. זכות גדולה ותענוג הוא להיות אביהם.

אחרונה חביבה. רק סופרלטיבים יביעו משהו מתודתי לאשתי יעל ומרגשותיי כלפיה – אך אין לי רשות להשתמש בהם, כי היא אינה רוצה שאעשה זאת באופן פומבי. לא נותר לי אם כן אלא להתפלל שהבורא יזכה אותנו בעוד שנים רבות יחד, יעזור לנו לבנות בית של חסד ואמת, של אהבת תורה ויראת שמים, וישמור על משפחתנו.

מעבר לכל התודות ודברי השבח, את החוב הגדול ביותר אני חב לריבונו של עולם, אשר בחסדו שפע עליי אין ספור ברכות.

אירועים בחייו של הרב יוסף דוב הלוי סולוביצ'יק

1903: נולד בפרוז'ינא, פולין

1910: עובר לראסיין, ליטא

1913: עובר לחוסלביץ', ביילורוסיה. עוזב את ה'חדר' ומתחיל ללמוד עם אביו

1920: עובר לוורשה, פולין

1924: נרשם לאוניברסיטה הפולנית החופשית

1926: מתחיל ללמוד באוניברסיטת ברלין

1931: מתחתן עם ד"ר טוניה לוויט במהלך שנת שהותו בווילנה, ליטא

1932: מהגר לארצות הברית. ממונה לרב ועד העיר של בוסטון. מקבל תואר דוקטור

1935: מבקר בארץ ישראל ומתמודד על תפקיד רבה הראשי של תל אביב

1937: מייסד את ישיבת רמב"ם (Maimonides School) בבוסטון

1939: מייסד ישיבה גבוהה, היכל רבנו חיים הלוי, בבוסטון

1941: יורש את אביו המנוח כראש ישיבת רבנו יצחק אלחנן (חלק מישיבה יוניברסיטי בניו יורק), ומלמד שם עד שנת 1985, תוך נסיעות שבועיות מבוסטון לניו יורק

1942: מתחיל מסורת שיעורי יארצייט שנתיים לאביו, עד שנת 1981

1943: מצטרף לתנועת המזרחי

1944: מפרסם את **איש ההלכה**. עובד על **ובקשתם משם** ועל **התודעה ההלכתית** (*The Halakhic Mind*)

1946: ממונה לנשיא כבוד של המזרחי

1952: ממונה לראש ועדת ההלכה של הסתדרות הרבנים דאמריקה

1956: נואם את הנאום שפורסם מאוחר יותר כ״קול דודי דופק״

1958: נושא דרשת ״כינוס תשובה״ בפני חברי הסתדרות הרבנים וממשיך מסורת שנתית זאת עד 1980

1959: עובר ניתוח להסרת גידול סרטני

1964: מפרסם את המאמר ״ממעמקים״

1965: מפרסם את **איש האמונה הבודד**

1967: פטירת אמו, אחיו ואשתו

1978: מפרסם את **ובקשתם משם** ו״רעיונות על התפילה״ ב**הדרום**, וחמישה מאמרים באנגלית בכתב העת *Tradition*

1983: מפרסם את חלק א׳ של **שיעורים לזכר אבא מרי ז״ל** (חלק ב׳ בשנת 1985)

1985: פורש מן החיים הציבוריים בעקבות מחלה

1986: מפרסם את **התודעה ההלכתית**

1993: הולך לעולמו בבוסטון

ביבליוגרפיה

הרב סולובייצ׳יק מיעט לפרסם ספרים ומאמרים בחייו, והדבר גרם לתלמידיו להוציא לאור סיכומים ועיבודים של שיעוריו ודרשותיו. אולם הרב הותיר אחריו מאות כתבי־יד, וחלקם ראו אור בשנים האחרונות. אפשר למצוא ביבליוגרפיה נרחבת ומתעדכנת תדירות באתר של פרופ׳ אלי טורקל: http://www.math.tau.ac.il/~turkel/engsol.html (הגרסה באנגלית רחבה יותר מהגרסה בעברית). להלן ביבליוגרפיה של המהדורות שציטטתי מהן בספר.

א. יצירות שהרב סולובייצ׳יק פרסם

איש האמונה הבודד, בתוך **איש האמונה**, ירושלים, תשכ״ח, עמ׳ 61–9.

איש ההלכה, בתוך **איש ההלכה: גלוי ונסתר**, ירושלים, תשל״ט, עמ׳ 113–9.

״בסתר ובגלוי״, בתוך **דברי הגות והערכה**, ירושלים, תשמ״ג, עמ׳ 186–163.

״גאולה, תפילה, תלמוד תורה״, בתוך **דברי הגות והערכה**, ירושלים, תשמ״ג, עמ׳ 272–255.

״גאון וענווה״, בתוך **דברי הגות והערכה**, ירושלים, תשמ״ג, עמ׳ 222–211.

ובקשתם משם, בתוך **איש ההלכה: גלוי ונסתר**, ירושלים, תשל״ט, עמ׳ 235–115.

"מה דודך מדוד", בתוך **דברי הגות והערכה**, ירושלים, תשמ"ג, עמ' 57–97.

"ממעמקים", בתוך **דברי הגות והערכה**, ירושלים, תשמ"ג, עמ' 117–136.

"על אהבת התורה וגאולת נפש הדור", בתוך **בסוד היחיד והיחד**, ערך פנחס פלאי, ירושלים, תשל"ו, עמ' 403–432.

"פליטת סופריהם", בתוך **דברי הגות והערכה**, ירושלים, תשמ"ג, עמ' 137–162.

"צירוף", בתוך **דברי הגות והערכה**, ירושלים, תשמ"ג, עמ' 239–254.

"הקהילה", בתוך **דברי הגות והערכה**, ירושלים, תשמ"ג, עמ' 223–237.

קובץ חידושי תורה, ירושלים, תשמ"ה.

"קודש וחול", בתוך **האדם ועולמו**, ירושלים, תשנ"ח, עמ' 141–162.

"קול דודי דופק", בתוך **דברי הגות והערכה**, ירושלים, תשמ"ג, עמ' 9–55.

"רעיונות על התפילה", בתוך **איש ההלכה: גלוי ונסתר**, ירושלים, תשל"ט, עמ' 239–271.

שיעורים לזכר אבא מרי ז"ל, שני כרכים, ירושלים, תשמ"ג ותשמ"ה; מהדורה שנייה, תשס"ג.

התודעה ההלכתית. *The Halakhic Mind*, New York, 1986.

ב. עיבודים שהופיעו בחיי הרב סולוביצ'יק

דברי השקפה, ערך משה קרונה, ירושלים, תשנ"ב.

חמש דרשות: על ארץ ישראל ועם ישראל, ערך דוד טלזנה, תל אביב, 2012 (הדפסה ראשונה: ירושלים, תשל"ד).

ימי זיכרון, ערך משה קרונה, ירושלים, תשמ"ו.

על התשובה, ערך פנחס פלאי, ירושלים, תשל"ה.

פרקים במחשבת הרב י"ד סולוביצ'יק, ערך אברהם בית־דין, ירושלים, תשמ"ה.

ג. יצירות שהופיעו לאחר פטירתו של הרב סולובייצ'יק מתוך גנזך כתביו

אגרות הגרי"ד הלוי (תרע"ו-תש"א): מכתבי הלכה ודברי תורה, ירושלים, תשס"א.

אדם וביתו: על חיי המשפחה, ערכו דוד שץ ויואל וולוולסקי, תרגם אביגדור שנאן, תל אביב, 2009.

איש על העדה: מבחר איגרות, ראיונות והצהרות, ערך נתנאל הלפגוט, תל אביב, 2011.

זמן חירותנו: על חג הפסח ועל ההגדה, ערכו יואל וולוולסקי וראובן ציגלר, תרגם אביגדור שנאן, תל אביב, 2010.

חידושי הגר"מ והגרי"ד על ענייני קדשים, ניו יורק, תשנ"ג.

מן הסערה: על אבלות, ייסורים והמצב האנושי, ערכו דוד שץ, יואל וולוולסקי וראובן ציגלר, תרגם אביגדור שנאן, תל אביב, 2009.

עבודה שבלב: מסות על התפילה, ערך שלום כרמי, תרגם אביגדור שנאן, אלון שבות, תשס"ו.

על התשועות: על פורים וחנוכה, ערכו אלי ד' קלארק, יואל ב' וולוולסקי וראובן ציגלר, תרגם אביגדור שנאן, תל אביב, 2011.

עמודו של עולם: על אברהם אבינו, ערכו יואל ב' וולוולסקי, ראובן ציגלר ודוד שץ, תרגם אביגדור שנאן, תל אביב, 2016.

The Emergence of Ethical Man, ed. Michael Berger, Jersey City, 2005.

Halakhic Morality: Essays on Ethics and Masorah, eds. Joel B. Wolowelsky and Reuven Ziegler, Jerusalem, 2017.

The Lord is Righteous in All His Ways: Reflections on the Tish'ah be-Av Kinot, ed. Jacob J. Schacter, Jersey City, 2006.

Vision and Leadership: Reflections on Joseph and Moses, eds. David Shatz, Joel B. Wolowelsky and Reuven Ziegler, Jersey City, 2013.

ה. חידושי תורה בעיבוד תלמידיו

קיימת ספרות ענפה המתבססת על שיעורי הגמרא של הרב סולוביצ'יק, אם בעיבוד ואם בתמלול ישיר. כמה סדרות עשויות על פי מסכתות או נושאים, ובהן: **שיעורי הגרי"ד** בעריכת הרב יאיר קאהן; **שיעורי הרב** בעריכת הרב צבי שכטר והרב מנחם גנק; **שיעורי הרב יוסף דוב הלוי סולוביצ'יק מפי השמועה** שנרשמו על ידי הרב צבי שכטר; **רשימות שיעורי מרן הגרי"ד הלוי** בעריכת הרב צבי רייכמן; **נוראות הרב** (אנגלית) מאת ברוך דוד שרייבר.

כמו כן, ספרים רבים מוקדשים לתורתו (במיוחד בקשר למועדים), וביניהם: **נפש הרב**, **מפניני הרב** **ודברי הרב** מאת הרב צבי שכטר, **הררי קדם** מאת הרב מיכל שורקין, **מועדי הרב** מאת הרב שלמה פיק, **על התפילה** מאת הרב ראובן גראדנר, ועוד. בספר **מקורות הרב** מאת אלי טורקל וחיים טורקל מופיעים מפתחות שימושיים מאוד לכתבי הרב סולוביצ'יק, אבל מפתחות אלה כוללים ספרים שהופיעו רק עד 2001.

מפתח כללי

מפתח כללי

מפתח כללי

ת

מפתח לכתבי הרב סולוביצ'יק